罗尔斯

西方思想家评传丛书

Rawls

[美] 萨缪尔·弗雷曼 著　张国清 译

献给安妮特
为了纪念约翰·罗尔斯

目 录

中文版作者序 …………………………………………… 1
译者序:罗尔斯的秘密 …………………………………… 5
前言与致谢 ……………………………………………… 21
罗尔斯著作缩写表 ……………………………………… 29
罗尔斯年表 ……………………………………………… 30

第一章　导论 …………………………………………… 1
　第一节　罗尔斯的生平 ………………………………… 1
　第二节　罗尔斯的工作动机 …………………………… 9
　第三节　历史影响 ……………………………………… 13
　第四节　罗尔斯论道德哲学的证明:反思平衡 ……… 29
第二章　自由主义、民主和正义原则 …………………… 46
　第一节　第一正义原则:基本自由 …………………… 48
　第二节　自由和自由的价值 …………………………… 62
　第三节　自由的优先性 ………………………………… 67
　第四节　反对自由优先性的意见 ……………………… 74

结论 ……………………………………………………… 81
第三章　第二正义原则和分配正义 …………………………… 91
　第一节　公平均等机会 ………………………………………… 93
　第二节　经济正义和差别原则 ……………………………… 104
　第三节　反对差别原则的意见 ……………………………… 119
　第四节　公平均等机会和差别原则 ………………………… 127
　第五节　正义储存原则 ……………………………………… 137
　　结论 …………………………………………………… 140
第四章　原初状态 ……………………………………………… 145
　第一节　原初状态：各方描述及选择条件 ………………… 146
　第二节　来自无知之幕的论证 ……………………………… 168
　　结论 …………………………………………………… 196
第五章　正义制度 ……………………………………………… 205
　第一节　正义原则的应用：四阶段序列 …………………… 206
　第二节　第一正义原则：宪法权利的具体规定 …………… 214
　第三节　宪政民主及其程序要求 …………………………… 216
　第四节　经济制度：拥有财产的民主 ……………………… 222
　第五节　家庭制度 …………………………………………… 238
第六章　公平正义的稳定性 …………………………………… 248
　第一节　稳定性和正义感 …………………………………… 250
　第二节　道德动机和正义感的发展 ………………………… 257
　第三节　理性善、一致性问题和亚里士多德原理 ………… 267
　第四节　正义之善和康德式一致性论证 …………………… 275
　第五节　终极性和正义的优先性 …………………………… 282
　　结论 …………………………………………………… 286
第七章　康德式建构主义和向政治自由主义过渡 …………… 293
　第一节　康德式建构主义 …………………………………… 294
　第二节　道德理论的一致性 ………………………………… 318

第三节　正义原则的社会角色和康德式解读问题 …… 323
第八章　政治自由主义(1)——政治领域 …………… 333
　　第一节　政治自由主义问题 ………………………… 333
　　第二节　独立的政治正义观 ………………………… 340
　　第三节　政治建构主义 ……………………………… 359
第九章　政治自由主义(2)——重叠共识和公共理性 … 374
　　第一节　重叠共识 …………………………………… 375
　　第二节　自由合法性原则 …………………………… 380
　　第三节　公共理性观念 ……………………………… 389
第十章　万民法 …………………………………………… 423
　　第一节　万国法 ……………………………………… 423
　　第二节　《万民法》和《政治自由主义》 …………… 431
　　第三节　宽容和体面社会 …………………………… 435
　　第四节　作为社会合作首要条件的人权 …………… 441
　　第五节　援助义务 …………………………………… 444
　　第六节　分配正义和罗尔斯反对全球分配原则 …… 447
　　结论 …………………………………………………… 458
第十一章　结论 …………………………………………… 463
　　第一节　罗尔斯的遗产和影响 ……………………… 463
　　第二节　结论性评价 ………………………………… 466

术语表 ……………………………………………………… 469
参考文献 …………………………………………………… 490

中文版作者序

萨缪尔·弗雷曼

我为拙作以中文版形式呈现给中国思想界深感荣幸。我对张国清教授为此付出的艰辛深表谢意。我既是约翰·罗尔斯的弟子，也是其挚友。我应其约请编辑了《罗尔斯论文集》(1999)和《政治哲学史讲义》(2008)。自从《正义论》在1971年面世以来，已过了四十多年。在美国、英国、欧洲和世界很多地方，《正义论》，加上罗尔斯晚期著作《政治自由主义》(1993)和《万民法》(1999)，仍然主导着探讨社会政治正义的哲学争论。

在讨论全球正义的当代文献中，罗尔斯是以下传统立场的主要倡导者：每一个独立民族国家，通过其代议政府，都应当掌握自己的命运；每个国家的首要责任在于保护本国人民，维护本国人民的利益。罗尔斯主张，只要一个国家是正派的、非攻击性的，只要一个国家尊重人权，追求维护共同利益的正义观，提升所有成员的福祉，独立的国民及其民族国家就应当宽容地对待并且尊重其他正派国家的完整和独立。因此，只要不自由的正派国家尊重人权，努力提升所有国民的共同利益，自由国家就不应当惩罚不自由的正派国家，干预其内政。

就经济正义来说，罗尔斯反对全球平等主义者和全球分配正义倡导者的主张，后者认为，世上所有人民有权分享其他国家创造的收入和财富。罗尔斯认为，每个国家都有义务满足本国国民的基本需要，分配正义以所在国社会为基础，而不以全球为基础。这意味着,每个社会应当保证其成员拥有平等的权利,享有教育和就业的公平机会,享有收入和财富的公平份额;但是任何一个国家都没有责任为其他社会或世上的每个人担负这些义务。罗尔斯认为,虽然国家没有分配正义的义务,去同世上其他国家分享社会产品和财富,但是民族国家有援助负担过重社会的人道主义义务,那些社会无力满足其成员的基本需要。繁荣的国家应当给予负担过重的社会以金融援助,使它们能够满足其成员的基本需要,使其国民受到教育,建设足以实现经济独立和政治独立的基础设施。

尽管罗尔斯在《万民法》里主张,所有国家都应当宽容地对待其他正派社会,尊重其他正派社会的独立性,但是他从来没有想要修订他在《正义论》里阐明的早年立场:正义社会是自由民主社会。他总是认为,每个社会都对自己的成员负有义务,不仅保护他们的人权和共同利益,而且一旦社会达到适当发达水平,就有义务保证以下自由的基本权利:良知自由、思想自由、结社自由、人格追求自由、平等政治权利、法定诉讼程序和法治。对罗尔斯来说,正义社会是自由民主社会,允许公民享有政治表达自由和文艺表达自由,宗教自由和宗教结社自由,平等的投票权,担任公职的权利以及组织不同政党的权利。没有自由和没有民主的国家,即使是正派的国家,即使应当受到其他国家的尊重,但是由于它们否认国民享有这些自由的基本权利,否认国民享有平等政治参与的民主权利,仍然是没有正义的国家。罗尔斯认为,自由社会应当宽容对待没有自由的正派社会并且与其进行合作。然而,这个事实并不意味着,他是正义的相对主义者或多元文化论者;它并不意味着,他相信社会政治正义的不同标准适用于非西方社会。他认为,每当它们保证了自由民主的权利和自由时,具有不同文化和历史的社会就能保留值得保留的具有其鲜明传统特色的价值、习惯和文化差异。假如历史上不义社会的文化价值只有通过否认民主权利和自由权利才能得到保留,那么,从正义的立场来看,它们不具有保留价值。

罗尔斯的《正义论》复活了西方政治哲学。从此以后，已有很多重要政治哲学著作面世。其中应当首推的有由罗伯特·诺奇克、罗纳德·德沃金、阿马蒂亚·森、托马斯·斯坎伦和迈莎·纽斯鲍姆等人完成的论著。他们全是罗尔斯当年在哈佛哲学系的同事。（我是1979－1985年哈佛研究生院学生，除了森，他们全是我的老师。）罗尔斯友善地对待他的所有同事。也许，这是罗尔斯很少讨论他们的著作，回应他们对他的批评的原因，甚至对诺奇克也是如此。诺奇克为了回应《正义论》而撰写了《无政府、国家和乌托邦》(1974)，对放任自由的资本主义进行了自由至上主义的辩护。

罗尔斯在2002年11月去世(诺奇克也在同年早些时候去世)。就在前不久的2013年2月，德沃金也离开了人世。德沃金是一位重要的政治哲学家，是近百年来最重要的法哲学家之一。德沃金的自由主义立场在许多方面与罗尔斯的立场相似，尤其是他们都认为政府有义务保护基本自由和平等机会，为所有公民提供足够使他们有效行使自由和机会的社会最低保障。罗尔斯和德沃金的主要分歧是在分配正义上。德沃金认为，罗尔斯的差别原则允许无法得到正当证明的不平等，因为它允许人们从他们不应得的天赋中谋利，只要这样子做能够给最少受惠者带来最大利益。德沃金本人的立场是资源平等(equality of resources)，是运气平等(luck egalitarian)，它要求社会平等处理"原生运气"(Brute luck)的后果，包括自然禀赋、社会阶级和意外变故的差异。这意味着政府应当补偿不利者，尽可能地努力实现人民生活起点的平等。但是一旦起点实现了平等，德沃金承认，社会将允许由人民在自由市场经济活动中采取的竞争机会和经济选择所导致的收入和财富不平等。尽管自称为平等主义者，德沃金支持资本主义福利国家，这样的国家允许在收入、财富和经济能力上的不平等，它们都产生于人民选择以及他们在自由市场活动中可以预见的风险。相比之下，罗尔斯反对资本主义福利国家的不平等，赞同拥有财产的民主国家或自由市场的社会主义国家。这两种经济都依赖自由市场,而不依靠国家来配置生产资源,不像资本主义国家,它们不允许一小撮资本家拥有和控制生产手段。相反,在拥有财产的民主国家,所有公民都享有社会生产财富的私人所有权,正如在自由的社会主义国家,所有公民都享有针对工作场所决定的一定监控权。

罗尔斯教授要是仍然在世,一定会为中国知识界译介和关注其著作而大感欣慰。希望拙著对加深理解罗尔斯能助一臂之力。

2013年4月8日写于
费城·宾夕法尼亚大学法学院

译者序

罗尔斯的秘密[①]

张国清

世界是物质的,但是我们追求精神。

自从大卫·休谟以来,事实与价值的关系一直困扰着哲学家们。尽管世人一般认为,探索客观真理和追求社会正义是高度一致的,但要从哲学上论证这种一致性,不是一件容易的事。逻辑实证主义者艾耶尔认为,价值断定不是科学的,而是"情感的","价值陈述……只是既不真又不假的情感的表达。"[1]真理探索属于事实领域,正义追求则属于价值领域。分析哲学的发展似乎预示着属于价值领域的政治哲学的死亡。

正当人们对政治哲学的未来感到悲观之际,约翰·罗尔斯(John Rawls, 1921–2002)在分析哲学传统中搞出了一套精细的正义理论。1971年面世的《正义论》震动了整个西方政治哲学界。罗尔斯试图模糊分析哲学家在事实和价值之间的区分,把公平正义作为一项可靠的分析哲学工作建构起来,他在那本书第一节的开场白似乎要重新解读事实和价值的关系:"正义是社会制度的首要美德,正如真实是思想体系的首要美德。一种理论如果是不真实的,那么无论它多么高雅,多么简单扼要,也必然会遭到人们的拒绝或修正;

[①] 本文最初版本以"罗尔斯的秘密及其后果"为标题发表于《浙江大学学报》(2013年7月)。我在此对原文作了较大修订,并对《浙江大学学报》和徐枫编审表示感谢。

同样，法律和制度如果是不正义的，那么无论它们多么有效，多么有条不紊，也必然会为人们所改革或废除。"[2]

罗尔斯政治哲学不仅印证了黑格尔关于哲学是时代的精华之论断，而且揭示了黑格尔关于晚近的哲学总是更加成熟的论断。随着罗尔斯在哈佛的两大授课笔记《道德哲学史讲义》(2000)和《政治哲学史讲义》(2007)的陆续出版，罗尔斯与传统哲学的关系部分得到了呈现。"虽然《道德哲学史讲义》只是一部罗尔斯在哈佛大学给本科生和研究生开讲座用的讲义，但是，透过《道德哲学史讲义》，我们可以清楚地看到罗尔斯哲学和历史上一些重要哲学流派的渊源关系，可以清楚地看到罗尔斯作为一名哈佛大学教授的实际工作和实际身份。罗尔斯不仅是一位政治哲学家和法哲学家，而且是一位道德哲学家和道德哲学史学家。"[3]《政治哲学史讲义》也呈现了那种关系，罗尔斯与历史上一些重要哲学家的思想渊源是清晰的。

问题是，罗尔斯的正义理论究竟属于分析哲学还是属于欧洲大陆哲学？或者说，罗尔斯和西方哲学的两个传统究竟是什么关系？借《罗尔斯》中文版出版的机会，我试图回答这个问题。

一

的确，每个伟大的思想家都有其特殊的学术出身和学术经历。他的特殊遭遇，他的求学或受教育过程，他遇到的一些具体的人和事，他个人的思想追求和精神困惑，他参与或经历的某些重大事件，比如重大的科学发现或科技进步、民族分裂或独立战争、种族或阶级斗争、社会变革和政治革命、社会基本制度的变化和更替、国内战争、国际战争，包括在自然科学、人文和社会科学方面取得的具体进展，所有这一切造就了一个具体思想家的思想，使其思想成就显得是一个具体时代理所当然的结果。我们研究和了解一个哲学家的思想,就需要具体研究和了解上面提到的诸多具体因素。但是,我们不能单纯依赖哲学家本人说出或公开的东西,我们还需要研究他没有说出或可能故意隐藏的事情。在当代美国哲学家约翰·罗尔斯身上,就存在着一些没有得到充分揭示的隐秘事物,我称之为"罗尔斯的秘密"。

从表面上看,罗尔斯首先是一位分析哲学家,其正义理论经由分析哲学四大重镇(普林斯顿大学、牛津大学、麻省理工学院和哈佛大学)的修造而终于成型。理查德·罗蒂把罗尔斯视为分析哲学的代表:"大陆哲学和分析哲学的区分是极其粗线条的,但是它的确为区分哲学教授提供了一条捷径。要想了解一位哲学教授究竟喜爱大陆哲学还是分析哲学,只要看他书架上摆放的书就知道了。如果他的书架上都是黑格尔和海德格尔原著或者研究他们的书籍,而没有摆上戴维森或罗尔斯的著作,那么他大概愿意被称作喜爱大陆哲学的教授。"[4] 不仅罗蒂,而且罗尔斯的老师、哈佛同事以及同时代哲学家关于罗尔斯的分析哲学家身份几乎已经达成共识。

罗尔斯的哲学启蒙老师、普林斯顿大学的马尔柯姆(Norman Malcolm)教授是维特根斯坦的弟子和密友,在常识哲学和语言哲学领域颇有建树,主要致力于把维特根斯坦思想在美国发扬光大。他对罗尔斯的治学态度和学业方向选择都有很大影响。马尔柯姆给罗尔斯开设了政治哲学入门课程。这是罗尔斯在大学本科阶段受到的唯一政治哲学训练,以至于弗雷曼说,罗尔斯几乎是靠自学成才的。[5] 得益于马尔柯姆的指导,罗尔斯选修政治哲学并以之为一生事业。

1952 - 1953 年,罗尔斯获得富布莱特奖学金,成为牛津大学访问学者。牛津的博士后经历使罗尔斯在学业上突飞猛进。在那里,他是基督教会学院(Christ Church College)的贵宾桌成员,法哲学家哈特成为他的导师。除了出席哈特法哲学讲座,他参加了以赛亚·伯林和斯图亚特·汉普谢尔的哲学研讨班,他还参加了在吉尔伯特·赖尔住所定期举行的哲学研究小组。青年罗尔斯在1955完成的政治哲学论文《两种规则概念》(Two Concepts of Rules)对"惯例"(practice)和"行动"(action)作了区分,让人想起伯林的政治哲学名篇《两种自由概念》(Two Concepts of Liberty)和哈特的法哲学名著《法律的概念》(Concept of Law),明显带有伯林和哈特的思想痕迹,给人留下试图把两人思想给予综合起来的印象。

　　罗尔斯在牛津时的这些哲学家秉承罗素、维特根斯坦的分析哲学传统,注重语言分析和逻辑演绎。罗尔斯不仅继承分析哲学的研究方法,而且继承了哈特、伯林等人的政治哲学和法哲学主题。他运用的论证方法是分析哲学常用的逻辑方法。罗尔斯试图回答伯林的多元价值论难题。伯林认为价值多元论难题是人类必须面对的困境,而罗尔斯设计正义原则的词典式排序,在一个公共理性框架之内,通过基本正义制度设置,尽量消除各种价值和生活方式之间的冲突,完成对两种自由的保护,实现价值的完备性。罗尔斯一生追求构建一个可以实现的公平正义的乌托邦(a realistic utopia with justice as fairness)。

　　然而,罗尔斯对待语词的态度并非是分析哲学家应持有的态度。罗尔斯对正义观和正义概念进行了区分,提出了自己的正义观,即作为公平的正义观;除了有限的语词界定外,在罗尔斯的正义理论中,并无太多对语词分析的关注。罗尔斯对概念所处的语义环境亦并不十分关注,相比之下,他更关注概念在制度设计中的重要作用。罗尔斯既吸收了分析哲学的长处,又像哈特和伯林一样背离了分析哲学,把正义问题,实际上是社会基本结构的设计问题,当作自己的主要研究对象。价值领域的事物,像公平、正义、爱、同情等等,不再像艾耶尔认为的那样,只是人的主观情感的表达,而具有其客观实在性和客观的结构。罗尔斯想把"社会基本结构"客观地揭示出来。因此,正如《两种规则概念》已经显露出来的那样,分析哲学对罗尔斯来说,只具有方法论意义。

二

由于当时的特殊社会原因或学术原因，一些思想家会给自己的思想改头换面，有意隐藏或抹去其思想中的在当时不讨人喜欢的某些因素。罗尔斯在建构正义理论时，是否像一般所认为的那样，完全受到分析哲学启发，来源于分析哲学，还是有意隐藏了自己思想中不受欢迎的非分析因素，却披上分析哲学的外衣？我们试图在此回答这些问题。

在19世纪以来的英美政治哲学和道德哲学传统中，一直有一个黑格尔传统。它在古典希腊哲学研究者和《柏拉图全集》英文译者乔维特（B. Jowett）那里有一个明确的起点。乔维特的学生托马斯·希尔·格林（Thomas Hill Green）是当时著名的黑格尔主义者，他对积极自由和公共善的讨论，是古典自由主义的重要转折。格林后来成为著名黑格尔研究者鲍桑葵的老师，鲍桑葵的黑格尔国家学说，对20世纪英美国家学说有着深刻影响。罗尔斯的正义理论也和那个传统有着千丝万缕的联系。

格林几乎与马克思处于同一个时代，是英国19世纪后期最著名的哲学家和政治思想家，是牛津唯心主义学派最重要的代表人物。他的自由权利理论在英国思想史上，乃至整个欧洲历史上，都占有极其重要的地位。格林在1855年进入牛津大学贝利奥学院学习，师从乔维特，毕业后一直在牛津工作，曾经担任怀特讲座道德哲学教授。格林所处的时代，劳工阶级崛起，成为日益强大的社会政治力量，他们要求改善自己的工作条件和生存状态，融入现代产业制度之中，分享由现代化带来的成果。当时英国的整个社会意识也逐渐认同或支持劳工阶级的要求。于是，格林修正了早期的放任自由主义，提出了"公共产品"和"积极自由"等概念。在19世纪末和20世纪初，在格林的影响之下，自由主义在英美政治哲学占据着主导地位。格林的修正自由主义学说,为英国公共政策从自由放任转向国家干预奠定了理论基础。

作为格林的弟子,鲍桑葵(Bernard Basanquet)进一步发展了国家干预理论,提出了"国家至上"理论。他说:"国家的公共意志是独一无二的,而且必然是独一无二的。"他在那种理论中明确加进了黑格尔因素,被称为新黑格尔主义。鲍桑葵谈到了"穷人"问题,那个问题也是格林和马克思共同关注的问题,更是后来罗尔斯关注的问题,只是罗尔斯用"最少受惠者"概念取代了"穷人"概念。"国家是最后的和绝对的调节力量,因而对每一个个人来说必然是独一无二的。"[6]于是,国家应当在现代社会生活中扮演积极角色的主张,持久而深入人心。

然而,由于黑格尔政治哲学与现代民族国家的理论和实践的联系,有一种说法甚至将两次世界大战的爆发归结于黑格尔思想。黑格尔赞扬战争调和了市民社会因人们需求不满足导致的冲突,国家之间的冲突是国家自我完善的途径。在黑格尔那里,战争具有伦理学意义——它对于防止民族堕落、促进民族发展有正面作用。"战争是严肃对待尘世财产和事物的虚无性的一种状态……战争还具有更崇高的意义……持续的甚或永久的和平会使民族堕落。"[7]由于黑格尔明确鼓吹战争,两次世界大战真实爆发,人类受尽苦难,黑格尔成为众矢之的。从此以后,黑格尔研究被排除出英美主流哲学圈。20世纪60-70年代的英美哲学学术圈,大家可以接受哲学家阅读康德,接受康德的影响,却闭口不提黑格尔。同为牛津学者,像查尔斯·泰勒那样,从黑格尔出发来解读现代性问题,毕竟是凤毛麟角。

因此,在牛津政治哲学传统中,既有英美分析的传统,也有德国古典哲学的传统。只是德国古典哲学传统的黑格尔因素被刻意掩盖了起来。这一点在罗尔斯身上得到了清晰的体现。罗尔斯对待黑格尔的态度,既有学术的原因,也有个人的原因。罗尔斯的个人经历或二战创伤,使他在内心里对黑格尔学说充满着排斥,他在意识层面坚决拒斥黑格尔哲学。相比之下,他更加偏爱康德。他在哈佛讲授的"道德哲学史"课程几乎是以康德道德哲学研究为主题。正义理论以他对康德尊重人的观念的解读为基础,建立在自律的概念上。从《正义论》的"正当先于善"观念以及公平正义的康德式解读,到康德(以及后来的政治)建构主义和"道德理论独立性",再到《政治自由主义》的道德人格观、合理性(the Reasonable)和理性(the Rational)的区分,最后到《万民法》拒斥世界国家(a world state)和"实际乌托邦"(realistic utopia)观念,罗尔斯的思想都留有康德的痕迹。康德认为,人是"自由、平等的理性存在物",[8]自律而主动。一切事物都须经过理性的裁判。根据罗尔斯的正义观,人们在原初状态下做出理性选择。为免于受到侵害,人们必然服从自由平等的理性主体一致同意的原则。于是,原初状态可以被看作是在经验理论的框架内对康德自律和绝对命令观念的程序性解释。

康德强调人的自主理性,黑格尔则重视制度的优先性。在这一层面上,罗尔斯却是接近于黑格尔而远离康德。追随于黑格尔之后,罗尔斯将社会基本结构视为正义的首要主题。罗尔斯特别提到,公平正义是政治的而非形而上的,这一政治观念尤其适用于现代宪政民主国家的"基本结构"。社会基本结构指社会的基本政治结构、社会结构和经济结构,它们在社会合作中融合成一个整体。[9]理性制度建构是罗尔斯关注的重点,他关注的不是人们的理性或者信念,而是在社会基本结构中实现公平的正义。由于黑格尔的《法哲学原理》是一部有关人类基本制度结构的设计性著作,因此,虽然罗尔斯更加欣赏康德的哲学主张,但是他和黑格尔有着更多共同的学术偏好。

然而,罗尔斯有意抹去他同黑格尔的关系。在《正义论》中,他三次提到了黑格尔,一次为正文,两次为脚注。在正文中,罗尔斯写道:"黑格尔认为对机会平等的限制(例如长子继承权)是十分重要的,这可以确保一个因其独立于国家、利润追求及市民社会的种种偶然因素而特别适合于政治统治的地主阶级的地位。"[10]罗尔斯把黑格尔与保守主义者柏克相提并论,把他解读为一个与提倡平等和民主观念不兼容的负面哲学家。

罗尔斯抹去同黑格尔关系的另一个做法是有意隐藏其同斯退士的师生关系。如果我们深入探讨罗尔斯《正义论》的哲学思想史根源,那么在罗尔斯哲学思想的深处一直隐藏着一个未曾公开露脸的人物,他就是罗尔斯的博士论文导师斯退士。作为英语世界著名的黑格尔研究专家,斯退士的存在对罗尔斯哲学思想的形成是决定性的。伯顿·德莱本(Burton Dreben)这样评价《正义论》:如果抹去《正义论》的作者,读者会以为那是一部从德语翻译过来的英文版哲学译著。① 伯顿·德莱本之所以作出这样的评论,是因为黑格尔哲学通过斯退士深刻地影响了罗尔斯,以至于《正义论》的结构框架同黑格尔《逻辑学》的结构框架形成了一种呼应关系。罗尔斯有意无意地遵循大一二三和小一二三的逻辑结构来组织《正义论》的主要论题,即《正义论》由三编组成,分别为"理论"、"制度"和"目的";每一编下面又有三章组成,如第一篇的三章为"公平的正义"、"正义的原则"、"原初状态";第二篇的三章为"平等的自由"、"分配的份额"、"义务和职责";第三篇的三章为"理性的善"、"正义感"、"正义的善"。这是一种典型的黑格尔式安排。其中第三篇的三章很有黑格尔式"正-反-合"或"肯定、否定、否定之否定"的意味。

斯退士是一位有着东方哲学背景的哲学家。他指导罗尔斯学习黑格尔哲学,也学习神学、伦理学和道德心理学知识。在普林斯

---

① 这个说法转引自弗雷曼:"像以往世纪的任何一个伟大的欧洲哲学家一样,罗尔斯是一个系统的哲学家。因此,如果没有把罗尔斯整个理论以及它同其历史先驱的关系放在一个较大语境中来考察它们的位置,就难以理解和掌握他的论点。既在方法上,又在风格上,罗尔斯都摆脱了分析传统。(他的朋友伯顿·德莱本曾经对罗尔斯整体论方法同黑格尔方法进行比较,并在谈到《正义论》时说道:'它读起来像是从德语译过来的。')"[11]

顿大学求学期间，罗尔斯跟随斯退士研修德国古典哲学，尤其是黑格尔和康德哲学。罗尔斯有意隐瞒了与斯退士的师生关系。但是，罗尔斯通过斯退士仍然同黑格尔哲学联系在了一起，虽然罗尔斯生前很少谈起斯退士，也很少谈起他同黑格尔的关系。罗尔斯没有在任何著作中感谢甚至提到这位老师。一旦我们揭示了罗尔斯政治哲学中的黑格尔因素和斯退士因素，我们就更容易看清罗尔斯政治哲学中的欧洲大陆哲学的因素，尤其是德国古典哲学的因素。

罗尔斯有关"正义是社会制度的首要美德"[12]的讨论表明，罗尔斯的正义理论直接指向社会基本制度。虽然罗尔斯明确表示，政治哲学的首要任务是探索设计社会基本结构的法理依据或道德基础，这是一项政治学的而非形而上学的工作，以强调自己秉承分析哲学传统，但《正义论》开场白却完全是黑格尔式叙述。罗尔斯不仅进行事实描述，强调人们经由主观价值判断做出判断，甚至整个正义理论得以构建都是基于欧洲大陆哲学的价值判断。

让人感到不可思议的是，罗尔斯在其学术生涯中，从来没有公开承认自己是斯退士的弟子。也就是说，作为英美分析哲学传统中的重要哲学家，罗尔斯身上有着隐秘的德国古典哲学血统。直到罗尔斯开设康德道德哲学讲座，才公开承认自己的思想同黑格尔思想的一致性，把自己的自由主义思想看作是黑格尔的自由主义思想的延续。而那个著作公开发表已经是 2000 年。但是，当他的作品公开发表时，斯退士早已离开人世，而罗尔斯一直闭口不提是斯退士把他和黑格尔直接连接了起来。罗尔斯为什么故意地隐去斯退士的影响，其原因不甚清楚。但有一点可以得到明确判断，那就是在罗尔斯写作《正义论》时，黑格尔是被美英分析哲学界完全无视的人物。罗尔斯只有通过隐去在其学院出身上的斯退士因素，才能进而抹去其哲学思想上的黑格尔因素，使《正义论》显得是一部在分析哲学两大重镇普林斯顿和牛津的直接熏陶下，并且在维特根斯坦嫡传弟子马尔柯姆的直接调教下，在哈特和以赛亚·伯林等人影响下成就的政治哲学成果。

在斯退士和马尔柯姆之间,在黑格尔和维特根斯坦之间,在宗教神秘主义和常识理性主义之间,罗尔斯做出了艰难但聪明的选择。罗尔斯离开普林斯顿,投入马尔柯姆的康奈尔哲学阵营怀抱,即是明证。罗尔斯传记作者、弟子弗雷曼干脆说,罗尔斯除了受到马尔柯姆的少得可怜的政治哲学教导之外,是自学成才的。弗雷曼有意把人们的注意力引向经济学,即功利主义哲学的社会科学基础,淡化黑格尔传统尤其是斯退士的影响。但是弗雷曼还是不经意间披露了罗尔斯的秘密,即罗尔斯政治哲学的黑格尔起源。罗尔斯本人越是拒绝黑格尔,黑格尔哲学越是在他的哲学著作中无意识地呈现。他可以掩盖他同斯退士的师徒关系,但是他的哲学著作掩盖不了那层关系。斯退士1967年在美国加州拉古钠海滩去世,四年后,罗尔斯的《正义论》出版,罗尔斯在《正义论》序言中,提到了许多朋友、同事和老师对他的帮助,其中唯独少了他的博士论文指导老师斯退士。在整个《正义论》中,他只在一个脚注中提到了一下:"有关这一点见 W.T.斯退士《道德的概念》。"[13]

也许,罗尔斯和斯退士的师生之情只是一个"脚注"的交情。但是,罗尔斯如此欲盖弥彰的做法,只能掩人耳目于一时,我们相信,随着罗尔斯博士论文的出版,罗尔斯政治哲学中的黑格尔元素将得到更加清晰的揭示。毕竟,在《政治自由主义》中,罗尔斯情真意切地谈到过做学生的"感受",他是这样表达他的感受和感谢的:"我谨向已故的朱迪·施克拉女士致以深深的谢意。从我们三十多年前相识起,她同我进行过不胜枚举的有益探讨。虽然我从没有作过她的学生,但我从她那里学到的东西同一个学生差不多,甚至还要学得好一些。"[14]

有人也许会替罗尔斯辩护说,《正义论》出版于1971年,《政治自由主义》出版于1996年(上面引文写于1992年),斯退士已在1967年去世,他没有提到他也属正常。为此,我不得不引用他在同一篇导论中另一段表示感谢和怀念的话,而其主角仍然不是斯退士:"已故的大卫·萨切斯从我们一九四六年相识起,便同我讨论本书行文中所考虑的许多问题,特别是有关道德心理学的问题,而对于本书的主题内容,萨切斯和我于八十年代在波士顿有过详尽探讨,这些谈论对我非常珍贵。"[15]

需要指出的是,《正义论》初稿写于1964–1965年,罗尔斯在1971年初版序言中特别提到了同事阿兰·吉尔伯特和学生诺曼·丹尼尔斯当时对初稿的批评,也谈到其他批评者对其发表的单篇论文的批评。可以肯定的是,当时斯退士仍然健在,而他是一位道德哲学和道德心理学专家。我们不知道罗尔斯是否就《正义论》初稿征求过导师的意见,但是我们的确找不到罗尔斯有关斯退士只言片语的信息。

罗尔斯对导师视而不见,却对同事、朋友、学生如此奉承,已到了不可理喻的地步。因此,如果以罗尔斯政治哲学的起源作为考查个案,那么我发现,研究正义理论和道德哲学的罗尔斯本人,作为学生或者作为个体,而不是作为学者,是否配得上以下评价值得怀疑:"杰克是这样一个人……,他在与人打交道时具有的道德感纯粹得令人难以置信。他不仅写出了一部伟大的著作,而且是一位非常令人敬佩的人。他是我们之中的佼佼者。"[16]

罗尔斯通过尖锐化他的正义理论同功利主义的矛盾,强调他的正义理论同霍布斯、洛克、卢梭和康德等人的契约论联系,并且强调他的哲学在方法论上同分析哲学的联系,在伦理学上同康德建构主义的联系,有意地抹去了他的整个哲学框架中的黑格尔因素,那个因素中有经过其导师斯退士转述的神秘主义。随着罗尔斯同黑格尔的关系的揭示,罗尔斯同社群主义的论战至少看起来不再像原来那样是两个不同学派之间的竞争,而更像是同一个家族之内的兄弟内斗。无论是罗尔斯取胜,还是社群主义取胜,其实都仍然是黑格尔传统的延续,是黑格尔的胜利。而关于这一点,罗尔斯直到2000

年才给出了明确的态度,承认自己的思想同黑格尔思想是一脉相承的。但是,他仍然死活不说自己是黑格尔主义者斯退士的弟子。他为什么对斯退士闭口不谈,也许只有罗尔斯身边的同学和老师知道,而关于他们两人的秘密,也许只能依赖于以后的传记作家了。因此,罗尔斯哲学中的确存在着非分析的一面,这是他刻意隐瞒的一面,我称之为罗尔斯的秘密。

三

正像当年马克思指出黑格尔哲学中存在着"黑格尔秘密"一样,在罗尔斯政治哲学中存在着"罗尔斯秘密"。罗尔斯本人有意抹去同一些当代不甚重要的哲学家的关系。罗尔斯在谈到《正义论》的写作动机时,他只说自己的工作是洛克、卢梭和康德的社会契约论传统的继续,有意回避我们前面提及的一些思想家对自己思想形成的决定性影响。罗尔斯这种舍近就远的做法,误导了罗尔斯政治哲学思想来源的研究者。

综上所述,我们可以得出下面的结论。第一,罗尔斯正义理论有着清晰的分析哲学来源。罗尔斯同斯退士、伯林和哈特的思想关系的紧密性超过了他本人表示的同洛克、卢梭和康德的关系,即使从政治哲学史上来看,他同休谟、黑格尔和马克思的关系,和他本人表示的同洛克、卢梭和康德的关系相比,至少是同等重要的。

第二,当代经济学理论是影响罗尔斯正义理论的一个重要因素。因限于篇幅,我们无法全面展示罗尔斯政治哲学同当代经济学的关系。但是,弗雷曼的一段话足以呈现那种关系的基本轮廓:"1990年,罗尔斯在接受《哈佛哲学评论》访谈时说,完成博士论文后,他在1950年秋季开始搜集与后来的《正义论》有关的笔记。在这个时期,他师从鲍莫尔学习经济学,认真研读了保罗·萨缪尔森的一般平衡理论和福利经济学、希克斯的《价值和资本》、瓦尔拉斯的《纯粹经济学要义》、弗兰克·奈特的《竞争伦理学》,以及冯·诺伊曼和莫根斯特恩的博弈论。"[17]

第三,罗尔斯的正义理论有着其深刻的来源和神秘之处。罗尔斯以经济学为武器,以分析哲学为研究方法,以功利主义为批判对象,解决基本自由的问题,将自己与社会契约论传统联系起来,构建起完善的正义理论。除了在方法论上部分继承分析哲学传统,无论在行文结构、价值判断或者是正义理论的构建方面,都具有黑格尔风格。身后有黑格尔这位巨人存在,很大程度启发了罗尔斯正义理论的构建。在《我的教学工作》(1993)未公开发表的说法中,罗尔斯提到在《正义论》中他最喜欢的是第三部分,讨论道德心理学的部分,这恰恰是从黑格尔和斯退士那里获得的部分。

第四,如果罗尔斯在《正义论》发表之初便说明这一理论得益于黑格尔,那么这本书也许会失去许多读者,至少它将无法进入一流哲学评论家的眼中。当然,这只是一种猜测。大陆哲学和分析哲学本来交叉重叠,学习两者可相得益彰,二战之后面对大陆哲学尤其是黑格尔思想被摒弃的情况,罗尔斯或许在大陆哲学和分析哲学之间做了艰难选择,运用分析哲学外衣,巧妙隐藏大陆哲学因素,去掉了令人不快的因素,取得了成功。

第五,我们试图揭去罗尔斯分析哲学的外表,揭示其深层的德国古典哲学根源,尤其是一直隐藏其中的黑格尔因素,以期表明罗尔斯哲学既有英美分析的一面,更有欧洲大陆的传统。以至于长期以来在罗尔斯和桑德尔、泰勒、麦金太尔、罗蒂等人之间的争论并不是像表面上看起来那样是学派与学派的争斗,而更像是同一个大家族背景之下的"兄弟之争"。这一家族的家长,有时是康德,有时是黑格尔,有时则是马克思。无论那个家族的家长是谁,他显然有着纯正的欧洲大陆血统,而同英美分析传统无涉。借此,罗尔斯学说中的实用主义因素也得以清楚呈现。一般来说,分析哲学和实用主义之间有一条明确的鸿沟。分析哲学反对黑格尔,实用主义则对黑格尔充满好感。黑格尔成为区分分析哲学和实用主义的一个重要标准。然而，由于罗尔斯距离黑格尔并不遥远，罗尔斯离实用主义也不遥远。因此，从深层来说，罗尔斯是一位地道的欧洲大陆哲学家。

总而言之，由于当时特殊的历史条件和罗尔斯本人的主观原因，罗尔斯没有明确地澄清他个人的思想来源。罗尔斯政治哲学吸收和借鉴了德国古典哲学、英美分析哲学、社会契约论、功利主义政治学、当代经济学等众多思想成果，呈现出从洛克、休谟、卢梭、康德、黑格尔（斯退士）、马克思到维特根斯坦（马尔柯姆）、伯林、哈特的多重来源。其中，摆脱基督教的影响成为罗尔斯思考社会正义问题的逻辑起点，黑格尔哲学为罗尔斯构思正义理论提供体系框架，分析哲学为他论证正义理论中的诸多原则提供了精细的方法论指导，当代经济学为罗尔斯解决正义问题提供了可操作的实践路径。由于罗尔斯本人有意隐瞒其中某些思想来源，尤其是隐瞒同黑格尔和斯退士的关系，形成了所谓的"罗尔斯的秘密"，导致中国学者误读了罗尔斯的两个正义原则，进而误读了罗尔斯的政治哲学。

四

萨缪尔·弗雷曼现为宾夕法尼亚大学哲学和法学教授，是罗尔斯的得意门生，在罗尔斯学术事业巅峰时期成为其嫡传弟子，在其指导下获得哈佛大学哲学博士学位，并一生追随。弗雷曼帮助罗尔斯编辑出版了《罗尔斯论文集》，在罗尔斯过世后编辑出版了其遗著《政治哲学史讲义》。他还是重要的罗尔斯研究论文集《剑桥罗尔斯指南》的主编。这一切表明，弗雷曼深得罗尔斯及其家人的信任。像诺曼·丹尼尔斯（Norman Daniels）一样，弗雷曼是忠实的罗尔斯信徒。作为律师出身的政治哲学和法哲学家，弗雷曼对罗尔斯的把握，更接近罗尔斯本人的思想趣味。我完全赞同弗雷曼的如下评价:"正义与人性相通,合理的正义社会(假如不是'完美的正义社会')是人心所向。这也许是罗尔斯一生的主要哲学遗产。"[18]

经过一年的努力,萨缪尔·弗雷曼的《罗尔斯》中文版终于面世。《罗尔斯》也是我主持的国家社科基金重点项目"实用主义政治哲学研究"(项目编号13AZX016)的阶段性成果。借《罗尔斯》出版的机会,我感谢浙江大学"新星"计划,让我赶上去哈佛大学哲学系作为期两年访问学者的末班车,感谢哈佛大学诺曼·丹尼尔斯教授引导我进入罗尔斯的精神世界,感谢宾夕法尼亚大学萨缪尔·弗雷曼教授耐心回答我在翻译中遇到的问题。我感谢包利民教授的推荐和华夏出版社编辑罗庆先生的信任。我感谢浙江大学竺可桢学院的同学们,感谢选修《智慧和正义》的同学们,感谢选修《当代西方政治思潮》的同学们,感谢你们以十分的耐心听我讲授罗尔斯政治哲学。我还要感谢我的学生曹晗蓉、刘腾、胡朋志、刁小行、高礼杰、张林刚、陆聂海、钭舟凌、杨丙乾、王美智和黄芳参加了本书校对工作,这里也有你们的思想贡献。最后,感谢我的妻子饶月琳和女儿张含瑶,张含瑶还参加了本书中英文索引的录入和翻译工作,虽然那个部分因这套丛书体例缘故最终没有收录。

中国梦和美国梦是相通的。美国哲学家罗尔斯的政治哲学将给中国政治哲学的发展带来启示和帮助。愿《罗尔斯》传递正义的能量,促进中国梦早日实现。

2013年7月5日
于杭州·紫金港

参考文献

[1] 艾耶尔,《语言、真理和逻辑》,尹大贻译,上海:上海译文出版社,1981。

[2] John Rawls, A Theory of Justice, Cambridge, Ma: Harvard University Press, 1971.

[3] 张国清,《译者序:德性就是主观的法》,载于罗尔斯:《道德哲学史讲义》,张国清译,上海:上海三联书店,2003。

[4] Richard Rorty, Philosophy as Cultural Politics, Philosophical Papers, Vol. 4. New York, Cambridge: Cambridge University Press, 2007.

[5] Samuel Freeman, Rawls, London and New York: Routledge, 2007.

[6] 鲍桑葵,《关于国家的哲学理论》,汪淑均译,北京:商务印书馆,1996。

[7] 黑格尔,《法哲学原理》,范扬、张企泰译,北京:商务印书馆,1982。

[8] John Rawls, A Theory of Justice, Revised Edition, Cambridge, Ma: Harvard University Press, 1999.

[9] John Rawls, Collected Papers, Samuel Freeman ed. , Cambridge, Ma: Harvard University Press, 1999.

[10] John Rawls, A Theory of Justice, Revised Edition, Cambridge, Ma: Harvard University Press, 1999.

[11] Samuel Freeman, Rawls, London and New York: Routledge, 2007.

[12] John Rawls, A Theory of Justice, Cambridge, Ma: Harvard University Press, 1971.

[13] John Rawls, A Theory of Justice, Cambridge, Ma: Harvard University Press, 1971.

[14] 罗尔斯,《政治自由主义》,万俊人译,南京:译林出版社,2000。

[15] John Rawls, A Theory of Justice, Revised Edition, Cambridge, Ma: Harvard University Press, 1999.

[16] Samuel Freeman, Rawls, London and New York: Routledge, 2007.

[17] Samuel Freeman, Rawls, London and New York: Routledge, 2007.

[18] Samuel Freeman, Rawls, London and New York: Routledge, 2007.

前言与致谢

本书旨在解读罗尔斯政治哲学和道德哲学的主要思想。罗尔斯是20世纪最杰出的政治哲学家。很多人认为,罗尔斯是有史以来最伟大的政治哲学家之一。他的主要著作《正义论》已被译成三十余种语言。罗尔斯的整个学术生涯专注于一个具有普遍性的哲学主题,其在正义问题上的著述超过了任何一位重要哲学家。他追求的正义社会理想的一般特征已为世人所熟知:正义社会是宪政民主社会,给予所有人以均等机会,保证为所有人提供最低限度的社会收入。除了"差别原则",罗尔斯思想的最独特之处,不在于他的正义原则——平等基本自由原则和公平均等机会原则——力推在崇尚自由主义传统的康德、密尔和其他代表人物那里找到的观念,而在于他对这些社会政治制度所作的哲学论证。罗尔斯复活了洛克、卢梭、康德等人论述自然权利的社会契约理论,把它同一种道德证明结合起来,后者与世俗、民主、科学时代的现代感较为契合。

罗尔斯工作的指导目标是,借助于一种正义观,证明自由民主社会的初级制度(primary institutions),民主社会的公民将接受并且依赖那种正义观,以指引其深思慎行(deliberations),彼此证明治理民主社会的基本制度和法律(basic institutions and laws)。为民主社会提供"公共宪章"(public charter),或者(如他所谓的)"为政治证明提供公共基础"(public basis for political justification),这样的目标在罗尔斯晚期著作中表现得尤为突出。这个目标同他早期对洛克、卢梭、康德的自由民主社会契约传统的依赖相联系。他们的学说的基本观念是,社会成员应有能力自由接受并且普遍赞同主要的政治社会制度，那些制度规制并且塑造社会成员的日常生活。众所周知的罗尔斯版社会契约——"无知之幕"（vein of ignorance）剥夺了各方对有关自身及整个社会的所有特定事实的知识，站在"无知之幕"的背后，中正无私地赞同正义原则——只是其广泛契约论论证的一部分。同样重要的是第二个契约论论证，自由平等的公民，置身于"良序社会"（well-ordered society），为道德正义感所触动，也会接受且赞同相同的正义原则。良序社会观念是隐藏在罗尔斯契约论——包括原初状态——背后的监督力量。

对罗尔斯来说，证明正义原则的关键在于良序社会的实际可能性，在良序社会中，凡是通情达理者（all reasonable and rational persons）①都赞同并且普遍遵守相同的正义原则。罗尔斯政治自由主义是为证明如下情形量身定做的：在所有自由平等的公民中间，有关合理协议的基本契约论理念是一个可行的社会理念，兼容于人性和社会合作的约束。他的公共理性见解，一种政治正义观，支撑起政治证明的公共基础，与其出色的先行者相比，把社会契约论又向前推进了一步。罗尔斯认为，假如我们认真地把自由平等视作民主社会的基本政治价值，那么公民必然地既接受宪法背后的正义原则，又接受对正义原则的证明。本书的一个主题就是，良序社会理念对罗尔斯的契约论及其正义理论的发展是至关重要的。

人们常说，罗尔斯竭力证明的宪法，相似于美国宪法，兼有权利法案、权力分治和司法审查。虽然原本不是他的具体目标，但他的确非常看重这些制度，认为同其他民主制度变体相比，它们更容易

---

① 罗尔斯区分了术语 reasonable 和 rational。reasonable 表示"合理的"、"讲道理的"；the reasonable 作为名词，表示"合理事物"，主要涉及人的道德动机或目标。rational 表示"理性的"，the rational 作为名词，表示"理性事物"，主要涉及人处理问题的手段、方法和策略。reasonable and rational 是罗尔斯在其著作中经常出现的一个短语，专门用来修饰民主社会的公民，表示公民为人处世既要讲道理（reasonable），又要讲理性（rational），reasonable and rational 有"合理理性"、"通情达理"、"合情合理"的意思，考虑到汉语习惯，一般译为"通情达理"。（本书原作者注释均排在各章篇末，所有脚注均为译者注。）

实现公民平等的基本权利和公平机会。作为公平的正义之背离美国宪政体系,最主要之点是其论述经济正义的见解,包括公平均等机会,以及差别原则诉求,即经济应当为了最大化社会的最少受惠者利益而组织起来。当下,美国社会政治政策正日益以最富裕成员为焦点,允许财富"滴入"(trickle-down)社会的最少受惠者。(这在如下做法中是明显的:取消地产税,取消向非劳动所得投资收入包括资本利润征税,同时减免工人的劳动所得税。)罗尔斯本人有时因为支持"滴入"经济而受到指责,因为他的差别原则允许收入和财富不平等,从而刺激国民培育其能力,延长工作时间,承担各种风险,如此等等。不过,假如"滴入"经济意指这样一种经济,它最大化地甚至压倒性地给予较多受惠者以利益,以希望它正好令最少受惠者受益,那么罗尔斯所持的立场正好相反:差别原则要求社会首先关注经济上的最少受惠者,然后设法最大化他们的经济预期(包括影响和控制其工作的机会)。根据差别原则,只有旨在最大化最少受惠者而非最大受惠者利益的激励才是允许的;许可的激励和不平等是,与其他可施行的选项相比,它们使最少受惠者的处境得到了改善。就此而言,更恰当的说法是,根据差别原则,财富和收入允许从较少受惠者那儿"溢出"(suffuse upwards)。其要义是,假定不平等会对每个人的利益产生影响,那么没有一个原则比差别原则更允许不平等使最少受惠者受益。

  罗尔斯在《政治哲学史讲义》中说道,只有当一种道德理论经过最为透彻的考虑之后,它才获得最好的理解,否则批评一种理论是没有意义的(LHPP, xiii, 105)。我试着最佳地展示罗尔斯的正义理论。我的目标是,澄清对罗尔斯立场的较常见误解。不过,我也想讨论罗尔斯立场存在的真实问题和隐晦之处。首先是罗尔斯为形成某种正义观所作的努力,在他所谓的"良序社会"里,那种正义观将得到所有通情达理者的公开接受。在《正义论》中,罗尔斯探讨了良序社会是如何实际可能的。他的见解最终遇到了一些困难,这导致他在《政治自由主义》中对其观点作了修订(参阅该书第七章及以后)。然而,在最后一篇论文"公共理性观念再探"中,罗尔斯似乎已经承认,所有公民普遍赞同的作为公平的正义实际上是不可能的。这对他来说必定是一件极其令人失望的事,因为他花了将近四十年时间就是想要证明,人人都接受作为公平的正义为公共宪章,这样的良序社会是实际可能的,是兼容于人性、兼容于社会合作的普遍事实的。无论如何,他最终仍然相信,不管人性有什么不足,通情达理的人有能力拥有一种有效的正义感,在道德上声援一种自由观,它保护基本自由,提供均等机会,确保所有公民享有最低社会保障(social minimum)。无论罗尔斯对人类状况的确信是否得到证明,对未来几代人来说,罗尔斯的著作都是道德和政治思想史上的一项伟大成就。

本书按照罗尔斯三部主要著作及其主要部分的顺序以编年方式编撰。第一章讨论罗尔斯的简要生平,提到了对其工作产生影响的几位主要哲学家,以及他对他们的解释。这一章的结尾讨论了罗尔斯对证明的见解,罗尔斯认为,证明是我们考虑过的确信的"反思平衡"(reflective equilibrium),这个见解贯穿于其所有著作当中。(读者如对证明的历史影响或哲学问题不感兴趣,这些章节可以略过不读,这不会造成理解上的太多损失。)第二至六章涵盖了罗尔斯的主要著作《正义论》。第二至六章对初步了解罗尔斯主要贡献最为重要,它们解释了《正义论》第一编有关正义原则的讨论(第二、三章),以及罗尔斯从原初状态(第四章)出发对这些原则的论证。第五章涉及《正义论》第二编和其他地方的一些材料,讨论了作为公平的正义所必不可少的制度。第六章讨论《正义论》第三编,作为合理性的善、正义感和稳定性,讨论了罗尔斯的一致性论证,即正义对人之善是至关重要的。第七章是过渡章,讨论了在《正义论》和《政治自由主义》之间的内容,包括罗尔斯有关康德建构主义和道德理论的独立性的见解。(专家们会对这些讨论有较大兴趣。)它以对罗尔斯在《正义论》第三编论证时发现的几个主要问题的讨论为结论，那些问题导致他形成了政治自由主义学说。《政治自由主义》的主要思想包含在接下来的两章中，第八章讨论了《政治自由主义》的第 I – III 讲，讨论了政治正义观和政治建构主义观念。第九章讨论了《政治自由主义》的第 IV 和第 VI 讲，包括重叠共识观念和公共理性观念。最后，第十章探讨了罗尔斯的最后著作，他在《万民法》中提出的国际正义见解，讨论了它何以是《政治自由主义》的组成部分并为自由宪政民主国家的对外政策奠定了基础。

我感谢许多友人和同事多年来所做的评论、建议、批评和讨论，我尤其要感谢约书亚·科亨(Joshua Cohen)、艾米·盖特曼(Amy Gutmann)、保罗·盖耶尔(Paul Guyer)、劳尔·库玛(Rahul Kumar)、斯蒂芬·佩雷(Stephen Perry)、安德鲁·里斯(Andrews Reath)、托马斯·里克兹(Thomas Ricketts)、斯坎伦(T. M. Scanlon)、萨缪尔·谢夫勒(Samuel Scheffler)、唐(K. C. Tan)和乔伊·华莱士(R. Jay Wallace)。我要对安德鲁·里斯和唐致以特别的谢意，他们俩不厌其烦地阅读了手稿，颇费周章地撰写了多页评论性反馈意见。替劳特里奇出版社工作的四位匿名审稿人提出了广泛而有益的评论，引导我对原稿作了多处必要修订。马克·卡普朗(Mark Caplan)阅读了第 4 章，就我有关决策理论的论述提出了许多有益建议。马特·里斯特(Matt Lister)和马克·奈文(Mark Navin)也作了许多有益评论。我尤其要感谢我的学生和好友约瑟夫·法帕(Joseph Farber)，在 2006 年 5 月不幸去世之前，他一边忍受着癌症的折磨，一边阅读了本书初稿的许多内容，并给我提了许多有益的评论。数年来，我从与我一起研讨罗尔斯和政治哲学的其他学生那儿也学到了许多东西，他们是梅丽娜·贝尔(Melina Bell)、内德·戴弗(Ned Diver)、约翰·奥伯狄克(John Oberdiek)、保罗·利顿(Paul Litton)、汤姆·沙利文(Tom Sullivan)、玛丽亚·莫拉莱斯(Maria Morales)和珍妮·厄尔曼(Jennie Uleman)。我非常感谢马迪·罗尔斯(Mardy Rawls)校对了页码校样,并提供了传记素材和编辑建议。非常感谢贝特赛·弗雷曼·福克斯(Betsy Freeman Fox)校对了所有页码。感谢马特·利斯特和埃林·拉雷尔(Erin Lareau)。我还要感谢《剑桥罗尔斯指南》撰稿人,编纂那本指南让我受益良多。

我最应当感谢的人,是那些最认真负责、最敏锐的罗尔斯批评者和诠释者,包括我的老师罗纳德·德沃金(Ronald Dworkin)、迈莎·纽斯鲍姆(Martha Nussbaum)、罗伯特·诺齐克(Robert Nozick)和伯顿·德莱本(Burton Dreben),后两人现已离开人世;以及科恩(G. A. Cohen)、约瑟夫·拉兹(Joseph Raz)、布里安·巴里(Brian Barry)、阿马蒂亚·森(Amartya Sen)、托马斯·内格尔(Thomas Nagel)、尤尔根·哈贝马斯(Jürgen Habermas)、托马斯·波格(Thomas Pogge)、查尔斯·贝茨(Charles Beitz)、杰里米·沃尔德伦(Jeremy Waldron)、威尔·金里卡(Will Jymlicka)、迈克尔·桑德尔(Michael Sandel)、菲利普·范·帕里斯(Philippe van Parijs)等等,因人数太多,不胜枚举,我将在后面讨论或提到他们的工作。我将在一定程度上——无疑并不尽如人意地——试着罗列他们的批评和评论。反省他们对罗尔斯的批评和评论,也许更有助于本人明确就罗尔斯立场的分叉(ramifications)、障碍和偶尔不足所持的见解。

我的研究助理凯瑟琳·莫兰(Kathleen Moran)花了很多时间来帮助整理和编辑这部手稿,并帮助做了索引。我尤其要感谢她在过去两年对这部书稿和另两部书稿提供的宝贵支持。我感谢责任编辑劳特里奇出版社安娜玛丽亚·基诺(Annamarie Kino)对这部书稿的全力支持,感谢她的帮助和建议。我感谢宾夕法尼亚大学文理学院,感谢萨缪尔·普莱斯通(Samuel Preston)院长和雷贝卡·巴什纳尔(Rebecca Bushnell)院长,为我提供2005—2006年的学术休假,使我有时间写作本书后半部分。感谢斯坦福大学法学院,在那一年为我提供了办公室;感谢德布拉·赛兹(Debra Satz)和迈克·布拉特曼(Micheal Bratman),感谢斯坦福大学哲学系的慷慨和通融;感谢加州大学伯克利分校法学院法理学和社会政策(JSP)项目的萨缪尔·谢夫勒(Samuel Scheffler)、艾里克·拉科夫斯基(Eric Rakowski)和山迪·凯迪思(Sandy Kadish),允许我在那一年成为凯迪思研究员,参加他们的研讨班。最后,感谢我在伯克利哲学系的好友杰伊·瓦莱士(Jay Wallace),允许我在那一年数周访问期间占用他的办公室来完成这部手稿。

数年来,妻子安妮特·劳拉·弗雷曼(Annette Lareau‑Freeman)就本书写作向我提出了有力而有价值的建议。她既重视我得讲清楚的问题,又关心我应当规避的问题。她耐心读完了手稿,从非专业视角督促我澄清了一些观念。我感谢她的乐观豁达,感谢她持之以恒的鼓励和支持,感谢她为我所做的一切,我把本书敬献给她。

最后,我最应当感谢约翰·罗尔斯。在长达二十五年的岁月里,他既是良师,又是益友。在20世纪70年代中期,当我第一次读到《正义论》时,我还是一名三年级的法学院学生,像许多人一样,我感到,这本书对我内心深处持有的道德信念作了哲学表达。我于是决定(也许在当时是愚蠢的,因为我已经有了一个一岁大的女儿),放弃法律职业生涯,转而研究政治哲学和道德哲学。作为法律书记员在联邦和州法院从事法律工作之后,我向一些研究生院提交了申请,令人惊奇的是,我极其幸运地被哈佛录取,并投师杰克门下。于是,我经常有机会当面向杰克求教,我往返于费城和莱克星顿之间,每年两三次与杰克和马迪一起造访他们的家。在杰克的要求下,我非常荣幸地编辑了他的《论文集》;在马迪的帮助下,我编辑了其遗著《政治哲学史讲义》。杰克是一个无与伦比的人。作为具有世界历史意义的思想家,他慷慨大度,与世无争,温文尔雅,心地纯正,他把所有这些品格融于一身。杰克的谦虚品格在其自嘲的幽默感中得到了佐证。在快要走到生命尽头时,他给朋友写了一个小传,名叫"小法官杰克"(Just Jack)。这个标题源自一个真实故事,是由哈佛法学院保罗·弗洛温德(Paul Freund)告诉他的。芝加哥联邦法院有两个地方法官都叫尤利乌斯·霍夫曼(Julius Hoffman)。为了区分这两人,芝加哥法律从业者尊称受到高度尊敬的尤利乌斯·霍夫曼为"尤利乌斯大法官"(Julius the Just)。另一个尤利乌斯·霍夫曼在20世纪70年代因负责芝加哥七君子审判(the Chicago Seven trial)而名声欠佳,他们叫他"小法官尤利乌斯"(just Julius)。杰克在书里为朋友签名时的落款是"小法官杰克"(just Jack)。然而,无论他怎样看自己,无论他多么希望别人把他只看做"小法官杰克"(just Jack),他是真正的"杰克大法官"(Jack the Just),是现时代杰出的正义理论家。

我把本书敬献给罗尔斯,以作纪念。

罗尔斯著作缩写表

这份罗尔斯著作缩写表中的缩写出现在整个文本中。

CP　　《罗尔斯论文集》,萨缪尔·弗雷曼编,麻省康桥:哈佛大学出版社,1999年。

JF　　《作为公平的正义新论》,艾琳·凯莉编,麻省康桥:哈佛大学出版社,2001年。

LHMP　《道德哲学史讲义》,巴巴拉·海尔曼编,麻省康桥:哈佛大学出版社,2000年。

LHPP　《政治哲学史讲义》,萨缪尔·弗雷曼编,麻省康桥:哈佛大学出版社,2007年。

LP　　《万民法》,麻省康桥:哈佛大学出版社,1999年。

PL　　《政治自由主义》,纽约:哥伦比亚出版社,1993年;修订版,1996年;扩充版,2005年。

TJ　　《正义论》,麻省康桥:哈佛大学出版社,1971年;修订版,1999年。

罗尔斯年表

1921	2月21日出生于美国马里兰州的巴尔的摩,父母为律师威廉·李·罗尔斯和安娜·埃布尔·罗尔斯。
1935—1939	就读并毕业于西康乃狄克州肯特学校,一所由僧侣管教的男校。
1943	1月新泽西州普林斯顿大学学习哲学并获学士学位,不久参军入伍。
1943—1946	服役于太平洋美军步兵师,参加为期36天的新几内亚莱特岛战役,并参加为期120天的菲律宾吕宋岛战役,占领日本本土服役4个月。
1949	与巴尔的摩的玛格丽特·沃菲尔德·福克斯结婚,后者毕业于布朗大学彭布罗克学院;这桩53年的婚姻育有四个子女。
1950	获得普林斯顿大学哲学博士学位,导师W. T. 斯退士,论文主题为道德价值和道德知识,该论文开始酝酿"反思平衡"观念。
1950—1952	普林斯顿大学讲师。
1952—1953	获得牛津大学基督教会学院富布莱特奖学金,师从哈特、以赛亚·伯林和斯图亚特·汉普希尔学习。
1953	康奈尔大学助理教授。
1956	康奈尔大学副教授。

1957	发表论文"作为公平的正义",36 岁的罗尔斯初次提出了后来在《正义论》中阐发的见解。
1959—1960	哈佛大学访问副教授。
1960	麻省理工学院哲学教授。
1962	哈佛大学哲学教授。
1963	发表论文"正义感",对后来在《正义论》第 8 章中阐发的道德心理学作了探讨。
1967	发表论文"分配正义",对差别原则作了初步探讨。
1969	发表论文"公民不服从的证明",修订后发表在《正义论》第 6 章。
1971	《正义论》出版,呈现了他对"原初状态"、"无知之幕"、"平等的基本自由"和"差别原则"的见解,已发行五十余万册,译成三十余种语言。
1974—1975	担任美国哲学学会东部分会主席。
1979	成为哈佛大学詹姆斯·布雷恩特·科南特哲学教授。
1980	在哥伦比亚大学举办三次杜威讲座,主讲"道德理论中的康德式建构主义",强调自由平等的道德人观念对作为公平的正义的重要性。
1981	举办密歇根大学唐纳讲座,主讲"基本自由及其优先性",是其第一正义原则的重要发展。
1985	发表论文"作为公平的正义:政治的而非形而上学的",初稿发表于 1986 年牛津大学法理学和道德哲学哈特讲座,为向 H. L. A. 哈特表示敬意而作。
1989	发表论文"康德道德哲学中的论题",是后来在 2000 年秋出版的康德系列讲座的初步展示。

1991	从哈佛大学全职教授岗位退休,继续讲授年度课程《现代政治哲学》,直到 1995 年。
1993	《政治自由主义》出版,罗尔斯阐发了"政治建构主义"、"重叠共识"、"公共理性"和"公共证明"等观念。举办并发表大赦国际讲座"万民法",对国际正义理论提出了初步见解。
1995	10 月第一次中风,放弃教学和公共讲座,但继续写作。
1997	发表论文"公共理性观念再探",对政治自由主义作了最后申明。
1999	《万民法》、《论文集》和《正义论》修订版面世,荣获由美国总统克林顿授予的全国人文学科杰出成就奖,荣获瑞典皇家学会颁发的逻辑和哲学拉尔夫·肖克奖。
2000	《道德哲学史讲义》出版。
2001	《作为公平的正义新论》面世,它最初是哈佛大学现代政治哲学讲座的一部分。
2002	11 月 22 日在麻省莱克星顿家中去世,享年 81 岁;葬于麻省康桥奥本山墓地。
2007	《政治哲学史讲义》出版。

注释

1 菲利普·冯·帕里杰斯在其论文"差别原则"开头一节中实际上提出了这样的指控。参阅《剑桥罗尔斯指南》,萨缪尔·弗雷曼编,剑桥:剑桥大学出版社,2003 年,第 201 - 202 页。(为了方便中文读者,我把所有的注释改为每一章的尾注,并在一些地方增加了译注。——译者注)

2 此外,这位霍夫曼法官限制和禁止被告讲话,以使法庭保持肃静。

第一章 导论

第一节 罗尔斯的生平

1921年2月21日,约翰·罗尔斯出生在马里兰州的巴尔的摩,父母为威廉·李(William Lee)和安娜·埃布尔·斯坦普·罗尔斯(Anna Abele Stump Rawls),在五个兄弟中排行老二,其中两个早年夭折。他在巴尔的摩长大。父亲以律师为业,母亲来自一个显赫并且曾经富有的巴尔的摩家庭。母亲聪慧贤淑,事业有成,是新成立的巴尔的摩妇女选民联盟(League of Women Voters)早期主席。

罗尔斯的父亲来自北卡罗来纳东部,与格里维尔(Greenville)为邻。由于得了肺结核,罗尔斯的祖父离开北卡罗来纳,来到巴尔的摩,住在离约翰·霍普金斯大学医院不远的地方,那一年罗尔斯的父亲12岁。为了帮助家用,他的父亲14岁就离开学校,在一家律师事务所找了一份跑腿的活。通过利用业余时间阅读法律事务所的法律书籍,罗尔斯的父亲自学了法律。他虽未受过正规教育,却通过了律师资格考试,并在1905年成为一名见习律师,时年22岁。1911年,他成为马伯里、哥斯奈尔和威廉(Marbury, Gusnell and Williams)律师事务所的合伙律师。该事务所是美国最老牌的律师事务所之一,创始人是著名的联邦最高法院案件马伯里诉麦迪逊案(Marbury v. Madison, 1803年)的马伯里。在那个案件中,首席大法官马歇尔(Marshall)认为,联邦最高法院有权对国会和行政机关法令的合宪性进行司法审查。

虽未受过学院训练,但是罗尔斯的父亲是一位见多识广、温文尔雅且颇受尊敬的律师。早在1909年,他在美国联邦最高法院前就西弗吉尼亚州和马里兰州边界争端阐明主张。1930年,他被美国联邦最高法院任命为解决新泽西州和特拉华州边界争端特设长官(Special Master)。他的报告大受推崇,被联邦最高法院采纳。1919年,他被推选为巴尔的摩市律师协会会长,也许是当时最年轻的会长。

虽然罗尔斯的父亲是一名非常成功的律师,家境殷实,足以供子女接受良好教育,但他并不擅长理财。1946年,他没有立下遗嘱便离开了人世,几乎没有留下什么财物,撇下了穷困潦倒的罗尔斯太太。罗尔斯太太身心健康大受影响。她的两个侄子和罗尔斯的哥哥比尔照顾着她和她12岁大的儿子理查德,直到她1954年去世。

罗尔斯在巴尔的摩的卡尔弗特学校(Calvert School)读了六年书,然后上了两年罗兰帕克初中(Roland Park Junior High School),当时他的父亲是巴尔的摩市学校董事会主席。接着,从1935年到1939年,杰克被送往西康涅狄格州的肯特学校(Kent School),一所由僧侣严格管教的男校。他在1939年高中毕业,就读于普林斯顿大学。

至于其在普林斯顿主修哲学的原因,罗尔斯作了如下解释:

> 我从来没有想过父亲和哥哥以之为业的法律,因为口吃让我打消了这个念头。此外,我也从来没有想过要去做商务。我于是尝试了许多课程。刚开始时,我想主修化学,但很快证明它并非我所长。数学也是如此,我尽管费了更多的心思,但终无所获。我于是想在绘画和艺术上碰碰运气,我选修了音乐课,却被我的天才老师罗格·塞斯逊(Roger Sessions)和密尔顿·巴比特(Milton Babbitt)客气地告知,他们的天赋花在我身上纯粹是浪费。除了音乐,我干点别的什么都行。要是塔克(A. W. Tucker)知道的话,这个忠告也会得到他的赞许。因为当我告诉他我已放弃学习数学的打算时,他嘟哝道:"罗尔斯,我希望你找到你能胜任的某个事情。"好像他想象不出我能做什么。我当时也不知道自己能做什么,但我一直努力地尝试着,终于我在哲学上停了下来。

1943年1月,罗尔斯从普林斯顿大学毕业不久便应征入伍,成为一名美国步兵团士兵。经过基础训练后,他被派往太平洋战场,服役于第32步兵师("红箭师")第128团。他参加了为期36天的新几内亚莱特岛战役,接着参加了为期120天的菲律宾吕宋岛战役。一天,他在河边饮水时没有戴头盔,敌人的一颗子弹擦破了他的头皮,给他留下了一个永久性的疤痕。作为一名雷达操作兵,罗尔斯常常要埋伏在敌后,沿着危机四伏的吕宋岛维拉维德小道(Villa Verde Trail),进行充满危险的侦察。罗尔斯因此被授予了铜星勋章(Bronze Star)。大约1945年8月21日,当占据吕宋岛的日军司令长官山下奉文(General Yamashita)投降时,罗尔斯自告奋勇地参加了一支由25名战士组成的小分队,深入丛林,把山下奉文带了出来。由于很多日军士兵不知道战争已经结束,这是一次极其危险的徒步探险。然而罗尔斯说,为了完成那个特殊使命,他感到自己需要在那儿。1945年9月,罗尔斯随占领军进入日本。在1945年8月原子弹爆炸后不久,他坐着军队火车穿越了广岛(Hiroshima)残骸区。战争的经历,加上欧洲大屠杀,对他产生了深远影响。罗尔斯的很多战友,他在卡尔文特、肯特和普林斯顿期间的很多同学,都战死沙场。

1946年1月,完成服役之后,罗尔斯根据退役军人法案,重返普林斯顿大学,攻读哲学硕士学位。在1947-1948年间,他到康奈尔大学学习一年。1949年,就在他结婚前夕,完成了博士论文并通过了论文答辩。1950年6月,他获得了哲学博士学位,在沃尔特·斯退士[1]指导下完成毕业论文。论文的主题是道德知识和人格的道德价值判断。罗尔斯接着在普林斯顿任讲师,在那里教了两年书(1950-1952年),他的合同到期后没有续约。

在1952-1953学年,罗尔斯申请到富布莱特奖学金,到牛津做博士后。在那里,他是基督教会学院(Christ Church College)的贵宾桌成员。牛津的一年是罗尔斯漫长学术生涯中最有长进的一年。在牛津期间,罗尔斯尤其受到了哈特(H. L. A. Hart)讨论法哲学讲座的影响,也受到了以赛亚·伯林(Isaiah Berlin)和斯图亚特·汉普希尔(Stuart Hampshire)主持的研讨班的影响。他还参加了在吉尔伯特·赖尔住所举行的定期讨论小组。

1953年,罗尔斯回到美国,成为康奈尔大学哲学助理教授,成为他原来的教师纽曼·马尔科姆的同事,那里还有其普林斯顿大学同学和挚友罗杰斯·奥尔布里顿(Rogers Albritton)和戴维·萨赫斯(David Sachs)。罗尔斯不久获得终身教职,在康奈尔一直待到

---

[1] 斯退士(W. T. Stace, 1886-1967),英国哲学家,黑格尔专家、道德心理学家和神秘主义者,普林斯顿大学哲学教授,著有《黑格尔哲学》、《神秘主义和哲学》、《道德的概念》、《时间与永恒》、《知识理论和存在》等。

1959年,那一年他做了哈佛大学访问教授。接着在1960年,他加入麻省理工学院,成为该校哲学教师。两年后,罗尔斯申请到哈佛大学正教授教职。此后他一直在哈佛执教,直到1991年退休;他开设了政治哲学课程,直到1995年。

在哈佛,在1978年以前,罗尔斯担任约翰·科尔斯教席(John Cowles Chair)哲学教授,接着他继肯尼斯·阿罗(Kenneth Arrow)之后,成为詹姆斯·布雷恩特·科南特大学教授(James Bryant Conant University Professor),这是哈佛地位最高的教职之一。1971年《正义论》出版。1972年,《正义论》获得爱默生优秀图书奖(the Phi Beta Kappa Ralph Waldo Emerson Prize)。1970-1974年,他担任哈佛哲学系主任。1974-1975年,他担任美国哲学协会东部分会主席。罗尔斯是哈佛哲学系最伟大时期的成员。他的同事有蒯因(W. V. Quine)、尼尔森·哥德曼(Nelson Goodman)、希拉里·普特南(Hilary Putnam)、斯坦莱·卡维尔(Stanley Cavell)、罗伯特·诺齐克(Robert Nozick)、罗格斯·阿尔布莱顿(Rogers Albritton)、欧文(G. E. L. Owen)、罗德里克·费尔斯(Roderick Firth)、伊斯莱尔·谢夫勒(Israel Scheffler),以及其好友尤其是晚年好友逻辑学家伯顿·德雷本(Burton Dreben)。在其哈佛学术生涯的后半程,他的门生迈莎·纽斯鲍姆(Martha Nussbaum)、沃伦·戈德法布(Warren Goldfarb)、斯坎伦(T. M. Scanlon)和克里斯汀·科斯嘉(Christine Korsgaard)也成为他的同事。

1999年,罗尔斯被克林顿总统授予美国人文科学杰出成就奖。同一年,他获得瑞典皇家学会颁发的拉尔夫·肖克(Rolf Schock)逻辑和哲学奖。他从牛津、普林斯顿和哈佛获得荣誉博士学位,这是些他特别喜爱的大学。他宁静、诙谐、谦逊,教导并影响了一大批美国最著名的当代哲学家。他不爱抛头露脸,只想把时间要么用在工作上,要么花在家人和密友身上。他一般不接受访谈,也不在公共生活中扮演积极角色,他淡泊名利。他认为,哲学家面向普通民众时，通常会受到误解，虽然哲学对政治生活有重大影响，但是其影响是间接的，要经历许多年才能成为共同体道德意识的组成部分。

罗尔斯一生致力于研究正义问题，他对正义的兴趣源自其早年对基本宗教问题的关切（下一节将给予更详细的讨论）：为什么在世上存在着恶？尽管有恶的存在，然而人类仍然能够得救吗？这个问题最终导致他去探索，正义社会是否实际可能？他一生的工作都旨在发现，正义向我们提出的要求是什么，证明在人类能力范围内就能实现正义社会和正义的国际秩序。

在其晚年，罗尔斯对历史产生了很大兴趣，他对有关二战和亚伯拉罕·林肯的著作尤其着迷。他非常推崇林肯，那个不愿意向邪恶妥协的政治家。这些兴趣明显地表现在其晚期讨论国家间正义的著作中。在此不妨引用加州大学洛杉矶分校罗杰斯·奥尔布赖顿在杂志《通用语》(Lingua Franca) 中谈到罗尔斯时说的一段话："杰克是这样一个人……他在与人打交道时具有的道德感纯粹得令人难以置信。他不仅写出了一部伟大的著作，而且是一位非常令人敬佩的人。他是我们之中的佼佼者。"

1949年，罗尔斯同巴尔的摩的玛格丽特·沃菲尔德·福克斯(Margaret Warfield Fox)结婚，玛格丽特将毕业于布朗大学彭布罗克学院(Pembroke College in Brown University)。罗尔斯太太是一位艺术家，活跃于麻省莱克星顿地方政治，并致力于州环境规划。在她的画作中，有几幅是画约翰·罗尔斯的。她支持编辑和出版罗尔斯的晚年作品。约翰·罗尔斯和玛格丽特·罗尔斯养育了四个儿女。从1960年开始，罗尔斯一家生活在麻省莱克星顿一幢19世纪白色构架的大房子里。罗尔斯太太现在仍然住在那儿。

1995年，罗尔斯第一次中风，后又多次中风。虽然身体状况每况愈下，但在其生命最后七年的大部分时间里，他继续不停地工作着。在罗尔斯太太和友人伯顿·德雷本的帮助下，他完成了《政治自由主义》重要的"第二版序言"，论文《公共理性观念再探》和小册子《万民法》。罗尔斯还监督着他的《罗尔斯论文集》、两个讲座系列《道德哲学史讲义》和《作为公平的正义新论》的编辑与出版。他的《政治哲学史讲义》也将在 2007 年面世。经罗尔斯同意,罗尔斯太太在这两个晚期著作上做了许多重要的校勘工作。2002 年 11 月 24 日,早于其 82 岁生日三个月,罗尔斯在家中去世。

1990 年,罗尔斯在一次访谈中谈到了《正义论》:"其规模和范围的确有点疯狂。在写这个书时,我猜想其篇幅大约在 350 页左右;出校样时,出版社告诉我,它几乎有 600 页(实际是 587 页)。这让我大吃一惊。"他说,在完成那本书之后,"我本打算做主要与这本书第三编有关的一些其他研究,那是我最喜爱的部分,讨论道德心理学的部分……但我从来都没有回到那项工作上来。"在《我的教学工作》(1993 年)一些仍未发表的说法中,罗尔斯说道:

> 我一直最喜爱的部分是本书(《正义论》)的第三编,讨论道德心理学的部分。不过,它受人欢迎颇令我惊讶,我要作一个解释。我想它是有些优点的,但我总以为,它之所以广受好评,在于它的面世恰逢其时,当时正处越战期间,后来的学术与政治文化状况也促成了它。因为在相当长时间里,一直只有屈指可数的几个作品——伯林、哈特、巴里和沃尔泽的作品,因此似乎存在着对它们的需求。本书证明,尽管有错谬,在合理论证的支持下,其主题可以作为哲学的连贯部分得到讨论,而不单纯只是个人意见或同情心的表达。我决定我应当研究许多批评,因为存在着来自阿罗、森和哈桑伊①,以及哈特和内格尔、诺齐克和斯坎伦等人的很好反驳。我要设法强化作为公平的正义观并回应他们的反驳。

---

① 约翰·哈桑伊(1920—2000),出生于匈牙利布达佩斯的美籍经济学家,1994 年获得诺贝尔经济学奖。

8 罗尔斯

罗尔斯谈到其教学工作时说：

我试图做的(一件)事情是,以我所能采取的最强有力的形式呈现每一位著作家的思想。我牢记着密尔在评论[亚当·]西季威克时说的话:"在以最佳形式得到评判之前,一种学说便是没有定论的学说。"[①]这正是我想要做的工作。我在此想要说的无论如何都不是我以自己的方式去理解某个著作家本该有的思想,而是一位著作家实际说过的东西,是受到在我看来对原著的最合理解释支持的东西。原著是务必为人所知、所尊重的东西,其学说务必在其最佳形式里得到呈现。把原著抛在一边似乎是无礼的,是一种自以为是。假如我对它弃而不用,这虽则也是可以的,但我务必说明我这样子做的理由。我认为,以那种方式来开讲座,会使一个著作家的观点变得更加强有力,更加令人信服,也更值得成为同学们的研习对象。

几个公设引导着我的工作。比如,我总是假定,我们正在研究的这些著作家总是比我要聪明得多。如果他们不比我聪明的话,我为什么要在他们身上浪费我的时间和同学们的时间呢?如果我在他们的论证中发现了一个错误,我便假定他们也发现了它,并且确信他们已经对它作了处理。那么,他们在哪里处理它的呢?我考查他们的解决办法,而不是我自己的解决办法。有时,他们的解决办法是历史的:在当时,问题还没有必要提出,或者还不会被提出,或者还没法被富于成果地得到讨论,或者存在着我忽视了的或者没有读过原著的某个部分。

我们通过学习一些榜样来研究道德哲学和政治哲学,实际上是哲学的任何一个部分,这些著名人物在哲学上曾经做出值

[①] 密尔:《密尔选集》第10卷,《伦理学、宗教和社会论文集》,J. M. 罗伯逊编,多伦多:多伦多大学出版社,1969年,第52页。

得重视的各种尝试,我们努力向他们学习;假如我们足够幸运,我们将找到一条超越他们的途径。我的任务在于尽可能清晰而有力地解释霍布斯、洛克和卢梭,休谟、莱布尼兹和康德,总是小心翼翼地留意他们实际说过的东西。

因此,我不愿意向这些榜样提出反对意见;因为那样做太容易,而且会忽视一些重要的东西。不过重要的在于指出在同一个传统中那些后来者试图给予纠正的各种缺点,在于说明在其他传统的思想看来是错误的观点。(在这里我认为社会契约观念和功利主义是两个传统。)否则,哲学思想就无法进步,后来的批评者做出批评的理由也将是神秘的。①

第二节 罗尔斯的工作动机

要想说清楚,伟大哲学家在确立哲学立场时的动机是什么,这不是一件容易的事。幸运的是,有些哲学家对其目标是明确的。罗尔斯在开设讲座时强调,阅读哲学著作序言对了解哲学家著书立说的缘由是至关重要的。罗尔斯在《正义论》序言中表示,他的首要目标之一在于,为民主社会阐明最恰当的正义道德观,与盛行的功利主义传统相比,那种道德观将更好地解释自由平等的民主价值。为此,罗尔斯说,他想要复活源自洛克、卢梭和康德的社会契约哲学学说。在其后半生学术生涯中,在阐发他所谓的"政治自由主义"立场的过程中,罗尔斯日益关注民主正义,民主正义渐渐成为其目标。不过,先于他对民主正义近乎排他的关注,罗尔斯对一些更一般问题的关切而令其走向了政治哲学。

在普林斯顿大学大三和大四期间,罗尔斯对神学及其与伦理学

---

① 罗尔斯:《道德哲学史讲义》,张国清译,上海三联书店,2003 年,第 7 - 9 页。此处引文同原始引文略有出入。

的关系产生了浓厚兴趣。罗尔斯在普林斯顿完成的本科生荣誉论文,讨论的是人类罪过的宗教问题和共同体的可能性。[1] 这一兴趣导致其职业规划是,加入神学院,将来做一名牧师。然而,二战的服役经历打断了这一切。那场战争,加上他的战士经历,导致他重新思考宗教,尤其是人类善良的可能性。

可怕的邪恶导致人们对人性和宗教形成了极其不同的确信。正统的基督教教义在许多方面围绕人性堕落假说建立起来。它据称解释了尘世间何以存在如此大恶的原因。[2] "原罪"不只是亚当和夏娃的堕落,而且彰显了寄存在所有人身上的、促成其行动的与生俱来的有缺陷性格。二战大屠杀导致罗尔斯质疑这些宗教信仰和其他宗教信仰。仁慈的上帝为什么会创造出这样的人类,以至于他们自然地倾向于接受,更不要说从事,针对其他人类的如此大屠杀和大毁灭?与其说二战的重大邪恶启发罗尔斯重新肯定基督教教义,不如说导致他拒绝承认基督教教义。他放弃了基督教,因为上帝的道德(与人的道德相比较)对他没有意义。在一个未发表的宗教评论中,罗尔斯说道:

> 当林肯把美国内战解释为上帝对奴隶制罪恶的惩罚——那是北方和南方都相等地应得的惩罚——时,上帝被看做是处事公道的。但是大屠杀不应当以这种方式来解读。就我所知,如此解读的所有企图都是可怕而邪恶的。要想把历史解释为上帝意志的表现,那么上帝的意志必须符合我们知道的最基本的正义观念。那么最基本的正义还会为了别的什么呢?所以,我不久便把神圣意志的至上性也当做可怕而邪恶的东西予以拒绝了。

罗尔斯在基督教那里发现的问题,不简单地是上帝允许发生像大屠杀、不加区分地轰炸和摧毁德国和日本城市及其平民之类的罪恶。罗尔斯质疑的是,这样一个值得尊敬的仁慈上帝为什么会存在,他创造了人类,人类的意志是天生败坏的,人类注定要犯下大大小小的罪恶。罗尔斯也认为这样的上帝是没有意义的:他回应祷告者而有选择性地干预尘世,甚至只回应信奉基督教的祷告者。实际上,死于大屠杀的数百万祷告者,是否本应感动上帝做出某种回应呢? 由于诸如此类的原因,在罗尔斯看来,基督教的上帝是完全独断的。这样一个独断的存在不值得我们去信仰,去尊敬。罗尔斯说:

> 在我看来,所有这些教义都不必给予认真对待了,不是在支持它们的证据是脆弱的或可疑的意义上是如此。确切地说,他们把上帝描述为只受上帝自身权力和荣耀促动的巨物。似乎像人类这样悲惨而失真的玩偶也能荣耀某个东西!

最后,罗尔斯相信,基督教和一般意义上的宗教全都错误地对待道德。这些伟大的宗教说,上帝是必然的,不只要施行正义,惩罚人类的不道德,而且要创造道德和价值王国。但是,假如上帝被理解为善的、值得尊敬的,那么道德和价值必定具有上帝意志之外的起源。实际上,上帝必有理由支持他颁布的道德法则;如果这样,那么道德和正义必定有基本理由,让像我们这样的理性存在信以为真。罗尔斯在其未发表的《我的宗教》(My Religion)一文中写道:

> 在最基本的形式中,相对于其施行的各种存在的千变万化,推理过程是不变的。因此,无论神圣权力多么伟大,上帝的存在决定不了理性的本质法则。而且……无论由上帝的理性做出,还是由我们的理性做出,基本的合理性判断必定是相同的。这个不变的合理性内容——我们的思想没有它便立不住——不允许是另一副样子,无论它看起来是多么的不可能,

也不应当把每一事物全都归诸于神圣意志。

罗尔斯认为,道德不需要上帝来证明。相反,假如存在着信仰上帝存在的证明,那么它依赖于道德的需要。像康德一样,罗尔斯相信,假如上帝因道德而为我们所必需,那么它将为了向我们提供如下确信而存在:正义社会和正义世界的"实际可行乌托邦"(realistic utopia)是可能的。因为假如不相信那样的正义能在尘世实现,那么通情达理的人将心存疑虑,丧失正义感,最终滑入犬儒主义和不义。对康德来说,这种可能性导致这样一个公设:上帝存在是为了担保,人之善(幸福)"全等"(congruent,一致)于人的正义和道德品质。罗尔斯诉诸非宗教的论证来证明,正义和人之善是"全等的",因此,完全正义的社会或"井然有序的"(well-ordered,良序)社会是"实际可行的乌托邦"。

罗尔斯关心实现正义的可能性,正义与人性、正义与人之善的兼容性,使其著作发表后产生了诸多影响。它在很大程度上解释了他在《正义论》里对道德心理学和正义感发展的关注,对正义观脆弱性和"稳定性"的关注,以及对正义是否是一种合理生活方式的关注。它还给罗尔斯后来修订作为公平的正义和转向政治自由主义埋下了伏笔。最后,紧随其后的是,他拒斥世界大同主义(cosmopolitanism,四海为家)、全球分配原则以及他在《万民法》中探讨的其他见解。所有这一切将在后面得到讨论。这里应当予以强调的传记意义是,在反对基督教教义的过程中,罗尔斯也反对基督教对人性的悲观态度,反对基督教对人类追求正义能力的怀疑,以寻求此生意义并救赎自身。在其生前发表的最后一部作品《万民法》的结论性段落中,罗尔斯表达了这种关切的中心地位:

假如使其成员的权力服从于合理目标的一个通情达理的正义的万民社会(Society of Peoples)是不可能的,人类大多是不讲道德的,纵使不是不可救药地玩世不恭和自我中心的,那么我们会和康德一起质问,人类是否值得苟活于这个世上。[3] (LP,128)

罗尔斯道德心理学的根本假定是,人不是天生腐败的、不道德的或只受自私动机驱动的,人有真正的合群倾向。假如社会合作(social cooperation)——对照高效协调行为(efficiently coordinated behavior)——是可能的,那么人必定正式地具有某种有效的正义感,愿意遵守公平的合作条款。罗尔斯认为,纵使在强加的要求冲突于我们最重要的目标时,人有能力按照正义要求去规制其追求,有能力并且愿意去做纯粹正义的事。我们不必求助于有关原罪的宗教版本或其他世俗版本,正义兼容于人性。此外,罗尔斯一直希望证明,我们恰当地实践正义感兼容于人之善,正义因其自身之故值得实现。世人要是没有这些假定和启示,要想理解罗尔斯就会有困难。

第三节 历史影响

1. 当代影响

罗尔斯的研究计划只受到当代道德哲学和政治哲学讨论的温和影响。在20世纪50年代和60年代,道德哲学大多关注道德术语的意义、真道德陈述的可能性等"元伦理学"(meta‐ethical)问题。大多受到牛津日常语言哲学的启发,在道德哲学中,概念分析占据着哲学讨论的主导地位。虽然他早年从其他途径受到维特根斯坦和牛津哲学的很大影响,罗尔斯认为,道德概念分析,尽管证明是有用的,但它自身却对道德原理实体揭示甚少。他说:"道德概念分析和先验概念……"损害着发展道德理论的"基础"(TJ,55/44 rev.)。

在20世纪50年代初,罗尔斯从博士论文——其部分内容发表于罗尔斯第一篇论文《伦理学决定程序论纲》(1951年)[4]——中提出的一个观念出发,独创了原初状态思想。罗尔斯在博士论文中阐明了有关解决利益冲突的"合理原则"的道德证明见解。这个见解通过一个假设的"合理决定程序"做出,在其中,"能干的法官"(competent judges)——他们通情达理,具有"同情共感的人类利益知识"——寻求解决原则,那些原则考虑到了他们"深思过的道德判断"。"合理原则"是这样一些原则,它们"为所有或几乎所有能干的法官所接受"(CP, 11)。1990年,罗尔斯在接受《哈佛哲学评论》(*The Harvard Review of Philosophy*)访谈时说,完成博士论文后,他在1950年秋季开始搜集与后来的《正义论》有关的笔记。在这个时期,他师从鲍莫尔[①]学习经济学,认真研读了保罗·萨缪尔森[②]的一般平衡理论和福利经济学、希克斯[③]的《价值和资本》、瓦尔拉斯[④]的《纯粹经济学要义》、弗兰克·奈特[⑤]的《竞争伦理学》,以及冯·诺伊曼[⑥]和莫根斯特恩[⑦]的博弈论。

罗尔斯:在1950 – 1951年间,作为所有这些事情的一个结果,加上我撰写博士论文讨论道德理论的一些素材,我于是有

[①] 威廉·杰克·鲍莫尔(William Jack Baumol, 1922—),美国经济学家,著有《微观经济学》、《超公平主义》、《企业家精神》、《管理学》、《支付结构》。

[②] 保罗·萨缪尔森(Paul A. Samuelson, 1915—2009),美国经济学家,1970年获得诺贝尔经济学奖。

[③] 希克斯(J. R. Hicks, 1904—1989),英国经济学家,牛津大学经济学教授,1972年获得诺贝尔经济学奖。

[④] 瓦尔拉斯(Léon Walras, 1834—1910),法国经济学家、洛桑学派创始人,约瑟夫·熊彼特称赞他是"所有经济学家当中最伟大的一位"。

[⑤] 奈特(Frank Hyneman Knight, 1885—1972),芝加哥学派创始人。

[⑥] 冯·诺伊曼(Von Neumann, 1903—1957),20世纪最重要的数学家之一、计算机之父、博弈论之父,在纯粹数学和应用数学方面都有杰出贡献,1944年同莫根施特恩合著《博弈论和经济行为》。

[⑦] 奥斯卡·莫根施特恩(Oskar Morgenstern, 1902—1977),维也纳大学、普林斯顿大学经济学教授。1944年同诺伊曼合著《博弈论和经济行为》。

了一个想法,它最终酝酿成为"原初状态"。我试图设计出一套讨论策略,由此得出一些合理的正义原则。在当时,我拥有比我最后得到的程序要复杂得多的一个程序。

《哈佛哲学评论》:你是否把那个原初构想用较为复杂的公式演示了出来?

罗尔斯:没有,我没有把它搞出来。[5]

罗尔斯多半靠自学来研习政治哲学。他在政治哲学方面的唯一课程是在普林斯顿读本科时选修的,老师是维特根斯坦弟子、语言哲学家纽曼·马尔科姆。① 罗尔斯从未提及其博士论文指导老师、黑格尔研究者斯退士(W. T. Stace)的影响。因为罗尔斯看似凭一己之力研习了政治哲学和道德哲学的诸多伟大经典,他努力地并且批判地把自柏拉图和亚里士多德以来的主要道德哲学家和政治哲学家的著作串联起来。从多方面讲,罗尔斯哲学是与他们的持续对话。罗尔斯诠释了自霍布斯以来的主要现代政治哲学家和道德哲学家,他的诠释发表在已经出版的讲座中。通过这些讲座,读者可以深入了解罗尔斯有关正义的著述。在道德哲学领域,这些讲座包括扩充的康德讲座,外加讨论莱布尼兹完美主义(至善主义)和休谟功利主义的讲座,以及有关黑格尔法哲学的讲座。所有这些讲座已收录于罗尔斯的《道德哲学史讲义》,以及收录于《政治哲学史讲义》的讨论约瑟夫·巴特尔(Joseph Butler)的道德心理学讲座。《政治哲学史讲义》包括讨论社会契约论者霍布斯、洛克和卢梭,功利主义者休谟、西季威克和密尔,以及卡尔·马克思等人的政治哲学和道德哲学讲座。限于篇幅,我无法在此长篇讨论有关这些伟大历史人物的罗尔斯讲座,他们曾经深深地影响了罗尔斯本人。我对

---

① 诺尔曼·马尔康姆(Norman Malcolm,1911—1990),维特根斯坦的学生和密友,在常识哲学和语言哲学领域颇有建树,著有《回忆维特根斯坦》等。

一些显著影响只点到为止。

2. 罗尔斯和社会契约论传统

罗尔斯说过,《正义论》的目标是"把诸如洛克、卢梭和康德的传统社会契约论加以归纳,并提升到一个更高的抽象层次上来"(TJ, viii/xviii rev.)。罗尔斯工作的主要哲学成就之一是,复活在政治哲学中长期停滞不前但仍然具有世界历史意义的这个传统。社会契约论曾经为18世纪民主共和革命,包括美国《独立宣言》和法国《人权宣言》提供初步证明。然而,自从大卫·休谟和杰米里·边沁提出与之针锋相对的功利主义主张以来,在道德哲学家和政治哲学家中间,已经没有人认真地对待社会契约论,虽然"社会契约"(social contract)观念仍然出现于大众政治口头语中。

有关社会契约的这个"自然权利"(natural rights)理论的基本观念(参阅TJ, 32/28 rev.)是,一部合法的宪法将在自由而平等的人们中间获得同意,那些人具有平等的权利和平等的政治司法权力。把这个自然权利传统同霍布斯契约论区别开来的主要之点是,自然权利理论从一开始便提出了有关个人权利和义务的一些道德假说,它们起着道德条件的作用,限制着社会契约,以及得到认可的后续法律。在这个传统中,理性的人根据自然法(de jure)被假定为平等的、自由的,拥有平等的政治司法权力来施行自我治理,他们还拥有某些无法让渡的人身权利(比如良心自由)。洛克断定,"人人生而自由的平等权利"(equal right to natural freedom)是一个"自然法则"(Law of Nature)。康德则说,"与生俱来的自由权利"(Innate Right of Freedom)是因人之为人之故而属于所有人的唯一初始权利,这项权利在自身之内就包含着人类的"与生俱来的平等"(Innate Equality)。[6] 按照罗尔斯对洛克社会契约理论的解释,合法的宪法只有在处于平等权利和平等政治司法权力状态(被定义为"自然状态")——在自然状态下,没有任何一个人冒犯另一个人的自然权利,没有任何一个人让渡自己的自然权利,没有任何一个人为了保存自己或其他人而违犯对上帝应尽的义务,没有任何一个人会做将使自己的处境变得更加糟糕的任何非理性的事——的自由人的协议之下才能缔结起来。[7]

相比之下,霍布斯的契约论假定,理性的人要么是自利的,要么至多是以促进自身利益和善观念为目的的;他们把追求自身利益置于社会契约之先,对自身利益的合理追求不存在道德约束,比如其他人的道德权利。霍布斯的社会契约是在本质上冲突的利益间的一个理性折中,在那里所有各方通过观察其他人也遵守的某些合理限制来达成合作,以便所有各方都能够有效地追求他们自己的利益。按照霍布斯的见解,纯粹理性的个体,在自我保存、夫妻恩爱以及谋得舒适生活的过程中,竭力想要保障他们的根本利益;为此他们就得赞同授权给一个人,即君主,来施行君主注定为实施和平条款而必要的政治权力。霍布斯的社会契约是一个授权协议。由此,每个人授权一个人去实施(根据自然法)几乎是绝对的权力(并且实际上绝对的权力),以维护和平,促进繁荣。[8]

罗尔斯的原初状态(original position),实际上结合了自然权利理论和霍布斯社会契约理论的某些因素。像霍布斯的观点一样,造成罗尔斯社会契约的各方——"原初状态"——做出了一个纯粹理性的选择:他们不受道德触动,而旨在选择合作条款,以最佳地提升自己的特殊权益和基本利益(不同于霍布斯,罗尔斯对两者做出了不同定义)。罗尔斯的社会契约立场显著不同于霍布斯观点之处还在于,他否认正义的道德原则单纯地产生于纯粹理性选择,后者是为了提升个体利益而设计的。像洛克、卢梭、康德的自然权利立场一样,罗尔斯建构了他的社会契约理论,以至于各方的判断都受到道德条件的约束,主要是受到"无知之幕"(veil of ignorance)和有关权利(Right,正当)的五个正式约束。无知之幕使罗尔斯的契约缔结诸方不知道有关他们自身以及社会的所有事实;他们因此达成了不偏不倚的中正决定(impartial decision)。正像洛克的诸方明确地禁止以牺牲任何人的良知自由的平等权利来达成同意那样,罗尔斯的诸方实际上禁止赞成这样的正义原则,它们将牺牲这一项或那一项基本自由权利。

罗尔斯的"原初状态"里的"同意"的假想性质,相似于康德的"原始契约"(Original Contract)观念。康德说,"原始契约"是一个假想的而非真实的社会契约。按照罗尔斯的解读,社会契约传统的所有重要先驱,从霍布斯开始,经过洛克和卢梭,一直到康德,都把社会契约看做一个假想的思想实验,以期证明在视为平等的理性的人中间,什么是最为合理的合作条款。对任何一个重要的社会契约论者先驱的论证来说,是否存在过或将会存在为所有(成年)社会成员所同意的任何一个实际社会契约并不重要。人们实际上对某个事情达成了同意,即使他们这样做不是无异议的,这个事实本身不具有道德价值,除非他们的同意首先满足了各种合理的(合乎道德的)和理性的(有价值的)条件,他们掌握了足够知识,领会了相关事实,做出了恰当的推理,如此等等。

现在请考虑休谟和边沁对社会契约理论做出的功利主义批判。休谟对洛克及"辉格党同意学说"(Whig doctrine of consent)的基本批判是,合法地实施政治权力、个人有义务忠心耿耿地尊重政治权力且服从法律,无法通过国民的同意而证明。因为不仅这样的同意无法给予其出处,而且纵使在某个遥远的过去曾经有过这样的同意,我们也不会受制于我们祖先的承诺。纵使国民现在同意政府的权力,我们仍然必须问:为什么国民应当信守承诺和同意,去尊重法律、服从政治权威? 因为实际上,当它们造成对其他人的严重伤害时,或者当它们对创制它们的人造成严重伤害时,这些同意不存在神圣不可侵犯性。休谟说,使我们信守承诺和同意的唯一证明是,它提升了公共效用(public utility),"给人类带来了便利,丰富了人类的必需品"(the convenience and necessities of mankind)。[9] 然而,政府的合法性、我们的忠信义务以及服从法律的义务,在公共效用上具有相同的基础。因此,通过诉诸我们信守承诺的义务,以期证明这些义务,是多此一举的。休谟断定,社会契约理论是故作姿态的、不必要的;它代表不了我们的政治义务的真正理由。

休谟的批判已被概括且应用于罗尔斯和其他当代契约论者(如斯坎伦)的观点之中。[10]我们将在后面考虑罗尔斯的契约论学说如何面对这种强有力的反驳。在罗尔斯讨论休谟"有关初始契约"(of the Original Contract)的讲座中,罗尔斯说,休谟在几个方面误解了洛克。一开始,作为政治宪章合法性的检验,洛克的社会契约不要求实际的同意。纵使我们的祖先达成了一个社会契约,同意该宪章,这并没有使我们的宪章现在仍然是合法的。相反,(罗尔斯说)洛克的社会契约学说讲的是,除非一个政府能够得到理性个体的同意,那些个体起初处在有关平等权利和平等政治司法权的某个立场,没有任何一个人强迫他们去承担对上帝或人类的义务,或让渡其根本的道德权利,或同意使其处于比在(多少良性的洛克式)自然状态下的处境更悲惨的处境,否则,没有一个政府是合法的。宪章能否通过宪法合法性检验,是哲学问题,而不是历史问题。

同洛克有关政治合法性的契约论见解相比,洛克有关个人政治义务的见解,包括个人忠诚于特定体制的义务,说的是,对任何一个永久性社会成员来说,实际同意是必要的。我出生于美国,单单这个事实并不使我成为美国公民;公民资格应当依赖于我表示同意加入这个政治社会,承担它注入的公民义务(如参加正义战争,参加陪审团,等等)。当然,我们服从社会法律的义务有所不同,不应当要求我们表示同意,因为那样将给国民留下随意不服从法律的余地。但是与休谟的解读相反,洛克从来没有说过,实际同意对这个义务是必要的。对洛克来说,我们服从合法宪政之法律的义务,来自我们对上帝所尽的保有我们自身以及人类的自然义务,包括尊重其他人及财产的义务。无论洛克就服从法律、效忠特殊政府的义务所持的立场是什么,它们都不应当混同于他的社会契约论题,那个论题是一个假想性检验,从而去决定,不是这些或其他个体的义务,而是政治宪章以及作为个体之代理机构的政府义务的合法性。

假如这是一个公平回应,那么,如罗尔斯主张那样,休谟的实际批评即"洛克的社会契约是一个不必要的托辞"只有通过应用休谟的效用原则和洛克的社会契约才能得到评估,以便知道它们是否认同相同政府类型为合法的。只有做到了这一点,休谟反对洛克的论证才算成功。问题是,难以知道,从平等权利立场能够达成同意的宪章(洛克标准)为何应当正好吻合于最佳地提升公共效用的宪章(休谟标准)。休谟本人曾经对拒绝绝对君主制持保留意见,那正好是洛克借助其社会契约理论给予谴责的政府形式。除非能够证明,休谟的公共效用检验证明了由洛克的社会契约学说证明的相同宪章,否则,休谟有关"洛克学说是多余的"的批评便是失败的。人们开始担心,反对社会契约学说的传统功利主义论证是建立在误解基础上的。

3. 卢梭

如果说洛克的契约学说当属对自由主义做出最重要哲学辩护之列,那么卢梭的契约学说则是对民主做出最富有激情、才华横溢并且依然高深莫测的哲学辩护之一。在卢梭的立场中,至少存在着罗尔斯与之遥相呼应的三个重要方面。

首先,存在着卢梭的性善论,包括他拒斥基督教原罪教义,以及他拒斥霍布斯有关人性纯粹自私、对他人命运漠不关心的见解。[11]罗尔斯大体上接受卢梭的立场,我们是什么样的人,部分地取决于我们创立和维护的社会政治制度。人类,像所有生灵一样,都受"自爱"(self-love)的触动,都关心自己的权益,但这不是我们的唯一动机。人类也有与生俱来的社会倾向,包括对同类的天生同情和怜悯。那些同情和怜悯,既可以因社会环境而萌生,也可以因社会环境而熄灭。此外,人类有能力持有正义,在常态的社会生活条件下,他们发展出一种正义感,他们在维持合作关系时用那种正义感来处理与他人的关系。罗尔斯把卢梭《爱弥尔》(Emile)的道德训导看做一种道德心理学传统的开端,它深刻地影响了罗尔斯有关道德发展阶段和正义感的见解(TJ, 459 - 60/402 - 03 rev.)。

其次,罗尔斯肯定卢梭的以下见解:平等的政治参与权对个人自由是至关重要的。在洛克的社会契约中,可以设想到的是,大多数人将让渡他们天生的政治权利,以便获得政治社会的好处。平等政治权利不在可以让渡的自由权利之列。洛克是自由主义者,但不是民主主义者。罗尔斯接受卢梭的以下立场:让渡人的政治自由权,就是放弃人的大部分自由,包括维系个人自尊的原始基础。罗尔斯没有采纳卢梭的浪漫主义直接民主观,那种民主要求公民积极参与立法。除了公民直接参与地方政府事务(市政会议等)之外,在现代社会中,它的绝大多数愿望是行不通的。不过,像卢梭一样,罗尔斯认为,作为拥有根本价值的平等公民,其地位的实现对人的善是至关重要的。民主契约和民主参与是发展、实践正义感的首要活动。

第三,卢梭的公意学说影响到了罗尔斯有关投票的见解,也影响到了罗尔斯有关公共理性的见解。对卢梭来说,公民和立法者的投票义务,不是其"特殊意志"(particular will),或多数的个人偏好,而是他们就共同利益(common good)做出的出乎良知且知情的判断。对卢梭来说,共同利益就是正义,是达成公民自由和平等所必需的尺度。投票决定公意,就是通过正义决定什么是必需的。在探讨民主时,罗尔斯采纳了这个立场。立法者将投票决定他们深思过的依据正义原则确立起来的法律(TJ, sect. 54)。"立法讨论必定不是被理解为两种利益之间的竞争,而是找到被正义原则定义为最佳政策的尝试……一个不偏不倚的立法者的唯一愿望是,在这个问题上做出正确的决定……"(TJ, 357/314 rev.)。罗尔斯民主观受到当时有关"协商民主"(deliberative democracy)讨论的激发。[12]与协商民主相联系,罗尔斯的一个思想是公共理性,它最初在卢梭、然后在康德那里可以找到。[13]罗尔斯认为,公共理性考虑的是,公民和立法者应当依赖公共理性,去决断法律和公共政策。我们不应当基于卢梭称作我们的"私人理性"(private reasons)来进行投票,而只应当基于公共理性的平衡来进行投票。自由主义正义观的作用之一便在于提供"公共理性的内容"(content of public reason)。

4. 康德

罗尔斯开设的长篇康德讲座(在《道德哲学史讲义》中占了将近200页)表明,康德是对他产生最深远影响的哲学家。从《正义论》的"权利[正当]先于善[利益]"(the priority of right over the good)观念以及作为公平的正义的康德式解读,到康德(以及后来的政治)建构主义和《道德理论的独立性》(the Independence of Moral Theory),再到《政治自由主义》的道德人格观、合理性(the Reasonable)和理性(the Rational)区分,最后到《万民法》拒斥世界国家(a world state)和"实际的乌托邦"(realistic utopia)观念。我们可以看到,罗尔斯的许多主要思想深深地受到了他对康德理解的影响。

人们常常这样来解读罗尔斯,其正义观是以他对康德尊重人的观念的解读为基础的。不过在这里,罗尔斯再一次主张,以为一种道德观通过分析或解读"尊重人或看重人的内在价值(或任何其他基本观念)"就能获得,这是莫大的误解,"需要解释的正是这些观念"(TJ, 586/513 rev.)。有人或许会说,罗尔斯的工作论证了这样一个观念:"把通情达理的人(both reasonable and rational)作为自由平等的道德人来尊重。"但纵使如此也没有说出多少东西来,直到人们开始在罗尔斯有关这些晦涩概念和原则的定义中塞入一些东西,那些原则同其理论中的核心观念相联系。正如康德认为尊重人是目的自身,它要求我们遵从绝对命令那样,对罗尔斯来说,充分尊重人,把人作为自由、平等、通情达理的人来尊重,就是要求我们根据正义原则而得到具体规定的条款与他们合作。就我们把目标指向揭示罗尔斯所表示的尊重人的意义而言,作为公平的正义正好彰显了这一点。

康德对罗尔斯在20世纪50年代和60年代的《正义论》初稿(前六章大部分内容以及讨论正义感的第八章)没有产生直接影响。对作为公平的正义的康德式解读(TJ, sect. 40)相对写得较晚,它之所以被纳入《正义论》之中,主要是为了证明,作为公平的正义是"兼容"于善[共同利益]的(TJ, sect. 86)。《正义论》发表之后,罗尔斯越来越受到康德的影响。只在最后几部著作中,罗尔斯才试着与康德拉开距离,以避免政治自由主义一些有争议的基础(LP, 86-87)。

影响罗尔斯的,是康德的道德哲学,而不是康德的政治哲学。他把在康德政治哲学中发现是重要的绝大多数东西都归结于洛克和卢梭,是康德发展了他们的观点(比如,人生而自由的权利、原初契约、公意等等)。一个例外是康德有关国际正义的著述,它影响了罗尔斯的《万民法》。试比较《万民法》的结论性段落(从倒数第三节开始)同罗尔斯对康德"合理信念"(reasonable faith)观念的解释:"合理的政治信念……是,这样一个和平的万民国际社会(such a peaceful international society of peoples)是可能的,是受自然力眷顾的。放弃这个信念,也就等于放弃了对和平和民主的追求;只要我们肯定道德法则和人类自由,我们就决不会那样做(LHMP, 321)。"[①]康德的目的王国观念和罗尔斯的良序社会观念遥相呼应,在此值得一提。康德的目的王国是每个人都接受且遵守绝对命令(categorical imperative,直言命令)的社会;罗尔斯的井然有序社会则是所有人都接受并且正常满足正义原则的社会。此外,鉴于有良知的道德施行者(moral agents),通过探讨在目的王国得到普遍接受的公设来应用绝对命令,罗尔斯意义上的各方,在原初状态下,选择

---

① 罗尔斯:《道德哲学史讲义》,张国清译,上海三联书店,2003年,第433页。

在井然有序社会成员中得到普遍接受的正义原则(TJ,453 – 54/397 –98 rev.)。

5. 功利主义:休谟、西季威克和密尔

休谟有关正义协定(convention of justice)的见解是对罗尔斯产生最初影响的重要历史见解之一。罗尔斯的第二篇论文《规则的两个概念》(Two Concepts of Rules),大体上沿着休谟的思路来阐发功利主义,反驳了针对功利主义的一般攻击。罗尔斯认为,我们应当通过社会惯例规则来理解正义,或者如休谟说的那样,我们应当通过"协定"来理解正义。同休谟一起,罗尔斯认为,许诺、契约协议、所有权、惩罚、政治宪章都是社会惯例,可以以不同方式来设计,只有通过构成这些惯例的规则才能得到理解。为了证明这样一个惯例之内的行为,比如,是否信守诺言的决定,人们就得诉诸该惯例的规则,诉诸它禁止什么或许可什么:诉诸这些规则,也就是给该行为以道德证明。相比之下,证明惯例本身,或者证明惯例规则的变化,人们必须诉诸更加抽象的原则。沿着休谟的思路,罗尔斯认为,这就是理解效用原则之作用的方式。它把功利主义误解为一种社会学说,认为在决定是否遵守一个惯例的规则,或如何在惯例之内行动时,诉诸效用原则是适当的。效用原则最好不被理解为在特殊行动中用来直接指导个体选择的一套规则。它只能间接应用于行动,在常规的日常生活过程中,借助于其在决定和证明社会规则方面的作用,个体应当遵循和诉诸该原则。

休谟有关正义的见解,加上维特根斯坦有关惯例的思想,影响了罗尔斯晚些时候有关社会制度的见解,也影响了罗尔斯的以下观点:正义原则应用在第一种情形中,没有直接决定个体的行动,而是直接决定构成社会基本结构的制度规则。休谟把正义者看做通常遵守正义协定之规则的人。罗尔斯则认为,施行正义,就是遵守与正义原则相吻合的基本制度规则。休谟还提出了有关正义感的见

解,把它看做遵守正义规则的倾向,它也影响了罗尔斯有关那种道德情感的见解。

罗尔斯认为,亨利·西季威克的《伦理学方法》(Methods of Ethics,第七版,1907年)是对古典功利主义传统的主要陈述和辩护。它对古典功利主义提供了经典陈述,罗尔斯在《正义论》中对那种经典陈述作了反驳。西季威克还在其他两个重要方面对罗尔斯的立场产生了实际影响。首先,存在着西季威克的方法论,它涉及对道德哲学主要传统的比较研究,以决定哪个立场最符合伦理学的"理性方法"(rational method)标准。像西季威克的理性方法标准一样,罗尔斯把原初状态设计出来,就是要体现"实践理性的所有相关要求"(PL,90)。因此,它是一个选择方法,从大量可供选项中,去选取最合理的正义观。罗尔斯还追随西季威克之后,探讨了作为伦理学"方法"的直觉主义和完美主义,拿它们同功利主义进行比较。与西季威克不同的是,罗尔斯根本没有把理性利己主义(Rational Egoism)看做是一种道德观。西季威克有关理性个体选择的见解为罗尔斯探讨"人之善"(person's good)提供了许多启示,他也引导罗尔斯去考虑"审慎理性"(deliberative rationality),从审慎理性出发,人们将反省并决定自身的合理人生规划(rational plan of life)。

与此同时,罗尔斯坚决反对西季威克的享乐主义,反对他的以下观点:快乐的体验是所有理性欲望的最终目标;与之相反,罗尔斯赞成某些固有的人之善。对人之善的半吊子完美主义(semi-perfectionist)见解蕴含在罗尔斯有关亚里士多德原理(Aristotelian Principle)的见解中,那种完美主义见解受到了密尔的影响。密尔拒斥享乐主义,主张"高级快乐"(higher pleasures)在性质上优越于"低级快乐"(lower pleasures)。像密尔一样,罗尔斯认为,人性的事实是,当人们把握机会发展且培育了其自然能力,他们通常便会偏爱涉及发展和实践较高能力的生活方式。从审慎理性的观点出发,罗尔斯认为,人把实现某些较高级活动纳入其人生规划是合理的。正像密尔的个体性见解那样，罗尔斯认为，实现人的合理性之善的条件是这样的人生规划，它是人可以自由选择的规划。这解释了他的以下奇特想法：撇开亚里士多德原理，以下情形仍然是可能的：人的合理性之善意味着过一种把大量时间和精力投向"采菊东篱下"之类不足挂齿的生活。在完美主义者看来，这样的生活尽管看似虚度光阴而不合乎理性，然而，只要它是一个完全说得通的人生规划，只要它是通过审慎理性而得到自由选择和认可的人生规划，一个人去过那样的生活仍然是合理的。正因为这个缘故，在其阐发有关人之善的以下见解时，我才称罗尔斯为"半吊子完美主义者"：自主选择（autonomous choice）人生规划是美好生活的必要条件，尽管那个人的生活在其他方面是虚度的，实际上是毫无价值的。不过，依我的理解，这也是密尔的见解。

最后，密尔自由原则同罗尔斯第一正义原则具有显著的相似性。在罗尔斯的密尔讲座中，这一点尤为明显，在那里，他把密尔的自由原则解释为不是保护"自由本身"，而是保护大体上相同的基本自由，它们是罗尔斯第一正义原则的组成部分。密尔对代表民主制的辩护，也影响了罗尔斯在《正义论》（TJ，233 – 34/204 – 06，rev.）中对政治参与权的证明。罗尔斯赞成民主的两个主要论点，都是以密尔的以下见解为依据的：平等的政治权利使国民能够在政治上捍卫他们的基本权利和自由，以及民主参与要求国民去考虑的不是他们自己的利益，借此拓展他们的同情心，培育他们的道德情操。罗尔斯后来把后一个论点当做支持平等政治权利的主要理由之一，强调在发展和实践正义感中参与民主公共生活的核心作用。

6. 黑格尔和马克思

黑格尔对形成《正义论》主要思想的罗尔斯早期工作没有产生直接影响。罗尔斯三次提到了黑格尔。每一次被提及时，黑格尔持有的立场都是罗尔斯所反对的。[14]然而，在《正义论》发表之后，与康德的观点相比,罗尔斯强调他的立场同黑格尔立场的某种呼应性。[15]首先,像黑格尔一样,罗尔斯说,他反对蕴含在康德先验哲学中的二元论,比如分析与综合、先天与后天、纯粹理性和经验理性(CP,303-4)。[16]这一点在罗尔斯以下立场中表现得最为显著:自然事实和常规高度地相关于证明最初的正义原则。罗尔斯要求心理学、经济学、社会学、生物学、历史和其他经验研究的发现来证明他的正义原则。对他来说,重要的在于确立这样一些正义原则,它们符合人性要求和限度,以及社会生活的可能性。正如我们将看到的那样,除了其他原因以外,这是罗尔斯关注"正义与人类善兼容"的原因。

在强调正义之道德原则的社会基础方面,罗尔斯也相似于黑格尔而相距康德较远。罗尔斯说,黑格尔的"伟大贡献"之一在于阐明了,"在一个现成的政治社会制度框架内,国民的深厚社会根基……在这一方面,《正义论》追随于黑格尔之后,因为它把社会基本结构看做正义的首要主题"。[17]像黑格尔一样,罗尔斯的立场是,只有在一个适当的社会框架里,道德自律和政治自主才能实现。他谈到黑格尔时说道:"只有在理性的(合理的)社会里,其制度结构保障着我们的自由,我们才能过上充分理性而美好的生活。"[18]相似的立场也蕴含在罗尔斯在《正义论》中对正当和善之兼容性的论证中:只有在作为公平的正义的井然有序的社会里,自由平等的个体才能作为通情达理的存在达到其充分的道德自律和政治自主。

与正义的社会基础和个体自由相联系,罗尔斯发现,在黑格尔证明观念和他本人对政治正义观的强调之间存在着呼应关系。罗尔斯强调,那种政治正义观在提供证明的公共基础方面扮演了社会和公共角色(CP. 426, 426n.)。罗尔斯正义观之社会角色思想与黑格尔的和解哲学思想具有某种相似性。黑格尔说:"它('法的真理'〈the truth about right〉或正义)……需要得到理解,并使本身已是合理的(vernüftig,罗尔斯译为 reasonable)内容获得合理的(reasonable)形式,从而对自由思维来说显得有根有据。"罗尔斯在谈到

这段话时说道:

> 与社会和平共处并不意味着要听命于社会。……确切地说,和解意指我们逐渐把社会看做处于实现了我们的本质的政治社会制度之中的一个生活形式——即,看做自由人的尊严的基础。它将"从而对自由思维来说显得有根有据"。(LHMP,331)

罗尔斯有关道德自律和政治自主的见解(像黑格尔一样,罗尔斯说也像马克思一样)要求国民公开地熟知并且接受他们的政治社会关系的基础,它们反过来实现了他们作为自由人的身份(CP,326)。"处在这种立场是自由的前提;它意味着没有东西被隐藏起来或需要隐藏起来。"(同上)(不像黑格尔)对罗尔斯来说,这样的"和解"无法发生于当下的社会,而只能产生于作为公平的正义的良序社会,在那里,理性人一般公开接受这种自由平等的正义观。

在《正义论》及其晚期著作中,罗尔斯敏锐地意识到了马克思及其他社会主义者对自由主义、宪政民主、资本主义和市场的批判。我刚才提到过罗尔斯晚年重视一个社会的正义观的"充分公共性"(full publicity)要求,它部分地是对马克思有关意识形态、虚假意识和正义观在掩盖社会关系的真正性质方面的作用的见解的回应。此外,罗尔斯关注"社会基本结构"的"背景正义",他的关注部分地回应了马克思对资本主义和财产关系结构的批判(TJ, 270 – 74/239 – 42 REV.)。前者指的是市场在生产要素有效配置方面的关键作用,以便提高生产力,把资源浪费减至最低限度。罗尔斯认为,任何一个合理而正当的经济制度,都应当保留市场和价格的配置作用。但是这并没有抹杀市场的分配作用,换言之,依赖市场和价格制度来完成收入和财富的分配。资本主义的不义,在很大程度上,在于其在收入和财富分配上近乎排他地依赖市场和价格,因此只给借助生产手段以创造财富的劳动者为代价的有产者以回报。最后，罗尔斯在晚期著作中认为，分配正义要求，要么是拥有财产的民主制度(property-owning democracy)，要么是自由社会主义制度(liberal socialist system)。两者都消灭了与资本家所有者的工资关系，向工人提供真实机会去控制他们的劳动环境和生产手段。(参阅本书第五章有关"拥有财产的民主制度"的讨论。)

7. 小结

在本节中，我努力呈现罗尔斯和影响其工作的一些重要历史先驱的联系。尽管罗尔斯在英美分析哲学传统熏陶下成长起来，然而他回应的问题多半由霍布斯以来的重要道德哲学家和政治哲学家提出。由于这个缘故，罗尔斯的道德哲学史讲座和政治哲学史讲座为了解罗尔斯本人的工作提供了有价值的路径。此外，他的讲座对这些重要历史人物的著作做了最好的诠释。像以往世纪的任何一位伟大的欧洲哲学家一样，罗尔斯是一个系统的哲学家。因此，如果没有把罗尔斯整个理论以及它同其历史先驱的关系放在一个较大语境中来考察它们的位置，就难以理解和掌握他的论点。既在方法上，又在风格上，罗尔斯都摆脱了分析传统。(他的朋友伯顿·德莱本曾经对罗尔斯整体论方法同黑格尔方法进行比较，并在谈到《正义论》时说道："它读起来像是从德语译过来的。")另一方面，罗尔斯又像其他分析的道德哲学家那样思维缜密，提出了各种前提和假定，以支持他的主要结论。他尤其关注道德哲学和政治哲学中的证明问题。我们接下来就讨论这个主题。

第四节 罗尔斯论道德哲学的证明：反思平衡

在讨论罗尔斯正义原则及其契约论证明之前，先了解一下罗尔斯有关道德哲学的一般证明思想是有益的。道德证明是罗尔斯博士论文及其第一篇公开发表的论文的论题,[19]并且贯穿了他的一生。罗尔斯的《政治自由主义》多半受到一种证明观的影响,它适用于民主社会,且通行于民主社会。反思平衡思想是罗尔斯正义理论涉及证明的几个关键观念之一。其他几个关键观念是原初状态、建构主义和公共理性,它们都将在后面得到讨论。但是,反思平衡是最一般的证明观念,为理解这些其他观念提供了框架。

一般而言,证明观念是一个知识论概念,与我们对某些领域(经验事实、数学定理、道德原则等等)掌握的知识相联系,涉及我们掌握知识的方式,涉及我们断言我们掌握的知识的方式,涉及就何为真而言我们所持有的信念和判断的理由。证明某个断言或行动,就是替相信该断言为真或该行动为正确或合理提供理由。证明和判断的客观性相联系,同存在着某个证明(某些情况下,证据)方法相联系,理性人或通情达理的人将用它们来得到某些正确的结论。很多人(如道德怀疑论者和虚无主义者)和持有科学态度的很多哲学家(比如逻辑实证主义者)认为,虽然存在着科学的经验证明和数学等领域的逻辑证明,但是,伦理学证明仍然是不可能的,因为不存在道德真理或伦理真理。道德陈述被说成是我们的情绪、偏好、态度、可普遍化命令(universalizable commands)、获取凌驾于他人意志或行动之上权力之个人或社会努力的表达。然而,像许多哲学家一样,罗尔斯相信道德判断的客观性,相信道德判断多少是合理的。他还相信道德判断的辨别能力,包括是非辨别能力。不过他有一种明确的方法,去探讨道德判断的客观性、道德陈述的可证明性、合理性或真理性。

就道德判断或道德原则的证明而言,有一个也许一直可以追溯到柏拉图的古老立场。它讲的是,道德判断可以通过某种方式(从观念上通过逻辑推论)从最抽象的道德原则演绎出来,那些道德原则本身是根本的真理,不屈从于逻辑证据,却可以通过哲学直观为我们的理性所认识。当罗尔斯如此说时,他心里便具有这样一个立场:

> 正义观无法从原则的自明前提或条件中演绎出来；相反，正义观证明涉及许多想法的相互印证和支持，涉及每一事物都吻合于一个融贯的观点。(TJ,21/19 rev.)
>
> 证明依赖整个[道德]观,依赖它吻合并组成我们在反思平衡中深思过的判断的方式。(TJ,579/507 rev.)

对罗尔斯来说,当正义原则在"普遍而广泛的反思平衡"中与我们对所有普遍性层次"深思过的正义信念"相互支持时,"许多想法的相互印证"是存在的。

罗尔斯的反思平衡观念假定了有关"深思过的判断"(considered judgments)观念和"深思过的道德确信"(considered moral convictions)观念。存在着经由反思而达成的相互"平衡"。"深思过的判断只产生于有利于实行正义感的条件下;因此,它们不会出现在动不动就给错误找借口或解释的环境里"(TJ,47-8/42 rev.)。"深思过的判断"是道德判断,"在其中,我们拥有了最大的信心"(TJ,19/17 rev.)。罗尔斯起初提供的道德判断例子是,"宗教不宽容和种族歧视是非正义的"(同上)。后来罗尔斯说道:林肯的以下坚信是人们深思过的正义信念的范例:"假如奴隶制是没有过错的,那么世上就没有错误的事情了"(JF,29)。"我们断定,这些信念是任何一种正义观都必须与之吻合的要点"(TJ,20/18 rev.)。罗尔斯似乎认为,我们的固定的深思过的信念是"质料",与之兼容的原则才是可能的。罗尔斯说,正义论的"最初目的"是发现一种正义观,它"最吻合于"我们的深思过的道德确信。后面,我们将探讨罗尔斯所指的"最吻合"(best fit)的含义;它不只是一种直观平衡或对某人判断感觉舒适而已,而且通过罗尔斯的建构主义和反思平衡得到了部分阐明。

由于罗尔斯的反思平衡不是一个适用于所有判断的普遍证明理论,人们通常认为,罗尔斯的反思平衡观念是以其哈佛同事威拉德·蒯因(Willard Van Quine)和尼尔森·哥德曼(Nelson Goodman)的整体论知识论为基础的。当他第一次提出反思平衡时,罗尔斯的确提到了哥德曼有关归纳和演绎推论的见解(TJ,20n./18n. rev.)以及蒯因的影响(TJ,579n./507n. rev.)。[20]罗尔斯总是大方地提到对其工作产生影响的各路人物。然而,早在其撰写《正义论》二十多年以前,当他写作博士论文以及后来的《伦理学决定程序论纲》(1951年)(CP,ch.1)时,罗尔斯就阐述了"深思过的判断",并且把它们孕育成"反思平衡"。正如那篇论文明确提示的那样,罗尔斯认为,反思平衡不是一般知识论证明主张的一部分,而是一种适合于道德哲学的证明主张,是为道德原则证明而设计的。罗尔斯说道:"反思平衡……是一个具有下述特征的概念:它研究的是那些通过自我考察形成的行为指导原则。道德哲学是苏格拉底式的。"(TJ,48-9;修订版删除了这段话)

反思平衡的显著特点是,它要求在所有通用性层次上,深思过的道德判断当视为相关于对道德原则的论证和证明。澄清一下,我们能够在三个通用性层次上区分道德判断。首先,存在着特称的道德判断;比如,"甲伤害过乙"、"甲虐待过乙",或(较笼统地)"美国政府仅凭怀疑却在没有举行公平听证的情况下就把侨民关进监狱是错误的"。其次,存在着比较抽象的道德判断,它们包括(但不限于)共同接受的道德规则和原则,"人们应当信守承诺"、"奴隶制是错的"、"民主公民应当拥有自由表达权",等等。第三,存在着最抽象的道德思考和原则,它们在证明道德规则时会用到。将会有这样一些笼统说法:"人应当受到相等的尊重"、"人是'目的自身'",或者西季威克的仁慈原则,若不带偏见地解释,"我们应当最大化善[权益]"。

在西季威克和其他人那里可以找到"哲学直觉主义"(philosophical intuitionism);它说的是,证明的最基本层次是抽象原则。借助于理性直觉或"哲学直觉"(philosophical intuition),作为自明的为真的原则,一些抽象原则(对西季威克来说,是无私仁慈原则、平等原则和审慎原则)是可知的。西季威克为识别这些原则的自明性和哲学确定性提供了确定标准。[21]借助这些不容置疑的真理,西季威克进而主张,功利主义和理性利己主义是最合理的"伦理学方法"。西季威克《伦理学方法》的一大特点是,他试图证明,功利原则兼容于我们的许多日常道德确信,即"常识道德"(the morality of common sense)。不过,西季威克视作道德基础的哲学直觉并不公开接受常识道德的质疑。它们是"自明的",对理性的"哲学直觉"来说,符合实践理性的所有相关标准。

在其早期说明中,罗尔斯似乎把反思平衡呈现为哲学直觉主义(以及伦理学自然主义——参阅下文)的替代者。(请重温他上面的断言:"正义观无法从原则的自明前提或条件中演绎出来;相反,正义观证明事关许多想法的相互印证和支持,事关每个事物都融入一个前后一致的观点。"[TJ,21/19 rev.]按照反思平衡,西季威克借以进行的那种最抽象的道德思考在道德原则的证明中不具有任何特别的优先性。就此而言,反思平衡是"非基础主义的":它并不试图以其他原则或抽象判断来"确立"道德原则,那些原则或抽象判断是公理的、自明的、不容修订的。相反,假如道德原则要想得到证明,那么深思过的道德确信必须在所有通用性层次上与道德原则相"符合"。然而,由于我们有许多不同种类的道德确信,反思平衡便假定,只要我们尝试使之与反思平衡中的道德原则相一致,我们的某些道德确信将不得不接受修订。在这里,重要的在于,在这个反思过程中,我们较为抽象的"哲学直觉"在并不具有任何优先性情况下被给予。"以下想法是错的:抽象观念和普遍(通用)原则总是凌驾于我们较为特殊的判断之上。"(PL,45)的确,我们也许将放弃以下一般确信(假定我们支持那个确信):纵使它无法兼容于正义原则——那些原则最兼容于大量其他深思过的道德确信,我们也应当提升得到不抱偏见地解读的那个善。罗尔斯正义原则的寓意是,我们无法总是不抱偏见地提升善(比如人类福利),因为那样做务必导致我们去侵蚀正义的成果。无论无私的仁慈原则是否经得起反思平衡,它表明这个方法是不同于哲学直觉主义的。

从《政治自由主义》开始,罗尔斯提出了另一条较为温和的路径来理解反思平衡。反思平衡成为一个方法论主张,即一种道德观的论证必须证明,在所有普遍性层次上,它(在某个具体的意义上)"符合"我们思考过的道德确信。按照这个温和的见解,反思平衡的反思并不必然地排除西季威克和摩尔的理性直觉主义以及其他"基础主义观点"。通过反思,情形也可以是这样,所有情况都得到了考虑,我们的深思过的道德确信在高度抽象的道德原则中具有一个归纳的基础,这些抽象原则("相似案件相似处理"、"最大化不抱偏见地得到解读的善"、"正确行为提升人类福利",等等)是自明的。按照有关反思平衡的这个温和见解,要想证明我们的道德确信"与反思平衡兼容"就需做到以下一点:我们证明了,我们有关对错的最为深思的确信可以派生自一种道德观,它自身在这些抽象的理性直觉中具有演绎根据。在其晚期著作中,罗尔斯不是拿反思平衡同像理性直觉主义的基础主义立场作比较,而是拿这些立场同道德哲学和政治哲学中的建构主义作比较。[22]

由于把反思平衡解读为同理性直觉主义之类基础主义观点具有潜在兼容性,反思平衡似乎没有排斥掉多少东西。但它的确排斥道德怀疑论和其他形而上学观点,那些观点质疑道德判断,把它们统统视为虚假的、意识形态的、不值得认真对待的。它还排斥这样的哲学观点,它们试图主要从道德判断之外推导出道德观。有些立场试图通过概念分析或意义分析来寻求道德理论的基础,罗尔斯对此说道:"仅仅根据逻辑真理和定义来建立一种实质性正义理论是不可能的。对道德概念和先验事物的分析,无论传统上如何理解,是太薄弱的基础。"(TJ,51/44 rev.)

这里也请留意罗尔斯的以下主张,"人可以在一开始[预备性地]把道德理论设想为企图描述我们的道德能力的尝试;或者,在现在的情形下,可以把正义论看做企图描述我们的正义感的尝试。"(TJ,46/41 rev.)他接着对两个探索进行了比较,一是道德哲学对兼容于我们思考过的道德确信的原则的探索,二是乔姆斯基语言学对我们有关句式语法意义之见解的语法原则的探索。这些说法是不难理解的。但是,我并不认为罗尔斯正在建议的是,道德原则是先验的,是潜在于我们道德推理能力之中的(尽管他有时对康德的偏爱看似暗示了这一点)。相反,他大不了建议的是,我们在适当条件下能够依赖我们的道德推理能力,我们的道德判断并不总是随意的,而是能够分清是非的,是受客观道德原则指导的。反思平衡并不假定,我们应当把所有深思过的道德确信视为给予的且不容修订的。相反,它要求我们批判地评价我们的确信,并且假定不存在无可挑剔的确信。罗尔斯说:"道德哲学是苏格拉底式的:一旦其调节原则得到挑明,我们就可能想要改变我们现在所考虑的判断。"[23]实际上,通过反思,"一个人的正义感既可以发生也可以不发生彻底的变化。"(TJ,49/43 rev.)

有人基于以下理由来批评反思平衡:因为它把我们所考虑的现成道德确信当一回事,它赞成现状,所以它是保守的和充满偏见的。那么,我们应当如何做出道德判断呢?此外,我们应当如何从事道德哲学研究呢?我们务必从道德思考开始,只要我们那样做了,那么对一些思考过的道德确信的依赖便是不可避免的。除非批评者把道德思考斥之为虚假的,否则,至少在当前条件下,这种批判没有什么力量;至少在有人向我们提供令人信服的解释说我们的道德确信是完全不可靠的之前,这种批判没有什么力量。反思平衡不否认,人的道德感情会有偏见,会受到其社会政治环境的扭曲。但是罗尔斯认为,在现行宪政民主条件下,自由平等的价值观受到了广泛肯定(纵使受到了不同解读),我们深思过的道德确信足以可靠地继续从事某个正义的道德理论,它至少接近这种正确的或最合理的观点。以下观点只是一种虚无主义观点:无论在什么条件下,我们的道德能力自身都是不可靠的,道德和正义都是虚假的。它同反思平衡格格不入。反思平衡假定的是,正如我们进行其他形式的哲学批判或科学反思一样,自由而平等的人有资格相信,反思的道德推理所得出的审慎结论。否认这一点的怀疑论观点——质疑或否认残酷、折磨无辜、奴役国民以及其他根深蒂固却经过思考的道德确信的错误性——不得不依赖于一些形而上学假定,同他们将予以拒斥的判断相比,那些假定更加可疑。[24]

罗尔斯表示的对道德思考的相信,也解释了他的以下见解:道德原则的纯粹形而上学(包括自然主义和语言学)论证不足以提供证明。这些论证对阐发或证明一种实质性道德理论提供了一个"太过薄弱的基础"(TJ, 51/44 rev.;并参阅 TJ, 578 – 79/506 – 07 rev.)。罗尔斯反对这样一种观点,自然主义形而上学独特地使一种道德理论优越于所有其他道德理论。例如,有人认为,经济学、理性选择理论或进化论为功利主义真理提供了证据,或者为霍布斯观点提供了证据,因为它们当属我们在这些学科中拥有的最佳解释和工具之列。纵使为了证明新古典价格理论为自由市场竞争条件下的经济人行为提供了一个好见解,然而不清楚的是,在经济和其他条件下,个体的效用最大化行为为什么要支持以下观点:我们应当最大化其他个体的效用或总效用。[25]罗尔斯认为,道德哲学必须考虑自然科学和社会科学的一般事实,以便决定什么原则是实践上可能的和可靠的。不过其对《道德理论的独立性》(CP, ch. 15,本书第七章将予讨论)的考虑表示,同达尔文理论一起,现代经济学和理性选择理论兼容于许多道德正义观。

总结罗尔斯在其晚期著作中倡导的"温和"反思平衡观如下:(1)反思平衡事关道德哲学的证明论题;它不是有关真理性质的形而上学理论(一个"融贯主义理论");它也不是有关一般证明之性质的一般知识论论题。它假定:(2)无论特殊的道德确信可以多么令人质疑,我们仍然能够相信我们拥有道德推理和判断能力;那些能力不像宗教感悟或探索"灵性"的能力,后者(绝大多数哲学家相信)可以是毫无根据的和基于幻觉的。此外,(3)道德哲学的证明必须在道德推理之内发挥作用;它对证明一种道德观是必要的(即使不是充分的),在所有普遍性层次上,以及在考虑了可取舍的道德观点(广泛的反思平衡)之后,它"符合"我们思考的道德确信。这种"温和"理解没有排除任何传统道德观——康德主义、功利主义、完美主义或直觉主义(多元主义),但它的确排除了道德怀疑主义、虚无主义以及怀疑我们的道德能力的其他学说,它还排除了自然主义和其他还原主义者纯粹根据事实、语言或形而上学断言来证明道德原则的尝试。

罗尔斯还提到,在其早期职业生涯中,直到完成《正义论》,他对反思平衡做了较为强硬的理解,那种理解与其康德主义倾向相吻合。(如我称呼它那样)对反思平衡的这种强硬解读或"康德式解读"受到以下断言的提示:"我们可以假定每个人都有一套自己的道德观。"(TJ,50/44 rev.)道德哲学的作用在于,发现潜在于我们的道德能力中的道德观(参阅 TJ,46/41 rev.)。借助一些比较抽象的道德原则和思考,我们不仅要找到"最吻合"于我们当下深思过的确信的道德观,而且要批判性地检验它们。再一次地,反思平衡"是苏格拉底式的"(TJ,49;修订版删除了这句话),涉及对我们的正义感的某种批判性自我检验,以发现调节和反映我们的(深思过的)道德判断的原则。这个过程的一部分是,"一旦其调节原则得到挑明,我们就可能想要改变我们现在所考虑的判断"(TJ,48-9;修订版删除了这句话)。

在以下意义上,对反思平衡的这个比较强硬的理解是"康德式的"。首先,它呼应于康德的如下观念:道德和绝对命令潜在于道德意识之中,它们有待于一种实践推理去发现,后者是苏格拉底式的;它也涉及对我们深思过的道德确信的批判性检验。[26]其次,所谓"潜在于道德意识之中",(对康德和早期罗尔斯来说)意指道德原则不是先于和独立于实践推理的"事实",但它们通过某种方式是实践推理本身的产物。这把道德和自律观念包括实践理性的自律观念联结了起来,并且把反思平衡同罗尔斯最终称作"道德理论中的康德建构主义"联结了起来。[27]

在这种康德式的解读中,反思平衡不兼容于理性直觉主义和其他立场(比如神圣命令学说),后者把道德原则视为先于且独立于我们的道德推理而存在的(参阅 TJ,578/507 rev.)。不存在先于或独立于道德推理的"道德事实"或第一原则,那些"事实"或原则多少是(通过直观或其他途径)"被给予"我们的,我们的道德判断是对它们的回应或反映。相反,反思平衡是一条路径,旨在发现已经"潜在于实践推理中的"道德原则。它断定这些原则以其他路径无法抵达,既无法通过理性直观而抵达,也无法通过其他自明路径抵达。

按照这种强式解读,康德式建构主义是反思平衡的一个本质因素。一个"建构程序"(罗尔斯的"原初状态")在(罗尔斯所说的)"反思平衡之内"发挥作用,使我们能够找到并且证明正义原则,那些原则调节着我们的正义能力。我接下来将对罗尔斯有关建构主义的见解及其同反思平衡的关系(参阅本书第七章)多讲几句。罗尔斯认为,先于政治自由主义,康德的建构主义是赋予康德道德自律观念以内容的一条路径,可以理解为理性把其自身资源之外的原则赋予给了理性自身。在很大程度上,建构主义规定了罗尔斯所指的在反思平衡中与我们深思过的道德确信"相吻合"的东西。在这里,重要的一点在于,作为反思平衡的组成部分,康德的建构主义通过以下论证转换了证明道德原则的要求:在实践推理自身的"外面",道德原则有其起源。照此而论,按照这种强硬的康德式解读,反思平衡与理性直觉主义相竞争,并且与认为道德原则派生于实践理性自身之外的某个源泉的任何一种道德证明学说相竞争。

由于它融入了建构主义程序,罗尔斯的反思平衡能够抵挡得住下面的反驳:"假如反思平衡所说的一切是,我们的道德判断应当

'适合'或兼容于它们自身,'适合'或兼容于其他经过深思的信念,那么什么可以防止站得住脚的道德原则是受到最佳理性支持的道德原则的观念不致陷于分崩离析呢?"其回应是,原初状态给予"将以什么方式达到深思过的确信与原则的'适合'"的观念以内容。反思平衡"通过原初状态"发挥作用。这不排除以下可能性:就把我们深思过的判断纳入反思平衡而言,其他建构主义程序可以做得更好。不过关键在于,某个建构主义协商程序对罗尔斯所理解的反思平衡来说是必不可少的。甚至在《政治自由主义》里,就我们深思的政治正义判断将同普遍而广泛的反思平衡"相适合"而言,"政治建构主义"提供了罗尔斯的首选方法。不过在这里,他似乎承认,反思平衡能够超然于建构主义,其他推理方法可以用来造就"符合"观念并把我们深思过的确信纳入反思平衡的意义。

我把反思平衡呈现为一种道德证明见解,而不考虑其与其他各类断言之证明的关系。有人主张,与我们的其他判断——包括科学判断以及其他理论判断和实践判断——一起,假如反思平衡是令人信服的,那么它必须不仅把我们的道德纳入平衡,而且把道德原则也纳入平衡。按照这种广义的解读,反思平衡是一个证明通论,适用于我们的所有判断,而不只是道德确信。[28]

显然,罗尔斯认为,道德的正义观(moral conception of justice)应当兼容于在科学上或经验上得到证明的东西。实际上,他长篇累牍地想要证明的是,正义原则真的"符合"我们有关心理学、生物学、进化论、经济学及其他社会科学和自然科学的知识。然而,不像我们的确定的深思过的道德确信与正义原则的"符合",经验判断与道德原则具有的这种"符合"不能通过在原初状态之下的选择来规定。《正义论》第三编论证稳定性的要义在于表明,作为公平的正义兼容于人性,兼容于社会合作和社会制度的一般事实。例如(就像中正无私的仁慈〈impartial benevolence〉要求我们那样),假如正义原则要求我们比大多数人拥有较多的常规能力,那么这些原则便没有很好地"符合"人性。

其次,同样清楚的是,罗尔斯不相信,任何一个特殊的正义观都潜在于或独特地"符合"深思过的科学判断。尽管罗尔斯认为,自然事实和证明一种正义观相联系,但是,鉴于自然主义说,道德原则可以还原于或通过某种方式派生于自然事实和科学理论,他拒绝道德哲学的"自然主义"。相反,纵使不是全部那么也是绝大多数传统道德观能在社会中得以实现,在某种程度上,那些道德观是可行的。例如,罗尔斯在其有关稳定性的见解中并不主张,功利的社会是行不通的,或者对我们来说,无私的仁慈是不可能的,与人性完全不兼容。相反,他说的是,(1)鉴于一些有关人性的事实,对人类来说,无私的仁慈是很难的;作为用来稳定正义制度的广泛传播的道德动机,无私的仁慈是不可靠的。由于这个理由和其他理由,(2)其社会成员公开知道和普遍接受功利原则的井然有序的功利社会将趋于不稳定。这并不意味着,依功利原则设置的社会不兼容于人性,或反过来才是可行的。然而,由于它为了更大的总效用而强加于社会成员的极端牺牲,它正是许多成员公开反对那个功利原则的社会。

第三,在《政治自由主义》中,罗尔斯认为,重要的是,作为公平的正义能够兼容于许多形而上学、知识论和神学学说,罗尔斯称之为"合理整全学说"(reasonable comprehensive doctrines)。这意味着,有些综合学说可以纳入具有作为公平的正义的反思平衡之中。在政治自由主义中,这是一个本质性见解。它为罗尔斯有关"独立的"政治正义观见解奠定了基础。它也是他所指的正义观的"公共证明"含义的组成部分——即,它能被纳入带有一些合理整全学说的反思平衡之中。[29]

最后,我再次强调,罗尔斯特指反思平衡为道德证明而非一般证明的断言。在其他学科中,法则、定理、原理可以为真,也可以为假。要想证明它们,就要求表明,它们处于具有思考过的一般判断和特殊判断的反思平衡之中。就证明而言,罗尔斯在一般或其他知识论问题上没有立场。科学学科具有的主题和材料并不呼应于道德探索具有的主题和材料。我们深思过的道德确信不是对世上经验事实的表象或判断。相反,它们是关于我们应当选择什么和做什么的判断,或者是关于我们应当让什么样的制度或国家部门发挥作用的判断。由于具有不同于道德判断的内容,适合科学和其他理论探索的证明将极其不同于适合伦理学的证明。罗尔斯认为,反思平衡特别适合伦理学;再说一遍,它是"一个具有下述特征的概念,它研究的是那些通过自我考察形成的行为指导原则"(TJ,48-9;《正义论》修订版删除了这句话)。

结论:罗尔斯论证方法的一个显著特点是,他提供了几条独立线索来支持他的结论。例如,至少存在四个独立论点来支持以下证明:处于原初状态之下的各方为何将选择正义原则。再比如,存在着五个理由,罗尔斯把它们注入处在原初状态下的各方选择的公共条件之中(参阅《道德理论的独立性》)。支持相同结论的如此多重论证与反思平衡有关。罗尔斯并不把实践理性视作基于基本原则的,我们能够追溯到那些原则,并推出所有的实践理性和结论。存在着大量相对固定的道德确信,既有特殊的道德确信,也有一般的道德确信,通情达理的人拥有着它们。但是不能说,较一般的确信拥有较基本或较确定的地位。假如道德哲学证明无关于来自基本原则的推论,而只是事关表明道德原则同我们深思过的道德确信的兼容性,那么我们所能期待的便只是,来自不同前提的许多论证将要求证明道德原则以及最合理的正义观。

拓展阅读

约翰·罗尔斯:《约翰·罗尔斯笔录》,罗尔斯接受《哈佛哲学评论》的访谈,1999年第1卷第1期,第38-47页。("John Rawls: For the Record," an interview with *The Harvard Review of Philosophy*, vol. 1, no. 1 (1999): 38 – 47.)(罗尔斯谈了自己的生平和哲学兴趣。)

　　托马斯·波格:《约翰·罗尔斯:其生平和正义理论》,牛津:牛津大学出版社,2006 年,第 1 章。(Pogge, Thomas *John Rawls, His Life and Theory of Justice*, Oxford, UK: Oxford University Press, 2006, chapter 1.)(这是一部涉及面较广的罗尔斯传记。)

　　约翰·罗尔斯:《道德哲学史讲义》,巴巴拉·海尔曼编,麻省康桥:哈佛大学出版社,2000 年。(Rawls, John, *Lectures on the History of Moral Philosophy*, Barbara Herman, ed., Cambridge, MA: Harvard University Press, 2000.)(另参阅约翰·罗尔斯:《道德哲学史讲义》,张国清译,上海三联书店,2003 年——译者注。)

　　约翰·罗尔斯:《政治哲学史讲义》,萨缪尔·弗雷曼编,麻省康桥:哈佛大学出版社,2007 年。(Rawls, John, *Lectures on the History of Political Philosophy*, Samuel Freeman, ed., Cambridge, MA: Harvard University Press, 2007.)(另参阅约翰·罗尔斯:《政治哲学史讲义》,杨通进、李丽丽、林航译,中国社会科学出版社,2011 年——译者注)

　　托马斯·斯坎伦:《约翰·罗尔斯论证明》,载于《剑桥罗尔斯指南》,萨缪尔·弗雷曼编,纽约:剑桥大学出版社,2003 年。(Scanlon, Thomas, "Rawls on Justification," in *The Cambridge Companion to Rawls*, Samuel Freeman, ed., New York: Cambridge University Press, 2003.)

注释

1 罗尔斯:《罪和信念之意义简论:基于共同体概念的解释》,普林斯顿大学哲学系本科生四年级论文,1942 年 12 月,该论文将由哈佛大学出版社出版。

2 例如,《三十九条信纲》——英国圣公会(也是罗尔斯所宗的主教派)主要教义——肯定三位一体、基督的人(基督徒)、人的罪恶等正统基督教教义。就其强调因信仰而证明、《圣经》重要性及两个圣礼(洗礼和圣餐)来说,它们在骨子里是新教的。参阅《英国国教研究》,斯蒂芬·赛克斯和约翰·博蒂编,纽约:堡垒出版社,1988年,第134-137页。

3 罗尔斯在这里加上了引自康德的一个注释:"'假如正义荡然无存,那么人纵然苟活于世又有何价值。'该说法出自康德《正义的形而上学基础》§49,《康德全集》(标准学术版),第6卷,第332页。"(LP,128n.)

4 参阅约翰·罗尔斯:《罗尔斯论文集》,萨缪尔·弗雷曼编,麻省康桥:哈佛大学出版社,1999年,第一章。

5《约翰·罗尔斯:纪录稿》,罗尔斯接受《哈佛哲学评论》访谈录,1990年第1期,第38-47页。

6 参阅洛克:《政府论》(下篇),第54节,第6节,第59节;康德:《正义的形而上学基础》,标准学术版,第六卷,第237-238页。

7 参阅罗尔斯"洛克讲座",罗尔斯:《政治哲学史讲义》,萨缪尔·弗雷曼编,麻省康桥:哈佛大学出版社,2007年。

8 参阅罗尔斯"霍布斯讲座",罗尔斯:《政治哲学史讲义》,萨缪尔·弗雷曼编,麻省康桥:哈佛大学出版社,2007年。

9 大卫·休谟:《道德原理研究》,谢尼温(J. B. Schneewind)编,印第安那波利斯:哈克特出版社,1983年,第28页(Section III, Part II)。

10 约瑟夫·拉兹认为,权威或正义原则的证明不是因为国民同意它们;相反,证明必须撇开国民同意权威和原则的理由。单凭同意的事实,就像单凭想要得到某物的事实一样,无法证明任何东西。只有客观理由才能证明。单靠同意本身,像欲望那样,无法扮演那个角色。参阅拉兹:《公共领域的伦理学》,牛津:牛津大学出版社,1994年,第4章,第16页。

11 参阅罗尔斯《政治哲学史讲义》之"卢梭讲座"第一讲,罗尔斯讨论了卢梭的《论人类不平等》和自然善学说。

12 参阅参考资料中摘录的约书亚·科亨著作,并参阅阿米·古特曼和邓尼斯·汤普森合著:《民主和异议》,麻省康桥:哈佛大学出版社,1998。哈贝马斯著作对协商民主讨论也有重要影响。

13 在《政治经济论》(1755年)中,卢梭说:"纵使他自己的理性也应受到他的质疑,他应当遵循的唯一理性是公共理性,它就是法律。"后来又说,"只有凭借法律人才拥有正义和自由。它……作为一项公民权利在人与人中间重新建立了自然平等。这……向每一个公民颁布了公共理性的律令。"载于卢梭:

《卢梭基础政治著作》,哈克特出版社,1987年,第113、117页。

14 罗尔斯说,黑格尔把康德的命令误解为一个纯粹的形式标准,包含不了什么实际内涵(TJ,251n./221n. rev.);他误解了均等机会(TJ,300-01/265,rev.);黑格尔的市民社会设想是以亚当·斯密为蓝本的,是一个"私人社会",它否认社会统一的可能性(TJ,521n./457n. rev.)。

15 罗尔斯的黑格尔讲座收录在他的《道德哲学史讲义》中,巴巴拉·海尔曼编,麻省康桥:哈佛大学出版社,2000年。它们最早书写于20世纪70年代,后来又作了多次修订。

16 罗尔斯的确保留着康德在理论理性和实践理性之间的尖锐区分——它为其道德理论的独立性思想以及政治自由主义思想埋下了伏笔。

17 罗尔斯:《道德哲学史讲义》,第336页。

18 同上,第332页。

19 参阅《伦理学决定程序论纲》(1951年),收录于《罗尔斯论文集》,第1章。

20 罗尔斯说,蒯因讨论证明的著作让其受益良多,但是反思平衡的原创观念形成于蒯因著作之前,始创于罗尔斯本人的作品《伦理学决定程序论纲》(1951年),在那里,罗尔斯提出了一套专门用于道德原则的证明方法。参阅TJ, 579n./507n. rev.。

21 参阅罗尔斯:《政治哲学史讲义》,第384-385页,论西季威克的证明标准。

22 对西季威克理性直觉主义和道德哲学建构主义进行比较始于罗尔斯在20世纪80年代的杜威讲座"道德哲学中的康德建构主义"。参阅《罗尔斯论文集》,第16章,第三讲"建构和客观性",第340-359页。

23 参阅《正义论》第48-49页(TJ, 48-49)。这句话和围绕它的整个段落在修订版中都删除了。比较《正义论》第578页,修订版第507页。罗尔斯在那里提到了道德哲学的"苏格拉底方面"。

24 参阅罗纳德·德沃金(Ronald Dworkin):"客观性和真理:你最好相信它",载于《哲学和公共事务》,1996年,第25期,第117-118页。并参阅托马斯·内格尔(Tomas Nagel):《最后之辞》,纽约:牛津大学出版社,1997年,第6章。

25 大卫·盖塞尔(David Gauthier)认为,经济学和决策博弈论为霍布斯契约论观念提供了更大的支持。他在《同意的戒律》(牛津:牛津大学出版社,1986年)中作了这种辩护。金·宾莫尔(Kin Binmore)在《自然正义》(麻省康桥:哈佛大学出版社,2005年)中认为,功利主义受到进化论和决策论的支持。艾伦·吉巴德(Allan Gibbard)在2006年加州大学伯克利分校举办的坦纳讲座中做出了相似的论证。

26 试比较康德的以下断言:"道德原则实际上不是别的东西,只是隐晦地得到理解的形而上学,它一致于每一个人的理性宪章,就像教师很容易发现",《道德形而上学原理》,詹姆斯·艾灵顿(James Ellington)译,印第安纳波利斯:波布斯—马尔出版社,1963年,第32页(《康德全集》学院版,第6卷,第376页)。并参阅康德《道德形而上学》第一编导论:"每个人都有自己的形而上学,虽然在公众看来它是以一种荒诞方式呈现的:要是没有先天原则,他如何能够相信他自身有一种普遍的立法能力?"(同上,第15页(《康德全集》,学院版,第6卷,第216页))。罗尔斯重视这些段落引起了我在20世纪80年代初的注意,当时他正着手康德建构主义和《道德哲学史讲义》之"康德讲座",康德所说的"道德观"只表示"内在于他本人的形而上学。"

27 这是罗尔斯1980年杜威讲座的题目(CP, ch. 16)。罗尔斯不同于康德(如其强调的那样)之处在于反对以下观点:道德原则是先天的,它们在"纯粹实践推理"中有一个完备的基础。如我们在罗尔斯讨论稳定性(参阅第6章)时看到那样,以下情形对证明正义原则是非常重要的:正义原则兼容于人性和社会合作的一般事实(参阅 TJ, 51/44 rev.)。

28 参阅诺曼·丹尼尔斯在《正义和证明》(剑桥:剑桥大学出版社,1996年,第1-8章)中的有益讨论,他在那里似乎把反思平衡看作一种比较普遍的证明方法。

29 参阅罗尔斯:《对哈贝马斯的答复》,载《政治自由主义》,纽约:哥伦比亚大学出版社(1995年版,2004年扩充版),第385-395页。

第二章　自由主义、民主和正义原则

自由主义的起源是有争议的。自从马克思以来,许多人认为,自由主义源自资本主义,是出于自由劳动市场、私有制和控制实际资本包括生产手段的需要。约翰·洛克有关私有财产起源于在自然状态下自我所有权的见解,被左翼和右翼双方的许多人视作有关自由主义基础的精辟论述。因此,自由主义起初是一种经济学说。罗尔斯也把洛克视作在自由主义历史上有着重要影响的人物。不过,洛克之所以重要,不是因为他提倡经济自由主义,而是因为他坚信,所有"人"生而自由平等,拥有一些不可让予的自由;政府有义务尊重这些自由,宽容地对待不同的宗教教义;政治强权是为了共同利益(common good)才得以推行的。罗尔斯认为,自由主义历史最初起源于 16 世纪和 17 世纪的欧洲宗教战争。[1] 宗教战争促成了这样一种观念,政府的角色不在于施行特殊的宗教教义,相反,不同的宗教观点都应得到宽容。从这个历史起点出发,发展出了有关良知自由和思想自由的核心自由主义自由。洛克的政治著作多半试图对尊重宗教自由和其他自由的有限宪政政府提供哲学证明。

现代民主在 18 世纪的美国革命和法国革命中有着同样可怖的历史起源。不过,有关相等民主政治参与权的理论基础早已潜伏在 17 世纪自由主义之中。一旦洛克承认,所有人生而自由平等,那么自由主义理论家就难以回避以下思想:无论性别、种族、宗教、财产如何,所有社会成员都应当拥有平等的公民地位。卢梭是社会契约传统的重要民主理论家。卢梭认为,民主是在平等公民中间就正义和共同利益而展开的协商。同密尔的代表民主观一起,洛克和卢梭的见解是罗尔斯有关就正义而开展平等的政治参与权利和民主协商权利之见解的先导。

罗尔斯的社会正义观,即"作为公平的正义"观,是一种自由主义的正义观:保护平等的基本自由,并且给予平等的基本自由以优先性,那些基本自由使个体能够自由地实践其良知,决定其价值,按照自己选择的方式去生活。推崇自由的政府和社会尊重个人选择,宽容地对待各种不同的生活方式,宽容地对待宗教、哲学和道德学说。罗尔斯的正义观推崇自由,提倡经济关系方面的自由市场(与计划经济相比),尊重个人对机会和职业的自由选择,为处于最不利地位的社会成员提供最起码的社会保障(social minimum)。罗尔斯的正义观推崇民主,提供平等的政治权利,寻求建立教育和职业选择的均等机会。罗尔斯的正义观推崇平等,努力维护政治自由的"公平价值",建立"公平均等机会",通过给予处境最不利的社会成员以最大化其利益为目标来决定最起码的社会保障。这些权利、自由和机会都可以纳入罗尔斯的两个正义原则之中。我们将在这里依照优先性顺序讨论这些原则。我们先讨论平等的基本自由原则,然后讨论公平均等机会原则,最后讨论差别原则。

第一节 第一正义原则:基本自由

每个人都有平等的主张,去享有一套恰如其分的平等的基本权利和自由,这套基本权利和自由兼容于为所有人享有的一套相同的基本权利和自由;在这套权利和自由中,平等的政治自由——并且唯有平等的政治自由——将保证其公平价值。(PL,5)[2]①

---

① 这段话的原文是:"Each person has an equal claim to a fully adequate scheme of equal basic rights and liberties, which scheme is compatible with the same scheme for all; and in this scheme the equal political liberties, and only those liberties, are to be guaranteed their fair value."此段译文涉及的关键术语与国内已有中译本出入较大。万俊人的译法是:"每一个人对平等的基本权利和基本自由之完全充分的图式都有一种平等的要求。该图式与所有人同样的图式相容。在这一图式中,平等的政治自由能——且只有这些自由才能——使其公平价值得到保证"(参阅罗尔斯:《政治自由主义》,万俊人译,译林出版社,2000年,第5页)。在《正义论》的相似表述中,何怀宏等人的译法是:"每一个人对与其他人所拥有的最广泛的基本自由体系相容的类似自由体系都应有一种平等的权利"("Each person is to have an equal right *to the most extensive basic liberty*")(罗尔斯:《正义论》,何怀宏、何包钢、廖申白译,中国社会科学出版社,1988年,第60-61页)。这里的关键术语是scheme。术语scheme,万俊人译为"图式",何怀宏等人译为"体系",姚大志译为"体制"。短语 a fully adequate scheme of,万俊人译为"完全充分的图式",姚大志译为"完全适当体制"(参阅罗尔斯:《作为公平的正义——正义新论》,姚大志译,上海三联书店,2002年,第70页)。由于罗尔斯明确表示,其政治哲学不是形而上学的,而是政治学的。在这里,scheme 是一个量词,而不是名词。因此,scheme 不能译为"图式"、"体制"或"体系",而应译为"组"或"套"。a fully adequate scheme of 译为"一套恰如其分的"。scheme 所要表达的意思是,基本自由和权利是一种"组合",可以是一个"整体",一个"系统"(a system),罗尔斯需要一一给予列举,有先后排列的次序,但不存在价值意义上的主次之分。在基本的权利和自由之间,不形成一个等级序列,只形成一种并列或并存关系。相比之下,把 scheme 译成"体制"或"体系"都有对权利和自由做出等级化和序列化解读的倾向,是对罗尔斯正义论的重大误解。另请参阅在后面注释中我对相似短语和术语的处理。

第一正义原则的主要思想是,存在着一些基本权利和人身自由,它们比另一些基本权利和人身自由更加重要,它们对规定有关自由而平等的人的道德理念是必不可少的。首先,借助于第一正义原则,罗尔斯的目标是定义自由公民的民主理念。自由的公民拥有相等的公民地位,拥有公平而有效地影响立法、参与公共政治生活的权力。在这里,自由的公民在卢梭的民主观之内发挥影响——民主是平等的公民就正义和共同利益而展开的协商。其次,在《正义论》中,第一正义原则是罗尔斯有关自由自治人(free self-governing persons)之自由主义理念的组成部分——自由自治人开发人力,形成并追求本质上有益的生活方式。自由自治人理念为高姿态的自由主义传统(high liberal tradition)之"自由的自由主义"(liberalism of freedom)奠定了基础。高姿态的自由主义传统一直可以追溯到康德;通过洪堡和德国唯心主义者,它对密尔的自由主义有着重要影响(包括密尔的"个体性"理念)。罗尔斯比较了可以在古典自由主义那里找到的"自由的自由主义"(liberalisms of freedom)和"幸福的自由主义"(liberalisms of happiness)。[3] 古典自由主义大体上起源于大卫·休谟、亚当·斯密和古典经济学家,与功利主义一起在英国发展起来。古典自由主义与高姿态的自由主义的主要差别在于更强调财产、契约和贸易等经济权利及消费自由。尽管推崇自由的传统把人的自由和独立看做正义的首要目标,但是古典自由主义把它们看做用来实现个人幸福之首要目标的手段。

罗尔斯第一正义原则所指称的,不是"自由"(liberty),而是"基本自由"(basic liberties)。他诉诸一个被普遍接受的观念:一些权利和自由比其他权利和自由更重要或更"基本"。绝大多数人相信,同他们拥有不系安全带开车、随心所欲地飙车、不按规章处置财产或只要对己有利便可随意处理金融产品的自由相比,以下自由是更重要的:他们自由决定他们的宗教,说出他们的想法,选择他们的职业,只与他们选择的人通婚和交友。当然,有些自由是根本得不到保护的——例如，醉酒后驾车，未经许可进入别人的房子。于是，主要借助于某些"基本自由"而不是保护某种自由或"自由本身"，罗尔斯解释了对保护"自由"的自由主义强调。这里不存在任何原创的东西。在美国宪法中，以下观念长期以来一直得到了承认：与其他权利和自由相比，某些权利和自由是更加"根本的"，并且应当给予特别保护。此外，约翰·斯图亚特·密尔的自由原则也是为了大体上保护可以在罗尔斯第一正义原则中找到的相同范围的基本自由而设计的。[4] 罗尔斯自由主义的原创之处在于，他回答了以下问题："我们如何决定哪些自由是基本的，哪些自由不是基本的？我们如何决定两种基本权利之间的冲突？"

不过，我们先来考虑一下罗尔斯视为基本自由的东西。他提到了五组基本自由：良知自由和思想自由；结社自由；平等的政治自由；保护人格完整和人身自由（包括工作自由和职业选择自由、个人财产权）的权利和自由；以及最后由法治所涵盖的权利和自由（PL,291）。保护人格的物理和心理完整，保护人身自由，是最显著的基本权利和自由，因为（在其他事情中间）它们禁止对人施行不正当的暴力、强制和奴役。无论自由主义的正义观，还是非自由主义的正义观，任何合理性的正义观都承认，这些自由是道德上应当得到保护的权利。罗尔斯的正义观是自由主义的正义观，因为它给予了这些自由及其他人身基本权利和自由以平等保护，包括良知自由、思想自由、结社自由以及由法治涵盖的权利和自由。他的正义观是民主主义的正义观。因为在平等的基本权利之中，它也包括了"平等的政治自由"、平等的政治参与权（TJ, sect. 36）。这些权利主要有投票权和担任公职权，发表政治言论的自由，集会自由，对政府表达不满和批评政府的自由，组织和加入政党的权利。罗尔斯抽象地看待这些基本自由，它们包含在各种较为具体的权利和自由之中。于是，良知的自由，不仅单纯地包括决定人的信教自由，而且包括人放弃和拒绝所有宗教的自由。更一般地，就有关道德、价值和人生目标等伦理问题而言,就有关实在性质的形而上学问题而言,以及就有关给予生命以意义的精神问题而言,它包括了信仰自由。我们每个人都持有某些理念、价值观和确信。对我们来说,它们是权威的,它们指明了我们存在和追求的方向。在传统上,对绝大多数人来说,这些东西事关宗教。相似的观念是,国家的角色不在于在其政策中指定、提倡或赞成任何一个特定的宗教宗派或教义。宗教宽容、"自由行使"(free exercise)条款,以及美国宪法第一修正案倡导的宗教不干预政治(non-establishment of religion)主张,都是发端于十六十七世纪欧洲宗教战争的思想产物。依罗尔斯的理解,良知自由对这个观念作了概括,包括了哲学信念、价值信念和道德信念的自由。较有争议的是,依罗尔斯的解释,良知自由包括了政治决定的独立性,或者,良知自由包括政治决定不仅"分离"于宗教教义,而且"分离"于其他"整全的"哲学学说和道德学说。良知自由的这一方面将在第八章得到更加充分的讨论,到那时,罗尔斯的公共理性思想将得到讨论。总的思想是,在价值和道德问题上,国家的行为限制于颁布法律,施行"公共理性的政治价值",包括一种自由主义的正义观。

思想自由相似于良知自由,但是更广泛地扩张到包括了信仰自由和在所有话题上信仰表达的自由,无论它们是政治的、文学的、艺术的、科学的,还是哲学的。这个基本自由保护就所有话题展开探索和讨论的自由,交流和表达意见的自由。

罗尔斯提到的第三个基本自由是结社自由。"一个人选择与参与各种团体和与人结社的自由。"结社自由与良知自由是相辅相成的。因为没有结社自由,良知自由便是无效的(PL,313)。假如一个人不能结社,与其具有相似态度、确信或信念的人分享思想,那么实践一个人有良知的确信的自由便没有什么价值。由这种自由提出的一个有趣问题是它在家庭生活中的角色,在婚姻关系及其他亲密关系中的角色,以及它同美国宪法提到的隐私权的关系(这些问题将在第五章得到讨论)。

就人身自由和人格完整所具体规定的自由来说,除了前面提到的明确保护之外,他们还包括迁徙自由和选择职业自由[5],以及(持有)人身财产的权利。罗尔斯说,它对人身独立和自尊感是必要的。[6] 在这里,有意思的是,罗尔斯并没有像密尔那样爽快地定义人身自由。密尔说,人身自由包括"兴趣自由和追求自由,设计与其个性特点相吻合的人生规划的自由"。[7] 也许,罗尔斯认为,通过其他基本自由的结合,尤其是良知自由、思想自由、结社自由,同人身自由的结合,这个抽象自由已经得到了关照。另一方面,罗尔斯的自由主义不如密尔的自由主义那么宽容,因为他清晰地把人身基本自由的行使看做是更多地保护其他自由的保证。[8] 这一点潜在于他有关一项基本自由之"应用的中心范围"的见解中,我们将在后面对它进行讨论。这使得某些"我行我素、自以为是的"行为不受约束,而密尔或许许可了那些行为(比如,对麻醉剂的自残使用、动机不明的自杀,或卖淫)。

于是再一次地,罗尔斯像密尔那样主张:职业自由,选择职业的自由,作为基本人身自由得到保护;但是无论人身自由,还是其他基本自由,都不包括受到古典自由主义者称赞的其他经济权利,比如贸易自由、经济契约自由。罗尔斯说,人身自由包括有权利去持有和享用人身财产。他在这里包括控制一个人的生活空间,有权享受它而不受国家或他人的干扰。赞成拥有这种人身财产权的理由是,假如没有控制人身财产和安静享用个人自身的生活空间,那么许多基本自由就无法享用和行使(试设想在不知情情况下受到不断监视对你的行为可能产生的影响)。此外,控制人身财产是追求最值得过的生活方式的条件。但是拥有人身财产的权利不包括它的无限积累。相似地,罗尔斯说,第一正义原则不保护资本家私人拥有和控制生产手段的自由,或反过来社会主义者平等地参与控制生产手段的自由(TJ,54 rev.;PL,338;JF,114)。他说,这些自由不是自由平等的公民适当发展和充分行使道德能力所必需的(JF,114)。对罗尔斯来说,这表明,在资本主义和社会主义之间的决定性区别根本不是基本自由问题,而是取决于其他的理由(第二正义原则)。罗尔斯认为,经济自由的范围和使用生产性财产的权利取决于不同原则的要求。经济自由、生产和贸易的效率通常有利于最少受益者;但是签订经济契约和使用生产资源的自由,将受到其对最少受益者影响的规制,那些自由不是基本自由。罗尔斯称经济自由为"同第二正义原则相联系的"非基本自由(PL,363)。就它们使一开始是最少受益者的人受益而言,它们是重要的自由。但是它们同基本自由不是同一个层次的,后者是具体规定罗尔斯标榜的自由而平等的人的理念所必需的。

罗尔斯给予所有权和生产手段之使用的限制表明,罗尔斯把财产权看得比较复杂些。不存在这样一种"财产权",给予人可以随心所欲地处置自己财产的自由。当然,没有一种正义观允许人随心所欲地处置其财产。(正如罗伯特·诺齐克说的那样,我不能把我的小刀丢在你的橱柜里(ASU,171)。)对任何一种正义观来说,问题在于规定财产使用的限制。自由至上主义明确地表示,它要给使用以最低的限制:只要使用不侵犯其他(自由人的)权利,那么它们是允许的,无论其他人的自由和幸福的价值反过来受到那些使用的影响有多大。(例如,我可以拥有垄断某些资源的权利,拒绝把它们出售给我不喜爱的族群,即使这会产生不利于整个社区健康和福利的后果。)[9]

因此,罗尔斯主张,持有人身财产的权利,是受限制地持有人身财产的权利,那些财产对人格独立和自尊是必需的(JF,114)。其目的在于,确保人有权利使用和控制财产,那些财产是有效行使基本自由和自由追求被许可的广泛美好事物所必需的。拥有人身财产的权利,不是一项保证最低收入的实质权利,而是一项持有并且确保人的合法财产的规范权利。正如法律规定的那样,社会无法剥夺任何一个人持有、使用和控制人身财产的民事权利(在奴隶以及更为少见的已婚妇女身上,曾经发生过这种事)。在罗尔斯有关社会正义的考虑中,差别原则主要涵盖了对收入或最低限度持有财产的保证。[10] 而且,不受限制地积累财富,生产手段的绝对所有权,经济资源的不受规制的使用和转让,不属于持有人身财产的基本权利。罗尔斯把财产的经济使用看做对法律规则的承认,以满足正义、公共便利和享受的需要。你拥有一幅丢勒或毕加索作品的所有权,并不意味着你可以毁坏它。出于某些目的(比如居住、商用、环境的区域划分),政府也可以限制土地的使用。当然,对使用的这些限制并不一定是任意强加上去的,而必定是出于合法的公共目的考虑。政府有义务公平地补偿因此而使其合法使用受到限制的人和单位。

在法治权利和自由之下,罗尔斯包括了常规中立的依法行政(administration of law)("作为规则的正义",justice as regularity),享有诸如免于随意遭受拘捕和剥夺财产之类的自由权利(TJ,61/53 rev.),公平公开的审判,合理的证据规则,反对自证有罪的权利,以及其他程序权利。尽管法治本身保证不了实质性自由(纵使法律按常规执行也仍然是强制的),但法治是享有实质性自由的前提。没有法治,自由的边界就是不确定的,人们就不知道何时他们的计划和行动受到了干扰(参阅 TJ,sect. 38)。

说这些自由是"基本的",不只是简单地意味着它们比其他自由更加重要,它们应当给予特别的关照。它也意味着,它们是"不可让与的","搁置或违犯它们的任何做法从一开始就是没有法律效力的"(PL,365-66;CP,372n.)。不仅政府机构和民主的多数派不敢冒犯基本权利,而且就是公民自己也无法把它们转让给其他公民,或者对它们进行讨价还价。基本自由不可让与的观念,不为罗尔斯所特有,它是自由主义的一个混合特征。没有一个自由主义政府会执行这样的契约,一个人因受诱骗而把自己卖身为奴,放弃宗教自由或言论自由(比如通过使自己成为某个教派的终身成员)。作为犯下某些严重罪行的后果,人会丧失某些基本自由,但丧失不同于自愿转让。不可让与是这样一个事实的后果:对罗尔斯来说,契约自由和绝对财产权不是绝对自由或基本自由。一个人不能如此随心所欲地处置自己,好像自己的人身是一件可以交换的财物。这不是因为一个人无法"拥有自己",他的人身归国家所有。人身的自我(或国家)所有权观念在罗尔斯那里不起作用。确切地说,这是因为,基本自由(以及整个作为公平的正义)是以一种人身道德理念为依据的:人是自由、平等、自治的,对维持其自由、平等和独立有着本质的旨趣。民主政府的首要角色,在于为实现这种人身理念创造条件。执行契约,公民因此而让渡自己的基本自由的所有权,或者获得他人的基本自由的所有权,都是对公共政治权力的误用。它没有把人当做平等的公民来尊重。这也许是罗尔斯以及一般意义上的自由主义者不同于自由至上主义者的主要方面。自由至上主义是一种自我所有权学说。绝对财产权和契约自由是最根本的自由。因此,它反对基本权利和自由不可让渡的思想。人的人身是人的财产,像人拥有的其他任何东西一样,是让渡和虐待的主体。在罗尔斯看来,一种学说如果允许人身作为财产被让渡,违反自己的意愿,即使在他们本人同意的情况下那样做,那么它仍然是对公共政治权力的滥用,是对自由而平等的人的不尊重。[11]

最后,罗尔斯说,没有一种基本自由是绝对的。这意味着,没有一种基本自由比其他基本自由是单一地更重要的,当它们发生冲突时,没有一种基本自由超过了所有其他的基本自由和所有其他的政治价值。相反,当基本自由之间发生冲突时,当基本自由与其他重要政治价值发生冲突时,对它们的决定旨在维护"一套恰如其分的"(fully adequate scheme)基本自由。(什么是"恰如其分的"呢?我将在后面讨论这个问题。)我们不妨这样来思考:假如任何一个基本自由都是绝对的,那么言论自由是绝对的。但是稍加反思就将表明,存在着对言论自由的许多必要限制,以保护其他权利和自由。

比如，人们不得鼓动他人暴乱，误拉警报，从而危及他人生命；人们也不得从事欺骗、贿赂、虚假广告、阴谋犯罪、威胁他人生命，诽谤他人，诋毁他人名誉。这些都是被人接受的对言论自由的限制，通常看成是为了保护其他重要的权利、自由和利益。罗尔斯主张，甚至会存在对竞选广告———一种政治言论形式——的限制，假如它们对维持政治自由的"公平价值"是明确必要的。在这个例子中，一种基本自由被用来决定对另一种基本自由的限制。对罗尔斯来说，重要的是，支持限制基本自由的唯一合法理由是，维护更加广泛的一整套基本自由，或者维持一套"恰如其分的"基本自由。除了保护和维持基本自由自身的理由之外，不存在限制基本自由的其他理由。这是罗尔斯表示的自由的优先性(priority of liberty)的意思。我将在后面讨论它。

现在，请转向第二个问题：罗尔斯的基本自由清单是如何决定的？是什么使得一些自由比其他自由具有特许的权利？尤其是，是什么使罗尔斯断定，经济自由和财产权不如其他基本自由那么根本而重要？在《正义论》中，罗尔斯说道：基本自由是由一份清单给出的，但是他不清楚这份清单来自何处。他似乎部分依赖美国和其他自由民主国家的宪法史。他还提到，像其他主要的善一样，基本自由对追求众多广泛的善观念是必需的。罗尔斯仍然明确地认为，基本自由同平等公民的观念相联系。因为他称它们为"平等的公民资格享有的自由"(TJ, 197/173 rev.; TJ, 204/178 rev.)，他还说，第一正义原则将作如下应用：从"代表的平等公民的立场"去决定什么是平等公民偏好的最合理的那一套基本自由(TJ, 204/179 rev.)。

这不足以预防来自甚至怀有同情心的批评家的批评。在罗尔斯做出回应的为数不多的批评性评论之一中，H. L. A. 哈特提到了罗尔斯在第一正义原则中处理自由的两个瑕疵。首先，在原初状态下，各方采用基本自由并且赞同基本自由优先性的理由没有得到充分的解释。其次，当基本自由发生冲突时，就具体规定和调整基本自由而言,罗尔斯没有给出令人满意的标准。[12]哈特还提到,在罗尔斯的第一正义原则那里,"一整套最广泛的基本自由系统"是有问题的,因为它表示最大化自由的范围。哈特说,但是在某些情况下,最大化自由的想法是没有意义的,因为它给其他人带来了荒谬的或不可接受的后果。以西季威克为例,假如目标真的在于最大化自由,那么这似乎要求取消私有财产;因为其他人的私有财产权利对个人迁徙自由以及他们随心所欲地使用和享用事物的权利加了许多限制。在回应哈特的文章中,罗尔斯修订了支持基本自由的论点,把它们(加上整个作为公平的正义)置于作为自由而平等的民主公民的理想之中(参阅 PL, VIII)。

罗尔斯认为,自己对自由理论的主要贡献在于,揭示和明确利用了一种人理念(an ideal of the person),为高姿态的自由主义传统和自由主义哲学学说奠定了基础(参阅 PL,369)。这是一种自由平等的人理念:人拥有两个"道德能力"和一个自由采纳的善观念。罗尔斯最初在《正义论》中提到了这种人理念,把它作为平等的基础(TJ,sect. 77)。它也在有关作为公平的正义的康德式解释中起着核心作用(TJ,sect. 40)。在较后面的《正义论》第三编中,它为稳定性的一致性证明提供了基础(TJ,sect. 86)。最后,在《正义论》修订版中,罗尔斯靠着这种人观念(this conception of persons),来论证自由的优先性(TJ, sect. 82,541 – 43/474 – 76 rev.)。虽然偶然使用作为自由平等的人观念对《正义论》的证明是重要的,但它们在后来没有扮演核心角色。尽管一直到那些晚期作品,[13]罗尔斯都没有充分扩充作为自由平等的人的公民观,然而我在此要借用它们,以便适当引申罗尔斯对第一正义原则的理解。

自由而平等的人具有两个道德能力。第一,讲究"合理的"(to be reasonable)能力,支持正义的道德能力,理解、利用合作条款并且与他人合作的能力;第二,讲究"理性的"(to be rational)能力,拥有"理性的"善观念,形成、修正、理性地追求融贯价值的能力,它为有关给予生命和生命的追求以意义的观念奠定了基础。罗尔斯认为,讲究"通情达理的"(to be reasonable and rational)能力是实践理性的首要能力。在罗尔斯后来的康德式术语体系中,它们是支持正当(the Right)和善[权益](the Good)的能力,或者是讲究合理(the Reasonable)和理性(the Rational)的能力。这些能力形成了"平等的基础",或者人类的特点;通过它们,作为正义的主体,他们保证作为平等的人受到对待与尊重(TJ, sect. 77)。与功利主义者相比,罗尔斯没有把趋乐避苦的能力,或追求欲望的能力,当做生命的首要特点,借助于那种能力,生命便有了特别的道德顾虑。除了人类以外,动物也有趋乐避苦的能力,这是我们对待动物的方式具有道德意义的原因。罗尔斯一直持有一种普通的见解:作为一个物种,人类具有独特的道德顾虑,我们因此而超越于其他动物之上;因为不像其他物种,人类具有道德能力而变得通情达理,具有为实践理性活动所必需的其他能力。正是这一点首先使作为正义之首要主体的人类显得与众不同。

人具有道德能力,人自由而平等,这是一个康德式理念。罗尔斯把它同形而上学的自我观区分开来,比如同人格同一性观念区分开来(CP, ch. 15)。它是一个相当"实际的"人的观念,是我们在道德实践中,也在与他人打交道过程中,假定的观念。它是我们待人接物实践的一个事实,我们之所以那样待人接物,是因为双方都有道德能力。比如,法定精神失常的传统验证是,人具有分辨对错的能力,部分牵涉到具有正义感的能力。此外,我们不主张年幼的孩子或无行为能力者对其行为负责,我们也不允许他们完全包办他们的事务,主要是因为他们不具有遇事理性且照顾好自己的充分能力。

我后面还会回到这个"人"的观念。在第六章讨论稳定性时,以及在第七章讨论罗尔斯政治自由主义演进问题时,那个观念起着重要作用。现在,与它相关的一种情况是,具有两种道德能力的人的观念补充了决定什么是基本自由的标准。罗尔斯认为,使自由成为基本自由,在于为拥有整个生命的道德人格的两种道德能力的适当发展和充分行使而提供的本质性社会条件(PL,293)。在罗尔斯对哈特的回应中,[14]罗尔斯详细地解释了,假如自由平等的个体置身于行使和发展两个道德能力的境况之中,每一个基本自由是如何必需的。他论证道,首先,良知自由和结社自由对行使理性的善观念是至关重要的(PL,310 - 15)。因为,如果没有这些自由,个体就无法检验不同的价值观,无法检验不同的哲学、宗教和道德学说,就无法决定哪一种生活方式最适合于其个性特点。这里的基本观念是,良知自由和结社自由对达成有关道德、哲学和宗教原则的知情决定是必需的,那些原则为人们就其基本信念和价值观或"理性的人生规划"提供了权威指导。其次,假如个人要想适当发展和充分行使其正义感能力,那么思想自由和政治自由是必需的(PL,315 - 24)。假如一个人想要实现其能力,去探讨正义,并按照正义要求行动,那么拥有讨论道德问题和政治问题、批评政府、在公共政治生活中扮演积极角色的自由,等等,所有这一切都是必需的。行使这些自由因此需要特别保护,因为它们对人按照正义的要求去理解、应用和行动,参与"理性的公共使用"(the public use of reason),按照正义的理由,参与对行动和制度的批判性评估或证明,从而适当发展和完全行使其能力是必需的。最后,维持人格完整、人身自由的权利和自由,维持为法治所必需的权利和自由,是行使所有上述基本自由的手段,借助它们才得以行使和发展两种道德能力,并追求合理的善观念。例如,假如平等自由的人想要发展其道德人格,尽量追寻合理的善观念,那么拥有人身财产的权利是必要的。也许,冥想于荒野,觅食于天地,如此逍遥遁世的苦行者对身外之物(除了衣物)无所需求。但是没人能做到一生如此。在开发能力且取得用苦行主义来装备自己的信念的某个阶段,亲近所有物是必需的。无论如何,对绝大多数生活方式来说,无例外的归纳对证明这种基本自由的重要性是不必要的。

　　自由对发展道德人格是必需的,这种自由观奠定了罗尔斯反对自由至上主义和古典自由主义以下思想的基础:不受限制的经济自由属于基本自由之列。这些经济自由包括经济契约的绝对权利、生产手段的私人所有权、随心所欲地使用和处置个人财产的不受约束的自由。密尔反对斯宾塞的以下断言,经济自由像其他人身自由一样重要,理由是,经济活动是一种社会活动,尽管它让一些人获益,但反过来也会影响到另一些人的前景。[15]这是赞成有关财产契约和财产使用的经济规则的一个重要理由。不过在这里,自由至上主义者将重新回到这样的见解:言论自由具有社会后果,也会反过来影响其他人(比如,在伊利诺伊州萨科奇犹太人居民区新纳粹的示威活动);不过,副作用很少成为限制言论自由之范围和内容的理由。(如美国联邦法院主张,对大屠杀幸存者的道德冒犯不是禁止新纳粹游行的充分理由。)因此,既然经济自由不应当在基本自由之列,那么为什么经济自由不受限制,除非那种限制对保护和维持其他基本自由是必需的呢?

　　自由至上主义主张,经济自由同其他人身自由和政治自由是同样根本的。这个主张的含义是,它在很大程度上限制了自由社会调节财产使用、经济契约、商务交易和活动的能力。例如,自由至上主义者认为,限制财产使用的环境法和区域规划条例,侵犯了人们随心所欲地使用其财产的基本经济自由。他们认为,劳动条件条例、产品安全规定、最低工资法以及一星期超过40小时的超时法律的健康和安全法,干扰了经济契约自由。即使为了提供最低社会福利、紧急援助或成立公益基金而征税,也被自由至上主义者说成是对基本财产权利的侵犯。假如不受约束的契约自由和绝对的财产权利是基本自由,那么这将大大限制政治自由,限制民主大会致力推行的法规的范围。因此,不必惊奇的是,经济自由至上主义者和许多古典自由主义者敌视民主政府,至少敌视民主政府对自由经济的"干预"（因此推崇"自由放任"观念）。

那么,什么将合理地证明这些昂贵的个人权利,即订立经济契约,积累、使用和处置财产,而不必顾及它们对处于较糟糕处境的其他人的不利后果呢？当然,自由至上主义者和古典自由主义者有自己的论证（其范围从准洛克自然状态下的财产占用到社会效用）。罗伯特·诺齐克和其他自由至上主义者主张,没有用显而易见的论证,个人自主为广泛的自由至上主义财产权奠定了基础。[16]那么,这是一种什么自主观呢？依照自由至上主义者的主张,它将允许这样一些状况,在其中,极少数人将垄断生产手段,而广大国民要么贫困失业,要么丧失经济独立,因为他们别无选择地与拥有并控制生产手段的人建立劳资关系。无论自由至上主义的自主观是什么,它似乎同康德和密尔的见解没有多少共同点,那些见解让人知道了罗尔斯在《正义论》中的立场。按照罗尔斯的见解,对充分发展和完全行使两种道德能力来说,对追求广泛的合理的善观念来说,没有一个自由至上主义经济自由是必要的。实际上,把经济自由从制度上设计为基本自由,将不利于许多自由而平等的人去实现经济独立,去享受与其过上一种广泛的理性人生规划相吻合的收入和财富。不受约束的经济自由,因此将使许多人适当发展其道德能力,凭借自由和平等,拥有公平机会,去追求合理的善观念,在实践上变得不可能。这是罗尔斯明确反对基本经济自由所透露出来的基本信息。

这并不意味着,罗尔斯没有发现经济自由是重要的。只要获得适当的规制,经济自由是非常重要的,因为经济自由能创造某些社会经济条件,让自由而平等的人实现独立,有效地追求合理的善观念。但是,经济自由的重要性并不直接源自第一正义原则,而是源自经济正义的理性,经济正义的理性由公平均等机会和差别原则来规定。罗尔斯认为,在生产手段的布局方面,自由市场对经济效率是决定性的,将为公民创造广泛的就业机会；自由市场对有效的经济生产也是决定性的,既让处境不佳的人受益,也让处境较好的人受益。但是这不蕴含自由至上主义者和古典自由主义者的以下立场：自由市场还应当多少唯一地依赖收入和财富的分配。市场的配置使用和分配使用之比较是下一章讨论的话题。在这里，总的见解是，在罗尔斯看来，经济自由的性质和范围取决于实现经济正义所需要的程度，经济正义由第二正义原则来规定。它们不属于受到第一正义原则保护的基本自由之列。

第二节 自由和自由的价值

左翼对自由主义的常见批评蕴含在以下讽刺中（大致来自阿纳托尔·法朗士）：在法国，所有人都是平等的，因为富人和穷人一样，都享有在桥下睡觉的自由。其寓意是，自由主义者提供的自由和平等是空洞的法律抽象，对没有适当手段来享用自由和平等的人来说没有任何价值。然而，平等的政治权利、良知自由、言论自由、结社自由，如此等等，对无奈乞讨，整天围着垃圾堆打转，只为找食以充饥的人来说，又能有多大价值呢？真正的自由不只是空洞的说辞；相反，它要求人们拥有能力、机会和资源，使他们能够自由选择地行动。

罗尔斯会同意如上说法；没有适当的资源，基本自由对人就没有什么价值："基本自由是一套法律上得到保护的路径和机会。当然，无知和贫穷，缺乏一般的物质手段，阻碍着国民去行使权利，也阻碍着国民从这些机遇中获得好处。"(PL,325 - 26)但是他不是通过牺牲自由主义的规范自由观来回答这个问题的。后者把自由看做以一定方式加诸于人的行动自由之上的某些干预和制度限制的缺失。相反，罗尔斯区分了自由和"自由的价值，即自由对人的有用性"(PL,326)。他认为，通过最大化基本自由可以为最少受益者使用的价值，作为公平的正义旨在保证基本自由对每个人的价值(TJ, 205/179 rev.)。对罗尔斯来说，拥有自由，就是摆脱（法律或社会）

制度的限制，从而按照一定的方式去行动(TJ,202/177 rev.)。一般来说，罗尔斯把自由看做一个规范概念，通过规定权利和义务的一定制度结构或规则体系，主要体现在法律和宪法条款中。他对自由的理解和霍布斯的理解不同。霍布斯纯粹用身体术语或物理术语来理解自由。罗尔斯则把自由看做有效限制的缺席(absence)，自由要么是制度限制的缺席，要么是身体限制或物理限制的缺席。其差异在于这样一种观念：尽管甲没有做X的制度自由，但他仍然可以有做X的身体自由或物理自由。比如，按照罗尔斯从制度层面对自由的考虑，尽管小偷没有动用我车子的法律自由，但他只要能躲得过警察的追捕，他仍然可以在物理意义上自由地开走它。反过来，一个人可以拥有以一定方式行动的制度自由(如迁徙自由)，但是由于身体原因(生病)或社会原因(贫穷)，他却没有行使那项自由权的自由，他在身体意义上或在物理意义上无力行使那项自由。当罗尔斯谈到"一整套恰如其分的"(或"一整套最广泛的")基本自由时，他是在制度意义上讨论自由的。①

既然拥有制度自由不触及人行使自由的能力，那么为什么罗尔斯从制度定义自由并不正中左翼批评家们的下怀呢？罗尔斯承认，尽管第一正义原则只是从制度上保证了(除了政治自由之外的)基本自由，但是第二正义原则的目标是，为每一个人，尤其是经济上处于最糟糕地位的人，保证基本自由的价值。它要通过以下保证才能做到：每个人都有适当的一应俱全的手段(能力、机会、收入、财富)，它们为有效行使基本自由所必不可少。由于差别原则保证了涵盖全体的"最起码的社会保障"，在公平正义的良序社会里，将不存在

---

① 与自由有关的术语 physical 同时兼有"物理"和"身体"双重含义，作者也用复数形式 physical terms 来表示其双重含义。汉语中找不到一个单一词与 physical 对应，译者只好根据语境做相应处理。比如，"迁徙自由"要么涉及"身体自由"，要么涉及"物理自由"。一个人身体不好、残废或生病，就较难实现身体自由；一个人买不起车票、船票、机票，或缺乏出行工具，就无法实现物理自由。——译者注

由对其而言基本自由没有价值的贫困国民所构成的阶级。的确,存在着这样一些人,他们是"最少的受益者",因为任何一个社会都存在着收入的不平等,但是即使如此,最少的受益者仍然拥有较多的充分资源——比他们在与平等的基本自由兼容的其他社会制度拥有的资源更多的资源——去有效地行使他们的基本自由和追求其目标。

有鉴于此,罗尔斯的左翼批评家们将作如下回应:尽管罗尔斯的自由主义的确比古典自由主义者或自由至上主义者更加迎合穷人的需要,但罗尔斯对基本自由的平等承诺仍然是空洞的。因为,假如自由缺少平等的价值,那么平等的自由是不可能的。然而,罗尔斯的差别原则允许资源的不平等是如此之大,以至于将摧毁最少受益者拥有的基本自由的基础。这里不妨举两个例子。首先,有钱人对民主过程施加了大量政治影响,在资本主义民主中,不存在有效手段来中立化财富的政治影响力。假定腐败的影响力加大了财富的集中,那么怎么会有"平等的政治参与权",或者任何程度的平等的政治影响力呢? 其次,假如处境较糟糕者没有办法与他人做思想沟通,怎么会有平等的表达自由呢?有钱人控制着大众媒体(电视、广播、报纸、图书出版等等),大众媒体主要发表有钱人取悦他人的见解,或用有钱人观点对他人进行思想灌输。所以,假如自由缺乏平等价值,那么平等的自由便是空洞的抽象。[17]

要是不从细节上探讨差别原则(参阅下一章),就难以掌握罗尔斯对上述批评的回应。总体而言,罗尔斯的回应如下。

首先,没有一个正义原则能够向国民保证,他们拥有的许多基本自由具有平等价值。因为国民在如此多的方面——首要目标、宗教观念、智力和天赋、出生、社会关系、职业生涯,如此等等——存在着差异,他们不可避免地对各个基本自由赋予不同的价值。相对于很少对政治或思想产生兴趣的木工或房地产代理人,法律从业者、学者和政治活动家通常将赋予思想自由和表达自由以较大的价值。

相对于隐士或残障者,迁徙自由通常对货车司机具有较大的价值。相对于仍然可能在政治意义上推行其宗教观点的主流宗教(如基督教)成员,良知自由通常对无神论者更有价值。正义原则能做的最多是,不是努力保证平等的价值,而是努力保证基本自由的公平价值。这是不同正义原则的作用:它保证所有成员都有适当的收入和财富,去公平而有效地行使基本自由。

其次,试图达成自由的平等价值,将不仅在实践上是不可能的,而且是不公平的和引起社会分裂的。因为它会带来收入和财富的重大不平等。为了实现良知自由的平等价值,就需要在其宗教需要朝圣、繁杂仪式、习惯和教堂的人身上挥霍大量资源,而拒绝把资源给予那些默默冥想和勤俭节约者(参阅 PL,325-26)。一些人可能永远都不会参加投票,因为他们对平等的政治权利和言论自由不感兴趣:由于这些自由对他们没有什么价值,那么他们是否应当获得补偿呢?罗尔斯说,在某种程度上,成为一个自由的人,也就意味着,个人要对其目的负责(PL,33-34)。自由的人不会以骑墙态度对待他们无法扭转或控制的目标和志向。借助他们能够合理地期待从社会获得的资源,他们有能力调整他们的目标和志向。相应地,为了实现良知自由的无一例外的平等价值,无论其要求多么昂贵,而期待他人同意资助其宗教生活方式,这是不公平的。

罗尔斯否认,自由的平等价值是正义的要求,这表明他的正义观并非基于福利。罗尔斯没有把分配正义的平等主义要求当做福利(或幸福)的平等分配或公平分配要求,而是借助于对一些资源的平等或公平分配,那些资源是对个人自由和自尊至关重要的"初级社会产品":权利和自由、能力和机会、收入和财富,以及自尊的基础。他的自由主义是"自由的自由主义"(liberalism of freedom)不是"幸福的自由主义"(liberalism of happiness)。正义社会制度的角色,不在于操纵社会,从而使社会促进幸福的平等分配或公平分配,而在于公平地向个体提供他们必需的资源,从而使他们自由而公平地追求他们发现值得去过的生活方式。

罗尔斯反对基本自由之平等价值的一个例外是平等的政治自由,政治自由的价值"在如下意义上必须是相似地或至少足够地平等的:每个人都有公平的机会去谋求公职,去影响政治决定的结果"(PL,327;以及参阅 TJ,225－27/197－99 rev.)。罗尔斯认为,假如政治自由对公民而言存在着重大的价值不平等,那么正义所要求的平等公民资格之理想就难以实现。因此,罗尔斯在第一正义原则中包括了以下要求:政治自由的"公平价值"是有保证的(PL,327－28)。"除非这些自由的公平价值相似地得到了保留,否则的话,正义的背景制度就不可能确立起来或得以维持"(PL,327－28)。而且,国民对政治自由价值的利用,较多地从属于他们的社会地位和他们在收入与财富分配中所处的地位,较少地从属于他们对其他基本自由价值的利用(PL,328)。实现政治自由之公平价值的措施有,关于政治竞选活动和政治辩论公共论坛的公共财政条款,对由受益产业和其他集团支付的私人政治广告的限制,以及通过参加政治集团对公共广播的公平评估。虽然其他人一直这样认为,但是罗尔斯没有在一个地方说过,财富的更加平等化本身是维持平等的政治自由的条件。假如他建议的措施对政治自由的公平价值是不合适的,那么他的立场似乎应当是要求采取分配措施,平等化不均等各方,以达到差别原则将允许为所有公民建立政治自由的公平价值所必需的均等程度。

最后,就基本自由的价值来说,罗尔斯说道:"把两个正义原则放到一起,基本结构应当这样来安排,最大化为所有人分享的整套平等自由的最少受益者的价值。这规定了社会正义的目的。"(TJ,205/179 rev.;以及 PL,326)"社会正义的目的"在于最大化最少受益者享有的基本自由的价值,这个说法表明,罗尔斯的自由主义认真地关注,要确保除了单纯受到规范法律保护的基本自由之外的东西。虽然自由的平等价值观念听起来相当悦耳,但它不是一个现实主义的观念。他相信，一个更现实主义的、不太难办的理念是，确保每个人基本自由的价值到这样的程度，以至于使那些基本自由之能为最少受益者利用的价值得到最大化。

第三节 自由的优先性(TJ, sect. 39, 82)

> 我把自由的优先性看成平等自由原则优先于第二正义原则。两个正义原则应当按照词典式顺序排列，因此，自由的主张应当先行得到满足。……自由的优先性意味着，自由只因自由自身的缘故才被限制。(TJ, 244/214 rev.; 并参阅 PL, 295)[18]

罗尔斯认为，自由主义主张，基本自由优先于其他社会需要和目标，包括多数人的意志。自由主义宪法首先保证了基本自由。这就假定了，社会已经做好准备去维护自由宪法，每个人的基本需要将能得到满足(《作为公平的正义新论》，第 44 页，注 7)。此外，罗尔斯的"一般的正义观"应用到了不太受欢迎的情景中。他说道：

> 所有社会价值——自由和机会、收入和财富、自尊的基础——都要平等地分配，除非对其中一种价值或所有价值的不平等分配合乎每一个人的利益。(TJ, 62/54 rev.)

这种一般的正义观并没有给予基本自由以先于公平分配其他的初级社会产品(primary social goods)的优先性。再说一遍，初级社会产品是罗尔斯设计的正义原则用来分配的资源：权利和自由、能力和机会、收入和财富，以及自尊的基础(TJ, 62/54 rev.)。在《正义论》中，罗尔斯把这些资源描述为一应俱全的社会工具，是任何一个理性人都想要的，无论他或她还想要其他什么东西(TJ, 92/79 rev.)，喜爱多个而不是几个社会工具是合理的(TJ, 397/349 rev.)。

它们的派生效果将在后面讨论。一般的正义观认为,所有的初级产品都具有平等意义,要把它们平等地分配给每一个人,只有一种不平等是允许的:那种不平等的结果让原本的最少受益者获得较大的好处。这种一般的正义观应用于对自由和民主不利条件下的某种非理想情形;一旦社会能够维护自由的宪法,"特殊的正义观"便得到了应用,使基本自由的平等优先于其他社会价值,使公平机会的平等优先于差别原则。每个社会都有义务,寻求确立应用特殊正义观的条件。如罗尔斯说的那样:"只有当改变文明的性质成为必要,以便通过那个过程每个人都能享受到这些自由的时候,平等的自由才会遭到拒绝。"(TJ,475 rev.)罗尔斯还认为,给予基本的平等自由以优先性(或首要性),并没有假定社会中高水平的收入和财富(JF,47n.)。相对贫穷的国家,比如印度和哥斯达黎加,也能够维持成功的民主政府和社会。

罗尔斯说,"自由只因自由自身之故才能受到限制。"(TJ,244/214 rev.)理解这一点对掌握"基本自由"的含义从而避免误解是重要的。罗尔斯实际上说的意思并不是,除了保护其他自由,自由是不受限制的,无论做什么都行。我在凌晨两点之所以不参加在紧挨着邻居居住的大街上举办的喧闹聚会,不是为了保护你的自由,而是为了你能睡得着觉。自由的优先性意味着,只有当它对保护某个其他基本自由是必需的时候,或者只有当它将导致在基本自由框架里一个更强大的总体自由的时候,一个基本自由的行使才会受到限制。这不只是简单地意味着,基本自由不能出于公共福利或者完美主义价值的理由(已经得到正义优先性的保证)而受到限制;它也意味着,基本自由不会由于非基本自由(比如契约自由)的缘故而受到限制,甚至基本自由不会为了在第二正义原则下向穷人提供较大的机会和资源而受到限制。

罗尔斯说,存在着侵害自由优先性的两种情形。第一种情形是,每一个人的基本自由都受到了过度限制,或者每一个人的基本自由都受到了出于错误理由的限制。政治表达的自由或文学表达的自由,不能因为某些言论和文学作品冒犯了国民的道德感情而受到限制。或者,控制人的生育权——生育是人的自由之一——不能因为宗教反对人口生育控制而受到限制。[19]第二种情形涉及基本自由的不平等。罗尔斯举了两个例子(PL,295;JF,47;以及 TJ,247 - 48/217 - 18 rev.)。一些国民的平等政治自由不能因为他们拥有这些自由将挫败为了经济效率所需要的政策而受到限制,甚至那些政策将向最少受益者提供较大的好处也是如此。假定那些处境较好者试图同穷人达成以下交易:"放弃你的投票权,我们将增加你的最低社会福利。"自由的优先性将阻止对平等政治自由的这种限制,因为除了在不利于特殊正义观的条件下之外,第一正义原则将不会为了第二正义原则的利益而被出卖。这个例子表明了罗尔斯设计的平等的公民地位的重要性。[20]第二个例子是军用征兵制度。在越南战争期间,美国国会施行和维护一个带有歧视的选择性服役制度,它让大学生免于军役,理由是,他们不服军役是出于促进社会教育的需要。再一次地,由于军役是对个人自由的严重限制,这个豁免是事关人身基本自由的一个不可接受的不平等(TF,47)。

  自由优先性许可对基本自由做出了什么限制呢? 在思想自由和表达自由的条件下,请考虑霍姆斯大法官的例子,有人在一个黑暗而拥挤的剧院虚张声势地高呼"着火了",这可以看做一种非法的言论形式,因为其后果将危及人的生命。更好的例子是限制言论的这样一些例子,那些言论鼓动人们骚乱,施行报复性暴力,制造人身伤害的恐慌。因为它们危及了人身自由和人格完整,正如要遏制针对个人的暴力威胁那样,要遏制实施犯罪的阴谋。所谓"出于偏见、指向个人或人群的有毒言论"(hate speech)则有所不同,因为它虽然带有敌意,但并不直接危及基本自由。

  罗尔斯还承认对诸如欺骗和虚假广告之类违法言论形式的法律限制的合法性。大体上,欺骗和虚假广告之所以给予限制,是因为它们破坏了第一正义原则的人身财产权,那个权利为个人独立所必需。不过在这里有人做出了以下反驳:"实际上,保护人身财产不是禁止欺骗和不实陈述的唯一理由。所有的财产权不是通过第一正义原则得到保护的,而是通过第二正义原则得到保护的(例如通过产品所有权,通过差别原则得到了证明的所有权)。涉及这些权利的商业不实陈述应当给予惩罚,因为它们涉及对人身财产的盗取。还有,诽谤和故意歪曲真相,损毁人的品德和信誉(他因此会丢掉工作、商业机会、朋友和社会关系等等),对此该怎么办呢?"它至少通过民事诉讼在法律上是可执行的,纵使它不构成犯罪。然而,诽谤真的是对基本自由的侵害吗?

于是,诽谤作为对人格完整权或人身财产(一个人的品德和良好名声)的侵害而应当予以限制,但这涉及对这些概念实施超出常识许可的引申。针对公司和商誉的诽谤将带来不同问题,因为企业不是自然人,似乎不受这个基本自由保护。无论如何,在第一正义原则下,主张限制诽谤是可以得到证明的,它看起来仍然是,存在着对言论和表达自由的其他合理限制,通过罗尔斯的以下要求难以得到证明:"自由只因自由自身的缘故而受到限制。"例如,请(再一次)考虑以下情形,凌晨两点用醉醺醺的下流话向着居住地居民大喊大叫,或者,服务时间在医院或殡仪馆附近大喊大叫。这些行为可以正式地作为"对和平的纷扰"而给予惩罚。在罗尔斯意义上,这些纷扰没有侵害任何人的基本自由。无论自由主义者在多大程度上允许有关言论自由的这些做法,(我相信)罗尔斯的目标绝不是想要使他的自由主义变得如此随意。但从《正义论》来看,如何限制这些烦人的叫喊声是不清晰的。在《正义论》第一版里,罗尔斯通过区分言论的"限制"(restrictions)和"规制"(regulations)提出了这个问题。它类似于联邦最高法院在对表达之内容的非许可限制和有关表达之"时间、地点及方式"可许可规制的区分。[21]假如侮辱和淫秽之使用或喧闹行为就其时间、地点和表达方式得到了规制,那么它并不总是侵害了思想自由和表达自由,于是,对表达或呈现的信息内容将不存在限制。所以,你在夜晚咒骂邻居,向他们大声喊叫是允许的。但是,当邻居想要睡觉时,或当他到医院住院时,或当他出席母亲葬礼时,你向他大声喊叫是不允许的。[22]

无论如何,仍然存在的一个问题是,对表达的如此规定在什么时候是合理的,在什么意义上,对时间、地点和言论方式的规制逐渐变成了对言论内容之不被许可的限制。(对宗教教育的时间限制,对晚上时点作了限制,以便孩子能用白天时点花在非宗教的学习上,这种时间限制将明显地侵害表达自由和良知自由。)此外,在某些情况下,限制言论内容是合理的,即使不是由于某个其他基本自由的缘故也是如此。假定广告商开展对其产品好处的常见"吹捧",导致人们误会产品的营养价值和其他价值。("这种营养补品能增强心脏功能,延年益寿!")这种不切实际的陈述,虽然没有达到欺骗水平,也应当予以限制,因为它只是为了获得经济益处才吸引人的眼球。(有关某些食品和药品具有有益健康之品质的此类说法通常是有规定的,有时在美国受到 FDA[食品药品管理局]的限制。)那么,在他给予言论自由之类基本自由以绝对优先性的条件下,为了公众健康之类不太重要的利益,反对非法的财政收益,罗尔斯如何才能容纳对言论的如此限制呢?

在《正义论》修订版中,罗尔斯神秘兮兮地说道:"这些[基本]自由具有一个核心应用范围,只有当它们与其他基本自由相冲突的情况下,它们才会受到限制或折中。"(TJ, 54 rev.)即使没有进一步的说明,这个说法显然是对《正义论》第一版提出的自由的优先性的重要限定。因为它的意思不只是,抽象的基本自由的任何施行,都优先于所有的其他社会产品。确切地说,它的意思是,只要基本自由在其"核心的应用范围"得到施行,它的优先性便不受限制,除非是因为另一个基本自由的缘故。但是,什么是一个基本自由之应用的核心范围呢?它是如何决定的?《正义论》对此没有任何讨论,但它在《政治自由主义》第8讲"基本自由及其优先性"中得到了澄清。

基本自由之应用的核心范围是自由的实施领域,在那个领域里,它对实现道德能力是最重要的。(在这里,罗尔斯谈到了两种基本情况,谈到了每一种道德能力的施行。)良知自由和结社自由应用的核心范围处于"第一种基本情况",涉及施行和培育针对"善"观念的理性能力。我们从上面可以看到,这些自由的施行授权例外保护,因为它们对于适当发展和充分实践理性能力,形成、修订和合理追求善观念,包括给予生活以人生意义的价值是必需的(PL,310－15)。第二种情况是,思想自由、表达自由、政治自由应用的核心范围,涉及施行和发展针对正义感的能力(PL,315－24)。这些自由对正义原则的知情应用以及蕴含在特殊案例中的制度要求(法律和其他社会规范)的推论尤为重要。因此,它们对民主制度下的公民就正义和共同利益进行知情的理性慎思是必要的。最后,罗尔斯说道:保留基本自由——人身自由和人格完整、法治权利和自由——是实践两种道德能力的必要前提,因为"假如先行基本自由得到适当保证,那么余下的基本自由也是必要的"(PL,335)。

现在,一种特殊自由的重要性,在于在两种基本情况下在其应用的核心范围里,道德能力充分而知情的行使所涉及的本质程度。罗尔斯在这里指的意思是,实施某个基本自由,同实施其他基本自由相比,对实现道德能力具有更大的意义。事关正义的政治言论实践正义能力具有重大意义。结果,罗尔斯把政治讨论和政治辩论看做应当得到近乎绝对保护的事情。他承认的主要例外是,使用一些煽动性的政治辩论术,或者在很可能导致一触即发的暴力行动的情况下发表"有毒言论"(PL,336),以及为了维护政治自由的公平价值而限制政治广告。相似地,罗尔斯认为,文学、科学、艺术和哲学的言论和表达对于为了善观念而实施的理性能力是重要的。但是并非所有的表达形式都受基本自由的保护。例如,商业广告要么会削弱正义力量的实施,要么对实施正义力量没有意义;商业广告要么会削弱合理形成和追求善观念的能力,要么对合理形成和追求善观念的能力没有意义。这并不意味着商业言论不应当得到任何保护,而只是意味着商业言论不是一种基本自由。广告通常牵涉到达成公平均等机会(在职业和教育机会广告中),也涉及经济正义的要求和差别原则(在价格信息广告中)。但是,"胡吹瞎捧"和近乎失实陈述的广告是典型的营销广告,其唯一目标就是吸引消费者,增加市场份额,罗尔斯把它看做"在社会上是浪费的,试图保留竞争和消除市场缺陷的井然有序社会将寻求合理办法来限制它"(PL,365)。此外,针对私人的诽谤和毁坏名誉不具有正当性。正如罗尔斯说的那样,针对私人的诽谤和毁坏名誉,"对公共地使用理性,以判断和规定基本结构,不具有任何意义。它只是一个私人过失"(PL,336)。它会造成损害,导致民事诉讼。

接着,从罗尔斯后来有关基本自由尤其是思想自由和表达自由的讨论中产生的,是一种有关基本自由的复杂得多的阶梯式见解。这种见解的复杂性以两种方式呈现。第一,没有一个基本自由是绝对的,或具有高于任何一个其他自由的严格优先性。存在着一些偶然情况,在那里,任何一个基本自由都会由于维护一套更加适当的基本自由之故而受到限制。例如,政治言论自由是民主社会最重要的自由之一。尽管政治言论自由非常重要,但是以下做法是错误的,严格保护政治广告,无视它对民主过程产生的有害后果,无视政治自由的公平价值难以为那些不太有利的人所利用。罗尔斯于是论证道,联邦最高法院否决规范竞选捐款和政治广告法的做法是错的。那些法律的颁布,就是为了限制信息失真,维护政治观点的平衡,从而维持选举过程的完备性(PL,359-62)。在这里,由于另一个基本自由(平等的政治自由)的缘故,一个基本自由(思想自由和表达自由)应当受到限制或规定。其指导目的总是在于,调整为了实施道德能力的发育而实现一套"恰如其分的"自由所必需的基本自由。

呈现罗尔斯见解复杂性的第二种方式是，一个抽象的基本自由的所有实施并非应当得到相同程度的保护。同商业广告相比，政治言论应当得到较大保护；与市场策略的"瞎捧胡吹"相比，有关工种、消费价格和产品说明书的商业广告应当得到较大保护。诽谤、贬损名誉和侵害私人公民的隐私，根本不应当得到保护，甚至应当作为民事过错来对待。罗尔斯有关表达自由的见解同联邦最高法院在20世纪60年代到80年代期间——在始于里根政府的最高法院之意识形态转变之前——所持的主张相一致。（无论是否有意地）罗尔斯完成的一件事是，为自由主义沃伦法院时代的多阶梯言论自由学说做出哲学证明。[23] 他的见解不支持最高法院判决的最近趋势。同其他言论自由的受保护形式相比，那些判决给予企业广告以几乎平等的地位和意义。还有，虽然罗尔斯从来没有谈论过"有毒言论"、淫秽、色情规制之类话题，但是他的多阶梯见解的倾向似乎允许对每一种情况以一定的限制，至少与现在美国宪法许可的相比以较大的规制。因为不清楚的是，在道德能力之适当发展和充分实施方面，每一种表达形式在多大程度上相关于基本自由之应用的核心范围。诚然，其他人可能特别地对色情存在着分歧，由于罗尔斯没有谈论过这个话题，便为如此分歧留下了余地。

第四节　反对自由优先性的意见

自由的优先性是作为公平的正义比较显著的特征之一。罗尔斯说，同所有不平等若为最小受益者利用则得到正当性证明的要求一起，自由的优先性考虑到了"作为公平的正义的力量"，"这两个条件使它区分于直觉主义和目的论"（TJ, 250/220 rev.）。在《政治自由主义》中，罗尔斯认为，自由的优先性是任何一个真正自由主义观点的核心特征。但是这种优先性一直广受批评，甚至被其他自由主义者批评为"教条的"(哈特)和"出奇地走极端的"(outlandishly extreme)(巴里)。[24]当它们应用到罗尔斯在《正义论》中给第一正义原则和自由的优先性留下的模糊形式时,这些反对意见并非软弱无力。在那里,第一正义原则要求"人人拥有同等的权利,去享有最广泛的一整套(the most extensive total system)同等基本自由,那些自由兼容于其他人拥有的一整套类似自由"(TJ,60),或者"最广泛的同等基本自由"(TJ,250/220 rev.)。优先性规则是正义原则的组成部分。它说的是,"一个不太广泛的自由必须增强为所有人分享的整套自由"(the total system of liberty)(同上)。但是我们大家都能想象对基本自由的某个严格规制,出于强化这套基本自由以外的其他原因,我们将支持那个基本自由。言论自由的许多自由主义倡导者将认可,禁止不受规制的淫秽、色情或公开裸露的法律合法性,禁止在大庭广众面前的自我放纵。假如人身自由保护亲密关系中的隐私权,那么仍然肯定存在着限制恋尸癖和兽交的合法(公开)理由,那些理由同保护其他基本自由无关(比如,公共卫生、尊重死者、保护动物免于被滥用)。我们已经知道,罗尔斯本人最终认可限制某些言论自由,其理由不同于保护基本自由;比如,他建议,出于"社会浪费"理由,可以限制营销广告。

尤其在《正义论》中,第一正义原则及其优先性的主要问题是,出于宪法和司法目的来"具体规定"基本自由。请回到哈特提出的问题:我们如何决定第一正义原则保护的宪法权利和自由?罗尔斯以高度抽象的术语陈述了基本自由,认为它们将进一步"具体规定"在宪法、立法和司法阶段上。他提出了应用正义原则的"四阶段序列"(four-stage sequence)(TJ,sect. 31)。这四个阶段依次是:(1)原初状态;(2)宪法阶段,在这个阶段,正义原则用来决定一部民主宪法;(3)立法阶段,在这个阶段,法律按照(1)和(2)来制订;(4)不妨称作"司法和行政阶段",涉及其他三个阶段之规则和原则应用于特殊案例。这四个阶段都是一些慎思性见解,在谈论正义原则的选择和应用时,我们将假定这些阶段。例如,为了决定第一正义原则要求的宪法权利和程序,我们将扪心自问:根据有关我们的社会的一般事实知识,"为了具体规定实现正义的基本自由所必需的条件,宪法权利和程序需要什么?"罗尔斯列出一些主要的宪法自由,可以纳入基本自由之中。例如,政治自由,包括平等的投票权、担任公职的权利、政治言论自由、集会的权利、组织和参加政党的权利、在行使普通立法过程中通行的勉强多数规则(bare majority rule,微弱过半规则)(TJ, sect. 36 – 37)。我们仍然经常会丢下一些自由未作说明。比如,罗尔斯指出,人身自由和人格完整包括生存权、抵制暴力和心理操纵的权利、反对强迫劳役的权利,以及迁徙自由、谋职自由、职业选择自由、持有人身财产的权利。但是,人身自由或结社自由包括了按照美国宪法理解的"隐私权"(包括性关系的自由、控制生育的权利、堕胎的权利)吗?良知自由、人身自由包括了在临近生命终点的某个阶段(得到辅助的)自杀和安乐死的权利吗?纵使没有明显理由,人也能实施自杀吗?基本自由覆盖了使用迷幻药的权利吗?纵使以自残方式进行也是如此吗?思想自由和表达自由包括了不受规制地生产、消费和展示色情作品的权利吗?在《正义论》中,罗尔斯说道:基本自由的具体规定,不一定在原初状态下定夺,但是可以等待,一直等到宪法阶段和较晚的阶段,到那时,更多的信息能够为各方所用,以帮助决定受到第一正义原则保护的更加具体的自由究竟是什么。这只会延缓这个不可避免的问题,因为在《正义论》中,罗尔斯没有给这样一类思考提供任何指导,那些思考假定,抵达宪法阶段和后面阶段的各方将设法具体规定基本自由。此外,他提供的指导是潜在地冲突的。罗尔斯说,我们将置身于代表性平等公民的位置,去应用第一正义原则,不过,要是没有有关平等公民的利益和目的的更多信息,那么单凭这一点似乎是不确定的。他还表示赞赏地引用了密尔为自由原则提供的理由:为了开发人的聪明才智,激发人的"强有力天性",为了让人拥有理性而知情的偏好,人生来喜爱生活在自由的制度下(TJ,184-85 rev.)。但他没有明说,他意指的第一正义原则是否潜在地像密尔的自由原则那么广泛。因为密尔似乎允许各种自残行为,只要它们不"伤害"其他人。最后,在《正义论》修订版中,罗尔斯也许注意到了对他的见解的批评,加上了这样的说法:"基本自由的见解不是作为一个精确标准提出的,那个标准决定何时我们限制一个自由是正当的,无论它是基本自由还是其他自由。我们无法回避对平衡感和判断的依赖……它会唤起我们的直觉能力。"(TJ,180 rev.)

也许在《正义论》中,罗尔斯的主要目的在于证明,同功利主义及类似的目的论观点相比,作为公平的正义是更好的民主之道。但是,在基本自由的宪法具体规定问题得到解决之前,想要恰当评估罗尔斯在《正义论》中支持自由优先性的论证,不是一件容易的事。因为,假如我们起初不知道更具体的自由是我们承诺给予优先性的自由,那么我们如何才能知道,给予第一正义原则的抽象的基本自由以先于所有其他社会关切的优先性是理性的呢?罗尔斯在《正义论》中的言下之意是,通过给予基本自由以先于其他社会价值的优先性,各方就不会面临风险,因为基本自由只是确保行动的自由,假如人们不愿意做,那么它们就不会要求人们行使自由(比如,政治自由)。但这忽视了这样一个事实:无论我多么合理地喜爱完整的表达自由和行动自由,然而我希望其他人具有像我一样的自由并不总是合理的。[25]毕竟,在行使自由过程中,他们会滥用自由,做不利于我的事情。当然,我们仍然能够和罗尔斯一道,同意这些最清晰的情况具有优先性。通过证明,假如一个人为了其他初级产品而孤注一掷,用其对宗教、哲学和道德的确信及义务享有持有和实践的自由来做交易,那么他并没有认真对待其确信,他甚至不知道持有良知的确信和义务意味着什么,罗尔斯为良知自由列举了一个最有力的例子(TJ,207/181-82 rev.;PL,311)。赞同某个原则,它要求一个人牺牲实践自己的宗教信仰或道德信念的自由,这种赞同并没有经受住践诺的约束(strains of commitment)(TJ,475 rev.),因为一个抱有真诚信仰的人在将来不愿遵守这样一个限制。但是罗尔斯本人承认,支持基本自由之优先性的这个论证最有力地应用于良知自由,可能不像其他基本自由那样令人信服(TJ,209/184 rev.)。

例如,这些理由看起来没有应用到政治自由的优先性上。理性的处境不太好的人为什么不会赞成放弃投票权,以换取较多的社会最低保障呢?毕竟,在现代民主里,一个人的一张选票能起什么真正的作用呢?在《正义论》中,罗尔斯提出的主要论证是,政治自由的平等,以及在更一般意义上基本的平等自由的优先性,当属自尊的首要基础:"在正义的社会里,自尊的基础不在于一个人的收入份额,而在于根本权利和自由的公开的明确的分配。只要这种分配是平等的,那么每一个人都拥有相似的可靠的地位。"(TJ,544/477 rev.)罗尔斯承认,在一个井然有序的民主社会里,自尊所要求的地位,来自拥有平等的公民资格的地位,后者反过来要求平等的基本自由。对处境不太好的人来说,为了自尊而让这个首要理由打折扣,比如,通过放弃投票权,这样做是不合理的,因为这将"产生公开确立其弱势地位的后果,作为由社会基本结构规定的弱势地位。在公共生活中,这种附属性排序实际上是羞辱人的、有损自尊的"(TJ,477 rev.)。也许真的如此,但是,为什么收入和财富不平等也有损于他们的自尊呢?罗尔斯否认,在井然有序的社会里,拥有大致相等的收入和财富是自尊的需要。这是一个有争议的主张。为了让它显得令人信服,罗尔斯不得不把平等的公民资格的条件同分配正义原则联系起来,那个原则表达了一种对等观(a conception of reciprocity)。平等的公民资格同差别原则的联系将在这一章的后面讨论。

理解罗尔斯在《正义论》中支持自由优先性的理由的另一个办法是,把它同对作为公平的正义的康德式解读联系起来。在1975年《正义论》的(德文版)修订版中,罗尔斯就已经说道:在原初状态下的各方拥有的"顶层权益(highest - order interest)在于,他们的其他权益……如何通过社会制度得以成形和规制"(TJ,475 rev.)。这是因为,"各方把自己看做自由人,他们能修订和变更他们的最终目标,他们在这一方面优先保留其自由"(同上)。这表明,面对罗尔斯契约论意义上的各方,作为自由人,对(罗尔斯后来所谓的)理性自主性,即他们制订人生规划、修订最终目标、理性追求他们选择的善(美好)观念的自由,拥有根本的权益。这是一种解释,它解释了罗尔斯契约论意义上的各方为什么在原初状态下给予基本自由以优先性,因为这些自由是个体理性自主的本质条件,也是个体制订同其特殊个性和能力相匹配的人生规划的本质条件。[26]

于是,基本自由的优先性,用在《正义论》中(如第一正义原则在那里说的那样)的最大化术语"最广泛的整套基本自由"(the most extensive total system of basic liberties)来看,只有依据康德式假定才能得到证明:理性自主和道德自律对于人之善是本质性的。这吻合于对第一正义原则的如下解读:它相似于密尔的范围广泛的自由原则,后者也(部分地)以"个体性"为依据,一个同"理性自主"相似的观念。[27]但是这使自由的优先性过于依赖康德式解读,那种解读后来(我们还将在第七章看到)就罗尔斯的自由主义提出了一些问题。在《政治自由主义》中,罗尔斯阐明了这些问题,但这要求他放弃康德式解读,缩小自由优先性的范围。

然而实际上,缩小自由优先性范围的工作在《政治自由主义》之前,在1982年的"基本自由及其优先性"(PL,VIII)中就已经在做了。在那里,罗尔斯澄清了两件事情:第一,正如修订后的第一正义原则声明的那样,优先性是被给予的,不是"一套最广泛的"(the most extensive scheme)(TJ)基本自由,而是"一套恰如其分的"(a fully adequate scheme)基本自由。第二,不是在任何条件下,而是在"两种基本情况"下(即,在应用正义原则的情况下,以及在慎思善的观念的情况下:PL,332),这套基本自由对实施和发展道德能力是

"恰如其分的"(fully adequate)。

如此缩小自由优先性的范围意味着,在《正义论》之后,罗尔斯第一正义原则保护的自由范围不如密尔的自由原则那么广泛。因为密尔的自由原则似乎允许许多自残行为,只要那些行为不干扰其他人的权利和自由,例如,未受规制的自杀权利和使用麻醉剂的权利(虽然不包括自我卖身为奴的权利),罗尔斯的第一正义原则似乎不保护这样的行为,将为了其他理由(比如,维护国民道德能力的完备性)而给予规制和限制。[28]此外,尽管密尔的自由原则看似允许赌博、卖淫、色情,只要它们的供应、可行性和享乐没有违反其他人的权利;但是我仍然认为,罗尔斯将出于"公共理性"(public reasons)而非保护基本自由的考虑,限制这些行为。罗尔斯说,存在着应用于任何行为的一个自由的"前提"(PL,292),它意味着,一个行为出于好的充足理由才能受到限制。那么,什么是好的充足理由? 我们从罗尔斯政治自由主义那里得知,自由(既有基本自由,亦有非基本自由)不会因为如下理由受到限制:它们派生自一个"整全的学说"(comprehensive doctrine),因此自由不受宗教理由或完美主义理由的限制,因为其他人可以通过行动而给予抵制。但是,(非基本的)自由可以出于密尔和罗尔斯《正义论》承认的公共理性考虑而不是其他理由给予限制,甚至基本自由也可以出于好的公共理性而受到限制,假如行使那些自由对于在两种情况下实施和发展道德能力不是必要的。

我不妨就罗尔斯同密尔之类自由主义的差异以及罗尔斯同其本人早期的差异举一个例子:我们难以知道,美国许多领域很平常的色情文学的广泛传播和公开展示,如何依据罗尔斯在《正义论》之后发展得更受限制的自由优先性见解而到得证明。以什么方式色情促成了道德能力的发展和行使? 这并不意味着创作色情文学应当受到限制。按照罗尔斯后期的见解,肯定存在着好的公共理性,在民主的"公共价值"中找到根据,来克服这个自由假定(presumption)。但是这并不蕴含,色情文学的生产或(另一个例子)致幻剂的使用可以出于保护"一套恰如其分的"基本自由之外的其他理由而受到限制。从《正义论》之"一套最广泛的"基本自由标准到《政治自由主义》的"一套恰如其分的"基本自由标准,罗尔斯做出的这个变化是实实在在的。虽然《正义论》的第一正义原则似乎蕴含着潜在于密尔的自由原则中的"伤害原则"——只有当自由干扰或"伤害"他人行使自由时才会受到限制——的类似意思,罗尔斯后来的工作给予了个体自由以较大的限制,假如它们不在基本自由之"核心应用范围"里。

结 论

罗尔斯对自由及其优先性的最终看法比其在《正义论》中提出的以下说法要复杂得多:"自由只因自由之故而受到限制。"通过查找在《正义论》中,甚至在《基本自由及其优先性》(PL, VII)中对第一正义原则的明确表述,而不探讨他在公共理性方面的后期著作(尤其是将在本书第九章予以讨论的《公共理性再探》一文),就难以获得罗尔斯立场的整个复杂意义。显然,就表达自由来说,有些言论和表达形式比其他言论和表达形式应当得到更多保护(政治、文学、科学、宗教和哲学的表达要比广告和其他商业言论得到更多保护);出于健康、安全等理由,有些言论(如产品警告,药物成分和营养信息的披露)应当予以法律限制。有的言论(诈骗、虚假广告、诽谤、贿赂、威胁、铺张广告以及法律意义上的"下流"言论)不仅得不到法律保护,而且应当予以禁止。这个相同的复杂标准适用于行为,甚至适用于密尔称作"纯粹利己的"行为。罗尔斯不反对适度的家长主义作风,它将限制没有合法理由的纯粹自残行为(如对麻醉剂的自残使用、动机不明的自杀)。因此,难以用三言两语来概括罗尔斯的立场,不过,其立场大体上可以表述为,思想自由和行动自由只是出于(他后来称作)充分的公共理性理由才得到限制或规制。那么什么公共理性足以限制自由呢？鉴于基本自由对行使自由而平等的人的道德能力是至关重要的，它们只是为了维护所有人都拥有的"一套恰如其分的"基本自由才受到限制。一些非基本自由只是因为与第二正义原则有关的理由，即考虑到公平均等机会和经济正义，才受到限制。尽管非基本自由不是产生于正义原则，但是仍然存在着对其有利的假定：它们不能因为"错误的"理由而受到限制，比如纯粹的宗教理由，完美主义的价值理由。换言之，它们只能因为"公共理性"而受到限制，公共理性同"正义的政治价值"有关。因此，"自由的假定"只受"公共理性的政治价值"的超越和限制。

然而，纵使这样也没有把握住罗尔斯有关可行的基本自由之见解的整个复杂性。因为有些行为不涉及"宪法要件和基本正义事项"(constitutional essentials and matters of basic justice)(他在《政治自由主义》罗列的行为并没有被第一正义原则和第二正义原则所覆盖)，所以，多数民主决定本身是限制行动的充分理由。假定，为了纯粹娱乐和审美之目的，国会决定建设一个国家公园，或者，国会决定保护一个逐渐衰落的濒危鼹鼠物种，它们生存于未开发的大草原上，而老麦克唐纳公司计划用它来播种麦子？按照罗尔斯的见解，这将是对财产或永久使用权的合法限制。对罗尔斯来说，它即使是出于"非公共理性"理由(娱乐和感官享受的理由，对不具有经济价值的物种的保存)也是站得住脚的。因此，当宪法要件和基本正义事项没有大碍时，"自由假定"甚至会被非公共理性所克服。换言之，有人会说，伴随多数决定而来的民主协商的是充分的公共理性，它们本身足以限制不为罗尔斯两个正义原则涵盖的行动。

总而言之，罗尔斯主张的自由受以下原则的约束：

1. 基本自由的优先性。存在着一套称作基本自由的自由，只要这些自由在两种基本情况下得到实施(PL, 293)，它们便是一个人一生充分发展和行使两种道德人格能力的本质社会条件。基本自由是行使和发展两种道德能力的一套恰如其分的自由的组成部分,行使基本自由具有先于其他初级社会产品(包括非基本自由)的绝对优先性。这是第一正义原则对第二正义原则的优先性,或者是"基本自由的优先性"。例如,政治言论自由会为了保护政治自由的公平价值而受到限制,但不会为了在战争期间打压反战活动甚至鼓动革命而受到限制,除非政治自由言论将引发近在眼前的暴力。(宗教或道德的)良知自由只能出于保护其他人人身或财产的目的而受到限制;因此,显然地,人的牺牲会被禁止,即使那种牺牲是得到同意的;但是,假如动物牺牲真是宗教信仰不可或缺的,那么只要不存在公共卫生的风险,其他动物的宗教牺牲就可能不会被禁止。

2. 受到第二正义原则保护的非基本自由对其他社会价值和政治关切的优先性。不在一个抽象自由(如言论自由)之应用的核心范围之内行使该自由(在两种基本情况下),这种行使是"非基本的",会受到除了确保一套恰如其分的基本自由之外其他理由的限制。然而,(1)假如这些及其他非基本自由的行使,在应用公平均等机会原则范围之内,那么它们只受由那个原则带来的正义理由的限制。相似地,(2)假如这些自由的行使对于由差别原则决定的经济正义是本质性的,那么它们只受缘于第一正义原则和第二正义原则的正义理由的限制。罗尔斯列举的关于(1)的一个例子是,在招聘广告(position)中的表达自由。就广告对保证公平均等机会是必需的而论,这些广告不能予以限制,甚至支持某些公开的招聘。另外,假如它们排除某些种姓、种族或性别团体的申请者("非白人、非新教徒和女性不必申请"),那么这样的招聘广告可以因为其违反公平均等机会而予以禁止(PL,363 - 64)。这是对言论内容的直接限制,罗尔斯对它没有表示异议,因为为了保证公平均等机会,对内容的一定限制是必需的。关于(2)的一个例子是有关价格和产品信息的广告,它是将促成差别原则之目的的非基本的言论自由;尽管时间、地点和方式受到规制,但是,这样的广告不会受到限制。此外,不准确的、误导人的产品信息会因为同样的理由而受到限制(也许涉及同第一正义原则的人身财产权利有关的理由)。还有,罗尔斯强烈地表示,在黄金时段播放的只为"抢夺"市场份额而做的误导人的广告是一种社会浪费,可以"对其采取合理限制"以实现差别原则的目标(PL,364-65)。对罗尔斯来说,这是对商业言论内容又一个允许的限制。

3. 在其他情形下的自由假定。可以限制对不为第二正义原则之目标所需要的非基本自由的行使,但是仍然存在着一个"一般假定,抵制没有充分理由地把法律限制和其他限制强加于行动"(PL,292;TJ,112)。从罗尔斯晚期著作来看,限制非基本自由的一个充分理由是,那种限制必须满足公共理性的要求。大致说来,这意味着,非基本自由不会纯粹为了宗教理由或完美主义价值而受到限制,或者,非基本自由不会只是因为其他人发现一个人的行为是可憎的或不喜欢其做事目的而受到限制。从更一般的意义上讲,自由不会单纯出于某种整全的道德学说、宗教学说、政治学说的理由而受到限制。相反,限制的理由必定关系到实现一定的公共政治价值。《正义论》就已存在有关限制自由之如此路径的建议。罗尔斯说道,虽然有些两性关系"格调低下且不知羞耻"(degrading and shameful),但不能单纯出于"有关正当得体的审美偏好和个人感受"(aesthetic preferences and personal feelings of propriety)而予以限制(TJ,331/291 rev.)。所以,即使两性关系自由不受基本自由中的人身自由和结社自由的保护(还有,它是不清晰的),它们仍然应当受到保护以免于公共理性的限制。在这里,罗尔斯表示,一夫一妻制或禁止同性婚姻不是因为非公共的宗教理由或道德理由才强制实行的,而是因为诸如以下公共理性的理由:一夫一妻制是为妇女平等所必需的,同性婚姻将不利于子女的成长和教育(他并不赞同后一个断言)(CP,587)。后来,罗尔斯说,承认同性婚姻、近亲婚姻和家庭的权利与义务是行得通的,只要它们符合有序的家庭生活和子女教育(CP,596n.)。另一方面,我认为,罗尔斯将主张,公开裸露——在走在大街上赤身裸体地向整个世界展示(对应于在受限制的私密空间里的为了商业目标的裸体)的意义上——不属于受到第一正义原则保护的表达自由或人身自由,也不是受到同第二正义原则有关的理由保护的表达自由或人身自由。存在着规制公开裸露的公共理性(比如,为了孩子利益,避免公共分裂);假如它不会完全受到限制,那么至少会受到时间、地点和方式的限制(对非普通场所比如裸体海滩的限制)。于是,民主决定本身,纵使受到谦逊稳重之类非公共理性的驱使,为限制大多数人认为可憎的行为提供了充分的公共理性。因为我们难以知道,公开裸露如何属于为适当施行和充分发展其他道德能力所必需的自由,或者,它如何牵涉到均等机会和经济正义。

最后,第一正义原则的如此三方面概括多少因为罗尔斯在《政治自由主义》(PL,242 - 44n., 1v - 1vin.)里有关堕胎的讨论而复杂化了。控制一个人自己的生育权,属于基本的人身自由。国家、个人或机构都不能强迫一个人生育孩子或禁止其生育孩子。假如人有能力控制其生命,以便充分发展和有效施行其道德能力,那么这一点可以在必要的自由之中得到证明。因此,生育权似乎只能为了维护一套恰如其分的基本自由而受到限制。但是,罗尔斯说道,就妇女是否有堕胎权所属的公共理性的政治价值而言,包括了"对人的生命的尊重","女性作为平等公民的平等",以及随着时间的推移,人类在有序繁衍方面的利益(PL,243n.)。罗尔斯接着指出,即使胚胎不是具有自身权利的人,但它仍然是一种人的生命形式而理应受到尊重;并且,同社会在繁衍方面的利益一道,这种公共理性可以在限制妇女堕胎权方面发挥作用。不过这意味着,就考虑决定是否限制妇女控制其生育的基本权利而言,存在着除了平等的基本权利本身以外的其他理由。于是,罗尔斯继续说道,"这三个价值的任何合理平衡,将给予妇女以充分的资格权利,去决定在怀孕初期是否中止妊娠,[因为]在妊娠早期阶段,妇女平等的政治价值是优先的"(PL,243n.)。

罗尔斯承认,除了基本自由之外,还存在着生育基本自由的其他潜在限制。鉴于胚胎是不是人的争论,这种承认也许受制于堕胎的特殊性。但是,假如这种情形推广到其他的基本自由,那么它表明,在罗尔斯后来关于第一正义原则的见解中,将不太会有自由先于所有其他社会价值的严格优先性的情形。[29]这表明,按照罗尔斯后来有关第一正义原则的见解,自由优先性观念在很大程度上为以下观念所取代:基本自由至少有时会基于"公共理性的合理平衡"的理由而受到限制。我本人并不认为,罗尔斯以这种方式有意或无意地放弃了自由的优先性。当公共理性观念在第九章得到讨论之后,这一点也许会变得更加清晰起来。

拓展阅读

约书亚·科亨:《为了民主社会》,载于《剑桥罗尔斯指南》,萨缪尔·弗雷曼编,纽约:剑桥大学出版社,2003年,第2章。(Cohen, Joshua, "For a Democratic Society," *The Cambridge Companion to Rawls*, Samuel Freeman, ed., New York: Cambridge University Press, 2003, chap. 2.)(该文讨论了罗尔斯民主观是如何以自由平等的公民所组成的民主社会理念为基础确立起来的。)

H. L. A. 哈特:《罗尔斯论自由及其优先性》,载于《芝加哥大学法律评论》,1973年第40期,第534-555页,并收录于《罗尔斯读本》。(Hart, H. L. A., "Rawls on Liberty and Its Priority," *University of Chicago Law Review* 40 (1973): 534-55; also in *Reading Rawls*.)(该文是对第一正义原则的重要挑战,罗尔斯在"基本自由及其优先性"〈PL,Ⅷ〉中对它作了回应。)

托马斯·内格尔:《罗尔斯和自由主义》,载于《剑桥罗尔斯指南》,第 1 章。(Nagel, Thomas, "Rawls and Liberalism," in *The Cambridge Companion to Rawls*, chap. 1.)(该文对罗尔斯自由主义见解作了出色探讨。)

注释

1 参阅罗尔斯:《政治自由主义》,纽约:哥伦比亚大学出版社,1993 年,"导论",第 xxiv 页。

2 随着时间的推移,罗尔斯对第一正义原则有着不同的提法。本文的陈述来自《政治自由主义》(1993 年)的最终提法。在写于 20 世纪 90 年代早期的《作为公平的正义新论》中,第一正义原则是这样开头的:"人人都对一套恰如其分的同等基本权利拥有同样不可剥夺的主张。"(Each person is to have *the same indefeasible claim to a fully adequate scheme* of equal basic liberties)参阅约翰·罗尔斯:《作为公平的正义新论》,艾琳·凯莉编,麻省康桥:哈佛大学出版社,2001 年,第 42 页)。正文中(出自《政治自由主义》)的提法同《正义论》提法的出入是,《正义论》是这样说的:"人人拥有平等的权利,去享有最广泛的基本自由"(Each person is to have an equal right *to the most extensive basic liberty*)(《正义论》,第 60 页),或者"一套最广泛的平等基本自由"(*most extensive scheme* of equal basic liberties)(《正义论》修订版,第 53 页;比较《正义论》,第 250 页和《正义论》修订版,第 225 页)而不是"一套恰如其分的平等基本自由"(a fully adequate scheme of equal basic liberties)(像在《政治自由主义》中那样)。在本章最后一节,我将讨论这个变化以及后来的其他变化的原因。由于第一正义原则的这种提法在《政治自由主义》出版前 10 年就已提出(它在"基本自由及其优先性"里提出,该文作为《政治自由主义》第 8 讲发表),对它的评价要尽量独立于《政治自由主义》。

3 参阅约翰·罗尔斯:《道德哲学史讲义》,巴巴拉·海尔曼编,麻省康桥:哈佛大学出版社,2000 年,第 366 页。

4 参阅约翰·斯图亚特·密尔:《论自由》,第一章,导论。在那里,密尔在结论性的几个段落中说道:自由原则首先保护良知自由和思想自由,结社自由和"兴趣自由与追求自由",包括追求适合个人个性的"人生规划"自由。

5 罗尔斯:《政治自由主义》,第 228 页,第 232 页,第 335 页。

6 罗尔斯:《政治自由主义》,第 298 页。并参阅罗尔斯:《正义论》,第 61 页;《正义论》修订版,第 53 页。在那里,罗尔斯提到的持有人身财产权独立于较为抽象的自由权利,后来它又被纳入其下。

7 约翰·斯图亚特·密尔:《论自由》,伊丽莎白·拉派帕特编,印第安纳波利斯:哈克特出版社,1978 年,第 12 页。

8 参阅彼得·德·马尼夫:《契约论、自由和民主》,载于《伦理学》,第 104 期,1994 年 7 月,第 764 - 783 页。马尼夫认为,罗尔斯的基本自由观不如密尔的自由原则那么爽快。

9 这不是一个使自由至上主义显得与众不同的问题,尽管它是一个使自由至上主义显得较为鲜明的问题。例如,按照自由主义的见解,办报人可以利用报纸来批评人,因此而伤害到被批评者取得成功的前景。但这被看做是一个可以被允许的伤害,因为人不拥有不受批评的权利,只要那个批评不以诽谤的方式进行。ASU 指的是诺齐克的《无政府、国家和乌托邦》,纽约:基础图书出版社,1974 年。

10 我之所以说"主要地"但不是"唯一地",是因为罗尔斯在《万民法》第 69 页说道:在诸多人权中间,人人拥有的一项权利是生存权(a right to subsistence)。

11 关于这个主题,参阅萨缪尔·弗雷曼:《不自由的自由主义者:为什么自由至上主义不是一种自由的观点》,载于《哲学与公共事务》,2001 年第 30 卷,第 105 - 151 页。

12 参阅哈特:《罗尔斯论自由及其优先性》,收录于《罗尔斯读本》,诺曼·丹尼尔斯编,纽约:基础图书出版社,1975 年,第 230 - 252 页,第 249 - 252 页。参阅罗尔斯:《政治自由主义》,第 290 页。罗尔斯对哈特发觉的两个问题作了陈述。

13 始于 1980 年《道德理论中的康德建构主义》(《罗尔斯论文集》,第 16 章)。

14 罗尔斯:《政治自由主义》,《基本自由及其优先性》(1982),第 8 讲,参阅第 310 - 324 页。

15 参阅密尔:《论自由》,第 5 章。

16 参阅罗伯特·诺齐克:《无政府、国家和乌托邦》(纽约:基础图书出版社,1974 年)。

17 参阅诺曼·丹尼尔斯:《罗尔斯读本》,第 279 页。

18 在《正义论》第 250 页和修订版第 220 页,罗尔斯把在原初状态下达成的"优先性规则"陈述为:"两个正义原则应当按照词典的词语顺序排序,因此,自由只因自由自身的缘故才被限制。存在着两种情况:(1)一种不怎么广泛的自由必须强化由所有人分享的整个自由体系;(2)一个不怎么平等的自由必须可以为那些拥有较少自由的公民所接受。"

19 对罗尔斯来说,不清楚的是,为什么在美国宪法中人身自由包括了"隐私权"(right of privacy)。显然,罗尔斯试图替这样一种自由做辩护;假如不是基于基本自由,那么是基于以下理由:限制自由必须满足公共理性的要求(在下面及第九章将给予讨论)。

20 罗伯特·泰勒在《罗尔斯对自由优先性的辩护》(载于《哲学和公共事务》,2003 年,第 31 卷,第 246-271 页)一文中指出,在讨论 J. S. 密尔关于具有较多知识和受过较多教育的人应当给予额外投票权的建议时,罗尔斯讲了以下可能性:假如它能够证明,这样的安排提升了公共产品,并且带有较少平等政治自由的合理代表是可以接受的,那么"一人多票制就可能是完全正义的"(《正义论》,第 233 页,修订版,第 205 页)。但是在讲到"密尔的论证并没有超出一般的作为公平的正义观"(《正义论》,第 233 页,修订版,第 204 页)时,罗尔斯表示,这个论证只有在不太糟糕的但显然不是井然有序社会的情况下才是可以允许的。就平等的政治自由和公平均等机会,罗尔斯后来说道:"它们的充分实现是正义制度之融贯而持久的趋势。"(《正义论》修订版,第 218 页)

21 参阅 TJ,244/215 rev.:"即使在一个井然有序的社会里,在合宜的条件下,思想自由和良知自由也得服从合理的规制。"在《政治自由主义》(PL,295-96)中,罗尔斯讨论了基本自由的限制和规制。

22 在与我谈话时,罗尔斯曾经说过,他不知道为什么新纳粹应当被允许在伊利诺伊州的斯科奇游行(那个社区有最大数量的犹太人大屠杀幸存者),因为纳粹可以在一个相邻自治市传达其口信。他可能不知道令犹太人幸存者屈从于纳粹口信所蕴含的某种合法性寓意。他对这个问题的见解比州或联邦法院的见解更加保守,后者命令斯科奇镇发给纳粹以游行许可。

23 尤其参阅哈里·凯尔文:《宝贵传统:美国言论自由》,纽约:哈勃和罗出版社,1987 年,在《政治自由主义》第 8 讲中,罗尔斯经常引用这本著作。并参阅卡斯·圣斯坦:《民主和自由言论问题》,纽约:自由出版社,1993 年,该书对与罗尔斯所提倡的通往表达自由之相似的多阶梯路径作了辩护。

24 哈特:《罗尔斯论自由及其优先性》,载于诺曼·丹尼尔斯编,《罗尔斯读本》,第252页;布雷恩·巴里:《约翰·罗尔斯和自由的优先性》,载于《哲学和公共事务》,1974年第2期,第274-290页。

25 哈特提出了相似见解,同上,第248页。

26 对罗尔斯的相似解读,参阅罗伯特·泰勒:《罗尔斯对自由优先性的辩护:一个康德式重构》,载于《哲学和公共事务》,2003年第31期,第246-271页。

27 参阅密尔:《论自由》,第3章,他在那里说道,个体性是幸福的重要组成部分。

28 在《自由主义、不可让与性和使用药品的权利》中,该文载于《药品和自由主义的限度》,帕布罗德杰罗夫编,纽约:康奈尔大学出版社,1999年,第110-130页,我根据罗尔斯的见解主张,自由主义者会限制使用自残的避孕药,因为它们将不利于人们适当行使自身的道德能力。

29 我认为,前面有过引用的罗伯特·泰勒的工作对此有所提示。

第三章 第二正义原则和分配正义

第二正义原则说:

> 社会和经济不平等将这样安排,以便它们同时做到两点:
>
> (1)给最少受惠者带来最大利益,符合正义储存原则;
>
> (2)令依附于那种安排的职位和岗位在公平均等机会条件下向所有人开放。[①] (TJ, 302/266 rev.)

[①] 此处原文是:"Social and economic inequalities are to be arranged so that they are both: (a) to the greatest benefit of the least advantaged, consistent with the just savings principle, and (b) attached to offices and positions open to all under conditions of fair equality of opportunity."(John Rawls, *A Theory of Justice, Revision Edition*, Cambridge, Ma: Harvard University Press. 1999. p. 266.)另参阅何怀宏等人的译文:"社会的和经济的不平等应这样安排,使它们:(1)在与正义的储存原则一致的情况下,适合于最少受惠者的最大利益;(2)依系于在机会公平平等条件下职务和地位向所有人开放。"罗尔斯:《正义论》(修订版),何怀宏、何包钢、廖申白译,中国社会科学出版社,2009年,第237页。

扶贫济世的义举深为主流宗教所称道。行善乃做人之道义,但穷人不得把由此带来的好处作为权利来主张。这与以下观念有所不同:通过代理机构即政府,社会成员有集体扶贫济世的政治义务。霍布斯在《利维坦》中说,"凡无力自食其力者……不得丢给私人去救济;(就像自然必然性要求那样,)而应受共同体法律的保障。"[1]自由主义传统的重要历史代表人物(洛克、亚当·斯密、康德、密尔等)也承认,政府的角色之一在于,当最贫困的社会成员难以自食其力时,政府将给他们提供最基本的生活保障。在他们中间,只有极个别人物把它看做一项法定义务(a duty of justice,而非单纯是公共慈善),穷人对其好处可以作为一项权利来主张。

在正当分配或公平分配收入和财富的现代意义上,分配正义(distributive justice)观念仍然有所不同。罗尔斯指出,不像社会扶贫济世的义务,社会分配正义的义务没有"目标"或"分界点"(cut-off point)。[2] 在从事社会和经济合作的国民中间,无论贫穷或富有,社会都有公平分配收入和财富的持续义务。(扶贫济世的义举框定了分配正义,在扶贫济世义务得到满足之前,生产性资源的配置必定是明确的。)这种分配正义观要相对晚出些,大体上产生于19世纪社会主义者对资本主义的批判,以及由资本主义工业化带来的工人和业主的贫富差距。法国社会主义者推论道,鉴于劳动者大致负责生产,同资本家给予他们的低工资相比,他们应当获得较大的生产份额——纵使不是平等分配,至少应当公平分配。马克思本人嘲笑法国社会主义者的"公平分配"(fair distribution)观,说它是"过时的废话"。① 因为马克思认为,社会主义者向资产阶级正义感提出道德诉求是无效的,为了经济利益去动员无产阶级,是一个荒谬的

---

① 萨缪尔·弗雷曼在这里使用的短语是 absolute verbal rubbish("十足的废话"),而马克思《哥达纲领批判》英文版的短语是 obsolete verbal rubbish("过时的废话"),估计弗雷曼把 obsolete 看成了 absolute。

想法。[3]非马克思主义的社会主义者和自由放任资本主义的左翼自由主义批评家要为以下观念负主要责任：存在着一个客观标准，来评估社会收入和财富的分配。许多古典自由主义者和自由至上主义者（以弗雷德里希·哈耶克最为著名）仍然拒绝分配正义观念，因为其言下之意是：存在着评估"自然分配"某个标准，那些分配产生于自由市场和生产性资源的私有权。像罗伯特·诺齐克这样的另一些自由至上主义者勉强接受了分配正义观念，试图通过承认以下情况来和缓它对调整分配的威胁：分配正义通过个人对由分配带来的事物的充分所有权——那种分配产生于他们享有之物的自由市场交易——来实现，也通过其他自愿捐赠或交易（出售、投机等等）来达成。

鉴于差别原则要求社会最大化最少受惠者的份额，差别原则是罗尔斯思考正义分配的一部分，即使不是最重要的部分。罗尔斯说："要是我们仅仅考虑差别原则本身，而脱离了在先的原则，那么我们就不可能认真地对待差别原则。"（JF,46,44n.）因为在先的原则具有重要的分配效果；这些效果包括要求为政治自由提供公平价值，为财富集中设限，以保证公平均等机会（fair equality of opportunity，简称 FEO），罗尔斯着重证明了不动产税和遗产税，旨在打破财产的大额持有。此外，正义储存原则注入了为后世储存的义务。罗尔斯还说：假如作为公平的正义想要实现使分配正义成为纯粹程序正义的目标，那么公平均等机会是必要的。我将在后面对此做出解释，其大意是，罗尔斯认为，只有当所有正义原则的要求都得到了满足之后，正义的分配才得到了确定。

这一章从讨论公平均等机会开始，接着讨论差别原则，最后讨论这两个原则的关系。

第一节 公平均等机会

均等机会（equal opportunity）观念在自由主义思想中是一个确

定的观念。它至少表示,人们可以不受限制地谋求合理的社会政治职位,那些职位将向所有人开放,人们根据完成职位任务的相关资质来竞争职位,而不考虑种族、种姓和性别,不考虑宗教信仰和哲学观点,不考虑社会经济地位。均等机会发展自反对世袭的贵族封号,反对"人的社会地位天生注定"观念。就像康德说的那样:"共同体的每个成员必须允许其获得……由其天赋、勤奋和运气带给他的某种社会地位。其同胞不得借助于世袭特权(hereditary prerogatives)来给其通往成功的道路设置路障。"[4] 开放的职位部分确定了均等机会。均等机会是自由主义者融入平等价值的另一个方式(除了基本权利和自由的平等以外)。

自由主义者对均等机会有着不同理解。开放的职位观念同古典自由主义相吻合。亚当·斯密之所以主张"职位向有才干者开放",主要是基于经济效率的考虑。只根据求职者天赋和能力来分配岗位,被看做以最佳方式利用人的不同技能,从而最大化产品的产量。(同时,艾德蒙·伯克和黑格尔反对均等机会,其理由是,为了所有社会成员的利益,阶级社会应当支持地主阶级,以便更好地适应政治统治;参阅 TJ,300/264)。

要想真正实现古典自由主义者的开放职位理想,以下条件是不够的:对不同团体利用教育机会优势进入职业岗位不存在法律限制。还应当取消社会和传统限制;此外,私人雇主在用工时会随意产生歧视。一些古典自由主义者主张,市场考虑足以达成开放的职位以及"向有才干者开放的职业岗位"。那些出于无关理由而作出歧视的人将屈从于竞争者,后者只根据工作性质要求进行招聘。不过,假如每个人都习惯性歧视某个团体(就像在大部分美国历史上歧视黑人和妇女那样),那么市场就不会去重视解决机会不平等问题。因此,实现开放职位,需要法律禁止涉及雇用和教育决定的私下歧视(例如1964年民权法案)。由于这个原因,罗伯特·诺齐克和弥尔顿·弗里德曼等自由至上主义者反对均等机会,因为它限制了人使用财产和雇用其喜爱的人的权力。[5]

罗尔斯把古典自由主义的开放职位观念"形式均等机会"(formal equality of opportunity)同实质性观念"公平均等机会"(fair equality of opportunity)作了区分。除了预防歧视,施行开放职位,公平均等机会努力纠正各种社会弊端。很少有人会否认,凭借出生于比较优越社会阶级的优势,上层中产阶级子女比贫困阶级子女通常享有较多教育和就业机会。罗尔斯把公平均等机会描述为对这些社会阶级差别的改正。

> 具有相似才干的人应当具有相似的生活机会,假定存在着自然禀赋的分配,那么具有相同天赋和才干的人,以及具有使用其天赋和才干相同意愿的人,应当拥有相同的成功前景,而不管其原来的社会地位如何。在社会中,对具有相似动机和禀赋的每一个人来说,都应当有大致平等的教育和成就前景。具有同样能力和志向的人的期望,不应当受其社会出身的影响。(TJ,73/63 rev.)

在《正义论》中,罗尔斯只提到了由公平均等机会注入的两个制度要求(尽管他暗示还有更多的要求):"防止财产和财富的过度积累……坚持所有的人都接受教育的均等机会的重要性。"(TJ,73/63 rev.)由于第一个要求非常模糊,我现在集中讨论第二个要求。公平均等机会主要要求社会担负起积极义务,提供教育机会,以便处于社会不利地位却具有相似天赋的人能够和凭借其社会阶级而处于较优地位的人开展公平竞争。创立公共教育基金因此是公平均等机会的要求。罗尔斯没有说过,这要求一个公立学校体系,对应于私立学校的公共基金。实际上,其论著的言下之意是,受公共资助和规制的但仍然是完全私立的教育制度(例如,教育券制度〈a voucher system〉)将兼容于公平均等机会。[6]在罗尔斯那里,赞成义务公立教育的理由必定来自其他地方,也许来自他在第一正义原则中强调的民主,来自他强调的民主社会稳定性的条件。[7]

公平均等机会主要是对社会阶级形式化处理均等机会的纠正,罗尔斯提出了一个竞争性框架。于是,两个均等机会形式都假定,享有竞争开放职位的权利,不是为了确保显赫的社会团体获得平等的成功或与其地位相匹配的成功。对罗尔斯来说,所谓"优待措施"(affirmative action),或者给予处于社会劣势的少数族裔以优先照顾,不是公平均等机会的组成部分,也许同公平均等机会是不兼容的。但是,这并不意味着罗尔斯从不认为就业和教育方面的优待措施是恰当的。他曾在讲座中提到,为了弥补过去歧视的当前后果,优待措施是一个恰当的纠正。但是,它只是暂时的。在"良序社会"的理想条件下,罗尔斯认为,优待措施难以兼容于公平均等机会。优待措施不重视个体和个人权利,但重视团体和团体权利。重视个体和个人权利对自由主义是至关重要的。

现在请考虑支持(公平的)均等机会的理由。按照亚当·斯密和一些古典经济学家的功利主义见解,向有天赋者开放职业,确保了对人力最有生产性的使用,在经济上是有效率的。霍布斯的契约论观点也从经济效率上承认均等机会,不过除此之外,还因为人们想要实现自己的外在利益(收入、名誉和影响力),它们由一些合理的职位带来,他们不会因为一些独断理由而放弃这些好处。[8]罗尔斯承认,效率和职位的外部奖赏和荣誉属于赞成均等机会的理由,但是他不认为它们是赞成均等机会的主要理由。赞成这个原则的主要理由是:

首先,它符合自由而平等的公民的平等地位。像平等的基本自由一样,均等机会是自尊的社会基础之一。根据种族、性别、宗教等理由而被排斥在社会职位之外,是对作为平等的人和公民的尊严的冒犯。

其次,人被剥夺了公平机会,就是"被剥夺了体验自我实现的机会,那种体验来自对社会义务(等等)熟练而专注的实践,因此将剥夺人之善的主要形式之一"(TJ,84/73 rev.)。在这里,罗尔斯似乎把公平均等机会同亚里士多德原理以及一种社会统一观念联系了起来(将在第六章讨论)。其主要思想是,公平均等机会对充分实践和发展我们的"高级能力"(higher capacities,借用斯密的术语)——包括我们的生产劳动能力和正义感能力——是至关重要的。[9]我们将(在第六章)看到,罗尔斯的亚里士多德原理意味着,我们的能力发展是可以合理预期的,是人之善的组成部分。

第三,赞成公平机会的第三个理由是,它补充了差别原则。"公平机会原则的作用是,保证合作制度是纯粹的制度正义。除非它得到满足,否则,分配正义将自身难保"(TJ,87/76 rev.)。于是,差别原则与公平均等机会一起发挥作用。对建立收入和财富的正义分配来说,两者是必不可少的。只有在开放职位以供竞争的公平均等机会得到满足的社会里,为了最大化处境最糟者的份额而设计的分配将满足分配正义的要求。其理由将在下一节讨论。

1. 公平均等机会对差别原则的词典式顺序优先性

由于罗尔斯的第一正义原则在词典式顺序中先于(has lexical priority over)第二正义原则,所以在第二正义原则里,罗尔斯也赋予了公平均等机会原则以先于差别原则的优先性。存在着这个优先性表现自身的几种方式。首先,它可以限制收入不平等的程度,而其他资源可以得到差别原则的允许。只要这些差别最有利于最少受惠的社会成员(the least advantaged members of society),差别原则允许收入和财富的不平等。不过,假定存在这样一个点,在那里,较大不平等导致经济力量集中在处境较好者(those better off)手里,以至于限制了处境较不利者(those less advantaged)的机会。那么,即使它通过较多的收入和财富而给处境最不利者(the worst-off)以较大的好处,这种不平等也应当给予阻止。均等机会给予自由平等公民以平等的地位,同公民具有在收入和财富上的边际增长相比,前者的作用更加重要。词典式顺序优先性的这些及其他平等后果将在后面讨论差别原则时一起讨论。

其次,词典式顺序优先性表明,公平的教育机会不能为了处境最不利者的较大收入和财富而受到限制。例如,根据罗尔斯的以下主张,"公平均等机会旨在为相似的有才干者建立相似的生活机遇",有人把公平均等机会主要解释为对于在社会上处于不利地位但在天赋上处于有利地位的人的补偿(compensation):它允许他们充分培育能力,同具有相似禀赋的、出身较好的社会成员开展公平竞争。但是,正如托马斯·内格尔所说的那样,由于公平均等机会寻求教育个体以达到其能力的极限,"非常清楚的是,这个制度不平等地分配了教育的好处(the good of education)"。[10]这种不平等分配有利于拥有较高天赋者,因为,同处境较差者相比,他们需要更多教育年限来训练他们的较高自然禀赋以达到极致,他们对教育更有兴趣。按照这种理解,公平均等机会纠正了由社会阶级产生的教育机会不平等,但是没有纠正自然[禀赋]的不平等。相反,通过创造更大的社会不平等,它会加大不平等的自然禀赋效果。有人反对公平均等机会的这种不平等效果,认为它对缺乏自然禀赋者提供不了什么好处,甚至会通过夸大不平等和破坏差别原则而伤害他们。

那么,这是一个恰当的解释吗?假定公平均等机会决定着不平等教育在天赋较高者和天赋较低者之间的好处,那么不清楚的是,这些好处是否一定会转变成为收入和财富的更大不平等。清楚的是,通过开放就业机会,公平均等机会比形式的均等机会成就了更多的平等,因为更多的候备者将有机会参与合适岗位的竞争,从而下调处境较有利者获得的收入水平。此外,尽管以下情况是真实的,在自由平等制度下,收入和财富分配取决于市场分配,公平均等机会将产生较大的不平等(TJ,sect. 12),但是这已经不再是公平均等机会同差别原则相结合的情况,后者只允许有利于处境最不利者的财富不平等。

最后,就公平均等机会事实上必然地允许有利于有天赋者的教育不平等而言,这是有疑问的。罗尔斯不承认公平均等机会原则是精英社会制度(a meritocratic social system)的组成部分,为了取得经济效率,那个制度奖励有才干者,赋予才干以高于其他社会价值的价值(TJ,84/73 rev.)。就公平机会原则的要求而言,他举的正好是一个相反的例子:公平均等机会要求的是,同正常天赋者相比,天赋较差者应当给予更多的教育好处,以便他们能够开发其能力,从而有效利用适应社会的所有机会。

> 一旦我们注意到我们有必要时必须考虑自尊这一根本的基本善……应当为最不利者寻求一种对自我价值的自信,这限制着等级制的形式和正义所允许的不平等的程度。这样,例如,对教育资源的分配就不仅仅或不一定主要是根据在训练他们的生产性能力中估计的回报,而是根据它们在丰富公民(在此包括最不利者)个人生活和社会生活方面的价值。(TJ,107/91–92 rev.)

支持公平均等机会的主要证明,不是技术进步,也不是鼓励精英更大地实现生产效率或完美价值。确切地说,这是一个平等主义的目标,确保所有公民具有自尊的重要社会基础,而不管其自然禀赋如何。如果一些公民无力充分发展其能力,无论多么稳健,"一些职位不会基于公平向所有人开放",那么,那些被排除在外的公民"被禁止体验因热情机敏地履行某些社会义务而产生的自我实现感。他们将被剥夺体现人之善的一种重要形式"(TJ,84/73 rev.)。

所以,假如孤立地看,作为"自由平等"的组成部分,公平均等机会可以允许对自然禀赋较高者有利的不平等教育,那么它不是公平正义的后果。假如既看重自尊的初级产品的价值,又看重差别原则,那么作为公平的正义需要给予处境最不利者以更多的教育好处。这表明,罗尔斯的三个原则(平等的基本自由、公平均等机会和差别原则)只有在相互联系之中才能获得其意义。公平均等机会在自由平等条件下的意义不同于其在民主平等条件下要求的意义(TJ,106/91 rev.)。正如罗尔斯说的那样,"差别原则转变了根本的社会目标"(TJ,107/91 rev.)。

罗尔斯会鼓励对《正义论》第 12 节(TJ, sect. 12)做出这样的解读(误解),公平均等机会主要是为了使天赋相等的社会处境不利者能够同社会处境有利者一起参与竞争而设计的。不过,以这种方式解读公平均等机会带来的问题是——它似乎主要为有利于出身于下层社会的有天赋者设计的——,它阻断了这样一条道路:这个原则和其他原则将通过熟知作为公平的正义的作为自由和平等的人的理念而被解读。在《政治自由主义》和《作为公平的正义新论》中,罗尔斯显然对公平均等机会做出了更广泛的解读。在那里,罗尔斯把提供医疗保健权列入公平均等机会的要求。[11]因为,假如一个人在医疗保健上得不到保障,他便无法利用一般适用于具有天赋和能力的人的各种机会。处于发展其能力和天赋的某个处境,无论那些能力和天赋是什么,医疗保健对维护作为自由而平等的、能够终身从事社会合作的公民的人身地位和自尊是必要的。(罗尔斯后期著作提倡的)主导思想是,所有三个正义原则都是按照自由平等的人理念得到解释的,那三个正义原则对他们实现基本利益是必需的。不像自由主义的平等,在那里,均等机会将被单纯地解释为,矫正对生而处于社会不利地位的有自然天赋者产生影响的一种方式(内格尔的解读)。在作为公平的正义中,公平均等机会被给予了更广泛的解读,它满足了蕴含在那个观念之中的自由民主的人的理念的要求。

正如有人指出的那样,不清楚的是,公平均等机会对差别原则的词典式顺序优先性表明,穷人的机会或好处,将如何为了天赋出众者的较大教育机会或经济机会而做出牺牲。公平均等机会的词典式顺序优先性仍然必须对面向处境最不利者的资源给予某种限制。请看以下情景。假定无技能工人的子女,他们没有什么天赋,他们不想利用为增加他们的机会而设计的教育补贴(例如要求其能力上的一些技能)。他们只想在法律许可的情况下早点离开学校,像父母那样从事无技能的劳动岗位,他们完全知道他们的未来所得并且认同其最糟糕的处境。显然,假如他们利用了教育补贴,他们将会有较好的处境。即使他们没有利用教育补贴,假如他们允许搜集以其他方式将花在他们身上的教育资源(无论是以一次付清还是以几年付清的总花费),用它们来购买他们喜爱的东西(比如,弥尔顿·弗里德曼建议,用现金津贴代替实物福利措施)。但是,有人表示异议,认为给予他们现金津贴是不明智的。因为这将激励辍学,放弃劳动技能培训,而只为获得直接的财务收益。假如这是合理性的政策,那么在这种情况下,公平均等机会对差别原则之词典式顺序优先性将以不利于无技能工人的方式发挥作用。假如允许无技能工人不计得失地搜集培训补贴,并且允许他们爱怎么花就怎么花,那么这将对无技能工人有利。不过,为了鼓励工人发展能力,维持公平均等机会,这是不允许的。我相信,这不是一个不合理的政策,虽然其他人可以有不同的想法,说它不仅是家长主义的,而且导致了总福利的下降。

我不在这里讨论对公平均等机会之词典式顺序优先性的其他反对意见。需要说明的是,在讲座中,罗尔斯本人对公平均等机会的词典式顺序的优先性拿不定主意,认为其他人的疑虑又过重了。"如何具体规定和衡量机会原则是一个大难题,某些取舍[较弱者优先或者机会原则的较弱者形式]可以是比较好的"(JF,163;44n.)。无论如何,其总的见解是,公平均等机会的主要目标是,给普通的公民,而不只是自然禀赋较高者,提供开发和训练天赋能力的手段,以便他们,(1)能够充分利用向所有具有相似能力的人开放的各种机会,(2)获得其作为平等公民之地位而享有的自尊。公平均等机会的作用,不在于通过培育虽有天赋却处于社会不利处境者的自然禀赋,以提升经济效率,或建立一个精英阶级。

2. 公平均等机会和家庭

在解释公平均等机会时产生的另一个问题,涉及公平均等机会范围的确定。假定有人主张,只有当所有人都具有去实现与生俱来的某个社会地位的相同可能性时,真正的均等机会才能实现,那么,我们不妨称之为"完全的均等机会"。问题是,人生而具有不同的天赋和能力,包括其他各种差异,假定一个公平竞争制度旨在为利用人的不同能力而设计,那么具有较大技能和才干的人,通常将胜过天赋较少者。当然,我们将通过随机过程(也许是抽奖)来设置社会岗位,但是很少有人会想要靠它来谋生。绝大多数人相信,社会将利用人的天赋和才能,因为一般而言,绝大多数人都将(至少潜在地)从中受惠。有关均等机会的自由主义观念,总是含蓄地假定,不是在随机意义上,而是对那些相似地应得的和那些愿意努力发展其天赋能力并且为了谋求岗位而竞争的人来说,机会是平等的。

即使这样,有人仍然会反对说,难以看到的是,在人们成长和受教育的不同条件下,真正的均等机会怎样才能被提供。正如罗尔斯本人说的那样,"公平机会的原则在此只能不完全地实现,至少在某种家庭形式存在的情况下是如此"(TJ,74/64 rev.)。这句话向一些人暗示,真正实现公平均等机会的唯一办法是取消家庭,一些女权主义者把这句话当做取消家庭的依据。

就未来机会来说,一个人出生其中的家庭,既会对一些人带来各种好处,主要对那些社会处境较好者而言是如此,也会给另一些人带来各种不利。经济的阶级差别,呼应于父母抚养子女方式的差异。例如,同处境不好的父母相比,中上层阶级的父母将花费更多精力和时间到子女教育和课外活动上。这将对子女的人生前景产生重大后果,甚至比他们接受的正规教育的影响还要大。[12]虽然取消家庭将给解决不均等机会问题提供某个办法,但它不能完全解决那个问题(更不用说取消家庭也将侵害第一正义原则的结社自由,以及极其有害于子女的情感发育)。存在着影响均等机会的其他因素,包括教育、友谊、地理位置、残酷的命运,等等。由于这个原因,罗尔斯说道:"保障那些具有同样天资的人取得在受文化教育和成功方面的均等机会在实践上是不可能的。"(TJ,74/64 rev.)那么,这是否意味着,公平均等机会观念是一个虚假的观念呢?像罗伯特·诺齐克这样的自由至上主义者就是这样看的。他们认为,我们正好应当放弃那个观念。罗尔斯的立场是,要对公平均等机会含义的解读给予限制。它并不要求实践上的不可能之事,即为每一个人的均等机会,甚至为相似地应得的那些人的均等机会。相反,它要求的是更稳妥的措施,即使所有人能够充分开发其能力的教育机会、普及的医疗保健措施等等。公平均等机会本身不要求取消家庭,正如它不要求取消友谊一样。[13]两者都受结社自由的保护。即使它们不受结社自由的保护,罗尔斯也不把公平均等机会理解为替平等的应得者提供平等的机会。为了求得生活的成功,为了竞争合理的社会职位,而实行完全的均等机会,是不值得为之付出代价的。罗尔斯认为,公平均等机会既不怀有"运气的平等主义"抱负,以平等化生活的机遇,从而对天生不利者和运气不佳者可能进行补救,正如我们看到的那样,公平均等机会也不怀有古典自由主义者提高经济效率和建设精英社会的抱负。相反,公平均等机会的主要理由是,促进平等公民的独立和自尊。重要的在于,无论其自然天赋和社会条件如何,国民都给予手段去充分发展和有效实践他们具有的才干和能力,以至于他们能够作为平等的公民从事公共生活,拥有平等的机会同其他具有相似能力的人在其得到开发的技能的范围里去竞争职位。我们接下来讨论公平均等机会的第二个主要目标,即它在建立分配正义方面的作用。

第二节 经济正义和差别原则

罗尔斯的差别原则并非简单地把扶贫助困的正义义务加到社会要求其成员承担的传统义务清单上而已。它不只是向受困于其不幸条件的人提供"福利补贴"或公共救助而已。差别原则走得要更加深远些,在一个不同的平台上发挥作用。具体规定财产权利和契约权利的法律制度,使得生产、贸易和消费成为可能的经济制度,从一开始就是为了关注在经济上最少受惠者的前景而设计的。除了建立制度之外,以便最佳地提升其他价值(效率、综合效用[aggregate utility]、自由选择等),然后允许对穷人带来好处——好像他们的福祉是事后产生的,是社会制度最后考虑的事——,差别原则首先关注在决定所有权和控制、生产和交易制度时最少受惠者的前景。此外,最正义的经济制度使其最少受惠的社会成员的处境比在其他合理经济制度(符合支持基本自由和公平均等机会重要条件的社会)中的最少受惠者的处境要好些。

1. 差别原则应用于社会基本结构

差别原则是针对制度的原则,而不是针对个体的原则。这不是说,差别原则不蕴含针对个体的义务——它产生了针对个体的大量义务。确切地说,它意味着,差别原则首先要应用于规制经济习惯和法律制度,比如市场机制、关于所有权、契约、继承、保险、税收等等的制度。你可能会说,它是一个"制订规则的规则",个体将在日常生活中看到那些规则。因此,当立法者和监管者(regulator)就经济生产、贸易和消费得以发生的许多复杂制度的规则做决定时,他们会直接应用那些规则。罗尔斯把差别原则提升为当民主社会的公民就共同利益展开争论时指导公民协商的首要原则,也是当立法者颁布法律以实现民主社会公民的共同利益时指导立法者决定的首要原则。个体行为受到依照差别原则制订的法律规范的指导和约束。通过这个方式,差别原则间接地应用于个体。这意味着,差别原则的设计不考虑消费者和公司的特殊选择,也不是为其直接应用设计的。例如,当我做出购买决定时,差别原则不会强加从一家效率较低公司"购买美国货"或购买较昂贵商品的义务,尽管这样做将让处境最不利者获得较大收益。消费者不知道在做出个别经济选择时需要应用差别原则。任何一个人都不太能够知道其经济选择究竟会给处境较不利者带来多少好处。罗尔斯认为,通常情况下,个体将像普通经济人(economic agents)那样活动,尽量寻求"回报",从而最大化经济效用。这并不意味着罗尔斯断定,唯有自利的(self-interested)市场动机才是无法躲避的人性事实。相反,他认为,在生产过程中,利用市场会导致对经济资源——土地、劳动和资本——的最理性的(生产性的和最少浪费的)使用。由于信息的限制,同任何一个非市场配置和分配程序相比,每个人或每个计划委员会都将拥有供应、需求和其他相关信息,了解市场配置(market allocations),更好地利用有用资源,满足个体需求。现在,正是以生产要素的市场配置为背景,罗尔斯断定,在人们按照自己兴趣做出经济选择的市场经济里,差别原则将最佳地改善处境最不利者的地位。差别原则直接地应用于制度,而只是间接地应用于个体,部分地是为了利用亚当·斯密的"看不见的手"。

直接地应用差别原则来建构经济制度,以及间接地应用差别原则于个人行为,揭示了罗尔斯以下说法的含义:"正义的主要对象是社会基本结构。"(TJ,7/6 rev.)社会基本结构指的是政治制度、社会制度和经济制度安排,使得社会合作既有可能又具有成效。这些制度对个人的日常生活、性格、欲望、抱负以及未来前景有深刻影响。这些基本制度是基本结构的组成部分。它包括,第一,政治宪法,以及它支持的政府形式和法律制度,包括审判制度和其他法律程序;第二,所有权制度,无论是公有的所有权制度,还是私有的所有权制度，它必须存在于任何一个社会之中，以具体规定所有权所有者就使用物品和资源拥有排他的权利和责任。所有权制度具体规定了各种权力、权利和义务，个人或团体拥有哪些权力、权利和义务，相应地使用和享有资源和其他事项；第三，市场制度以及转让和处理经济物品的其他手段，还有在更一般意义上，在人与人之间进行物品和资源之生产、交换和分配的经济制度结构和规范；第四，某种形式的家庭，从政治角度看，是任何一个社会为了哺育和教育子女必须具有的首要机制，因此是社会永续的首要机制。

使得这些制度成为社会基本结构的组成部分的一个显著特征是，它们不只是对个人的生活和未来前景产生了深刻影响。可以说其他社会制度也产生了如此影响，比如宗教制度、大学、大众媒体网络。这些制度的突出特点也不在于，不像自愿结社规则，它们都以一定方式包括对其规则的强制政治执行。的确，绝大多数社会都对基本制度的宪法条款采取一定程度的强制政治措施。虽然在市场和家庭中存在着大量自愿合作，但是设定市场、所有权和家庭的宪法条款仍然在常规意义上是强制执行的。（孩子没有权利永久地离家出走，自愿的合同要合法地执行。）但是，使基本制度区分于其他制度的因素不在于社会规则的强制执行本身。毕竟，假如每个人都自由地接受规则在所有时间的应用，那么强制将从来都没有必要。相反，强制的理由是，基本制度对社会生活是至关重要的。构成社会基本结构的基本社会制度的显著特点是，它们以这一种或那一种形式，对生产性社会合作是必要的，因此对任何一个社会的永续存在是必要的，尤其是对任何一个相对现代的社会的永续存在是必要的。正如休谟认识到的那样，任何一个社会必须具有关于私人或公有财产的规则，具体规定哪一些人或团体具有排他的权利，使用和控制物品和资源，以及在什么条件下使用和控制物品和资源。同样，假如生产和劳动分工是可能的，那么，无论通过天赋、赠与、市场或其他销售形式，物品和资源的转移是必要的。即使一个社会没有具有强制力的正式国家,它仍有必要存在得到普通接受的二阶规则制度(例如,无论是否成文的"宪法"),配备公署和规则,以确认、应用和修正许多一阶社会规则和基本制度,后者对于使合作成为可能是必要的。前文已经提到,为了社会永续,一定形式的家庭是必要的。

在许多方面,罗尔斯有关基本制度和基本结构的见解是沿着休谟的正义观进行的。休谟也看到了,具体规定和支配财产的规则,通过市场和其他配置机制进行的转让,许诺、合同和其他同意样式,它们对于维持社会生活的经济生产、分配和消费是必要的。政府,或制定、修改、应用和执行这些及其他社会规则的某个机构,仍然属于正义的必要"惯例"(convention)。[14]罗尔斯有关社会制度的看法在许多方面是顺着休谟有关正义惯例的思路提出的(尽管两者存在一些重要差异,我们对此不必深究)。[15]这种相似性很大程度上归功于H. L. A.哈特的居间影响。哈特本人有关法律性质的见解受到了休谟的正义观的影响。[16]

基本社会制度造就社会基本结构,基本社会制度可以以不同方式来设置,也可以同其他基本制度相结合,从而潜在地形成许多不同的社会合作组合。最清晰的例子是,不同类型的政治宪法维护着可行的政府形式(各种民主和共和的政府形式,以及君主制和寡头制等等)。此外,任何一个社会都必定至少允许一定程度的个人财产——个人务必掌控自己的穿着和一定资源,那是当下发挥作用和从事生产所必需的——个人财产许可形式的范围和限制则是五花八门的。例如,试考虑比如专利、版权、股票、债券等无形资产的所有权,以及其中每一种所有权被建构起来的不同方式。生产工具、交通、通讯系统和"公共事业"(public utilities)的所有权,既可以私人持有,也可以公共持有,或者像许多西方国家那样,绝大多数为私人持有,部分为公共持有。(比如,美国存在着对公路、邮政系统、机场、给排水系统的公有权,以及在某些情况下对天然气和电力之类公共事业的公有权;但铁路系统和航空公司、电话和电缆系统,以及许多天然气和电力经销企业是私有的。)关键在于,存在着许多方式来规定各种权利、权利和义务,它们构成了存在于某个事物之中的所有权或财产权。差别原则的首要角色在于,它将用来具体规定所有权、财产权和责任的适当形式,以及在经济制度之中许可的或不许可的转移。

不仅差别原则将被应用于基本结构,第一正义原则和公平均等机会也是如此。第一正义原则是用来设计政治宪法的首要原则,第二正义原则是应用于经济制度和所有权的首要原则。这是罗尔斯提出如下说法时想要表示的意思:社会基本结构是"正义的第一主体"(the first subject of justice)。社会正义的最基本原则将首先应用于基本制度,并且最直接地应用于使得社会合作成为可能的基本制度。

我在前面说过,正是以生产要素的市场配置为背景,罗尔斯认为,差别原则将致力于改进在现代经济中处境最不利者的状况。现在,资本主义和社会主义提倡者都普遍接受,同在指令性经济(比如苏联共产主义)中发现的任何一种计划性制度相比,市场是配置生产要素的更有效方式。但是,重要的在于,接受市场制度决不意味着收入和财富的分配将取决于人们在市场上出售物品和服务的所得。罗尔斯表示,为了实现生产资源配置的目标而使用市场价格完全不同于唯一地依赖市场来分配收入和财富(TJ, sect. 42;273 – 74/241 – 42 rev.)。实际上,差别原则的要义是,为决定收入和财富之比较适当的分配提供一个非市场标准,那种分配来自生产性资源及后续社会产品的市场配置。这一点从罗尔斯早期对民主平等和差别原则同自由平等和自然自由制度的对比中可以看得很清楚,两者都提倡效率原则(TJ, sects. 12 – 13)。效率原则是带有古典自由主义特点的有关分配的市场标准。就其本身而言,效率原则意味着,由市场交易导致的任何分配都是正当的(TJ, 72/62 rev.)。因此,它似乎允许任何一种分配,甚至允许这样一种分配,极少数人几乎占有了一切,而大多数人则一无所有。(在这里,需要说明的是,虽然像亚当·斯密和弗雷德里希·哈耶克这样的古典自由主义者正式地认为市场分配是正当的,但是他们也通常承认,社会有义务提供公共产品〈public goods〉,为最贫困者和无能者提供最起码的社会保障。这一点把古典自由主义同自由至上主义者区分了开来。)

表3.1

指令性经济共产主义	市场社会主义	拥有财产的民主制度	福利国家资本主义	自由平等	古典自由主义	自由至上主义的自由放任

通过与古典自由主义的分配正义的效率标准作比较,差别原则要求,同任何一种其他经济安排相比,经济制度的设计要让最少受惠阶级更普遍地享有较大的收入、财富和经济能力份额(带有这样一个重要性质规定:最后的分配要符合平等的基本自由和公平均等机会)。为了阐明这一点,试设想差别原则正在为一些立法者用来筛选一个经济制度。[17]简单地说,试设想有一组经济制度(参阅表3.1),右栏从自由放任资本主义开始(在那里,所有财产都归私人所有,所有配置和分配都取决于无拘无束的市场交换,或取决于天赋、赠与、投机或其他自由选择),经过古典资本主义,然后是各种混合经济,通往苏联方式的指令性经济全部列在左边(在那里,配置和分配取决于中央计划)。

差别原则说的是,同分栏中的所有其他制度相比,较好的经济制度是(借助于其成员的收入和财富份额、权力、公职岗位)将令最少受惠者受益的经济和法律制度的某种混合体。后面我们将讨论罗尔斯的以下推测:较好的制度将要么是拥有所有权的民主制度,要么是市场社会主义(JF,138-39)。他相信,同福利国家资本主义或其他形式的资本主义和社会主义相比,在这两者中的任何一个经济制度中，依赖于一些文化条件，通过经济力量、收入和财富，最少受惠者将过得更好些。

那么，谁是最少受惠的社会成员呢？罗尔斯所谓的"最少受惠的社会成员"，指的是在享有初级产品之份额意义上的最少受惠群体。他说道，由于一个人享有收入和财富的份额一般吻合于其拥有能力、权威地位、自尊基础之初级产品的份额，我们可以把最少受惠者看做在社会中经济上的最少受惠者，即最贫困的人（虽然他们事实上不是绝对意义的穷人）。因此，最少受惠者不是最不幸福者或最不幸运者，也不是最严重残障者。罗尔斯不用差别原则来处理特殊需求问题如残障问题。最少受惠者甚至不是因为不能或不愿工作而失业的人之中的最贫困者；比如，最少受惠者不是乞丐或无家可归者，不是厌恶工作却整天热衷于加利福尼亚海滩冲浪的人。罗尔斯用其他原则而非差别原则来处理无家可归者、乞丐和失业者。罗尔斯所谓的"最少受惠者"，指的是从有偿就业所得来衡量其收入的工作者的最少受惠者。因此，最少受惠者，实际上是这样一些人，他们是收入最少的，他们具备的必要技能是最低的——事实上，他们就是薪酬最低的劳工阶级。

罗尔斯由于把残障者置于其分配正义观之外而广受指责。[18]批评者提出的反对理由是，严重心身残障者的确比穷苦劳工处境更加不堪；至少穷人还有潜力改善其处境。那么，罗尔斯为什么要那样来界定"最少受惠者"呢？因为他基本上通过社会合作来理解社会，他认为，社会是生产的和互惠的，包含着对等（reciprocity）思想或公平观念。由于社会合作本质上是生产的，包含着对等，如果一个人想要充分从事社会合作，那么他必须具备必要的合作能力（包括道德能力和生产劳动能力），他实施这些能力，愿意并且能够从事社会合作，以贡献来分享社会合作以及由此产生的社会产品的份额。（这不是说残障者在一个较为受到限制的意义上不从事合作或对生产有贡献，因为显然地，除了最严重残障者之外，许多残障者，也许甚至绝大多数残障者,都有能力那样做。)更具体地说,罗尔斯千方百计想要找到一些最恰当的正义原则,基于对等和相互尊重,来具体规定在自由而平等的人中间达成社会合作的公平条款。他假定了这样一个理想情景:人们过着正常的生活,从事着有偿的工作,能对社会生产有所贡献。他由此提出的同分配正义有关的问题是:什么是设计基本经济制度的最恰当原则,以便在社会上从事生产的、自由结社的、每个人都愿意对社会合作做出自己那一份贡献的平等公民中间分配产品?罗尔斯认为,至少自从密尔和马克思以来,这是在民主社会里讨论经济正义所涉及的问题。正是这个问题促成了19世纪对自由放任资本主义的社会主义批判。由于这个问题关心的是如何设计和建构对社会和社会合作是必要的经济与法律的基本制度,因此,在民主社会能够处理残障者、失业者等特殊需要的较具体问题之前,正是这个问题必须首先得到回答。

这并不意味着罗尔斯把残障者"撂在了一旁",对他们不问不顾,没有去回应他们的特殊要求。残障者需求的确是些正义问题。但是,对罗尔斯来说,它们不是在他的正义原则意义上的分配正义问题,那些原则构成了经济和法律的基本制度。这些其他问题要通过补偿正义的原则和义务来解决,比如互助义务、救济和保障义务、人与人之间的相互尊重义务等等。罗尔斯认为,一旦民主立法者知道了社会可用的资源和财富水平之后,他们(或任何一个政府)的角色在于决定,在特殊利益方面应向心身残障者推广的种类和覆盖的程度。的确存在着某种社会最低保障,是社会给予残障者的救济义务。但是它要同以下问题分开讨论:社会应当在多大程度上给予其成员以关照,他们是全力从事生产性社会合作的人,他们必须生产出最终满足特殊需要所必需的资源。既根据分配正义原则,又根据补偿正义原则,具有社会生产能力的残障者应当获得公平份额,许多残障者也事实上获得了公平份额。但是从罗尔斯的视角来看,假如我们不先着手设计经济基本制度以及使经济生产、贸易和消费成为可能的有关财产权和其他权利的法律基本制度,那么我们想要解决残障者和其他特殊需要问题就无从谈起。这会把罗尔斯计划误导到一个看似正当的假定上去:按照残障者需要,通过着重关注基本结构设计以及他的分配正义见解,罗尔斯必须着手回答基本结构的适当形态问题。

我认为,罗尔斯拒绝从差别原则来处理特殊需要,为此而展开的很多批评,发端于批评者沿着所谓"运气平等主义"(luck egalitarianism,又译幸运平等主义)路线来理解分配正义。这种观点主张:通过救济不应由自己负责的社会不利者、天生无能者和其他"极端倒霉蛋"(brute bad luck),分配正义首先事关平等化或至少中和非应得的不平等。显然,残障者在正常情况下不应当就得无能无为;他们的需要应当得到照顾。罗尔斯据说在《正义论》(第12节)早期曾致力于某种"运气平等主义",他还被说成为没有前后连贯地阐明其含义而深感愧疚。接下来,我们将讨论如此批评罗尔斯是否站得住脚。

"最少受惠者"还有一种情形是指,人们能够进入或摆脱的其在社会中的某个相对境况。它不是凭着它而为世人所知的用来称谓某国民群体并且该群体具有固定人数的一个名称(正如罗尔斯说过那样:"最少受惠者"不是一个严格的"指称")。因此,当差别原则说经济制度应当以最大化最少受惠者利益的方式来设计时,其想要表达的思想并不是,我们将使社会中的最贫困群体(甲、乙、丙……)比我们已知的其他群体(丁、戊、己……)过得更好些。这将只会产生新的最少受惠者群体,他们的需要必须得到满足,如此反复,以至无穷。相反,它的意思是,凡是存在收入和财富不平等分配的社会,都存在一个最少受惠者阶层(如最低工资阶层),同其他社会阶层相比,这个社会阶层的人赚得较少,能力也较小。只要他们是社会成员,只要他们是工资最低的劳工,无论他们是谁,我们都将最大化处于这种社会地位的人的前景。

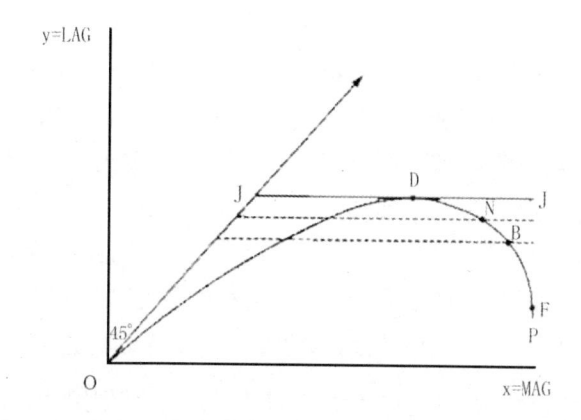

第三章 第二正义原则和分配正义 **113**

图 3.1 来源:本图得到罗尔斯著作《作为公平的正义新论》出版者的重印许可,出自该书第 62 页,版权所有者为 the President and Fellows of Harvard College。

现在请考虑罗尔斯对差别原则所作的更抽象论证,那个论证给差别原则如何发挥作用提出了一个较好的想法(参阅图 3.1;这个图引自 JF,62;它对《正义论》第 13 节图 6 作了改进(TJ,76/66 rev.)。首先,OP 曲线代表什么? 罗尔斯说,"曲线 OP 代表 X1 [MAG = 较多受惠者]的较大期望向 X2 [LAG's = 最少受惠者]的期望所做的贡献"(TJ,76/66 rev.)。罗尔斯称 OP 曲线为"生产曲线"。那条曲线上的任意一点都具有配置效率(allocatively efficient)。在最少受惠者和较多受惠者持有的份额给定的情况下,产出值得到了优化。此外,当我们沿着 OP 曲线向右继续推进,同向较多受惠者增加的回报一起,存在着产出值的相应增长,因而社会总收入和财富也相应增长。O 点(原点)代表均分(equal division)点,在那里"两个群体都得到相同的酬劳"(JF,63)。因此,O 点不是人人都一无所有的原点;确切地说,它是一个平等的原点。在那里,所有人都期待着能够得到一份平等的分配。(假如像 G. A. 科恩这样的左翼是对的,设定了在社会成员之中能够感受到的大团结,那么这是一种称心如意的生活方式。)在"OP"曲线中的"P"再一次地指的是"生产"(JF,61)。OP曲线本身解释了罗尔斯的以下假定:在合作条件下,脱离平等(departures from equality)的偏移是生产性的,能给最少受惠者和较多受惠者都带来一定受益。OP曲线代表每一方在合作条件下跨越平等的相应收益,在那个条件下,生产是有效率的。罗尔斯指的期望是对初级产品——不是福利和效用——的期望,尤其是指对收入和财富("产出份额",就像罗尔斯在JF,63所说那样)的期望。所以,随着较多受惠者的收入和财富份额沿着X轴增加,最少受惠者的收入和财富份额也会增加,直到抵达D点。到了D点之后,最少受惠者的份额渐渐减少,而较多受惠者的份额继续增加。B(对边沁来说)是这样一个点,在那里,社会中的所有财富和收入(以及经济功用)都得到了最大化;因此,在被功利主义经济学家理想化的卡尔多—希克斯(Kaldor - Hicks)最优意义上,它是"有效率的"。但是差别原则无法通过B点而得到满足,尽管同D点相比,B点代表较大的总收入和财富之点。差别原则反而要通过D点才能得到满足。在OP曲线上,这个点(帕累托效率)距离收入和财富的平等最近。在这个点上,最少受惠者的份额得到了最大化。

我的学生经常提出这样一个问题:"我们为什么不允许这样一种情形:抵达B点,最大化总收入和财富,然后从较多受惠者向最少受惠者进行正义的再分配,由此给予最少受惠者比他们将在D点获得的更多收入和财富?"其答案是,在上面的罗尔斯图解中已经考虑到了这种可能性(TJ,76/66 rev.,图6;以及JF,62,图1),预想的再分配将改变双方的期望。假如最少受惠者期望他们在D点获得的收入总量,那么较多受惠者将不再期望这样一个份额,它引导他们去冒风险以抵达B点,他们将终止于他们在D点能够获得的份额。由这个问题引发的实际结果是OP曲线的特殊重绘,以允许更大的不平等,导致D点进一步向右沿着X轴变化,同时保持在Y轴上的相同点。不过,同罗尔斯的文本相比,这正好将产生一个不同的B

（边沁）点。此外，没有理由假定，B 点和 D 点将是相同的；假如最少受惠者能够得到处境改进，同时社会总收入和财富在那个点上能够得到最大化，这将是碰巧而已。一些古典自由主义者（如亚当·斯密）声称，在最大化财富的自由放任经济里，同在任何一个其他的经济制度里相比，最糟者的处境将有较大改进。但是，以比较依赖市场分配的国家比如美国同另一些社会民主国家比如瑞典或德国——在那里最少受惠者具有较大社会红利和较好处境——进行处境最糟者条件的比较，从经验上证伪了这些主张。

罗尔斯说："不同的合作组合存在着不同的 OP 曲线。"（JF, 63）试设想在图 3.1 里的每一个经济制度，我们能够绘制出一条 OP 曲线，代表最少受惠者得到的益处，给定在那个经济制度下较多受惠者的期望。（例如，在福利国家资本主义里，它的 OP 曲线形态将反映最贫困者享有的福利支付水平。于是，D 点将是向穷人提供的最优福利支付水平，在那个点上，穷人抵达了最大的可持续的转账水平，而没有损害为创造那个水平的支付所必需的刺激。）现在，差别原则并不简单地说，给定在社会已经存在的任何一个经济制度里，它试图在现存制度里最大化最少受惠者的处境。相反，差别原则要求的是，随着时间的推移，社会努力建立这样的经济制度，它在如下意义上是"被最有效率地设计的"经济制度，同任何一个其他经济安排相比，它将使最少受惠者过得更好些。因此，第二，"在其他条件相同的情况下，差别原则引导该社会达到 OP 曲线上的最高点，也就是被设计成最有效率的合作组合"（JF, 63）；就是说，它将以在这个最有效率的制度之内最大化最糟者的地位为目标。

这似乎表明，社会有义务设计让最少受惠者得到最大好处的经济制度，然后在这个制度之内不断增加产量，以确保最少受惠者的利益。但是在《正义论》中没有出现如此建议。照此建议，这将排除一个社会的民主决定，以避免高度的产业发展和技术利益，代之以追求一种慢条斯理的甚至田园牧歌式的生存方式。让人感到困惑

不解的是罗尔斯在《作为公平的正义新论》中(紧随前面那段话之后)的以下说法:

> 差别原则的一个特征是,它不要求跨越代际的持续经济增长,以最大程度地无限制提高按照收入和财富来计算的最少受惠者的期望……那将不是一种合理的正义观。我们当然不打算排除密尔的以下社会观念:在一个只是处在静止状态(a just stationary state)的社会里,(实际的)资本积累就会停止。财产所有的民主制(a property - owning democracy)将允许这种可能性。(JF,159;参阅 JF,63 - 64,两者几乎一字不差)。[1]

该如何解释这种表面的不一致性,即社会可以有义务,也可以没有义务,去连续地保持经济增长,以便让最少受惠者受益呢? 在上面引文倒数第二句话里,罗尔斯的其他条件不变从句(ceteris paribus clause)是重要的。首先,请注意,罗尔斯说,社会不要求"按照收入和财富来计算的"最少受惠者的期望。尽管罗尔斯真的主要通过最少收入和财富阶级来定义最少受惠者,这主要是为便于应用差别原则的一个试探性工具。事实是,最少受惠者的相对福祉取决于

---

[1] 这段话的原文是:"A feature of the difference principle is that it does not require continual economic growth over generations to maximize upward indefinitely the expectations of the least advantaged measured in terms of income and wealth... That would not be a reasonable conception of justice. We certainly do not want to rule out Mill's idea of a society in a just stationary state where (real) capital accumulation may cease. A property - owning democracy should allow for this possibility."这句话的译文与姚大志译本略有出入:"差别原则的一个特征是,它不要求一代一代的连续经济增长,以使最不利者的期望无限增加以达到最大化,而所谓最不利者是按照收入和财富来衡量的。……这不是一种理性的正义观念。我们肯定不打算排除密尔的社会理念:即当社会处于一种正义的稳定状态的时候,(实际的)资本积累就会停止。财产所有的民主制度应当允许这种可能性。"(罗尔斯:《作为公平的正义——重申正义》,第263页,姚大志译,上海三联书店,2002年,第263页。)这里的关键是对短语 in a just stationary state 的理解。姚大志把它解读为"处于一种正义的稳定状态",不是很妥当。——译者注

一组初级产品(primary goods),不仅包括他们的收入和财富的份额,而且包括他们的权力和公职机会、非基本权利和自由,以及自尊的制度基础。差别原则也是这些初级产品之正义分配的标准。(对基本自由和机会的其他初级产品的分配根据其他正义原则进行;那就是,它们必须被平等地分配。)假定,一个社会民主地决定向其所有成员,包括最少受惠者在内,提供较大份额的权力和公职机会以及自尊的制度基础,通过建设它的经济,以便给予劳工更多的权力去监控其生产条件和生产手段,以及实际资本所有者的利益(比如,通过劳工合作企业或"分享经济"[share economy],劳工们拥有他们从事劳动的公司的部分所有权)。这与福利国家的传统资本主义经济形成了对比,后者存在着资本所有者和按小时计算工资的劳工之间的鲜明划分。在这样的经济制度——其中一个版本是罗尔斯所谓的"财产所有民主制"——里,劳工们得到的收入和财富会低于他们在资本主义福利国家得到的收入和财富。在后者那里,一个独立的所有者阶级,就生产和投资、预防按劳取酬劳工和失业者不幸的保障做出所有经济决定,但是他们在生产过程之中没有权力或监督地位。然而,在一个财产所有民主制里,劳工享有经济权力和自尊基础的份额大于他们在资本主义福利国家享有的份额,因为他们部分控制着他们的劳动条件和生产管理。就这一点来说,最少受惠者的初级产品指标会超过资本主义福利国家最少受惠者的初级产品指标,纵使后者拥有更多收入和财富。正如我们在下一章讨论财产所有民主制时将看到的那样,这是解释罗尔斯上面那个主张的看似不一致性的一种方式:实际上,差别原则不要求持续的经济增长,纵使那样做在收入和财富方面有益于最少受惠者。无论如何,这不是罗尔斯的想法。我试着说明他的说法的真正意思。

那么,差别原则将暗指哪一种经济制度呢?当《正义论》刚刚出版时,世人广泛认为,罗尔斯是在替福利国家正名。但是在1990年的修订版前言中,罗尔斯说道,他在《正义论》中原来应当讲得更加清楚的一点是,他不是在替福利国家做论证。相反,当差别原则根据经济社会制度运作的知识应用于各种制度时,罗尔斯认为,差别原则要么要求"财产所有民主制",要么要求"自由社会主义"。在这些社会经济制度中,哪一个是更加正当的,这依赖于历史条件和其他条件,比如,一个社会的文化和传统、制度、资源、发展水平和技术(TJ,280;248)。因此,罗尔斯不像许多人把他归入的左派或右派,他不曾想仅仅凭借哲学论证便一劳永逸地解决"资本主义和社会主义"的所有传统问题。他明确反对指导性经济的社会主义(苏联模式的共产主义),因为它允许违反像工作自由、择业自由以及结社自由之类的基本自由(TJ,274/242 rev.)。但他也反对传统理解的资本主义,因为它把经济和政治的行政权给予了所有者阶级,因此违反了第一正义原则的要求,即把公平价值赋予政治自由的要求,也违反了公平均等机会、经济权力和地位的公平分配。此外,由于其严重的不平等以及对工薪阶级的剥削,资本主义同差别原则相抵触,并没有最理想地改善处境最糟者的经济利益。但是,因为其固有的无效率,共产主义也没有最理想地改善最糟者的经济利益。罗尔斯承认,出于两个理由,生产要素(劳动、土地、资本)的市场配置是作为公平的正义所要求的。第一个理由是主要地保证工作自由和结社自由;第二个理由是因为(假定市场在配置生产要素方面具有更大效率)在差别原则之下市场配置真正地让最少受惠者受益。但是,为了配置目标而使用市场能够通过生产手段的公共所有权而得到满足,在那里,公家把资本和生产工具租赁给劳工合作社的竞争企业,根据使用获取利息。由于这个原因,罗尔斯打开了这样一种可能性:正如财产所有民主制允许广泛地私人占有生产手段那样,自由社会主义可能恰好满足了差别原则。[19]

这里重要的一点是,从历史条件抽象出来的正义原则没有在(私有)财产所有民主制和自由社会主义之间做出决断。此外,正是基于自由放任资本主义和福利国家资本主义的历史倾向,罗尔斯推测,根据差别原则,财产所有民主制和自由社会主义都将优越于它们。接下来以及在下一章,我们将更详细地讨论财产所有民主制。

第三节　反对差别原则的意见

我们将在这一节讨论针对差别原则的一些反对意见,旨在澄清差别原则,揭示对差别原则的种种误解。在《作为公平的正义新论》(66－72)中,罗尔斯本人讨论了针对差别原则的常见反对意见。在那部著作中,他对差别原则的广泛讨论为如何应用这个原则提供了许多真知卓识(JF, Part Ⅱ, sects. 14, 17－22; Part Ⅲ, sects. 34, 36, 38－40; Part, sects. 41, 42, 49)。在这里,我着重讨论罗尔斯在其讨论中没有提到的一些反对意见。

1. 差别原则是多余的吗?

请考虑以下反对意见:因为所有正义分配问题先于维持基本自由制度的需要就已得到决定,由于自由的优先性,差别原则从来没有实施的机会。存在着这个论点的两个版本。(1)有人论证道,维持第一正义原则要求的政治自由之公平价值的唯一途径在于建立一个平等的分配制度,至少是一个比差别原则要求的更平等的分配制度。罗尔斯本人承认财富对民主的腐败影响,说第一正义原则要求,"所有权和财富必须被广泛地分配"(TJ, 225/198 rev.)。于是,假定为了最小化财富的影响力,最大化公民平等政治自由的有效性,社会必须注入一种平等的(或其他形式的)分配。因此,差别原则将不具有实质性作用。(2)相似地,另一些人论证道,为了在最大程度上保证基本自由和公平均等机会,所有社会资源都需要得到扩充。在用来保护公民人身和财产方面增加的安全措施的花费越多(警察力量、街道照明、摄像系统的投入越多),那么心身完整和迁徙自由便越有保障。还有,用在不断减轻家庭、性别、种族和社会背景对获得合理社会地位的影响力的教育花费越大,便越是保证了公平均等机会。[20]但是,这些及其他措施会抵消适用于通过差别原则来分配的资源的重要性。

在回应(1)即第一个反对意见时,罗尔斯把收入和财富的一种特殊分配看做对建立政治自由的公平价值是必需的。由于不平等不是孤立的,是保持在一定范围里的,他认为,通过对政治竞选活动的公共财政支持,禁止企业献金,规制政治广告以保障信息真实,给予候选人展示职位的公平机会,如不完全禁止那么也要严格限制个人捐赠,财富对政治过程的腐败影响是能够得到中和的(PL,327-29,356-63)。这些措施是否足以中和财富对民主政治过程的不公平影响,许多人仍然对此表示质疑。有人相信,资本的私人所有,必将导致民主过程的腐败。无论是否必定如此,在罗尔斯设想的广泛的所有权条件下,在一个财产所有的民主制里似乎是不太可能如此的。

就(2)即第二个反对意见而言,需要强调的是,无论基本自由原则,还是公平均等机会都不是指导社会最大化某些事务的后果论原则。第一正义原则不说社会将最大化国民实践其基本自由的机会。[21]确切地说,一套"恰如其分的"(fully adequate scheme)基本自由将平等地提供给所有公民,在"两种根本情况"下恰如其分地(再说一次,不是最大效果地)施行和发展道德能力。第二个反对意见把对于平等基本自由的规范规定混同于基本自由的"价值"。我拥有心身完整和迁徙自由的基本权利,假如社会花费更多费用在警力保护、街道照明、交通安全方面,那么我的那个基本权利对我具有更多价值。那么我将不用害怕晚上出门或走在快车道旁。但是第一正义原则不要求社会最大化基本自由对每一个人的价值;它不要求社会保障基本自由对所有人的平等价值。正如第二章讨论的那样,基本自由对一个人的价值依赖于他的条件,诸如财富、教育、智力、兴趣等因素,而个人条件必定是因人而异的。在作为公平的正义中,决定基本自由(除了政治自由以外)公平价值的措施不取决于第一正义原则,而取决于差别原则。罗尔斯说,作为公平的正义,不以保证基本自由的平等价值为目标,而以最大化处境最糟者基本自由的价值为目标。"这规定了社会正义的目的"(TJ,205/179 rev.)。差别原则的作用在于使公民能够有效地实施其基本自由,这表明,第一正义原则远没有使差别原则成为多余,差别原则对于第一正义原则的运作是至关重要的。它对公民享有基本自由是必要的,那些自由对于实施和发展他们的道德能力达至理性而合理是恰如其分的。

2. 差别原则具有荒谬的含义吗?

假定存在着有待选择的两个社会制度,社会 A 和社会 B。表3.2 和表3.3 表明了在处境最糟者和处境最佳者之间的可取舍分配。在两种情况下,差别原则都偏好社会 B 的分配。不过这意味着,在例1里,大量牺牲必须由每一个人付出,而处境最糟者例外,以便通过1个单位只是最低程度地改善最糟者的处境。为何仅仅为了最贫困者如此微小的收益却应当剥夺几乎每一个人如此巨大的利益呢?在例2里,有平等主义直觉的许多人迫使他们去追问:"在每一个其他人都收获如此巨大的情形下,为何穷人却获得如此之少呢?为了其他每一个人的利益,最少受惠者正在遭受无情的盘剥,而这似乎将会得到差别原则的认可。"

罗尔斯对这些例子的回应揭示了他提出一些经验假定来支持正义原则所达到的程度。他说,正义原则不是为了应用于如此抽象的可能性被提出来的,而是假定了一种社会制度理论(TJ,157/136 rev.)。假定这种社会理论是正确的,那么提出的反例实际上不是反例,因为它们忽视了差别原则应用的经验条件(JF,70)。假如(1)差别原则被看做是有意为之的、非孤立的,同作为公平的正义之组成部分的其他原则放在一起的,并且(2)我们考虑基本社会制度和经济制度实际运作的方式,那么这些例子将从来不会发生。因为存在着一个具有不同分配的持续的可实践的基本结构,如果这样,那么这两个选项将绝不是我们不得不在其间做出的唯一选项。假如在例1中,拥有巨大财富却存在重大不平等的社会A是贫困的社会B的可能出路,那么在两种分配之间必定存在许多可行的居间社会,允许针对最少受惠者的较少不平等和较大收益,而不过于实质性地减低较多受惠者的前景。达成这些居间分配的一个明确办法是,借助于某种制度手段,通过向社会A中的较大受惠者征收收入税,来把其收益的很大一部分转移给较少受惠者。因此假定,在这些居间分配之中,存在着社会C,返还给最少受惠者的最大值为4000,而最大受惠者仍有8000。社会C将是差别原则偏好的社会制度,而不是上面例子中的社会B。

表3.2

社会	最多受惠者	最少受惠者
A	10,000	1
B	3	2

表3.3

社会	最多受惠者	最少受惠者
A	1001	1000
B	100,000	1,001

罗尔斯说,如果较大受惠者统一为一个集团,扩张他们的市场力量,以强行增加收入(例如,假如不受规制,垄断者和寡头将会如此做),那么,就会导致像在那些例子中存在的收入阶级的巨大差距。如果缺乏向所有人开放的公平就业机会以及在商品和服务供应方面的有效竞争,那么发生这种情况是可能的。一旦差别原则和

公平均等机会被放到了一起,那么再一次地,将存在许多可行的分配来取代 A 和 B。所以,例 2 中的差距在差别原则得到应用的条件下也是不真实的。假如社会 B 是社会 A 的合理出路,那么肯定存在着许多居间阶段。在这两者之间,无论和处于 A 条件下相比,还是和处于 B 条件下相比,最糟者的处境都要好得多。

这些例子表明,罗尔斯论证差别原则在多大程度上依赖于社会和经济制度运作的方式。同其他假定的正义原则相比,有关世界的一般事实,包括人类的心理倾向,经济制度的运行方式,在差别原则的证明中起着重要作用。当然,逻辑上可能的是,在选择经济政策时,我们将只是面临在 A 和 B 之间的取舍(许多事情在逻辑上都是可能的),不过罗尔斯坚持的是,实际上不可能的是,在给定社会经济制度常规运行方式的情况下,我们便不必担心这些假定的反例。从他的观点来看,它们根本算不得是真实的反例。

3. 个人激励真的有益于处境最糟者吗?

一些批评家(以 G. A. 科恩最为著名)提出了以下反对意见:罗尔斯承认,差别原则应用于基本结构;它是一个针对制度的原则,不是一个针对直接应用于做出经济选择的个人的原则。罗尔斯明确赞成一种竞争性的市场经济,为个人提供经济激励,以提升他们的经济地位。但是,由于竞争性市场依赖于激励,鼓励人们承担风险,工作更长时间以练就特殊技能,竞争性市场产生了追逐私利的态度。只有当差别原则直接应用于基本结构时,它才兼容于一种资本主义经济,在那里,最糟糕者的处境将比其在不同经济制度(也许非市场的社会主义)中的处境更加糟糕,在后面的经济制度中,国民更直接地关心平等,以提升在经济中较少受惠者的福祉。如果在那个经济制度中,国民不鼓励去追逐私利,去追求物质享受,却带有一股正气,直接关心他们的偏好对处境最糟糕者的影响,那么同差别原则允许的市场经济条件下的最糟糕者处境相比,前一种处境最糟糕者的确要好过些。

科恩的论证比这要复杂些,需要比在这里能够给出的更加充分的讨论。[22]不过,我对这个反对意见的初步回应是,假如在一个造成追逐私利的竞争性的市场经济里,处境最糟糕者没有得到最好的发展,那么它将不是"最有效地设计的合作制度",它将满足不了差别原则。差别原则并不只是要求社会重视在一个经济制度之内碰巧处在那个地位的最糟糕者的境况。相反,它提出了一个双重要求:(1)建立一种经济,持续地使最贫困阶级的处境优于其在任何一种其他经济中的处境(兼容于基本自由和公平均等机会);(2)在那个"最有效的"制度内部,重视穷人的处境。假如同市场经济条件相比,非市场经济在灌输动机方面更加有效,后者导致国民以使得穷人的处境变得更好的方式来行动,那么差别原则将需要那个非市场的制度(再一次地,只要它不违反自由的优先性和公平均等机会)。撇开人性,撇开经济制度的运作方式,差别原则不决定市场经济是否优越于非市场经济。根据对人性知识的了解,根据对经济制度运作方式的了解,一旦差别原则应用于各种制度,罗尔斯相信,某种形式的市场经济将优越于任何一种非市场经济。

但是科恩仍将赞成,根据生产资源——包括劳动——来确定价格的市场制度,好于非市场的选项(只要实际产生的收入和财富按照适当的平等原则得到了正当分配)。他提出的真正批评看起来是,即使如此,然而在竞争性市场经济里,国民仍然会有一股"正气"(ethos of justice)(比如在瑞典社会民主制度中),去考虑他们的经济选择对较少受惠者产生的后果;同他们在差别原则只直接应用于基本结构的罗尔斯式社会所做的相比,他们仍将使较少受惠者的处境变得更好些,不存在差别原则促使个人做出特殊选择的要求。就此而言,科恩的见解得到了很好的说明。因为真实的情况是,在最少受惠者的处境将变得更好些的社会里,差别原则不仅规制了基本制度,而且直接地影响着个人的市场决定。因此,尽管市场将把工作更长时间当做一种激励,但是由于非应得的差别——比如出色的自然禀赋——将不作要求,那些最少受惠者的处境将变得更好些。相反,他们将以直接让最少受惠者受益的方式应用他们的天赋。

于是,这种反对意见表示质疑的,不是罗尔斯把差别原则应用于基本结构,而是他没有要求个人也直接把差别原则应用于他们的经济选择。罗尔斯认为,不存在这样一种正义义务:在我们的日常经济选择中,我们必须表达对最少受惠者福祉的关切。那种态度不是罗尔斯所理解的正义感的一部分。相反,对罗尔斯来说,正义感是这样一种确定的倾向,它按照正义原则及其要求来行动,尊重和奉行为了让最少受惠者获得最大收益而设计的法律与制度。相比之下,科恩声称,国民的正义感应当通过一股"正气"来告知,那股"正气"启发国民,不仅遵守并从政治上支持为了使最少受惠者获得最大收益而设计的法律和规章,而且做出日常经济选择,直接让社会中的最贫困者受益(即使不是最大受益)。[23]假如拥有自然禀赋者有这种倾向,那么他们将不会要求如此高额报酬作为实施出色自然天赋的酬劳,这将给最少受惠者带来更多好处。按照这个思路,科恩的反对意见关心的是,我们将如何接受罗尔斯没有适当界定的正义感,因为他不要求它把关心穷人融入我们的个人经济选择之中。

我对此做出两点一般回应。首先,罗尔斯依赖市场的关键,不在于放纵受到谋求私利态度驱动的资本家势力。当然,罗尔斯承认,国民往往出于自利而进行经济选择。不过他还假定,在一个作为公平的正义的良序社会里,正义原则是有效的,所有人都受蕴含其中的正义感所触动,将不存在剥削国民,钻制度空子,因此以贪婪态度鱼肉国民的"野心勃勃的""海盗"式资本家。因为正义感蕴含着听从正义的"天然义务"、相互尊重、相互支持等愿望(TJ, sects. 19, 51),以及遵从公平原则的愿望(TJ, sects. 18, 52)。正义的人将遵守一些自然义务,希望其经济决定符合随着时间推移将给最少受惠者以最大利益的规则,而不符合使最大受惠者或最贪婪者以最大利益的规则。[24]此外,在接受相互尊重义务时,正义的人不试图从别人的不利处境或不幸中谋利,或者在讨价还价时利用别人的弱点谋利。相反,正义的人是讲道理的,要"考虑他们的行为对别人福祉产生的后果"(PL,49n.)。有正义感的人会认识到,"我们可以用几种方式来表示相互尊重……我们愿意从别人的观点来看别人的处境……每当我们的行为实际上影响了其他人的利益时,我们准备提出一些能解释自己行为的理由"(TJ,337/297 rev.)。具有正义感的讲道理的人所具有的这些及其他品质将经历漫长的道路来冲淡各种贪婪的态度,来克服对其他人的漠不关心,而科恩怀疑罗尔斯的差别原则有不关心他人的倾向。存在着作为公平的正义的良序社会成员共享的一股"正气",即使它并非恰好是科恩提倡的同一种风气。

然而,这并不意味着,具有正义感的讲道理的经济主体将出于慈善来行动,或者在经济选择中,他们将考虑最少受惠者,总是谋求给他们带来利益,或者不给他们带来进一步的害处。对罗尔斯来说,合理的人出于经济自利来行动不是不合理的,即使他们具有额外的天然禀赋,那些禀赋本来可以直接用到让最少受惠者受益的事情上去。甚至在作为公平的正义的良序社会里,国民的经济选择只是偶尔会压倒性地受到关心穷人的触动。相反,由于受到良知自由、思想自由和结社自由等基本自由以及宗教、哲学和道德观的多元影响,在通常情况下,国民将受到多重目标的触动。对每个人来说非同寻常的是,在他们做出经济选择时,始终如一地热衷于压倒性地关切最少受惠者的利益,尽管他们的经济选择可以通过给最少受惠者在法律和社会政策的政治选择上以优先性来实现。这不是一个不合理的立场。为什么一个人在经济交易时,比如在与雇主进行工资谈判时,或者在决定是否每周额外工作 5-10 小时时,应当总是心系最少受惠者,而他或她原本可以捐献相同的 5-10 小时(或者增加的薪酬)来帮助孤独症儿童或老年痴呆症患者,或者只是把额外时间和金钱花在待在家里的家人身上呢?为什么在我的个人选择中,尤其是在差别原则已经设计出来用来保障最少受惠者拥有一份恰如其分的收入和财富份额(a fully adequate share of income and wealth),使他们能够有效地行使其基本自由,追求许多有价值的人生规划的情况下,最少受惠者的经济处境应当超过所有其他社会目标和个人目的,而给予优先考虑呢?罗尔斯不是在贫困的传统意义上来理解在良序社会中的最少受惠者的。他们应当有充足的资源来利用各种机会,享受闲暇时光,追求许多有价值的目标。如果这样,那么,因为最少受惠者已经给予了充分考虑,因为在生活中存在着值得去追求的如此多其他有价值的目标和活动,要求社会上的每一个人,不仅在政治选择中,而且在日常经济决定中,去考虑其选择对最少受惠者产生的后果,有什么意义呢?科恩的批评似乎低估了"合理的多元主义事实"的重要性,给予了最少受惠者境况以超越所有其他目的过度优先性。那个"事实"说的是,在良序的民主社会里,除了关心最少受惠者的经济状况之外,国民拥有许多不同的有价值的目标和追求,其中一些目标具有同样的追求价值。为各种善和个人自由提供一个对追求善做出正当选择的平台,潜在于罗尔斯对经济激励适当性的承认之中,[25]并且部分兼顾了他把正义感定义为一种遵守法纪的愿望。

我将在下一节讨论罗尔斯把差别原则只直接应用于基本结构的另一个理由。再一次地,它不是放任在市场经济中的经济效率和自利力量;恰恰相反,它旨在矫正公平市场交易导致的财富分配的重大不平等和不正义趋势。[26]

第四节 公平均等机会和差别原则

罗尔斯认为,公平均等机会对差别原则是至关重要的;他说,没有公平均等机会和第一正义原则,就无法认真地对待差别原则(JF,46页注释)。以下说法看似让人感到奇怪:无条件地建立让最少受惠者获得最大受益的经济有什么特别之处呢？有人曾经建议,差别原则重视穷人的需要,应当具有先于公平均等机会和基本自由的优先性;或者,差别原则应当完全脱离社会合作,用作全球正义原则。假如人们把差别原则和更一般意义上的分配正义看做事关罗尔斯称作"配置正义"(allocative justice)的问题,那么这些建议是有意义的。配置正义讲的是,我们掌握给定财富或商品的股权,无论它源自何处,按照某个分割规则,把它在个人中间进行分割。功利主义这样来理解分配正义:我们将分配总的社会(或全球)产品,不管它是如何生产出来的,不管谁生产了它,只要能最大化总效用或总福利就行。有人可能认为,差别原则具有某种相似性:除了为了最大化效用来分配总财富之外,我们分配它,旨在最大化最少受惠者的地位(资源或福祉)。像其他解释一样,比如罗纳德·德沃金的运气平等主义见解,即"资源平等"(Equality of Resources),为不应得的不幸提供社会保障,而不是按照国民的市场选择及其他自由选择来分配收入和财富,这些或许被看做是对资本主义福利国家的竞争性解释。

  罗尔斯并没有对差别原则作如此配置解读。作配置解读的差别原则(allocative - difference principle)的问题在于,它不过问以下问题:财富如何生产以及由谁生产,同经济有关的财产制度和其他法律制度的具体设定,生产过程中的权利和义务,经济正义的其他重要问题。罗尔斯认为,分配正义涉及的内容,比仅仅找到正确的算法,配置给消费者去享有作为社会合作之产物的收入和财富的权利要多得多。这只是一个极其复杂的过程的最后阶段。差别原则与其说是一个配置原则,不如说是一个为了建立"纯粹背景程序正义"(pure background procedural justice,〈JF,50〉)而设立的原则。这意味着,差别原则的初级应用,不在于分割先行存在的财富基金,而在于使得经济生产、贸易、财富消费成为可能的基本制度:关于所有权的法律制度;市场结构;劳资关系,包括工会在公司里的角色和权力;有关合同、销售、股票、可转让证券、法人企业、合伙关系等等的法律。所有这些背景制度都将这样来设计,当它们的规则得到遵守的时候,当国民的合法期待得到满足的时候,最终的结果是,最少受惠者的利益得到了最大化。因此,"纯粹背景程序正义"意味着,一旦主体按照这些背景规则和制度条款从事经济合作,并且相应地形成期待,那么收入、财富、权力和权威地位的正义分配便得到确立,而不管充分符合这些基本背景制度的制度要求的分配将导致什么结果。作为配置正义原则如效用原则或上面提及的"配置差别原则"的对立面,我们不能说经济主体的合法期待和正当权益独立于我们有关其实际满足经济制度规则的历史的知识。"脱离了背景制度和通过程序实际产生的权益,不存在衡量正义分配的标准"(JF, 51;TJ,87/76 rev.)。相比之下,为了应用配置的正义原则,我们不需要有有关经济主体的期待和得到分配的财富和商品总量在其生产过程中发生的交易的任何历史知识,不需要有关谁生产,生产什么,为什么份额而进行交易的历史知识。为了应用功利原则,我们只需要知道国民的现有偏好或福利水平;为了应用非罗尔斯的配置差别原则,我们只需要知道国民当下享有初级产品份额,以及(在两种情况下)就分配各种可供选择的收入和财富总量之未来产品而产生的预期结果。[27]

在这里有人可能基于以下理由对"纯粹程序背景正义"提出反对意见:"当我们看到收入和财富极其不平等、少数人近乎赤贫的社会时,为了知道它是不正义的,我们不必对其程序略知一二,我们也不必知道这种不平等分配是如何实际实现的。因为社会的极其不平等分配,我们一眼就能看出它是不正义的。"这是正确的。但我们对分配正义的判断不一定要依赖于某种平等主义的配置原则。相反,我们知道,假如社会得到了正当的背景程序原则,比如差别原则,那么如此严重的不平等将不会产生。但是,即使有了差别原则,我们仍然不能说,不像配置原则,分配正义应当是什么,谁将特别地具有享有什么资源的权利,而独立于国民在正义的基本结构要求之内实际追求他们的合法主张。

在毫无准备的情况下，人们可能会认为，罗尔斯关注纯粹的程序经济正义，相似于古典自由主义和自由至上主义的观点，后者认为，国民都应当拥有一种权利，去享有通过市场程序，或通过天赋或其他自愿交易手段获得的所有收益。但是，差别原则的纯粹程序正义形式在一个重要方面不同于这些"非定型的、历史的"应得观点（就像诺齐克规定其自由至上主义的应得见解时提到的那样）。对罗尔斯来说，市场只是在分配收入、财富和其他相关初级产品时实现纯粹程序正义必需的几个制度之一。罗尔斯反对自由至上主义（和常识）的以下观点：人拥有充分权利和应得权益，去享有通过市场及其他双方自愿的财产转让方式而获得的所有收益。除了对维持正义制度，包括保留市场和合法财产制度本身是必要的税收之外，假如国民拥有完全权利，享有市场分配，而没有道德或法律义务去支付税费，以维护这些制度及其他公共产品，这怎么可能呢？[28] 像休谟和亚当·斯密等古典自由主义者认为，保留这些及其他正义制度，提供公共产品（public goods），是政府的必要功能。像古典自由主义者一样，罗尔斯认为，依赖市场来配置生产资源（土地、劳动和资本），不过与他们不同的是，他没有把市场用作决定正当分配的标准。对国民来说，虽然市场发挥着分配其应得的功能作用———一个较少受惠的工人可以得到其全部薪水，加上来自政府的收入补贴———，但是它们仍然没有为正义分配提供标准。不存在这样一个道德假定：一个人有权消费他通过市场实际得到的任何东西。相反，正是满足着差别原则的一整套复杂的法律和经济制度的规章和程序，决定着一个人的分配份额和应得权益。与之相应地，罗尔斯设想出了一个带有很多调整和分配作用的税收制度。同市场、收入补助、公平教育机会和全面医疗保险（universal healthcare）一起，税收制度是初级制度和程序，对于纯粹的程序经济正义是必要的。我将在第五章继续讨论对经济正义是必要的这些制度。

正是在纯粹程序背景正义的语境之中,我们将理解罗尔斯的以下主张:我们只有在联系到公平均等机会和第一正义原则的情况下才能认真地对待差别原则。"公平机会原则的作用在于,保证合作制度是纯粹程序正义的制度"(TJ,87/76 rev.)。(公平均等机会对分配正义的核心价值,也顾及了其他特殊事实,以至于在《正义论》第17节讨论公平均等机会时,罗尔斯似乎没有根本讨论公平均等机会,而主要讨论了纯粹程序正义及其同配置正义的差异。)为了掌握他的观点,假定,存在着一个满足差别原则的经济制度,但是专业岗位和贸易地位是按照人的家庭成员资格确定的,或者是被垄断的,是按照某个封闭团体的规则和特权分配的。由于缺乏公开岗位,这些专业人员的收入及其服务价格因此是过度的。更相近的是,假定不存在对进入优质岗位的如此法律限制,但是仍然有些机会大体上取决于社会关系、阶层成员资格和阶级偏见。所以,处境较好者的子女大体上垄断了优良的专业岗位,白人比其他种族的人更容易申请到服务和制造业工种。由于微妙的种族歧视,非白人找工作要难一些。由于缺乏公平的教育机会,缺乏家庭和其他社会网络,社会上较少受惠者的子女也都是如此。再一次地,由于缺乏公平的教育机会,由于阶级歧视,有能力去竞争岗位的人并不多,并且优良岗位将设有红利,加重了收入团体之间的不平等,限制了最少受惠者的相对和绝对财富。

各种歧视和缺乏规范的均等机会将会不公平地影响收入和财富的分配,权力和公职、自尊的基础也是如此:种族、人种、性别、宗教和其他歧视形式都会长期妨碍人们取得经济、教育和职业的进步。至少存在着公平均等机会补充差别原则的三种方式:(1)公平均等机会限制差别原则允许的收入和财富不平等的程度;(2)公平均等机会将给最少受惠者提升的收入和财富的绝对水平;(3)公平均等机会将有助于限制资本对劳动的控制方式,也许有助于劳工对工作条件甚至生产本身更大的控制。

接下来对它们依顺序进行讨论。(1)公平均等机会如何限制不平等,提升最少受惠者的相对地位:我们讨论过的对差别原则的一个反对意见是,它没有对那些较好受惠者积累的财富总量给予上限的限制。因此,假定社会 A,处境最糟者的年收入是￥45,000,处境最好者的年收入是￥1,000,000;社会 B,处境最糟者的年收入是￥45,000,处境最好者的年收入则是￥1 亿。假定只存在两种可能性(而这是极其不太可能的),那么差别原则本身将偏好社会 B,无视其允许的重大不平等。罗尔斯的回应是,社会 B 的过度不平等程度将只在这样一个社会里产生,在那里,处境较好者剥削没有技能的、没有受过训练的、没有社会关系的人,运用市场力量垄断了受人喜爱的职业岗位。在公平均等机会保证为人们提供广泛教育机会而不管其社会地位的社会里,受过良好教育并有一技之长的广大公民的公开竞争,将把最少受惠者和最大受惠者之间收入和社会能力的差距减缓到比较合理和为人接受的水平(JF,67)。

(2)公平均等机会如何以不是由差别原则提供的方式来提升最少受惠者的绝对地位:用差别原则来比较两个社会,其差别在于,第一个社会,即"民主平等"(Democratic Equality)社会,有公平均等机会;而第二个社会,即"自然贵族社会"(Natural Aristocracy)却只有形式的均等机会(formal equality of opportunity,参阅 TJ,sects. 12 - 13)。由于公平均等机会,民主平等社会提供了自然贵族社会不可能提供的全民教育和保健福利。这些福利不仅直接让最少受惠者受益,而且允许社会开展大规模技能培训,提高总的生产力和产量。所以,同自然贵族社会相比,民主平等社会总体上更加繁荣富有。因为差别原则调整着这个较大经济产量的分配,同在自然贵族社会里的最少受惠者相比,民主平等社会必定使最少受惠者在财政的绝对值上要更好些。

(3)公平均等机会如何规制差别原则可能允许的财富的集中:罗尔斯说,公平均等机会的一个含义在于,"自由市场制度必定建立在一定的政治和法律制度框架之内,那些制度调整着经济力量的长期趋势,以便防止财产、财富以及那些特别容易导致政治统治的力量的过分集中"(《作为公平的正义新论》第44页对此作了强调)。看起来似乎是,公平均等机会在防止导致政治统治的不平等方面所起的作用是多余的。因为罗尔斯的第一正义原则已经保证了政治自由的公平价值,以预防不利于政治民主和公民平等政治参与权的财富和能力的不平等。由于罗尔斯对公平均等机会如何限制财富的集中说得如此之少,我们只能推测出它可能缓解不平等的其他办法。例如,假如收入和财富不平等在差别原则之下是允许的,而那些不平等不利于较少受惠者的其他自尊基础,那么它们将成为缓解不平等的一个原因,尽管它们仍然会给最少受惠者提升绝对的经济利益。例如,假如存在着这样一个点,到了那个点,不平等程度是如此巨大,即使它通过给最少受惠者提供较多的收入和财富满足了差别原则,它仍然会导致他们感到失势,感到自己不如那些受惠较大者那样享有公民的平等权利,从而导致他们把自己看做是失败者,忽视了利用教育和发展其能力的机会。假如社会的相对不平等具有这些心理影响力,那么它似乎是对公平均等机会的违反,因而将要求取消差别原则许可的不平等。

这一点同以下难题直接相关:为什么罗尔斯认为,资本主义福利国家在满足作为公平的正义方面是不充分的? 有人会认为,假如差别原则只是最少受惠者的社会最低保障及其收入和财富的绝对值问题,那么以下情况是实际可能的:将存在着一个相对稳定的资本主义福利国家,同其他任何一种经济制度相比,它能够在绝对值上最大化社会最低保障。毕竟,资本主义被极力宣扬为比其他经济制度更有效地最大化了总财富,如果真的这样,那么它似乎能够提供的社会最低保障,高于由最成功的但经济上不是有效率的财产所有的民主国家(property-owning democracy)作为社会最低保障提供的收入和财富。罗尔斯反对资本主义福利国家而赞成财产所有的民主国家,存在着许多潜在的原因:(1)对公平均等机会和平等的政治自由的优先性考虑;(2)对差别原则在财产所有的民主国家条件下发挥作用同其在福利国家资本主义条件下发挥作用的方式的不同理解;(3)对在财产所有的民主国家条件下同在福利国家条件下的公平均等机会要求的不同理解。

(1)第一正义原则和公平均等机会对差别原则的优先性:由于财产所有的民主国家所赞赏的第一正义原则对第二正义原则的优先性,公平均等机会对差别原则的优先性,即使资本主义福利国家也会给最少受惠者提供较多的收入和财富。由于资本主义福利国家允许收入、财富、权力和机会的较大不平等,平等的政治自由和公平均等机会的公平价值都受到了损害;在资本主义条件下,它们的要求无法得到充分满足。在资本主义条件下,即使在福利国家的资本主义条件下,特权阶级控制着生产手段。结果,他们拥有着某些特权,他们往往用它们来获取不平等的政治影响力,使最少受惠者的公平均等机会大打折扣。(请考虑财富对美国民主政治、资本主义福利国家民主政治和弱者的腐败影响,在规范意义上,沃尔玛员工的子女同乔治·布什总统的子女具有平等的机会。)由于资本主义福利国家允许大量的机会不平等和不平等的政治影响力,较少受惠者倾向于放弃政治参与和民事参与,把它看做是没有意义的,由此导致其自尊的丧失。同所有其他经济制度相比,即使资本主义福利国家的经济不平等是为了最大化最少受惠者的收入和财富设计的(当前美国仍然离那个目标很远),但是由于没有对不平等给予限制,在福利国家的资本主义条件下,所有人都享有平等的公民资格和公平均等机会仍然是不可持续的。罗尔斯反对福利国家的资本主义,赞成拥有财产的民主国家,是第一正义原则和公平均等机会原则优先于差别原则,以实现作为自由平等的公民的平等主义理想的一个绝好例子。这有力地展示了基于维持平等公民之自由、独立和自尊的理想,而非仅仅基于提升公民福利——甚至最少受惠者福利——的理想的作为公平的正义所达到的程度。

与福利国家相比,罗尔斯更偏好财产所有的民主国家的后两个理由(2和3)想要努力对付以下断言。在《正义论》中,罗尔斯说道,由于良序社会离不开社会分工,

> 这种分工的最坏方面皆能得到克服:没有人非得低声下气地寄人篱下,没有人非得谋求压抑人类思想情趣的单调枯燥的职业。每个人都能分摊到各种任务,每个人的不同天赋因此而得到适当展示……工作对所有人都有意义。(TJ,529/464 rev.)

通过第二正义原则,我们该如何让这段话讲得通呢?

(2)差别原则的诠释:假定在最大化国民总产值的福利国家资本主义条件下,给较大受惠者带来的增加利润直接提高了非技术工人(最少受惠者)的工资比例达25%;不过,带给资本的伴生收益是,管理者现在处在这样一个位置上,他们仍然要求更多的甚至更任意的劳动管控、更长的劳动时间和更少的休假,以及更简陋的劳动配套设施。假如最大受惠者积累的财富和经济力量给最少受惠者进一步经济收益的长期影响是如此之大,以至于不公平地减低了非技术工人劳动条件的质量,缩小了他们的谈判力量,减少了他们在公司内外的提升机会,那么差别原则本身将会限制那些经济收益,尽管在福利国家资本主义条件下,最少受惠者将获得较大的收入和财富。因为同收入和财富一起,"职务的权力和特权"(powers and prerogatives of office)以及自尊的基础,属于通过差别原则来分配的初级产品。由于资本主义市场的性质,在福利国家的资本主义中,最少受惠者增加的收入,并不伴随他们在工地上具有的附加权力和特权而来,相反,正如上面例子提示那样,同增加的收入相伴随的可能是相反的后果。假如我们把职务的权力和特权以及自尊的基础纳入初级产品指数之中,那么随着实质性增长的收入,在差别

原则下,最少受惠者也收益无多;因为伴随他们岗位的特权和权力(劳工控制的程度,等等)已被大大削弱,或无论如何都没有增加。在《作为公平的正义新论》中,罗尔斯表示赞赏地谈到了密尔对劳工所有和控制的公司的支持,把它看做私人所有的市场经济设定的优先所有权形式(JF,176,178)。按照罗尔斯假定:职务的权力和特权和自尊的基础属于初级产品,这样的所有权组织(工团主义形式,Syndicalism)兼容于为分配而设计的差别原则。只有在财产所有的民主国家里,对最少受惠者来说,公平而适当地分配职务权力和特权是能够实现的。这个论点让人产生了比在上面(1)中产生的推论更多的推论;尽管前后相符,它并不直接蕴含罗尔斯明确说出的东西,但它使罗尔斯对所有财产的民主国家的偏好胜过对资本主义福利国家的偏好说得通。

(3)公平均等机会的再诠释:(3)比(2)是更加推测性的,可以看做是一个友善的补充:现在让我们假定包括收入、财富,以及岗位之权力和特权在内的一组初级产品,它们满足了在资本主义福利国家之内的差别原则,它们在绝对值方面在财产所有的民主国家里甚至达到了极致。虽然在财产所有的民主国家里,劳工在劳动场所拥有更多的权力和特权,在福利国家的最少受惠劳工特权和权力的衰弱仍将被其收入和财富的大幅增加所抵消。(假定他们在资本主义福利国家每一小时赚 30 美元,在财产所有的民主国家每一小时赚 15 美元。)那么罗尔斯怎么会坚信财产所有的民主国家优越于福利国家呢?他仍然会依赖于上面的(1),公平均等机会和政治自由的公平价值对差别原则的优先性。但是我们也会用以下方式解说公平均等机会,它不仅对财富和收入不平等的程度设置了限制,而且对差别原则允许的岗位的权力和特权设置了限制。假定某种程度的劳工控制是公平均等机会所要求的。公平均等机会难道只是意味着评估恰好存在于有效率经济里的满足了差别原则的机会吗?或者公平均等机会及其优先性难道在为公有公民创造公平适当的机会去控制他们的生产手段和劳动条件之前,就向社会注入了一个实质性义务,尽管这样的机会现在可能并不存在于福利国家条件下？后者似乎更认真地对待公平均等机会之于差别原则的优先性。假如我们把公平均等机会的目标,像罗尔斯说的那样,理解为不是精英治国,而是通过提供教育和技能培训机会,维持所有公民的自尊,那么,后一个诠释似乎是更加合理的。于是,公平均等机会,可以被理解为要求向所有公民提供公平均等机会,在实践其劳动能力过程中,实施在劳动场所的权力和特权。讲得通的是,这是公民自尊的必要基础,"也许是最重要的初级产品"(TJ, 440/386 rev.)。这个要求于是将对在最少受惠者和最大受惠者之间的权力和特权控制方面的不平等程度给予确定限制。在公平均等机会优先于差别原则的条件下,对不平等的这些限制是无法排除的,无论在资本主义福利国家给予最少受惠者的收入和财富的份额有多大。罗尔斯不讨论这个问题,不幸的是,他对公平均等机会的制度意义说得不多。但是这种诠释增添他偏好财产所有的民主国家多于偏好资本主义福利国家的力量。第五章在讨论拥有财产的民主国家时,我们将回到这个话题。

第五节　正义储存原则

假如不留意罗尔斯的正义储存原则,我们便无法就有关经济正义的这场讨论得出结果。功利主义要求,不仅在现有的人中间,而且跨越未来的数代,最大化总效用。不过这意味着,正如牺牲个别人利益,以便为许多人创造更大总效用的做法未必是错的,它甚至是我们的义务那样,我们的义务也可以是,牺牲当代人的幸福,为后代创造出更多幸福。这些考虑有时激起人想要去证明工人阶级在19世纪产业化和资本迅速成长过程中承受的种种苦难。对先辈们所受苦难的便利解释是,他们遭受的苦难是情有可原的,因为他们为我们造了福。罗尔斯认为,正如最少受惠者为了大多数人而牺牲福祉是不公正的那样,先辈为了后辈而放弃福祉是不公平的。

当然,差别原则没有遇到这样的问题,但它似乎牵涉到一个不同的问题。假如社会要想给现有的最少受惠者带来最大利益,那么差别原则似乎具有同罗尔斯归诸于功利主义的一个相反缺陷:它似乎要求我们牺牲后代的祈福,以便当代人能够获益。这将把"消费超过生产"注入当代人意愿之中,给后代留下大量赤字。那么,做什么才能防止好意的立法者,在差别原则指引下,耗尽现存的自然资源和生产资料,不仅拒绝为未来的世代储存点什么,而且把他们拖入亏空之中,而所有这一切只是为了最大化眼下的一代最少受惠者所得到的份额呢?

这种论证误导了差别原则。差别原则实际上不允许为了当前的消费而让当代人耗尽资源,把未来的世代拖入亏空之中。在应用正义原则时,我们将把自己看做一个代代相传的社会的成员。我们将不仅关注当前几代人的处境,而且关注未来几代人的利益。"在应用差别原则时,适当的期望就是那些关于最不利者的可延伸到其后代的长远前景的期望"(TJ,285/252 rev.)。每一代人都有义务完整地保留每一代人及其先辈建立起来的正义制度,传递文化和文明的成果,以便让未来世代包括其最少受惠者受益。

因此,当罗尔斯本人如此说时,它多少会让人产生误解,"正义储存原则适用于代际之间(between generations),而差别原则适用于世代之内(within generations)"(JF,159)。因为这个说法表示,当立法者应用差别原则时,他们将只关注目前存在的最少受惠者的处境,而忽视了未来世代最少受惠者的利益。但是罗尔斯在另一个地方曾经明确表示,差别原则不允许以未来世代及其最少受惠者为代价,最大化当前世代的份额。我们有义务维持而不是利用我们的优势,维护而不是利用各种正义制度。

那么,罗尔斯用正义储存原则想要解决的是什么问题呢?那个问题是,尽管差别原则要求我们既关注未来的最少受惠者,也关注当下的最少受惠者,但它不要求我们通过进一步增加我们从先辈手里继承的社会财富来储存什么东西。

假如没有正义储存原则,那么差别原则似乎将导致的结果是:我们没有为未来储存什么,而只是维持现状。因为通过为未来世代作储存,我们抛弃了现在存在的最少受惠者(和最多受惠者),因此没有最大化他们的一整套初级产品。

罗尔斯坚持要求当代人为后世储存的正义储存原则。他的坚持表明,他多么认真地把正义社会看做是一项世代相传的合作努力。我们已经从先辈的努力、投资、储存和牺牲中获得巨大好处。一种对等要求的是,我们应当为后世做同样的事,把我们继承过来的正义制度传递给我们的后世,并且我们也将享受由那些制度的点滴进步带来的好处。假如前面世代没有储存一定份额的产品,那么我们将仍然处在一个相当原始的文明阶段,无法享受自由民主社会制度的好处。

那么,正义储存要达到什么样的水平呢? 不存在上一代留给下一代的具体的正式储存比率。相反,不同储存比率适用于不同的社会发展阶段。"当人们贫穷而储存有困难时,应当要求一种较低的储存比率;而在一个较富裕的社会,则可以合理地期望较多的储存,因为此时实际的负担其实是较小的"(TJ, 287/255 rev.)。那么,我们将如何决定这个储存比率呢? 罗尔斯说:

> 在实施正义储存原则的过程中……各方将扪心自问,假定所有其他世代已经或将根据同样的标准来储存,那么他们将愿意在每一个发展阶段上储存多少。认识到他们提出的比率将规制整个积累过程,他们将思考他们在任何给定文明阶段的储存意愿。(TJ, 287/255 rev.)

正义储存原则限制着差别原则;正义储存原则必定具有优先性,否则它将是无效的(TJ,292/258 rev.)。这意味着,在应用差别原则时,立法者将考虑到未来世代的需要和利益。就像先辈世代为其储存那样,他们将以合理比例为未来储存财富和投资社会产品。但是这不是一个对等原则——毕竟,未来世代无法以一报还一报的方式把我们施与他们的好处回报给我们——它实际上相似于以下说法的对等原则:"正如先世为你造福一样,你为后世造福。"因此,正如当前世代合理地要求先行世代为其造福一样,它要求当前世代为未来世代造福,他们知道他们有义务为后世提供同样多的福祉。

请注意,正义储存原则说的当然不是"每一个世代都为后世所造之福是一样的",而是"他们将合理地希望其为后世所造之福"。也许我们当前的零储蓄率(zero-savings rate)以及我们不顾将来的借贷活动等证据在罗尔斯实质性修订其在《正义论》初版(第14节)中提出的初始储存标准中发挥了作用。他在那里试图通过提出以下假定来处理正义储存原则:处于原初状态的各方知道,他们同其子女及子女后代具有情感纽带,因此他们打算为后世着手开展合理额度的储蓄活动。罗尔斯后来说道:"虽然这不是一个不合理的假定,但是它有某些困难……"(JF,160n.)也许这些困难在这里反映了我们当前漠不关心我们的消费模式对未来世代产生的成本。在《正义论》修订版中,罗尔斯取消了以下论点:正义的储存比率依赖于一个世代对下一世代的关切。

结　论

罗尔斯有关分配正义的见解是复杂的。差别原则扮演着核心角色,不过其他原则也对分配产生着重要影响。差别原则要求社会这样来建设其基本经济制度,以便随着时间的推移,它们将最大化适用于最少受惠的社会成员的一整套初级产品——收入和财富,权力和地位。不过对罗尔斯来说,一旦脱离了保证公平均等机会和平等的政治自由之公平价值的制度,差别原则便"无法得到认真对待"。假如在差别原则下使最少受惠者受益的收入和财富不平等不利于其他人或最少受惠者自身去享有公平均等机会,或者不利于政治自由的公平价值,那么那样的不平等将不被允许。此外,为最少受惠者提供的较大教育和就业机会不得用于交换为他们提供的较大收入和财富。最后,我认为,同他喜爱资本主义福利国家相比,罗尔斯更加喜爱拥有财产的民主国家,它表明,差别原则和公平均等机会都旨在有助于最少受惠者在经济上取得独立,为他们提供通往权力和公职岗位的公平机会,赢得和控制他们职业上使用的生产手段。这些条件是在良序社会里平等公民中间的自尊的必要基础。我们将在第五章讨论把这种复杂的分配正义观制度化的社会和经济制度。

拓展阅读

G. A. 科恩:《假如你是一个平等主义者,你怎么会如此富有?》,麻省康桥:哈佛大学出版社,2000 年,第 8-9 章。(Cohen G. A., *If You're an Egalitarian, How Come You're So Rich?*, Cambridge MA: Harvard, 2000, chs 8 – 9.)(科恩从较为平等主义视角批判了差别原则。)

罗伯特·诺齐克:《无政府、国家和乌托邦》,第 7 章,尤其是第 183-231 页。(Nozick, Robert, *Anarchy, State, and Utopia*, ch. 7, "Distributive Justice," esp. 183 – 231.)(诺齐克运用自由至上主义应得理论,作了一次反对罗尔斯差别原则的持续论证。)

菲利普·封·帕利杰斯:《差别原则》,载于《剑桥罗尔斯指南》,第 5 章。(Parijs, Philippe van, "Difference Principles," in *The Cambridge Companion to Rawls*, ch. 5.)(作者从左翼视角对差别原

则做了全面讨论。)

注释

1 霍布斯:《利维坦》,纽约:维京·企鹅出版社,1986 年,第 30 章,第 239 页。

2 参阅罗尔斯:《万民法》,第 113 – 120 页。

3 马克思认为,工人条件的改变不依赖于追求正义,而依赖于工人赤贫和资本主义社会经济制度的最终崩溃,随之而来的是向社会主义社会过渡,最终是"完全的共产主义社会"。参阅罗尔斯:《政治哲学史讲义》,"马克思讲座"。

4 康德:《论通常的说法:这在理论上可能是正确的,但在实践上是行不通的》,载于康德:《论永久和平及其他论文集》,泰德·亨福莱译,印第安那波里士:哈奇特出版社,1983 年,第 73 页。

5 参阅罗伯特·诺齐克:《无政府、国家和乌托邦》,纽约:基础图书出版社,1974 年,第 235 – 239 页;弥尔顿·弗里德曼:《资本主义和自由》,芝加哥:芝加哥大学出版社,1962 年。

6 "获得文化知识和技能的机会将不依赖于人的阶级地位,因此,教育制度的设置,无论公立还是私立,都应当超越阶级的边界。"(TJ,73/63 rev.)

7 参阅艾米·库特曼:《民主教育》,新泽西普林斯顿:普林斯顿大学出版社,1987 年。因为这个论点受到了罗尔斯的影响。

8 这些好处维持着平等的地位,从事着社会合作劳动,建立了受人尊重的社会关系。有关这些好处如何同公平均等机会相联系的出色讨论,参阅西娜·谢夫妮:《种族、劳动和机会》,载于《佛罕法律评论》,第 72 期,第 1643 – 1675 页,第 1666 – 1670 页。谢夫妮不无道理地认为,这些善品之于自尊、社会合作和公民平等的重要性抵消了罗尔斯赋予第一正义原则以先于公平均等机会的优先性。同时参阅 JF,163,44n.。

9 参阅《正义和自然》,载于托马斯·内格尔:《隐藏和裸露》,纽约:牛津大学出版社,2002 年,第 17 页。

10 同上

11 JF,174;PL,184n.。罗尔斯在那里认可诺曼·丹尼尔斯把公平均等机会解读为医疗保健的权利。在《作为公平的正义新论》中,罗尔斯论证道,医疗保健的供应有多重来源,不仅包括公平均等机会,而且包括平等的自由和差别原则。"这样的保健受到对实施公平均等机会是必要的一般手段的影响,也受到我们利用基本权利和自由从而终身成为正式的全面合作的社会成员的能力的影响。"(这段话与姚大志译文出入较大。姚的译文为:"这样的照顾被看做必要的一般手段,以能够支持公平均等机会和利用我们的基本权利和自由,从而终身成为正式的、完全的社会合作成员"〈罗尔斯:《作为公平的正义——重申正义》,姚大志译,上海三联书店,2002 年,第 285 页〉。其原文为:"Such care falls under the general means necessary to underwrite FEO and our capacity to take advantage of our basic rights and liberties, and thus to be normal and fully cooperating members of society over a complete life"〈JF, 174〉.——译者)。

12 有关同家庭背景相一致的知情教育差异的后果,参阅安妮特·劳拉:《不平等的孩提时代》,伯克利:加利福尼亚大学出版社,2003 年。

13 家庭的存在和不平等机遇同公平均等机会相一致,这一点从罗尔斯以下主张来看似乎是明确的:"即使公平的机会得到了满足,家庭仍然将导致个体与个体之间的不平等。"(TJ,511/448 rev.)并且参阅 TJ,301/265 rev.。在那里,他区分了"公平均等机会"(FEO)和"完全的均等机会"(perfect equality of opportunity)。

14 参阅大卫·休谟:《人性论》,第三卷,第一编。

15 关于休谟正义观对罗尔斯的影响,参阅译者的论文《休谟正义观中作为制度惯例的财产权》载于 Archiv für Geschichte der Philosophie,第 73 期,1991 年,第 20 - 49 页。

16 参阅哈特:《法律的概念》,牛津:牛津大学出版社,1960 年,该书被公认为 20 世纪的法哲学和政治哲学经典。

17 罗尔斯说:"分配正义的主要问题是社会制度的选择问题。"(TJ,274/242 rev.)他以此看待应用于历史的差别原则。

18 参阅罗纳德·德沃金:《至上的美德》,康桥:哈佛大学出版社,2000 年,第 113 页,对差别原则做出的这一点及其他批评;并且参阅威尔·金里卡:《当代政治哲学》,纽约:牛津大学出版社,1990 年,第 70 - 73 页;迈莎·纽斯鲍姆:《正义的前沿:无能者、国籍、物种成员资格》,康桥:哈佛大学出版社,2006 年,第 1 章、第 4 章;对纽斯鲍姆的回应,参阅译者的文章《正义的前沿:契约论和能力路径之争》("Frontiers of Justice: Contractarianism vs. the Capabilities Approach")载于《德克萨斯法律评论》,2006 年第 85 期,第 385 - 430 页。

19 参阅约翰·罗姆:《社会主义的未来》,麻省康桥:哈佛大学出版社,

1994年,有关市场社会主义的讨论。

20 参阅菲力浦·封·巴黎奇斯(Philippe van Parijs):《差别原则》,载于《剑桥罗尔斯指南》,第 224－226 页。

21 的确,在《正义论》中,在《政治自由主义》第 8 讲写成前的 1982 年,第一正义原则的一部分说道:"每个人都拥有一项平等的权利,去享有最广泛的基本自由"(Each person is to have an equal right to the most extensive basic liberty)(TJ,60),以及"每个人都拥有一项平等的权利,去享有一整套最广泛的平等的基本自由"(Each person is to have an equal right to the most extensive total system of equal basic liberties)(TJ,250/220 rev.)。但是罗尔斯从来没有故意地用这种语言来表示,社会将最大化国民的机会,去实践他们的基本自由,这一点从前面的讨论过的他对自由和自由价值的区分来看是明显的。

22 有关科恩的批评,参阅科恩:《假如你是一个平等主义者,你怎么会如此富有?》,康桥:哈佛大学出版社,2000 年。有关替罗尔斯作辩护的讨论,参阅由萨缪尔·谢夫勒、约书亚·科亨、K. C. 唐、大卫·艾斯伦和安德鲁·威廉斯搜集的以"平等主义、分配正义和差别原则"为标题的参考文献(第 526－527 页)。

23 依科恩的说法,"在一个致力于差别原则的社会,一种提倡在正义规则之内进行选择的风尚是必要的"(《假如你是一个平等主义者,你怎么会如此富有?》,第 132 页)。

24 我把这一点归功于唐。

25 有关道德多元论在解释罗尔斯对激励依赖中所发挥的作用,参阅萨缪尔·谢夫勒:《何为平等主义?》,载于《哲学和公共事务》,第 31 期,2003 年,第 5－39 页;就针对什么是美好的人生追求应保持自我选择的个人自由而言,参阅 K. C. 唐:《正义和自我追求》,载于《哲学杂志》,第 101 期,2004 年,第 331－362 页。

26 在《何为平等主义?》中,就罗尔斯为何把有关分配正义的考虑主要集中在基本结构上而言,萨缪尔·谢夫勒强调了这一见解。

27 罗尔斯有关纯粹程序正义以及配置正义和背景正义之区分的讨论,参阅 TJ,17 节。

28 利亚姆·墨菲和托马斯·内格尔很好地提出了这个见解:《税收和正义》,牛津:牛津大学出版社,2004 年。

第四章　原初状态

罗尔斯论证正义原则由三部分组成。本章着重讨论第一部分,那是罗尔斯在《正义论》第3章提出的从原初状态(original position)展开的论证。第五章讨论在《正义论》第二编"制度"以及在其他地方得到阐述的罗尔斯论证的第二部分,它把正义原则应用于社会制度(TJ, chs. 4 – 5)、个人义务和职责(TJ, ch. 6)。第六章将讨论罗尔斯论证正义原则的第三部分,亦即作为公平的正义的"稳定性"。罗尔斯借此证明,作为公平的正义兼容于人的道德心理学,肯定人之善,呈现一个可行的社会(所有这一切全在《正义论》第三编"目的"之中)。

罗尔斯基本上证明了,在中正的初始状态下(in an impartial initial situation),自由平等者的理性代表将选择正义原则;在初始状态下,各方知道人性和社会制度的一般事实,但不清楚自身及其社会历史的特殊事实。在"无知之幕"的背后,正义原则被视为优先于功利主义、至善主义(完美主义)、自由至上主义和多元主义的正义观。虽然罗尔斯简要阐明了这个基本观点,但其论证尚有待精雕细琢。于是,罗尔斯的论证引发了争议,许多哲学家发现它并不令人信服。我将在后面依次讨论一些比较常见的反对意见。本章第一节将讨论原初状态的结构以及对各方选择提出的要求。第二节将讨论罗尔斯对在原初状态下选择原则的论证。

第一节 原初状态:各方描述及选择条件

1. 背景

原初状态发展了洛克、卢梭和康德奠定的自由民主社会契约传统的基本观念,即站在平等权利立场上自由人赞成正义的法律、宪法或原则。像其先驱一样,罗尔斯的社会契约是假设性的:它不是在某个历史上产生的实际同意,相反,它是一种思想实验(JF,17),在那里,假想的国民处事公道,推崇自由、平等和理性,肩负一致同意应用于其所在社会的正义原则的使命。这个同意的显著特点是,各方不知道自身或社会任何一方的特殊事实。"无知之幕"要求各方做出严格的中正的选择,要求人们不得站在自己立场做出选择。罗尔斯称其正义观为"作为公平的正义"的正义观,它旨在发现在公平的原初状态下人们同意的正义原则。罗尔斯的观点是,原初状态的公平性转化为得到同意的原则,这样的原则是公平的(TJ,12/11 rev.)。这正是罗尔斯以下说法的意思:原初状态"在顶层融入了纯粹的程序正义"(CP,310-11)。其言下之意是,不存在脱离于且独立于在原初状态之下假想同意的独立正义标准;"正义通过[公平]程序自身的结果来确定"(CP,311)。

一些批评家反对罗尔斯的以下主张:各方公平地中正地处于无知之幕之中,处于罗尔斯设定的其他社会契约条件下。例如,像罗伯特·诺齐克那样的自由至上主义者反驳说,以下契约没有公平可言,它强迫国民选择再分配原则,损害了他们先行存在的所有权。像其他自由至上主义者一样,诺齐克断定,所有权先于社会而存在,分配正义通过非合作原则(non-cooperative principles)建立起来;他们认为,社会契约观念发挥着纵使有也是很小的作用。[1] 相反,罗尔斯把所有权看做社会制度,认为正义原则对决定此类基本制度如何体现与分配权利和自由、能力和机会、收入和财富是必要的。因为正义原则将规制由自由平等者组成的社会基本结构,所以,罗尔斯相信,实行正义原则的适当方式是在所有各方中间达成的同意,每一方都有机会接受或拒绝正义原则(参阅 JF,14-15,17)。[2] 达成适当同意的条件是,隐身在强制法律背后的正义原则将为自由平等者所接受,自由平等者的行为受正义原则规制。这是社会契约论的基本假设。但是,由于自由平等者拥有不同的价值观和信念,不存在未经商议就为大家接受的道德权威、宗教权威或哲学权威,去决定权利,化解有关正义和正义原则的争端。因此,每个人接受正义原则(假如它们真是正义原则的话)的唯一办法是通过社会同意(social agreement)。

罗尔斯认为,为了达成公平的社会同意,各方务必以完全相同的方式得到表现,全部表现为自由平等而道德的人,抽象于令其千差万别的实际个性特征和环境。因此,原初状态的特点紧密相关于如此自由平等的人观念。罗尔斯说,原初状态"呈现了"、"塑造了"自由平等而道德的人,"描绘了"自由平等而道德的人的性格特点。也许,看待原初状态的更直观方式是,在论证赞成正义原则为社会基本结构所必需的理由时,它捕获了("塑造了")我们现在认为道德上可接受的理由约束(restrictions on reasons)(JF,17;TJ,18/16 rev.)。比如,假定我们关心正义,那么我们将会相信,类似案件应当类似处理,人与人基本平等。言下之意是,某些信息,比如,人的宗教、人种、性别、种族、社会阶级等等,在道德上无关乎正义原则论证。相应地,无知之幕排除了以下信息:原初状态的无知条件或其他条件是为了把我们的注意力引向用来证明正义原则的道德理由并排除无关理由设计的。

为什么社会契约是假设的而非真实的呢?假设的同意(Hypothetical agreements)是社会契约传统的特点。霍布斯和洛克的社会契约发生在假设的自然状态下,罗尔斯的社会契约发生在假设的原初状态下。社会契约是道德评估现行宪法、政府和法律的检验标准,是决定我们的正义义务的检验标准。因此,它无关于真实世界每个人曾经或将实际同意的原则的证明。罗纳德·德沃金等学者于是反驳说,假设契约无法产生道德义务,只有真实契约才会产生道德义务。[3]比如,即使存在事实"假如你救我一命,我答应把钱包给你",但它实际上并不意味着"我现在有义务把钱包给你",因我并未做出任何实际承诺。相似地,情况似乎是,事实"人们将同意在原初状态下的正义原则"也无法让我们承诺什么,因为我们还没有实际做出任何一个这样的同意。在回应中,罗尔斯说道,原初状态是"用来公共澄清或自我澄清的表象手段(device of representation),换言之,是一个思想实验"(JF,17)。这意味着,它的目的不在于向我们注入我们尚不具有的义务。相反,其目的是,详细阐明隐藏在我们斟酌过的正义确信背后的理由,以便了解我们最真诚的道德确信借助于最佳理由已经让我们接受的正义原则。我们通过我们斟酌过的确信和最好的理由,而非通过任何实际的同意,来遵守这些原则;无论我们是否愿意(许多人不愿意)接受或符合它们的要求,我们都将遵守这些原则。此外,纵使同意或其他事件真的是假设的,这一事实并不意味着它不具有证明价值。在学术研究领域,一些最根本进步是基于思想实验的,它们在实践上是不可能的(例如,价格理论中的完全竞争状态,牛顿物理中的真空运动,狭义相对论中有质量对象的光速飞行)。正如假设性条件可以用来陈述物理和经济根本法则那样,它们在哲学上有助于发现或证明基本道德原则。

原初状态不是各方从头阐明理由、设计规制社会关系原则的一场自由散漫的(free - floating)哲学讨论。有人提出了反对罗尔斯原初状态论证的许多意见,认为在原初状态下,各方开展广泛的哲学协商和争论,得到了导致他们选择其他正义原则的信念(我们将在后面看到,功利主义者认为,各方将选择功利原则;而世界大同主义者〈cosmopolitans〉主张,他们将选择全球分配正义原则)。但是,罗尔斯提出原初状态,旨在防止诸如此类见解。当然,人们可以提出不同于罗尔斯的原初状态论证,但它将不是罗尔斯使用的原初状态。就此而言,有人认为,罗尔斯"暗中布局"(stacks the deck),提出了唯有在原初状态下方能推导出正义原则的假定。然而,这可以说是罗尔斯理论的一个缺点,却不可以是其理论的一个优点,以至于这些假定不是任意的,而是同其他任何方案相比,真正更好把握了我们就证明正义原则提出合理约束的深思确信呢?罗尔斯说,每种传统道德正义观都存在着建构原初状态的办法,因此它的原则被选中了。他说,这表明,原初状态一般观念能够作为一个有用的理论工具来应用,去揭示隐藏在不同正义理论背后的哲学假定,使我们能够比较不同假定和证论的合理性(TJ,121 - 22/105 rev.)。

因此,对罗尔斯来说,原初状态不是一场有关正义的自由放任的哲学讨论,而是清晰地把证明正义观的许多合理假定给予结合起来的一个办法。原初状态也可以看做是一个筛选工具,在原初状态下,各方列出根据道德哲学和政治哲学传统排列的待选原则和道德观清单(关于这份清单,请参阅 TJ,sect. 21)。各方商议务必始于某个地方,罗尔斯希望,商议尽量做到直截了当和清楚明白,向各方呈现明确待定的问题。因此,罗尔斯要求各方考虑近代(自从霍布斯以来)一直在哲学家中间争论的主要政治正义观:功利主义的各种正义观版本、作为公平的正义、至善主义（完美主义）、直觉主义和合理利己主义（TJ, 124/107 rev.）。在这些选项当中，他没有明确提及一些流行的正义观，尤其是源自自由放任自由主义的自由至上主义。无论如何，罗尔斯的确考虑了亚当·斯密、弗里德里希·哈耶克和其他一些学者的古典自由主义。罗尔斯追随于斯密之后，称之为"天生的自由体系"（system of natural liberty）（TJ, sect. 12）。结果，罗尔斯认为，通过比较同他本人的以及其他正义原则在原初状态中的合理性，自由至上主义和其他被忽略的正义观很容易兼容于他的论证。罗尔斯不讨论自由至上主义的一个理由是，在罗尔斯后来的同事罗伯特·诺齐克在1974年的《无政府、国家和乌托邦》中主张那个立场之前，自由至上主义在学院哲学家中间并不拥有著名的支持者。在那本书中，诺齐克本人承认，他的应得权利原则（entitlement principles）将在原初状态中受到拒斥。[4] 他认为，社会契约既不适当又无必要，因为有限政府将诞生于一系列始于自然状态的私人契约。

　　在大多数情况下，罗尔斯把功利主义当做作为公平的正义的主要对手来讨论。他认为，功利主义在现代民主时代对正义提出了重要的系统见解（TJ, viii/xviii rev.）。他对功利主义的反驳和论证提供了一种可以应用于许多其他目的论观念的论证模式，比如断定多多益善（to maximize the good, 极大化善）总是正当和正义的观念。不过，就他称作"直觉主义"（TJ, sect. 7）的正义观——包括承认基本道德原则多样性或初级目的的大量道德观念——而言，需要做出不同的论证。直觉主义的特点是，原则（比如自由的优先性）的相对价值无法一劳永逸地排列出来；相反，原则多样性务必"在直觉中"因地制宜地找到平衡，由此产生的平衡会依环境而有所不同。这是一个常识之见，是我们赞成许多道德原则所能尽的最大努力。罗尔斯认为，尽管如此，在正义原则之下，我们应当做得更好些。

2. 各方的理性和"人之善"概念

各方为了能够在原初状态下做出理性选择,务必具有志在必得的明确目标,熟悉实现目标的利弊。罗尔斯在"弱"意义上把各方描述为理性的(TJ,sect.25)。[5] 他的"善的弱式理论"(thin theory of the good)既涉及规范方面,又涉及实质方面。规范方面是理性选择原则、协商理性和理性人生规划。实质方面是各方的(high-ordered)排序靠前的权益、初级产品(the primary goods)和亚里士多德原理(后者将在第六章得到讨论)。(这里我只提及理解原初状态论证必需的方面,其他方面我将在第六章讨论,因为它们对稳定性论证具有特殊相关性。)在规范意义上,罗尔斯旨在提出一种合理性观念,那种合理性是"除一个基本特征之外",兼容于"在社会理论中熟悉的标准合理性观念"(TJ,143/123-24 rev.),"社会理论"指应用理性选择理论的经济学和其他学科。

理性人不做不可能的事:(1)他们寻求始终如一的目标,然后采取有效手段实现目标;(2)他们也会考虑采取其他措施取得成功的概率;(3)依据有限手段,理性人将努力实现尽可能多的重要目标;他们知道包容性原则(a principle of inclusiveness)。这三个特征——罗尔斯称作"计数原则"(counting principles)——是实践理性众多考虑中相对没有争议的方面。一般而言,理性人有一种善观念,一种初级价值(primary values)观,一种最美好的人生在世(the best kind of life to live)观。这个"理性规划"融入了他们的初级目标、承诺和抱负,通过真心的道德、宗教和哲学确信而为人所知,那些确信赋予其人生以意义。理性人会细心考虑这些事情及其相关价值,给其目标和实践"理性人生规划"承诺排序,那个规划可以涵盖人的一生。对罗尔斯来说,理性人认为,生活是一个全体,不会赋予任何一个特殊生活阶段以偏好。相反,在制订理性人生规划时,他们同等善意地关心每一个生活方面。就此而言,理性人是精明的,他们关心未来的善,尽管他们会基于实现目标似然性的概率来贬低未来目标,但他们不会单纯因为它们是未来的而贬低未来目标的成就（TJ, sect. 45）。[6]

我们不妨设想,在原初状态下,(通过职业或业余爱好)各方对其想要实现的人生目标、人际关系（友谊、家庭、子女等等）的重要性、各种团体（种族的、宗教的、政治的等等）成员资格认同以及在更一般意义上给予人生意义的各种价值和追求怀有美好想法。这些目标、确信、抱负和承诺都属于处于原初状态之中各方的初级动机（primary motivations）。他们希望能为追求规定他们认为是美好生活的各种理性人生规划提供美好而可靠的条件。这在终极意义上正是各方在选择正义原则时试图实现的东西。从这个意义上讲,他们是理性的。

在原初状态下,各方"互不关切"（mutually disinterested）。这是什么意思呢？有时有人说,罗尔斯原初状态下的各方完全"只顾自己"（self-interested）。假如真的如此,那么这将是对人性的误解。对我们所有人来说,其他人——至亲、朋友、我们认同的团体成员等等——是重要的。对在原初状态下理性各方持着"有限利他精神"（limited altruism）的相似观点也是这样看的。但是,他们对特定人和团体表达的仁慈和关爱却不会向社会契约其他各方直接表达出来。在"他们对每一方人利益采取事不关己高高挂起的态度"而只对这个特殊同意目标感兴趣的意义上,他们互不关心缔约方。这意味着,各方相互间既不为对方的关爱所打动,也不为对方的敌意而懊恼（缺少妒忌是一个特殊假设,罗尔斯说,他的理性观使得他的理性区分于社会理论通用的理性）（TJ, 143/124 rev.）。这表明,每一方不会因妒忌本身而比另一方更富有或更优越,因此不必为了提防其他方比他们获益更多而搞得两败俱伤。相反,在原初状态下,每一方都想方设法最佳地实现达成善观念的许多目标,而无论其他方收获大小如何。正像各方不相互妒忌那样,他们也不为契约中另一方的关爱所打动。也就是说,他们不直接关心促成他方的目标和承诺——这不是说他们不关心促成他方的目标和承诺,因为正如我们看到那样,他们的确是关心的,他们对其他人有许多关爱和承诺。他们对他人的承诺的确属于他们努力通过契约来实现的初级目标。因此,以下说法是令人误解的(而许多人正是如此说的):罗尔斯社会契约的各方是利己主义者,是极端自私的(purely self-interested)(参阅 TJ,14-49/127-29 rev.)。既然他们作为同意方是为了提升他们的权益而缔结这个特殊同意的,那么他们并不比你我更加自私自利。[7] 罗尔斯相信,对各方动机的如此考虑提高了明确性,给予各方以道德动机,或者给予每一方以仁慈,将导致不了对正义观的确定选择(TJ,148-49/128-29 rev.;584/512 rev.)。

这同罗尔斯的以下假定相关:各方都有讲道理和拥有正义感的能力(TJ,145/125 rev.)。罗尔斯区分了理性概念(rationality)和合理性概念(reasonableness),两者都是就我们应当做什么而向实践理性提出的要求。"理性的"(the Rational)概念涉及一个人的善,由此罗尔斯提到了他的价值观:"善性即理性"(goodness as rationality)。对罗尔斯来说,人之善是人们在"审慎理性"(deliberative rationality)条件下选择的理性人生规划(TJ, sect. 64)。另一方面,"合理性"概念牵涉到"正当"(right)概念,包括个人的正当道德义务和道德要求,以及应用于制度和社会的正义。对罗尔斯来说,理性和合理性是实践理性的独立方面。他不认为,不道德者是非理性的,道德是理性的必然要求。无论如何,假如一个人亵渎了合理的道德要求,违反了实践理性的要求,他或她仍然可以是完全理性的。因此,做人要讲道理(being reasonable),这一点即使不是理性要求的,也仍然是实践理性的独立方面。每当有人没有公允地从他人身上谋利时,我们凭直觉便知道日常言语的微妙区分:"我能够知道他为了达到自己的目的而那样做或许是理性的(rational),但他是蛮不讲理的(wholly unreasonable)。"我们凭借直观认为,讲道理的人,会愿意合作,心存公允,尊重别人,尊重别人的身份,了解别人的理由和愿望,当冲突发生的时候,愿意调整自己的要求,与他人达成和解。

对罗尔斯来说,一个人遇事讲道理,做事要合理的关键是,他或她拥有一种正义感。正义感是一种意愿,通常愿意有效地尽到正义要求的义务和职责。罗尔斯把正义感看做人们通常具有的一种品格;它"将表现为有利于人类合群性(human sociability)的条件"(TJ,495/433 rev.)。他反对经济学理论中一个广泛流行的观点:人不为己,天诛地灭;他也反对霍布斯的以下假说:人愿意行正义,必定出于自利。我们将在第六章看到,进入社会的各方拥有有效的正义感,对罗尔斯论证作为公平的正义的可行性和稳定性是至关重要的。

《正义论》出版后,以康德式政治建构主义的方式,罗尔斯说道,处在原初状态的各方拥有"排序靠前的权益"(higher-order interest),去实践和发展正义感能力(以及成为理性人的能力),这是隐藏在他们赞成正义原则背后的主要目标之一。各方专注于开发两种"道德能力",这是罗尔斯有关自由平等者理性观的实质性特征。(在自由平等者当中)隐藏在正义理性背后的观念是,既然合理性是人类合群性的条件,那么在人的理性关切——善的组成部分——之下,他们在良序社会条件下发展了正义感能力。否则,他们将不愿意同其他人合作并从社会生活中谋利。要是没有统治别人的强大力量,面对蛮横无理者(wholly unreasonable),人们将躲之唯恐不及,因为蛮横无理者不值得信赖,不可靠,与之打交道缺乏安全感。假如人们不相信你能理解、应用和遵守其要求的法律和其他正义规范,那么他们仍将不愿意通过任何持久的关系同你合作。蛮不讲理者往往遭人嫌弃。处在原初状态下,各方都心知肚明,所以他们对于为实践和发展他们的正义感——合群性条件——能力创造条件表现出了"排序靠前的权益"。各方关心发展正义感,因此是对做事要讲道理(being reasonable)的纯理性关切。换言之,各方把正义看做实现善的观念的手段。各方自身,在原初状态下,不关心正义本身,而只是把正义当做实现非道德目的的手段。就此而言,各方给予正义的辩护理由相似于霍布斯的说法:正义就是所有理性人都在做的事。

因此,在驱使原初状态下的各方中,有三个因素是根本的:(1)首先,各方的目的在于促进明确的善观念,或者理性人生规划。接着,各方也寻求使他们能够实践和发展"道德能力"的条件,就是说(2)他们提出、修正和追求善的观念的理性能力,以及(3)他们成为讲道理的人、拥有正义感的人的能力。在同意正义原则的过程中,这是处于罗尔斯原初状态下的各方旨在追寻的三个"排序靠前的权益"。对道德能力的"排序靠前的权益"可以看做各方的根本利益,理性人的根本利益,他们自视为是自由平等的;他们必然想要实现在其人生中最重要的初级目标。

就罗尔斯的理性和善观念来说,由于理性选择原理提供了形式结构,三个"排序靠前的权益"提供了实质内容。因此,在本来是或者自以为是自由平等者当中,对这三个目的中的任何一个漠不关心的人是完全非理性的。现在,三个排序靠前的权益为罗尔斯考虑初级社会产品(primary social goods)提供了基础。这是罗尔斯理性观的第二个实质方面。初级社会产品是众人关注的社会手段,对实践和发展道德能力,追求各种社会产品和权益是必要的。[8] 罗尔斯起初在《正义论》中把它们描述为任何理性人都想要得到的社会产品和权益,而不管其理性人生规划为何。这些初级社会产品是:权利和自由,能力和机会,收入和财富,自尊的基础。这些初级社会产品前面都已有所讨论:权利和自由已在第二章讨论,能力和机会,收入和财富在第三章作了讨论。罗尔斯讲的"能力"(powers,权力),不是影响结果的抽象能力,也不是主导或控制别人的权力。相反,他用这个术语来表示谋求公职岗位、享有社会地位的法律和制度的权力和特权(prerogatives)。因此,他有时用来表示"公职的权力和地位"

(powers and positions of office)的初级产品。各行各业的从业人员都拥有一些制度权力,它们规定着他们的职业,假如他们要想扮演各自的角色,它们是必要的。医生、律师、老师、电工、水暖工、会计师、证券经纪人等等,全是训练有素的被授权去执行一定社会经济职能的人。为了行使其职能,他们需要具备一定的法律和制度权力或能力。"自尊的社会基础"(The social bases of self-respect)是制度的特点,那些制度对促使人们拥有自信是必要的,以便他们的社会地位受人尊敬,他们的善的观念值得追求。这些特点依赖于历史和文化。在民主社会里,在这些社会基础中,首要的基础是为平等的公民资格所必需的条件,包括政治权利平等和公平均等机会。在大部分美国历史上,由于缺乏这些自尊的基础,黑人和妇女曾经受尽歧视之苦。

处在原初状态之下的各方,都想全面分享初级产品,从而达成其在理性人生规划和道德能力方面的排序靠前的权益。"他们断定,他们通常比较偏好初级社会产品"(TJ,142/123 rev.)。这也是做人要讲理性(being rational)的一部分。在这里有人对以下见解再一次表示异议,各方较为偏好的大多数初级产品未必是理性的,但假定了一个特殊的西方善观念,并错误地暗示有些观念是非理性的(如远离财富的简陋生活、托钵僧的生活)。罗尔斯在广义经济学意义上使用术语"财富"(wealth),它不只指金钱,而且指控制和使用具有市场价值的、能够让一个人去追求其目的的任何具体资源或服务。假如僧人生活在修道院里,那里有图书馆、私人房间、精致的礼拜堂、恬静的修道院或花园,他可以用来休息、散步和沉思,那么不具有看得见收入的托钵僧仍然比穷人更加富有。在这个术语的广义上,一定程度的财富是实现一个人的善的手段。此外,为了自己而远离财富的人并非个人没有从中谋得好处,只不过纵使他们从中谋得了好处,他们仍然会把财富捐献给他们关心的人和事业而已。即使禁欲主义者也关心需要帮助的人。最后,理性人务必考虑到他或她在未来可能会修订其善观念;因此,即使一个人过着远离物质对象和使用财富的生活,适当拥有资源,使得修行人生规划成为可能,将是合理的。

总而言之,处在原初状态下的各方通常是理性的,带着给予其生活以意义的一组连贯的目标和承诺,他们拥有而且有效地寻求理性人生规划。作为理性规划的组成部分,他们拥有实质性利益,去发展和实践通情达理的能力。这些"排序靠前的权益"为他们提供了理由,在选择正义原则时,为自己求得一套恰如其分的初级社会产品,使他们能够实现这些排序靠前的目标,并且有效地追求他们的人生规划。罗尔斯思考"理性"的第三个也是最后一个实质性特点——亚里士多德原理——说的是,理性人通常将把他们的理性规划融入各种活动之中,那些活动将进一步激发他们去实践和发展已被开发的技能和出色才智。我将在第六章讨论这一点,因为它尤其相关于罗尔斯有关作为公平的正义的稳定性论证。

3. 无知之幕

这个强势的中正条件是罗尔斯社会契约的最显著特点;各方要求置有关他们自身及其社会历史状况的所有特殊事实的知识于不顾,包括他们的特殊善观念,甚至包括他们持有的宗教、哲学和道德确信。罗尔斯承认,有关人的处境的特殊事实——人的智力和技能、性别、宗教、种族、财富、健康等等——都不属于证明正义原则的正当理由。为了保证各方不依赖于有关他们自身及其社会的这些特殊事实,罗尔斯想象他们置身于一个无知之幕之中。结果,没有人知道有关自己及他人的任何特殊事实,甚至不知道他们生活的历史处境。他们不知道他们的社会拥有的财富和自然资源,它的人口或发展水平。各方的决定完全基于他们对一般事实的知识:他们相互分享着各种知识,包括心理学、经济学和其他相关社会、生命、物理科学的一般知识。

无知之幕鲜明地区分了罗尔斯的社会契约和自然状态下的社会契约。在霍布斯基于利益的契约论和洛克基于权利的契约论中,社会契约产生于在历史上处于(假设的)自然状态中的个体。就像你我现在尽量知道自己一样,订立契约的所有各方都尽量知道自己和其他人。就此而言,他们的社会契约是"历史的",不是在他们实际发生的意义上,而是在他们产生于假设的历史条件之下的意义上,在那里,各方知道他们的处境、个人特点和历史。

在正常事件过程中,缔约方基于对其归属、条件和相对地位的知识相互讨价还价。每一方都参与谈判,而不管他或她拥有的有关事实的知识,充分利用这些事实,以达成契约。在日常契约中,人们通常受到达成一定契约的法律和道德确信的约束。因此,今天没有人会要求他们的债务人由于违约偿付而服强制劳役,无论这种补救措施多么有效地督促债务人还清债务。在法律和道德上,奴役和强制劳役在今天都被看做是有违良心的。洛克的基于权利的契约同样受到道德要求的约束。各方承认,假如它违反了蕴含在上帝自然法则之中的道德义务,他们订立的契约是无效的。没有人会同意这样的条款,它们要求人们让渡其人身自由,或其他不可让渡的道德权利。[9]

不过,对洛克来说,拥有平等政治权威的自然权利不属于约束社会契约的不可让渡的权利。虽然人人生而自由平等,拥有平等的政治权力,洛克设想,大多数人——包括所有女性和绝大多数男性(那些没有满足某些严格所有权规定的人)——将理性地选择放弃他们的平等政治权利以便取得其他政治社会利益。由于这个原因,洛克认可一种立宪君主制,在其中,只有拥有财产的男性阶级(他们中没有一个是无神论者)可以投票选举产生议会议员。洛克已经抛弃了所有公民在这个过程中拥有生而平等的政治自由思想。那么它是如何可能的呢? 洛克对不平等政治权利的契约论证明依赖于这样一个假定:社会契约产生于一种自然状态,在那里,各方知道自己的性别、富裕水平、宗教信仰等等。正因为符合洛克社会契约的各方处于一定的历史情景之中，他们知道自己的处境，处境较有利的各方利用他们的谈判能力，要求其他人放弃他们原来拥有的某些权利，以取得其他补偿好处作为交换。因此，尽管洛克的社会契约受到道德限制，但是它仍然允许各方利用或遭受由他们的不平等谈判地位所带来的利弊。

今天讲道理的人发现，因为他们不是白皮肤和有钱的男性，所以大多数成年人被剥夺了政治权利，这是不正义的。它不符合我们斟酌过的道德确信。但是在契约论框架之内，只要自然状态的历史环境形成了社会契约的基线，似乎不存在清晰的捷径来避开这些及其他令人无法接受的不平等。国民将总是容易自以为是地去干出"威逼利诱"的勾当，而不管它是否他们的实际政治权力、财富和天赋权利，或者不管他们的实际政治权力、财富和天赋权利是什么。但是有关国民的这些偶然事实在道德上不相关于同意正义原则。罗尔斯设计无知之幕回应了这个问题。通过造就对其社会历史情景一无所知的各方，无知之幕实际上剥夺了他们有关事实的知识，那些事实否则可以用来不公平地对待国民，既可以使他们获利，也可以使他们失利。假如各方不知道有关他们自身的任何特殊事实，那么没有一方处在为了自己利益而盘剥他人的位置上。无知之幕意在使社会契约成为公平的严格中正的同意。

那么无知之幕排斥什么知识呢？它排斥有关所有特殊事实的知识，那是国民可以拥有的有关他们自身以及社会中任何一个其他人的知识，甚至是有关社会本身历史文化条件的知识（社会资源和富裕水平、社会人口等等）。罗尔斯声称，没有一个这样的知识相关于同意为了基本社会结构而设计的正义原则。它可以相关于许多其他种类的同意，比如，潜在雇主的确应该知道潜在雇工的操作熟练程度和技能水平。但是有关个人和社会的这些及其他事实的知识"在道德上不相关于"对正义原则的具体同意。在这个方面，罗尔斯的无知之幕是"厚重的"(thick)而非"稀薄的"(thin)无知之幕。假定各方知道国民在社会中的各种特殊事实(种族、性别、宗教、财富等等),但不知道自己的认同——没人知道他或她是谁。那将是一个"稀薄的"无知之幕。稀薄的无知之幕许可一定程度的中正性。假如我不知道我是富人还是穷人,是男子还是女性,我当然会就是否赞同允许一种不平等特权的正义原则拿不定主意,它剥夺了女性和无财产男性的投票权。然而,假定我知道,只有社会中的一小撮人——比如5%——是非基督徒。我可能会算一下概率,赞成这样的原则,它们把政治优先性给予在教育和其他制度中的基督徒。毕竟,我有95%的概率从一个原则中获益,那个原则从官方意义上认可我的宗教。但是,它对非基督徒是真正公平的吗?在一个稀薄的无知之幕中,尽管它提供了一个"稀薄"程度的中正性,但是,罗尔斯相信,它仍然不足以消除基于宗教、种族和其他特征对少数族裔的不公平歧视,那些特征本来无关于他们的政治权利和公民权利。

无知之幕的"厚重"与"稀薄"区分,彰显了罗尔斯的原初状态同"中正旁观者"(impartial spectator)观点的区分,后者可以在大卫·休谟、亚当·斯密、C. L. 刘易斯、阿马蒂亚·森,以及约翰·哈桑伊等较为晚近的功利主义者那里找到。有一种源自休谟"公正旁观者"(judicious spectator)的观点认为,道德判断来自一种道德观。罗尔斯认为,它是道德哲学史上最重要的观点之一。[10]作为其自然主义道德心理学的组成部分,休谟用它来解释具有不同权益的人何以仍然会赞同他们的道德判断。休谟这个观念的后续发展为强有力论证功利原则奠定了基础。正如休谟承认的那样,因为公正的或中正的旁观者的判断取决于他或她对个别效用总量的回应。效用的总量越是强大,设身处地地认同每个人欲望的公正旁观者表示的赞同或反对的程度也越是强大。在完全知道每个人欲望和条件的情况下,公正旁观者似乎在中正的判断中应用了古典的效用原则。[11]

从公正旁观者的观点看,完全知道有关国民的欲望和条件的特殊事实对道德判断是必要的。否则,中正的判断无法设身处地地认同每个人的处境和权益。相比之下,在罗尔斯的原初状态下,设身处地地认同其他人的欲望是不可能的,因为厚重的无知之幕妨碍着各方知道有关国民的这些和其他特殊事实。罗尔斯认为,知道特殊事实,包括国民的欲望,会歪曲在原初状态中必需的判断。呼吁各方为了社会基本结构而选择正义原则,正义原则将用来评估现存社会及其基本制度的正义性。允许各方知道特殊欲望和权益、权利分配以及其他历史事实,将不适当地歪曲他们的判断,因为无论他们选择的正义原则是什么,它们都将不适当地反映这些原则本身将用来评估的原初状态,包括涉及分配的欲望、权益和事实。任何一个现存不正义都将是对用来评估此类不正义的原则的充满偏见的选择。罗尔斯认为,为了从充满偏见的原初状态抽离出来,厚重的无知之幕是必要的。(请回顾上面的例子,在一个95%都是基督徒的社会里,宗教知识很可能对自由产生相反的作用。)[12]

赞成厚重的无知之幕的另一个理由是,它以一种非常强烈的方式平等地处理每一方。这涉及康德式解释的道德建构主义。罗尔斯于是提出了原初状态,以便再现作为自由、平等、合理和理性的人的观念。由于在原初状态下没有人知道有关社会的特殊事实,各方都拥有适用于他们的相同知识。他们于是"惺惺相惜"(situated symmetrically),作为完全自由平等的道德人相处。在其作为道德人的能力方面,他们只知道有关自己的一些特性和权益——道德能力、排序靠前的权益,等等。由于道德能力是"平等的基础,是人类特征之所在,他们借助于道德能力而依正义原则作为人类受到对待"(TJ, 504/441 rev.)。罗尔斯认为,同其他一般事实知识一起,这一点是涉及决定正义原则的所有知识,那些原则将反映作为自由平等的道德人的国民地位。不是通过任何其他偶然的能力或社会角色,借此赋予道德人应当具有的康德式平等自尊观念以内容,厚重的无知之幕,因此再现了作为纯粹的道德人的平等。(康德式解释将在第六章得到讨论,康德式建构主义将在第七章得到讨论。)

针对罗尔斯原初状态的常见反对意见是,由于各方被剥夺了如此多信息,以至于他们根本无力做出任何选择。假如我们不知道我们的根本价值,我们如何能够做出某个理性选择呢?一开始,各方的确知道他们对初级产品的需要,在道德能力方面对他们的排序靠前的权益的需要。此外,重要的不在于虚构的原初状态中一下子把握的东西,好像它是在被要求去做在心理学上不可能的某件事情的真实的国民中间必定发生的某个历史事件。假如我们放弃有关我们的初级产品和我们在其中做出生活选择的特殊条件,那也是行不通的。然而,原初状态是一个思想实验,像绝大多数思想实验一样,它描绘的是一些非真实的情景,纵使不是在物理上不可能的情景。在这里再一次地强调以下一点是重要的:无知之幕和原初状态是为了做什么而设计出来的。无知之幕生动地再现了各种理由和信息,那些理由和信息与决定社会基本结构的正义原则休戚相关。在那个社会中,道德的人认为自己是自由平等的。许多不同理由和事实在道德上无关于那种决定(比如国民的种族、性别、宗教爱好、财富,甚至罗尔斯提及的更有争议的善观念),正如许多不同理由和事实无关于数学家对一个数学定理做出规范证明的能力一样。难道一组数学家为了全力证明一个相同的数学定理,他们需要牢记有关其个人生活的特殊事实,以便成功完成那个证明吗?它将既干扰手头任务,又无关于手头任务。无论人进入原初状态在心理学上是否可能,它都影响不了证明的有效性(正如无论经济人是否完全知道在完全竞争条件下的所有选项是实际可能的,它都无关于价格理论的可靠性。)假如我们处在那个情景之中,根据向各方提供的有关人与社会的一般信息,我们(知道有关我们自己的各种事实)现在能够推断出合理的决定应当是什么。

4. 在原初状态下影响选择的其他条件

(1) 正义的环境　在一般事实当中,各方都知道的事实是"正义的环境"(the circumstances of justice)。这些是"人类合作既可能又必要的条件"(TJ,126/109 rev.)。有关正义条件的一般观念可以在大卫·休谟那里找到。[13]罗尔斯区分了两类一般条件:客观条件和主观条件。前者包括有关人类的一般事实,比如,他们的心智和体能的大致相似性、易受攻击性。它还包括资源适度匮乏(moderate scarcity)的条件:没有足够资源满足每个人的需求,但是有足够资源提供给所有人对基本需求的适度满足;不像极度匮乏状态(如饥荒),于是对国民来说,合作似乎是生产性的和值得的。在主观条件当中,各方的"有限利他主义"[14]在各方理性之下已经得到了讨论。休谟说,假如人类是中正地仁慈的,同等地关切每一个人的福祉,那么正义将是"多余的"。国民于是几乎将总是愿意为了别人而牺牲自己的利益,不关心人身权利或个人财产。但是,同我们对与我们无关的陌生人的利益的关心相比,我们(天生)更关心自己的利益,包括我们比较亲近的人的利益。这蕴含着人类利益的潜在冲突。正义的主观条件还包括有限的人类知识、思想和判断,以及人与人之间的经验差异。这些导致了针对事实判断及其他判断的必然分歧,也导致了国民具有不同的人生规划,不同的宗教、哲学和道德观。在《政治自由主义》中,罗尔斯考查了这些主观条件,称它们为"判断的负担"(the burdens of judgment)。重要的是,它们意味着,无论人们是多么中正和毫不利己,他们仍然将在宗教判断、哲学判断和道德判断上存在分歧。即使在通情达理的人中间,在这些事务上的分歧也是无法避免的。这是"合理的多元主义事实"(the fact of reasonable pluralism),它是在原初状态下为各方所知的另一个一般事实。

(2) 公开性和对正当(right)的其他形式限制　在选择时,存在着各方必须面对的针对正义原则的五个"形式限制"(formal constraints):一般性、应用的普遍性、冲突性断言的排序、公开性和最终性(参阅TJ,sect. 23)。排序条件说的是,一个正义观应当具备完整性:它应当能够解决冲突的断言,对它们的优先性进行排序。排序蕴含系统性要求:就排序产生的正义问题而言,正义原则将提供一个确定的解决方案;鉴于正义观无法给冲突的断言排序,也无法解决正义问题,这正是在原初状态下拒绝选择它的理由。在罗尔斯反对他称作"直觉主义"的多元主义道德学说中,排序条件是重要的。

公开性条件说的是,各方将假定,他们选择的正义原则是公开地为规范其关系的国民已知和承认的。这意味着,就他们的社会政治关系的基础而言,国民将不致受到误导,也不致产生错误的信念。不存在模糊正义原则的"高贵谎言"(noble lies)。它们的公开性要求把人作为自由平等者来尊重。国民应当知道,他们的社会政治关系基础,至少就那些关系的基础而言,他们只有不受人欺骗,才能合作与和平相处。罗尔斯认为,公开性潜在于社会契约传统之中,假如各方赞成正义原则,那么他们就会在日常关系和活动中明白正义原则。在罗尔斯反驳功利主义和其他后果论观念中,这个条件扮演着重要作用。

与公开性相关的是,原则的应用应当是普遍的。它不仅意味着"对每一个人来说,坚持原则,也就是拥有做道德人的品质"(TJ,132/114 rev.),而且它意味着(罗尔斯没有解释何以如此的原因)每一个人都能够理解正义原则,并且运用它们于协商之中。应用的普遍性因此意味着对正义原则复杂性程度的限制——它们必须为普通的有道德感的人所理解。

公开性和应用的普遍性(如罗尔斯定义那样)是有争议的条件。例如,功利主义者主张,有关道德和正义的真理是如此复杂和有争议,以至于有必要向绝大多数人秘而不宣,不让他们知道。毕竟,道德向国民提出了许多要求,那些要求同其个人利益不相吻合。还有在有的时候,要国民理解道德义务要求他们如此做事的缘由是过于复杂了。只要他们理解他们的义务就行了,他们最好不必理解义务背后的原则或理由。因此西季威克主张,假如功利主义目标是一个"秘传的道德"(esoteric morality),只为"一小撮开明者"(an enlightened few)所知,那么它将会更好地得到实现。罗尔斯认为,这些条件是必要的,其理由涉及蕴含在作为公平的正义之中的人的观念。假如我们承认,人是自由平等和有道德的,那么他们将不应当受到有关他们的社会关系性质和基础的任何假象的蒙蔽。因为通过一种重要方式,人以受到如此假象蒙蔽的情形去行动,是对作为理性而负责任的道德主体自由的限制。

赞成公开性条件的一个进一步理由(罗尔斯虽然没有公开地给予引用)同对于作为公平的正义的康德式解释相联系。它试图阐明康德的以下观点:正义原则是根据我们的实践理性"建构起来的",我们是道德自律的生命。为了让道德自律成为可能,道德的正义原则必须能够充当道德主体(moral agents)的实践理性原则,且不致引发社会不稳定。最后,在《政治自由主义》中,公开性条件是重要的,因为民主制度下的公民公开知道他们的社会关系的政治基础,这是实现他们的政治自主(political autonomy,不同于道德自律〈moral autonomy〉)的条件。(这些问题将在第七至九章中讨论)。

(3) 稳定性要求　罗尔斯论证正义原则的另一个有争议的特点是这样一个要求:正义原则及其指令的社会合作的正义制度应当是"稳定的"。正义社会的稳定性并不意味着它是不变的。相反,它意味着,面对总是不可避免的社会变化,在规制社会合作和社会演变的过程中,社会应当能够维持它同正义原则的一致性。而且,当社会动荡(比如,经济危机、战争、自然灾难,等等)的确发生时,当社会偏离了正义时,公民对正义原则的承诺是充分稳固的,以至于正义终将重回人间。在通常情况下,在博弈论里,说一个情形是"稳定的",也就是说,它是难以改变的,假如一个情形被破坏了,那么各种内在力量倾向于恢复它以重新回到初始均衡。罗尔斯在更加专门的意义上使用稳定性观念。对罗尔斯来说,稳定性要求的作用是,检验为了社会基本结构而确立的潜在的正义原则是否兼容于人性,我们的道德心理学,有关社会经济制度的一般事实,从而确定正义原则是否有利于实现人类善。为了实现稳定,正义原则应当在合理的可持续的社会里得到实现。在给定人性限制的条件下,它们必须是在实践上可能的。此外,这个可行的社会必须是能够在时间上永续的,不只是借助于某些手段,而且通过获得生活于其中的国民心甘情愿的支持。对罗尔斯来说,这意味着,它必须是国民愿意赞成和维护的社会,是他们带着正义感来肯定和支持的社会。[15]

在选择正义原则时,处于原初状态下的各方必须考虑它们的"相对稳定性"。他们务必考虑,在正义条件——人类生活的常规条件——给定的情况下,一种正义观描绘了一个可以达成的、可持续的社会合作制度的程度;这个社会的规范是否将吸引国民心甘情愿地服从;社会是否能够经受得起常规的文化变迁,以及假如正义(比如因经济萧条)陷入困境,它是否能够诉诸正义条件而得到恢复。

认为稳定性要求只是"应当意味着能够"(ought implies can)的要求是诱惑人心的:即,正义原则注入了义务和要求,假如我们无法按照它们来生活,那么它们便应当被拒斥。例如,假定正义原则将注入在所有国民中间实践中正的仁慈义务,因此将注入这样一种义务,我们表现出来的对自己以及至亲的幸福的关切不得多于我们对数以亿计的其他人的幸福的关切。这个原则还对人性提出了更多要求,假如它是不合适的话,那么国民将会完全拒绝它的繁重要求。不过罗尔斯的稳定性要求比仅仅"应当意味着能够"意味着更多的东西。它说的是,正义原则以及它们描述的这套社会合作将表明"正当理由的稳定性"(stability for the right reasons)(PL, xliii)。正当的社会将不只是作为权宜之计(modus vivendi),而是强行供应和促进着大多数国民的利益而得到延续。"正当理由"的稳定性要求,国民为了道德理由支持社会;社会基本原则必须回应遇事讲道理的国民的正义要求,激起他们的正义感。罗尔斯认为,我们支持正义的道德能力是我们作为社会动物的本质的必要组成部分。他相信,正义观的作用之一在于,协调人的合群能力,追求正义的能力,使我们能够成为合作的社会动物。因此,一种正义观不仅促进人类的利益,而且应当回答我们的道德心理学问题,使我们能够知道并且愿意实践我们的道德能力和道德情感。这是罗尔斯基于某个理想来处理(ideal-based)正义观的方式[16]——基于自由而平等的道德人的理想以及人的社会关系对他们来说是可接受的可证成的理想(良序社会理想)。正义原则是为了使我们能够实现这些有关人与社会的道德理想而设计出来的。

反对稳定性的一个意见是,正义原则不应当屈从于变化无常的人性和人的条件。罗尔斯本人非常明确地认为,人的认识能力是有限的,国民总是拥有不同的宗教、哲学和道德确信。于是这意味着,许多人,甚至绝大多数人,将总是具有虚假的信念。为什么道德的正义原则及其证明旨在协调针对根本问题具有许多虚假信念的国民的接受意愿呢? 当然,我们应当考虑在应用正义原则方面的人性弱点,不把国民无法胜任的义务强加于他们身上。但是,我们将不允许人性弱点和人的合群性弱点去影响最基本的道德原则及其证明。[17]

这是一个严肃的反对意见,要求给予比我在此能够给出的更多关注。一个回应是,没有在其初始原则(first principles)中直接标明人性局限的正义观是乌托邦性质的,尽管它有助于建立一个适当的社会,在其中认真负责的国民一般能够认可和接受规范他们的社会关系的原则。社会契约理论来自这样一个假定,不仅诸多神明和其他完美的存在,而且人类,都带有局限性,他们都应当能够根据每一个通情达理的人都会自由接受的相互尊重条款和谐相处。[18]罗尔斯严格的稳定性条件正是为了实现这个理想而提出的。

此外，赞成稳定性条件的另一个理由是，正义原则应当兼容于甚至有利于人之善。因为"正当先于善"（priority of right over the good），罗尔斯没有把正义定义为极大地提升善的道德原则。正义独立于一种确定的人之善观念，它主要地以作为自由平等的、有着道德约束的、来自一种正当概念（concept of Right）（无知之幕、对正当的五个常规限制，等等）的人的理想为基础。不过，它仍然强烈赞同这样一种正义观：它将仍然兼容于并且提升人之善。假如一种正义观要求讲道理的国民放弃对善的追求，那么这将是反对它的一个很好理由（正如罗尔斯反对功利主义那样）。在后面，在第六章阐明正当和善一致性的论证中，我们将处于一个较好的场合去理解这些观念，更充分地回应对稳定性条件的反驳。现在，我们将转过来来关注有关在原初状态下的正义原则的证明。

第二节 来自无知之幕的论证

罗尔斯在《正义论》第一编对正义原则提出了四个论证。后来，当罗尔斯讨论同正义原则相符合的制度（TJ, Part II）和作为公平的正义的稳定性（TJ, Part III）时，这些论证得到了强化。支持差别原则的论证一直到第49节才出现，因而容易被人忽视。在《作为公平的正义新论》中，罗尔斯修订了他最初的论证，进一步增加了支持各方对同意作为公平的正义的各种考虑。在这里，我将讨论在《正义论》第26－29节（TJ, sects. 26－29）里的四个最初论证的每一个论证，然后讨论差别原则论证。罗尔斯似乎认为，为了证明作为公平的正义，就要把这些论证同《正义论》第三编有关"作为公平的正义是兼容于人性和人之善的"较为后面的论证结合起来。

贯穿于原初状态论证的总线索是，在各方涉及初级产品根本权益的适当条款给定之下，各方选择正义原则而不选择其他原则是更加理性的。为了展示这一点，罗尔斯设想，各方都向对方展示正义观,对它们进行富于智慧的比较。这样做简化了论证,允许他把注意力集中在针对正义原则的每一个可以取舍的选项上。在对完美主义和直觉主义作了简要讨论之后,他对功利主义给予了最大关注(TJ,sect. 50)。因此,我将着重讨论罗尔斯反对功利主义的论证。

1. 最大化最小规则论证

原初状态的基本观点是,设计一个选择情景,在那里,理性决定服从于合理约束(无知之幕、对正当[权利]的规范约束,等等)。处在原初状态下的各方是"微弱"意义上理性的:他们选择有效促进其利益的原则,尤其是有效促进他们在获得追求善观念所必需的初级社会产品方面的原则。由于各方有能力支持正义,有能力对正义发展表示排序靠前的权益,这是一个同其自身善相关的纯理性考虑。他们需要有能力去理解、应用和服从正当法律和其他道德要求,以追求他们在良序社会里的目标。在原初状态下,他们既不受一些道德考虑(如,做正当或道德的事,做出道德正确的决定)的触动,也不为对待他人的仁慈之心所打动;除了只对他们自己有利的事情之外,他们不直接关心其他人发展其追求正义的能力。在原初状态下,在这些非同寻常的选择条件下,他们"清心寡欲",相互之间漠不关心。

把各方选择描述为严格理性的和漠不关心的,同时服从道德约束的,便允许罗尔斯提出在不确定条件下的理性选择和决策理论。在理性选择理论中,存在着许多潜在的选择规则"策略",那些规则的可靠性多少依赖于环境。有一个选择规则称作"最大化最小"(maximin)规则。它指的是,我们应当尽可能选取这样一个选项,它的最糟糕后果将使我们好于所有其他选项的最糟糕后果。其目标是"把最小最大化"(maximize the minimum),纵使牺牲福祉也不足惜。罗尔斯说,按照这个策略,你将做出这样的选择,似乎你的对手也将设定你在任何一个社会中你最终所处的社会地位。相比之下,另一个策略引导我们着重关注最有利的地位,说我们应当"最大化最大"(maximize the maximum)的潜在所得——"最大化最大"规则(maximax)——选择其最佳结果将使我们的处境比所有其他选项的后果都要好的选项。这些策略中的哪一个策略对我们更有意义,取决于当时的条件以及其他许多因素。例如,假定你相当富有,你有机会投资 $100 两个不同的不动产理财产品。第一个答应,假如经营顺利,将有赚到 $5000 的三分之一的机会。其风险是,如果不顺利,你的 $100 将损失 $5。第二个则提供赚取 $50,000 的十分之一的机会。其风险是,假如不成功,你将损失你所有的 $100。假如你厌恶风险并且拿不定主意,那么你可以采取最大化最小规则,选择第一个理财产品,由此保护你的 $100 投资。假如你更愿意赌一把,那么你不妨采取最大化最大规则,选择第二个。在对你的处境缺少更多了解的情况下,很难说哪一个选择是更理性的。比如,纵使企业运行不利,你不在乎损失 $100,那么第二个理财产品更有意义。另一方面,假如你穷困潦倒,并且你还欠了黑手党 $95,你想尽快筹集钱款,那么建议你选择第一个理财产品(假如你必须做出选择),那里的损失要小很多。

许多决策理论家相信,就所有选项来说,无论条件如何,除了两者之中的任何一个之外的某个不同策略是合适的。在正统的贝叶斯决策理论中,实际上只有一条选择规则;它基本上说的是直接地最大化预期效用。[19] 对于在不确定条件下做出的任何一个选择(以及绝大多数选择)来说,后果的不确定程度应当被考虑进决策者的效用函数之中,根据决策者拥有的有限知识对各选项做出概率评估。给定对纳入决策者效用函数的概率进行这些主观评估,决策者总是会选择最大化预期效用的选项。贝叶斯决策理论的优点是,它为赋予以下有影响的观念以理论意义提供了一条路径:理性选择总是最大化个人(或社会)效用的选择。只要人们能够接受理性总是要求最大化预期效用(非实际效用),它便是一个极其吸引人的观念。

就那些极其罕见的例子来说,无论如何,绝对不存在做出概率评估的基础,那么它们该当如何呢?假定就两个选项哪一个具有较大似然性,你甚至没有任何预感。那么,按照正统贝叶斯决策理论,应当考察"非充足理由律";它说的是,相等概率将为任何一个可能结果而设计。这使得如下假定具有意义:假如你对此选项之于彼选项相比的可能性不具有更多预感,那么就你所知而言,它们可能发生的概率相等。通过用贝叶斯决策理论来长期观察这个选择规则,比较理性的选择者将最大化其个人期望效用,甚至也许能最大化其个人实际效用。

现在,请考虑这些决策规则,在置于罗尔斯原初状态中的极端不确定条件下,它们被用来选择正义原则。罗尔斯主张,在原初状态下,在给定了选择的重要性之后,各方在正义原则和平均(或总)效用原则之间做出选择时,采用最大化最小规则是理性的。并不令人感到惊奇的是,最大化最小规则导致选择正义原则而非(平均或总)效用原则。在这里,重要的在于考虑问题"从原初状态做出选择的风险是什么?"这样的决定不是一个普通选择。确切地说,它是一次独一无二的无法改变的选择。它是这样一种选择,在那里,各方决定社会基本结构、他们生活的社会类型、他们发展新目标和所有未来选择的背景条件。罗尔斯主张,由于在原初状态下的这种选择——包括选择重点——的特别重要性,由于选择的不可反复商榷性和不可重复性的事实,以及由于它决定着人们的未来前景和未来选择条件的事实,采取最大化最小规则和选择正义原则是理性的。因为最糟的后果将是,正义原则提供对初级产品的适当分享(an adequate share of primary goods),通过保护平等的自由和公平均等机会,人们保留自己本着良知信奉的确信和本真偏好,追求广泛的可行目的,保证最低限度的社会保障。相比之下,效用原则保障不了其中任何一个善。

我们等会儿将详细探讨最大化最小论证。不过请先对照由经济学家约翰·哈桑伊(John Harsanyi)提出的论证。哈桑伊认为,根据严格的贝叶斯决策理论,在原初状态下,较为理性的选择者将给予每个社会成员以均等似然性(an equal likelihood),实际上会选择(平均)效用原则。在哈桑伊的原初状态下,孤独的理性选择者面对稀薄的无知之幕,允许其完全知道社会中每个人的偏好,但是完全不确定他自己在那个社会中的身份。假如理性人不知道自己的偏好,那么他如何才能最大化自己的效用呢?首先,他可以想象,他可以拥有像任何社会成员拥有的偏好的均等似然性。接着,为了最大化自己的效用,他设身处地地认同每个社会成员的偏好,并且扪心自问:"假如在 C 条件下,我具有对于这个个别 i 的偏好,我将体验到多少效用?"(罗尔斯质疑这个练习的意义,但我们搁置那个质疑;参阅 TJ, 173 - 75/150 - 52 rev.)。通过对孤独的理性选择者在 C 条件下将要体验的效用相乘,假如他是 i1, i2, i3…in, by 1/n(按等概率假定),再加上其结果,当他在条件 C 下选择结果 X 或 Y 时,理性选择人得到了他期望的效用值:

$$\sum U_{理性选择者} = 1/nUi_1 + 1/nUi_2 + 1/nUi_3 \cdots + 1/nUi_n$$

置身于稀薄的无知之幕背后(behind a thin veil of ignorance),在最大化个人效用过程中,似乎这个孤独的理性选择者正在应用平均效用原则(the principle of average utility),它表明,我们将最大化把所有个体都包括进去的社会成员的平均幸福。

表 4.1

	结果 A	结果 B
押注(1)	1 美元	2 美元
押注(2)	10 美分	1,000,000 美元

那么,罗尔斯在原初状态下又是如何应用最大化最小选择规则

的呢？哈桑伊认为，最大化最小规则的荒谬性很容易得到证实。例如，假定你有机会在两个押注(1)和(2)之间做出选择，每个押注有两个结果 A 和 B。你不知道结果 A 和 B 的似然性，但你知道两个押注的相应收益（payoffs）。通过考查这些实例（表 4.1），清楚的是，理性的人（忽略掉特殊情况）将毫不犹豫地选择选项(2)。按照等概率规则（equiprobability rule）也是如此。[20]然而，由于它要求我们关注最糟的处境，最大化最小策略要求选择(1)（因为假如条件 A 胜出，那么你避免了最糟的结果，即 10 美分）。但是通过选择(1)，为了向你自己保证另外的 90 美分，你放弃了大赢的机会。这似乎是明显非理性的。于是哈桑伊说："在分析一个极其非理性的决策规则——最大化最小规则，该规则具有荒谬的实践意义——时，罗尔斯犯下了一个技术性错误。"[21]

在罗尔斯和哈桑伊的原初状态之间，存在着几个根本差别：哈桑伊原初状态涉及人的理性选择，罗尔斯原初状态涉及社会成员当中的社会同意；哈桑伊抉择者完全知道每个人的欲望和特性，只是不知道他的身份认同，而罗尔斯的各方处在对所有这些事实全然无知之中。不过，假如把这些差异放在一边，那么，毫无疑问，在选择不确定性的绝大多数情况下，最大化最小规则是一个非理性策略。罗尔斯承认这一点。[22]但是，就采取最大化最小规则来说，单单"因为它通常是或几乎总是非理性的"这一点并不意味着它从来都是非理性的。假定，同上面的例子相呼应，你需要一份为数不多的钱来抢救你孩子的生命，那将会如何呢？例如，设想你是一个乐观的外国人，正在穿越内华达沙漠，怀着发财的梦想来到美国。你车子的汽油用完了，于是你在一个孤立无援的休息站停了下来，在那里，你真是祸不单行，你的孩子被毒蛇咬伤了。幸运的是，那里有一部每打一次都必须投 25 美分硬币的电话，你正好有一个 25 美分的硬币。这里是内华达，也有一部老虎机，正在说"碰一碰运气，赢亿元大奖！"[23]作为没有任何信用记录的外国人，你对一次收益的似然性完全一无所知。但是你显然受到了诱惑,断定假如你赢了,那么你将既能打出紧急求助电话,又能一下子成为亿万富翁。在对任何信息一无所知的情况下,假定一个等概率收益(equiprobable payoff)是理性的吗? 把你的决定建立在对任何概率之假定的基础上是理性的吗? 这样做似乎是愚蠢地毫无理由地以失去你的至亲来冒险。假定涉及潜在的重大损失,你尽力避免最糟糕结果(孩子死亡),立即呼叫紧急求助,是理性的。[24]

现在请考虑同罗尔斯设想的决定问题极其相似的一个决定问题(虽然他的原初状态仍然不允许包含知道实际信息)。你面对着两种选择,其选择结构用表4.2表示。(1)和(2)是两个潜在选项,A和B代表着你将面临的两个世界状态。数字表示潜在的收益,假如你分别选择(1)或(2)以及世界状态A和B所引发的后果。这些收益可以是由押注带来的赢利(用$表示),或者是在社会(1)和(2)里分别由处在不同社会阶级中的个体所体验的平均效用(A = 最小运气)和(B = 最大运气)。

表4.2

选择	世界状况		假设等概率预期效用之和
	(A)	(B)	
(1)	−100	500	= 200
(2)	100	200	= 150

现在试假定,你不知道任何一个选项A或B的似然性。贝叶斯主义者说,假如不知道A或B的概率,我们将应用不充足理由律:我们将计算,当A和B的概率都是50%的情况下,选项(1)和(2)的预期效用。于是,在运行过程中,其预期效用将达到最大化。因此,我们将选择选项(1)而非选项(2)(因为选项(1)的预期效用[−100(×0.5) + 500(×0.5) = 200])超过了选项(2)的预期效用[100(×0.5) + 200(×0.5) = 150])。

不过现在试假定,你不知道,98%最终划入A,2%划入B。在确切知情的情况下,我们于是会说,A的真实似然性或风险是0.98;B的真实似然性或风险是0.02。因此,选择(1)的预期效用是-88,即[-100(×0.98)+500(×0.02)=-88],选择(2)的预期效用是102,即[100(×0.98)+200(×0.02)=102]。其结果在表4.3中表示。

表4.3

选择	世界状况(A&B)		在给定精确信息条件下的预期效用之和
(1)	-100(×0.98)	500(×0.02)	=-88
(2)	100(×0.98)	200(×0.02)	=102

依据真实风险,按照不充足理由律,在不知道概率的情况下,去形成期望,会导致较小回馈,或完全破产。假如涉及选项(1)和(2)的选择只是在两匹赛马的赌注之间的选择,或者就某个普通立法条款进行投票的选择,那么,在你对相关信息不知情情况下,不充足理由律(原则)将是理性的策略,因为这些是反复发生的情景,你有机会一再地进行选择,补救你的损失。于是你会合理地以为:"你有赢你也有输。"但是你在原初状态下不会以这种方式思考,因为它是一个决定,在那里,所有你的未来前景和选择都有风险,并且不存在允许你补救从前损失的第二次机会。于是假定你正在选择想要踏入的社会,社会(1)是一个赢者通吃的社会(winner-take-all),社会(2)保护个人自由并且提供社会最低生活保障。任何社会都存在两个阶级 A 和 B。在任何社会中,A 代表受压迫的不幸阶级(the downtrodden-unfortunates),B 代表统治阶级。设定,成为(A)风险的不幸值是98%。假如按照不充足理由律进行选择,它的确是最不幸运的,结果,在(A)情况下,处境最糟糕阶级将置于赢者通吃的社会。

像哈桑伊这样严格正统的贝叶斯主义者认为,无论什么风险,无论选择重心是什么,不充足理由律是在完全不确定性条件下采取的理性策略。但是在什么意义上,在对结果的似然性全然无知的情况下,依据缺乏任何证据基础的选择策略,让一个人最深刻持有的真诚信念、道德和人格承诺、所有未来前程,以及生命本身,去冒(假定他能避开的)风险是理性的呢? 这样的选择似乎毫无道理。不充足理由律说的是,与其他相比,假如不存在赞同认可一组概率的理由,那么我们应当给每一个结果赋予相同的概率。[25]但是,与其他相比,假如存在赞同一组概率的不充足理由,那么就没有理由给予每个结果以相同概率。假如每个概率的赋予都没有根据,那么也许理性的做法是,根本不给出任何一个概率,[26]至少在决定生死的情况下是如此,或者当人的人生前程和人的整个生命都面临危险时,他要找到一条给他的人生前程和整个生命以保障的出路。

由于不存在由知道证明赋予等概率的选择条件产生的理由,其理由必定来自其他地方。一个论证诉诸在完全不确定性条件下选择情景的反复性:每当完全不确定的结果产生时,等概率总是得到设定,于是,随着时间的推移,一个情景的效用更可能得到最大化。当损失的危险不甚严重时,也许这个策略运用到日常选择是有意义的,人们有机会补救损失,并且一次又一次地进行选择。但是在原初状态下做出的选择是非同寻常的。它是一种基于背景条件的超级选择,所有的未来选择都将在那个背景条件中做出。此外,它是一劳永逸的,一旦决定做出之后,没有办法重新调整决定一个人人生前程的原则。

支持等概率假设的另一个理由是更加理论性的,是以一种实践理性及其系统要求的观点为依据的。某个假设认为,假如我们想要比较任何两个选项,为一个人建构一个效用函数(utility function),那么概率是必要的。给定在完全不确定性条件下,同其他相比,不存在认可一个概率的更多理由,那么概率认可本身全是同等任意的。在以下理论要求给定的情况下:认可某个概率务必为了建构一个效用函数而做出,由于概率认可的同等随意性并不意味着结果的同等似然性,[27]结果的等概率似乎仍然是最少任意的假设。

这个论证表明,赞同不充足理由律,是实践理性系统性和完整性的理论理由,而不是实践理性本身的规范要求。理论假设是,在以下意义上,实践理性必须是完整的:就所有可能的抉择而言,必定存在着一个理性选择;只有通过做出某个概率假设,效用函数才能为人建构,理性选择才能做出。即使不存在假设相等概率的独立实践理性,确立实践理性完整系统性理论观念仍然是最不任意的假设,即在不存在选择不确定性的任何两个选项之间,存在着某个理性选择。

站在罗尔斯的立场,有人会说:假如你正在就在什么类型社会中生活的事实完全无知情况下做出决定,所有你的未来前程都命悬一线,并在最糟糕情况下不存在补救损失的第二次机会,那么只是为了保留体系的理论理由而最终设定均等机会,在实践上的确不是理性的。于是完全可以质疑的是,相等的似然性是否真是"最小任意假设"(the least arbitrary assumption)。假如一定要做出一个概率假设,那么为何不提出在最糟处境中产生的一个高概率(high probability),当时其结果同在原初状态下的结果一样严重?(在这里,值得注意的是,罗尔斯本人在二十年以后,当他着手研究政治自由主义时,建构了一个论证以说明,寻求最大化平均效用的功利主义者将会在原初状态下如何理性地遵循最大化最小规则,并且选择正义的两个原则〈JF,108－09〉。)此外,我们为何要从接受这样一种实践理性理论要求的观念开始,它为依赖于以下等概率假设的功利主义论证奠定了基础:存在着一种完全理性的道德和一种为不具有选择确定性的所有可能决定——无论是否道德——的理性选择;在完全不确定性条件下,理性选择只能通过假定不充足理由律做出?这是一个极其复杂的论题,依赖于有关实践理性的各种竞争性观点。

有关这些论题的进一步讨论将使我们离题太远。[28]

我认为,这大体上再现了隐藏在罗尔斯反对在原初状态下采纳不充分理由律的论证背后的推理。[29]但是,在完全不确定性条件下,拒斥等概率假设本身并不意味着赞成采取最大化最小策略。要想让最大化最小规则成为一个理性选择规则,那么两个进一步条件是必要的。这两个条件是:(2)通过观察最大化最小规则来进行选择是一个可以接受的做法。假如它导致了一个无法接受的最糟糕结果,它只是在边际上好于另一个可能的最糟糕结果,那么,做出相反选择是没有意义的。当这个条件得到满足时,那么无论一个人的最后处境如何,由于一个人的最重要目的有了保障,它至少是可以接受的。应用最大化最小选择标准的第三个条件是,(3)所有其他选项都有我们无法接受的更糟糕结果。这意味着,假如存在着你能够接受的处理最糟糕选项的其他办法,那么最大化最小规则不是一个适当策略或理性策略。[30]

罗尔斯认为,当选择在正义原则和(平均的以及总的)效用原则之间做出时,支持最大化最小策略的所有三个条件在原初状态下得到了满足。因为一个人的所有价值、承诺、未来前程在原初状态下都是生死攸关的,不存在调整结局的任何希望,理性人将赞成正义原则而不是(平均的或总的)效用原则。因为正义原则意味着,无论你在社会中所处的地位为何,你都有维持你的有价值承诺所必需的权利和资源,使你能够把追求广泛的善的观念的理性能力付诸行动,实践和发展道德能力。就效用原则而言,就不存在这些承诺。万事俱备,就看是否满足更大效用总量的要求。应用最大化最小规则的条件(2)和(3)因此在作为公平的正义同(平均或总)效用原则的比较中得到了满足。

有人往往断言,罗尔斯笔下的各方"不愿意承担风险"(risk-averse)。罗尔斯否认,各方在心理学意义上不愿意承担风险或不确定性(《作为公平的正义新论》,第88页;第106-107 rev.)。不过他主张,在原初状态下,针对非同寻常的选择条件,假如一个人不愿意承担风险是一个理性选择。这不是初看之下的混淆。其关键在于,尽管不愿意承担风险的明确倾向是非理性的,但是在某些条件下,做出谨慎选择,保护某些利益,减少损失或寻求折中,这些做法仍然是合理的。在机会给定的条件下,这不是厌恶风险,而是理性地购买汽车责任、健康、家庭和生命保险,以抵御意外或灾难。原初状态下是这样一个显而易见的情景。有人在原初状态下依靠不充足理由律,而不顾其正在做出选择的重心,这是不明智的。面对一个人追求其最珍视的目标和承诺所需要的自由、机会和资源,在对概率一无所知的情况下,不愿意孤注一掷,这不是厌恶风险,而是完全理性的做法,所有这一切都是为了获得边际上更大的收益和财富,适用于由效用原则主导的社会。[31]

在讨论良知自由时,罗尔斯展示了最大化最小规则论证的力量。他说道(TJ,33节),假如一个人愿意让其持有和实践的真诚的宗教、哲学和道德确信面临危险,而只是为了借助于效用原则来获得不确定的附加好处,那么他并不知道拥有真诚的信念意味着什么,至少没有认真对待这些信念。[32]理性人对什么东西给予生命以意义持有信念,不愿意用持有那些信念的权利做交易,去孤注一掷。那么,支持交易的基础是什么?或者交易是否能获得更多东西?当然,有些人(也许是真正的享乐主义者或虚无主义者)不会有任何真诚的(良知上的)信念,他们只愿意为了最大化满足他们在当时碰巧具有的欲望而行动。但是处在无知之幕的背后,谁都不知道他或她是否这样一个人,且不存在做出这样一个假定的理由。各方必须考虑的是,他们拥有他们不愿意妥协的确信和价值观。(还有,甚至享乐主义者也在寻欢作乐或放纵声色中找到了意义。他们要是选择效用原则却落得一个清心寡欲的社会又将如何呢?)因此,通过选择效用原则而不是正义原则而使基本自由濒临危险,仍然是非理性的。

为了结束有关最大化最小论证的讨论,请考虑通常为了辩护功利主义提出的一个不同反对意见。它主张,在原初状态下,纵使各方不知道任何特定事实,他们也应当理解,在功利社会里,大多数国民将生活殷实,只有一小撮人将生活堪忧。因为假如太多的国民对生活不满,那么总效用就无法达到最大化。此外,完全可能的一种情形是,在遵循差别原则的社会里,大多数人只将比处境最糟者获得边际上的较好结果,并且每一个人都将处于相当贫困状态。知道了这些事实之后,处于原初状态下的各方选择作为公平的正义将是愚蠢的。[33]

让我们约定,各方知道,置身于功利社会的处境最优者更可能比置身于作为公平的正义社会的处境最优者要富裕得多,——毕竟,同作为公平的正义相比,功利主义允许较大的财富不平等。我们甚至还可以约定,假如各方选择功利原则,他们更可能最终在经济上好于处境最糟糕者。(不过,这较为令人怀疑,因为历史证明,在宗教的帮助之下,穷人实际上学会接受并且满足于他们的卑微状态。)由这种反对意见带来的问题是,首先,选择效用原则无关于缓和各方的基本权益:即他们的基本自由(实践宗教、投票或与他人自由结社)将借助于为整个社会带来更大经济繁荣的名义免于交易而得到保护。其次,在经济制度运行方式给定的条件下,最不可能发生的——实际上在实践上是不可能的——情形是,差别原则将导致这样一种经济,在那里,当每一个其他人只在边际上好于其当下生活并且每一个人都是穷人时,处境最糟糕者将生活得最好。选择其他原则似乎是提出了以下(虚假的)保守主义假设:尽最大努力帮助最穷困者摆脱贫困,以使所有其他人都赤贫化告终,贫困是人类存在无法躲避的事实。但是选择差别原则依赖于以下假定:贫困不是社会的痼疾,我们能够改善处境最糟糕者的境况,而没有牺牲总的繁荣,实际上,总的繁荣、经济效率、利用组织和技术的优势,是提高处境最糟糕者收入和财富的条件(参阅 TJ,150/130 rev.)。

2. 承诺约束

关注罗尔斯最大化最小论证的批评家还搞混了罗尔斯用来支持作为公平的正义的其他三个论证(全在 TJ, sect. 29)。这三个论证全都依赖"良序社会"概念,其中两个论证还依赖稳定性观念。罗尔斯三个论证的第一个论证阐明了这样一个观念:在原初状态下的选择是涉及"承诺约束"(strains of commitment)的同意。[34]

常见的反驳是,在原初状态下,不存在真实同意,因为厚重的无知之幕(the thick veil of ignorance)剥夺了进行讨价还价的所有基础(参阅 TJ, 139 – 40/120 – 21 rev.)。没有讨价还价,就不可能有契约。因为契约必定涉及讨价还价和让步条件(quid pro quo)——涉及得失(习惯法称作"对价"〈consideration〉)。假如一个人不知道在交易中想要提供什么或能得到什么,他或她怎么能进行讨价还价呢? 所以(反驳的结论是),罗尔斯的原初状态不包含真实的契约,相反,由于各方都"以相同方式得到了描述",它是一个人的真正理性选择。因此,认为罗尔斯的论证包含一个社会契约是错误的。[35]

对这个反驳的回应是:首先,在习惯法中,许诺或承诺的交换视为制订有效契约的让步条件和充分"对价"。在原初状态下,双方交换许诺,因为双方相互承诺自己受到他们的同意条款约束,纵使情况发生了一方不希望出现的变化,他们也不愿意接受调解。反对意见说"仍然不存在讨价还价的基础"。但是并非所有契约或同意一定包含相似于具有冲突利益各方在经济上讨价还价的东西:比如,婚姻契约、教会、工会或其他结社成员共享目标和追求的同意。对共享相同基本目标成员的契约不像经济契约,例如,五月花号契约(the Mayflower Compact)是一个相互理解和分享追求共同目标的承诺。通过契约,各方清楚他们自己以及其他人应该去做什么,清楚他们应当把自己同对大家分享的抱负的追求联结起来。正是通过一个相似的分享的理解和相互承诺,处在罗尔斯原初状态下的各方缔结了一项社会契约。通过他们的同意,他们为社会政治制度建立了条件,使自己永远致力于一般的合作条款。每个人都赞同相同的条款,所有人都永远地把自己同一定的社会政治关系联系起来,既追求他们的个人利益,也追求一定的共同目标。

这是典型的社会契约传统。对罗尔斯的每一个重要历史先驱来说,社会契约不相似于经济契约,是一种相互承诺,旨在实现共同目标和每个人的利益。对霍布斯来说,社会契约是相互授权的契约,每个人都同意授予君主去近乎绝对地行使为执行正义规则所必需的权力,霍布斯称那些规则为"自然法"(the Laws of Nature)。在洛克那里,社会契约是形成和加入法律团体的同意,那是一个"政治团体"(body politic)或"国民"(the People)。它被赋予责任去创造一部政治宪法,一个政府,真正为了国民利益来行使政治权力。卢梭的社会契约是自由平等公民的同意,每个公民就共同利益展开协商,试图表达自由平等公民的"公意"(general will)。这表明,反驳罗尔斯说他"没有缔结契约"(no‐contract)缘于对社会契约论的误解。

把原初状态理解为相互承诺,表明了原初状态可以恰当地被说成是包含契约或同意的原因。通过相互遵守其他人也遵守的条款,所有各方都致力于永久地促进正义原则。他们对正义的承诺,通过以下事实得到了反映:一旦正义原则体现在制度中,就不存在允许任何一个人脱离他们的承诺条款的法律手段。结果,各方不得不认真对待由同意产生的法律义务和社会认可,因为已经不存在重返原初状态的回头路。所以,假如他们并不真诚地相信他们能够接受正义观要求,使他们的行动和人生规划与之相符,那么就存在着回避选择正义原则的强烈理由。一方去冒风险,误以为假如他将落得糟糕结果,他就可以凭着自己的意志,违反契约条款,重新回到初始状态,这将是非理性的。

通过给它设置一个条件,罗尔斯对这个承诺作了专门论述:各方无法怀着不良信念去选择和赞同原则；置身于社会之中,他们务必有能力,不仅依靠正义原则生活,而且致力于维护正义原则。罗尔斯稳定性论证至关重要的一点是有关愿意符合正义要求的假定。这正是他所谓"承诺约束"的意思。各方为了良序社会而选择正义原则。在良序社会里,每个人都假定拥有正义感:他们接受正义原则,希望按照这些原则的要求来行动。在这个约束条件下,各方只能选择他们以为无论发生什么事他们都能接受和遵守的原则。因此,一方不会拿他知道他难以自愿遵守的原则去冒险。假如他怀着不良信念去缔结契约,那么这已经被原初状态的条件所排除。

　　罗尔斯认为,由各方同意创造的这些"承诺约束"强烈支持正义原则胜过效用原则和其他目的性观点。因为其平等性,每个人的自由和基本需要通过正义原则都得到了满足。由于功利原则缺乏这些承诺,在功利的社会里,处境最糟糕者肯定更难以自愿接受其处境,支持效用原则。很少有人会自由表示愿意牺牲自己的生活前程,让比自己生活得更好的人得到更多安逸、荣誉和享受。这已经大大超出对我们人类仁慈能力提出的要求。它是这样一种承诺:人们抱着良好的信念,承诺支持对自己及其至亲有害的法律。此外,我们无法鼓励这些令人感到低三下四和丧失自尊的心理倾向。相比之下,正义原则更好地满足了每个人的利益,他们对自尊的欲望,以及他们的自然道德能力,去相互承认和尊重其他人的合法利益,同时自由地提升他们自己的善。承诺约束通过原初状态下的同意而产生,为各方选择正义原则,拒斥蕴含在由选择平均效用原则或综合效用原则产生的风险提供了有力理由。

3. 稳定性、公开性和自尊

　　罗尔斯的承诺约束论证明确地依赖于一个很少有人注意的论证特点:它实际上包含两个社会契约。首先,设想当事人平等地处于原初状态下,一致同意正义原则。这个同意吸引住了罗尔斯批评者的绝大多数注意力。但是在原初状态下的假想同意是由在良序社会里具有正义感的自由平等的人根据一种正义观的一般可接受性设置的。"在原初状态下提出契约概念的理由依赖于它吻合良序社会,后者要求……每一个人接受和知道其他人接受的相同正义原则。"[36] 为了在原初状态下的假想各方能够同意正义原则,必须存在一个高度的似然性,以至于在给定人性和一般社会事实的条件下,真实的人也能够同意并且按照这些相同原则行动,并且由这些原则建构的社会是合理的,能够持续的。这就是稳定性论证。罗尔斯对作为公平的正义的稳定性论证没有引起多少评论,但它对理解罗尔斯论证是至关重要的。

罗尔斯表达了满足第二个契约要求的条件,即,在原初状态下,只有当他们能够普遍接受并且维持稳定的按照那些相同原则安排的"良序社会"条件下,正义原则才能在各方中间得到同意。良序社会是罗尔斯理论的核心观念。他说道:"我认为,对良序社会比较研究是道德理论核心努力之所在。"[37] 良序社会观念为检验道德的正义观是否符合心理学和社会理论,符合合理的人类善观念,提供了一个方法。在给定人性和社会合作可能性的条件下,假如一个正义观既不合理,又不兼容于人类善,那么各方就有令人信服的理由拒斥在原初状态下的那个正义观。

罗尔斯把良序社会描述为具有如下特征的社会:(1)每个人接受相同的公开正义观,对它们的普遍接受是公开的知识;(2)社会法律和制度符合这个正义观;(3)每个人都有有效的正义感,导致他们想要去遵循这个正义观。良序社会的这些规范特点具体规定为一种理想的社会世界。[38] 因为它描述了,国民知道并且自由接受正义原则,正义原则规制基本社会制度,造就国民的性格和关切。

稳定性要求,在原初状态下,各方将选择可行的良序社会可持续原则。它强调,罗尔斯不是在和平和安稳本身意义上关心稳定性。假如社会不稳定将导致实质上更加正义的社会,而没有招致重大的生命损失,那么一个极其不正义的压迫性社会的稳定性是不值得的。罗尔斯要求指的是推测为正义(良序)社会的稳定性。此外,稳定性依赖于具有一定道德动机的社会成员;它不是在对正义没有要求的自利的国民当中的一种权宜之计的结果。因此,对罗尔斯来说,当"参与[正当]安排的人要求与之相应的正义感并且愿意尽自己努力来维持它们时"(TJ,454/398 rev.),某个正义观是稳定的。后来在《政治自由主义》中,罗尔斯使用了短语"出于正当理由的稳定"(stable for the right reasons),使基于国民正义感的稳定性区分于在霍布斯契约论中找到的作为权宜之计的稳定性(PL,392;CP,589)。在良序社会条件下,一个正义观比另一个正义观更加稳定,国民更愿意了解正义观的要求。《正义论》提出的稳定性问题是:哪一个正义观更可能触动我们的道德感、正义感以及我们对善的肯定? 这要求对道德心理学和人之善做一番考查。

尽管罗尔斯在《正义论》"第三编"(Part III of Theory)之前一直没有长篇讨论稳定性,但他用这个观念展开从原初状态(Part I, sect. 29)来反驳功利主义和完美主义的论证。这些论证是(1)来自公开性和稳定性的论证,以及(2)来自自尊和稳定性的论证。

(1)罗尔斯认为,随着在良序社会条件下各种观念得到公开,功利主义、完美主义以及其他"目的论"观念都不可能为许多公民所自由地接受。[39]试回顾前面讨论过的公开性条件:良序社会的一个特点是,它的规范的正义原则是公开地为人已知的,是作为决定法律和证明基本制度的基础为人诉求的。不能满足这个条件的正义观将被各方所拒斥。罗尔斯认为,在公开性条件下,作为公平的正义仍然比功利主义更加稳定。[40]因为,最大平均(或总)效用的理由将决定权益和负担的分配,这样的公开知识将情有可原地导致处境最糟糕者反对其处境并对其处境表示不满。毕竟,他们的福祉和权益都正在为较幸运者和索取较多者的更大好处而做出牺牲。要求国民自由接受和拥护这些合作条款,这将是对人性的过高期望。[41]相比之下,正义原则是为相互改善每个人的状况而设计。处境较好者不得以处境较差为代价来获得权益。"既然每个人的权益都被肯定,因此人人都倾向于维护这一制度"(TJ,177/155 rev.)。我们的道德心理学的一个特点是,我们通常会渐渐依附于关心我们权益的人和制度。而且,我们倾向于反对冲突于我们权益的那些人和制度。正如罗尔斯在《正义论》第8章(chapter VIII)长篇累牍地论证的那样,作为公平的正义符合道德心理学的对等原则(reciprocity principles),对等原则规定了人类道德发展的特点。

(2)在《正义论》第29节(§29),就罗尔斯从自尊(TJ,178-82/155-59 rev.)对正义原则作最终论证来说,公开性条件也是至关重要的。同功利主义原则和完美主义原则相比,当它们被公开知道之后,正义原则给予公民的自尊感以更大支持。罗尔斯说:自尊"也许是最重要的初级产品"(TJ,440/386 rev.)。因为假如人缺乏自我价值感,对其实践有价值的人生规划缺乏自信,那么他就不会觉得有什么事情值得去做。于是,在原初状态下,各方将旨在选择能够最好地确保其自尊感的原则。现在,作为公平的正义,通过保护平等的基本自由和公平机会的优先性,保证了每个自由平等公民的地位:由于平等的政治自由,就不存在"消极公民",他们必须依赖其他公民从政治上保护他们的利益;有了公平机会,就不存在合理的社会岗位将向他们或者他们的同道关闭的危险。此外,第二正义原则为所有人确保了适当的权力和资源,使得每个人平等的基本自由具有价值。这是使公民们在社会上和经济上成为独立的效果,所以,没有人需要屈从于他人的意志。于是,公民尊重另一个平等的公民,对方既不是主人,也不是仆从。在民主社会里,平等的基本自由、公平均等机会、政治和经济独立是自尊的首要基础。由于缺乏世人普遍接受的宗教或其他共享价值体系,国民相互之间主要作为公民来打交道。在原初状态下,各方因此应当选择正义原则而非功利主义或其他目的论观点,既保证他们的自尊感,又给予其他人以相同的自尊,借此保障更大的稳定性。[42]

罗尔斯实际上依赖公开性条件来反驳功利主义和完美主义。他说,公开性"自然地产生于契约论观点"(TJ,133/115 rev.)。在《正义论》中,他极其重视公开性,因为他认为,让国民知道强制法律的道德基础,是充分承认和尊重国民为负责任的、道德的、理性人的条件。具有了初始正义原则的公开性,国民知道了针对他们的社会政治关系的真实理由,以及基本结构对他们的性格、计划和前景的规范影响。[43]在有着公开正义观的良序社会里,不存在对"秘而不宣的道德准则"的需求,(正如西季威克谈到功利主义时说的那样)那个道德准则必定仅限于"开明的一小撮人"(to an enlightened few)。此外,公开的正义原则能够帮助当事人从事实践推理,为民主公民开展政治论证和证明提供共同基础。这些考虑为罗尔斯后来的见解奠定了基础:知道决定社会关系基础的原则是个人自由的前提。[44]罗尔斯的意思不仅指外在限制的消失("消极"自由),而且是权力和能力的施行,那些权力和能力使个体能够为其生活承担起全部责任。完全的公开性是人的道德自律和理性自主的条件,是作为公平的正义使之成为可能的重要价值或固有的善。(在第六章有有关自律的更多讨论。)

4. 差别原则论证

选择标准的最大化最小规则要求各方在原初状态下关注处境最糟糕者的状况,相似地,差别原则说,社会应当努力使处境最糟糕者变得好起来。于是有人或许会认为,最大化最小选择规则直接导致了差别原则的选择。在《正义论》第26节,紧接着针对作为公平的正义优越于平等效用的最大化最小论证之后(参阅 TJ,156-61/135-39 rev.),罗尔斯长篇累牍地讨论差别原则时,给人留下了这个印象。罗尔斯甚至在一个地方称差别原则是"分配公平的最大化最小准则"(the maximin criterion of distributive equity)。[45]但是在终极意义上，选择的最大化最小规则无法用来证明差别原则（JF, 43n.）。因为作为公平的正义同经济正义的"复合观念"相比，提供了基本自由和社会最低生活保障，应用最大化最小规则的条件无法完全满足。第三个条件说的是，可以存在多个可供选择的选项。假如存在着第二个选项，它的最小受惠者地位是理性人能够接受的，那么最大化最小规则不是理性的决定规则。因为在那个情况下，对一个人的未来前景的重大风险已经不复存在。

复合观念（mixed conception）把平等的基本自由和不同于罗尔斯第二正义原则的分配正义原则结合了起来（参阅 TJ 124/107 rev. and sect. 49.）。例如，不是通过差别原则去决定社会最低生活保障，一个复合观念，按照公民对适当生活标准的道德直觉，允许民主地做出决定；除了社会最低生活保障以外，社会应用平均效用原则来决定收入和财富的分配。罗尔斯称此为"受到限制的效用原则"（principle of restricted utility），因为追求社会效用受到基本自由、公平机会和复合的社会最低生活保障的限制。这是几个可能的"复合观念"之一，它们把第一正义原则和不同于差别原则的分配正义原则结合起来（TJ, 124/107 rev.）。复合观念的另一个例子，不妨称作"受到限制的完美主义"（restricted perfectionism），把完美主义原则和社会最低生活保障、基本自由、均等机会结合了起来。从原初状态的观点看，不像不受限制的效用或完美主义，提供社会最低生活保障的这些和其他复合观念并非不可接受。因为无论如何，人的社会地位都在社会中受到这些复合观念的主导，基本需要、基本权利和自由因此而有了保障。

罗尔斯承认，"同效用原则相比，复合观念更加难以反驳"，因为"来自自由的强烈论证无法像以前那样被使用"（TJ, 316/278 rev.）。在《正义论》第49节，他讨论了复合观念，在《作为公平的正义新论》（第36节及以后）中，他给予了它们以更多的关注。罗尔斯提出了支持差别原则的一个重要论证，并且提出了反对受到限制的效用原则的几个具体论证。支持差别原则的主要论证依赖于对等观念：在由差别原则建构的社会里，人的所得不得以他人的损失为代价；相比之下，受到限制的效用，即使它提供了社会的最低生活保障，仍然许可带给处境最糟糕者损失，以便那些处境较好者可以更加好过些。罗尔斯认为，对生活在良序社会的自由平等的人来说，这样的情况是无法接受的。

罗伯特·诺齐克抱怨，当罗尔斯说在差别原则下一个人的所得不应当以另一个人的所失为代价时，他便遇到了麻烦。因为，同来自诺齐克应得权利原则的自由放任资本主义分配相比，在差别原则下的处境最糟糕者的确以处境较好者为代价来获益，后者必须纳税以利前者。这表明，若不假定一条比较基线，问题"谁的所得以谁的所失为代价？"便无法得到回答。显然，假如我们使用现状（很少有人认为是完全公正的）以外的其他事物作为比较基线，那么按照帕累托效率之外的任何标准，假如分配正义得到了实施，一个人肯定会有所损失，以便其他人可以获益。诺齐克的自由至上主义的应得权利原则就是如此。那个原则一旦得到实施，那么（通过取消较少受惠者现在获得的社会应得权利）它将要求从较少受惠者向较多受惠者的大宗交易。为什么差别原则接着也没有违反罗尔斯关于分配不正义的箴言，即"一些人必须遭受苦难以便其他人可以发达"呢？它不是因为罗尔斯假说的既不是现状，也不是自由至上主义的应得权利分配，而是一个平等的基线，作为用来比较的相关位置，以决定国民是否过得更好或更糟。在差别原则之下，只有当每个人的前景都得到改善的情况下，从平等出发是正当的。但这不是充分的，因为其他标准也能满足这个条件（包括帕累托效率，TJ，§12）。罗尔斯仍然会说，有些人（最少受惠者）将做出牺牲，以便其他人可以兴旺发达。充分满足罗尔斯的分配对等标准，给予那些处境较好者的好处只有当它们也让最少受惠者受益并且是使他们获得最大受益的情况下才能得到证明。

再一次地，理解罗尔斯蕴含在差别原则之中的对等性观念的最佳方式在于参考《正义论》（第13节）图表6和《作为公平的正义新论》（第62页）图表1。差别原则要求，权力、特权、经济资源的分配，应当把最少受惠置于效率生产曲线的最高点D。那个点上最接近于平等分配。在D点，以及在该曲线的所有先行点上，最大受惠者的改善总是伴随着最少受惠者的改善，反之亦然。因此，带着社会产出的所有增量，在任意点上，没有一个人的所得以其他人的损失为代价。

在这里，区分差别原则的对等性和帕累托效率原则是重要的，后者也把平等当做一条基线。假定外部性已经得到消除，诺齐克的应得权利原则，尽管它们不需要，仍然能够满足来自平等基线的帕累托效率（假定在交易和天赋的完全竞争理想状态下，除非有人从中获益而没有人因此产生不利，否则便没有交易发生）。不过当然地，自由放任的应得权利原则兼容于最大受惠者收益巨大而最少受惠者收益微小。这是"渗透效应"（trickle－down），和差别原则极不相同。因为差别原则要求，富人不得有收益，除非它让最少受惠者受益。但是反过来是行不通的。此外，它将让最小受惠者获得最大收益，或者让最少受惠者比任何一个其他安排更好些。相比之下，渗透效应的放任自由具有相反的趋势：实际上，穷人无法获得收益，除非富人纵使非极大地也是大大地获得收益，而且富人的收益未必给穷人带来收益。（实际上，在实际工资水平日益降低、失业和其他真实世界的市场现象的当前条件下，处境较好者的收益往往不利于穷人，因此甚至满足不了帕累托效率。）于是，存在着满足对等观念的几个方法，在差别原则下的对等是相当严格的。在差别原则下，严格的对等要求，每个人获益的程度应当以最少受惠者的最大收益为条件。这个要求并不简单地说，对现存经济制度（比如美国经济制度）之内的法律和政策的渐进改变要更有利于最少受惠者；整个经济制度也应当如此来设置，以便最少受惠者将比在任何一个其他经济制度(保留基本自由和公平均等机会)中获益更多。相比之下,自由放任的渗透效应是松懈的;尽管所有人都可以从经济制度中获益(同非经济制度比较),富人获得最大的收益,潜在地达到了这样的极限,到了那里,最少受惠者只是边际地好于他们在没有经济制度之下可能一无所获的境况。

  由受到限制的效用原则提供的这种对等性比自由至上主义的应得权利原则也更加强有力,因为它保证了社会的最低生活保障。我们在第三章看到,罗尔斯把受到限制的效用等同于风行于绝大多数西方民主国家的资本主义福利国家。在资本主义福利国家,每个人都拥有一份社会的最低生活保障,但是除此之外,财富和收入的创造和分配(至少在理论上)最大化了总财富(overall wealth)和总效用(overall utility)。每个人从这个制度中获益,同他们在完全平等条件下将能取得的收益相比,他们以这种方式获得的收益似乎要好些。但是,处境较好者的收益仍然不一定改善了最少受惠者的地位,实际上有时以最少受惠者为代价,尽管这些收益增加了总效用。受到限制的效用的复合观念蕴含在这种资本主义福利国家之中,它可以用图4.1中的B点即边沁点(B = Bentham point)来表示,该图表在《作为公平的正义新论》第62页可以看到。

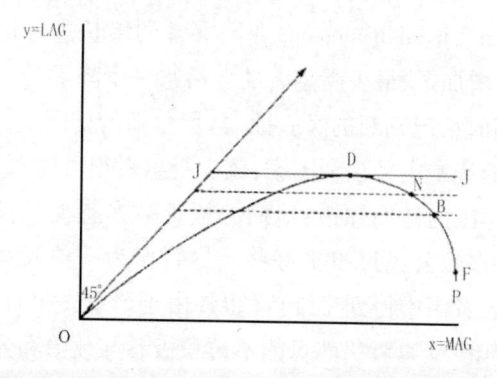

图4.1 来源:本图得到罗尔斯著作《作为公平的正义新论》出版者的重印许可,出自该书第62页,版权所有者为 the President and Fellows of Harvard College。

那么,从对等性来论证同原初状态有何关系呢?罗尔斯从对等性来论证差别原则,反对受到限制的效用,这种论证不能单纯诉诸世人的公平直觉。因为在原初状态下,公平考虑在技术层面没有触动各方。世人之所以同意差别原则是出于理性的考虑,在这个情况下,主要是因为对自己自尊的关切,对稳定性理由的关切,对承诺约束的关心。那么,在原初状态下,为何各方应当关心蕴含在差别原则之中的这种严格的对等性呢?试用差别原则同严格效用原则作比较:一旦社会最低生活保障得到了满足,就没有严格效用原则什么事了,该原则确保处境最糟糕者将从处境较优者那里获得某种收益。实际上,严格效用允许处境较优者获得收益,纵使它们不利于最少受惠者,例如,面对日益增加的劳动力供应或者日益缩减的劳工需求,逐渐下降的工资率(wage rate),非技术工人的失业,往往对企业主和消费者有利,却对最少受惠的工人不利。的确,同在平等条件下相比,在严格效用条件下,最少受惠者可以更好过些——在这个意义上一种微弱对等感的实现——,但是不存在一个持续的对等趋势,因为一旦社会最低生活保障得到了满足,就给予处境较优者的进一步收益来说,较少受惠者很可能一无所获。(试对这种情况同自从20世纪90年代以来美国国民财富和家庭中等收入〈national wealth and median income〉非同寻常的增长进行比较,在同一时期,贫困率增加了,最少受惠者的生活水平下降了。)

(基于当时情况判断的经验证据)罗尔斯的推测是,在由严格效用建构起来的资本主义福利国家,较少受惠者很可能对其处境感到气馁和受挫。因为他们知道,他们的福祉被人忽视了,往往被牺牲掉了,以便大多数公民过得更好些。尽管作为一种权宜之计,稳定性在较少受惠者当中得到了维持(也许由于严重失业而导致阶段性中断),但是较少受惠者仍然可能不再积极参与政治和公共生活;因为他们有理由感到已被社会所抛弃,似乎他们在促进社会繁荣和公共生活方面已经不再举足轻重。在现代资本主义福利国家,就像在我们自己国家一样,这是一个极其普遍的现象。我们可以看到,最贫困的社会成员极其缺乏政治参与。福利资本主义可以是稳定的,但它是对较少受惠者冷漠或无望的稳定性,不是基于平等公民出于正义感而肯定社会制度的正当理由的稳定性。在资本主义福利国家,由于他们缺乏自尊,由于它对他们的道德情感提出的苛刻要求,最少受惠者无力甘愿出于正义感来肯定社会的组织原则。受到限制的效用原则于是把苛刻的承诺约束加到了处境最糟糕者身上,摧毁他们的自尊感,引起他们对其处境的不满。由于这些问题,当他们可以对差别原则做出取舍时(参阅 JF,128 – 29),在原初状态下的各方无法出于善良信念理性地肯定受到限制的效用和资本主义福利国家。这重建了看起来是罗尔斯对差别原则的主要论证。

为了支撑这个论证,罗尔斯讨论了受限制效用原则的几个其他缺点(参阅 JF,sect. 38)。其中有:(1)效用原则的不明确性和不确定性以及当它作为公开的正义观得到应用时所引发的问题。由于不存在得到同意的公开测量方法来决定效用何时或是否得到了最大化,这将导致持久的且久拖不决的公开争论,因此导致收入阶级的不信任。此外,(2)就受到限制的效用来说,不存在清晰的方法来决定社会最低生活保障自身,因此社会最低生活保障留下了太多的不确定性。由于没有提供判断的标准,因此社会最低生活保障的水平必定取决于多数人对什么是穷人过上体面生活所必需的不同直觉;对此再一次导致了不可避免的纷争,那些纷争只会导致不满和怀疑。

于是,(受到限制的)功利主义者会再次提出早些时候对罗尔斯原初状态论证的反对意见:"即使承认各方用他们的基本自由和一份可靠的社会最低生活保障作赌注是非理性的,但是,在由受到限制的效用规制的资本主义福利国家,他们以成为最少受惠者成员的不可能性作为风险难道是非理性的吗?至少他们拥有追求真诚信念和选择善观念的基本权利,他们有充分的手段过上体面的(即使不是兴旺的)生活。所以,他们真的正在通过选择受到限制的效用来赌的似乎正是社会的最低生活保障的额度。"

罗尔斯对此的回答可能是,相反,他们赌的是他们作为平等公民的自尊,是他们的道德情感的全面发展。需要承认的是,要做出以下论证是有困难的:在原初状态下,选择受到限制的效用,而不选择差别原则,这样的选择显然是非理性的。为了让罗尔斯支持差别原则的论证取得成功,似乎务必依赖来自承诺约束的论证,为所有公民保留自尊的基础,以及"出于正当理由的"稳定性。在这里,许多哲学家(尤其是功利主义者)将回答说,这是强加于原初状态各方选择的不适当条件:"即使承认社会稳定是满足正义原则的一个重要考虑,但它为什么如此重要,以至于国民——基于正义感——甘愿承认'出于正当理由的'社会原则呢?一些人把其命运作为权宜之计(a modus vivendi)来接受就一定不好吗?纵使他们郁闷不乐,对处境优裕者心怀不满,但是只要他们受到社会的体面对待,普遍遵守法律,未曾想过去捣乱,那又怎样呢?毕竟,像受限制效用这样的复合观念已经远远超出了罗尔斯本人的体面标准,他后来在《万民法》中发展了那些标准。"

(为了论证)让我们承认,在原初状态下,当各方考虑他们对达成特殊善观念的关切时,在差别原则和受到限制的效用之间不存在明确的决定。(也许各方阐明对作为平等公民自尊之关切的论证将支持差别原则,但我们先把它搁在一旁。)罗尔斯为了对这些反对意见做出回应,就得重新关注奠定作为公平的正义基础的人与社会的理念。由于各方高度关注发展他们的正义感能力,他们关心承诺约束和正当理由的稳定性。不能促成和肯定国民正义感的正义观不利于罗尔斯假定的世人(作为通情达理的人)共享的人与社会理念。此外,从罗尔斯观点来看,假如主流的道德观(像功利主义甚至受到限制的功利主义)不能得到国民心甘情愿的认可,因为正义不符合他们的道德情感,那么它提出了一种奇怪的人性观。只有在严格意义上实现对等的正义观才能完全满足这些条件。这些条件是这样一些考虑,它们之所以得到发展,是为了证明,在原初状态下,差别原则优先于复合观念。虽然它们在罗尔斯那里也许不那么明晰,差别原则论证的终极力量似乎不得不依赖于自由平等的道德人观念,依赖于良序社会观念。这再一次表明,这些观念在罗尔斯论证作为公平的正义中发挥着关键作用。[46]

最后,就出于正当理由的稳定性来说,其提出的反驳是,假如穷人无法完全认可受到限制的效用,那么说富人会全心全意地认可差别原则是什么意思呢? 一个讲道理的人可能会这样想:"最少受惠者已经从我们的储蓄、投资、技能以及社会最低生活保障中获得了大量好处,那已经足够公平了。但是他们为何要最大化收益呢? 他们为什么要得到比他们在任何一个其他分配原则之下能够得到的更大社会保障呢?"正如其他任何原则那样,为什么这个反驳没有引发由差别原则带来的相同"承诺约束"问题,而只是这一次关注处境较优者的双重承诺呢?[47]

这是一个严肃的反驳,它反映了绝大多数中产阶级,尤其是自由主义者,现在思考问题的方式。就罗尔斯的回应来说,可以提到两件事情。第一,正如图表4.1表示的那样,在差别原则下,抵达D点,较少受惠者的收益总是也给较多受惠者以收益。但是受到限制的效用并非如此。在那里,边沁点B(或D右边的任意一点)包含着较少受惠者的牺牲,以便较多受惠者得以兴旺。于是,情况是不对称的。所以,较大受惠者无法正当地说,当经济用函数来表示正好达到D点时,他们被要求"牺牲"一切,以便那些受惠最少者可以得到兴旺。真实的情况是,假如经济处在B点或D右边的任意点上,他们能够得到更多,但是这并不意味着,他们在D点不公平地做出了牺牲。除了必须以牺牲最少受惠者为代价而带来的收益之外,就算他们在D点做出了牺牲,又算得了什么呢? 假如他们无力对差别原则做出自我承认,这正好可以说他们是一些不讲道理的人。

第二,不像受限制效用对最少受惠者自尊产生的反作用,差别原则虽然不一定得到许多处境较优公民的全心全意承诺,至少没有去破坏他们的自尊感,并因此引起不满。所以,在应用差别原则的良序社会里,在处境较优者中间,将不会发生由于失去自尊而导致的不稳定;但是在处境较糟者中间,由于失去自尊而导致的不稳定,将是应用受到限制的效用的社会的特征。因此,就那个反驳是误导人的而言,至少存在两个理由。另外,我让读者去评价反驳差别原则和其他见解的力量。

结 论

作为公平的正义诠释了自由平等的民主价值。自由受到基本自由优先性的保护。平等受到基本自由平等和公平均等机会的保证。差别原则在许多方面也提倡平等,正如罗尔斯在"民主平等"标题中提示的那样(TJ,sect. 13)。[48]但是存在着由卢梭首倡的第三个民主价值,那是法国大革命标语——"自由、平等、博爱"(Liberté, Egalité, Fraternité)——的组成部分。在民主资本主义国家,"博爱"是一个没有得到很大关注的价值;在欧洲社会民主思想中,(就像同类观念"团结"一样)它扮演着更加实质性的角色。博爱观念有几层含义。它包含一种人间情怀、一定程度的社会团结、平等的社会尊重,少一些敬语和客套。这些态度是重要的,但它们本身并没有把任何明确的正义要求强加于制度或公民。理解差别原则的一个方法是,把它作为博爱价值的制度表达;因为它要求,一个人的所得不得以他人的所失为代价。以收入和财富的平等为出发点,加上权力和公职岗位,都必须对每个人都有益,以及只有当他们给处境较差者带来好处时,公民才能享受到较多的好处。就这些方面而言,作为公平的正义融入了所有的根本民主价值(TJ,105 - 6/90 - 91 rev.)。

拓展阅读

简·汉普顿:《契约和选择:罗尔斯有社会契约理论吗》,载于《哲学杂志》,第 77 卷第 6 期(1980 年 6 月),第 315 – 338 页。(Hampton, Jean, "Contracts and Choices: Does Rawls Have a Social Contract Theory?" *The Journal of Philosophy*, 77, 6 (June 1980), 315 – 38.)(汉普顿认为罗尔斯立场不是契约论的而是康德的。参阅弗雷曼《正义和社会契约》第 1 章就罗尔斯契约论所作回应及辩护。)

约翰·哈桑伊:《最大化最小原则能够作为道德准则的基础吗?对约翰·罗尔斯理论的批判》,载于《美国政治科学评论》,第 69 期,1975 年,第 694—706 页。(Harsanyi, John, "Can the Maximin Principle Serve as the Basis for Morality? A Critique of John Rawls's Theory," *American Political Science Review*, 69, 1975, 694 – 706.)(哈桑伊认为最大化最小规则是错误的选择规则,认为平均效用原则应当在原初状态下被选用。)

迈莎·纽斯鲍姆:《正义的前沿》,麻省康桥:哈佛大学出版社,2006 年。(Nussbaum, Martha, *Frontiers of Justice*, Cambridge, MA: Harvard University Press, 2006.)(借助通往正义的能力路径,纽斯鲍姆对罗尔斯契约论作了广泛批评。参阅萨缪尔·弗雷曼:《正义的前沿:契约论和能力论之较量》,载于《得克萨斯法律评论》,第 85 卷,第 2 期,2006 年。第 385 – 430 页,为罗尔斯所作回应和辩护。)

萨缪尔·谢夫勒:《罗尔斯和功利主义》,载于《剑桥罗尔斯指南》,第 12 章。(Scheffler, Samuel, "Rawls and Utilitarianism," in *The Cambridge Companion to Rawls*, ch. 12.)(谢夫勒对罗尔斯对待功利主义包括对其观点影响的复杂立场作了很好探讨。)

注释

1（1）有关罗伯特·诺齐克对社会契约论的反驳,参阅罗伯特·诺齐克:《无政府、国家和乌托邦》,纽约:基础图书出版社,1974年,第132－133页;（2）有关诺齐克对原初状态的反驳,参阅该书第198－204页;（3）有关诺齐克对基本结构的反驳,参阅该书第204－210页。参阅罗尔斯《政治自由主义》第262－265页有关自由至上主义反对基本结构的讨论以及罗尔斯的回应。

2 由于各方是自由的,正义原则将为各方接受;为了让原则为每个人都能接受,便要求一个社会同意。

3 参阅德沃金:《认真地对待权利》,麻省康桥:哈佛大学出版社,1977年,第6章,第1节。

4 诺齐克:《无政府、国家和乌托邦》,第199页。诺齐克说,之所以确立原初状态,只是为了赞同"终末期"(end－state)原则,而不是为了赞同与程序相一致的用来分配收入和财富的"历史"原则。这是对差别原则的误解,源自诺齐克认为差别原则是在收入和财富被生产出来之后对其进行划分的配置原则(allocative principle)。然而罗尔斯说,差别原则兼容于纯粹程序正义,因为我们不能说正义分配应当独立于遵守按照差别原则设计的正义制度规则的人。差别原则的纯粹程序正义在品格上鲜明地区分于诺齐克有关"历史"原则的定义。诺齐克没有考虑到的是,除了自由至上主义的应得权利原则之外,还存在着一些历史原则。

5 在这本书的后面(参阅 TJ, ch.7)更详细地讨论了理性人的特点。

6 罗尔斯关于精明理性的断言,或者关于起始瞬间优先的断言,是与西季威克共享的断言,是更有争议的。应用于决策理论和社会科学的理性观没有假定,不关心一个人的将来一定是非理性的。就此而言,他们同休谟的观点是一致的:关心一个人的将来是不是理性完全取决于一个人的欲望。正如在第6章讨论的那样,罗尔斯对精明理性的假定似乎基于置身于原初状态之中的自由平等的道德人观念。

7 罗尔斯区分了"唯自己利益是图"(being motivated by one's own interests)和"唯利益本身是图"(being motivated by interests in oneself),这个区分是重要的(参阅 TJ, 129/111 rev.)。完全自私的人是唯自己利益——他的权力、财富和快乐、名誉等等——是图的人。另一方面,"唯利益本身是图"的人能拥有像其他人一样拥有的幸福和快乐,能把他的欲望对象指向自己的处境或自己幸福的未来。父亲关心子女能够幸福快乐,在更一般意义上,仁慈者关心其他人能够平安如意或人生得意。人出于自身利益来行动是难免的,除非那个人一门心思只顾自己,这不是自私自利。各方在终极意义上都是唯自己利益是图的,而不单纯地唯利益本身是图的,所以他们不是自私的。

8 罗尔斯在《罗尔斯论文集》第 17 章《社会统一和初级产品》中提出了这个论证。

9 有关洛克社会契约的讨论,参阅罗尔斯《政治哲学史讲义》。

10 参阅罗尔斯《道德哲学史讲义》"休谟讲座"。(参阅罗尔斯:《道德哲学史讲义》,张国清译,上海三联书店,2003 年——译者)。

11 罗尔斯在《正义论》第 5 节讨论了公正的旁观者,并且在《道德哲学史讲义》"休谟讲座"中对它作了更细致的讨论。

12 这些说法反映了罗尔斯在论文《面向善的公平》("Fairness to Goodness")中就赞成厚重的无知之幕提及的前两个理由,该文收录于《罗尔斯论文集》,第 269 页:"于是,至少存在三个不同理由把知情排除在原初状态之外:它将允许自我关切和团体关切扭曲各方的商议;它涉及不应当影响道德原则选择的偶然事件和意外事件;它再现了我们努力通过其他更基本的观念来理解的道德观(或道德观的某些方面)。"罗尔斯对赞成厚重的无知之幕进行的最广泛讨论见诸于《道德理论的康德式建构主义》,收录于《罗尔斯论文集》,第 335 – 336 页(CP,335 – 336)。并且参阅他的《政治自由主义》,第 24 注释,第 273 页(PL,24n.,273)。罗尔斯在那里通过诉诸合理多元论和对整全学说"重叠共识"的需求证明了厚重的无知之幕。

13 参阅休谟:《道德原则研究》,第三编,第一部分。罗尔斯有关"正义的环境"的见解也受到了 H. L. A. 哈特的影响。

14 罗尔斯这个术语借用自休谟,只用了一次,用来概述原初状态(TJ, 146/127 rev.)。

15 "正义观的重要特点是,它应当支持它自身。它的原则应当是这样的,当它们体现在社会基本结构中时,人们倾向于取得与之相应的正义感,发展出一种想要遵循正义原则来行动的欲望。在这个情况下,正义观是稳定的"(TJ,138/119 rev.)。

16 参阅《作为公平的正义:政治的而非形而上的》,收录于《罗尔斯论文集》,第 400 – 401 页注释(CP, 400 – 401n.)。

17 约瑟夫·拉兹在两篇论文中最尖锐地表达了这种反对意见,一篇是《直面多样性:以认识的禁区为例》("Facing Diversity: The Case of Epistemic Abstinence"),载于《哲学与公共事务》,1990 年第 19 期,第 3－46 页;另一篇是《政治学的分歧》("Disagreement in Politics"),载于《美国法理学杂志》,1998 年,第 25－52 页。有关对第一篇论文的回应,参阅萨缪尔·弗雷曼:《公共理性和政治证明》("Public Reason and Political Justification"),载于《福特汉姆法律评论》,2004 年,第 72 期,第 101－148 页。

18 正如据说威廉·弗兰克娜说过那样:"道德为人而造,而非人为道德而生。"

19 我在此的评论只应用于严格正统的贝叶斯决策理论(Bayesian decision theory),我不想批评所有为贝叶斯决策理论其他变体作论证的人。严格正统的贝叶斯决策理论要求,针对每一个假设,一个理性局中人(a rational agent)就该假设是否为真怀有一定的信心。贝叶斯决策理论的这个初始变量面对着以下说法的挑战:当局中人就一个假设是否为真不具有甚至是最为轻微的预感时,他应当对一个假设怀有多大程度的信心。许多贝叶斯决策理论研究者反对哈桑伊的如下分析:面对完全无知的情形,决策是如何做出的。我感谢马克·凯普朗对这个问题所作的说明。

20 由于(2)的预期效用(expected utility)是 \$500,000 [＝(\$10×0.5)＋(\$1,000,000×0.5)],而(1)的预期效用只是 \$1.50[＝\$1×0.5)＋(\$2×0.5)]。

21 参阅哈桑伊:《道德和理性行为理论》,载于阿马蒂亚·森编:《功利主义及其超越》,英国剑桥:剑桥大学出版社,1982 年,第 39－62 页,第 47 页。

22 有关罗尔斯本人为在绝大多数情形下最大化最小规则的非理性所举的例子,参阅 TJ,157/136 rev.。

23 假如这个值还不足以诱惑你,试想像一个更大的值。正统的贝叶斯决策理论研究者承认,所有偏好都是相关的,因此大家都有价格;从理性上讲,假如我们用来交换的效用值足够高,我们应当愿意权衡任何一个目的或承诺。一个局中人的偏好是相联系的,因为当产生任何两个结果 A 和 B 时,局中人要么偏好其中之一,要么采取一种居中态度。举棋不定从理性上讲是不允许的。参阅马克·凯普朗:《作为哲学的决策理论》,纽约:剑桥大学出版社,1996 年,第 5 页,第 24 页。

24 决策理论家将说,每当我们把我们所爱的人赶到贮藏室或别的什么地方时,他们的生命便面临着风险。假定我们希望子女过上正常的生活,他们将养成合群生命的经验,去过充满生机的日子,那么这是无法避免的风险。此外,你知道,只存在一种可能性很小的伤害。把你子女的生活押到老虎机那儿去碰运气上,这不是一个不可避免的风险。

25 正如凯普朗在《作为哲学的决策理论》第 26 页注释引用并作了有益讨论那样,哈罗德·杰弗雷斯(Harold Jeffreys)写道:"说概率是相等的,是对以下说法的一个精确表述:我们没有在两者之间做出选择的良好理由……规则'我们应当对它们等量齐观',不是关于世界的实际组成的任何信念的陈述,它也不是从先行经验的推论;它仅仅是表达无知的常规方式而已。"

26 参阅 TJ,sect.28;并参阅迈克尔·雷斯尼克:《选择》,明尼那波勒斯:明尼苏达大学出版社,1987 年,第 37 页;以及凯普朗:《作为哲学的决策理论》,第 37 页。

27 这呼应于苏姗·何莱伊(Susan Hurley)对运气平等论的批评,自然应得分配的任意性并不蕴含它们的后果得到平等分配。参阅苏姗·何莱伊:《正义、运气和知识》,麻省康桥:哈佛大学出版社,2004 年,第 6 章。

28 罗尔斯论证的意思是,在原初状态下,假如结果及其决定的重心完全不确定,各方做出某些妥协是非理性的。处于原初状态下的各方有三个高度关切(对两种道德能力的关切,对追求理性人生规划的关切),他们不愿意为了其他关切(比如取得更大收入和财富的机遇)而拿它们来做交易。他们有决策理论家称作对这些善进行的"词典序列排序"(lexigraphical ordering)。这在很大程度上考虑到了他们在第一正义原则中赋予基本自由的优先性。相比之下,正统贝叶斯决策理论致力于诸偏好之间的相关性,意味着从它们对局中人而言存在的合理性和优先性的观点来看,所有结果都是可比的。总是存在着一定的交换比率,到了那个比率,理性人为了 A 目标的更多实现而愿意接受 B 目标(比如平等自由)的较少完成;因此,在比较各种可选项时,我们决不会在理性意义上举棋不定(同漠不关心相反)。相比之下,罗尔斯认为,人们拥有很多目标,但是当目标发生冲突时,却没有比较方法或标准在两者之间做出定夺。有的决定是不确定的;"我们迟早会抵达一些难以比较的目标,我们必须用慎审理性在它们之间做出选择"(TJ,552/483 rev.)。参阅凯普朗在《作为决策理论的哲学》第 23-31 页中就"非严格连通性"(immodest connectedness)假设以及由其他正统贝叶斯决策理论家做出的完全确定性选择的讨论,他视后者为"虚假的精确度"(false precision,第 25 页)。

29 应当牢记的是,不像正文中的例子,在罗尔斯的原初状态下,各方甚至不知道由选择选项导致的结果。

30 罗尔斯的论证是,最大化最小规则在三个条件下是一个理性策略:第一,"是这样一种情景,在那里,概率知识是不可能的,或者至少是极其不可靠的";第二,"正在进行选择的人有一种善的观念,以至于他不太关心除了只要他遵循最大化最小规则他确信他便能够得到的最小份额之外他还可能得到的东西";第三,"被否决的选项具有他无法接受的后果"(TJ,154/134 rev.;JF,98)。罗尔斯主张,原初状态展示了所有这三个特点。罗尔斯的批评者通常只关注第一个条件而往往忽视其他两个条件,那是罗尔斯强调使用最大化最小规则合理性的条件。在《作为公平的正义新论》中,罗尔斯说道:实际上,第一个条件——没有为概率评估提供基础——"起着相对小的作用。关键在于,第二个条件和第三个条件应当发挥着较大的作用"(JF,99)。

31 罗尔斯最大化最小策略的批评者们(如哈桑伊)认为,罗尔斯假定原初状态下的各方过于保守,罗尔斯似乎设想,各方有一种不愿意冒险的心理厌恶(psychological aversion),他们接受最大化最小规则,或者其他保守的选择规则。但是各方没有这样的心理厌恶:确切地说,他们对待风险有着不同的态度,但他们不知道有关自己的这些特殊事实,正如他们不知道所有其他特殊事实一样。相反,罗尔斯断言的是,在原初状态下,采取最大化最小策略对每一个人都是理性的,纵使喜爱冒险的人也是如此。这意味着,在原初状态下,躲在无知之幕的背后,纵使在危险的追求中极其看重孤注一掷生活方式或以生命作赌注的人,也不愿意拿他们实践其充满变数之追求的人生规划的权利作交易。

32 参阅 TJ,207-8/181-82 rev.;JF,102,105。

33 安东尼·阿皮亚在《斟酌》(英国剑桥:剑桥大学出版社,2003 年,第255-256 页)一书中提出了这个论证的一个版本。该论证通常说的是,罗尔斯差别原则兼容于每一个人都相当贫困的社会。但是罗尔斯对经济制度如何运作提出了一些令人信服的经验假定(即,经济分配的链式联系和紧密啮合,TJ,sect.13)表明,在一个最少受惠者的地位得到最大化的社会里这种情况将不会发生。

34 参阅 JT,176/153 – 54 rev.。并且参阅 CP,250 – 52,对承诺约束所作的进一步讨论。

35 大卫·盖什尔(David Gauthier)和简·汉普顿提出了这个反驳(参阅在标题"罗尔斯和社会契约论"之下的参考资料)。实际上,各方不以这种相同方式被描述。例如,他们有不同的善观念。事实"他们不知道自己的善观念的特殊性,不知道有关自身的其他特殊事实"并不意味着他们是同一个人,以及事实"一组数学家全都努力证明同一个定理,尽管抽象了他们的个人特征和差异"并不意味着这些数学家是同一个人。

36 参阅罗尔斯:《罗尔斯论文集》(CP,250)。

37《道德理论的独立性》,收录于《罗尔斯论文集》(CP,294)。同时参阅《对阿历克斯山大和摩斯格拉夫的答复》,收录于《罗尔斯论文集》(CP,232 – 36),对它所作的扩充讨论。

38 参阅 TJ,69 sect;CP,232 – 36。依罗尔斯在《罗尔斯论文集》(CP,264)的说法,良序社会观念占据着类似于康德目的王国那样的地位。参阅罗尔斯在《罗尔斯论文集》(CP,505 – 6,508,526)对康德目的王国的评价;并且参阅罗尔斯:《道德哲学史讲义》(203 – 11,311 – 13,321 – 22)。

39 按照罗尔斯定义(TJ,24/21 – 22 rev.),目的论道德观包括了绝大多数但非全部作为后果论而广为人知的道德观。参阅萨缪尔·弗雷曼:《功利主义、道义论和正当的优先性》,载于《哲学和公共事务》,1994 年第 23 卷,第 313 – 316 对这个论题的讨论。

40 参阅 TJ,177 – 78/154 – 55 rev.。公开性条件在 TJ,133/115 rev.作了介绍。

41 由于这个理由及其他理由,亨利·西季威克说道,当它是一个非公开的或"秘而不宣的道德准则"时,效用原则将得到更好的满足。其意思是,国民将受误导去相信,某些其他原则为正当和正义提供了标准。参阅西季威克:《伦理学方法》(第 7 版),印第安那波利斯:哈奇特出版社,1981 年,第 489 – 490 页。

42 对罗尔斯自尊论证的全面讨论,请参阅约书亚·科亨:《民主平等》,载于《伦理学》,1989 年,第 99 期,第 727 – 751 页。

43 参阅《道德理论的独立性》,收录于《罗尔斯论文集》(CP,293)。

44 参阅《道德理论的康德建构主义》,收录于《罗尔斯论文集》(CP,325 –

26)。并且参阅第 293 页,在那里罗尔斯表示,赞成公开性的进一步理由是,它教育国民接受作为"自由而平等的理性存在"(free and equal rational being)的康德式人观念。

45 参阅《罗尔斯论文集》,第 11 章,"赞成最大化最小准则的几个理由"("Some Reasons for the Maximin Criterion")。

46 罗尔斯的确表示这些观念对差别原则具有至关重要性:"因此,当前的论题是……差别原则或受到限制的效用原则是否更适合于作为自由平等的公民观念,以及作为在如此被看待的公民之间公平合作制度的社会观念。"(JF,122)

47 当罗尔斯在其学术生涯的晚年似乎承认以下情况时,这个问题变得更加紧迫:由于"判断的负担",在任何良序社会的成员中间,对作为公平的正义达成普遍同意,或者对任何单一自由主义正义观达成普遍同意,都是不现实的;公民们更可能同意确保社会最低生活保障的不同自由主义观念,包括各种复合观念,比如受到限制的效用,参阅罗尔斯:《罗尔斯论文集》(CP, 582 – 83;614 – 15)。这表明,即使在最好的情况下,至少有些处境较优者将按照反驳提出的理由进行推理。

48 有两个方法来证明差别原则是提倡平等主义的,(1)它要求,从最少受惠者开始,每一个人都承认不平等的是正当的;(2)它要求,正如《正义论》第 13 节(TJ, sect. 13)图表 6 和《作为公平的正义新论》第 62 页(JF,62)以及本书第 191 页复制的曲线所显示的那样,社会初级产品的分配在 OP 曲线上的点最接近于均等线。

第五章　正义制度

罗尔斯设想了作为公平的正义原则的两个作用。首先,作为公平的正义原则体现为奠定统一良序社会之基础的抽象理念。由于自由社会不存在共享的宗教教义或哲学学说,国民团结离不开共同的正义观,以便国民能和谐相处于同一个社会。罗尔斯在后期著作强调,正义原则充当良序社会的公共宪章角色,增进社会团结,为具有不同价值观、不同宗教观、哲学观和道德观的国民奠定"公共证明的基础"(basis for public justification)。我在第九章讨论公共理性时将探讨正义观的公共角色。

其次,作为公平的正义原则能够评估政策的正当性,为立法提供实际指导。实现罗尔斯的正义原则需要什么样的法律制度、政治制度和社会制度?

罗尔斯的正义观蕴含着什么民主观？正义原则支持什么样的经济政策和制度？正义原则对家庭制度产生了什么影响？本章将探讨这些问题，弄清罗尔斯认为其正义原则应用于社会基本结构的方式。它将讨论《正义论》第二编"制度"的素材，讨论罗尔斯后期有关民主、经济和家庭的观点。

本章第一节将说明罗尔斯应用正义原则的理想程序，四阶段序列(four-stage sequence)。第二节和第三节将讨论宪政民主制度，探讨体现宪法权利和自由的第一正义原则的应用，分别讨论协商民主和司法审查的正当性证明。第四节讨论分配正义制度。最后一节讨论家庭在维持正义社会中的作用。

第一节　正义原则的应用：四阶段序列

正义原则具有理顺和化解冲突断言的能力，这个能力提供了罗尔斯用来证明作为公平的正义优越于他称作"直觉主义"的多元正义观的主要论点。通过认定基本自由优先于第二正义原则(本书第86页)，第二正义原则优先于效率和普遍福利，罗尔斯试图避开直觉主义者在决定相对于其他价值观而言的基本自由之相对重要性时面临的许多问题。不过，就罗尔斯设法应用第一正义原则并决定解决基本自由自身冲突之方式来说，那个问题仍然存在。在《正义论》中，为了找到标准来解决人们就表达自由、人身自由等基本自由的法定约束(legitimate restrictions)存在的分歧，要想解决上述初始问题，就先得借助于决定什么是一套"恰如其分的"基本自由，接着决定什么是基本自由实践和发展在两个"基本情况"下的道德能力的"重要性"(第二章已有讨论)。虽然罗尔斯为阐明这些问题提供了一些例子，但仍然不甚明了的(至少)是，何时一个基本自由比另一个基本自由对实践和发展道德能力更加"重要"。此外还存在决定采取什么措施对提供公平均等机会是必要的问题。再一次地，罗尔斯希望我们诉诸自由平等的公民理念,但在这里他对这个理念着墨不多。仍然悬而未决的问题是,如何建构完整的初级产品指标(index of primary goods)(包括权力和公职岗位、收入和财富),罗尔斯用单纯的收入和财富来决定最少受惠者的应急手段是否精确反映了这个指标?

即使在最乐观之时,罗尔斯也不认为,由正义原则这些和其他标准的应用带来的含糊性、模糊性和不确定性问题可以得到圆满解决。他在《正义论》中承认,在每个正义原则及其要求的制度中,在某些情况下,在满足正义原则的许多制度中,而不是在某特殊制度中,会存在一定程度的不确定性。在这种情况下,在一定范围里得到许可的"政治解决"将通过民主决定和多数规则来达到(TJ, 200 - 201, 362/176, 318 rev.)。这似乎是罗尔斯理论的一大缺点,但是不确定性和模糊性是任何一种正义观都避免不了的。人们往往把功利主义当做系统处理各种选择、理顺各种冲突主张的范例。但罗尔斯说,除了最大化之说(maximizing idiom)的表面迷人之外,不确定性、含糊性和模糊性充塞着效用原则,隐藏在令人难以捉摸的综合效用(aggregate utility)概念之中(TJ, 320 - 21/281 - 82 rev.)。无论如何,罗尔斯认为,有时正义原则能尽力缩小我们分歧的范围,或尽量澄清我们分歧的方面,"在正义理论中,这种不确定性不是一个缺陷。实际上,它正是我们所期待的东西"(TJ, 201/176 rev.)。罗尔斯认为,理顺潜在正义原则及其解决冲突断言的能力,同哲学家断定由功利主义设定的系统理顺能力相比,受到了更多限制。

罗尔斯仍然希望为应用正义原则提供合理的"决定程序"。他采取的主要办法是,通过一系列假设的协商程序,顺从合理约束的理性同意,拓展原初状态基本观念。这就是"四阶段序列"(TJ, sect. 31)。像在原初状态下的初始选择一样,存在着对理性的约束,那是在把正义原则应用于宪法、立法和司法决定时可以依靠的理性。正义原则直接应用于社会基本结构。在正义原则能被用来影响或指导个人行动之前,至少存在三种判断。第一,必须准备一部造就和应用法律的带有程序的中正宪法(just constitution)。第二,满足宪法程序的法律和社会政策必须正当地得到发布。第三,法律必须正当地得到解释和执行,应用于特殊情景和个别措施,它们是司法、行政和公民自身的任务。

于是,需要一个应用正义原则的办法,去决定什么样的政治宪法是正当的,什么时候法律恰好一致于中正的宪法,什么时候应用法律,以及什么行为是法律所要求或允许的。这是"四阶段序列"的作用,它把在原初状态下的假设性思想实验(第一阶段)扩展到应用正义原则的假设性协商和决定的后面三个阶段。这些是四阶段序列之立宪阶段、立法阶段和"最后"阶段。每个阶段代表着一个适当的观点,从那个观点出发,不同类型的问题将得到解决。

罗尔斯的四阶段序列是用来商讨和应用正义原则的框架。它不是我们的政治代表务必使用的程序,以便我们自己的宪法或法律成为正当的或合法的。在理想世界里,它是宪法或立法代表反映甚至仿效的程序;但在我们所知的世界里,这也许是对通常缺乏哲学技巧的代表提出的过多要求。要是没人尝试模仿或反省罗尔斯的假设程序,一部宪法或法律可以是相对正当的。四阶段序列是你我现在都能个别或联合反省的一种假设性探索,以判断和评估现有宪法、法律和司法判决的正当性。[1] 它是发现现行宪法和法律在多大程度上兼容于正义原则的方式,并且为证明、论证和批评民主社会提供了基础。

1. 立宪阶段

那么,我们如何选定一部中正的宪法呢?一部宪法如果是中正的,那么它务必在自由平等者的理性代表中间达成同意。自由平等者不知道其环境的特殊事实,他们的判断取决于和受制于代表们的决定。代表们对宪法的选择不再是以有关措施最有利于实现他们代表的基本利益的工具理性活动(instrumental reasoning)为基础的纯粹理性选择。正义原则的合理约束(reasonable constraints)影响了宪法选择,允许"揭开"无知之幕,以便代表们把有关其社会历史环境、经济发展水平和政治文化的信息带到一个假想的立宪大会(hypothetical constitutional convention)上。这种知情是切中的,因为具有不同历史、文化、资源和发展水平的社会,会要求不同类型的宪法,使它们最好地实现正义的要求。[2] 各方仍然对特殊的人一无所知,不知道自己或其他任何一个人的人格特征,不知道他们的善观念。

应用正义原则的立宪阶段,多少类似于约翰·洛克为合法宪法(legitimate constitution)制订的社会契约标准。对洛克来说,一部政治宪法(political constitution)只有符合以下条件才是合法的:它能由站在假定的自由人中间持有的平等权利立场订立契约(每个人通过原始的社会契约共同结成政治社会),没有违反他们(为上帝和人类承担)的任何自然义务,没有使他们拥有的任何一个不可让予的自然权利受到损害,没有使他们招致比在自然状态之下更糟糕的境遇。[3] 不过,洛克设想,自由人,平等地置身于自然状态之下,会同意没有违反自然权利或义务的许多不同宪法。由于这个原因,他放松了原初社会契约的全体一致同意条件(unanimity condition)(原初社会契约本身是形成和加入政治团体的一项协议),主张表决一个中正的宪法,将取决于多数假想的代表。[4] 这意味着,许多不同形式的政治宪法将很可能通过洛克为政治宪法设置的社会契约检验。于是,民主制度将满足洛克为中正宪法设置的道德限制。但是,否认绝大多数国民拥有任何政治参与权利的立宪君主制度也将满足那个限制。由于洛克的社会契约允许在生而平等自由的国民中间基本权利的不平等,它是对罗尔斯认为需要无知之幕的问题的回应。对罗尔斯来说,除非宪法体现了某种形式的民主规则,为所有公民提供了包括平等的政治参与权利在内的基本自由,否则,它就不可能是中正的。

2. 立法阶段和不完美的程序正义

罗尔斯有时讲到,在其历史和政治文化给定的条件下,似乎存在着适用于每个社会的唯一适当的民主宪法,为其立宪代表所赞同(TJ,197,198/173,74 rev.)。在另一些时候,罗尔斯似乎承认,从四阶段序列的客观视角来看,有时可供取舍的法律正义,甚至可供取舍的民主宪法正义,会难以定夺,甚至难以确定。"并不总是清楚的是,哪些宪法或经济社会安排将被选取"(TJ, 201/176 rev.)。尽管四阶段序列有时无法从理论上在两个或更多取舍之间做出决定,这意味着存在同等正当的(equally just)可供取舍的宪法,但不表示不存在有关正义的"事实"(fact of the matter)。

罗尔斯说,在四阶段序列的立宪阶段和立法阶段之间,存在着"劳动分工",吻合于正义原则调节的基本结构的这两个部分。立宪商议的首要目标(primary purpose)在于,明确宪法权利和程序,以体现和保护平等的基本自由:"第一正义原则即平等的自由构成了立宪会议的首要标准。其主要要求是基本人身自由(fundamental liberties of the person)……(以及其他'宪法要件'〈constitutional essentials〉[5])。"(TJ, 199/174 – 75 rev.)这意味着,差别原则和公平均等机会是在四阶段序列中的第三个阶段"立法阶段"的协商焦点。罗尔斯设想,第二正义原则将理想地为民主立法者协商调节各种机会、经济生产、消费的法律和社会经济政策提供指导。在立法阶段,"通盘考虑所有的经济和社会事实",去决定最佳地满足差别原则的法律(TJ,199/175 rev.)。为了把差别原则应用到特殊社会,有关社会环境和资源的所有事实信息都是必要的。就影响收入和财富分配的经济法律措施之正义的立法决定,依赖于了解这些偶然因素。罗尔斯仍然认为,有关特殊个体的个性特征信息,无关于针对法律的决定;甚至在立法阶段,仍然存在着"稀薄的"无知之幕。罗尔斯假想的立法者,不仅不知道自己的人格特征,而且也不应当知道委托人的许多人格特征。例如,纵使一位老土的立法者知道其富裕委托人的财富、种族、宗教倾向等信息,它对决定经济立法或社会立法(比如优待措施)又有何干呢?由于有关特定人群的这类事实信息在道德上无关于针对中正立法的决定,在立法阶段,平等公民的代表不必要掌握这些信息。

立宪阶段和立法阶段的劳动分工意味着,差别原则不是宪法的组成部分。罗尔斯为以下说法提了几条理由:差别原则不是一个宪法要件。[6] 其中一个理由是,经济政策的复杂问题要求大量信息,多于我们通常具有的信息,由于后续的分歧,差别原则是得到满足的问题最好留给立法部门,而不是由立法部门去解决。在《正义论》中,支持这个限制的主要理由是,罗尔斯好像赞同民主立法的司法审查。他似乎假定,假如差别原则被包含于一个(成文的)政治宪法之中,那么法院将处在审查和撤销对经济政策的民主决议的位置上,罗尔斯希望避免那个情景。[7] 由于司法审查对平等的政治自由是一种限制,按照罗尔斯的见解,它要想得到正名(justified),就只能是为了保护一套恰如其分的基本自由。自由的优先性意味着,一套恰如其分的基本自由不能因为差别原则或者公平的机会均等而受到限制。所以,按照《正义论》,允许法院具有事后批评和撤销就经济政策和分配正义问题做出立法决定的权力,等于违反了基本自由的优先性。

那么,假如一项民主选举的立法决定不为最少受惠者提供基本需要将会如何呢?或者,假如它决定不提供公平均等机会将会如何呢?这些决定看似严重违反第二正义原则,但在《正义论》中罗尔斯似乎没有明确的制度手段来纠正它们。在后期著作中,罗尔斯区分了不属于宪法要件的差别原则要求和适用于有效实施基本自由的收入和财富的最低基数(basic minimum)。罗尔斯认为,基本的社会最低保障是一个宪法要件，民主颁布的立法不得予以违反。这意味着民主立法者有宪法义务提供恰当的社会最低保障，社会最低保障的恰当性可以由法院依据司法审查权力来予以审查（假如它极不恰当）。

现在我们重新回到正义的不确定性问题上来。罗尔斯说，当可供取舍的民主宪法，或经济社会安排，在四阶段序列之内将得到选择时，"在此范围内正义也同样是不确定的"（TJ, 201/176 rev.）。"为了解决社会政策、经济政策的各种问题，我们必须转而回溯一种准纯粹程序正义的观念：只要各种法律和政策处在允许的范围内，这些法律和政策是正义的"（同上）。罗尔斯提到的一种特殊情况是，这个不确定性应用到社会政策和经济政策，而不是基本自由问题。在应用第一正义原则来决定宪法权利争端和一个自由比另一个自由更加重要的争论时，同应用差别原则相比，似乎存在着更大的不确定余地。正如罗尔斯说的那样，"一个宪法权利或自由是否受到了违反"的问题同"差别原则是否得到了满足"的问题相比，可能存在更多的同意（这是他不使差别原则成为宪法要件的理由之一）。但是，同第一正义原则相比，差别原则具有较大的不确定性，这不是一个理论问题。当基本自由受到侵犯时同差别原则得到满足时相比，在宪政民主制度下通过作为公平的正义组织起来的国民是否更可能达成同意，这是一个实务问题。也许真的如此，不过就这两个原则而言，同罗尔斯为了应用第一正义原则而提供的"在两个基本情况下一个基本自由的重要性"标准相比，由差别原则提供的标准似乎仍然在理论上是比较确定的。

3. 四阶段序列的最后阶段

由于最后阶段包含应用法律和政策以决定特殊案例，有人受诱导称之为"司法阶段"。但是，那将掩盖以下极其重要的事实，"最后阶段"（依罗尔斯的说法）也包含公民就中正法律对他们提出的要求的决定。在四阶段序列的最后阶段,正义的抽象原则,以民主宪法和法律为中介,降格为且造就了就个人或制度在特殊情况下将要做什么的具体条款和允诺。正是在这个阶段,我们最终知道,按照正义原则以及满足它们的宪法和法律,我们应当执行的具体条款。按照"自然义务原则"(the principles of natural duty),每个人都有义务知道正义的约束,做正义原则要求他做的事,一旦这些约束得到了满足,一个进一步的义务是促进和维持中正的制度。在其他积极的义务中间,我们还有相互尊重和相互支持的义务(TJ, sects. 19,51)。(不幸的是,除了上述几点,罗尔斯就这些自然义务对我们提出的要求着墨不多。)于是存在着公平义务,要求我们在中正制度里,信守承诺,做事公平,要求政府官员承担起政治义务,尽到中正宪法之下的公职责任(TJ, sects. 18,52)。自然义务和公平原则是"个人原则"(principles for individuals),它对于实施两个正义原则是必不可少的,后者本身是应用于社会基本结构的"制度原则"(principles for institutions)。

为了精确地决定,在特殊环境之下,按照中正的法律,我们的正义义务是什么,或者为了法官去判断如何应用在立法阶段得到决定的公正法律,有关实际环境的所有相关信息是必要的。罗尔斯说,与之相应地,在四阶段序列的最后阶段,无知之幕被完全抛弃,"每个人对所有事实都有完全的评估"(TJ, 199/175 rev.)。这是把正义原则正确应用于特殊情况的标准:中正的假想性公民,完全了解相关事实,受正义感的指引,对自由平等的公民有着基本关切,他们将判断由符合正义原则的中正制度发布实施的法律对行动提出的要求。这是法官和公民在决定中正法律对他们有什么要求时将要仿效的标准:他们将按照符合真诚而有良知的道德主体(a sincere and conscientious moral agent)的行事方式行动,那个道德主体受正义感的指引,具有完全的知情,将在商议相关法律应用于特殊情况之后采取行动。对中正行动的如此规范规定并没有告诉我们多少具体的东西,但它提供了当法律义务和责任用来规范我们的个别行动时罗尔斯看待我们的法律义务和责任的方式。

第二节 第一正义原则:宪法权利的具体规定

罗尔斯说:"平等自由的第一原则是立宪会议的首要标准。"(TJ 199/174 rev.)因此:

> 宪法必须包括凡是具备平等公民资格皆享有的各种自由(the liberties of equal citizenship),并且保护这些自由。这些自由包括良知自由、思想自由、人身自由和平等的政治权利。我假定,它是某种形式的立宪民主政治制度,如果它不能体现这些自由,就不是一个正义程序。(TJ, 197 – 98/173 rev.)

罗尔斯认为,立宪阶段主要试图(1)缔造具有正式政府权力(立法权、行政权、司法权等等)的政治制度,每一个权力部门都有自己的程序;接着(2)在权利法案中,更细致地"具体规定"基本自由,那个法案反过来不只是作为对政治程序的限制来实施,而且同作为自由平等的人身观念一道,告知公职人员引导其行动的理念。那么在宪法阶段"具体规定"基本自由包括什么内容呢?我们在第二章已经知道,罗尔斯如何把这个阶段看做一个立足点,从它出发,通过参照自由平等的人身及其基本利益观念,去"具体规定"为充分发展和适当实践道德能力所必不可少的宪法自由。我将在下一节讨论政治自由。在这一节,我要简要地讨论作为宪法权利的基本自由的具体规定问题。

罗尔斯所指"具体规定"立宪阶段基本自由的意思是,高度抽象的基本自由将通过宪法自由而得到更加特殊的规定。例如,思想自由进一步具体规定为言论自由和表达自由,讨论自由和探索自由,从事科学研究的权利,尝试各种文学艺术的权利。人身权利和人格自由将具体规定为免于强制劳役(involuntary servitude)的自由、迁徙自由、免于人身攻击和恐吓威胁(assaults and threats)的自由、就业和职业选择的自由、拥有人身财产权、拥有人身隐私权等。接着,每一个宪法自由将在立法和司法阶段得到进一步具体规定。例如,隐私权包括生育自由和使用节育的权利,亲密关系包括同性关系的选择自由,也许包括堕胎的权利;在患有晚期疾病状况下,垂死者拥有施行辅助自杀的权利,甚至拥有施行他人辅助自杀的权利(参阅 CP, 596 n. 60/605 n. 80)。

就言论自由和表达自由来说,罗尔斯并不认为所有形式的言论自由和表达自由都应当得到平等保护。正如在第二章已经讨论过的那样,某些形式的表达自由比其他形式的言论自由更加"重要",这依赖于它们在多大程度上为适当行使道德能力所需要。在《基本自由及其优先性》(PL, VIII)一文中,罗尔斯主张,政治表达自由将得到最大的宪法保护,它对发展正义力量是至关重要的。只有当一个人的言论将危及社会秩序的即刻瓦解时,政治表达自由方可予以限制。相比之下,绝大多数"商业言论"(commercial speech)或商品广告对于行使和发展道德能力是不需要的。罗尔斯认为,假如商业言论要受到保护的话,那么商业言论不受第一正义原则保护,但受到第二正义原则保护。罗尔斯说,就业招聘广告和教育岗位招聘广告对于公平均等机会是至关重要的,而消费品广告则提供了知情选择必需的产品信息,这将有益于消费者购买产品,应当受到宪法保护,因为它们"具有社会浪费的性质"(socially wasteful)(PL, 365)。因此,每当需要提升正义原则目标和共同利益时,民主立法将自由地规制这样的广告。

罗尔斯主张,要对政治、科学、文艺表达给予多于商业言论的保护。他并没有说出什么非常之见。美国宪法承认,政治言论,即使是极其令人讨厌的,仍然不得以压制商业言论的方式予以压制。例如，美国联邦法院主张，新纳粹党能够获得在一个居住着大屠杀幸存者最集中的多半为犹太人的小镇举行游行示威的许可。[8] 不过法院也主张，民众可以否认生产商在相同公共街道"展示"产品的权利，以纯粹审美理由否认他们放置广告牌权利。在许多方面，罗尔斯有关言论和表达自由的见解是以美国最高法院法理学为依据的。的确，针对言论自由的某些方式，他的立场比目前最高法院的立场更加严格，后者照顾到商业利益，放松了政治言论和商业言论的区别，因而与罗尔斯发现得到授权的相比，取缔了许多以往对广告的州立限制（比如由药剂师和制药公司制作的广告）。

罗尔斯的见解仍然存在着两个与众不同的亮点。第一，他努力提供一个相对确定的标准，以解释表达自由之类的宪法权利，根据当时的情形，去决定行使这些权利能够得到规制或限制的场合。这是作为自由平等公民的人格观念发挥的更重要作用之一：一个特殊自由的"重要性"取决于其承载着公民道德能力的充分发展和适当施展。罗尔斯认为，公民拥有基本利益，这种人格观念对宪法和解释宪法自由权利是必要的。他认为，自由平等的道德主体观念蕴含在民主社会的公共文化之中，是其公民自我观念的组成部分。罗尔斯对宪法解释做出的第二个重要贡献是他的公共理性观念。公共理性基本上是我们作为具有民主精神的公民所能合理接受的思想和价值，它们回应了我们作为公民的关切。只有借助于"公共理性"，才能解释"宪法要件"的性质、范围和程度。这排除了对宗教、哲学和道德思考的诉求，那些思考无法同自由平等的具有民主精神的公民理念保持恰当的关系。这个限制的含义将在第九章涉及堕胎争议时再作讨论。

第三节 宪政民主及其程序要求

理解民主有着不同的路径。一个流行的路径是，把民主简单看做一种政府形式,在那里,法律通过多数规则由代表决定,代表由公民选举,公民拥有相等的选举权利,担任公职的权利,以及表达政治意见的权利。我们也可以认为,民主不单纯是一种政府形式,而是一种政治宪法,在其中,一个法律团体作为"国民"(the People)而为世人所知,他们注定拥有主权,拥有终极的政治权威。国民,或者其宪法代表,制定和修订宪法,创立作为国民代理的(民主)政府,政府有责任制定和施行法律,那些法律将提升公民的共同利益。(卢梭说是"其各部分全体和所有的"善。)这是在卢梭最为竭力地倡导的社会契约传统之内发展起来的政治民主观念,是罗尔斯试图复活并在《正义论》中终成正果的观念。思考民主的第三条路径是社会路径而非政治路径:民主社会是拒绝世袭特权的社会,是国民广泛认作平等自由的社会;国民不是按照家族谱系,而是按照其成就(或因其无所成就)接受世人的评判;此外,国民允许有平等的机会,(在某种意义上)作为体面的自由人来对待。这是托克维尔在《论美国民主》中讨论的民主的社会意义。[9]

罗尔斯想要提出体现上述所有三种民主意义的一个中正社会理念。我们已经知道,他的首要目标在于提出一种正义观,"为民主社会奠定最恰当的道德基础"(TJ, viii/xviii rev.)。在民主社会里,国民认为自己是自由而平等的。从公民的这种自我观念出发,并且从社会合作(良序社会)理念出发,他提出了一种正义观,授权民主的宪法和政府,认可有关社会经济制度的平等主张。他确立的民主宪法(democratic constitution)形式是"宪政民主"(constitutional democracy),不同于简单多数规则民主(majoritarian democracy)。在多数规则民主中,不存在对多数意志的宪法约束,不存在对立法的司法审查。相比之下,宪政民主要求受到多数规则约束的民主政府;法律禁止违反宪法要件和基本正义事项的立法多数。最后,罗尔斯的民主社会观展示了一种社会经济制度,在那里,生产性资产广泛分散而受到控制;只要维护了所有公民的经济能力,经济创业多半是自由的,公民获得经济独立,不因经济福利而屈从于任何人。在这一节的剩余部分,我将集中探讨罗尔斯的宪政民主观,探讨它蕴含的民主政府的各种限制;接着在下一节,我将讨论拥有财产的民主的经济制度。

假定民主宪法意味着,公民拥有主权,公民偶尔把其主权授权给由公民选举产生的代表,这个授权是彻底的,至少在这些代表举行大会或类似协商会议期间如此。这个议会在会议期间行使主权,获得完全授权制定法律,而不受宪法或其他法律限制(也许除了它加诸于自身的限制之外)。由于几乎从未有过全体一致同意,决定由多数规则做出。最后,假定代表们有良知地努力决定对其委托人有益的事情,无论这样做满足了尽可能多的人的愿望才是合理的,还是这样做满足了他们的合理权益和需要才是合理的。这样一个宪法严格地由多数规则决定,因为它既在宪法水平上又在政府水平上体现了(无论公民或代表)(勉强的)多数总是获胜的原则。

赞同多数规则宪法的一个传统论证是功利主义的论证。边沁基于功利主义理由接受多数规则民主。他认为,改善社会总幸福的最可靠途径是建立一个政府,代表们许可它去满足他们最大多数委托人的愿望和权益。在边沁看来,由于所有人都是完全自私的,问题在于找到一个办法,促使只顾自己的立法者提升最大多数国民的幸福。假定,对于重新被选上的渴望在通常意义上会引导民主推选的立法者努力满足多数选民(至少勉强多数选民)的利益。通过"对权益的人为认同"(artificial identification of interests),理性的立法者将肯定并且设身处地地认同其委托人的愿望和要求,因此投票赞同最有利于多数委托人的措施。按照多数规则投票并不总是保证在总体中较大的总幸福得到实现;因为一人一票规则不考虑国民满足的紧迫性和持续性。因此在有些情况下,当富于激情的少数人的愿望被多半无动于衷的多数人否决时,较大的总效用可能无法得到实现。但是通盘考虑,就我们可能明确和最大化总社会效用而言,由勉强多数规则组阁政府是一个好程序。

存在赞同多数规则制度(majoritarianism)的其他办法。为了拥护多数规则制度,一个人不一定是功利主义者。[10]对我们的目标来说,重要的一点是,多数规则制度往往回应着国民不同的经常冲突的利益,以期满足其中的多数。这样的多数规则是一种福利国家制度,它认为道德和正义促进了个人幸福。

罗尔斯认为,多数规则民主(majoritarian democracy)是一个想要在其中实现正义原则的不恰当论坛。因为,除了提供平等政治参与权以外,它缺乏任何制度手段来保护和维护平等公民的基本权利和自由。罗尔斯假定,在正常的社会生活条件下,纯粹的多数规则决定有时会导致限制一些基本自由,不利于少数派团体之基本权利和利益的不公平歧视。其中一个理由是,除了平等的政治权利之外,不存在对基本权利和自由的任何制度性认可。

在承认和维护基本自由的制度机制当中,有成文宪法、权利法案、权力分治、两院立法(bicameral legislatures)和司法审查(参阅TJ,sects. 36-37)。权利法案为在民主立法中具备最优先理由的立法者提供了一个持续提醒人;每当同司法审查联合起来时,权利法案直接限制多数派能够做出的各种决定。对多数派立法部门施加的其他"政府机构相互之间的制约和平衡"(checks and balances)会起到减缓立法变化的步骤,并且就议题所有方面鼓励公开讨论和严肃的立法协商。协商的重要性在于,它不仅保障基本权利不受侵害,而且让所有方面都能知情,立法者要考虑所提议的立法对少数派基本利益的影响。公开的立法协商对熟悉和实现全体公民的公共权益和共同利益(the public interest and the common good of all citizens)也是至关重要的。

多数规则民主缺乏保护基本自由的制度机制,这是它通常关注改善个人福利的间接后果。从国家福利制度角度来看,假如想要实现较大多数人的幸福,不存在对满足个人愿望或偏好的任何限制

(假定它们在弱意义上是理性的)。因为对多数规则的宪法限制起着对实现立法多数派愿望的阻碍作用,它们限制了多数派在追求其个人利益中的做法,因此制约着多数派的个人幸福追求。

对罗尔斯来说,民主立法的首要目标,不在于促进个人幸福,无论那个幸福是什么。相反,它在于促进个人自由和所有公民的共同利益。罗尔斯说,民主的惯例是,法律将促进共同利益。"政府的目标被设想为集中在共同利益上,即旨在维持对每个人有利的条件并达到对每个人有利的目标"(TJ,233/205 rev.)。存在着一个悠久的思想传统(为功利主义者、契约论者、自然法理论家等等所分享),它说的是,一些制度会有利于每个人的合理权益。霍布斯说:"和平是好的,因此所有和平的手段也都是好的。"政治制度和法律制度属于和平的手段。(试设想,要是没有政府、所有权制度、审讯制度或惩罚制度,世道将会怎样?)由于所有(理性)人都渴望和平,霍布斯认为,每个人便以一定方式从政治制度和法律制度中获益,在其最弱意义上,有总比没有好,所有人都从政治制度和法律制度中获益。

不过,霍布斯有关共同利益的弱观念并不包含特殊的民主含义。霍布斯有关共同利益的意义甚至并不总是真的,因为要是根本就没有政府,那么正在受到压迫性政府欺压的很多国民本应过上更加美好的日子,至少不会过得更加糟糕些。所以,霍布斯的断言应当是,每个人都将从非压迫性制度中获益。但是在这个意义上就共同利益而言仍然没有特别地涉及民主,因为不民主的政府(洛克论证的那种政府)也能实现它。

卢梭说,共同利益是正义。它通过促进公民自由和平等的措施来体现正义。罗尔斯在这一点上赞同卢梭。正义的社会条件和制度(正义的政治宪法、法律程序、经济规范、正义的财产制度等等)有利于所有通情达理的公民。[11]不同的观念就正义的共同利益存在着争议,并且对制度和法律如何才能设计为正义的存在着争议。罗尔斯有关正义的民主观是围绕着一种自由平等的道德人观念展开的。

这是一个自由平等的公民理念，他们基于对等和相互尊重开展合作。正义制度的首要角色在于，为实现作为自由、平等和独立的这个公民理念创造条件。当然，每个公民都关心其幸福不因立法而受损，法律一般有利于他或她去追求幸福。但是罗尔斯保证民主公民拥有在维持其自由平等条件方面的基本客观权益，那些权益反过来通过实现他们在发展和实践道德能力方面的排序靠前的权益而得到促进。在其正义感给定的条件下，自由平等的公民通常希望通过同中正的制度和正义的共同利益相一致的方式追求他们的个人目标。

假如促进共同利益是民主的惯例，假如正义是共同利益，那么民主政府的首要目标和角色就在于促进正义。在作为公平的正义的语境里，这意味着，立法者在颁布法律时的角色在于反映和明确正义原则的要求。在作为公平的正义的良序社会的理想世界里，民主的立法者就实现正义原则最迫切的措施进行协商。于是，他们起初并不寻求促进个人的特殊利益。他们不通过投票满足大多数个人利益却排除其他人的利益来行使其权力，就像多数规则的民主观表明的那样。只要民主的立法者寻求促进民主公民的个人利益，他们便可以间接地通过投票首先满足作为公平的正义的共同利益的要求来如此做。

罗尔斯后来在《政治自由主义》中通过公共理性观念提出了他的宪政民主观。公共理性观念使他能够体现涉及民主官员在做出决定过程中依赖并且投票支持的各种理性。它允许他赋予作为协商民主的宪政民主观念以内容。有时，这两个观念被描述为有关民主性质的显著分离的观念。[12]但是罗尔斯通过公共理性观念把这两个民主观念结合了起来。同公共理性观念一起，对罗尔斯的作为协商民主的宪政民主观的阐述，我将在第九章予以讨论。

最后，罗尔斯认为，对民主颁布法律的合宪性的司法审查制度兼容于宪政民主和民主社会。只要实施司法审查有助于提升公民的基本自由和民主宪法的基本要义,这种情形便是真的。人们通常认为,司法审查是反民主的。假如"民主"意指由多数规则确立的政府形式,这一点在细枝末节上的确是真实的;因为在民主制度中,司法审查的本质在于推翻立法多数派的意志。但是我们已经知道,罗尔斯提出了一种更加崇高的民主观,把它看做一种特殊类型的宪法和平等公民社会。在民主社会里,司法审查扮演着至关重要的角色,运用民主宪法来抵制由勉强多数做出的违反民主的决定。罗尔斯认为,每当需要维护基本自由和民主宪法的其他宪法要件时,司法审查制度在民主社会里是合理的。这并不意味着司法审查总是必不可少的。在一个具体的宪法之内,它是否恰当的,这是一个经验问题。在一些民主国家,比如英国,它是不必要的,因为存在着一些文化势力,它们令人满意地维护着公民的基本自由。但是在其他民主国家,比如美国,司法审查由于历史原因对保护公民平等基本自由是必要的。由于种族和宗教的多样性,由于其由五十个独立州立法律制度组成的联邦体系,在美国司法审查是必不可少的,用以协调州立法律,首先是防止多数派限制种族、宗教和其他少数派的基本自由。美国联邦最高法院经常采取行动维护基本自由,抵制立法多数派的种族、宗教和阶级偏见。这是否足以证明其司法审查的权力,并开创促进资本利益和财产所有者阶级的历史,这是一个非同寻常的历史课题,但不是在这里能够得到解决的课题。

第四节 经济制度:拥有财产的民主

罗尔斯分配正义观的一个有趣特点是,它对以下问题持开放态度:私有财产的市场制度或某种形式的社会主义是不是较为正义的社会制度? 在这里,重要的在于理解罗尔斯使用这些术语的方式。前一个术语表示一种允许生产工具私有的市场经济,所谓"资本主义"只不过是一种私有的市场制度。术语"资本主义"由 19 世纪社会主义者发明出来,经由马克思而得到通用。罗尔斯像马克思那样频繁使用术语"资本主义"。资本主义被当做一个抽象模型,其经济制度多少是近似的,实际流动资本多半由资本家阶级所有和控制,他们多半区别于工人阶级,后者中的绝大多数只拥有少量或完全不拥有资本,他们只拥有求得一份市场工资的劳动力。[13]罗尔斯区分了两种形式的资本主义。在"天然的自由制度"(System of Natural Liberty)中,通常称作自由放任的资本主义(laissez - faire capitalism),市场是不受规制的,而政府维持着市场发挥作用必要的背景制度(财产、合同法等等);但是,除了提供属于每一个人的自利的共同利益(高速公路、公共医疗保健措施等等)以外,政府没有为较少受惠者提供公共资助,一般允许由市场交易决定的分配。相比之下,福利国家资本主义(welfare - state capitalism),在绝大多数西方经济中,是占优势的资本主义形式;在其中,通过向失业者提供社会补助,向退休者提供退休期间的社会保险,为伤残者提供公共资助,让丧失生活能力者能够自理,政府抵消了市场的偶然因素。相比之下,工团主义(Syndicalism)是一个私人拥有产权的市场制度,在那里,工人从事劳动,工人的工会则拥有和控制资本,或者至少拥有他们劳动的公司。罗尔斯称作拥有财产的民主(property - owning democracy),可以看做介于福利国家资本主义和工团主义之间的资本主义。它包含由个别工人、工会、企业等等拥有的,带有不同程度的工人参与的民主化管理的资本及其他生产工具的广泛所有权。这些也许包括来自传统所有者的任何东西——控股公司有义务同公司员工进行协商,公司所有者做出最后决定,管理层和工人的共同决定(就像在德国及其他西欧社会民主国家那样),以及充分成熟的工人所有权和管理。[14]就多少社会财富应当奉献给公共产品(public goods),奉献给社会保障或其他公共援助形式而言,私有的市场经济并没有提出特别见解。像福利国家资本主义这样的资本主义在提供由公益基金资助的公共福利(public - funded benefits)方面可以是极其慷慨的。

　　罗尔斯使用术语"社会主义"(socialism)想要表示的,不是分配的平等主义(distributive egalitarianism),而是带着生产手段(土地、自然资源、实有资本)主要归为公有性质的经济制度。使用这个术语对社会产出有多少应当献给公共产品,用来支付社会保障、公共援助等方面的费用,并没有什么交待。就此而言,在收入和财富分配上,社会主义没有什么特殊含义。社会主义制度会在公共产品和公共援助方面大手大脚,甚至寻求收入和财富的平等。同样,社会主义制度也可以在这些方面相当小气,为了子孙后代对其绝大多数社会产品进行储备和再投资。重要的是,假如它被简单地看做生产手段的公共所有制,社会主义兼容于使用市场价格来配置生产要素,只要资本和生产手段仍然属于公有(参阅 TJ, 271 – 74/239 – 42 rev.)。这被称作自由社会主义或市场社会主义(liberal socialism, or market socialism.)。[15]相比之下,马克思的共产主义(communism)是一种社会主义形式,它拒绝市场,而依靠理性的生产计划(理想上由民主决定)来配置生产要素。[16]

　　为了表明社会主义如何才能兼容于市场,罗尔斯提到了约翰·斯图亚特·密尔对市场价格配置功能和分配功能所做的区分(allocative function and the distributive function of market prices)(TJ,273/241 rev.)。市场可以用来配置生产要素而不管谁(无论私人还是国家)拥有它们。假如国家拥有生产手段,那么它可以把实际资本按照市场利息借给企业家和工人团体,或者就使用流动资本收取利息。这使得土地、劳动和资本都可以用于存在最大需求的各种产业的生产之中,导致有效配置。当存在所有生产手段私人所有制,市场价格用来配置它们时,情形也是如此。重要的在于,为了利用市场价格配置目标的优势,以便产生生产效率,不一定只依赖市场来分配为了消费目标而产生的收入和财富。市场价格的唯一用途——其他人的支付意愿和能力——在于分配收入和财富,这是自由主义者和传统理解的不受限制资本主义其他先驱者所主张的立场。但是,绝大多数分配正义观要求使用税收制度来决定收入和财富的分配,以及国民有权拥有的分配份额和财产利益。即使像亚当·斯密这样的古典自由主义者也承认,需要税收来提供公共产品,支持"济贫法"(Poor Laws),设法减轻经济负担。只有人们相信,一个人有完全的权利来拥有由土地、资本资源和劳动所有权带来的全部市场所得——或边际产品——时,分配正义才能完全地通过市场和同意转让的其他形式得到满足。罗尔斯差别原则潜在地否认的是,一个人有完全的权利享有其生产资源的边际产品。对罗尔斯来说,财产权在一个由差别原则治理的体制之下不是绝对的,或者不属于基本自由,因此不包括拥有由使用财产产生的收入和财富的全部权利。

罗尔斯的立场是自由主义的,认为生产资源的市场配置要迎合正义原则的要求。在劳动领域的自由市场必须保证就业和职业选择的基本自由以及其他人身自由(比如迁徙自由),保证公平均等机会。一个完全的计划经济(比如马克思的共产主义)会危害这些及其他权利和自由(TJ, 272/240 – 41 rev.)。罗尔斯在此的思想似乎是,由于指令经济通过假定的理性计划来决定生产,他们必定在某种程度上也按照满足生产定额的计划来配置劳动;因此,有些工人必须被分配到他们的职业和工作岗位上去,这样做侵犯了个人的就业自由和职业选择自由。(在这里有人会回答说,即使在一个指令经济里,计划本身也会允许一定程度的生产要素的市场配置,因此,一些不怎么受欢迎的岗位要支付较高的工资。)

罗尔斯承认,同计划经济相比,市场允许更有效地配置生产要素;市场会更有效地使用资源,减少经济浪费。生产要素的有效配置通常(虽然并非总是)对每一个人有利,包括最少受惠者,因此劳动市场也为差别原则所必需。因此我们可以说,对罗尔斯来说,配置正义主要从市场和经济效率考虑。但是,重要的在于,分配正义不是市场决定的。工人和雇主相应拥有的经济产品份额并不取决于经济效率——比如,为了最大化产量。相反,它主要取决于差别原则,取决于实施经济实践制度,取决于极大地提升给予最少受惠者的收入、财富、经济能力与公职岗位。罗尔斯因此接受也在一定程度上给最少受惠者以利益的但给较好受惠者带来好处的经济计划。但是,这不是"滴入"(trickle down);相反,这正是依赖刺激的经济制度必须发挥作用的方式。"滴入"主要地但不是唯一地依赖对收入和财富的市场分配;正如"滴入"这个术语表示的那样,它首先关注的是最大受惠者,最大化他们得到的回馈,然后允许向最少受惠阶级"滴入"不是由那些较大受惠者立即消费的经济效果。差别原则的意思则正好相反。只有当它们给较少受惠者带来好处时,并且它们的确给最少受惠者带来最佳利益时,不平等才是被允许的。在某种意义上,处境较好者享有的不平等以及给他们带来的进一步经济收益会损害处境较糟者。正是基于这一点——任何进一步收益都将给处境较糟者带来不利——,最佳分配将在差别原则之下得到实现。

这个比较表明,自由至上主义和传统自由放任的资本主义无法满足差别原则;因为它们禁止财富向较少受惠者的公共转让,无法保证社会的最低保障。像每一个人一样,最少受惠者的每一份收益全部依赖于其他人向他们做出的私人转让的意愿。"从他所选的一切,到他被选的一切"(From each as he chooses, to each as he is chosen)是罗伯特·诺齐克为其自由至上主义应得权利制度提出的口令。[17]这个原则不保证一个人将因其他个体的转让而获益。不过,自由放任资本主义的提倡者往往仍然承认,以最低的市场工资从事劳动的最贫困的非技术工人要好于非资本主义经济中的绝大多数穷人(也许精英除外)。[18]假如我们比较 19 世纪自由放任的资本主义和苏联或古巴之类的指令经济,那么这个断言可能是错误的,因为在苏联和古巴的共产主义制度下,最少受惠者拥有生活基本必需品的照顾,但是在狄更斯笔下常见的 19 世纪伦敦街头的主人公却见不到那种照顾。不过,在比较发达的现代资本主义经济中,尤其是在给失业者提供保险和其他社会保障手段的资本主义经济中,这个断言仍然可以是真的。无疑,在过去的两百五十年里,在先进的资本主义经济中,经济收益已经大大地提高了每一个人——包括那些处境最糟糕者在内——的生活水平。但是资本主义,甚至像美国这样的福利国家资本主义,导致了严重的财富不平等,通常伴随政治、教育与就业机会的严重不平等。此外,福利国家非市场转移机制起不到减缓失业和无能者负担的作用,因此,在资本主义条件下,同在欠发达国家的贫困状况下相比,最少受惠者和无能者的处境一样糟糕。

罗尔斯明确反对传统上理解为自由放任学说的资本主义。这蕴含着他也反对"天然的自由制度"(System of Natural Liberty)和"自由平等"(Liberal Equality),两者都受效率原则和收入与财富的市场分配所主导(TJ, sect. 12)。令人惊奇的是,他也反对已经被现代福利国家所调和的资本主义。之所以令人惊奇,是因为《正义论》经常被人描述为是对福利国家的重要哲学证明。[19]但是对罗尔斯来说,虽然福利国家资本主义提供了社会最低保障,但是它不承认调节社会经济不平等的对等原则(a principle of reciprocity)。结果,由于财产所有权的集中,"经济和很多政治生活掌控在了一小撮人手中"(JF, 138)。

罗尔斯认为,福利国家资本主义存在三个重要制度缺陷。第一,福利国家资本主义的社会最低保障不适应于差别原则的要求,难以维持较少受惠者基本自由的公平价值。罗尔斯认为,福利国家资本主义用一种严格的功利主义来做出其哲学证明。(实际上,术语"福利国家"[welfare state]起源于 20 世纪 30 年代的福利经济学,那是功利主义的一个分支)。从其源头上理解,"福利国家"的一般观念是,社会中的效用或"福利"的总水平将会通过减缓由失业、丧失劳动能力、衰老引起的贫困而增加。它在一定程度上是真的,只要福利偿付本身并不增加抑制,以至于相当地不利于劳动市场的产出水平和效率。假定存在着对最贫困者的某个最佳水平的公共援助,资助他们正好足以减缓某种不安,但没有改善其处境到当有工作机会(通常是最低市场工资)他们却不愿意外出工作的程度。

在福利国家,决定社会最低保障的指导准则于是将取决于效用的计算,比较计划的社会最低保障和不致产生劳动抑制的最低工资,考虑它们同社会中的总社会福利水平的关系。不像差别原则,福利国家的社会最低保障取决于关注最少受惠者自身的需求,或者取决于平等或对等考虑。

对罗尔斯来说,福利国家资本主义的第二个缺陷是,没有努力限制财富不平等,没有努力限制经济势力,后者不利于政治自由的公平价值。罗尔斯认为,福利国家资本主义允许的社会政治不平等难以兼容于公民的政治平等,因为福利国家的资本主义对较少受惠者政治自由的公平价值大打折扣。由于严重的不平等,财富、权力和公职岗位的集中,竞选规制的缺乏和对开支的限制,有钱人和企业的利益有效地腐蚀和影响着政客和其他政府官员,使他们颁布的法律首先有利于处境较优者。他们多半控制着政治议程,用它来促进他们的经济利益。

最后,福利国家资本主义的第三个缺陷是,由于财富的集中和极度不平等,绝大多数公民缺乏有效的政治影响力,由于缺乏公平均等机会,绝大多数公民无法行使有效的权力,缺乏在社会经济生活中有权威的岗位。对资本和产业的有效控制集中在一小撮阶级的手中,大多数国民控制不了他们的劳动条件。不存在对生产性资产的广泛所有权和控制(甚至工人的退休金也多半由企业股份所组成,工人在公司里没有有效的投票权)。管理控制取决于所有者阶级的特许成员,他们牢牢控制着社会财富的较大份额。[20]在福利国家均等机会大多流于形式,提供的职业岗位只向有天赋者开放,一致于对经济效率的总体强调,指导着功利主义的福利国家。但是没有做出规制或推广向竞争开放的权威岗位的努力,以确保它们包括岗位的广泛适合性,或者同所有人控制一起的某种工人控制或参与管理。相反,工人控制或工人参与管理被看做是在经济上没有效率的。劳动只被看做是另一个生产资料,不必给予太多关注,只要能置于为完全所有者控制的管理之下就行了。

另一种私有财产市场制度弥补了福利国家资本主义的这些缺陷,它是拥有财产的民主(property-owning democracy),罗尔斯对拥有财产的民主和市场社会主义都着墨不多(尽管他对前者比后者说得要多得多)。我们可以推断出在如下方面拥有财产的民主(POD)不同于福利国家的资本主义(WSC):

(1)不像资本主义,POD寻求生产手段的广泛所有权,以至于像私人所有者、工会或工人合伙企业一样,工人通常也能控制实际资本和劳动条件(参阅 JF,139)。不过,罗尔斯并不表示,资本、土地和资源不为工人掌握的所有权是排他的,他也许承认,出于经济效率考虑,这种部分所有权应当被允许。但是他仍然会说,有关平等的基本自由的第一正义原则不会要求生产手段的私人所有。生产手段之私人所有的可行性完全取决于它能在多大程度上最佳地满足差别原则。

(2)在 POD 中,与在 WSC 中相比,在最大受惠者和最少受惠者之间,不存在收入和财富的巨大差距,因为(除了差别原则的效果以外)巨大的不平等得到了缩减,以便保护平等政治自由的公平价值和公平均等机会。压缩财富重大差距的一个办法是当处境较优者向其后代转移财富时征收地产税、遗产税和赠与税。

(3)POD,不像 WSC,提供着政治自由的公平价值。它于是限制着私有财富通过为竞选阵营提供公共财政支持而对政治竞选产生的影响,限制私人捐赠和私人募捐,为不同政治计划提供开展政治辩论的合适公共论坛,如此等等。

(4)在POD中,与在WSC中相比,存在着更为公平的均等机会。工人不是为了在其产品中没有利息的工资而工作。他们至少有机会去拥有和控制他们在日常行使劳动能力时使用的资本。此外,工人增加了在劳动场所的监督和控制。

(5)社会最低保障通常在POD中比在WSC中要多一些,至少当后者受到严格的效用原则主导时,因为不像WSC,POD的目标不在于最大化(国民)财富总量,或者收入和财富的平等水平,而是最少受惠者的经济社会地位。

(6)遗产继承(和捐赠)在POD里受到限制,导致财富的大量集中逐代下降。这对于提供公平均等机会是必要的,后者会由于跨代延续的财富集中而受到严重损害。这要求向遗产(及其他捐赠)接受者而不是捐赠者征税。(用法律的术语来说,罗尔斯设想了一种累进"遗产税"〈inheritance tax〉而不是"不动产遗产税"〈estate tax〉)。同由处境较糟者继承的遗产相比,由已经富裕者继承的遗产将被征收较高的税率,处境较糟者可以征收较少的税或不征税。在POD里,做出捐赠或遗赠的人于是甚至可以通过把其不动产广泛地散发给处境较糟者而完全避开遗产税。在这种税收制度的鼓励下,由于财富的广泛散发,财富不再集中,它已经不再是一个问题。

(7)与其说是一种所得税——由于影响收入而可能不鼓励工作——不如说比例支出税(proportional expenditure tax)被用来向处于良序的拥有财产的民主制度中的消费者征税,这种税只适用于已经发展到一个最低支出水平之后。(通过这个办法比例支出税不同于人们熟悉的销售税,后者适用于无论其收入和财富有多少的消费者。)支出税意味着,人们不是基于他们通过劳动和投资而对社会生产的贡献来征税,而是基于他们通过消费而从社会生产的索取来征税。这个观念并非极其压制人们去消费(毕竟,假如他们不消费,就不存在进一步的生产需求);但它相当程度上预防了税收制度直接地不鼓励劳动、生产努力和贡献(JF,161;TJ 278 – 79/246 rev.)。

罗尔斯似乎说的是,比例(消费)税比世人较为熟悉的累进税更加合理,因为(a)鉴于比例税不抑制刺激,它更有效率,(b)"(假定……收入是公平获得的)〈比例税〉一视同仁地对待每个人"(TJ,278/246 rev.)。基于平等和效率,许多经济学家和保守主义者提倡比例(消费)税。撇开效率理由,从(b)可以推出,罗尔斯的确接受了以下保守主义论点:同累进税相比,比例税(或"单一"税)在骨子里更加公平。他因此而受到了批评,假如他就是如此假定的,那么那个批评是正确的。[21]但是似乎不存在罗尔斯支持这个论证的基础,因为在其有关分配正义的见解中,不存在这样一个假定:一个人应当获得其通过市场活动获得的一切。相反,其假设一定是,每个人都有义务偿付在其税赋中的公平份额,在那里,"公平份额"(fair share)显然不取决于某个比例税收规则,而是取决于差别原则和分配正义的其他要求。因此,假如罗尔斯表面上容忍针对收入或消费的"单一税"(flat tax)的公平理由,那么人们的确会误以为他给予了其观点以那样的意思。我认为他能够免受这个指责,因为他说过(就在他断言因为比例税是"统一的"和"更有效率的"所以它是可行的之后),"这些是政治判断问题,而不是正义理论的组成部分"。这表明,采用比例税而非累进税,将不单独取决于正义原则或公平的考虑,而取决于这些原则在良序社会的特殊环境中的应用。无论如何,罗尔斯说:"假如现行制度是不正义的,那么通盘考虑所有事情之后,甚至大幅提升的累进所得税[也会得到]证明。"(TJ,279/246 – 47 rev.)

(8)罗尔斯肯定这样一种观念:所有拥有健康体魄的人都应当得到鼓励在良序民主制度中工作。他不认为以下做法是恰当的,向纵使有能力却不愿意工作的人提供充分的"福利"偿付。通过向所有人提供社会最低保障而无论其是否工作,福利国家会鼓励处境最糟者的依赖性,以及一种被社会抛弃的感觉。罗尔斯认为,成为一个拥有自尊感的独立人的组成部分在于，他既为自己谋得一个岗位，又从事着一项工作，那项工作本身不是低人一等的，不是不利于自尊的。他还表示，假如人们从事正当而公平的行当，那么每个人都有义务各司其职，不做不公平地从他人努力中获利的事。这也许可以理解为罗尔斯公平原则的一个应用（TJ, 18/16 rev., 60/52 rev.）。"我们除了获得我们的公平份额之外，我们不应当从与他人的合作中获得其他好处"（TJ, 343/301 rev.）。（不过请看下面的保留意见。）

因此，罗尔斯反对菲利普·冯·帕里基斯（Philippe van Parijs）的以下主张：正义社会应当向这样的人提供社会最低保障，他们决定不工作，而是（例如）整天在马里布海滩闲逛或冲浪。即使他们由于其所受教育和信仰的缘故而被迫失业，以为劳动是令人厌恶的和有失面子的，罗尔斯仍然认为，个人应当为其目标和善的观念担负起责任，不得把他们选择生活方式的成本强加到其他人头上。这并不意味着罗尔斯相信，自由地选择不劳动的人应当被要求通过为了生计而乞讨来照顾自己，或者通过在别人垃圾箱里寻找食物来照顾自己。相反，他的意思是，休闲时间本身应当被看做初级社会产品。他的想法似乎是，那些选择不劳动的人，应当有一个正常工作日（8小时）币值，从最少受惠者正常获得的社会最低保障中扣除。（例如，假如社会最低保障是每个成年人每天 100 美元——不是一个不实际的数字，因为它累加起来每年只有 36500 美元，它仍然几乎是目前一个四口之家的官方贫困水平的两倍——我们于是扣除 8 小时最低工资，假定每小时 6 美元，那么这个冲浪者将每天得到 52 美元——一个数额仍然足以为他提供他选择的生活方式。）所以在某种意义上，这个冲浪者被提供了许多人称作"福利"的东西，但是他得到的币值总额少于假如他选择工作将得到的币值。

因此，在差别原则之下的社会最低保障将达到它假定人们愿意去工作的水平，因为它假定，在维持社会合作的贡献中，人们将获得其公平的份额。不过在这里有人会反驳说:"但是,因为他拒绝工作,所以为什么要给那位冲浪者提供社会最低保障呢?"其答案是,它不是公共援助之传统意义上的"福利",那个福利是为了提高社会中的个人或总体福利水平而设置的。相反,它是一个偿付,是具有民主精神的公民应当付出的,作为一个权利问题,是他们为参与和认同社会合作的正当契约所作的偿付。单纯因为一个公民拒绝工作并不意味着,他就不应当获得维持社会合作的公平份额。他服从法律,尊重其他人的期望,尽到公民义务(比如,陪审团服务、投票、服兵役和战时征兵)。公民在正当生产劳动之外通过更多途径对社会合作做出贡献。同闲来无事或失业的较少受惠者相比,闲来无事的富有者(well-to-do)并没有从事更多的生产劳动或实际生产活动;他们借助于其财产做出的无论什么"贡献"都是一种合法建构(边沁称之为"虚构")。也许这是罗尔斯拒绝以下说法的原因:拒绝工作违反了公平原则。他不愿意说,身健体壮而不工作的人(able-bodied non-workers)是做事不公或为人不义的,他们的生活方式是值得尊重的,正如同样闲来无事的富人生活是值得尊重的那样,在差别原则之下,他们交纳了其税赋的公平份额。不过,一旦人们——无论其处境优劣——选择不工作,那么他们就没有理由抱怨,工作着却仍然是最少受惠者得到了生活补助,而他们没有得到那样的补助。

(9)针对劳动着的最低受惠者,罗尔斯明确反对(在良序社会条件下)雇主必须提供[政府]规定的最低工资(fixed minimum wage),因为它不鼓励创造新的就业岗位。[22]但是工人的市场所得不是他或她应得的,因为,在差别原则之下,(劳动和资本的)市场价格起不到作为人的法定期待或应得的标准的作用。那些具有市场低收入的人将不得不接受政府提供的收入补助(或"工资性津贴"),它们是为了达到差别原则要求的给较少受惠者带来合理的社会最低保障而设计的(TJ, 285/252 rev.)。(像所谓"负所得税"〈negative income tax〉或现行的"所得税抵免"〈Earned Income Tax Credit〉是公共收入补助的一些实例。)

(10)假如政府期望所有身体好的公民都应当从事生产劳动,那么它必须充当终极雇主角色。为现有社会最低保障设定一个额度,然后在面对5%-6%"自然失业率"(natural unemployment)时无所作为,这是不公平的。因此,假如经济制度无法真正提供充分就业——在所有谋职者都找到一个岗位的意义上——通过公共岗位(如国家公园的公共岗位)、全国性服务机构(比如,当志愿兵、在公立医院工作)以及其他手段,政府的工作正在于此。

(11)普惠卫生医疗(universal health care)对拥有财产的民主是至关重要的。同普惠教育一起,罗尔斯认为它是公平均等机会所必需的。因为患有慢性疾病的人或残疾人无法胜任为具有相应技能和天赋水平者提供的机会岗位。[23](我们将在后面看到,罗尔斯认为,普惠卫生医疗是任何一个自由社会所必需的。)相应地,正义需要为所有公民提供适当的卫生医疗公共资助。

这些就是拥有财产的民主(a property-owning democracy)的特点。再一次地,人们希望,罗尔斯对这个观念着墨更多一些,回应一些明确的批评。例如,拥有财产的民主如何保证为工人控制生产手段提供机会?要做到这一点,政府是否必须对非工人控制的资本总量有所限制,或者对工人转让其在没有放弃地位而工作的公司里的所有权(股份)有所限制?这些措施是否经济效率低下,导致了严重损害处境最糟者的社会最低保障?假如工资补贴由政府提供,那么,通过什么措施来防止雇主提供最低工资(每小时1美元),知道政府会补助余下部分,从而使工人达到社会最低保障?罗尔斯将如何回应以下批评:政府提供的工种是不必要的"为工作而工作"(make-work),不可能鼓励人们产生自尊感?至少对于其中一些问题,罗尔斯将回应说,这些问题不是正义理论面对的问题,而是贯彻正义原则的政策问题(参考 TJ, 279/246-47 rev.)。无疑,在非理想条件下,比如在有着非正义经济制度的我们自己的社会里,要是不带有推广它们的商业利益和其他利益,纵使无损于那些利益,也难以执行其中的某些措施。把作为公平的正义应用于我们自己的条件必定会面临的问题,是许多非理想理论和"部分依从"(partial compliance)面临的问题,它们不是罗尔斯认为他或任何一个其他哲学家能对其做出恰当回应的问题。它们需要历史、社会和文化事实的知识,社会科学家和历史学家能对那些知识做出更为恰当的阐述。

罗尔斯就差别原则应当如何应用的思想,在这些年里有着一些有趣的发展。在《正义论》里,他似乎持有以下见解:

(A)差别原则将应用于立法阶段,以评估立法对最少受惠者前景的影响。此外,差别原则有意识地应用于每一次和每一个立法法案,至少当法律将对处境最糟者的前景产生某些实际影响时是如此。同其他可行选项相比,假如预期的立法很可能导致最少受惠者的处境更加糟糕,那么立法者必须拒绝该立法,而赞同那个立法可选项。因此,按照《正义论》,除非基本自由和公平均等机会占优,差别原则,就所有立法提供了一个至上的规制条件,纵使不是一个实证目标。

(B)除非最少受惠者获益,否则,差别原则禁止使用公共资源来资助完美主义的文化价值,比如公共艺术博物馆、管弦乐队、歌剧、剧院(以及对体育馆的公共资助)。大学可以为了教育国民使其能够自食其力、过上有价值生活的普通目标而获得资助。为了这些目标,所有课程都应当得到教授。但是,这难以维持完美主义文化价值所看重的文化机构。使用公共资助来推进完美主义价值,会以牺牲最少受惠者为代价。这并不意味着对文化机构的公共资助应当被完全禁止。但是它们必须是受到这样一些人的自愿资助,他们使用那些文化机构或者愿意支持它们,因此"未经其同意,不得向任何人征税"(no one is taxed without his consent)(TJ, 331/291 rev.)。[24]罗尔斯将支持对不需补贴的文化机构的公共管理。

(C)《正义论》问世之后,罗尔斯说,差别原则不应当成为政治宪章的组成部分,在具有司法审查的民主国家尤其应当如此(JF, 162)。假定疑难的经验判决不得不用到差别原则,那么立法机关应当做出这些决定,司法机关则不应当做出这些决定。差别原则与其被一部成文宪法作为一个权利问题(a matter of right)来要求,把它当做一个"宪法要件"(如罗尔斯后来说的那样),还不如成为公众理解(public understanding)的组成部分。只要差别原则没有被给予在宪法之内的法律效力(legal force),差别原则可以成为成文宪法序文的组成部分(同上)。

20年以后,当罗尔斯谈到《政治自由主义》时,他提出了以下见解:

就(A)而言,罗尔斯说,立法者不一定有意识地应用差别原则来制定甚至评估每一个立法法案或政策问题。罗尔斯认识到有关对商议施加"阻力"(drag)的其他人的反对意见,那些阻力由持续考虑在立法中处境最糟者的前景所引起,他说,差别原则不一定要求如此持续的警觉(constant vigilance)。因为一旦提供平等的基本自由、政治自由的公平价值和公平均等机会的措施得到了落实,"通过上下调整免于比例所得税的收入水平,也许差别原则能够大致得到满足……这样做使我们免于就每一个政策问题去考虑差别原则"(JF, 162)。这又一次表明了,差别原则如何是一套原则的组成部分,后者构成了分配正义的大部分工作,甚至在涉及差别原则之前就已经如此。为了维护平等的政治自由和公平均等机会,对财富集中的规制和征税是完全必要的。假定公平均等机会是真正存在的,并且存在着充分就业,罗尔斯认为,在一个拥有财产的民主国家里,社会不一定会关心减轻贫困(alleviating poverty),这通常是福利国家资本主义的首要关切。假定就业充分,教育、培训和技能得到普及,赚钱门道通畅,那么,连最少受惠者也会过得相当不错。[25]假如真的如此,那么差别原则在立法方面发挥作用的主要方式在于决定免于征税的所得水平或花费水平(尽管在这里,为了修正最低市场工资,所得补贴仍然是必要的)。

就(B)而言,罗尔斯似乎放松了他早些时候对使用公共资助来偿付艺术馆和其他文化机构的限制。尽管在《正义论》中,罗尔斯必定证明了,要么对于维护基本自由和公平机会,要么对于改善最少受惠者的处境,这样的机构是间接地必要的,但是在《政治自由主义》中,罗尔斯的意思是,只要"宪法要件和基本正义事项"(constitutional essentials and matters of basic justice)没有面临危险,不存在因其本身缘故增进完美主义价值的问题。差别原则不是一个宪法要件,罗尔斯似乎暗示,只要一个恰当的社会最低保障(比如适合公民施展才能和利用机会)得到了提供,它不是"基本正义"的必需。因此,虽然维护艺术馆和歌剧院的税赋可能无益于最少受惠者,甚至会否定他们原本具有的金钱利益,但是,只要不危及合理的社会最低保障(参阅下文),在政治自由主义范围里,这似乎是允许的。这是在《正义论》中论证的立场的一个重大变化。

最后,就(C)而言,假定右翼国会试图废除为缓解最贫困者的贫困而采取的所有社会保障措施(食品券、带有需要抚养儿童的家庭援助〈AFDC〉、医疗补助,等等)。尽管司法机关的角色不在于实行差别原则,审查有关经济政策和规制的复杂的立法决定,但是在一个具有司法审查的民主国家,罗尔斯认为,在立法机关废除或拒绝提供措施来满足处境最糟糕者的基本需要时,司法机关适合于去实施适当的社会最低保障。社会最低保障——超越基本人类需要的保障——是"基本正义"的要求。由于缺乏使一个人有效地行使其自由的全面手段,对于处境最糟糕者来说,基本自由仅仅具有形式价值或毫无价值。作为一个基本正义事项,社会最低保障要稳妥地通过司法审查来实施。不像差别原则,不存在有待于去决定的复杂经济政策问题,以便决定一个社会最低保障是否适当的。当然,讲道理的人会对满足社会最低保障的要求产生分歧,法院通常会遵从一些认真负责的立法机关的判断(legislative judgments)。但是面对固执己见的立法者没有提供任何东西或者没有提供任何清晰的东西,罗尔斯提倡司法部门要把规定和执行社会最低保障结合起来。

第五节　家庭制度

罗尔斯认为家庭属于构成社会基本结构的制度,他的这一见解在其批评家中间产生了许多误会。这在很大程度上得归结于在《正义论》中起初对正义原则影响家庭的方式着墨不多。他主要讨论了家庭在道德教育方面以及在人格上培育正义感方面的重要性(TJ, sect. 70)。只是到了晚年,在《公共理性再探》(1999)一文中,罗尔斯才第一次发表了把家庭作为基本制度的论述(CP, 595 – 601)。结果,有些批评家错误地断定,正义原则是为了应用于家庭本身之内而设计的,比如,当父母没有以符合差别原则的方式分配家庭资源时,他们便是不义的。但是,同正义原则应用于任何一个其他的组织,比如教会、大学、军队或运动队相比,正义原则并没有更为内在地应用于家庭。相反,它们把一些外在限制强加于这些和其他制度之中。另一些批评家认为,罗尔斯设定传统男女婚姻关系是男性主导的家庭生活的组成部分。[26]这个断言似乎来自罗尔斯的以下建议:处理代际正义问题的一个办法是假定,在原初状态下,各方都是"家族头领"(TJ, 128/111 rev.),保证子女和后代的利益得到表现(TJ, sect. 44)。批评家们还会断定,假如各方知道他们是家族头领,他们也将知道他们是男性。但是这样的社会和历史知识显然被处在原初状态下的各方所否认。无论如何,同假如罗尔斯做出的另一个假定——每一方代表处在原初状态下的每一个人,因为无知之幕防止每个人知道他们的年龄或性别,正像防止每个人知道每一个其他事实一样——相比,"家族头领"假说没有为正义原则本身提出更为不同的证明。

对罗尔斯家庭观的很多批评似乎假定,罗尔斯有一种传统的家庭观。在传统上,家庭一直被看做是围绕一夫一妻建立起来的,他们哺育和教育亲生子女。但是随着一半的婚姻以离异告终,大量孩子"婚外"出生,许多同性夫妇哺养自己的子女,家庭的传统观念正在发生剧烈的变化。虽然许多人仍然认为它是一个理想,但是男女之间的婚姻正在日益不相干于家庭生活的本质特征。罗尔斯具有一个相似包容性的家庭观。他认为,家庭不是一个天作之合(a natural grouping),而是一项社会制度;因此,它是约定俗成的,它可以用几种不同方式建构起来,并且仍然发挥着其初始功能。罗尔斯认为,家庭的初始功能——使之成为一个基本社会制度的功能——同亲生父母或领养父母、孩子监护人之间的浪漫爱情甚至婚姻无关。相反,家庭是一个基本社会制度,因为任何一个社会都务必具有一定的社会结构,来养育和教育其孩子们。没有一定的家庭形式,一个社会便无法永久地再生产自身。"家庭是基本结构的组成部分,因为家庭的主要角色之一在于,成为社会有序生产和再生产的基础,成为社会文化代代相传的基础"(CP, 595)。

民主社会关心规制家庭生活,保证潜在公民的根本利益得到保护,保证孩子得到哺养,以便他们的能力得到开发,他们能够利用适合于公民的权利和公平机会:"公民必须具有正义感和支持政治社会制度的政治品德。"出于这个理由,罗尔斯表示,"家庭必须以合适的数量确保这些公民的养育和发展,以维持一个永续的社会"(CP, 596)。因此,罗尔斯的基本主张是,无论它以何种方式组成,为了正义,为了理性的善观念,跨越代际,通过为孩子提供基本需要,使他们能够开发其能力,家庭扮演着再生产正当社会的角色。由于家庭扮演着这个基本角色,罗尔斯说"生育是社会的必要劳动"(CP,595-96),其言下之意是,它应当得到承认和尊重。

不过,仍然有一些罗尔斯批评者认为,他给了父母以过多控制其子女的权利。有批评家认为,罗尔斯应当把专门为了保护子女利益以抵制其父母的反平等主义观点而设计的附加原则包含到正义原则当中。这里的关注点是,父母经常用缺乏教养和迷信的观点来教训子女,损害其作为自由平等的人身利益。罗尔斯说,父母对子女的法定权力不得扩张到否定对于充分发育、成熟和适当实践道德能力所必需的教育。不过他认为,这一点一致于父母以自己的宗教养育子女,甚至以违反自由的道德和宗教观点来教育他们(至少他没有特别否定父母拥有那个权利)。支持这一点的理由似乎是,由于宗教自由、结社自由和其他基本自由的理由,罗尔斯不想给予政府去干预家庭、强制父母担负起把子女养育成道德自律的生命之实证义务的权力。政府可以强制父母担负起实际义务,关心子女的身体健康、安全和营养,供子女在提供公认课程的学校上学直到成年,满足其他常见要求(接种疫苗,等等)。此外,政府可以要求,就其作为公民的权利和特许,孩子在户外接受教育,并且在自由民主的政治价值观之下接受教育,以便他们发展其正义感,成为政治自主的公民。这些是自由社会规制家庭制度的主要方式,通过其角色,保护子女的重要利益,预见他们的健康和教育,使他们能够发展其能力,以便他们能够有效地行使其基本自由,利用在自由社会里适合于他们的公平机会。

所以,父母不能阻碍其子女在公立学校或私立学校接受启蒙,使之意识到其作为自由平等公民的基本权利,发展其能力,以便他们能够利用广泛的公平机会。这来自自由平等公民在行使其道德能力时的排序靠前的权益,那个权益无法被父母行使控制其后代的主张所跨越。不过,父母仍然不一定得支持其子女的道德自律或个别性;他们可以教给子女传统的观点(比如,女人不得参加公共生活,女人的位置是在家里相夫教子)而不必担心公共谴责。有些女权主义者和提倡平等的自由主义者,反对罗尔斯观点的这个后果。他们认为,它永久化了妇女的社会不平等,不吻合于罗尔斯承诺的提倡平等的自由主义。罗尔斯对这个反对意见的回应似乎是双重的:首先,尽管《正义论》支持道德自律和个性价值,但是其言下之意是,它将过分干预家庭内部的人身自由、结社自由和选择自由,从法律上禁止父母向子女传授有关妇女的传统宗教观念和其他不平等观念。以下做法并非不合理:允许政府监督每个家长花在其子女和家政琐事上的时间量,指导家长同子女的谈话,以保证他们不企图教唆子女拒绝自由价值。对自由平等的人来说,以下做法将是不理性的:运用大量强制力量来监控家庭生活。

第二,始于《政治自由主义》,罗尔斯主张,自由政府的角色不在于执行一个包罗万象的自由学说,它肯定道德自律和人格个性,否定其他受到嘉许的较为传统的善的观念和家庭观念。从公共政治理性的观点来看,只要父母没有教给子女愚昧的政治观念,他们教授子女肯定传统家庭角色和男女劳动分工的宗教学说和其他学说,不存在什么过错。尽管这看似不吻合于(或者对许多批评家来说,由于)在《正义论》中罗尔斯对正当和善的一致性的论证中对道德自律的强调,它揭示了罗尔斯的自由主义在《政治自由主义》中发生变化的程度。正如我们将在后面看到的那样,按照政治自由主义,政府的角色不在于公开提倡超越自由政治正义价值的任何"一整套"特殊的宗教、哲学或道德价值。假如政府告诉孩子,其父母如此教导他们是错的:正义源自上帝的命令(如许多宗教相信的那样)而不是源自我们的实践理性,或者其父母既应当工作,又应当平等地分担家务和照顾子女的义务,那么它就过分干预了家庭生活。

现在让我们转向婚姻制度,请考虑前面的定性。罗尔斯把婚姻看做独立于家庭,因为家庭有一个社会角色——代代相传的正当社会的再生产——在缺乏婚姻生活的情况下,那个角色能够并且正在当下有效地实现着。就婚姻本身来说,只要同性婚姻没有损害子女发展其认知能力和情感能力的利益,罗尔斯似乎赞成正义所要求的同性婚姻(CP, 596n.)。不过,有些女权主义哲学家提出了更多要求,即自由政府根本无权承认婚姻是一项文明制度(civic institution)。政府不应当正式承认发生在不同宗教之内的婚姻,政府不应当从面子上维护婚姻,因为婚姻只是永久化了妇女的不平等。在一定程度上,这个论点来自一套有关个体性和自我实现的自由主义善观念,否认有关家庭妇女和妇女家庭角色的宗教见解,不可能得到罗尔斯的支持。假如以下情形是由民主决定的:社会应当给予婚姻制度以民事承认(civil recognition),承认由婚姻带来的某些好处,那么在其他事情相当的情况下,正义就不应当阻止它。只有当存在经验证据表明,民事承认婚姻对作为自由平等公民的妇女的政治自主和地位存在难以避免的损害倾向时,那么,这似乎将成为罗尔斯不得不认真对待的一个论断。在回应密尔以下见解时,即维多利亚时代的家庭是一所反复灌输格格不入于民主的思想和行为习惯的"专制学校"(school for despotism),罗尔斯说道:"假如真的如此,那么把合理性的宪政民主社会联合起来的正义原则将明确地表示要改革这样的家庭"。(CP, 598)

这个陈述可以蕴含意味深长的多层含义。它表示,假如父母向子女灌输整全学说,导致他们从此以后以不义的立场来为人处世,比如,否认妇女、黑人和其他少数族裔拥有平等的公民地位,那么,禁止这样的教育和思想是自由社会权威部门的分内之事。因为,向子女灌输不义言行举止的思想,是对孩子的滥用,类似于施暴于子女的身体滥用和伤害,任何一个讲道理的人都会承认,它应当由国家予以禁止。比如,请考虑一些充满种族主义偏见的家长,他们唆使孩子仇恨其他种族。像暴力滥用一样,假如灌输不义反复进行而不见其有停止的迹象,那么剥夺父母管教子女的权利,把他们带到合理的环境,或交由不致扭曲其道德情感和正义感的另一个人来管教,似乎是完全恰当的。这似乎符合"家庭具有教育年轻公民的教化角色,因而正义社会能够代代延续自身"的罗尔斯观点。那么其结果是,尽管父母可以向子女灌输这样一种宗教,它教导他们,他们不是道德自律、自我实现的个体,而是痛苦有罪、顺从神圣命令的生命,但是他们不得向子女灌输严重的不义,不让子女发展对其成为自由平等的公民来说是必要的道德能力,从而损害子女的政治自主能力。这看似矛盾,但我认为它实际上并不矛盾。道德自律和政治自主之间的关键区分将在第 8—9 章得到澄清。

那么,家庭生活对公平均等机会产生了什么影响呢?罗尔斯说:"家庭对一些[公平均等机会]能够实现的方式给予了限制。"(CP,596)他认为,在这里并不是家庭按照其本性必然地影响妇女把相夫教子作为其生命中心,由此放弃了她们的职业机会和公共生活的其他机会。纵使这些文化影响得到了克服,妇女的民事平等得到了充分承认,然而,依赖其自身的教育、背景和利益,父母仍然会对其子女有不同的影响,以自己独特的习惯和嗜好,潜移默化地影响他们。这导致一些子女拥有其他子女没有的教育、环境、得到开发的天赋、社会能力等方面的优势,这些优势反过来使他们处在更有利的地位去利用适当的机会。"即使(按照对它的定义)提供了公平机会,家庭似乎也将在个人中间造成不平等的机会。那么应当取消家庭吗?"(TJ, 511/448 rev.)。鉴于家庭作为基本社会制度的角色,罗尔斯显然认为不应当如此。其理由是,放弃任何形式的家庭,以便克服家庭对在生活中具有均等机会的人的不平等影响——假定我们都在孤儿院长大——,不仅有悖于人同其子孙后代结社的自由,并且将对子女造成严重的伤害,他们的道德和社会发展将被剥夺个性化的天性和对正常注重家庭生活的情感关切。结果,它不利于孩子正义感和其他公民品德的发展,危及正义而稳定的社会的再生产。罗尔斯认为,取消家庭制度,以便实现尽可能完美的机会平等,相似于取消财产制度,以便防止偷窃和财富不平等。即使它们也会产生自己的一些问题,但是,家庭和财产是维持良序社会之正义性和可行性所必不可少的两项制度。

拓展阅读

约书亚·科亨:《协商和民主的合法性》,以及《协商民主的程序和实体》,载于《协商民主》,詹姆斯·波曼编,麻省康桥:麻省理工学院出版社,1997年,第3章、第13章。(Cohen, Joshua, "Deliberation and Democratic Legitimacy," and "Procedure and Substance in Deliberative Democracy," in *Deliberative Democracy*, James Bohman, ed., Cambridge MA: MIT Press, 1997, chs. 3, 13.)(科亨发展了一种罗尔斯式协商民主见解。)

理查德·克劳斯和迈克尔·迈克弗尔森:《财产所有民主和福利国家》,载于阿米·古特曼编:《民主和福利国家》,新泽西,普林斯顿:普林斯顿大学出版社,1989年。(Krouse, Richard and Michael MacPherson, "Property-Owning Democracy and the Welfare State," in Amy Gutmann, ed., *Democracy and the Welfare State*, Princeton, NJ: Princeton University Press, 1989.)(论文讨论了与罗尔斯有关的两种经济财产制度。)

弗兰克·迈克尔曼:《罗尔斯论宪政主义和宪法》,载于《剑桥罗尔斯指南》,第11章。(Michelman, Frank, "Rawls on Constitutionalism and Constitutional Law, "in *The Cambridge Companion to Rawls*, ch. 11.)(论文讨论了罗尔斯的见解应用于政治宪法的路径。)

迈莎·纽斯鲍姆:《罗尔斯和女权主义》,载于《剑桥罗尔斯指南》,第14章。(Nussbaum, Martha, "Rawls and Feminism," in *The Cambridge Companion to Rawls*, ch. 14.)(论文对罗尔斯有关女权主义和家庭的见解作了全面探讨。)

注释

1 就这方面而言,作为正义的假想性探讨,罗尔斯的四阶段序列不同于尤尔根·哈贝马斯表面相似(ostensibly similar)的理想商谈理论(ideal discourse theory)。显然,在哈贝马斯那里,在满足自由平等要求的一些极其苛刻条件的世界里,法律为了成为合法的或中正的,必须在真实的人们中间达成实际同意。

2 罗尔斯承认,存在着"既中正又可行的宪法安排"(arrangements that are both just and feasible)的某个范围,立宪代表的任务在于在那个范围之内进行选择,"它们最有可能导致一个中正且有效的法律秩序"(TJ, 198/173 rev.)。

3 我在这里采纳了罗尔斯本人对洛克社会契约论的见解,它们发表在《政治哲学史讲义》第二讲"洛克讲座"中,第 122 – 137 页。

4 参阅洛克《政府论》(下篇),第 95 – 99 节。洛克说,人人同意的宪法或具体法律"是从无有过的"(第 98 节)。

5 参阅 JF, 48. 在 PL, 230 以及 JF(同上),罗尔斯把社会最低保障加进了宪法要件。它要求在有司法审查的民主国家,比如美国,法院有权执行社会最低保障,抵制旨在取消社会保障计划的对抗性立法。

6 参阅 PL, 230; JF, 48 – 49. 并且参阅 TJ, 198/174 rev.。

7 按照司法审查,成文宪法的每一条未必全都"站得住脚"(justiciable)。在美国宪法中,存在着联邦最高法院在历史上留给立法机关或行政机关去解释的几个条款。其理由是,它们产生了联邦最高法院无法仲裁的"政治问题"。罗尔斯在此所持立场受到了 1940 年以前司法审查历史的影响,当时,极其保守的最高法院,打着保护绝对财产和契约权利的名号,照例否决了由国会通过的经济和福利立法,以应对大萧条的紧急状况。

8 美国国家社会党诉斯科基镇案(National Socialist Party of America v. Skokie, 432, U. S. Reports 43 (1977).)。

9 在这些方面中的某一方面,一个社会的社会政治制度可以是民主的。古典自由主义接受民主社会观念,在那里,所有人都被看成平等的,拥有平等的机会和一定的平等自由。但是许多古典自由主义者不仅反对民主政府,而且反对民主宪法理念(却接受某种形式的立宪君主制度)。也可以理解的是,某些道德观(比如功利主义)会把按照多数规则建立的民主政府当作最好的实践方法,来采取措施促进更大的社会总效用,但是反对民主宪政或民主社会思想,把它当作由多数规则照例产生的实质性不平等法律的结果。

10 参阅例如杰里米·沃尔德隆:《法律和分歧》,纽约:牛津大学出版社,2001年。他在那里论证了一种基于公平和个人权利的多数派立场。不过,沃尔德隆的立场不是提倡福利国家政策者的立场,不像上面讨论过的功利主义民主观。

11 当然,很多人偷偷地从不正义制度中获益,根据它们的目标,他们甚至从不正义制度获益更多——对此没有什么好奇怪的,但它无损于以下断言:正义是通情达理公民的共同利益。

12 参阅阿米·古特曼和丹尼斯·汤普森:《民主和分歧》,麻省康桥:哈佛大学出版社,1996年。

13 参阅罗尔斯《政治哲学史讲义》的"马克思讲座",罗尔斯区分了资本主义和"拥有财产的民主"。在后者那里,存在着生产工具的广泛所有权,包括劳动者自身的所有权。

14 参阅布兰柯·哈维特:《劳动者管理的经济》,载于《计划经济问题》,约翰·伊特威尔等人编,纽约:诺顿出版社,1990年,第122页。

15 有关市场社会主义经济如何运作的广泛讨论,请参阅约翰·雷默:《社会主义的未来》,麻省康桥:哈佛大学出版社,1994年。

16 马克思认为,生产要素中的市场导致了"商品拜物教",它是一种由市场引起的虚假信仰形式("虚假意识"),人们被引导着产生了有关其社会和经济关系的信仰。参阅卡尔·马克思:《资本论》,第三卷,有关商品拜物教的讨论。

17 罗伯特·诺齐克:《无政府、国家和乌托邦》,纽约:基础图书出版社,1974年,第7章,第2节。

18 试比较亚当·斯密的提法,在"善治社会"中,"普遍富足把自身扩展到最低层国民",以至于"勤劳而节约的农民"的境况"……胜过许多非洲的国王"(《国富论》,纽约:现代图书出版社,2000年,第12、13页)。

19 参阅,比如迈克尔·桑德尔:《自由主义及正义的限度》,纽约:剑桥大学出版社,1983年,1998年第2版。

20 在美国,1%最富裕家庭拥有大约33.4%国家净资产,10%富裕家庭拥有71%国家净资产,40%底层家庭拥有不到1%国家净资产。总体参阅爱德华·N.沃尔夫:《20世纪80年代和90年代家庭财富的变化》,2004年5月《工作文件》,第407号,载于巴德学院长青腾研究所网站 www.levy.org。

21 参阅巴巴拉·弗雷德:《作为公平分割社会剩余的比例税:一个陌生思想的前景》载于《经济与哲学》(19,2,2003,211–39)。

22 这并不意味着,罗尔斯反对在不太理想条件下比如在我们自己国家的条件下的最低工资。假如中产阶级厌恶面向处境最少受惠者的公共转移支付(public transfer payments),那么对非技术工人来说,它是在美国维持一种体面生活标准的唯一可行办法。

23 罗尔斯在此处引用了诺曼·丹尼尔斯:《正义的卫生医疗》,英国剑桥:剑桥大学出版社,1985年,第1–3章。

24 "正义原则不允许基于以下理由去资助大学和研究所、歌剧院或剧院:这些机构是内在地有价值的,从事这些机构的人应当受到支持,即使以牺牲没有获得补偿的其他人的某些重要代价也在所不辞。为了这些目标而征税只要在以下情形下才能得到正名:它们直接或间接地提升了保障平等自由的社会条件,以适当方式增进了最少受惠者的长期利益"(TJ, 332/291–92 rev.)。

25 在这里想起以下一点是重要的:对罗尔斯来说,"最少受惠者"(least advantaged)是指能够行动自如(normal fully functioning)的公民,没有特殊残疾,能够从事有偿工作。永久性体质虚弱者和残疾人是一个不同的话题,将以独立于差别原则而另行讨论。

26 参阅苏姗·奥金:《正义、性别和家庭》,纽约:基础图书出版社,1989年,第90–93页。

第六章 公平正义的稳定性

处于原初状态下的各方务必对一个正义观在良序社会条件下是否"稳定"的问题做出决定。这个决定一致于前面第四章讨论过的一组有关承诺、公开和自尊的论证。请回顾《正义论》谈论"良序"社会的条件：(1)良序社会的政治制度、经济制度和社会制度满足了某个特殊正义观的要求；(2)这一点向良序社会的居民公开告知；(3)在良序社会里，国民普遍接受其规制的正义观，遵守正义的法律；(4)国民普遍相信，他们的社会是正义的，他们希望按照正义来做事。罗尔斯认为，这些条件是任何一个正义观的必要条件；这些条件表达了契约论的社会理想：在那样的社会里，所有人都赞同并且拥护基本的合作条款。因为在良序社会里，一个正义观无论能否实现,我们都可以把它提出来。这样一个社会无论将会像什么,只要它受那个正义观主导就行。以下说法表明了这一点对罗尔斯的重要性:"我认为,比较研究良序社会,是道德理论的核心理论努力。"[1]

尽管环境发生了变化,制度得到了演进,社会面临各种压力(经济不景气或萧条、自然灾难、同其他社会的冲突等等),但是良序社会仍然延续了下来,那么,一个正义观要想转变成为稳定的正义观——亦即,一个正义观要想成为实际上可能的正义观,需要什么条件呢?依据哲学家们对人性、人类善、社会合作条件、促成道德动机的人类潜能的评估,也依据这些因素同一个正义观向国民提出要求的关系,他们对这些问题做出了不同回答。一个正义观会提出这样一些迫切要求,即使国民想要接受它,但是许多人仍然无法接受它,因为他们的自然偏好不允许他们常规地做那个正义观要求他们做的事。或者,一个社会即使看起来是正义的,但它也会影响国民不关心正义,除非它增进了他们的需要和人身利益。最后,即使国民关心正义,他们不一定相信其他人也会关心正义;他们无法知道正义如何增进了他们的善,他们往往被迫在两者之间做出选择。这两者中的任何一个情形都会动摇并且最终损害社会制度。

罗尔斯说,当一个正义观在政治制度、经济制度和社会制度中得到实现时,它便产生了支持自身的力量,它是稳定的。当良序社会的支持力量主要是其成员的道德动机和正义感时,那样的良序社会是"内在稳定的"(inherently stable)或者"有着正当理由稳定的"(stable for the right reasons)。正义而稳定的良序社会是按照这个正确的正义观来规制的社会,公民接受那个正义观,并且在那样的良序社会里,公民依照它的要求去做事,出于良好理由去行动(如那个道德正义观规定的那样)。每当内外势力破坏了正义的制度时,倾向修复正义安排的各种力量便发挥着作用(TJ, 457/400 - 01 rev.)。因此,正义观的稳定性,以及体现它的良序社会的稳定性,看起来对正义观的可行性具有重要意义。对罗尔斯来说，假如正义观是不稳定的，那么，这会对其正当性产生严重问题和怀疑。因为社会想要实现不稳定的正义观，它在以下意义上是乌托邦：它无法长期持续存在，绝不可能是良序的；所以对愿意接受并且遵守社会正义规范的所有通情达理的社会成员来说，不稳定的正义观非其力所能及。

对罗尔斯来说，稳定性问题转变为一个正义观是否兼容于人性和人类善的问题。在《正义论》中，存在着罗尔斯论证作为公平的正义稳定性的两个主要部分。在第8章"正义感"中，他试图证明，正义感的发展和实施，是在良序社会里，作为公平的正义如何得到个别发展的正常部分。这意味着，在这样的良序社会里，个体通常希望支持和维护符合正义原则的正义制度。这表明，人性之中不存在导致个体无法遵守和支持由作为公平的正义规定的社会规范的任何东西。接着在第9章"正义的善"中，罗尔斯论证道，发展和实施正义感，为了正义而遵守正义的要求，是人类之善的组成部分。假如正义既符合人性，又符合人类之善，那么国民做正义要求他们做的事是理性的。这意味着，正义社会一旦产生，便会是稳定的，能够持久的，因为理性的国民认为支持正义社会是值得的。

在本章第一节，我将讨论霍布斯涉及的稳定性问题，并且对比罗尔斯阐述的稳定性问题。接着，我将在第二节讨论正义感在罗尔斯见解中所扮演的角色，讨论他的稳定性论证的第一个阶段。本章后面三节将处理罗尔斯论证稳定性的第二个阶段，亦即作为公平的正义一致于人类善的论证。[2]

第一节 稳定性和正义感

实现社会稳定有不同的办法，而对罗尔斯来说，重要的在于理解"稳定性"的含义。没有一位重要的政治哲学家会主张，甚至霍布斯也不主张，无论其条件如何，社会秩序因其自身之故而为有价值的。(在某种意义上,监狱和集中营是稳定的,甚至地狱也有其特定的稳定性,尽管它们都没有稳定的社会合作框架。)社会契约学说一直关注正义社会秩序的稳定性,那个秩序体现为正确规范和正义原则。对霍布斯来说,正义的社会秩序,是由"自然法"(Laws of Nature)规定的秩序。这些法便是"和平措施"(means of Peace),或"安全保障条款"(Articles of Peace),因为考虑到人性,它们是为了促成和平繁荣的社会合作而设置的。没有自然法,就没有社会合作。霍布斯认为,稳定性问题将表明,任何一个人如何才能拥有好的并且充分的理由去遵守自然法。政治制度或"君主"(the Sovereign)的首要角色,在于为这些社会合作条件提供稳定性。君主的角色于是在于,通过严刑竣法,实施自然法。在强制施行自然法的过程中,君主为每一个人担保:君主以外的任何一个人都将在通常情况下遵守这些正义法律。有了这个担保,所有人都有好的充分理由服从自然法本身。通过这个方式,君主稳定了自然法,也稳定了与自然法相吻合的社会合作。[3]

稳定性问题的一个组成部分——证明每个人都有好的充分理由遵守正义的法律——在于如何解决这个担保问题。稳定性问题的另一组成部分在于证明,当破坏社会合作的情形发生时,社会有力量引导社会重新回到对正义规范的普遍遵守上来。基于正义条款的社会合作于是将是(如博弈论者说的那样)一个"稳定的均衡"(stable equilibrium)。霍布斯认为,几乎绝对的政治权力必然要解决这些问题。为了向所有人提供其他人将遵守法律的担保,为了保证社会能够消除内在的冲突和混乱,君主拥有的实际权力必须不受法律的约束和规制。

霍布斯维护稳定性的条件显然是不自由的和反民主的。尽管绝对君主可以向我们提供充分理由或充分动机去遵守正义,但君主提供不了好理由(good reasons)去遵守正义。用罗尔斯的话来说,绝对君主没有"替维护稳定提供好的理由"(stability for the right reasons)。从一开始,不受约束的君主冲突于受到任何一个自由民主的正义观保护的基本自由。此外,通情达理的个体遵守正义法律的首要动机不是外在强制,而是法律应当以一定方式符合人性,迎合独立于其强制背景的个体利益。罗尔斯承认,即使在良序社会里,为了向所有人提供其他人通常都不受引诱去违反法律的担保,强制执行是必需的。但是,一个正义观要想成为"因正当理由而为稳定的"(PL,xlii,392),强制不是遵守法律的主要动机源泉。

当代霍布斯主义者也许会说,一个纯粹基于利益的正义观不必依赖于强制力而为个体遵守合作要求找到理由。假定正义规范增进了每个人的利益,向国民保证其合作将不被捣蛋者或"自由骑墙者"利用的问题,可以通过非强制办法得到解决。因为,每当不合作者和不遵守规范者相信,背信弃义对自己有利时,其底细终将大白于天下,他们将得到一个不值得信赖的恶名。人们于是将拒绝同他们合作。知道这一点,理性的个体将从开始就不愿意背信弃义或偶尔的违法。结果,即使在完全理性者不害怕强制性惩罚的情形下,担保和稳定性也能得到实现。

这种论证,尽管考虑到了相对小团体内部的非强制性合作,但是没有很好说明在广大国民中间的社会合作。在现代社会里,缺乏诚信而不值得信任者在遭世人谴责之前,往往如鱼得水,并且到时会设法迁怒于其他搭便车者和无辜受害者。此外,名声之争没有解决正义观如何才能在社会成员当中的权力、财富和影响力平衡被打破情况下得以延续的问题。假如环境变了,"得利者"(haves)不再害怕侵害"失利者"(have-nots)的民事权利,担心失去公平份额,那么"得利者"为什么应当同"失利者"持久信守公平协议呢?用霍布斯的话来说,稳定性是一个权宜之计(modus vivendi),在不同各方及其竞争利益之间的一个实践妥协,一旦环境发生了实质性变化,就可以被打破。这样一个权力平衡可以证明是暂时稳定的,但它激不起较少受惠者或处境较糟者的信心或信任。每当面临动摇社会的力量时,它引导不了他们去真心关怀社会,去真心维持和保护社会。

罗尔斯认为,当一套社会合作"多少在常规意义上是兼容的,其基本规则得到心甘情愿遵守的时候;当侵害发生时,就应当存在一股稳定力量,以防止进一步的暴力或把现有安排推倒重来的倾向"(TJ, 6/6 rev.),这样的社会合作是稳定的。同霍布斯一起,罗尔斯认为,任何一套社会合作,要想成为稳定的,国民就需要得到这样的保证,每一个其他人都有充分理由遵守这些规则;并且为了这个保证,强制性政治权力是必要的。[4] 但是,不像霍布斯,罗尔斯认为,它是不充分的。"为了保证稳定性,人们必须拥有正义感,拥有对因其缺陷而身处劣势者的关心。最好两者兼备。当这些情感足够强大,抵挡住了违反规则的诱惑,正义的社会制度才是稳定的"(TJ, 497/435 rev.)。罗尔斯把正义感和其他道德情感看做一些心理倾向,它们是正常社会发展的组成部分(TJ, 489/428 – 29 rev.)。缺少正义感的人,不仅缺乏友情、爱心和互信的纽带,而且缺乏体验不满和表达愤怒的能力。换言之,缺乏正义感的人,将缺乏蕴含在人性概念之下的基本态度和基本能力(TJ, 488/427 rev.)。

在最简单的层次上,正义感是人们接受并且愿意在社会上遵纪守法,至少部分独立于出于增进自身利益考虑而接受法律并且愿意如此。绝大多数人相信,他们有义务信守承诺,尊重法律,即使那样做不利于己也是如此,并且在通常情况下,他们倾向于按照这个确信去行动。这个倾向展示了他们的正义感。

罗尔斯对正义感概念的使用存在着一些模糊性。一方面,他广泛定义正义感,视之为判断是非、以理性支持这些判断的复杂道德能力;另一方面,他把正义感看做按照正义判断做事的愿望(TJ, 46/41 rev.)。[5]对罗尔斯来说,通过引出探讨其深思熟虑过的判断的原则,正义理论可以看做规定我们的正义感的尝试。[6] 但是,罗尔斯更频繁地(尤其在《正义论》第三编中)在狭义上使用"正义感",表示按照正义规则要求去做事的道德动机。当联系到作为公平的正义来规定时,正义感是"在规范意义上具有效力的应用正义原则并且按照正义原则做事的愿望"(TJ, 505/442 rev.)。[7]

罗尔斯认为,作为一种道德动机,正义感只是我们拥有的诸多道德动机之一;在我们的诸多慎思和行动之中,正义感往往冲突于其他道德动机,有时被其他道德动机所盖过,有时通过其他道德动机而彰显(比如,自利、利他地对待个人和团体,或以其他道德动机对待个人和团体)。像卢梭一样,罗尔斯认为,正义感是一个社会动机;它是人类合群性的首要条件(TJ, 495/433 rev.)。正义感不得混同于利他精神或仁慈之心,后者出于特殊个人或团体幸福的愿望。许多利他行动,甚至出于普遍仁慈的行动,是非正义的;非正义通常有其根源,不在唯我论,而在误置的利他主义。还有,正义感,不像利他主义,是一种"人为的"动机或"理性的造化"(artifice of reason)(如休谟说的那样)。正义感不是针对一个特殊客体的欲望,不是针对事物自然状态的欲望,而是按照规则或约定(法律、规章或正义原则)来行动的欲望,那些规则或约定是人类理性活动和反思社会合作条件的结果。[8]

在《政治自由主义》里,罗尔斯比较了正义感和"依赖客体的"(object-dependent)欲望,比如满足身体的欲望、依赖特殊目标或事体的欲望,它们可以通过自然科学或社会科学来追求。绝大多数欲望是依赖客体的。不过,罗尔斯把正义感限定为"依赖原则的"(principle-dependent)欲望,甚至是"依赖观念的"(conception-dependent)欲望(PL, 82-86; cf. TJ, sect. 75)。假如不涉及规范原则,正义感便是一个无法描述的欲望。正义感需要规范原则来充实其内容。作为按照正义原则来行动的欲望,正义感相似于理性做事的欲望,后者也是依照规范原则做事的欲望(比如,采取有效手段,拥有连贯的目标)。像理性做事的欲望一样,正义感是高阶欲望或调节性欲望(a higher-order or regulative desire):正义感预先假定针对其他客体或事态的欲望,它是按照一定规范调节各种行为,追求这些目标的欲望。正像人会多少理性地追求职业生涯、娱乐消遣或社会关系那样，他也会多少正义地或公平地追求它们。说一个欲望是高阶欲望，并不意味着它比依赖客体的欲望更加重要，或者它是追求终极目标的欲望。想要体面地行动（或在那个事情上粗鲁地行动），是高阶欲望，但它往往被我们拥有的追求更重要目标的其他欲望所盖过。高阶欲望或高阶目标的独特之处在于，它们调整着其他欲望或目标的客体。在协商过程中，这些被调整的欲望和目标的重要性程度，务必通过其他考虑之后才能得到确定。

现在回到罗尔斯的稳定性问题上来：按照《正义论》，作为公平的正义之良序社会拥有稳定性的首要基础是，社会成员正常地拥有一种有效的正义感，一种按照正义原则和制度要求做事的确定倾向。作为公平的正义之良序社会的所有成员都赞同正义原则，把正义原则当做法律和社会契约的基础。稳定性问题是激发性的：在他们同意正义原则的条件下，个体能否经常行正义并且遵守正义原则？

这里存在两个普遍问题：首先，按照人类自然习性（natural human propensities），人们怎么样才会去关心正义？其答案依赖于正义对人们提出的要求。同完美主义（至善论）或作为公平的正义相比，功利主义的正义提出了非常不同的要求。由于罗尔斯主要关心作为公平的正义的稳定性，他关注的问题是，按照正义原则行动的欲望能否成为良序社会的常态偏好（normal disposition）。那么，罗尔斯观念是否会这样指令社会，以便其居民，出于关心特殊的人、团体或事业，尽管不鼓励做只顾自己的自我论者，却经常被引导对正义打折扣？

其次，假定人是讲道理的，人正常地发展了正义感。不过，他们如此充分地关心正义，难道就是因为他们拥有好理由来经常使其目标追求依附于正义要求吗？人有各种目标，人的目标是依优先次序设计的；人通常不只有一个终极目标，人按照某个计划有效地追求这些目标，那个计划给予每个目标以地位。那么在一个讲道理的人的优先次序或计划中,对正义的欲望将被合理地安排在什么位置呢?给予正义以优先于其他目标的某种优先性是合理的吗?或者,正义感应当像其他欲望那样地对待,在决定做什么才是理性的日常方式中,正义感不得与其他欲望相抵触吗?再一次地,这个问题取决于正义感向我们提出的要求是什么。其答案依赖于在良序社会里居民能否被他们的正义感所打动,按照正义制度要求他们那样前后一致地行动。任何一个社会制度都会宽容地对待违反正义的偶然过失。但是,假如很多人认为他们没有好理由给予正义感以常规的优先性,那么这将摧毁每个人对其他人可靠性的信任,使得由作为公平的正义规定的社会秩序难以稳定,使作为公平的正义的社会秩序即使并非虚幻不真,也难以真切有效。[9]

这两个问题形成罗尔斯稳定性论证的两个部分。它们分别在《正义论》第 8 章("正义感")和第 9 章("正义的善")中得到了阐述。罗尔斯在第 8 章提出了一种道德心理学,用来证明处于作为公平的正义之良序社会的国民如何能够常态地期待获得正义感。(我等会儿转向这个论题)。接着,罗尔斯在第 9 章证明,正义感如何是理性的(rational):它如何兼容于人之善,甚至如何能够成为人之善的组成部分。这就是一致性论证。它是本章第三节的主题。

在我们讨论这些章节之前,我们不妨先留意一下对罗尔斯稳定性论证的一个重要反驳。尤尔根·哈贝马斯和 G.A.科恩反对罗尔斯诉之于人类与社会合作事实来证明正义原则。他们的主张(大体上)是,根本道德原则不是以世上实际发生的偶然事件(the factual contingencies of the world)为依据的。相反,根本道德原则可以说应当应用于所有的可能世界(all possible worlds)。这个批评相似于康德的以下断言:道德法则在"纯粹实践理性"中有其基础,要抛开人的经验天性或实际条件,应用于理性存在本身。罗尔斯本人说道,同反对康德的许多二元论一起,他反对康德立场的这一方面(LP,86-7;CP,304)。哈贝马斯和科恩主张,由于稳定性论证依赖于对人性和社会合作的实际考虑,罗尔斯错误地把正义观的稳定性当做其证明的条件。因为无论多么普遍,事实真理最终必定受制于应用于实际世界的经验条件,却无关于道德原则的证明。在应用正义原则时,考虑人的道德心理学、经济生产和交换的诸多事实当然是必要的,但是这些偶然事务在证明最根本的道德原则中起不了什么作用。

这是一个重要反驳。对其充分回应超出了本书的范围,因为这个反驳在终极意义上阐明了道德推理(假如不是哲学推理)的性质和可能性。一旦我们考虑了罗尔斯的一致性论证,一个较为温和的回应将在本章结尾作出。我的论证是,只要我们承认正义是我们能够达成的,即使正义不是人之善的组成部分,但是只要正义兼容于人之善,那么人性和社会合作事实就会牵涉到正义原则证明。存在着一个源于柏拉图的传统,承认正义属于最伟大的人之善。罗尔斯至少接受了柏拉图传统中的这个思想。

第二节 道德动机和正义感的发展

《正义论》第8章阐述的问题是发展正义之道德动机的条件:假定个体不是只顾自己的唯我论者(egoists);即,人的欲望对象不只是包括自我的各种状况(自身安全、舒适、名誉、外表,等等)。人常态地拥有同其自身状况没有特别联系的其他目标(文化目标、政治目标和社会目标)。此外,我们通常渴望因其自身之故而为善的他人之善(比如爱情、友谊、团结,等等)。因此,人是常态地利他的。但我们是"有限利他主义者"(limited altruists),我们不是"纯粹"的利他主义者(pure altruists)。也就是说,我们不是一视同仁地仁慈的(impartially benevolent),不是平等地关切每个人的善。这些是使得正义成为必要的主观环境(subjective circumstances)。[10]也许是进化的缘故,同我们关心陌生人的善相比,我们通常更加关心自己的善,更加关心离自己较为亲近者的善。现在的问题是,在给定人性这个事实——我们缺乏一视同仁地心怀仁慈——的条件下,个体是否仍然能够常态地发展和实施一些道德动机,按照不偏不倚的正义规则(impartial rules of justice)去行动。假如个体能够做到这一点,那么导致个体在作为公平的正义的良序社会里发展出正义感道德动机的心理机制是什么呢?

所谓"道德动机"(moral motivations),顾名思义,是为了自己和别人的善,人们通过道德规则和原则来调节的(多半是依赖客体的)符合道德规则和原则的某些欲望。假如不受道德原则的调节,仁慈本身便不是一个道德动机。不受调节的仁慈指向特殊的人或团体,往往导致不利于其他人和团体的不道德活动。毕竟,一视同仁的仁慈是一个道德动机:它是为了别人的善按照一视同仁原则做事的欲望,那个一视同仁原则要求给予每个人的利益以平等的考虑。功利主义的良序社会的稳定性将大大依赖于这个道德动机。如果这样,那么在功利主义观念之下的稳定性问题将是,在功利主义的良序社会的居民中间,一视同仁的仁慈能否成为常态有效的偏好?另一方面,作为公平的正义之良序社会的稳定性依赖于这样一个可能性:公民们将常态地发展他们的正义感,使之成为支持和维护与正义原则相符合的制度的意愿。

罗尔斯对发展正义感的考虑通过以下断言得到了表达:

(1)正义感是人类合群性的首要动机基础。人生而没有正义感,犹如人生而拥有瑕疵的人性(TJ,488/428 rev.)。

(2)在适当条件下,作为家庭熏陶、朋友影响和其他社会约束及制度的结果,正义感在人的成长过程中常态地发展起来。

(3)正义感是我们的天然社会同情心比如怜惜和慈爱、友情和同窗之谊的拓展(TJ,sect.74)。

(4)一旦得到发展,正义感不仅把法律和其他社会规范当做自己的对象,而且把较为抽象的原则当做自己的对象。正义

感潜在地是一种哲学的正义观。结果,

(5)这种动机的习得依赖于理性活动,而不单纯依赖于习惯的养成。只有在人的理性能力、理解力和判断力得到发展的情况下,只有在他们能够认同其他人,理解和应用抽象原则的情况下,这个动机才能获得。

(6)正义感是天然社会同情心的扩张,对正义感的限制不会伤害当事人的合理利益或善,而兼容于当事人的合理利益或善。

罗尔斯考虑道德发展的首要特点是这样一个对等观念(idea of reciprocity):一个"深层心理学事实"是,我们按别人影响我们领会善的方式来形成我们对人和制度的关爱(TJ, 494/433 rev.)。[11]

在罗尔斯正义理论中,这个对等倾向是最重要的心理学假定。以它为基础,罗尔斯提出了道德发展的三条心理学"法则",即"对等原则"(reciprocity principles)。[12]他应用这些法则来证明,在常态意义上,人们逐渐愿意以做正义的事来回应正义,在作为公平的正义之良序社会的特殊条件下,人们终将愿意支持正义的制度,因为它们令他们及其关心的人受益。

顺着罗尔斯依靠的其他原则(比如"亚里士多德原理"〈Aristotelian Principle〉,我们将在后面给予讨论),找到罗尔斯对等原则的反例并不难。由于这个原因,很多人立刻抛弃了罗尔斯的心理学概括。[13]这似乎是错误的反应。人以一定动机和为了复杂的理由而行动。以下想法过于简单:存在着某个主导动机,比如追求安逸和安全的欲望,决定着我们的所有行动。罗尔斯的对等原则,像任何一个可信的心理学概括一样,并不是旨在捕获永久的行为模式,也不是指导我们行为的主导本能。它们规定了在一定条件下展示自身的人的众多倾向。存在着交叉重叠相互作用影响着我们行为的许多倾向。在评估某个心理学见解的可靠性之前,人们不得不考虑这些人类倾向的综合效果及其运行条件。在这一方面,罗尔斯的道德心理学与其他人的道德心理学没有什么不同。其要点只是在于,只要反例借助于竞争倾向和特殊条件得到考虑,反例便没有摧毁一个心理学见解。

罗尔斯对等原则包括道德发展的三个阶段。[14] 第一条法则说,在道德发展的第一个阶段,假如家庭制度本身是正义的,那么一旦子女得到父母充满爱的精心照顾和养育,他们便会逐渐发展出对父母的关爱情感,父母则肯定了子女的自我价值感。[15] 这里的基本观念来自卢梭。卢梭认为,孩子从自爱(amour de soi)开始便本能地偏爱对保存自爱有贡献的人。终于,别人"帮助我们的显著意图"把这个本能偏爱转变为对为自身着想的父母或监护人的信任和爱。[16] 子女于是要求一种新感情,虽然它从自爱发展而来,但它逐渐获得了自己的生命。随着时间的推移,对父母的爱和信任,导致子女顺从父母的劝告,不是担心受到处罚,而是出于对父母的爱和敬重,想要迎合他们,不让他们失望。子女仍然没有设身处地地理解父母之劝告的理由,没有发展出理性推理或道德理解能力;但他听从那些劝告,因为他信任父母,知道他们是为他好。它自然发生在一些事件当中,一旦他倾向于享有同其父母一样对待犯错误的态度,每当他不听话的时候,由于违反了父母的教导,他便会产生一种愧疚感(罗尔斯称之为"权威愧疚感"〈authority guilt〉)(TJ, 465/407 rev.)。愧疚感不同于他担心受处罚产生的情感。

罗尔斯(追随于皮亚杰之后)称道德发展的这个阶段为"权威道德"(morality of authority)。重要的在于,不要把权威道德同基于强制威胁和担心(父母、上帝)报复的惩罚道德(punitive morality)混同起来。对权威道德至关重要的是爱、互信和发展子女的自尊感(所有这一切都发生在正好由正义原则具体规定的家庭制度框架之内)。除了这些感情以外,孩子还习得对明确关心其冷暖的监护人的敬重。正是对权威的这种特殊敬重,而不是担心受到惩罚,是导致儿童以遵守道德戒律的方式来行动的首要动机。

罗尔斯对等原则的另一方面意味着,一个人的正义感和其他道德情感会而且的确往往受到惩罚性道德教育的扭曲,当碰上不会关心子女的父母和非正义的家庭制度时(比如,在父母之间严重的不平等和缺乏敬重,对中意子女的溺爱,以及喜爱支配人的家长),情况尤其如此。例如,假如孩子成长于压迫性宗教教育之下,他们被告知,违反上帝旨意会导致神圣报应,举止失当会招致肉体惩罚,成年以后往往受到压迫性良知的折磨,他们自身会发展出惩罚性道德情感(报复欲望,等等)。罗尔斯见解的另一层含义是,当夹杂一些不合理道德规则和原则时——比如单纯因为别人的不快,或者单纯因为某些行为不受独断专权者的赞赏,一些原则要求我们牺牲我们的福祉——正义感便受到了扭曲。在如此条件下,所传授的道德原则内容缺乏对等,由此产生的道德感很可能是不合理的和反复无常的。在某些情况下,道德发展会完全迟缓延后。极端的情形是,孩子被忽视和滥用,屈服于独断专权父母的禁令;结果,他们从来没有发展信任感和自我价值感,而那些情感对发展道德情感是至关重要的。

罗尔斯称道德发展的第二阶段为"社团道德"(the morality of association)(TJ, sect. 71)。社团道德的标志是,在其所属的各种社团中,一个人习得并在情感上关心适合于其角色(朋友、同学、邻居、队友等等)的道德标准。指导孩子的是与其在各种社团中占据的地位或角色相匹配的许多观念。一个人从这些观念学到了在社团中与其角色相匹配的品格。这个阶段最重要的特点之一是,随着孩子逐渐理解造就社团计划的不同角色和地位,他或她获得了规定社团性质的合作体系观念及其想要达成的目标。了解了在合作计划中的不同角色、职能分工和义务之后,他逐渐学会把自己置于别人的位置,从他们的角度以及从他们在社团中所处的位置来设身处地地看问题。第二个对等原则(second reciprocity principle)说的是,假定角色分工及其相应义务是公平的,社团成员尽到了他们的义务和责任,那么一个人会友好地发展出对待社团成员的情感,发展出信任感和自信感。这些情感导致他或她想要在社团内担负起自己分内工作的欲望,尽到自己的义务,符合自己角色的理想要求。

在这里值得注意的是,黑格尔及其诠释者看到了非常像作为政治道德理念(ideal for political morality)的社团道德的某个东西。阻碍罗尔斯采纳这个立场的因素是,他没有把社会理解为社团,无论是自愿社团还是非自愿社团,社团受到确定目标的指导,那个目标分离且脱离于调节它的规范。社会确切地说是各种社团的一种联合体(a kind of association of associations)(更恰当地说,是各种社团的统一体〈a union of associations〉),在社会里,每个社团成员的角色不取决于其特殊目标和社团,而取决于其平等公民的地位。

最后,道德发展的第三个阶段是"原则道德"(the morality of principles)。假定一个人在家里习得爱和信任,在其他社团里习得与前述两个心理学法则一致的友善感和互信感。罗尔斯认为,一旦(1)我们承认,我们以及我们关心的人从这些制度受益,并且(2)这些制度被公认为正义的制度,那么我们便发展了一种支持正义制度的欲望,并进而发展了正义感。通过我们愿意承担我们的义务和责任,在正义制度里尽到我们的本分,并且当制度为非正义时,通过想要对改革这些制度有所贡献的欲望,这个道德动机便证明了自身。

罗尔斯认为,就正义感而言,值得注意的是,以及使正义感区分于较早阶段获得的道德动机的是,(在其最纯粹形式里,)正义感不依赖于对特定人的关爱,甚至不依赖于对同类的惺惺相惜感(fellow-feeling)或同情心;正义感是对正义之公共道德原则的独立接受和热衷。在这里与休谟正义感见解的对比是鲜明的。休谟认为,正义感不是自足的情感(self-sufficient sentiment),在对他人的同情和对公共利益的关切中有其根源。[17]通过扩大惺惺相惜的同类感,正义感波及所有社会成员,我们赞同正义,养成了按照正义约定来行动的倾向。由于没有对同类(不偏不倚)惺惺相惜感的这个根源,休谟看不到正义感的要害——毕竟,假如普遍规则没有让我们关心的人受益,我们为什么要关心它们的执行呢?正义源于效用,所以,行正义而不顾及他人效用,这样的欲望(对他)没有意义;它也许甚至是非理性的欲望(尽管休谟承认非理性的欲望)。

罗尔斯不否认扩张的同类惺惺相惜感;实际上他用它来阐发他的社团道德见解,以探讨正义感的起源。在解释"道德原则如何才能吸引我们的爱好"时,他甚至说,它们规定了推进人类利益的同意方式,"正义感是人类之爱的延续"(TJ, 476/417 rev.)。但在终极意义上,罗尔斯区分了一旦得到之后的正义感和同类惺惺相惜感,并说正义感是一种独立的"依赖原则的"(principle-dependent)道德情感。他的理由似乎是,放大的同类惺惺相惜感,尤其是对待每个人一视同仁的仁慈,并非充分地常见的,即使是充分地常见的,仍然无法充分可靠或严格地足以把民主社会的公民团结起来。作为一种道德情感,一视同仁的仁慈难以应对各种偶然情况,难以为社会稳定提供可靠的动机基础。

于是产生了这样一个问题,正义感为何不太依从于环境。这个问题正是休谟挑战的难题,即如何使依照原则做事(照章办事)的独立欲望具有意义?在我们于下一章探讨一致性问题之前,这些问题无法得到充分阐明或解决。不过现在可以给出罗尔斯的部分回答。正是独立于我们的同类惺惺相惜感和我们推进人类利益的欲望,我们才拥有了追求公平的欲望,也就是说,我们才拥有了如下看法的欲望:人类利益将通过公平方式得到推进,或者(依罗尔斯见解是一样的事情)将通过为处于在它们之间合理而公平立场上的所有人接受的方式得到推进。罗尔斯说:

> 但是对理解并且接受契约学说的人来说,正义的情感不是一种不同的欲望,那是一种依照在原初状态下的理性人都将同意的原则做事的欲望,而原初状态则把每个人都平等地呈现为道德的人……受这些原则支配意味着,我们希望与其他人按照

一些条款来共同生活,基于所有人都视为合理的观点,每个人认为那些条款是公平的。在这个基础上人们进行合作的理想对我们的情感产生了一种自然吸引力。(TJ, 478/418 – 19 rev.)

因此,不像康德及康德思想批评家通常断言的那样,正义感不是对规则或原则的独断迷恋("规则崇拜"〈rule worship〉)。根据罗尔斯版的社会契约理论,它有一个说明。按照罗尔斯的见解,做正义之事的欲望,按照正义原则做事的欲望,就是一个人想要做到合理和公平,从平等立场,按照所有人都能接受和同意的条款,与他人进行合作,追求自己利益。我们为什么会有这样的欲望是另一个问题。从表面上看,它是一目了然的,(对许多人来说)不需要作进一步解释。可理解的,也许基本的一点是,休谟和密尔所依赖的正是对人类利益的自然同情关切。这一点当然至少是可信的,我认为,同休谟、密尔和其他功利主义者为了探讨正义感而提出的一视同仁的仁慈或普遍仁慈相比,对人类利益的自然同情关切是较为真切的。[18]

于是,罗尔斯像休谟一样认为,拥有正义感是心理发展的正常部分,这部分在很大程度上涉及社会的稳定性,那些社会存在于非压迫的适当条件下。一旦得到了充分的发展,他把这个动机看做是自足的独立于其他动机的。正义感是这样一种常态欲望:它视正义因自身缘故而得到实践,正义感则是因行正义而生的动机。然而,问题仍然是,作为合理性的(reasonable)欲望,正义感是否自身是理性的(rational),是否"一致"于人之善。由此我们转向讨论罗尔斯稳定性论证的第二个部分,来自一致性的论证(the argument from congruence)。正如在下一节将看到的那样,区分以下两个问题是重要的,一个问题是,"正义感是否理性的动机?"(rational motivation),另一个问题是,"正义感是否一个任意的动机?"(arbitrary motive)。我们刚才已经讨论了第二个问题。正义感是否任意的问题,在终极意义上,就是关于"什么是正义?"的问题,是关于正义的性质或主题的问题。另一方面,"正义是否理性?"的问题产生了一个不同的问题,关于正义与人之善的关系问题。假如有人认为,正义的性质就在于提升人之善,那么这两个问题是很容易搞混的。最后,重要的在于刚才提到的这两个问题同第三个问题的区分,即"正义感在理性中是否有其基础?",对罗尔斯来说,正如我们将看到的那样,这是三个不同的问题。

在《正义论》第 8 章里,罗尔斯论证道,正义原则兼容于三个对等原则,因此,作为公平的正义之良序社会的成员将正常地获得按照这些原则做事的正义感。"相对稳定性问题"(The Problem of Relative Stability)(第 76 节的标题)表明,在原初状态下得到考虑的作为公平的正义比其他正义观更加稳定。它蕴含的论证是,这些正义原则比罗尔斯考虑到的任何一个其他传统正义观都更加符合三个对等原则。不过,罗尔斯通常主要地拿作为公平的正义同功利主义进行比较。

作为他论证作为公平的正义比其他正义观具有更大稳定性的预备,罗尔斯说道:"因此,最稳定的正义观可以是这样的,它对我们的理性来说是明晰的,与我们的善是一致的,并且根植于自我肯定而非自我克制之中。"(TJ, 499/436 rev.)罗尔斯说:施行三个心理学法则的要素之一是,首先是通过我们的父母,然后是通过我们的亲友,最后是通过我们的社会成员,"对我们的善的无条件关切"(unconditional caring for our good)。通过保证平等的基本自由、公平机会和按照一个团体的所得不以其他团体的损失为代价来设计的经济制度,正义原则确保每个公民利益都得到增进。由于对等条件融入了正义原则自身之中,作为公平的正义的各个方面"提升了对等原则的运行",它们是我们的道德心理学的组成部分,因此"强化了我们的自尊",并且"导致我们密切了人与制度之间的亲和力"(TJ, 499/437 rev.)。试比较,为什么比较幸运者接受功利原则(两种形式中的任何一种)这件事会促使较少受惠者将对他们怀有友好情感呢？这种反应事实上会显得很奇怪,尤其是,如果那些处境较好者坚持较大幸福总量(或平等水准)取决于他们的满足程度,并出于这种见解而把他们的要求强加于人的话。(TJ, 500/437 rev.)

罗尔斯论证作为公平的正义比功利主义具有较大稳定性的理由是,普遍认可效用原则不兼容于人性,因为它要求,在社会中的较少受惠者愿意支持为了那些处境较好者的缘故而不利于他们的制度。本身而论,一个功利主义社会的制度并不以人们之中的对等为目标,也没有实现"对我们的善的无条件关切",而是以那些较少受惠者为代价,无条件地提升总量的善。结果,"假如做正义的(现在是按照功利原则规定的)事会在稳定性方面有相应的损失,某些群体就很难获得做公正的事的欲望,如果不是一点也没有的话"(TJ, 500/437 rev.)。

因此,其主张是,通过常态道德心理学和三个对等原则的规定,作为公平的正义更加兼容于人性。为了论证作为公平的正义比功利主义更兼容于人性,罗尔斯不需要论证,对公共利益的关心,或者一视同仁的仁慈是超越我们的能力的。实际上,他承认,"这些利他倾向是无疑存在的"(TJ, 500/438 rev.)。[19]但它们不如源自对等原则的倾向那么强烈、广泛或可靠,对等原则依赖于肯定每一个人的善。罗尔斯认为,约翰·斯图亚特·密尔虽然是一个功利主义者,但仍然倾向于赞同,对等是一个社会条件,是一个有效的正义感,承认同情是不充分的。[20]

作为对作为公平的正义具有较大稳定性的最后确认,罗尔斯诉诸进化生物学(TJ, 502-4/440-1 rev.)。按照不以功利原则要求的方式来做出额外行动和自我牺牲,而是融入对等仁慈的道德原则来行动的社会群体,其物种在进化压力下更容易生存。在这里,罗尔斯引用了人种学家的著作,它们证明"对等的利他主义"(reciprocal altruism)比无条件的利他主义(unconditioned altruism)具有筛选优势。罗尔斯不像一些自然主义者(尤其是功利主义者)认为的那样,一些道德原则自身是潜在于人性之中的。[21] 不过,有关我们的心理倾向和我们的进化发展的事实有助于确认,正义原则比功利主义提出的要求更加兼容于人性。

当然,在这里向功利主义者和其他人开放的主张是,即使就这些方面而言,作为公平的正义真的是更加稳定的,但是它并没有不利于功利主义。稳定性的各种考虑,尽管涉及道德原则的应用,但是并不涉及道德原则的证明。人类自然地比别人更关心自己和自己的善,这个事实不应当是对于道德要求的一个妨碍,因为毕竟,道德就是为了超越自我拓展我们对他人之善的考虑而设计的。

这是对罗尔斯的一个重要批评。要想知道为什么罗尔斯认为人性事实对于证明正义观是重要的,我们需要完成有关罗尔斯论证稳定性的讨论。我们现在转向来自一致性的论证。

第三节 理性善、一致性问题和亚里士多德原理

通过罗尔斯的一致性论证得到阐述的问题如下。假定在作为公平的正义之良序社会里,人们拥有独立的正义感,希望因自身之故而做正确和正义的事。然而,这并不意味着,正义总是他们想要去做的一件好事。正义的要求不仅经常冲突于他们的理性计划,冲突于他们想要达成的最重要目标,而且会抑制较高人类能力的发展,阻碍我们取得卓越的文化成就。罗尔斯认为,只有当正义兼容于人之善的时候,我们才能期待人前后一致地按照正义的道德动机来行动,并且从正义的道德动机出发来行动。那么,我们拥有什么保证,使人们实际可能地把作为公平的正义作为他们的善的一部分来肯定,使人们愿意前后一致地肯定正义感并按照正义感来行动,

而且通常遵循正义的要求?

当然,就我们如何去理解人之善而言,存在着大量的骑墙状态。那么罗尔斯所谓的人之善是什么意思?他的见解在第四章已经得到了讨论。通过在一定理想的慎思状态下一个人希望得到的理性事物,他规范地定义了人之善。所以,他称他的见解为"作为理性的善"(Goodness as Rationality)。理性通过一定的理性选择原则得到具体规定。在这些理性选择原则中,有的理性选择原则是任何一个实践理性见解最为看重的:采取有效手段达成一个人的目标,按照优先次序给一个人的目标进行排序,始终坚持一个人的最终目标,采取最大概率的措施来实现一个人的目标,以及选择能够实现一个人的多个较大目标的措施。这些"计算原则"(counting principles),如罗尔斯称呼它们那样,并非没有争议,因此不必对它们详述。[22]更有争议的是罗尔斯的慎思理性假说,或无时间偏好(时间上的一视同仁,no-time preference)假说——给予一个人一生的所有(未来)时间以平等关切。这个假说借用自西季威克,使罗尔斯把"人生规划"融入对理性的考虑中,使它成为人之善规范定义的组成部分。假如平等地关切一个人生命的所有部分是理性的,那么理性的人就应当对其整个生命有某个观念和计划。人生规划是一个人一生所看重的一套主要目标和追求,以及实现它们所必不可少的活动。即使所有的计划把一些相同东西全都包括了进来(比如,有孩子,有配偶),我们每一个人仍然会想象比我们感到满意的一个计划更多的东西。一个人最理性的人生规划满足了计算原则,是人们将在"慎思理性"条件下选择的计划。这些是假设性选择条件,在那里,就人活着应当追求什么样被选择的目标,一个人假定拥有充分的知识,他批判地反思这个计划,想象那样子生活将是个什么样子并且评估各种后果。[23]人通过慎思理性将选择的对人生规划的此番考虑,提供了罗尔斯有关人之善的规范定义。

为了说对一个人来说做什么是好的,或者,对他或她来说,采取什么行动是理性的,我们往往需要参照他或她的人生规划。当然,由于人性和人的相似性,存在着许多事情,我们说对每一个人来说,做那样的事是理性的。保持身体健康,学习一门语言,开发人的技能,培育人的能力,对每一个人都是理性的,因为除了其他理由之外,它们要么对形成和追求一个人生计划是必要的,要么使一个人的生命变得更有意思并显得更有价值。在后面,我们将讨论罗尔斯的"亚里士多德原理",它提供了以下说法的依据:什么样的活动对个体选择和追求作为理性计划之组成部分是理性的。

理性人生规划观念为罗尔斯规范的或"弱的善理论"(thin theory of the good)奠定了基础。它从原初状态的论证中得到假定;各方在这个意义上是理性的。有了这个规范的弱式理论提要,我们就能就一致性问题(congruence problem)获得一个较好的观念。在罗尔斯的正义观中,存在着两个理想视角:原初状态和慎思理性。前者为正义判断提供基础,后者为人之善判断提供基础。原初状态抽离了针对我们的特殊处境的所有信息,包括构成一个人之善的具体目标和活动。在审慎理性中,所有这些信息都被恢复了:价值判断,不像权利判断,是相对于个体的特殊目标和处境得到说明的,所以罗尔斯假定,它们要求对一个人的环境的充分知情。原初状态是一个集体的公共视角(collective public perspective)[24]——我们共同占据这个位置,判断是共同的,因为我们必须全部遵循相同的正义标准。所以罗尔斯把它规定为一个一致的社会同意。相比之后,审思理性是一个个体视角——用西季威克术语来说,是"个人观点"(point of view of the individual)。在那里,判断是单个地由每一个个体作出的;罗尔斯断定,因为我们的目标和环境不同,所以我们的个人之善必定不同。即使在理想状态下,对人类之善,不可能存在全体同意。价值多元论是罗尔斯观点的根本特点。两个视角都是理想化的视角。没有一个视角从个体的实际状况来考虑。相反,通过规范原则,通过人之善的判断中的理性原则,并且在正义判断的情形下通过限制理性判断的合理原则(by reasonable principles constraining rational judgment),两个视角都人为地控制着有用的信息,限制着占据这个位置的人们的判断。最后,两个视角都声称体现了客观的观点,为真正正义的道德判断和每一个个体之善的真正价值判断提供了基础。

一致性论证(congruence argument)想要证明的是,在良序社会的理想状态下,从这两个理想视角作出的判断将重合到一起:一个合理的原则从正义的共同视角来看是合理的,从每个个体的观点来看也是合理的。一致性的基本问题是,从慎思理性的观点来看,在一个作为公平的正义的良序社会里,当人们从公共视角看待正义时,他们将理性地赞同正义原则,然而当人们个别地肯定正义原则时,他们是否理性?假如答案是肯定的,那么良序社会成员把正义感当做其理性规划之中的一个调节倾向是理性的,正义则成为每一个人之善的本质组成部分。假如罗尔斯能够证明这一点,那么他就在解决西季威克"实践理性的二元论"(dualism of practical reason)方面推进了一大步。[25]因为接着他将证明,由理性原则规定的个人观点和由合理原则规定的一视同仁的公共的正义视角,并不像西季威克担心那样地在根本上是矛盾的,而是"一致的"。

一致性问题不得同以下传统问题混淆起来:不管一个人的欲望和处境如何,做正当之事总是理性的吗?追随于休谟之后,许多哲学家认为,在理性和正义之间不存在必然联系。在他们的如下假定之下,理性就是为了达成一个人的目的而采取的有效手段,这些论证似乎是正确的。假如人们最想要得到某个东西,而人们又不具有任何道德同情心,那么,它是一种理性不要求追求正义的利他主义。罗尔斯看似同意这个说法(TJ, 575/503 - 4 rev.),但是这经不起他的论证。因为罗尔斯没有兴趣来证明正义的合理性而不顾人们的偏好。[26]他的论证只应用于良序社会的适当情境。于是,它假定,在这样的环境之下,每一个人已经拥有一种有效的正义感,因此拥有按照正义感去做事的初步理由。[27]

不过,假如一致性已经假定的就这么多,那么它为何同稳定性问题相关呢?假如良序社会成员常态地拥有正义感,那么为何那还不足以证明稳定性呢?正是正义感是"人类生活的常态部分"(TJ, 489/428 rev.)的事实提出了由一致性论证阐述的问题。因为就证明以下情形而言什么都没有说:我们的道德正义感不是"在许多方面对我们的善是非理性的和有害的"(同上)。

一旦假定人有为了正义自身之故而做正义的欲望,就产生了以下几个明确的问题:

(1)第一,用什么使我们相信,我们的正义感不是完全约定的,不是我们的环境的特殊产物,在人类倾向方面不存在更深的基础?或者,更加糟糕的是,通过强权,通过我们的环境和社会关系,基于偷偷向我们灌输的虚假信念,正义感可以是虚假的吗?人们怀疑他们的正义感是任意的,是通过这些办法被操弄的,这种怀疑会导致正义感的波动和减弱,导致社会不稳定。马克思主义对此提出了最强有力的批评,认为正义是意识形态的,甚至是前后不连贯的,是基于我们对一些虚假价值的肯定和我们生活于其中的失真条件。

(2)其次,罗尔斯说(TJ, ch. 8),逐渐发展起来的正义在"权威道德"(morality of authority)那里有其起源,"权威道德"则经由我们的父母和哺育活动而获得。那么什么东西保证我们的正义感并不停留在对权威的屈从,而只是对责任的婴儿期克制(infantile abnegation)呢?例如,弗洛伊德认为,我们现存的道德感在许多方面是惩罚性的,基于自我仇恨的,它们体现了权威情境的许多不和谐方面,人们在权威情境中第一次获得了这些道德感(参阅 TJ, 489/428 rev.)。

(3)保守主义者认为,在现代社会运动和再分配民主要求中,平等倾向表达了对较有天赋、成功管理生活及其偶然性人士的嫉妒。嫉妒掩盖了自尊的缺失、失败感和懦弱感。在这一问题上,弗洛伊德较为公允。他认为,正义感既源自对贫困者的羡慕,又源于对富裕者的嫉妒,以保护其各种好处。作为折中,富人和穷人选择了一律平等对待规则(rule of equal treatment),并且通过一种反应机制,羡慕和嫉妒都转变为一种正义感。如果真的如此,那么为什么正义感不源自这些不受欢迎的[人格]特性呢?

(4)尼采同样认为,正义和道德是自我毁灭的情感,对我们来说是一种心理灾难,为了避免那个灾难,我们必须具备自我克制及其较高能力,放弃一些重要的人类目标。

(5)最后,绝大多数人反思性地肯定合群性和共同体的价值。值得追求的事物不单纯是纯粹个人的私人目标。许多共同目的能够为人所分享,人不仅可以共同持有目标,一起实现目标,而且每个人在同一个活动中分享由别人参与带来的快乐。(家庭生活可以达成这些分享的目标,其他许多联合活动也是如此。)[28]

于是,实现正义需要共同努力。不过,尽管我们可能持有共同目标,但是为了正义而行动在表面上不是一个共同目标。那么,在每一个人承认他人的善并且乐意参与和完成这项联合活动的地方,正义也能作为一个目标而为大家所分享吗?在成为一个正义社会的参与者方面存在着某个价值吗?换言之,一种正义理论会考虑共同体的价值吗?

这些是任何一个正义理论都务必回答的问题。其答案可以是,我们想要应正义自身之故而去尽正义的义务;不过,假如这些道德情感以错觉为依据,导致我们的首要愿望的失败,阻碍我们去实现重要的人类善,其施行方式与人性相背离,那么这肯定牵涉到对一种正义观的证明。这些问题说明了《正义论》第9章的特殊论证链条。该论证(在第78节)即"作为公平的正义允许正义判断的客观性"的一个角色在于平息这样一种不稳定性,假如国民认为他们的关于正义的道德判断是纯粹约定的、任意的或基于假相的,那么就会导致那种不稳定性。自主性论证(在第78节)表明,作为公平的正义不是基于向权威的自毁屈从。"情有可原的嫉妒感不足以摧毁良序社会"之论证(第80–81节)表明,作为公平的正义不鼓励导致压抑和失望的倾向与希望。对社会联盟的考虑(第79节)则表明,作为公平的正义如何才能说明共同体的善。我在此重点关注的是对正义同国民之善一致性的进一步论证,以回应上面提到的尼采的攻击,即正义是一种自毁的道德情感。

为了做到这一点,试考虑罗尔斯用来为人之善概念提供具体内容的另一个重要心理学原则。在《正义论》中,就"纯粹形式的"(purely formal, TJ, 424/372 rev.)或"善的弱式理论"(thin theory of the good)本身对国民应当追求的从而使其生活具有价值的目标种类没有说出什么。[29]

罗尔斯不想肯定以下立场:作为正义的对象,任何欲望都能成为一个人的善的一部分。存在碰上有关人性的一些事实,使得拥有某些欲望和目标为非理性的,而拥有另一些欲望和目标则为理性的。

罗尔斯在《正义论》第7章提到了一条心理学法则,"亚里士多德原理"(Aristotelian Principle)。这个原理涉及有关人性的一个实质性主张。它说的基本内容是,我们想要实践较高端的人类能力,希望因其自身之故从事复杂的有要求的我们力所能及的各种活动。

> 假如其他条件相同,人们以运用他们已经获得的能力(天赋能力或习得能力)为快乐,能力越是得到实现,或所实现的能力越复杂,这种快乐就越增加。在这里,直觉的观念是,人们做某些事情越熟练,从中获得的快乐就越大,在两件他们能够做得同样好的活动中,他们更愿意选择需要作更复杂和微妙的分辨力的活动。例如,象棋是比跳棋更复杂和精细的游戏,代数比普通算术更深奥。因此,这个原理认为,如果一个人两者都会,他总是宁可选择下象棋而不是下跳棋,选择研究代数而不是研究算术。(TJ, 426/374 rev.)

亚里士多德原理并没有包含一个恒定的选择模式。它阐明了一个自然倾向,它可以通过一些抵消的嗜好来克服,比如舒适安逸和满足身体需要的欲望。不过它的确包含着以下意思:首先,在满足这些"低端快乐"(lower pleasures,借用密尔的术语)的过程中,一旦一个确定的临界值得到了满足,从事某些活动的偏好会唤起去实践我们的高端能力;其次,个体偏好某种活动越是高端,他们实践其受过训练的能力便越是专注。

像任何一个心理学原理一样,虽然这个原则在用来解释人在特殊情形中的选择方面看似有限,但它在解释人们建构其生活的更一般目标和活动方面是有用的。罗尔斯的主要论点是,假定亚里士多德原理规定了人性,那么,只有当一个人在制订人生规划时考虑了这个原理时,那个计划对他来说才是合理的。因此,在机会成熟的条件下,训练和实践我们成熟的能力是理性的。联系罗尔斯有关合理计划的见解,这意味着,在慎思理性条件下,理性的人选择的人生规划将是这样的规划,它允许实践和发展他们的较高能力居于中心地位。例如,亚里士多德原理"说明了我们的深思熟虑的价值判断。我们通常看做是人的善的那些事物应当最终是在理性规划中占据着主要地位的目标和活动"(TJ, 432/379 rev.)。这意味着,一些有价值的活动(罗尔斯提到了知识、对美的事物的创造和沉思、有意义的工作;TJ, 425/373 rev.)得到了评估,它们之所以被看做人之善,大体上是因为他们从事并且呼吁发展我们人性的诸多方面,允许我们的人性得到复杂的发展。我们从这些活动本身中得到了乐趣;这就是亚里士多德肯定的东西。如果这样,那么训练和发展至少某些高端能力,将成为几乎是任何一个人之善的组成部分。

有意思的是,通过一个有关人性的断言,亚里士多德原理把至善主义(完美主义)因素引入了罗尔斯对善的规范见解。这个原理的意义是,人之善不单纯是他或她碰巧欲求的东西,或者是他或她碰巧使之成为一个理性人生规划之组成部分的东西。相反,假定一个人拥有一些不算残缺的能力，那么一个人的善的重要部分便在于从事各种活动，明确地训练和开发那些人力。有关人性的一个常规事实是，我们不愿满足于或"炫耀"无视亚里士多德原理的人生规划。

这个要求证明了以下反驳的虚假性：罗尔斯有关善的见解是"主观主义的"或"基于欲望的"（desire‑based），以及他没有对会成为人之善的组成部分的欲望对象以限制。这个反驳有时基于罗尔斯的以下断言：至少可能的一种情形是，人可以理性选择这样一个人生规划，他醉心于"采菊东篱下，悠然见南山"，而不从事得到了开发的能力的建设性活动（TJ, 432/379 rev.）。当然，与其说这种做法是这个人的善的组成部分，不如说我们希望知道有关这个人的许多心理和生理历史。也许他是利他主义者，有着可预见的强迫性行为。在那种情形下，对那个人来说，以适当方式实践其能力是很好的。不过，许多哲学家认为，有关善概念的部分意思使得这样的人生规划不再是人们的美好生活。与罗尔斯一起，我认为，剖析概念的含义无助于得出实质性原则和价值。（对我而言，作为具有利他之心的孩子的父亲）如下说法具有完美的意义："采菊东篱下，悠然见南山"可以是一项合理活动，是人之善的组成部分。对有些人来说，这只是他们能够宽容的全部，也是他们能够尽力而为的事。对完美主义者来说，基于假定的必然真理，说"这种生活不值得过"（至少可以说）是自以为是的。

第四节 正义之善和康德式一致性论证

现在我们来探讨罗尔斯支持正义之善的主要论证。[30]正义人士拥有正义美德。罗尔斯把正义美德定义为一种常态的"调节性欲望"（regulative desire），在人的所有活动中忠实于理性的欲望。罗尔斯支持正义美德合理性的主要论证旨在表明，正义美德是固有的善。因为,正义美德成为固有美德意味着,在适当背景下实践正义的能力是一项因自身之故而值得去做的活动。在罗尔斯理论中,作出这个论证的首要基础派生自同亚里士多德原理相联系的有关理性规划的见解。

那么亚里士多德原理是如何纳入罗尔斯一致性论证的呢?在《政治自由主义》中,罗尔斯说,在良序社会里,作为公平的正义是个别地因人而为善的,因为"两个道德能力的实施是作为一个善来经验的。这是使用于作为公平的正义中的道德心理学的一个后果——在《正义论》中,这个心理学使用了所谓的亚里士多德原理"。[31]

这表明,一致性论证包含对亚里士多德原理的直接诉求。这里的观念将是,某个支持正义感的能力居于我们的高端能力之中。它包括了解、应用和依照正义来行动并遵从正义要求的能力(参阅 TJ, 505/443 rev.)。这个能力承认复杂的发展和提炼。由于在良序社会里所有人都有正义感,所以每一个人都发展正义感作为其人生规划的组成部分是合理的。

现在试考虑两个反对意见。首先,尽管所有人都可以拥有相同的自然能力,但是我们拥有它们的程度是不同的。要是不忽视某些能力,我们中的没有一个人能够很好地发展任何一项能力。有待于人们去发展的理性能力依赖于他们的天赋、环境、兴趣和其他因素。从亚里士多德原理出发所允许的一切是,每一个人发展某些高端能力是合理的。如果这样,那么它可以得出以下推论吗:正义的能力应当在每个人的理性规划占有一席之地?[32]通过什么方式,这个高端能力区别于舞蹈或体育能力,或者其他高度协调性身体活动?我们中的一些人旨在开发这些能力,而其他人则可想而知地没有以此为目标。

第二个反对意见:什么因素使得正义能力成为对我们的所有追求的至高无上的规制?假定,与亚里士多德原理相一致,我决定,像克尔凯郭尔笔下的唯美主义者"A"一样,完美地提升我的能力,以达致优雅得体的程度。[33]我于是以这样的方式来行动,它们在审美上是得体的,符合已知的风格规则和礼节。难道我的正义感存在着某个固有东西,使之成为这个倾向的规范? 与亚里士多德原理相一致,我为什么不能够正好使我的优雅感具有至上的调节性,当正义与审美规范相冲突时去牺牲正义呢? 更一般地说,什么将阻碍我看重我的正义感,只按照其相对张力来评估它,使我的正义感依附于一些更强大的偏好,以平常方式使我对正义的关切不如我对其他最终目标的关切呢?

从亚里士多德原理出发的这个简化论证不是罗尔斯的一致性论证,但是把罗尔斯论证连贯起来是极其困难的。揭示他的论证的一个办法是把他将回应上述两个反驳的方式联系起来。他给出的答案依赖于康德的人观念,那个观念融入了罗尔斯观点之中。

按照作为公平的正义的"康德式解释"(Kantian Interpretation)(TJ, sect. 40),罗尔斯后来称作"康德式建构主义"(Kantian Constructivism)[34],正义作为这样一些原则被建构起来,在规定他们为"自由而平等的人"(或者为"自由、平等的理性生命",TJ, 252/222 rev.)的条件下,那些原则为每一个人所证明和接受。原初状态具体规定了这些条件;它是对我们作为自由、平等的理性生命的本质的"程序解释"(procedural interpretation)(TJ, 256/226 rev.)。[35]罗尔斯说,从这个立场出发,通过遵循这些被选择的原则,

> 人们表现了在一般人类生活条件下他们作为自由、平等的理性生命的本质。因为如果这种本质是最重要的决定因素的话,那么,为表现作为特殊生命的人的本质,就要按照将被选择的原则来行动……对能够那样做并且愿意那样做的那些人来说,按照正义原则行动的一个理由是,它表现了他的本质。(TJ, 252 – 53/222 rev., 重点号为引者所加)

把这种人的观念同理性规范见解和亚里士多德原理联系起来,显然,罗尔斯有关一致性论题的康德式论证的要点如下:[36]

(1)按照康德式解释,人,作为道德人,依其本质是自由、平等的理性生命(TJ, 252/222 rev.);换言之,依《正义论》的说法,人是"自由、平等、道德人"(TJ, 565/495 rev.)。[37]在良序社会里(WOS),理性人认为自己"首先是道德人"(TJ, 563/493 rev.)。[38]

(2)良序社会的理性成员"意欲表现其作为自由、平等、道德人的本质"(TJ, 528/462 – 63 rev., 572/501 rev.)。(罗尔斯明确地把它看做一种非任意的理性欲望。)结合在弱条件下有关人之善的规范见解,这蕴含着,

(3)良序社会成员意欲拥有一个理性人生规划与他们的本质相一致;它反过来蕴含着……"对这样一些状态的根本偏好,使他们形成一种生活模式,表现了他们作为自由平等的理性生命的本质"(TJ,561/491 rev.)。

(4)拥有兼容于表现人作为自由、平等的理性生命的本质的欲望的人生规划,要求人们按照原则来行动,"如果这种本质是最重要的决定因素的话,那么,为表现作为特殊生命的人的本质,就要按照将被选择的原则来行动"(TJ,253/222 rev.),这就是原初状态:它体现了这样的状态,按照康德式解释,它们规定或"再现"了作为自由、平等的道德人的个体(TJ,252,515,528/221,452,462 – 63 rev.)。[39]

(5)按照其标准解释,原初状态是为了"使我们生动地觉察到那些限制条件——那些看起来对正义原则的论证、因而对正义原则本身也是合理的限制"而设计的(TJ,18/16 rev.)。它体现了你和我(假设地)都会表示赞同的平等的公平条件,以达成规制基本社会结构的原则的同意。

(6)应用和遵循从平等的原初状态出发将给予同意的原则的常态有效的欲望,就是正义感(TJ,312/275 rev. 478/418 rev.)。

(7)第 4 – 6 点加在一起表明,以"把人的本质表现"为自由、平

等的理性生命的方式来行动的欲望,"在实践上说出了"按照正义原则行动的相同欲望,从平等的原初状态出发,那些正义原则是可以接受的(TJ,572/501 rev.)。[40]

(8)所以,对于在良序社会里想要实现理性欲望的个体来说,为了实现作为自由、平等的理性生命的本质,就要求他们按照正义感来行动,并且从正义感出发来行动(TJ, 574/503 rev.)。

(9)按照亚里士多德原理,通过肯定正义感来实现人的本质是合理的。"从亚里士多德原理出发,在良序社会里,人的本质的这个表现是个体的善的根本要素"(TJ, 445/390 rev.)。[41]

(10)根据其内容,正义感(渴望)具有至上的调节倾向:在推理和行动中,它要求给予正当而正义的原则以严格的优先性(TJ,574/503 rev.)。

(11)肯定正义感,就是通过采纳它为在人的理性规划中的顶层调节性欲望,承认和接受正义感为至上的。[42]

(12)拥有作为顶层目标的正义,就是对我们作为自由、平等、理性生命本质的最适当表达,就是成为道德自律的人(参阅 TJ,515/452 rev.)。因此,对自由、平等的道德人来说,自律是固有的善。

在(9)里,亚里士多德原理在此的角色在于表示,实现人作为自由、平等的理性生命的本质是人固有的善。无论如何,(7)把正义感等同于实现于人的本质,以及(10)和(11)在理性规划中确立正义感的优先性,它们都是至关重要的。(7)的重要性在于,通过把正义感同我们的"本质"联系起来(我将讨论它的意义),(7)确立了正当行动的欲望不是心理退化的主张。[43]假如果真如此,那么正义感显然不会保证肯定为一种固有的善。假如我们能够做到既不拥有它又在社会中诸事顺遂,那么我们不拥有这个欲望甚至会更好些。不过,假如正义感证明属于我们的本质,那么罗尔斯可以断定,通过肯定它,我们练就了一种对我们的生命至关重要的能力。(借助于亚里士多德原理)既然人表现了其作为自由平等的理性生命的本质,那个本质"属于他们的善,正义感以他们的福祉为目标"(TJ,476/417 rev.)。

在以下意义上,正义感"属于我们的本质":在《正义论》中,罗尔斯拥护康德的以下立场,人是自由、平等而理性的,在良序社会里,他们公开认为自己就是这样的人。自由、平等和理性生命的"本质"是他们的"道德人格"(moral personality)(TJ,sects. 77,85)。道德人格通过道德能力来规定;当它们运用于正义事务时,这些能力是实践理性能力。它包括(a)支持正义感的能力:理解、应用和按照正义原则的要求来行动的能力,以及(b)支持善的观念的能力:形成、修订和追求理性的人生规划。[44]

这些能力对于人之为人是至关重要的。罗尔斯的意思是,从实践的观点看,当我们作为理性而道德人来行动时,我们便认为自己和其他人都是自由人,有能力决定我们的行动,调整我们的需求,形成我们的目标,所有一切全都符合理性道德原则的要求:"既然我们把人看做有能力把握和调整他们的需求和欲望,他们就对如此做担负着责任。"[45]人把自己看做自由、负责、道德人,看做是平等的人,这种人观念的基础是道德能力。[46]没有道德能力的人,便不被其他人承认为(在道德上和法律上)具有能力回应其条例或目标的人,是丧失了积极参与社会合作能力的人。[47]此外,我们不认为自己的生活是偶然巧合,只是我们的处境强加于我们的东西。相反,在我们面临的环境的限度之内,我们常态地把我们的行动和生活看做是在我们的控制之中的。正是借助于道德人格能力,我们才能决定我们应当追求的目标和活动是什么,才能把这些目标纳入一个连贯而合作的人生规划之中,那个规划符合理性选择原则和正义原则。因此,正是借助于道德能力,按照理性道德原则行动的能力,通过采纳和追求理性的人生规划,我们才能给予我们的生活以"统一",我们才能给予我们的自我以"统一"。[48]

正因为它们在使我们成为理性道德人方面扮演着核心角色,罗尔斯才说,这些道德能力"构成了我们作为道德人的本质"。"道德人"(Moral person)和"道德人格"(moral personality)(洛克和康德使用的术语)可以在广义上给予理解,它们指既有道德又有理性的人及其能力。对罗尔斯来说,说这些能力"构成了我们的本质",并没有承载任何形而上学的寓意。它只是意味着,在社会语境中,当我们从事我们的追求计划时,我们把自己当做是具有某些能力的人,人之为人的最重要目标便是拥有道德能力。试比较纯粹从自然主义角度对人自身的看法,作为生命有机体,作为一个客体,他的行为取决于各种力的组合。在实践语境中,当我们从事慎思和行动时,即使我们中的一些人在其他语境中可能会纯粹自然主义地看待自身,但是这不是我们看待我们自身的方式。人是自由而负责任的主体,人有能力控制他们的需求,担当得起他们的行动,这正是我们从实践立场所做的假定。它指定了我们在人类活动领域的方向。难以知道的是,它是否会以另一种方式呈现。否则的话,我们必定把自己以及其他人都看做是自然的客体,超越了责任王国。

正义感能力对自我——道德理性主体观——的重要性构成了罗尔斯以下主张(7)的基础:正义感和人表现其本质的欲望是"实际说出的相同欲望"。这一点是对(8)的支持,其结论是,实现人的"本质"(或实践的自我观),要求按照正义感并且从正义感出发来行动。这回答了(上面提到的)第一个反驳,即每一个人如何才能拥有充分的理性,即使假定了亚里士多德原理,去发展和实施他们的正义能力。是什么使正义能力区别于其他能力(比如舞蹈能力,创作诗歌能力,或研究高等数学的能力),我们对后者不一定有理由给予开发,这得依赖于我们的选择或环境? 其答案是,发展正义感(与追求善观念的能力一起),是一个人成为理性道德主体的条件,那个主体有能力承担行动责任,参与社会生活且得益于社会生活。没有发展舞蹈、诗歌或高数能力的人,虽然会错过一些有价值的活动,仍然可以从事其他追求而平等地过上美好的生活。但是,其追求正义的道德能力和遇事保持理性的能力没有得到开发的人,是一些不具有社会生活能力的人。因此,他们并不处于取得社会好处的位置,难以学习并追求任何一种有价值的生活方式。

第五节　终极性和正义的优先性

上面提到过的第二个反驳是,纵使我们假定正义是一个善,它为什么是所有其他价值和追求的调节者呢？根据罗尔斯的康德式解释,按照正义的要求行动,表现了我们作为自由、平等的理性生命的实践本质(TJ,252/222 rev.)。这以某种方式回应了第二个反驳。人们拥有某些目标和承诺,他们认为它们即使不比正义更加重要,它们也是同样重要的,它们表现了人的本质,并且他们通常有更迫切的欲望去追求这些目标。罗尔斯说:"一个完全正义的社会应当是这样一个理想的组成部分,一旦理性的人拥有充分知识并经历那个理想的真实情形,他们将最迫不及待地渴望那个理想。"(TJ,477/418 rev.,重点号为引者所加)那么,在人们关心的多种目标和承诺之下,这个理想之成真何以在实际上成为可能呢？

这里的问题在于,把发展正义感的适当立场设定在人们的理性人生规划之内,他们受道德上的触动,希望做有正义感的人。那么,他们的正义感如何应当置于同其他最终目标的关系之中并且置于它们的"欲望层系"(hierarchy of desires)之内呢？罗尔斯说,在制订理性计划时,终极目标和根本欲望需要同一个行为框架相结合才能得到承认(参阅 TJ,410－11/360－61 rev.)。有时,在考虑了所有相关理由和思考(包括亚里士多德原理)之后,对各种理由的批判性慎思会耗尽,理性选择正好处在那个点上按照欲望张力来作出决定(TJ,416/435 rev.),"一致性的真实问题是,假如我们设想一个人只在以下程度上看重他的正义感,它满足了其他描述,那些描述把它同由善的弱式理论具体规定的理由联结了起来,将会有什么发生"

(TJ, 569/499 rev.）。我解释这个段落如下：假定一个人在道德上受到一种正义感的触动，正在尝试决定如何使关于正义的各种思考适应其人生规划。她希望成为正义的人，不过也想要忠诚于家庭和朋友，取得事业成功，专心致志于其宗教信仰，成为有所成就的业余音乐人。这些是构成其生活的主要目标。假如，在充分深思熟虑之后，她把正义感与其他终极目标放到一起，以平常方式使之与其他目标相竞争，有时甚至依赖相对迫切些的欲望张力来解决终极目标之间的冲突，那将发生什么情况呢？假如人们一般以这种方式来推理，并且它是公开地已知的，那么，人们就不会对别人的行动作担保，而在罗尔斯意义上，那个担保对良序社会想要成为稳定的社会是必需的。在终极意义上，一致性论证，要想成功的话，就必须证明，它同做出以下推理是矛盾的：正义感"以平常方式"同其他目标相竞争。需要证明的是，在理性计划中给予正义感以顶层地位是合理的。它应当对造就理性计划的所有其他终极目标和活动拥有"调节优先性"（regulative priority）。

论证一个倾向具有优先性的办法在于确定，它是某类人的欲望。这个欲望的部分内容是，人的首要欲望（追求特殊对象的欲望）要符合人追求的理想。在追求这个理想的欲望给定的条件下，假如这个欲望被其他欲望所抵消，他就无法实现该欲望。罗尔斯以相似方式来理解正义感，"有效的正义感……不是与自然取向居于相同位置的欲望；它是执行的调节性的顶层欲望，是以其同作为自由、平等的人的观念相联系的观点，按照一定的正义原则行动的欲望"（《康德式建构主义》，CP, 320）。作为排序靠前的调节性欲望，正义感无法"以平常方式"被初级欲望所抵消。不过，罗尔斯还需要作更多的解释。因为人还拥有其他调节性欲望，比如做人文明礼貌或举止优雅得体的欲望。那么，是什么使正义感优先于这些排序靠前的欲望呢？（这是由克尔凯郭尔笔下的完美主义者提出的问题，他们把优雅得体当做是高于所有其他理想的品质。）罗尔斯认为，不像所有其他欲望,做人要光明正大的欲望,存在着某个特别之处,使正义感成为所有其他欲望的至上调节器(supremely regulative),独立于人的各种欲望或选择:

> 这是终极性条件的一个结果:由于这些[正义]原则是调节性的,按照它们去行动的欲望仅在它对其他欲望同样是调节性的意义上才得到满足……这种情感如果被与其他目的调和与平衡成为与其他欲望并列的一个欲望,它就不可能得到实现。它是一种高于其余欲望的、以某种方式引导人自身的欲望,一种在自身中包含着优先性的驱动力。其他目标能够通过一个计划来实现,这个计划让每一个目标都占有一席之地,因为它们得到满足的可能性不取决于它们在排序中的位次。但是,正当和正义感的情况与此不同。(TJ, 574/503 rev.)

作为按照正义原则行动的欲望,正义感依于从蕴含在这些原则中的终极性条件。终极性要求的是,在实践慎思中,对正义的深思熟虑具有胜过所有其他理由(一致性理由、自利理由、私下仁慈理由、谦恭理由等等)的绝对优先性(TJ,135/116 - 17 rev.)。在这样的条件下,假如按照其相对强度或通过其他办法,他们把它同其他欲求的目标平衡了,甚至被其他终极目标抵消掉了,人们便无法实现他们追求正义的欲望。为了实现正义的欲望,就要在欲望与欲望目标之间进行折中。实际上正义感是这样一个欲望,一个人的所有欲望及其目标都要同正义的调节性要求相吻合。在其表面上,正义感揭示自身为一个至上的主导性取向。只有当我们把正义置于我们活动中的顶层优先性时,我们才能满足这个欲望所追求的欲望。并且,在把正义感的实践同一性等同于表现我们的本质的欲望的情形下(参阅上面的(6)),"如果一种生活计划只把正义感看做一个要相对于其他欲望来权衡的欲望,我们就无法依靠它来表达我们的本质"(TJ, 575/503 rev.)。"因此,为了实现我们的本质,我们别无选择,只能设法保留我们的正义感,以驾驭我们的其他目标。"(TJ, 574/503 rev.)

最终一个断言(上面的〈12〉)和一致性论证是完整的:在人的理性规划里实现作为自由、平等的理性生命的人的观念意味着什么呢? 罗尔斯说,"我相信康德认为,人是自由平等的理性生命,当他的行为原则可能是作为对其本质最准确的表现而被他选择时,他是自主行动的。"(TJ, 252/222 rev.;参考 TJ, 584/511 rev.)按照对作为公平的正义的康德式解释,罗尔斯假定,在良序社会里,公民"认为道德人格……是自我的根本方面"(TJ, 563/493 rev.);结果,他们希望成为充分自主的主体。按照罗尔斯的康德式考虑,自主要求我们出于我们接受的原则去行动,不是因为我们的特殊环境、天赋、目标,或归结于忠于传统、权威或其他人的意见,而是因为这些原则表现了我们作为自由平等的理性生命的共同本质(TJ, 252/222 rev.; 515 – 16/452 rev.)。通过肯定他们的正义感,良序社会的成员成就了他们视自己为自由人的自我观,即作为道德主体,他们免于其环境、成长和社会地位的偶然变故。"按照这个排序优先性做出的行为,表达着我们的区别于偶然性和巧合事件的自由"(TJ, 574/503 rev.)。它是部分自主的。因此,"当正义原则……被社会中的平等公民所认可并且他们按照正义原则来行动时,公民们便以充分自主行动"。[49]因此,充分自主(full autonomy,对立于单纯的"理性自主"[rational autonomy],或者按照一个人自由选择的理性人生规划来行动),便是当他们把正义感设定为在其理性计划中的顶层优先性时,他们实现了人的本质的终极后果。在罗尔斯认证的其余部分给定的条件下,它意味着自主是一个固有的善。所以罗尔斯得出结论说:"这种对待正义的情感揭示了人是什么,对正义的妥协,便无法实现自我的自由,而只是给世界的偶然和意外留下了地盘。"(TJ, 575/503 rev.)它从实践上揭示了"人是什么",即人是一个道德主体,因此,道德主体的妥协,也就是自由主体的妥协。

结 论

罗尔斯认为,正义是一种明确的人类活动,它造就了社会,使得社会之内的政治关系、经济关系和其他关系成为可能。因此他旨在阐明一种正义观,它兼容于人性,肯定个人的善的追求。作为公平的正义的稳定性论证的作用在于"肯定"(confirm)在原初状态下选择正义原则满足了这些条件。该论证通过证明作为公平的正义的良序社会——在其中所有讲道理的人都肯定正义原则,依据并且遵循正义原则来行动——是如何实际地可能的来实现。首先,它假定,对等原则表达了蕴含在人性中的心理取向,在一个正当的社会里,人通过关心对等原则将常态地获得一种正义感,并且愿意支持正义的制度,人于是成了公民。接着,在这个确定的取向下,公民实践他们的正义感是理性的,他们不仅是为了避免惩罚,维持良好声誉,而且是因其本身的缘故。因为,在为了正义而行动的过程中,他们实现了作为自由、平等、理性而自主的生命的本质。因此,在良序社会里,正义一致于人之善。因为行正义是每一个人对这些条件的最佳回应,作为公平的正义是内在地稳定的。这是一个重要的结论。它意味着,有关良序社会的契约论理想,在其中自由、平等的公民全都同意和肯定相同的正义观,是人类能够实现的。

拓展阅读

小托马斯·希尔:《〈政治自由主义〉中的稳定性问题》,载于《太平洋哲学季刊》,1994 第 75 期,第 332 - 252 页。(Hill, Thomas, E. , Jr. , "The Stability Problem in Political Liberalism," *Pacific Philosophical Quarterly*, 75〈1994〉, 332 - 52.)(论文探讨了罗尔斯晚期

著作的稳定性论题。)

爱德华·F.迈克列农:《正义和稳定性问题》,载于《哲学和公共事务》,1990年第19期第122-157页。(McClennen, Edward F., "Justice and the Problem of Stability," *Philosophy and Public Affairs*, 19⟨1990⟩, 122-57.)(论文对罗尔斯和博弈论的稳定性问题作了全面探讨。)

大卫·萨希斯:《如何区分自尊和自重》,载于《哲学和公共事务》,1981年第10期,第346-360页。(Sachs, David, "How to Distinguish Self-Respect from Self-Esteem," *Philosophy and Public Affairs*, 10⟨1981⟩, 346-60.)(论文提出了一些著名见解,导致罗尔斯出面澄清自己的立场。)

注释

1 参阅"道德理论的独立性",载于《罗尔斯论文集》,第294页(CP, 294.)。

2 本章第3-5节第263-285页是以我在《一致性与正义的善》("Congruence and the Good of Justice")一文的讨论为依据的,该文载于《剑桥罗尔斯指南》,萨缪尔·弗雷曼编,英国剑桥:剑桥大学出版社,2003年。我感谢剑桥大学出版社允许使用这些材料。

3 罗尔斯在《正义论》(TJ, 269-70/238 rev.)中讨论了霍布斯见解的这个方面以及"保障问题"。并且参阅罗尔斯在《政治哲学史讲义》中的"霍布斯讲座"。

4 参阅《正义论》(TJ, 240/211 rev.)对"霍布斯论题"(Hobbes's Thesis)的讨论:"即使在良序社会里,政府的强制权力在某种程度上对于社会合作的稳定性是必要的……通过执行公共惩罚制度,政府消除了以为其他人不遵守规则的理由。"

5 在《政治自由主义》(第19页)中,罗尔斯在一般意义上定义了正义感:"正义感是从公共的正义观来理解和应用正义观,并且按照公共的正义观来行动的能力……正义感还表现了一个意愿,假如不是一个欲望的话,亦即当事关他人时,按照他人也会公开支持的条款来行动。"

6 参阅《正义论》(TJ, 46/41 rev.)。"作为公平的正义是一种有关我们的道德情感的理论,那些情感在反思平衡中通过我们深思熟虑过的判断而得到彰显"(TJ, 120/104 rev.)。在其第一篇论文《伦理学决定程序论纲》(1951年)中,收入《罗尔斯论文集》(CP, ch. 1),罗尔斯初步阐发了这个观念。

7 换言之,正义感是"按照在原初状态下选中的原则来行动的愿望"(TJ, 312/275 rev.)。

8 参阅罗尔斯:《政治哲学史讲义》,"休谟讲座"第 2 讲有关区分人为德性和自然德性,人为情感和自然情感的讨论。

9 罗尔斯在《政治自由主义》第 141 页明确表明了稳定性论证的两个部分,尽管他在这里改述了与政治自由主义相吻合的论题。

10 罗尔斯使用术语"有限的利他精神"(limited altruism)——借自休谟正义观——来描述原初状态下的各方(TJ, 146/127 rev.)。对特殊个体与目的特殊关爱和依恋纽带,是罗尔斯称作"正义的主观条件"的组成部分(TJ, 127/110 rev.)。

11 参考卢梭:《爱弥尔》,艾伦·布鲁姆译,纽约:基础图书出版社,1979年:"但是,一个人通过其内心倾向,通过其意志来期待善或恶的那些人——我们知道以其自由行动支持我们或反对我们的那些人——在我们内心激起的情感,相似于他们向我们显示的那些情感。我们寻求对我们有益的东西,不过我们喜爱将对我们有益的东西。我们躲避对我们有害的东西,但是我们痛恨想要伤害我们的东西。"(第 213 页)。

12 参阅《正义论》第 69 – 75 节,尤其是第 72 节和第 74 节。这三个对等原则是(引自 TJ 490 – 91/429 rev.);说明:在修订版存在一处印刷错误,在那里第一条法则的一部分内容被错误地省略了。它应当像第一版那样表述如下:

第一条法则:假如家庭制度是正义的,家长爱子女,并通过关心子女的善明确表示了他们的爱,那么,子女在认识到父母对他的明确之爱时,也会逐渐爱他们。

第二条法则:假如一个人以与第一条法则相符合的方式获得了依恋关系,从而实现了他的友好情感能力,假如一种社会安排是正义的并且人人都知道是正义的,那么,当他人带着明显意图履行他们的义务和职责并实践他们的职位理想时,这个人就会在交往中发展同他人的友好感情和信任纽带。

第三条法则:假如一个人以与前两条法则相符合的方式形成了依恋关系,

从而实现了他的友好情感能力,假如一个社会制度是正义的并且人人都知道是正义的,那么,当这个人认识到他和他所关心的人都是这些社会安排的受益者时,他就会获得相应的正义感。

13 例如,布雷恩·巴里说:"我本人倾向于认为,正如事实那样,对绝大多数人来说,在绝大多数情况下,'亚里士多德法则'是错的。"(《自由主义正义理论》,牛津:克莱伦敦出版社,1973年,第29页)

14 罗尔斯的心理学建构得益于卢梭、康德和密尔,也得益于皮亚杰的著作《儿童的道德判断》,伦敦:自由出版社,1931年,参阅 TJ, 459 – 62/402 – 5 rev.。皮亚杰区分了权威道德和相互尊重的道德,罗尔斯把这个区分融入他关于正义感发展的见解中。

15 这个心理学法则出自卢梭的《爱弥尔》,第174页。

16 参阅《爱弥尔》,第213页。

17 "因此,自利是建立正义的原初动机:但是,同情公共产品是促成那个美德的道德认可的源泉"(休谟:《人性论》,第499 – 500页)。"一旦[正义]被这些惯例建立起来,它自然带有对道德的强烈同情;它只能通过我们对社会利益的同情而得到推行"(同上,第579页)。并参阅休谟《人类理解研究》,第201页。有关休谟的正义观,参阅我的论文《在休谟正义观中作为制度惯例的所有权》,载于《哲学史文献》(*Archiv für Geschichte der Philosophie*)第73卷,1990年,第20 – 49页。

18 参阅约翰·斯图亚特·密尔:《功利主义》,第3章。

19 不过,罗尔斯补充道:"突出的同情认同能力似乎是少见的。"(TJ, 500/438 rev.)

20 参阅《正义论》第502页,修订版,第439 – 440页(TJ, 502/439 – 40 rev.),讨论了约翰·斯图亚特·密尔的《功利主义》,第III章,第10 – 11页。并参阅罗尔斯《政治哲学史讲义》,第2讲"密尔讲座",第280 – 284页。

21 参阅肯·宾默尔:《自然正义》,麻省康桥:哈佛大学出版社,2006年;阿兰·吉巴德也在其2006年在伯克利举办的唐纳讲座中提出了这个设想。在这一方面两人都是休谟的追随者。

22 参阅《正义论》第63节(TJ, sect. 63),罗尔斯探讨了这些理性选择原则。

23 参阅《正义论》第64节(TJ, sect. 64)"慎审理性"。罗尔斯说,理性的人生规划"是这样一项计划,当一个人借助于所有有关事实评估实现这些计划会是个什么样子,并据此确定出会最好地实现他的那些更为根本的欲望的行为方案时,作为这种缜密反思的结果他会决定采取这个计划"(TJ, 417/366 rev.)。慎审理性规定了一个客观的观点,从那个观点来评估一个人的善,评估他或她作为个体拥有的理性。一个人从这个角度选择的人生规划是"他的客观理性计划,决定着其真实的善"(同上)。在人生规划得到理想化和未来不确定的情况下,也许我们从来无法真正占据这个位置。但是根据我们掌握的信息,我们能够决定,罗尔斯说,一个"主观的理性计划",它规定了我们的表面的善。

24 在1996年版《政治自由主义》第 xix/xxi 页,罗尔斯区分了"公共观点和许多非公共(不是私人的)观点",他们响应于他对公共理性和非公共理性的区分。

25 亨利·西季威克:《伦理学方法》,第7版,印第安纳波利斯:哈克特出版社,1981年版,第404页,第506–509页。

26 对罗尔斯来说,这并不意味着实践理性不需要正义。理性概念没有穷尽依其观点我们拥有的各种理性。罗尔斯有关"合理事物"(the reasonable)的见解表明,无论我们的特殊目标和欲望是什么,存在着应用于我们的正义理性(reasons of justice)。在康德意义上,这些理性是"无条件的"(categorical,直言的),通过我们深思过的道德判断并基于我们的实践理性能力建立起来的。参阅《政治自由主义》(PL, 111f., 115)有关客观性和合理性的讨论;并参阅《道德理论的康德式建构主义》,第3讲《建构主义和客观性》,载于罗尔斯《政治自由主义》(PL, 111f., 115)。

27 "我并不试图证明,在良序社会里,一个利己主义者会出于正义感行动……宁可说,我们所关心的,是采取正义观点的这种确定的欲望的善。我假定,良序社会的成员们已经拥有这种欲望。问题在于,这种起调节作用的情感是否与他们的善一致"(TJ, 568/497–98 rev.)。

28 竞争团队的成员可以拥有共同的目标,不仅赢得胜利,而且通过让每个队员成功参与来赢得胜利;甚至对方团队的成员也能拥有从事一项有价值竞赛的共享目标,切磋并享受相互间的专门技艺。

29 "仅仅根据定义本身,还远远不能说明一项合理计划的内容或者构成它的具体活动"(TJ,423/372 rev.)。

30《正义论》的第89节提出了支持正义之善的其他论证,包括来自社会联盟的论证(第79节)和一个工具论证(第86节)。

31 参阅《政治自由主义》第230页和第203页脚注35(PL, 203 and 203, n. 35.)。

32 参阅《正义论》(TJ, 567/497 rev.):"我们想知道这个欲望的确是合理的,它对一个人是合理的,它对所有人也都是合理的,因此不存在不稳定的倾向。"并且参阅《正义论》(568/497 rev.),罗尔斯似乎允许在WOS中存在着某些人,他们认为正义感不是一个善(TJ, 575 – 76/504 rev.)。

33 参阅克尔凯郭尔:《或此或彼》第1卷,普林斯顿:普林斯顿大学出版社,1944年。

34 参阅《道德理论的康德式建构主义》,收录于罗尔斯:《罗尔斯论文集》,第16章(CP, ch. 16.)。

35 在《道德理论的康德式建构主义》一文中,罗尔斯称原初状态为一个"建构程序"(procedure of construction)。参阅罗尔斯:《罗尔斯论文集》,第340页和第310 – 312页(CP, 340; 310 – 12.)。

36 我在此解释了罗尔斯在《正义论》第86节(TJ, sect. 86. 尤其参阅572/501 rev. 第一个段落),加上445/390 rev., 515 – 16/452 – 3 rev.,然后是第40节和第85节全部,以及正文引用的其他段落中提出的一致性论证的最后论证。我在此只提供罗尔斯把它们编织在一起的未作精细论证的主要线索。

37 "作为自由、平等的道德人的自我的对所有人都是相同的"(TJ, 565/495 rev.)。

38 参阅《罗尔斯论文集》,第309页(CP, 309)。

39 正如罗尔斯在《道德理论的康德式建构主义》一文更加清晰地阐明的那样,原初状态可以建构为道德人观念核心特点的"程序再现"或"建模",因此在那里被选中的原则取决于这些确定的特点。参阅《罗尔斯论文集》,第308页(CP, 308)。

40 罗尔斯说,在两个欲望之间存在着"实践的同一性"(practical identity) (TJ, 572/501 rev.)。他还提到,"适当地理解的话,那么,正当地行动的欲望部分派生自最充分地表现我们是什么或我们能够是什么的欲望,即,我们是具有选择自由的、自由、平等的理性生命"(TJ, 256/225 rev.)。

41 参阅《正义论》(TJ, 528/462 – 63 rev.):"当所有人都努力遵循这些原则并且每一个人都成功的时候,那么在个体和集体意义上,他们作为道德人的本质得到了最充分的实现,并且他们的个体和集体善也得到了实现。"

42 "这些原则于是被给予了绝对的优先性……每一个人都按照符合这些原则的方式来制订他的计划"(TJ, 565/495 rev.)。

43 试回顾以下批评:正义感要么(a)掩盖了我们的弱点(尼采),要么(b)是羡慕和嫉妒的副产品(弗洛伊德)(参阅 TJ, 539f./472 – 73 rev.),或者假定(c)正义感是由强权者富于成果地逐渐灌输到我们身上的东西,以保证服从为了增进他们的利益而设计的规则(参阅 TJ, 515/452 rev.)。

44 TJ, 505/442 rev., 561/491 rev.; CP, 312 – 13.

45 《公平性之于善性》(Fairness to Goodness, CP, 284)。

46 参阅 TJ, sect. 77, "平等的基础"("The Basis of Equality");并参阅 CP, 330 – 33。

47 "就政治正义问题而言,一个人要想成为充分平等的社会成员,两种道德能力是其必要和充要条件。"(PL, 302)

48 罗尔斯在《正义论》第85节(561 – 63/491 – 93 rev.)承认"自我的统一"。

49 《基本自由和优先性》,《政治自由主义》第 8 讲(Lecture VIII, PL, 306)。罗尔斯在《康德式建构主义》一文中区分了两种自主,后来在《政治自由主义》中,每一种自主都同某种道德能力相关。"理性自主"就是按照理性的人生规划行动,因此,按照理性选择原则去追求目标,那些目标是一个人通过慎审理性选择的人生规划的一部分。"道德自律"是按照并且遵循正义原则去行动。"充分自主"包含这两者的结合,在那里,正义被给予了最高的次序优先性,以调节一个人的理性计划。在这一方面,充分自主包含正当与善的一致性。参阅《康德式建构主义》(CP, ch. 17)第 1 讲,标题为"理性自主和充分自主",尤其是第 308 页;《政治自由主义》,第 72 – 81 页(PL, 72 – 81)。

第七章　康德式建构主义和向政治自由主义过渡

本章讨论罗尔斯在 1971 年《正义论》发表到 1985 年期间的主要新作品,罗尔斯在此期间开始写作系列论文(CP,chs.18,20 - 22),那些论文后来皆收录于《政治自由主义》(1993)。罗尔斯在 20 世纪 70 年代做了替《正义论》作说明和辩护的很多工作(参阅 CP,chs.11 - 14)。不过,在以《康德式建构主义》(1980;CP ch.16)为题的三个讲座中,罗尔斯进一步阐发了作为公平的正义的康德式解释。这些讲座将在本章第一部分给予讨论,它们标志着罗尔斯工作的一个过渡阶段;即他在其正义理论的康德方面和契约论方面取得了丰硕成果,同时开始向《政治自由主义》(1993)过渡。[1] 罗尔斯论文《道德理论的独立性》将在本章第二节给予讨论,它也是一篇重要的过渡性论文;罗尔斯认为,道德哲学大多独立于知识论和形而上学。正如我们在下一章将看到的那样,《政治自由主义》深化了这个观念,认为政治哲学独立于整全性哲学观点、道德观点和宗教观点。第三节将讨论罗尔斯在对作为公平的正义作康德式解释中发现的问题。这些是他努力在《政治自由主义》中给予校正的问题,以维持其良序社会的契约论理想,在良序社会中,公民们赞同相同的正义观。

第一节 康德式建构主义

在《正义论》第 40 节,罗尔斯隐晦地说道,按照正义原则行动,并且遵循正义原则行动,可以被看做自由、平等的理性生命之本质的"表现"。"因为,假如这个本质是最重要的决定性因素,那么表现人的本质为一种特殊的生命,就是按照一些选中的原则来行动"(TJ, 253/222 rev.,重点号为引者所加)。

> 我认为,原初状态观念克服了这个缺点……原初状态的描述类似于一种本体自我观,一种关于本体自我成为自由平等的理性生命的观点。因为这个本质在决定这项选择的条件中得到了反映,当我们从我们选择的原则出发来行动时,我们的生命本身的本质便得到了展示。因此,通过以他们在原初状态下承认的方式行动,人展示了他们的自由,他们的独立性,他们摆脱了自然和社会的偶然性。(TJ, 255–56/224–25 rev.,重点号为引者所加)

这个说法表明,原初状态可以解释为对自由、平等、理性等道德生命根本特点的反映。因为原初状态"类似于……本体自我成为自由平等的理性生命"的状态,选中的原则因此"展示"或"表现"了他们的本质。《康德式建构主义》包含着这个基本观念并努力以较为通俗的习语来转述和说明它。

1. 道德人格和平等的基础

在《正义论》里,罗尔斯首先诉诸自由平等的理性生命观念,来为平等确立基础。那么,凭什么人应当作为平等的人给予尊重呢?凭什么人应当享有平等的正义呢?功利主义者或福利主义者可能会说,正是国民追求幸福或福祉的平等能力使他们应当获得平等的正义。对康德来说,它是"人之为人"(人道,humanity)的能力,是我们的实践理性,包括为我们自己"确立目标"并依其行动的理性能力。相似地,罗尔斯认为(TJ, sect. 77),平等正义的基础是"道德人格能力"(the capacity for moral personality),它包括两种道德能力:其一是,由理性人生规划表现的善的观念能力;其二是,某种正义感能力,"至少在最低程度上,一个应用并依正义原则行动的常态有效的欲望"(TJ, 505/442 rev.)。罗尔斯说,这些是纯粹的自然特性,人们在社会生活的常态过程中把它们发挥到了一定程度。在《政治自由主义》中,罗尔斯说,在一定程度上拥有这些特性,对参与社会合作且从社会合作中充分获益是至关重要的。

在《政治自由主义》中,罗尔斯似乎并不认为道德能力在社会合作中占据核心地位的见解是一个有争议的主张,因为他对它并不赞同。他的假定似乎是,一个对善的观念不具有充分开发能力的人,无法对什么是他或她的利益给出有效判断。这样的人在通常情况下可以判定为在法律上是限制民事行为能力的,无法关照自身及其利益。儿童在法律上就是这样被看待的,有智障者也是如此——他们缺乏理性能力,或者其理性能力尚未达到关照自己事务所必要的程度。对他们自由的限制以及其他家长主义措施被视为是完全适当的。同有关正义感能力方面的看法相似,在英美法系中,缺乏区分对错的能力一直被视为法定精神错乱的首要标志。按照当代标准,一个能够区分对错但仍然无法自我控制并符合道德或法律标准的人,也可以被考虑为免于承担法律责任和法律处罚的人。

罗尔斯认为,拥有起码的道德能力对给予人以尊重并给予平等正义已经足够。"规定道德人格的起码要求,指具备这样一种能力而不是指这种能力的实现。一个人具备这样的能力,无论其是否得到开发,都被理解为对正义原则的充分保护"(TJ, 509/445 - 46 rev.)。重要的在于,罗尔斯说,务必拥有对确保平等正义最起码程度的道德能力(TJ, 505/442 rev.)。他不说拥有这些能力对确保尊重或道德考虑是必要的。罗尔斯不希望正义的无能或无力,假如正义是无能无力的,那必定是出于其他原因,而不是道德人格问题。他说道:"道德人格是否是一个必要条件,这是一个我可以抛在一边的问题……纵使能力是必要的,在实践上根据这个理由来维持正义也是不明智的。正义制度的风险在于其过分强大。"(TJ, 505 - 06/442 - 43 rev.)这是为正义提供心智补救的一个纯粹实用主义理由。有人对此会反驳说,之所以他们应当由于自身的缘故而给予道德考虑,恰恰是因为他们是人的缘故,甚至是因为他们缺乏必要程度的道德能力。我认为,虽然这兼容于罗尔斯的观点,但是罗尔斯最终觉得,在其较为有限的目标给定的条件下,他不一定非得在他的社会正义理论中充分地阐明这个问题。罗尔斯由于某些原因受到了批评,说他没有适当地考虑我们本应给予身体或心智残障者的正义的尊重和承担正义的义务。[2]

在后面,在《万民法》中,我们将看到,罗尔斯直接阐明了这些问题,因为他区分了社会正义和人道主义正义,区分了受到他的正义原则保护的自由权利和人权。在人权当中,有生命权,维持基本生活保障权(to means of subsistence),免受非自愿劳役权,拥有财产权,一定程度的言论自由和良知自由,等等。人权适用于人类自身,而无论其道德人格能力如何。罗尔斯认为,缺乏道德能力的限制民事行为能力者仍然可以明确地享有人权保护。那么人道主义正义和社会正义的差异是什么呢？罗尔斯认为,其差异是,社会正义的首要关注点在于,在有能力参与合作并且做好自己的分内工作来维护合作的人们中间,发现社会合作的条款。拥有道德能力对于参与社会合作是必要的;我认为这解释了罗尔斯在早期和晚期都关注道德人格的原因。另一方面,人道主义正义原则普遍地拓展到人类,不管他们是否建立了合作关系。他们对人类成员具有最低限度的必要尊重(罗尔斯没有说"充分尊重")。我们对他们还承担着其他正义义务、仁慈义务或博爱义务。

2. 道德人格和作为建构基础的自律

我们看到,按照康德式解释,罗尔斯提出了一个更加实质性的主张,即道德能力构成了"我们作为自由、平等的理性生命的本质"(TJ, 256/226 rev.)。这个主张显然比如下经验主义主张更有争议:道德能力对社会合作是必要的,是我们对人负有责任的社会法律实践的组成部分。它是一个可以在(康德式)理性道德主体基础观念中找到依据的哲学主张。这个哲学主张认为,理性道德主体为罗尔斯的一致性论证奠定了基础,也为他的如下努力奠定了基础,罗尔斯试图证明,通过遵守正义原则并且按照正义原则来行动,我们所依照的正义原则是"我们作为自由平等的理性生命的本质的表现"。对正义感而言,完全实现这种能力是道德自律的;对理性的善观念而言,完全实现这种能力是理性自主的。同时拥有道德自律和理性自主的人拥有着"充分自主"(full autonomy)(CP, 315)。

在《康德式建构主义》一文中,罗尔斯详细地试图证明,作为公平的正义如何才能被解释为在道德人格中以及在理性道德主体的能力中有其依据。康德的自律观念从卢梭的道德自由(la liberté morale)[3]或者"遵循人给人自己确立的法则"(acting on a law that one gives to oneself)观念发展而来,康德给那个观念加上了"出于其理性"(out of one's reason,参阅 TJ, 256/225 rev.)。我们应当如何看待康德这种给自己立法的神秘理性观念？这实际上正是罗尔斯在"康德建构主义"中试图给予揭示的东西；如他在《正义论》说的那样，他的目标在于"为康德的自律概念提供一个程序解释"（TJ，256/226 rev.）。道德能力——通情达理的能力——是应用于正义的实践理性能力。在《康德式建构主义》中，罗尔斯试图证明，通过一套"建构程序"（procedure of construction, CP, 305），从这些理性能力、其他相关理性原则和理性观念出发，正义原则是如何"被建构起来的"。这是《康德式建构主义》的主要见解，在作为公平的正义的语境下，试图阐明康德的道德自律和理性自主观念，那种自律[自主]在广义上被理解为理性出于自身资源给自己确立原则。

这是一个鲜明的自律[自主]观念。在自由主义思想中，"自律[自主]"通常表示选择自由或摆脱外界控制的自由，但是在哲学上，这个观念被赋予了不同含义。自律[自主]的一个含义包括，基于批判性反思，一个人自由地决定其目标和追求采取行动过程的步骤，以及实现它们的生活方式。这相似于约翰·斯图亚特·密尔"个体性"（individuality）观念，一个"自我治理"（self‐government）和"自我发展"（self‐development）的理念，使我们的信念、欲望和人生规划成为"我们自己的"信念、欲望和人生规划。在这个意义上，自律[自主]的人并不从他人那里采纳其美好生活的观念。基于其自身的欲望和利益，在批判性反思它们及其后果之后，个体积极地创造自己的"人生规划"。

密尔的个体性观念在许多方面类似于罗尔斯有关理性自主的见解，我在上一章讨论形成理性的人生规划时谈到了那个见解。对罗尔斯来说，实践一套"理性的人生规划"，要考虑亚里士多德原理，还要在"审慎理性"之下进行选择，这是一个理性人理念。罗尔斯未曾有意把密尔的个体性观念限定为善的弱式理论问题，或者说从事批判性慎思和实践人自由选择的理性的人生规划是一个固有的善，它对过上美好的生活是至关重要的。这是一个极有争议的主张。

纵使理性自主是固有的善——假如通过批判反思进行了自由选择，任何人生规划都是比较美好的——但是，说它对美好生活是至关重要的，像密尔表示的那样，似乎意味着，J. S. 巴赫作为作曲家的生活不是一种美好的生活。（而巴赫家族几代男性成员都被期待并被培养为教堂或都市音乐家。）

我相信，罗尔斯即使没有提出这个有争议的主张，他至少会暗示，无论人的善是什么，它都必须是理性的，或者对那个人通过从事批判反思目标从而自由实践理性能力是较为有益的。因为《正义论》的潜在建议是，理性自主和道德自律——两种道德能力的充分发展、实施和展示——是固有的善，对于充分实现我们作为自由、平等的道德主体的本质是必要的。

追随于康德，罗尔斯在另一个方面甚至比密尔拥有更加充实的自律观念。密尔的个体性见解要求遵守正义规则的"自我治理"。但不像罗尔斯，密尔不赞同康德的以下观念：依据自身资源，理性给自己提供原则。对罗尔斯来说，"充分自主"既包括道德自律又包括理性自主——遵循正义的道德原则，为了正义而发展和实施自己的能力，那些原则在实践理性方面有其起源。在《康德式建构主义》中，罗尔斯反对"理性直觉主义"(rational intuitionism)和其他形式的道德实在论，后者说道德原则提炼自独立于人类理性活动的事实世界。道德原则既不是由上帝给予我们，也不是由我们的情感或文化给予我们（如神圣命令理论、道德意义理论和文化相对主义分别坚持的那样）。相反，在《康德式建构主义》中，罗尔斯努力证明，正义之合理的道德原则如何是实践理性自身的原则；它们可以出于实践理性而"被建构起来"，拥有自身在道德能力方面的"起源"。对罗尔斯来说，充分自主意味着，在其完整意义上，理性的道德主体(1)按照理性人生规划来行动，那个规划是他们作为自己的规划在自由实施批判能力中运用慎思理性个别地创造的，(2)这个理性规划遵从正义原则并受正义原则的调节，那些原则因其自身之故而得到肯定,(3)在这些原则将被选取的原初状态下,"建构程序"体现了"实践理性的所有相关要求",(4)在这些要求中间,有些要求"再现"了作为自由而平等的通情达理者的人的观念(也作为实践理性的产物),也"再现"了由这些人构成的良序社会的观念;所有人都自由地接受相同的正义原则。这个充分自主观念给罗尔斯的《康德式建构主义》提供了一般背景,那个论文旨在揭示正义的道德原则如何源自实践理性自身的实施。

3. 道德建构主义和客观性

在伦理学领域,存在着不同类型的建构主义立场;罗尔斯的《康德式建构主义》及其后来的政治建构主义只是其中的两个可能性。一般而言,在伦理学领域,就道德真理的可能性和性质、正确性的类似标准(罗尔斯的"通情达理性"〈reasonableness〉或康德的"普遍有效性"〈universal validity〉),建构主义阐明了什么是在传统上被视为"元伦理学的"(metaethical)(或形而上学的)问题。同道德实在论相对立,建构主义否认,与先行道德事实相符合或者与某个价值王国相符合的道德陈述优先于并且独立于实践理性活动。罗尔斯列举的道德实在论的例子是逻辑原子论者 G. E. 穆尔和贝特兰·罗素等人柏拉图主义以及西季威克的哲学直觉主义(CP, 344 – 45)。对立于否认道德真理或正确的客观标准的道德怀疑论(如"表现主义"说道德陈述是情感的表达),建构主义肯定存在着道德陈述的真理条件。最后,对立于主张道德判断只应用于一个特殊社会成员是相对于其规范和传统的相对主义观念[4],道德建构主义肯定一种普遍的道德客观性观念,并且把基本道德原则应用于具有理解道德要求的能力的所有人,而无论其文化处境如何。作为公平的正义依赖于我们作为民主社会成员对我们深思过的正义的确信,这个事实并不意味着,罗尔斯赞同文化相对主义。他没有说过,如一个文化相对主义者或许会说的那样,适用于某个社会的道德同其成员对正义的深思确信处于某种反思平衡状态。在《正义论》中,罗尔斯认为,作为公平的正义用来探明某个社会之正义或不义程度,而无论其国民如何看待自身。

尽管存在着不同类型的道德建构主义,它们都共享着以下观念:当道德原则是一个体现正确推理活动的所有相关标准的审慎程序的结果时,它们是正确的(真的或合理的)。[5] 在这一方面,建构主义给予在决定道德真理过程中的判断客观性(objectivity of judgment)以优先性:真的道德判断是通过从一个客观观点进行正确推理而获得的判断,那个客观观点体现了"实践理性活动的所有相关要求"(PL, 90)。正因为建构主义的审慎程序体现了实践理性活动的规范要求和实质要求,所以该程序具有其"施予真理"(truth-bestowing)的地位。相比之下,实在论颠倒了这个优先性,并且通过它们满足确定先天道德真理必需的条件来解释判断的客观性。在这一方面,道德建构主义反对道德实在论的以下主张,道德上为真或对的判断以某种方式再现了先于实践理性活动而存在的道德事实、道德原则或道德价值。罗尔斯说,一旦推理活动脱离建构道德原则的审慎程序,就"不存在道德事实"(moral facts)。[6] 客观性好像先于道德的"客体"宇宙而存在。[7]

建构主义者主要在实践理性要求方面存在着不同见解,那些要求体现在"建构道德原则"的程序中。绝大多数但不是全部契约论观念都是建构主义的。[8] 霍布斯主义者依赖于实践理性观念,它是个人效用的最大化,并伴随主要关心自我而对他人漠不关心的人性观念。约翰·哈桑伊的功利主义选择程序(前面第三章作过讨论)依赖于某个相似的实践理性之效用最大化见解,结合稀薄的无知之幕,以及保证给予每人利益以均等考虑的贝叶斯等概率假说(Bayesian assumption of equiprobability)。托马斯·斯坎伦的契约论完全避开了作为效用最大化的理性观念;他的共同协商者(co-deliberators)有他们旨在保护的利益和目标,但是他们从道德上向别人证明其利益和目标之正当性的动机是没有一个人在理性上能够给予拒绝的观念。在《道德哲学史讲义》中,罗尔斯证明康德的绝对命令(categorical imperative,直言命令)如何是一个非契约论的建构主义程序,它通过询问以下问题来检验个人的行动规则("行为准则"):它们是否能够持续地意欲被当做普遍法则?对罗尔斯来说,在具体规定为其"建构程序"——原初状态——的"实践理性的相关要求"中间是自由、平等和通情达理的人的理想观念和所有人都接受的由作为公平的正义观念调节的良序社会观念。罗尔斯认为,道德建构主义的目标在于证明,从这些及其他相关理性观念和实践理性原则出发,如何"建构"正义的道德原则。假定实践理性活动的所有相关要求都已经体现在原初状态之中,人们赞同的正义的道德原则符合实践理性的要求。

正是通过吸收道德人理念和良序社会理念,罗尔斯把康德所持观点的一些特点融入了《康德式建构主义》之中。他称这些人与社会观念为"模型观念"(model-conceptions),说它们类似于康德的"理性理念"(Ideas of Reason),它们是一些道德理念,不是由自然、理性直观或神圣给予我们的观念,而是我们人类理性活动的产物。在《康德式建构主义》中,罗尔斯把原初状态(如无知之幕)的各种特点描述为对自由平等的道德人和良序社会之康德式观念的"再现"。为了做到这一点,罗尔斯一开始就从道德人理念的相关特点入手。道德人是这样一些人,他们拥有两种道德能力,他们接着认为自己是自由平等的。拥有道德能力,意味着道德人是理性的人,因为他们拥有去形成、修订和追求善的观念的能力,而且他们也是讲道理的人,因为他们拥有保持一种正义感的能力,包括理解、应用和遵循正义原则的要求的能力。

4. 道德人的自由和平等

在什么意义上道德人是自由而平等的?罗尔斯说,在以下意义上,道德人是平等的:他们相互承认拥有平等权利去决定第一正义原则(CP, 309)。这类似于洛克的自然政治平等观念,该观念认为,人生而拥有平等的政治司法权力,在政治上不低人一等。[9] 由于这个原因,洛克说,政治权力只能基于同意。道德人也在以下意义上是平等的:他们的道德能力是有效的:他们能够理解和掌握在他们的社会中的正义的公共观念,形成和修订善的观念,一般地毕生充分参与社会合作。

道德人以三个方式是自由的:首先,他们有道德能力去拥有善的观念,他们拥有追求的终极目标。有人会问:"就此而言,因为他们的善观念可能是通过契约的蛮力强加于他们的,那么是什么使他们成为自由的人?"罗尔斯说,是"独立"使他们成为自由的人:他们不认为自己必然同某个特殊的善观念发生联系,而认为自己有能力修订和改变终极目标和追求。(社群主义者质疑这个条件。)其次,道德人在以下意义上是自由的,他们相信自己有权利以他们的根本目标和利益的名义就社会制度和政治制度发表意见——就社会制度和政治制度而言,他们是"各种意见的自组织来源"(CP, 309, 330 - 33)。这部分地意味着,他们不认为他们的善观念是由国家或其他强制权威强加于他们的,或者对他们只具有偶然价值。第三,道德人在以下意义上是自由的,他们要对其目标承担责任。他们不认为他们的目标是由超越其驾驭能力的自然、欲望和本能加诸于他们的。通过他们能够合理地期待的作为对社会资源的公平分享,他们能够调整和修订他们的目标和抱负,他们不认为他们针对其他人发表的意见的重要性是由他们的欲望的强度和张力给予的(CP, 332)。因此,"一个人拥有高尚趣味"这个事实不被看做是提出反对社会其余部分去迎合那些高尚趣味的主张的理由。人们对调整他们施加于其他人的要求负有责任。

请注意,在表示道德人是自由的三个方式中,没有一个方式表明,他们是独立于自然原因或条件的,即他们拥有在术语"自由意志"的形而上学意义的某个"自由意志"。只要人的道德能力发展到了最低程度的必要要求,人便是负有责任的主体。这是责任的普通观念,它被使用于法律语境和日常道德语境中。责任问题是一个实际问题,依赖于一个人出于其利益考虑理性行动的能力,以及理解、应用和符合道德规则和法律规则的能力。只要一个人拥有这些能力,在这个基本要求的意义上,他或她便是一个自由的人,并且是一个对目的和行动负有责任的人。罗尔斯有关人的自由的见解建立在有关自由和责任的这个常识观念之上。他对自由意志和决定论的形而上学问题没有明确地表示立场——他既不拥护形而上学的自由至上主义,也不拥护相容主义。① 不过结果是,罗尔斯就以下道德问题必定默认了一个立场:道德责任是否兼容于决定论——显然他认为它是兼容的,因为他认为这个形而上学问题无关于道德责任。这是罗尔斯有关"道德理论独立"于形而上学和知识论的观念的所有主张(下面将进一步讨论)。

5. 合理和理性(The Reasonable and the Rational)②

道德人(moral persons)的另一个特点是,他们具有既讲道理又讲理性的通情达理能力(capacities to be reasonable and rational)。罗尔斯用这个说法想要表示的意思是,他们拥有道德能力,支持正义感的能力,赞同善的观念的能力。有一种善,它被吸收进了罗尔斯对合理性(reasonableness)观念(和理性[rationality]观念)的使用中。在《正义论》中,罗尔斯经常说,有些考虑和假定是"合理的"(reasonable),但是他没有明确地说过他是如何使用这个概念的。自从早期以来,罗尔斯在一般意义上使用术语"合理的";他最初发

---

① 相容主义(compatibilism),表示即使在决定论世界里,道德责任依然存在。
② 在罗尔斯《作为公平的正义——重申正义》中文版(上海三联书店,2002年)中,姚大志在涉及罗尔斯有关 reasonable 和 rational 的所有解读中,把 reasonable 译为"理性的",把 rational 译为"合理的",刚好把两者的意思颠倒了。

表的作品旨在发现一个"合理的决断程序"(reasonable decision procedure),以调节竞争的利益。[10]在那里他也提到了"合理的人"(reasonable man,讲道理的人)、"合理原则"(reasonable principles)"合理接受"(reasonable acceptance),提出了许多"合理性的检测"(tests of reasonableness)。在《正义论》和1980年"杜威讲座"中,他谈到了"合理主张"(reasonable claims)、"达成同意的合理条件"(reasonable conditions on agreement)、"合理的同意"(reasonable agreement,)、"合理的人"(reasonable persons)和"社会合作的合理条款"(reasonable terms of social cooperation)。终于,在《政治自由主义》中,他愿意使用"合理的多元论"(reasonable pluralism)、"合理的政治观"(reasonable political conceptions)、"合理的整全性学说"(reasonable comprehensive doctrines)、"合理的道德心理学"(reasonable moral psychology)、"政治上合理的"(politically reasonable)等观念。罗尔斯在这些例子中使用的合理性(reasonableness)的一般含义都牵涉到道德推理(moral reasoning,道德理性)和正当性(Right)概念。罗尔斯认为,道德推理是一个明确的实践理性活动领域,不可还原为善的思考或做什么才是理性的思考。合理性观念通常同某些理由和原则相联系,那些理由和原则诉诸我们的明确的道德推理和正义感能力。

始于《康德式建构主义》,当"合理"(the Reasonable)和"理性"(the Rational)涉及社会合作时,罗尔斯通常把它们作为名词来使用,以关注实践理性这两个不同的方面。罗尔斯说,"合理"(the Reasonable)表示社会合作的公平条款,蕴含人与人之间的对等性和相互性观念。绝大多数人都能理解以下说法的意思:一个人会理性地但仍然不合理地做事(a person might be acting rationally but is nonetheless being unreasonable)。这样的人利用每次机会给自己谋好处,但在这样做过程中不顾及他人利益,也不关心他对他们提出的要求产生的副作用。就此而言,他正在不公平地做事,他是"不合理的"(unreasonable,不讲道理的)。一个合理的或讲道理的人(A reasonable person)不会一有机会便占用别人的好处,而是会考虑别人的利益,并且把它们协调进他采取行动的理由之中。他或她将只愿意以以下方式行动,它们能够向其他人证明是正当的(假定他们也是合理的人),并且愿意因其自身缘故而遵守社会合作的公平条款。

相比之下,理性(the Rational)表示每一个人的理性好处或善,他或她通过从事社会合作正在试图推进的东西。在其更一般意义上,理性呼应于罗尔斯有关人之善的某个理性观念,或他们的理性人生规划(rational plan of life)(TJ, ch. VII)。因此,理性涉及实践理性原则,它们为善的概念提供了结构。这些原则包括"计算原则"(counting principles)和实践审慎框架,他称后者为"审慎理性"(deliberative rationality),用来决定一个人的理性善(前一章作了讨论)。

在《康德式建构主义》中,罗尔斯介绍了"理性自主"(rational autonomy)观念。他说,在原初状态下,各方在以下意义上都是理性自主的,他们在实施和发展这些道德能力过程中都拥有"顶层权益"(highest-order interest),他们受这些顶层权益及其决定性的(但未知的)理性善观念的驱使,按照正义原则来做出决定。(各方的理性自主也表现为意指各方不受制于任何一个有关正当和正义的先行考虑〈CP, 308, 315〉。)他们在道德能力方面的顶层权益在理性方面,而不在合理方面,因为要想获得社会合作的好处,这些能力是必需的——由于这个理由,成为合理的是理性的(it is rational to be reasonable for this reason)。在实施和发展他们的道德能力的过程中,从各方利益出发,罗尔斯证明了一组初级社会产品。请回顾一下,这些初级社会产品是正义原则被设计出来用以分配的通用资源:权利和自由、能力和机会、收入和财富,以及自尊的基础。这些资源之所以如此重要,是因为它们不仅为自由平等的人追求允许的善的观念所必需,而且它们是实施和发展道德能力的必要手段。因此，它们回应了各方的顶层权益。

这里的重要一点在于，拥有道德能力的顶层权益，是做一个认为他自己同别人一样是自由而平等的理性人的组成部分。这是一个实质性哲学主张。罗尔斯在《政治哲学史讲义》中说道，社会契约论的一个特点是，它们把一些"根本利益"（fundamental interests）归属于人，归属于达成社会同意的各方。因此，霍布斯的理性契约订约人，拥有他们努力保护的并且通过他们的社会契约给予促进的根本利益，在自我保护中，在"亲密关系"（conjual affections，琴瑟和谐，夫唱妇随）中，在取得"美好生活所必需的财富和手段"（《利维坦》，第30章）中，他们努力保护并促进其根本利益。罗尔斯说，卢梭的社会契约订约人，受到他们在自由、适当的自尊及其能力完美性方面的根本利益的驱动。罗尔斯认为，促成各方达成社会契约的根本利益，并且解释了他们想要取得最大的或至少适当的初级产品的欲望的根本利益，是两种道德能力，以及它们的决定性的善的观念。这是罗尔斯做出的对发表在《正义论》中的理性（the Rational）观念的重要修订。

各方是"理性自主的"，对其成为理性的（和合理的）能力具有"顶层权益"，当提出上述说法时，罗尔斯的意思并不是，他们旨在成为密尔的"个体性"意义上的自律者。罗尔斯并没有断定，各方都有理性规划，在知情实施他们的实践理性能力过程中，经过适当审议，他们自由论证且设计出了该理性规划，而且这个规划是出乎本意的，不是受他人影响的产物。要使这样一个强式自律观念与原初状态相协调，就要通过确保旨在提升个体性却以牺牲其他善的追求为代价而确立的原则来影响其结果。罗尔斯提到的处于原初状态各方的"理性自主"的意思是，在《正义论》讨论的"理性自主"的弱式意义上，他们是理性的，他们认为自己在上面提及的两个方面是自由的：他们拥有发达的能力去形成、修订和理性地追求一种善的观念，他们在道德能力方面因而在获得适当的初级产品方面拥有顶层权益。这并不意味着,各方或者自由平等的道德人,认为施行其理性能力和道德能力是因其自身缘故而值得去做或去完善的。在《正义论》中,罗尔斯坚持正义原则必须基于一个"弱的"善观念。他意欲保留在原初状态下的弱的善观念,尽管这样,在给定顶层权益方面的道德能力的条件下,它现在比在原初状态下要"厚实"一些。但是为了做到这一点,他无法假定个体性的善或任何一个其他的"整全性观念"。

如果这样,那么罗尔斯如何才能称各方和道德人在发展和施行其道德能力方面的利益为"顶层权益"呢?罗尔斯说,"通过称这些权益为'顶层'权益,我的意思是……这些权益是顶层调节性的和有效的。这意味着,每当环境牵涉到这些权益的实现时,这些权益便主导着慎思和行动"(CP,312)。当罗尔斯使用这些术语时,权益可以是"至上调节性的"(supremely regulative)或"根本的",是"顶层的",但没有终极目标,因其自身缘故而值得追求的。例如,依霍布斯的见解,我们的自保权益是"顶层"权益,但是那并不意味着自保是我们追求的并给予我们的生活以意义的最终目标。相反,它表示的是,假如我们要想实现任何终极目标和追求,它是务必给予实现的本质权益。在这个意义上,它是一个本质善(essential good)。自由平等的道德人发展和实施的道德能力在这个意义上是诸多"本质善"(essential goods)。假如自由平等的人想要从事社会合作并且从中获益,并且因此而实现其终极目标,无论那些目标是什么,它们都是必要的。另外,说道德能力是"至上调节性的",意味着出于许多理由,道德人通过正义原则和理性原则有效地调节他们的思想活动,调节他们对正义的判断,也调节着善。这可以纯粹出于工具性理由,因为理性人认识到,无论他们的最后目标是什么,除非他们理性地(通过采取有效手段追求目标,等等)和合理地(通过遵循社会强加于其成员的法律并且符合正义的要求)追求它们,否则他们无法实现他们的目标。

道德人和处于原初状态各方的顶层权益是保持在原初状之下提出的"善的弱式理论"(thin theory of the good)。在以下意义上该理论仍然是"弱式的":它没有假定人类应当追求的最终目标或终极善。一开始不可能存在这样的假定,正义和道德是因自身缘故内在地理性的或值得追求的。提出这样一个强式假定,将挫败建构主义的目标,它将表明,道德原则和对于一个人的善的充分考虑都是基于实践理性观念和作为通情达理的合理而理性的人的观念"建构"的。[11]在证明政府原则过程中,罗尔斯的充分的善理论必定回避假定有关固有善(intrinsic goods)的任何见解,因为这些原则本身是用来调节人的善,并且把这个至上的善作为合理个体应当实现的善给以建构起来。

6. 道德人格在原初状态下的再现

现在,让我们回顾一下自由平等的道德人观念应当给予关注的原因。在《正义论》中,罗尔斯假定,有关道德人格的考虑描述了我们作为道德理性主体的"本质"。道德能力是这样一些能力,它们使我们能够从事理性而道德的慎思和行动;由于这个原因,任何一个理性人都应当关心在某些条件下的生活,在那些条件下,这些能力得到了充分实现,或至少没有被阻挠。在《正义论》出版之后,罗尔斯试图回避把任何形而上学假定注入作为公平的正义以便证明道德理论"独立"于形而上学和知识论。由于这个原因,从表面上看,他不再提到我们的"本质",而提到我们作为自由平等的道德人的"自我观念"(self-conception)。这个提法表示的是,以下情形完全是一个社会事实:在实践语境之中,我们认为自己是自由的主体,我们能够平等地对我们的行为承担责任;在正义事务上,我们认为彼此是平等的。由于这些事实对于我们作为主体的自我观念是至关重要的,对于我们看待道德并为他人承担责任的方式是至关重要的,这种自由平等的道德人观念为"建构"某种正义观念提供了一个适当焦点。这个不怎么雄心勃勃的有关人的见解并没有就我们的本质提出任何形而上学的主张。不过请注意，它也没有去否定什么。因为有人总是会问："我们为何不认为自己是自由而平等的人呢？"其回答很可能是，我们的自我观念来自我们作为这样一些生命的"本质"。所以在《康德式建构主义》里，通过术语的改变，罗尔斯实际上没有放弃任何东西。只是在《政治自由主义》里，他才最终不得不中止对康德式主体观念的某种依赖。

那么，通过原初状态的这种人的观念意味着什么呢？它是如何用来论证正义原则的呢？罗尔斯说，在正义原则的"建构程序"（procedure of construction）里，《康德式建构主义》试图"再现"自由平等的道德的相关特点。罗尔斯从逻辑和数学那里采纳了一些术语，他说原初状态"确定"了进入其中的人的"模型观念"（model-conception）的首要特征。那么在原初状态里，自由平等的道德人观念和良序社会观念通过什么方式得到了再现呢？罗尔斯在此的讨论似乎是相当冗长乏味的，不过需要记住的一般要点是，通过呈现人的观念和社会观念在原初状态下被建模的方式，罗尔斯把实践理性的相关原则和观念融入了他们的"建构程序"之中。这是实现以下《康德式建构主义》目标的一个重要步骤：证明客观的道德原则怎样才能借助于我们的实践理性资源被"建构"起来，并通过理性"给予"我们。

始于再现"合理"和"理性"（the Reasonable and the Rational），《康德式建构主义》的这一部分是相对直截了当的，只增加了自从《正义论》出版以来的几个重要内容。罗尔斯说，原初状态是这样被确立起来的，以便"合理之约限定理性之思"（the reasonable constrains the rational）。一些道德条件框定和限制了各方在原初状态下的理性慎思（rational deliberations）。再说一次，这些合理条件（reasonable conditions）包括：无知之幕、权利的五个规范条件（一般性、普遍性、原则排序、公开性和终极性）以及最后，正义原则用来调节社会基本结构的条件。不清晰的是,这个基本结构条件是如何成为合理性(reasonableness)的一个必备要求的。罗尔斯表示的意思似乎是,把正义原则应用于基本结构对于维护"背景正义"(background justice)是必要的。以下做法对正义是不够的:(通过尊重财产权、信守契约等等)人们完全尊重别人的权利,遵守地方司法法规。有时在经济交易中每个人都会尊重任何另一个人的权利,尊重公平的地方法规,但是一系列公平交易的总后果仍然可以是不公平的,因为它导致了财富方面的如此巨大的不平等,以至于(比如)它们不利于处境最糟糕者。由于这个原因,罗尔斯认为,正义原则必须首先应用于基本社会制度,规定背景正义的标准,每当必要时,后者调节和纠正公民在日常交易中遵循的作为公平的正义程序的结果。在产生正义而良序的社会过程中,基本结构条件确立了在制度和个人之间的"道德分工"(division of moral labor)。[12]

理性直呈于原初状态之中:在原初状态下,各方都被描述为理性的,他们按照理性选择原则和审慎理性原则进行推理,他们拥有理性的人生规划,希望充分分享作为促进其人生规划的通用手段的初级社会产品。在这一点上,自从《正义论》出版以来没有发生变化。正如我们已经看到的那样,自从《正义论》出版以来,给各方理性增加的部分是以下条款:各方注定拥有两个"顶层权益",那是他们在选择正义原则时旨在促进的权益。这些权益是他们在实施和发展两种道德能力时的权益。于是有人又会说道:"假如各方被描述为不受道德关切所动,那么在实施和发展正义感方面的欲望和权益如何会成为理性的组成部分?为什么这不是归属于相信罗尔斯以下主张的各方的道德动机:各方是对权益漠然的?"其答案再一次地是,在寻求发展他们的正义感的过程中,不存在以下假定:各方希望做的事情因其自身缘故或因其他道德理由而为正义的(比如,由于一视同仁地关切他人福祉)。相反,他们被假定为希望发展他们的正义感,促进自身的善,因为同他人合作是必要的,假如他们希实现他们的理性人生规划,那个合作反过来是必要的。假如罗尔斯想要维持以下基本观念:原初状态蕴含受到合理条件限制的理性选择,那么他不得不回避把道德动机归于各方。

就道德人的平等而言,它再现的最著名方式是通过无知之幕。首先,通过使各方不知道有关他们自身及他人的所有特殊事实,无知之幕再现了道德人为平等持有实践理性之道德能力的人。没有人知道他或她拥有的任何特殊目标、利益或独特能力。不过,各方的确知道,他们都有善的观念,他们知道他们拥有去开发和实践他们的道德能力的"顶层权益"。这被视为他们的本质善。它在以下意义上是本质的:假如他们希望从事社会合作,自由实现他们的理性规划,它是必要的。其次,无知之幕在以下意义上再现了平等,它一视同仁地处置各方,只把他们当做自由平等的道德人来对待,而不附带有任何区别特点。由于人依其道德能力而为道德平等者,在其基于正义原则的共同决定中,"类似案件应当类似处理"。因为谁都不知道其对自己比对别人了解更多。大家只知道务必基于正义原则做出决定的一般事实,那些原则反映或表达了他们作为自由平等的道德人的本质。在以下意义上,各方也是平等的人:在原初状态下,他们拥有相同权利和相同能力,包括参与讨论的平等权利,为赞同正义原则的最终决定进行"投票"(一人一票)的平等权利。

那么在原初状态下道德人的自由如何得到再现呢?罗尔斯说,各方作为"各种主张的自组织来源",他们的自由不是通过要求各方证明他们的目的或主张而得到再现的(CP, 334)。他们的部分理性自主在于,他们不必通过某个先天道德标准来考虑其目的。道德人的第二种自由,作为独立的自由,"通过各方为实现他们的顶层权益提供优先保障而得到再现,并且通过各种为达成同意提供依据而得到再现,尽管在无知之幕之下……理性慎思仍然是可能的,即使在[善的]这个观念的最终目的仍然不为人所知的情况下也是如此"(CP, 335)。罗尔斯在此的意思是(虽然不是很清晰),由于各方的道德能力,各方不认为自己无力与某个特殊的善观念建立联系。他们认为自己有能力理性地改变最终目标,这对他们理解自己的为人处世是至关重要的。所以,正如他们的决定是理性自主的,不取决于先天的道德限制,他们的决定也是理性自主的,不取决于任何实质性目标或善的理性观念。"于是,按照康德式建构主义的观点,归属于人的一个特点……是,通过合理和理性观念,他们能够超越自己的最终目标并且批判地考查自己的最终目标。在这个意义上,他们独立于他们的善的特殊观念之外的其他观念,他们也不受除了他们的善的特殊观念以外其他思想的影响"(CP, 335)。

社群主义者批评罗尔斯所持的如此见解。迈克尔·桑德尔认为,罗尔斯主张人不关心规定着"身份"给予其生命以意义的基本目标、承诺和关系。[13] 他认为,在把人规定为能够"超越并且批判性地考查"其目标的过程中,罗尔斯似乎认为,他们是超脱的,除了他们的自由选择以外,社会筛选机制在终极意义上不承诺任何一个人并且不看重任何东西。但这(桑德尔说)是一幅有关人的本质和人的道德同一性的虚假图画。对社群主义者来说,我们的道德同一性是由我们肯定的最终目标和承诺给予的,并且这些目标和承诺是由社会语境提供给我们的,是由我们所认同的并且生活于其中的共同体提供给我们的。社群主义者断言,认为国民不关心其目的和社会关系是没有意义的;此外,这样做导致我们虚假地看待我们对其他人承担的责任和义务,我们对整个社会承担的责任和义务,那是一个典型的自由主义社会。这个批评是以黑格尔批评康德的绝对命令(直言命令)和自律理念为范本的。直观的观念是,当康德主义者(比如罗尔斯)把人定义为理性自主时,他们认为自我没有任何特征或同一性,缺乏给予其生命以意义的所有目标和承诺。正如罗尔斯本人在《正义论》(560/491 rev.)中说过的那样:"自我先于自我肯定的目的。"不过社群主义者说,这的确是有关我们是什么样生命的一个虚假观念。

许多人认为,像罗尔斯那样的政治自由主义企图向社群主义批评让步。我认为这不是政治自由主义的真正观点(罗尔斯也给予了否认)。不过,在《政治自由主义》中及其他地方,罗尔斯反对桑德尔的以下指责:他假定了一个直白而超然的自我观念(PL, 27; CP, 403n.)。罗尔斯说,作为公平的正义不假定任何形而上学的人的观念,却依赖于作为自由平等的道德人之公民的规范观念(我们应当实现的理想)。罗尔斯还表示,桑德尔的批评错误描述了原初状态下的各方——理性自主且对彼此权益不感兴趣——因为他有关人的见解为作为公平的正义奠定了基础(see PL, 28)。实际上,细心阅读《正义论》表明,罗尔斯的确认为人的目标和承诺对于人的自我观念和(社群主义意义上的)"认同"观念是至关重要的。因为他在第7章说过,他追随于罗易斯(Royce)之后,认为人是"按照[人生]规划生活的人类生命……一个个体说他是这样一个人,他通过描述他的目标和事业,他意欲应付其生活面临的各种事情"(TJ, 408/358 rev.,重点号为引者所加)。以及,"罗易斯使用一个规划观念来规定个体的连贯而系统的目标,使他成为自觉的统一的道德人的东西……我也是如此"(TJ, 408n./358n. rev.)。这表明桑德尔的批评没有说到点子上。

不过,社群主义仍然对罗尔斯构成了在此无法充分评估的重要挑战。因为更一般的批评是,假如不依赖于一种社会的人类善观念,罗尔斯就无法证明正义原则。当代亚里士多德主义者,有些是社群主义者,拥护这个立场。现在在某个意义上,罗尔斯赞同,虽然他没有假定,人类善之中的社会因素;因为一致性论证的一个要点便在于证明,正义和社会联盟是在良序社会里任何理性人生规划的理性特点。然而社群主义者认为,参与社群的重要性被罗尔斯观点的康德式义务论框架所摧毁。作为赞同(正义或其他)伦理原则任何论证的基础,社群之善(good of community)必须首先得到假定,并且不得像罗尔斯那样把它们当做一个碰巧的结果来对待。这表示了这样一种完美主义,它把一些社会美德和"优点"(excellences)——爱、友情、政治参与及社群其他形式——提升为社会正义原则应当给予建构的终极善。罗尔斯本人认为社群主义至多是一种完美主义(至善主义)。[14]因此他以反对其他完美主义立场的相同理由来反对社群主义立场(参阅 TJ, sect. 50)。他还认为它给一种政治社群观念附加上了自由主义,以至于社群主义者参加特定社群——无论它是政治的还是宗教的——视为对每个人的善是必要的终极目的。这不兼容于来自大量具有内在价值的活动并决定着人之善的自由之善。

7. 充分的公开性条件(The Full Publicity Condition)

有待讨论的康德式建构主义的最后一个特点是罗尔斯对公开性观念的进一步阐发(前面第四章作过讨论)。罗尔斯说,"公开性……在康德理论中占据重要位置。大致而言,公开性要求,在评估道德观念时,我们要考虑它们得到公开承认的后果。每个人都假定知道别人持有的相应原则……好像这些原则就是一个同意的结果"(CP, 292 - 93)。[15]在《正义论》中,罗尔斯经常提到正义原则的公开性,有时也更广义地提到"正义的公开性观念"(public conception of justice)(TJ, 453 - 54/397 - 98 rev.,在那个著作中,这两个术语都有使用)。正义的公开性观念的思想表明,良序社会成员不仅知道正义原则,而且知道来自原初状态对正义原则的证明。在《康德式建构主义》中,这将包括公开知道作为自由、平等、合理而理性的人的观念(CP, 294)。

罗尔斯在《康德式建构主义》中区分了公开性的三个层次。第一,存在着正义原则本身及其作为社会政治关系基础的角色的公开知识。第二,存在着正义原则为社会成员据其才能得以接受的正义原则的一般信念,"也即一般人性和社会制度理论"(CP, 324)。第三,存在着"全面证明通过其自身术语得到呈现的正义的公开观念"

的公开知识,那是在确立一个道德观念并为其正义原则辩护方面而说的一切。罗尔斯说,"当所有三个层次都得到列举时,良序社会满足了……充分的公开性条件"(CP,325)。这意味着,在决定正义原则时,各方必须考虑到,社会成员将不仅知道和期待着去接受正义原则本身,而且知道和接受对正义原则的充分论证,正像罗尔斯那样的哲学家对其做出充分论证那样。因此,运用罗尔斯在《正义论》中以及其他地方提供的观念(或者假定,存在着通过由它提供的对正义原则的更好证明),人们将不仅要熟悉正义原则,而且要接受和肯定正义原则,并且接受和肯定对正义原则的全面证明。

我们不久将知道,为什么这是证明正义原则的一个强有力条件。不过首先,罗尔斯为什么认为公开性是必需的呢? 始于《康德式建构主义》的公开性的主要理由之一是,它在向公民传递自由平等的人及其关系的理念方面扮演的教化角色,并且由此鼓励公民去获得成为那样的人和建立那样的关系的道德动机。正义观要想发挥这样的作用,公开性务必"充分"——亦即,公民必须不仅知道期待他们去遵循的正义原则,而且知道通过原初状态和人与社会观念才得以详细阐发的对正义原则的"充分证明"。罗尔斯说,《正义论》出版后,在民主社会里,政治哲学有一个"实践任务",旨在调和表面冲突的自由价值和平等价值,调和公民对这些价值的冲突理解(CP,305-06,325)。自由平等的道德人及其关系的观念将是达成这个和解的主要基础。为了达成和解从而实现政治哲学的实践任务,对正义原则的充分证明必须公开地适用于所有公民。

罗尔斯为支持正义观的充分公开性给出了两个理由:(1)不像其他道德原则,正义原则应用的政治制度是强制性的,并且使用强制武力以压制自由平等的人总是要求面向他们的正当性证明;(2)正义原则应用的基本社会制度对我们是什么样的人以及我们想要成为什么样的人具有深刻影响(CP,325-26)。由于这些理由,罗尔斯说,社会政治制度的基础和趋势应当在自以为自由平等的国民中间获得公开知情(public scrutiny)。从其表面上看,这似乎诉诸一种道德直观,似乎社会迫使我们去做某件事情,并且把我们造就成为某些类型的人,因而以所有公平和体面的方式,它向我们解释了为什么它把这些要求和影响强加于我们。但实情似乎远非如此。因为罗尔斯说:

> 当政治原则满足充分的公开性条件时……那么公民能够充分考虑他们的信念且以保证其言行将强化而弱化公共理解来对待每一个他者。维护社会秩序不依赖于历史偶然的制度化了的谬误(delusions)或关于其制度运作方式的错误信念,公开性确保……自由平等者将处于接受背景社会势力的某个立场之中,那些社会势力造就了他们作为人的观念,也造就了他们的性格和他们的善观念……(CP, 326)

国民不得被置于有关其社会政治关系的谬误和假象之下为何如此重要呢?一个答案是知道真相的固有价值。但这是一个完美主义理念,罗尔斯将艰难地为其观念奠定康德基础。毕竟,假如知道真相如此重要,那么,既然良知自由、思想自由和表达自由允许国民散布所有虚假知识,引发各种虚假的宗教信仰和道德信念,为什么还允许这些自由畅通无阻呢?(试考虑以下事实,76%的美国民众说他们相信《圣经》的《创世记》说法,只有15%的美国民众相信达尔文化进化论。宗教怀疑论者会说,这个不幸事实只能归咎于信仰自由。)[16]

罗尔斯说,国民知道他们的社会关系以及它们对他们的性格的影响的真相,它之所以重要是因为:"[国民]处于这样的位置是自由的前提;它意味着没有东西被隐藏或需要被隐藏"(CP, 326,重点号为引者所加)。这是对实质性自由观念的诉求,即对道德自律和理性自主(moral and rational autonomy)理念的诉求,那个理念通报了康德式解读和康德式建构主义。支持正义观念充分公开性的终极理由是,充分自主要求国民不仅知道他们的社会关系的基础,知道他们现在成为的那种人的原因(理性自主要求),此外,为了成为充分自主,国民还必须知道,作为合理而理性、自由而平等的人,他们是正义本身的根源,是调节他们的行为和社会关系的道德原则的根源。在正义而良序的社会里,对正义的这些限制和要求是由自由平等的公民出于实践理由强加于自己的。对他们来说,知道这一点,接受它,因此为了正义而行动,才实现了他们的充分自主。充分公开性条件对充分自主价值是必要的,它蕴含于《正义论》的一致性论证中。

第二节 道德理论的一致性

无论早期还是晚期,罗尔斯工作的另一个重要特点是道德理论独立于形而上学和知识论的观念。哲学家在传统上相信,正如亚当·斯密肯定的那样,"只有当我们满意地回答了某些元伦理学问题之后,我们才会研究规范伦理学"[17],那些元伦理学问题包括道德真理的可能性、道德事实的性质等问题。从早期开始,罗尔斯实际上就否定这个主张。在其早期著作中,罗尔斯认为道德和道德话语是对社会生活必要的社会实践,而且他断定,道德推理有自己的对错标准,独立于其他探索实践和领域。[18]后来,由于康德的影响,罗尔斯主张同上述传统哲学观念相反的立场:他认为,只有当我们在规范道德理论方面取得进展的情况下,元伦理学传统问题才能得到阐明。

康德区分了理论理性和实践理性,区分了"理论观点"(theoretical point of view)和"实践观点"(practical point of view)。前者基本涉及我们有关事实判断——关于事物存在及其原因的问题的判断——的理性使用以及我们有关它们的知识。事实判断涉及理论推理活动,包括决定实情的证据标准的应用。在更一般意义上,对各种实情的科学探索涉及理论推理,正如哲学研究涉及形而上学、知识论和逻辑学那样。[19]相比之下,实践理性和实践观点关注理性在决定实情应当是什么方面的使用,既包括对我们应当如何行动的判断,也包括我们在行动中应当追求的目标的判断。在对做什么作出判断的过程中,由于实践理性活动必定依赖于理论理性活动(依赖于其事实判断和逻辑判断等等),它也受到其自身独立"实践理性活动原则"的指导。以最笼统的术语,这些原则告诉我们,我们应当如何行动以及我们应当追求的目标是什么。对康德来说,"假言命令"(hypothetical imperatives)告诉我们,我们应当采取什么行动,以便实现我们追求的目标;这些见解相似于罗尔斯对理性的考虑:即选择和审慎的理性原则("计算原则"〈如采取有效手段以实现目标〉以及审慎理性原则)。另一方面,康德的"直言命令"(categorical imperative,绝对命令)为道德推理活动提供了基础;它是应用于人类状况的"道德法则"(Moral Law)。这呼应于罗尔斯有关合理(the Reasonable)和合理正义原则(reasonable principles of justice)的观点。

罗尔斯论文《道德理论的独立性》的论题相似于康德有关"实践理性优先性"的断言。康德的意思并非表示,实践理性比理论理性更加重要,或者理论理性对赞同实践理性来说是可有可无的;没有理论理性,包括为决定奠定基础的决定相关经验事实的证据标准,实践理性活动就无法启动。他表示的意思确切地说的是,我们应当假定,从实践观点做出的判断是客观的,道德理性原则能够"普遍有效",以及当这些原则的结论的应用站得住脚(合理或真)时,虽然它们不一定符合应用于理论理性的相同标准(经验上的可错性,符合先行事实,等等)。实践理性具有明确的主题,按照自己的原则发挥作用;因此,它有自己的客观性和"有效性"(正确性)标准,那个标准只应用于它自身。在罗尔斯的《康德式建构主义》中,我们已经知道有关这个标准的例子。那个讲座说的是,道德的正义判断的合理性不依赖于它们与道德事实的精确吻合。相反,当它们来自于一个实践理性程序的正确应用,而该程序体现了实践理性的所有相关标准时,道德判断是有效的。

罗尔斯《道德理论的独立性》表示的基本意思是,道德理论不是派生于而是独立于哲学的其他传统领域,包括形而上学、知识论和语言哲学。形而上学的自我本质观念或人格同一性观念,有关科学知识或其他理论知识的知识论标准,有关道德术语之意思语言学观念,决定不了正确的道德理论或道德推理原则,那些道德理论或道德推理原则用来决定我们应当做什么。这并不是说,它们是完全不相干的,而是说通过自身,形而上学、知识论和语言学的结论决定不了任何特殊的道德理论或正义观念,却兼容于它们的许多观点。例如,存在着有关道德术语、道德陈述或道德内容的不同理论。哲学家 R. M. 黑尔认为,道德陈述是一些可通用的处方;它们命令每一个人在相似环境下以一些具体的方式做事。他也断言,道德概念的这些规范特征支持功利主义。[20]罗尔斯同意,术语一般性和应用普遍性是道德原则的条件。但是这些规范条件最多只能算是必要条件,并且限制了可行的道德原则范围。考查道德术语的意义,不能用它们自身形成的道德原则来做,也不能用有利于功利主义的说法或任何一个特殊的道德正义观来做。为了证明一个道德观比另一个道德观具有优越性,未必非要诉诸一些深思熟虑过的道德判断。

罗尔斯给出的另一个例子是休谟对人格同一性的考虑。这是一种形而上学理论,它说的是,人不是持续的实体,而仅仅是"一束感知"(bundles of perceptions,借用休谟的说法),亦即在心理上关联的、持续的和在时间上可持久的意识和经验状态。"我在任何时候都是同一个人"(The person I am at any time)只是或多或少在心理上同这个人的关联和持续,其心理状态由二十年、三十年或四十年前的这个肉身引起。有关人格同一性的这个见解对我们的人格本质和人格同一性观念产生了实质性后果。它意味着,假如人格同一性(sameness of personhood)是非此即彼的,不是一个程度问题,那么存在着对我们使用术语"同一个人"(same person,比如以下说法"现在的我和三十年前的我是同一个人")的一些误会。德拉克·帕菲特(Derek Parfit)认为,休谟的人格同一性见解也是以一种赞同功利主义的口吻说出的,因为它表明,人与其经验之间的边界不如传统道德断定的那么明确。[21]

罗尔斯对帕菲特论题的回应是,形而上学的人格观念和人格同一性观念对正确的道德观念没有什么揭示,因为帕菲特的人格同一性见解兼容于绝大多数传统的道德正义观。康德式道德观念比如作为公平的正义并不断定人仅仅是可持久的实体,正如它不断定,人在形而上学意义上不取决于外在的因果力量,而完全地依照其自身的自由意志行事。它只是假定,人能够实践道德能力,对其目标和人生规划担负起责任,因此有能力把其生命的各个部分强有力地串联起来。由于"不存在自然的或固定的关联性程度,人的生命中的实际连续性和目标意义"依赖于大量社会环境因素,包括大量"在社会上可行的道德观念",社会把那些道德观念具体规定在其规范和制度之中(CP, 300 – 301)。就我们在心理上是连续的生命的程度而言,它在很大程度上取决于我们自己,依赖于这样一种正义观念,我们努力地把它作为我们社会的基本结构的调节者。于是,在功利主义良序社会的人的生活和愿望将比作为公平的正义良序社会的人的生活和愿望更不可关联和持续。但是这不取决于人的形而上学,而取决于治理这些社会的正义观念。

存在着从理论哲学抵达罗尔斯有关道德理论的独立性断定的第二个方面:与其说道德理论依赖于其他哲学领域,不如说假如不首先解决在规范道德理论方面的问题,有关道德的许多传统哲学问题本身便无法解决。"解决道德概念分析、客观道德真理存在、人的本质和人格同一性之类问题的答案,依赖于理解实质性道德观念的这些结构"。"因此,同意义理论和知识论、形而上学和心智哲学相联系的道德哲学问题,必定诉诸道德理论"(CP, 287)。实际上,罗尔斯努力颠倒哲学探索道德的传统方法论次序。人们一直以为,正确的道德理论依赖于形而上学和知识论,要是不首先解决某些最顽固的形而上学和知识论问题,我们就无法阐明一些实质性问题,比如正确的正义原则。按照这个传统的观点,道德哲学被视为次要的,从属于其他哲学领域的。但是,罗尔斯认为,这种思考方式已经阻碍了道德理论的发展。并且这反过来已经妨碍哲学家就他们感到自己在阐明实质性道德论题之前就应当给予解决的形而上学和知识论问题取得见解。然而反过来,"道德哲学[这些问题]的进一步进展依赖于更深入地理解道德观念的结构及其同人的感受力的联系"(CP, 287)。罗尔斯的道德理论的独立性论题于是要求对探讨道德哲学的传统问题重新进行方法论排序。不仅实质性道德理论独立于形而上学和知识论,而且道德知识论(如道德客观性问题和道德真理问题)和道德形而上学(如人格同一性问题和自由意志问题)本身在某种程度上依赖于实质性道德理论的进展。

大多数元伦理学家一直不欢迎这个论题。他们以使自己故步自封于亚里士多德、霍布斯、康德、西季威克和功利主义者等等作为进一步推进形而上学和知识论探索的条件。不过,罗尔斯在其他道德哲学家那里看到了道德理论的独立性。依他的说法,西季威克的出色贡献在于看到了道德哲学的进一步进展,包括道德真理的发现,依赖于对不同"伦理学方法"(Methods of Ethics)的系统比较。"西季威克感到,道德哲学进步取决于教化的欲望;道德哲学进步也受阻于向人们想要回答其尚未检验的问题的冲动让步。在这种情况下,它[解决道德真理问题]至少看起来是,假如存在着某种优先性关系,那么它将是另一种情形,道德理论将先于道德知识论。"(CP, 291)

道德理论的独立性观念在罗尔斯政治自由主义中起着重要作

用。因为"政治领域观念"(the domain of the political)和"独立正义观念"(freestanding conception of justice)假定,存在着一个"政治的"实践理性活动领域,它不仅独立于理论哲学,独立于形而上学、知识论等等,而且独立于"整全的"道德理论本身。政治自由主义观念是罗尔斯道德理性活动独立性观念的进一步扩张。罗尔斯将论证说,在民主社会里,政治理性活动具有合理性和正确性标准,使其脱离其他类型的理性活动,甚至包括不涉及政治的道德理性活动。

第三节 正义原则的社会角色和康德式解读问题

在《康德式建构主义》中,罗尔斯对《正义论》的作为公平的正义做了康德式解读。但其意义无非如此。在《道德理论的康德式建构主义》一文中,罗尔斯第一次引入了"政治哲学的实践任务"(practical task of political philosophy)思想,它是一个正义观念必须为在社会成员中间公开证明提供基础方面扮演的"社会角色"(或"公共角色")。

> 正义观的社会角色在于,使所有社会成员都能够相互接受他们享有的制度和基本安排,通过引用公开承认的充分理由,为该正义观所认同。为了成功地做到这一点,一个正义观必须具体体现在许可的社会制度中……以便它们能够向所有公民证明其正当性,无论他们的社会地位或特殊利益是什么。(CP, 305,重点号为引者所加)

为了让正义观念实现这个社会角色,它不仅务必满足形成正义原则的契约论的基本目标,那些原则为自由平等的公民普遍接受;此外,这些原则必须通过他们也能接受的理由"向所有公民证明其正当性"(justified to all citizens)。为了做到这一点,这种正义观必须考虑以下事实:民主社会的公民将不可避免地拥有对立的宗教、哲学和道德确信。罗尔斯说,由于我们的"有限能力和不同视野"(limited powers and distinct perspectives, CP, 329),这些观点的多样性是不可避免的。"许多世界观从不同立场来看都可以被貌似合理地建构起来"(CP, 329)。宗教、哲学、道德信念和学说的这种多样性(罗尔斯后来用术语"合理多元论的事实"〈the fact of reasonable pluralism, LP, 36〉来表示)是在《正义论》中正义的主观环境的进一步后果(CP, 323)。请回顾一下,在人们具有的价值观、信念和承诺方面,正义的主观环境是不可避免地不同的,那些差异是人们产生分歧的根源。由于正义的这些环境,罗尔斯建议,充分公开条件只能应用于政治正义和社会正义原则,不能应用于所有道德原则或善的观念。

> 作为公平的正义假定,宗教学说、哲学学说和道德学说持有的深刻而持久的差异仍然将保留。由于公开同意的许多哲学观念和道德观念无法实现,公开性应用于其上的共识被限制于公开的道德宪法(moral constitution)和社会合作基本条款的范围里。(CP, 326)

罗尔斯于是说:"作为公平的正义试图建构这样一种正义观,它把基本意义问题方面存在的深刻而无法消除的差异视为人类生活的永久条件。"(CP, 329)要做到这一点,作为公平的正义"必须对那些差异保持适当的中立立场"。这意味着,证明一个正义观适合于民主社会必须依赖于"部分真理而非全部真理,或者更具体地说,依赖于我们当下共同确认和分享的信念"(CP, 329)。通过产生我们共同分享的信念,这里的情形似乎是,罗尔斯正在简单重申《正义论》的证明观,把我们共享的深思熟虑过的道德确信和其他信念纳入反思平衡。但是在《正义论》的任何一个地方,罗尔斯都没有说过,这样的证明包含着依赖于"真理的一部分"(a part of the truth)而不是全部真理。这意味着,在公共生活中可以说某些理由和论证必须被弃用,尽管人们真心相信它们是真的,甚至它们中的有一些理由和论据的确是真的。这些理由和论证包括唯一地依赖于人们的不同宗教观、哲学观和伦理观的理由和论证,因为这些全都是甚至通情达理的人也无法同意的理由和论证。为了让处于良序社会中的公民就公开的正义原则达成同意,他们必须接受:

> 对于从事公共生活的各方来说,对正义的思考将占据特殊位置。其他理由将被视为不适当的,虽然在其他地方它们可以扮演主导角色,比如在一个结社的内部生活中,在公开问题方面,抵达真的一般信念的推理方式和证据规则,将帮助解决某些制度是否正好为每个人都能承认的那类制度问题。(CP, 326)

这个断言是一个重要观点的基础,那个观点对罗尔斯后期的政治自由主义是至关重要的,它就是公共理性观点。罗尔斯在《康德式建构主义》中为后来重要修订作为公平的正义论证,包括对《康德式建构主义》本身的修订,播下了种子。现在让我们转向讨论以下问题:由于罗尔斯的观点,产生了有关充分公开性和正义观的社会角色观。

在《正义论》里,康德式一致性论证的目标在于通过证明良序社会是如何实际可能的来完成作为公平的正义的稳定性论证。假如以下情形能够得到证明:作为公平的正义的良序社会描述了正义是一个固有善的条件,那么它已经证明,正义如何才能对每一个人都是合理的。如果对每个人都是合理的,那么稳定性便以最强可能方式得到了证实,因为正义是每个人对其环境的最佳回应。这个野心勃勃的论证成功了吗?

一致性论证包含许多有争议的哲学断言。它假定了有关人类主体本质的某个哲学观,人类主体的本质有其道德能力方面的依据(例如,对立于人类欲望张力)。它假定,我们的实践理性具有控制我们的欲望并将其构造为一个理性人生规划,以指导我们行动的能力。并且,一致性论证蕴含着以下明确的康德式断言:道德自律是一个固有的善。《康德式建构主义》蕴含着有关价值性质和道德、道德断言正确性和客观性标准的一个有争议论题:道德原则和价值王国不是由上帝、自然或某个独立领域给予我们的,而是由实践理性活动及其原则和观念"建构"的。[22] 而且,道德陈述的正确性最终不是取决于先天道德秩序或先行道德事实或自然事实,而是取决于一个客观的建构程序,它融合了所有的实践理性要求。

我在此只关心以下问题:一致性论证,以及更一般的康德式建构主义的一致性论证,是否根据其自身标准取得了成功?假定一致性论证成功地证明,对于生活在良序社会里的通情达理者来说,正义是一个固有的、至上的调节性的善。但是,这仍然没有证明,生活在良序社会里的每一个通情达理者将事实上承认和接受正义是一个固有善;即使许多人做到了,它并不证明,他们是出于罗尔斯在一致性论证中提出的理由而做到的(即,因为正义表达了他们作为自由平等的理性生命的本质,他们在道德上是自律的)。也许,他们无力那样做,因为知识的匮乏、虚假的信息或错误的理由限制了他们的信念。也许人们拥有一些哲学信念或宗教信仰,阻碍着他们承认人类的实践理性是道德和价值的根源。正如罗尔斯说的那样:"在根本意义问题上深刻的无法消除的差异是人类生活的永久状态。"(CP, 329)问题是,除非良序社会的大多数居民承认和尊重正义是一个"出于正当理由"值得追求的目标,否则,这种康德式一致性论证便是失败的。为了确立良序社会的稳定性,必需的东西不只是论证,正义对每个通情达理者皆为至上的调节性的善;此外,假如他们将义无反顾地做正义要求他们的事,这些人还务必相信并且接受这个论证。

在《政治自由主义》中,罗尔斯说,存在着"一个内在于作为公平的正义的严肃问题,它产生于以下事实:《正义论》第三编有关稳定性的见解并不一致于《正义论》的整个见解"(PL, xv – xvi)。"我一直担心的这个严肃问题涉及有关良序社会的一个不切合实际的观点,它产生于《正义论》"(PL, xvi)。我认为,在《正义论》中,一个不切实际的主要见解是康德式一致性论证,以及也许还有社会联合之善的论证。它们没有重视"正义的主观环境"(subjective circumstances of justice)的范围,或者罗尔斯后来称作规定良序社会的"合理多元论事实"。这些环境意味着,即使所有通情达理者都同意相同的正义原则(如良序社会观念假定那样),在思想自由、良知自由和结社自由条件下,期待国民将全部在其宗教信念、哲学信念和伦理信念方面达成同意是不切实际的。[23] 如果这样,那么期待在良序社会里的所有公民都将同意道德自律的固有善或者共同体的善便是不切实际的,共同体的善认为,应当参与诸社会联合体的某个联合体,甚至正义应当为了自身的缘故而得到追求。

例如,由于良知自由和结社自由的基本自由,在良序社会里将会有许多人,他们接受正义原则,但却是主要出于宗教理由才如此做的。在《正义论》中,罗尔斯对宗教言之甚少,但他显然并未假定宗教已在良序社会里消失了。请考虑自由的天主教徒,他接受作为公平的正义原则、自然义务和公平原则,但认为它们是自然法则,是上帝创造宇宙过程中留下的神圣法律的组成部分。按照自由托马斯主义者的道德观,自然正义法则由神圣颁布,是通过自然理性之光可知的,是自明真理。这否定了康德式解释的基本立场,即道德原则在实践理性原则中有其根源,并且由实践理性原则建构而来。自由托马斯主义者拒绝有关证明和客观性的建构主义观点,也拒绝康德式道德自律主体观、道德自律的固有善观念,那些观念为一致性论证奠定了基础。这个论证依赖于以下证明:正义感就是实现我们作为自由平等的理性生命从而成为道德上自律之本质的欲望。但是自由托马斯主义者否定这个等式;相反,正义感将被看做是遵守上帝自然法则的欲望,而不是表现我们作为这些法则创制者本质的欲望。不仅自律不是固有的善;这个想法是人类理性的世俗狂妄,源自于拒绝道德法则的神圣起源。类似问题也困扰着罗尔斯在《正义论》里对共同体之善的论证,他认为共同体之善就是参与作为诸社会联合体之某一联合体的良序社会。这些自由托马斯主义者会回应说,因其自身缘故,唯一值得参加的共同体是信徒共同体,即教会。

像自由托马斯主义这样的整全性宗教和伦理观并非不兼容于正义原则。[24] 于是,它可以是在良序社会里合理性的善观念,许多信徒可能会有这样的想法。如果真的如此,那么这个(及其他)许可的善的观念的内容冲突于有关善的康德式观念,后者是在良序社会里公共文化和教育的组成部分。这会侵害许多人的自尊感并带来不满,因为他们的最基本的价值观被公共文化潜在地视为虚假的价值观。这里的问题是,存在着对融入作为公平的正义良序社会的政治文化中的非康德式善观念的拒斥。即使许多宗教和伦理观点是虚假的,它们仍然是可容许的有关善的学说和观念。公开拒斥它们只会损害许多人的自尊,损害他们对正义制度的拥护和支持。

由康德式解释带来的问题甚至会更加严重。也许就非康德主义者而言不能说,他们有关善的想法是错误的,用其自身观念展开的一致性论证是失败的。这依赖于罗尔斯在《正义论》里未给予讨论的审慎理性见解的特点。按照这个见解,人的善是这样一个人生规划,假如他对"所有相关事实"充分知情,他将选择那个人生规划,并且做出正确的推论,富于想象地理解由选择其他理性人生规划产生的后果(TJ, sect. 64)。假如充分知情条件意味着,人的善是,在不存在虚假信念的情况下,他或她愿意假想地选择的东西,那么我们会遇到上面提到的相同问题,即,在良序社会里,许多得到错误信息的人,将拥有错误的信念(比如,关于上帝创造宇宙的信念,包括价值王国的信念),因此将不承认自律是在给定精确信息条件下,借助审慎理性,他们将会选择的一个固有的善。在这种情况下,一致性论证不保证良序社会的特定性,因为许多人主观理解的善不吻合于其客观的善。另一方面,假如审慎理性的充分知情条件表达了一个较弱的条件,仅仅意指每一个人都可以对所有相关证据信息做出评价,那么这表明,按照罗尔斯的见解,客观理性规划实际上出自虚假信念(比如相信上帝创造了价值王国)。这种解释需要承载"判断的负担"(PL, 54–58),它意味着具有相同精确信息的通情达理者仍然将具有不同的哲学信念、道德信念和宗教信仰。但是,假如在审慎理性条件下这是那么一回事,那么在许多人看来,罗尔斯依据其自身观念开展的康德式一致性论证便是失败的。因为它向所有人注入了善的观念(道德自律的善),那是即使在充分知情和审慎理性条件下许多人将不给予理性支持的观念。

无论道德自律对通情达理者来说是否一个固有的善,其一般的要点在于,在良序社会里,没有足够多的人愿意按照康德式理由去遵循正义,依照那个理由,他们认识到自己作为自由、平等、理性道德生命的道德自律本质。这是一致性论证努力证明的东西,从而表明良序社会如何"出于正当理由"是稳定的。这是围绕这个问题抛弃康德式一致性论证(以及有着相似问题的社会联合体论证)的唯一办法。但是这仍然留下了当初设计一致性论证有待阐明的问题,即向良序社会里的通情达理者证明正义的合理性。正如我们将看到的那样,这个问题在很大程度上导致了罗尔斯向政治自由主义的转折。

拓展阅读

小托马斯 E. 希尔:《伦理学的康德式建构主义》,载于《伦理学》,1989 年第 99 期,第 752—770 页。(Hill, Thomas E., Jr., "Kantian Constructivism in Ethics," *Ethics*, 99, 1989, 752–70.)(希尔沿着罗尔斯路线对康德立场的系统发展作了疏理。)

欧诺拉·奥内尔:《罗尔斯和康德的建构主义》,载于《剑桥罗尔斯指南》,第 9 章。(O'Neill, Onora, "Constructivism in Rawls and Kant," *The Cambridge Companion to Rawls*, ch. 9.)(奥内尔比较了罗尔斯式建构主义和康德式建构主义,对后者路径作了论证。)

约翰·罗尔斯:《道德哲学史讲义》,"道德建构主义",第 235—252 页。(Rawls, John, *Lectures on the History of Moral Philosophy*, "Moral Constructivism," 235–52.)(罗尔斯"康德讲座"第 6 章表明康德是如何发展建构主义的。)

注释

1 《政治自由主义》前三章是对杜威讲座《康德式建构主义》的实质性修订,那个讲座载于《罗尔斯论文集》第 16 章(CP, ch. 16.)。

2 参阅迈莎·纽斯鲍姆:《正义的前沿》,麻省康桥:哈佛大学出版社,2006 年,第 3 章。

3 卢梭:《社会契约论》,巴黎:福莱玛里翁出版社,2001 年,第 61 页(Bk. I, ch.8, par. 3)。

4 一些例子是文化相对主义、某些版本的社群主义以及由某些社会理论家解释的社会契约论(极其不同于道德建构主义)。

5 罗尔斯就道德哲学和数学的建构主义说道:"在两个情况下,观念将形成一个程序再现,在其中……正确推理活动的所有相关标准——数学、道德、政治——都得到了具体规定并且向观念敞开。假如它们遵循正确的程序并依赖真的前提,判断便是合理的和站得住脚的。"(PL,102)

6 参阅杜威讲座《康德式建构主义》,载于约翰·罗尔斯:《罗尔斯论文集》,第 307 页。

7 伯顿·德莱本(Burton Dreben)在谈到罗尔斯建构主义时曾经提到这一点。托马斯·雷克斯(Thomas Ricketts)谈到弗雷格对逻辑的理解时提出了一个类似主张。

8 洛克的社会契约是一个例外，因为他在自明的道德真理中寻求社会和约的依据，那些真理再现了上帝的自然法，其主要法则是，所有人皆生而自由平等，有义务保留自身和其他人类。有关这一点的讨论，请参阅罗尔斯《政治哲学史讲义》"洛克讲座"第 1 讲。

9 同上。

10 《伦理学决定程序论纲》，参阅罗尔斯《罗尔斯论文集》第 1 章。

11 价值或"善"的"建构"是罗尔斯后来只在《政治自由主义》（第 5 讲）和"康德讲座"（《道德哲学史讲义》）中讨论的一个主题。

12 有关背景制度和个人的道德劳动分工讨论，参阅萨缪尔·谢夫勒:《道德劳动分工，作为道德多元论的平等自由主义》，载于《亚里士多德协会会刊》，增刊第 79 卷，2005 年，第 229 – 253 页。

13 参阅桑德尔:《自由主义和正义的限度》，剑桥:剑桥大学出版社，1982 年。

14 罗尔斯在几次谈话中说过，他认为查尔斯·泰勒和亚历山戴尔·迈金太尔的社群主义受到了某种完美主义的触动，那种完美主义则源自两人的天主教背景。罗尔斯令人惊奇地在其成文著作中很少提到社群主义，虽然他在谈到金姆里卡的《自由主义、共同体和文化》（牛津:牛津大学出版社,1989 年）回应时说"完全令人满意"（PL, 27n. ）。

15 约翰·罗尔斯:《道德理论的独立性》，载于《罗尔斯论文集》，第 292 – 293 页。

16 参阅斯蒂文·品克:《白板：人性的现代否认》，纽约:企鹅出版社，2002 年,第 2 页。

17 迈克尔·史密斯:《道德问题》，牛津:布莱克维尔出版社，1994 年，第 2 页。

18 参阅罗尔斯《伦理学决定程序论纲》（1951 年），《罗尔斯论文集》第 1 章。这篇论文间接受到维特根斯坦工作的影响，后者在当时较受欢迎。

19 康德的《纯粹理性批判》试图证明理论理性能够评估的知识的限度以及我们能知不能知的宇宙的限度。它否认（从广义上讲）科学领域以外的形而上学知识的可能性。

20 黑尔说,"要求普遍化我们的惯例，假如我们正在进行道德推理，那么该要求本身是一个逻辑要求，它要求我们把别人的惯例（比如他们的欲望、爱好和一般偏好)当作自己的惯例"(R. M. 黑尔:《道德思维》,纽约:牛津大学出版社,1981年,第16-17页)。

21 参阅德拉克·帕菲特:《理和人》,牛津:克莱尔伦敦出版社,1984年,第Ⅲ部分。

22 参阅罗尔斯在《政治自由主义》中对康德式道德建构主义的讨论,第99-101页。

23 罗尔斯支持合理多元论事实的理由依赖于他有关"判断的负担"的见解(PL, 54 - 58),那些理由潜在于他起初在《正义论》中有关正义的主观环境的见解中(TJ, 127/110 rev.)。

24 就相似于作为公平的正义的某个自由主义的托马斯主义立场而言,参阅雅克·玛里坦:《人和国家》,芝加哥:芝加哥大学出版社,1951年。

第八章 政治自由主义(1)——政治领域

第一节 政治自由主义问题

存在着解读《政治自由主义》的两种方式。我们可以把它看做对罗尔斯在论证作为公平的正义良序社会稳定性时遇到的问题(本书第七章最后一节讨论的问题)的修正。罗尔斯在《政治自由主义》第一个序言中讨论了这项修正任务:

> 为了理解(《政治自由主义》和《正义论》)差异的性质和程度,读者必须把它们看做试图解决由内在于作为公平的正义的一个严肃问题产生的差异,即由以下事实产生的差异:《正义论》第三编的稳

定性见解不吻合于《正义论》的整体观点。(PL, xvii – xviii, 并参阅 xlii, 388n.)

我将讨论《政治自由主义》的主要观点如何修正了罗尔斯在《正义论》第三编中处理的问题。但是,《政治自由主义》也可以独立于《正义论》而得到解读,把它解读为对不同问题的回应。用它自己的话来说,《政治自由主义》回应了两个主要问题,一个是良序自由社会的实际可能性问题;另一个是在自由社会里实施政治权力的合法性(legitimacy)条件问题。合法性不是罗尔斯在《正义论》里使用的概念。它不同于正义概念。它在作为公平的正义没有得到正式应用的社会的非理想状态下变得尤为重要。

罗尔斯在其最后论著中这样描述《正义论》和《政治自由主义》的关系。他说,《正义论》的首要抱负在于发展洛克、卢梭和康德的社会契约学说,提供一种有关社会正义的见解,取代在道德哲学和政治哲学领域占据主导地位的功利主义传统,更加符合我们沉思过的正义确信和民主社会(参考 LP, 179)。像其先驱一样,罗尔斯的社会契约论呈现为有关社会正义和政治正义的"局部整全的"(partially comprehensive)哲学见解。它在以下意义上是"整全的"。首先,它诉诸正义以外的道德价值(充分自主、共同体的善);其次,它产生了有关主体性质、实践理性、道德客观性、道德证明和道德真理的哲学见解。罗尔斯从未动摇过以下确信:在《正义论》中提出的这些哲学和道德立场都是正确的,是哲学上可以得到证明的(即使他对它们的辩护是有些瑕疵的),正如他从未动摇过以下确信:作为公平的正义也是真的(用他的话来说是"最合理的")。但是,说这些立场是哲学上能够得到证明的并且是真的,并不意味着它们是能够公共地(publicly,公开地)向民主社会成员证明的。罗尔斯在《正义论》中有关价值、主体、客观性、道德证明等等的见解,都是有争议的哲学立场,讲道理的人会对它们表示异议。哲学的本质在于争议,在于合理分歧,尽管(像罗尔斯一直在《正义论》中以为的那样)一个哲学立场可以是最合理的和真实的。在哲学、道德和宗教论题上,这种不可避免的合理分歧得归咎于罗尔斯所谓的"判断的负担"(the burdens of judgment)。在《正义论》中,争论的首要问题是,由于判断的负担,作为公平的正义的良序社会成员自己无法合理地同意他们全都拥护的正义原则的哲学证明。这是在《政治自由主义》里提出并且阐明的问题。

这把我们带到了对这个问题做出的第二个更加实证的陈述,《政治自由主义》就是为了阐明那个问题而作的。请忘记《正义论》回应的在作为公平的正义和功利主义之间的哲学争论,忘记在自由民主的政府和其他政府形式之间的哲学争论。《政治自由主义》想要阐明的总问题是这样一个更一般的实践问题。也就是说,以下情形是如何可能的:将长期存在正义的民主社会,它出于正当理由是稳定的,它由自由平等的公民所组成,他们全都同意一种自由的正义观,但他们仍然由于合理的哲学、宗教和道德学说而保持着深刻的分裂?(参考 PL, xxvii, xxxix, 4)

这实际上是对导致罗尔斯在《正义论》第三编中去探索同一个作为公平的正义稳定性问题的更一般陈述。但是,这个问题与其说同作为公平的正义有着特殊联系,不如说它现在提的问题是,在给定以下事实的情形下:在自由社会里,讲道理的人将不可避免地持有不同的"合理的整全学说"(reasonable comprehensive doctrines),就某个合理恰当的自由民主正义观念达成持久同意是如何切实可能的?因此,《政治自由主义》有着不同于《正义论》的关注焦点。它不问什么正义观念是真的、最合理的、最符合我们经过沉思的对正义的确信。确切地说,它假定了自由民主社会的正义,在那里,国民认为自己是自由平等的公民,因此问,"在给定所有宗教、哲学和道德差异的情形下,生活在这些自由民主条件下的讲道理的国民,如何可能就使其社会持续的某个正义观念达成同意?"[1]

在这里,许多哲学家反驳说,罗尔斯在《政治自由主义》中的探索受到了太多限制。他们实际上说的是,"罗尔斯正好假定的是许多人认为必须给予证明的东西,即证明自由民主社会的正当性(justification)。他将如何让那些反对自由平等的人心悦诚服地接受自由主义和民主呢?"的确,《政治自由主义》始于这样一个假定:自由民主社会比其他社会更加正义,并向接受自由平等根本政治价值的国民阐明自身。但是这并未要求我们去质疑不民主社会,因为《政治自由主义》不是针对不民主社会的。假如人们不认为自己是自由平等的公民,不相信自由平等是根本的政治价值,那么《政治自由主义》激不起他们的多少兴趣。那么,为什么这是对罗尔斯计划的一个反驳呢?相似地,它实际上不是对美国宪法条款的反驳,那些条款不针对其他国家的国民,而只针对承认美国宪法为最高法律的美国公民。于是,罗尔斯的批评者会说,这样拒绝用普遍条款向具有不同价值观的国民阐明其见解的做法——而那些人不认为自己是自由平等的公民——导致了罗尔斯论证的相对主义,即只涉及民主社会国民的政治偏好。不过清楚的是,罗尔斯认为,自由平等是普遍的正义价值,世界上每一个社会都应当努力成为自由民主的社会。这是《正义论》论题中蕴含的清晰含义。无论《政治自由主义》,还是更晚的《万民法》,都没有表示,罗尔斯放弃了在《正义论》中表达的"整全学说"(comprehensive doctrines)。《正义论》回应了批评家们对普遍正义论题的关切,普遍正义是针对世上所有讲道理的人的。有人误会了《政治自由主义》的愿望,认为它必须放弃那个较早著作(即《正义论》)的抱负。不像《正义论》,《政治自由主义》回答了在民主自由理论之内的一个问题,即以下情形是如何可能的:存在着一个稳定持久的自由民主社会,当讲道理的公民就根本道德和宗教价值观产生分歧时,它宽容地对待不同的观点和生活方式?

要想掌握罗尔斯在《政治自由主义》中面临的问题的范围,请考虑以下反对意见：

(1)当然，所有讲道理的人都同意相同正义观念的自由社会实际上是不可能的。在给定思想自由和表达自由、良知自由和宗教自由，以及结社自由的条件下，将产生许多不同的虚假的整全宗教、哲学和道德学说，它们将赢得很多追随者。并且这些学说将导致很多人拥有有关正义和正义基础的许多虚假信念。只要看一看美国，在保护基本自由方面这个世上最自由的国家，超过一半的美国人相信《圣经》的创世见解，相信《圣经》里的奇迹真地发生过，相信天使和魔鬼是真实存在的，至少相信不朽的灵魂是真实存在的，而只有不到15%的美国公民相信达尔文的进化论！[2] 在这些不合理信念给定的条件下，我们为什么还要期望人们对正义基础的信念将是更加合理的呢？罗尔斯有一些纵使并非乌托邦的也可以说是不切实际的抱负。

(2)此外，罗尔斯的乌托邦抱负同道德价值或政治价值关系不大。为什么国民就其自由宪法的正当性有着相似信念事关重大呢？只要国民服从自由社会的法律，他们中的绝大多数人接受自由民主宪法的条款，那么民主社会便是足够稳定的。

对罗尔斯在《政治自由主义》中持有的抱负的这种怀疑论回应彰显了他面临的一些问题。第一个问题是，既然甚至讲道理的国民也从来没有就宗教学说、哲学学说和道德学说达成同意，那么，为什么他们应当被期待就取决于其证明的正义观念达成同意呢？照此看来，《政治自由主义》的问题似乎是极其难以对付的。因为显然地，国民有关正义的见解将在很大程度上取决于他们持有的特殊整全学说。假如他们持有不同的整全学说，那么他们就会持有不同的正义观。但是这似乎暗示，良序的自由民主社会是不可能的。第二个问题不妨称作"酸葡萄"(sour grapes)心态的挑战：它说的是，既然所有讲道理的公民都同意自由正义观的自由社会根本不重要，那么，为什么我们还要对它满怀希望呢？

罗尔斯对第一个问题的回应简要地由以下三点组成：

（1）即使在通情达理的民主公民中间，就宗教、哲学和道德存在的分歧和虚假信念是不可避免的，在自由的良序社会里，得到公开支持的政治正义观不一定得依赖于这些分歧和虚假信念，或者受到这些分歧和虚假信念的影响。公共的政治正义观念独立于（或"自立于"）公民的整全学说和虚假信念。使一个政治正义观独立的东西是，它拥有一个政治证明，它通过民主价值和理念来进行证明，那些民主价值和理念是公共文化的组成部分，独立于专为某个整全的道德学说、宗教学说和哲学学说而存在的价值和理念。

（2）在良序的民主社会里，通情达理的公民将有能力拥护主导社会的自由的政治正义观。因为这是切实可能的：得到公民肯定的所有合理的整全学说都必须在重叠共识中接受和拥护其政治正义观。一旦这样一个重叠共识存在，那么根据他们自身的特殊整全理由和观点，拥护合理的整全学说的所有自由平等的公民都会同意这种政治正义观。

（3）良序社会的可能性和持久稳定性的最终要求涉及政治正义观的应用：宪法要件（constitutional essentials）和基本正义事项（matters of basic justice）的决议应当取决于基于政治价值的政治权威，这些决议必须通过公共理性向公民证明是正当的。一旦影响宪法要件和基本正义事项的法律基于公共理性的政治价值得到了正当性证明，那么它们出于所有人以其作为自由平等的民主公民拥有的能力接受的理由得到了正当性证明。如此创制的法律是在政治上合法的。

当这三个条件都得到满足时，简言之，假如（1）存在着一个独立的政治正义观，（2）在重叠共识中，那个正义观能够为讲道理的人接受并受到所有合理的整全学说的支持，（3）它就宪法要件和基本正义事项提供了公共理性的内容，那么，自由民主的良序社会出于正当理由是稳定的（stable for the right reasons）：基于潜在于其正义感中的道德理由,以及基于潜在于其合理的整全观点中的道德理由,它的正义观为自由平等的公民普遍接受,并指导自由平等公民的行为。

(1)—(3)的观念在罗尔斯著作中是新颖的,需要给予澄清。在这一章里以及下一章里,我将解释理解《政治自由主义》所必备的三个条件中的每一个条件及其相关概念。

首先,请考虑上面提到的第二个反对意见。这把我们重新拉回到了早些时候提到的问题,涉及罗尔斯的社会契约学说,即,为什么罗尔斯认为同意正义具有非常重要的道德价值和政治价值。假如我们认为自己是自由的人,要求作为公民得到平等的尊重,自由和平等被视为基本政治价值,那么,我们的关系的一个可行特征便是,从公平的立场,作为平等的公民,我们将自由地接受调节我们行为的正义的政治限制。此外,我们被要求按照我们无法自由接受或赞同的合作条款生活。对于在良序社会里同意和一般同意的契约论关注源于罗尔斯赋予平等自由、独立性以及基于相互尊重的公平合作的根本重要性。但是在《政治自由主义》中,其着重点必定在程度上有所变化。罗尔斯已经不再像在《正义论》那里一样坚持,自由和平等是根本的道德价值,是整全的康德式道德学说的组成部分。由于合理的多元论事实,一个正义观要想在良序社会得到普遍接受,它必须"排除"诸如最基本道德价值之类有争议的论题。不过,罗尔斯假定,在现代民主社会里,我们认为自己是自由平等的公民的自我观念对于任何一个人的自我形象和自尊都具有重要价值;无论那些观点是什么,它也在某些合理的整全的道德观点、哲学观点和宗教观点中占据着重要位置。于是,我们大家假定,我们合理而理性,我们通情达理,我们将拥有充分理由希望按照某个正义观生活,那个正义观肯定我们作为平等公民的自尊和地位,并使我们能够追求我们的观念和我们的整全观点的根本价值。于是,罗尔斯认为,我们将拥有一个"排序靠前的权益"(higher-order interest),以保存我们作为自由公民的平等地位和自尊,维护使我们能够参与社会合作的道德能力。这里的关键是,我们实现这个排序靠前权益的条件是,凭借我们作为自由平等的公民的能力,我们能够自由接受和赞同这个正义观。所有合理的公民都将普遍接受和同意民主社会的正义观,罗尔斯认为,这个实际可能性潜在于自由平等的自由民主价值和公民理想之中。正是他称作"政治自主"(political autonomy)的条件,公共理性的基本政治价值,巩固了《政治自由主义》通往在《正义论》中阐明的康德式道德自律的相似道路,《正义论》把作为公平的正义当做一个部分整全的观点来坚持。

第二节 独立的政治正义观

《政治自由主义》的前三章致力于澄清一种政治正义观的观念。这三章是对本书上一章讨论过的1980年三次杜威讲座的实质性修订版本。罗尔斯把新酒装入了旧皮袋里。他保留着为《康德式建构主义》奠定基础的自由平等的人及其道德人格的理想观念;然而,与其说他把它们看做我们作为道德主体的"本质"的某些方面(如他在《正义论》中清晰阐明的以及在杜威讲座《康德式建构主义》中不太清晰地阐明的那样),他现在把自由平等而通情达理的人的观念描述为民主公民的一个政治理念,潜在于民主社会的政治文化中。换言之,罗尔斯假定,作为一个事实,在现代民主社会里,公民们在政治语境下自视为自由而平等。他理想化了这个自我观念——自由平等的道德人理念——,并进而着手"建构"一个正义观,它最适合于并且实现了这个公民理念。他的希望是,这个正义观最出色地捕获了我们通常使用的民主价值和正义观念,同时兼容于我们肯定的哲学学说、道德学说和宗教学说。在《政治自由主义》中的证明计划相似于《正义论》的证明计划,只是这一次罗尔斯务必小心地避免依赖有争议的哲学立场和道德立场,而是依赖在民主文化里得到广泛共享的观念和理由。

现在请考查罗尔斯提到"政治正义观"(political conception of justice)所表示的意思。罗尔斯说,一个政治正义观具有三个特点:首先,它被设计出来以应用于社会基本结构(这一点没有什么新东西)。其次,它是独立的,"独立于"由民主社会成员持有的整全的道德学说、哲学学说和宗教学说的概念、价值和原则。罗尔斯把"整全学说"(comprehensive doctrine)定义为包括什么是生命的价值和什么给予生命以意义的观念在内的学说。像所有宗教学说一样,探讨实在性质的形而上学学说,探讨人类知识可能性和条件的知识论学说,也是整全学说。然而,罗尔斯认为,自然科学、社会科学和数学,不是整全学说。它们至少在以下意义上不是整全学说:它们体现了为其所在领域的专家所普遍接受的通论、法则、定理、假设和理论,科学自身为讲道理的人所普遍接受。[3]正如我们在他论证作为公平的正义中看到的那样,对罗尔斯来说重要的一点是,在社会科学领域里,在专家中间的一些无争议发现,是容许支持某个政治正义观的基础,在民主社会的公共理性之内的一些无争议发现也是如此。第三,某些"根本直观观念"(fundamental intuitive ideas)潜在于民主社会的公共文化之中,它们确立的与其说是某些整全学说,不如说是一个政治的正义观。罗尔斯认为,这些根本观念,与我们的"确定的沉思过的对正义的确信"(fixed considered convictions of justice)一道,是支持政治正义观的组成部分和论证工具。在罗尔斯假定它们由公共辩论和民主社会的协商所设定的意义上,根本直观观念自身是确定的沉思过的确信,并且成为常识性公共理性活动的组成部分。他提到了三个根本直观观念:作为一个公平的社会合作体系的社会观念,自由平等的公民观念,良序社会观念。罗尔斯也讨论了三个更加"根本的观念"(fundamental ideas),它们是直观观念的理论"伴生物"(companions):社会基本结构观念、原初状态和公开证明(public justification)。

在《康德式建构主义》和《正义论》的不同外观下,我们已经遇到了绝大多数——假如不是全部——这些观念。于是在这里,我们将主要强调在呈现这些观念的过程中来自那些早期著作的某些差异。

1. 有关人的政治观念

罗尔斯说,民主文化的组成部分在于得到公认的自由而平等的公民。这是一个社会事实和制度事实。当然,人们对公民应当以何种方式成为自由的并且公民应当以何种方式作为平等者来对待存在着分歧,但是这些根本的政治价值仍然为民主社会的讲道理者所普遍地分享。现在,具有两种道德能力的自由平等公民理想观念,当然是在考虑自由平等的道德人方面的一个变体,那是罗尔斯的康德式解释和康德式建构主义所依赖的观念。不过现在他声称,这是一个有关人的政治观念,而不想把它作为针对人类主体之本质的一个陈述,或作为某种形而上学观点(PL, 29 - 35)。那么什么是一个"有关人的政治观念"(political conception of the person)呢?

有关人的形而上学观念的一个典型例子是休谟的人格同一性见解。它说的是,人只是连续的相互关联的一大堆经验。也请回顾迈克尔·桑德尔(Michael Sandel)的批评:罗尔斯的原初状态假定了某种脱离任何根本目的和承诺的自我的见解,一种由选择其目的、关系和承诺的纯粹意愿组成的"赤裸"(bare)主体,不具有任何先天人格承诺和社会承诺。无论这样一个自我观是否有意义,是否蕴含于《正义论》之中,它是罗尔斯想要避免的那种形而上学的自我观或至少是规范的自我观的一个例子。罗尔斯说,有关人的政治观念同作为社会合作的公平制度的社会(society as a fair system of social cooperation)观念相一致,它是罗尔斯用来组织其他根本观念和沉思过的确信的根本性直观观念(PL, 15)。罗尔斯表示,当我们考虑社会合作时,我们便考虑了除了有效协调行为之外的其他东西,在那里,在人们可以或不可从中获益的某个联合活动中,他们会拥有一个指定的角色。例如,囚徒在带着镣铐的情形下劳动,或者在其他奴役形式下劳动,大量苦力的完成依赖于参加者行为的有效协调方式,但是以下说法是错误的:囚徒同他们的狱卒一起从事社会合作(social cooperation),甚至囚徒与囚徒相互之间进行着社会合作。相反,社会合作包含人们多少自愿地按照他们接受的并且认为多少是公平的合作条款从事活动和建立社会关系,每个人以某种方式从合作中获得好处。假如他们得不到所有的最佳好处,那么纵使那样去理解合作,他们仍然在以下最起码意义上获得了好处:同没有任何合作相比,所有人的处境都得到了改善。因此,社会合作包含公平的观念,一些合作的合理条款——一个"合理"(the Reasonable)因素——以及罗尔斯称之为"理性"(the Rational)因素的每一个参与者的善的观念(PL,48－54)。

罗尔斯在《政治自由主义》中使用的人的直观观念适用于这个社会合作的观念(PL,18)。罗尔斯说,自从古代以来(在罗马民法中)人是参与社会生活的组成部分,在社会生活中扮演着角色,他会实施和尊重他享有的各种权利和义务。为了参与社会合作,国民必须发展各种能力,遵守合作的公平条款,他们还必须拥有什么对其有利的观念,拥有利益观和善观念。这意味着,他们务必拥有一些道德能力(moral powers),拥有某种正义感的能力,某种从事善的观念的理性能力。有关国民的一个经验事实是,假如他们想要参加社会合作,分享社会合作的好处,他们就必须具备这些发达的能力。

有关社会合作必需的能力的事实,再加上民主社会的公民认为自己是自由而平等的事实,为我们接受作为自由平等的具有两种道德能力的人的公民理念提供了一种经验基础。但是罗尔斯并不认为民主社会的公民从事社会合作的事实许诺了我们任何一个这样的理念。相反,他表示的是,作为自由平等的道德人的理想公民观念最适合于从理论上再现我们如何以我们作为民主社会的公民所具有的能力的方式实际看待自己。我们不一定以这种方式来看待自己,我们可以用所有方式看待自己,例如,当我们作为一种宗教或一所大学的成员的时候,或者当我们认为自己是纯粹的生物生命屈从于自然力量和环境力量的时候,就是如此。然而,为了实现社会合作目标,作为民主社会的成员,自由平等的道德人的理想观念决定着(罗尔斯设想)我们通过作为民主社会公民的能力看待自己的方式,也决定着我们看待彼此的方式。

因此,在《政治自由主义》中,罗尔斯机智地把有关人和主体本质的康德式观念转变为他认为没有争议的有关公民在民主社会里事实上看待自己的方式以及他们有效参与社会必须具备的自然能力的断言。这部分地是罗尔斯就"有关人的政治观念"想要表示的意思。它不是一个形而上学的自我观念,不是由某些整全道德学说(比如在《正义论》中)提出的那种有关人的有争议的规范性观念。相反,它是这样一个人的观念,它基于以有关社会合作的某些事实,基于在我们生活的某个重要领域,在我们作为公民的能力方面,我们实际看待我们自己的方式的某些经验事实。

在这里,我们不妨对这个观念同人的法律观念再次作个比较,后者在西方法制中占据着主导地位。法律人格是人拥有和实施法律权利与承担法律义务的能力。当法律听证会举行以评估一些个体的心智能力时,关键在于弄清他们是否有能力照顾自己,保护和追求自己的利益。年老体衰者或年幼的孩子,不具备这样的能力,他们缺乏理性做事的能力,因此他们要给予指定法律监护人,以保护他们的利益(通常是老人的子女、子女的父母或其他亲属)。另一个例子是在刑法中对精神错乱的传统普通法测试,即南顿规则(the M'Naghten Rule),以验证被告是否具备辨别对错的能力。假如一个人不具备这样的能力,那么他注定在普通法的法律意义上是精神错乱的,他不对其行为承担责任。现代精神错乱测试较为自由,为人们免于处罚寻找借口,纵使他们有区分对错的能力,但他们仍然无法控制其冲动或行为——他们拥有一种"衰退了的能力"(diminished capacity)。在这种情况下,刑法上的精神错乱者实际上缺乏合理做事能力或不具备正义感。他们没有能力去做道德和法律要求他们做的事情。

正如人的法律观念是以常识心理学为基础的,我们熟练地运用那种常识心理学于我们对人们承担责任的日常评估中,罗尔斯也有意提出一种有关人的政治观念,它巩固了一种有关正义的政治观念,那种有关人的政治观念在常识心理学中以及在我们要求人们承担责任的日常习惯中有着相似的基础。就此而言,有关人的这种观念是"政治的,而非形而上学的"(political, not metaphysical)(CP, ch. 18)。

2. 公民自由

在《政治自由主义》中,罗尔斯的一个目标是调和洛克和卢梭对自由和平等的根本民主价值的理解(PL,4 – 5)。存在着自由的三种意义,罗尔斯把自由同自由而平等的公民观念联系起来。首先,公民是自由的,他们拥有善的能力;纵使他们未曾为了自身而自由地造就善,但是每当他们追求善时,他们仍然有修正和改善它的能力(PL, 30 – 32)。其次,公民以为自身是"有效主张的自我本真之源"(self-authenticating sources of valid claims),[4] 他们能够就社会制度提出各种主张,以提升他们的善的观念,那个观念并非源自于归属于社会的义务和责任(PL,32 – 33)。第三,公民是自由的,他们认为自己对自身的目的负有责任,并有能力调整其需求,以与他们能够合理期待的社会合作的结果相适应。第二种自由和第三种自由是"积极的"自由;它们涉及公民拥有能力或权力。第二种自由看似是作为一种身份的自由,来自于其他人对一个人有关他们的主张的合法性的承认,独立于其他人和社会自身的愿望。罗尔斯对比了第二种自由和这种自由的对立面,奴隶的身份以及他们无力就社会和其他人做出能够得到承认的主张。

这里再一次地,罗尔斯对公民自由这三个方面的关注(PL,

32－33)必定同早些时候有所不同,以遵守《政治自由主义》的限制。罗尔斯在《政治自由主义》中无法表示,这三种自由因其自身之故是有价值的,或者它们源自一个更加一般的自由观念,即作为充分自主的、固有善的自由。在《政治自由主义》中,也没有诉诸整全价值观。对许多人来说,他们作为公民享有的自由只是实现其他目的的工具。例如,当一个自由的天主教徒会把自由等同于他的信仰和他对神的异象(Vision of God)的追求时,在第一种意义上实施他的自由(拥有理性能力,去形成和修正他的善的观念)对他而言便没有什么固有价值。因为改变这个善的观念会是他想要做的最后一件事情。不过,他有能力去慎思和理性地追求他已经赞同的善,进而修正和调整从属于其最终目标的各种目标,这一切仍然必定对他是极其重要的。假如他想要实现其对神的宗教义务,他也许必须改变他的职业或"召唤",发展新的技能和兴趣。因此,维护自由,继续拥有理性的善的观念,对他将具有重大的政治价值,甚至宗教价值,纵使在其善的观念中,理性自主和个体性本身不具有固有价值。

3. 良序社会

罗尔斯在探索根本直观观念时说道：

> 我们必须牢记,我们正在试图证明的是,一旦他们被视为公民,视为自由而平等的人,作为社会合作公平体系的社会观念是如何自行呈现的,以便找到体现基本权利和自由以及最适合于那些合作活动的平等形式的原则。(PL, 27,重点号为引者所加。)

这句话是对罗尔斯在《政治自由主义》中的方法的一个重要注解。在《政治自由主义》的头两章里,罗尔斯"呈现"(unfolding)(他不说"分析"〈analyzing〉)了作为公平的社会合作体系的社会观念。

在这样做的过程中,他形成了一种致力于社会合作的人的观念,以及他们为了成功开展社会合作必须拥有的能力和权力观念。接着,他"呈现"了或发展了这个道德人观念,并且形成了这样一个观念:部分因为他们拥有这些道德能力,这些人认为他们彼此自由而平等。因此,他评论了有关"这些人是自由的"各个方面。其中没有一个是概念分析。相反,罗尔斯进行阐释,阐明了他的立场的各个方面。但是,它也不是完全随意的约定,因为所有这些观念都是相互关联的,是了解在根本直观观念中蕴含的东西的一条合理路径(他不说唯一路径)。罗尔斯认为,我们大家作为民主社会成员分享着那些根本的直观观念。其最终的目标在于确立某个自由的正义观论题,罗尔斯认为,它与这个呈现是最为吻合的。他的方法是,给予一些关键观念以地位,它们聚焦于自由平等公民中间的公平社会合作观念,讨论它们中的每一个观念的含义,接着从这些根本观念及其推论(论证)"建构"自由的正义原则。这是罗尔斯建构主义——在这个情形下是政治建构主义——的组成部分,这个建构主义(重读 Chapter1, pp. 38 – 9)全是"内在地"(within)实施的,是反思平衡的一个方面。建构主义为"最佳符合"(best fit)观念提供了意义,涉及了在所有一般性水平上我们沉思过的确信和正义原则,使其在"普遍而广泛的反思平衡"中"自成连贯的一体"(CP,289,321)。用我们多少对其抱着一般确信的两个正义原则达成的反思平衡活动,大体上发生在"建构程序"(the procedure of construction)之内,是由"建构程序"即原初状态构造的。

这个方法论插曲的意义在于,它强调了这整个观念集中于且发展自作为公平的社会合作体系的社会观念的方式。自由平等的人的观念是公平的社会合作的"伴生观念"(companion idea);它必须告诉我们,谁是合作的各方,它反过来必须去决定,什么是合作的适当条款。这把我们带到了下一个"模范观念"(model conception):良序社会的"伴生观念"(PL,35)。我们于是重温了《正义论》提出的一个熟悉观念。良序社会是社会合作的理想——罗尔斯说,"这是一个高度理想化的概念"(PL,35)——它是罗尔斯断定我们渴望实现的理想。在《正义论》的康德式解释中,通过潜在于具有道德能力的自由平等的道德人的道德意识之中的(实践理性)观念(请记住,良序社会类似于康德的目的王国观念),罗尔斯本应说明这个抱负。不过在这里,良序社会理念呈现为在民主社会里公民中间的社会合作理念。罗尔斯说:"作为一个民主观念,无法让宪政民主社会保持良好秩序的任何一个正义观念都是不充分的"(PL, 35)。它为什么是不充分的呢? 可想而知的是,罗尔斯之所以这样说,是因为他认为良序社会理念同民主社会公民的自由和平等是相一致的。良序社会体现了契约论的社会理想,在其中,每一个人都自由地接受社会的调节性正义原则。如果正义通常蕴含着社会规范和法律规范在社会的强制执行,那么自由平等的人应当能够接受和支持正义原则来调节他们的社会,纵使他们不赞同它的所有法律。自由的公民赞同所有的法律,甚至赞同宪法的所有条款,在实践上都是不可能的。但是,所有自由的公民都接受和赞同正义的原则,那些原则为宪法和法律奠定基础,这在实践上不是不可能的。由其正义观规范的社会是良序社会。

由自由的人组成的社会要提防其成为良序社会的一个理由是,它的正义观念给一些人带来了重大负担,以至于纵使它变成众所周知的,他们也不会赞同那个观念。这是《正义论》在比较作为公平的正义和功利主义正义观及其他正义观时所关注的首要问题。罗尔斯在那里主张,只有作为公平的正义能够扮演公共的正义观角色,为良序社会的所有成员所接受。不过在《正义论》发表之后,由于"合理的多元论事实"(the fact of reasonable pluralism),罗尔斯逐渐认识到,即使作为公平的正义,作为一个部分整全的康德式道德观念,也无法获得完全的同意,并提供良序社会的道德宪法。《正义论》论题带来的"严肃问题"(serious problem)是,它依赖于"不切实际的良序社会观念,在那个社会里,基于我现在称作整全的哲学学说,所有的公民都支持作为公平的正义"(PL, xviii)。但是,罗尔斯没有抛弃良序社会观念,而是借助于他的契约论,重新定义了良序社会稳定性的条件。于是,在《政治自由主义》的背景之下,问题是,一旦作为公平的正义的证明条件被改变以考虑合理多元论事实,当重新解释为独立的政治观念时,作为公平的正义(或任何自由主义观点)是否能够在讲道理的人中间获得全体同意。

因此,其要点是,一旦他考虑到"合理的多元论事实",罗尔斯有关良序社会稳定性条件的观念必须改变。有关这个观念,以及有关"合理的整全学说"(reasonable comprehensive doctrine)的相关观念,罗尔斯都着墨不多。合理的多元论事实不只是这样一个事实:在自由社会里,国民享有良知自由、思想自由、表达自由、结社自由和其他基本自由,将存在着许多不同的和冲突的伦理、哲学和宗教立场或"整全学说"。罗尔斯认为,在人性偏好和人的人格环境给定的情况下,这样的多元论是不可避免的。此外,一些人总是沉迷于魔幻的、不宽容的、完全恶意的、宗教的、哲学的和道德的观点。虽然罗尔斯承认持有它们的许多人在良序社会里无法变得过于强大,但是多元论本身以及一些不良学说的不可避免性不是他关心的主要问题(PL, 39)。主要问题是一些讲道理的学说——不同道德、哲学和宗教学说——的多样性,那是通情达理的人们自己赞同的学说,即使当相同的论点和相同的证据都得到呈现的时候,也是如此。(这里,重要的在于强调罗尔斯在《政治自由主义》里提及"合理"和"理性"所表示的确定意思,我们将在下面讨论。)这是由于判断的负担的缘故。正是在道德、哲学和宗教的本质方面,他们产生了分歧,甚至在相似知情的通情达理的人中间,也产生着如此分歧;合理的分歧使这些学说同数学和真正的科学区分了开来。

不像《正义论》,在《政治自由主义》中,良序社会以合理多元论和有关正义基础的合理分歧为标记,甚至在通情达理的公民中间也是如此。结果,同意正义原则变得更不可能,良序社会变得更难以实现。罗尔斯无法再依赖对一个康德式道德观念的同意,无法再依赖保证同意一个正义观念及其应用的善。相反,在承认有关道德的合理分歧的条件下,为了使同意作为公平的正义或自由正义变得更加普遍成为可能,就必须在一些合理的整全学说中间就社会的独立政治正义观念达成一个"重叠共识"。这是良序社会观念的使用方式在《正义论》和《政治自由主义》之间的主要区别。它标志着罗尔斯的社会契约学说同其先驱洛克、卢梭和康德的社会契约学说有着一个重要不同,并且至少在这一方面他的立场相似于霍布斯的立场:像霍布斯一样,罗尔斯了解哲学学说、道德学说和宗教学说分歧的重要性。但和霍布斯不同的是,并且沿着这些自然权利和社会契约观点的这些先行者的足迹,罗尔斯仍然相信,在讲道理的国民中间,赞成自由正义是可能的,不是出于受到强制制裁支撑的折中或权宜之计,而是基于公民在其不同合理整全学说中找到依据的道德正义感。这是共识观念的意义所在。在受到合理公民肯定的不同的冲突的道德、哲学和宗教观点中,它为合理同意在合理分歧自身的源头里找到了依据。

4. 原初状态

在说明重叠共识观念之前,我们应当完成呈现澄清独立政治观念的主要思想。从作为公平社会合作体系的社会观念出发,我们已经讨论了罗尔斯有关合作主体、使其能够参与合作的能力、作为自由平等的公民的自我观念和排序靠前权益的见解。我们还评论了社会合作理念,那是自由平等的公民为了维护其作为自由平等的身份而努力想要实现的良序社会。现在的问题是,自由平等的人将如何为了良序社会而着手就某个正义观念做出决定?什么为他们赞同正义原则提供基础?由于他们在善的观念上存在着差异,他们不支持同一个整全学说,不存在他们能够全部同意的特殊学说或善的观念,那些学说或善的观念将为良序社会提供正义原则。此外,根据他们认为自己是自由平等的自我观念的观点,诉诸任何一个宗教权威人物或其他权威人物来决定为他们所赞同的某个正义观念将是不适当的。对于自由平等的人来说,抵达他们全部接受的一个正义观念的唯一办法是在他们自己中间达成同意;为了在自由平等的人们中间给予同意和公开证明提供基础,普遍同意是必需的。于是,我们抵达了社会契约的观念。

沿着《康德式建构主义》确立的模型,参照作为自由平等的道德人逐渐达成公平同意的人的观念,罗尔斯说明了社会契约的各种特点。这将是大家熟悉的领域。在自由平等的人们中间,对社会合作条款的公平同意要求的是,他们受到了平等的对待。这要求取消一些讨价还价的优势,包括公民对其拥有相对财富、职业和社会地位、天赋和能力、性别、人种和种族特征等事实的依赖。更有争议的是,它要求他们甚至不依赖于他们的特殊的善的观念,不依赖给予生命以意义的整全哲学学说、道德学说和宗教学说。因为这些起初出现在给它们的最根本分歧奠定基础的事实当中;并且将阻碍正义原则同意的达成。纵使人们抛开给其日常道德决定提供路标的哲学、道德和宗教学说,那么他们将如何才能对像正义原则这样重要的事情达成同意呢?在这里,罗尔斯诉诸实施作为自由平等的公民的一个本质善的道德能力。虽然公民在善的观念上存在着根本的差异,包括他们在其合理的整全学说方面存在着根本差异,但是他们仍然全都在社会合作方面存在着兴趣。这给他们提供了依据,采纳"排序靠前的权益",去发展和实施为成功的社会合作所必要的能力。对罗尔斯来说,人的利益不是人的欲求之物。相反,人的利益是人欲求的理性之物;正如我们已经看到的那样,理性欲望多少相似于罗尔斯有关"作为理性的善性"见解中的一个人的善。自由平等的人拥有高权益,以发展和实施其道德能力,这种说法表明,人们欲求发展和实施这些能力是理性的,因为这些能力对他们参与社会合作并从中获益是至关重要的。在这一方面,它们对每一个人的善都是根本性的。重要的是,这并不意味着发展和实施道德能力是因其自身之故而值得去做的。这个断言将令罗尔斯处于骑虎难下的困难境地,从而导致了《政治自由主义》。因为断言有些活动是因其自身之故而为善的,等于在这个台面的论证中,要去假定某个整全学说,而这是原初状态必须给予避免的处境。罗尔斯不得不非常小心翼翼地阐明其有关自由平等的道德人的利益的主张。断言他们在道德能力方面拥有高权益,这不仅意味着为在国民中间就正义原则达成同意提供相互基础,而他们在整全学说和什么是因自身之故而为善的问题上存在根本分歧。

最后,同对自由平等的人、人的根本利益以及良序社会的精致考虑一起,原初状态同你和我有什么关系吗?"我们之所以引入……原初状态,是因为似乎没有更好的办法,出于基本结构考虑,依照在视为自由平等的公民之间持续进行的公平合作体系的根本社会观念,来阐明(elaborate)一个政治正义观念"(PL, 26)。不过,读者会说,这正好表明了同一个问题:对观念的这种"阐明"同你和我有什么关系?对罗尔斯的这个反驳采纳了多个形式。如我们在第四章看到的那样,罗纳德·德沃金反对原初状态的理由是,它是一个假想性契约。[5] 他说,在假想性条款无法约束我们的情况下,我们愿意同意某个事情;受一个契约的约束,要求一个真实的许诺或同意。但是原初状态(像一般意义上的社会契约学说)并不意在约束我们对自己或许愿意做出的任何一个许诺。相反,它的意愿在于澄清我们现在正在思考什么和我们愿意相信什么,它假定我们知道自己是自由平等的公民,基于相互尊重,愿意同作为平等的其他人合作。[6] 罗尔斯相信,各方将采纳的正义观念等同于我们——在此时此地——认为是公平的受到最佳理由支持的正义观念(PL, 26)。罗尔斯推定,作为民主社会成员,我们实际上认为自己是自由平等的公民,我们于是肯定良序社会观念是在像我们自身一样的自由平等的国民中间实现公平社会合作的理想。这些是"实践理性的观念",潜在于民主社会成员的政治意识之中(参考 PL, 107, 110)。在原初状态下的社会契约的关键在于,澄清我们支持的这些观念和民主理想的含义。假定原初状态之所以确立起来,是为了体现"实践理性的所有相关要求"(PL, 90),那么被选中的正义观念将是我们支持的正义观念,以保持同我们的政治自我观念的一致性。就这一点而言,可以说(回应德沃金的反驳),我们的确承诺或"受约束"于这个政治的正义观念。它不是在原初状态下约束我们的一个真实许诺或假想许诺;确切地说,它是我们作为民主公民拥有的政治自我观念、理想和深思过的正义判断的综合力量。

4. 合理性、合理的人和合理的整全学说

合理性(reasonableness)从罗尔斯撰写第一篇论文开始便是一个至关重要的概念。[7]在《政治自由主义》中,这个概念得到了最广泛的使用和最彻底的阐述。我们在前一章看到,罗尔斯在《康德式建构主义》中比较了合理(the Reasonable)和理性(the Rational)。罗尔斯社会契约立场和霍布斯社会契约立场的差异主要表现在以下断言上:合理的道德原则无法简单地从理性概念或人之善的概念引申出来。确切地说,合理(the Reasonable)形成了一个明确而独立的实践理性活动领域,具有自己独立的道德原则。罗尔斯说,"合理和理性是两个互补的观念"(the reasonable and the rational are complementary ideas),"要是没有对方,合理和理性都不能成立"(PL, 52)。他的意思不是说,没有道德原则我们就无法理解理性活动。相反,他想要表达的意思似乎是,通情达理的(合理而理性的)主体(reasonable and rational agents)是社会生活和政治生活的基本责任单位(PL, 50)。理性但蛮不讲理的人(a person who is rational but wholly unreasonable)适应不了社会生活,讲理但完全不顾理性的人(a person who is reasonable but wholly irrational)缺乏协调行动的能力。

存在着关于合理性的某个知识论意义,它不应当同罗尔斯通常使用这个术语的方式混淆起来。"判断的负担"意味着,在通情达理的(合理而理性的)人们中间,就哲学议题存在着合理的分歧。罗尔斯说:"在最为根本水平上的哲学问题,通常不为结论性论证所解决。对一些人是明确的并且接受为基本观念的东西,对另一些人却是不明智的。"(PL, 53)有人认为,罗尔斯在这里想要表达的意思是,哲学问题是无法回答的;[8] 因为假如完全通情达理的人,面对相同的理由、论点和证据,无法就其答案达成同意,那么这必定意味着这个答案是不向理性开放的,是不确定的。由对《政治自由主义》的这种解释带来的这个问题,等于把罗尔斯置于一个有争议的哲学立场——对待形而上学、知识论和其他哲学领域的某种怀疑论——并且这个立场不兼容于公共理性观念。[9]它似乎表示,罗尔斯在知识论意义上使用"合理的人"(reasonable person),其意思是,"合理的人"是正确进行理性思考的(讲道理的)人,他评估了所有可靠的理由和证据,给予它们以适当的权重,其判断不受情绪或利益所左右。在罗尔斯有关"合理的人"的见解中存在着一个因素,它在一定程度上依赖于这些知识论因素。还有,罗尔斯从知识论上规定"合理的整全学说",把它们定义为对证据做出回应,并拥有某些其他理论特征的学说。[10] 但罗尔斯多次使用合理性概念的主要意思是道德的。"成为合理的(遇事必讲道理),不是一个知识论观念(尽管它有着一些知识论因素)。相反,它是民主公民资格的政治理念包括公共理性理念的组成部分……合理,而非理性,表达了他者的公共世界"(PL,62)。

在《政治自由主义》中,合理的公民和合理的人(Reasonable citizens and reasonable persons)是相似的概念。它们为合理性(reasonableness)观念的其他使用提供了焦点;罗尔斯通常在与合理的人(reasonable persons)的概念联系中来解释这个观念。例如,合理的分歧规定为合理的人之间的分歧(PL,55);而合理的整全学说起初规定为"合理的公民肯定的学说"(PL,36)。一般而言,罗尔斯通过一系列特征来定义合理的人,他对前面两个特征给予了最多强调:

(1)合理的人基于他们能够接受的条款,欲求同其他合理的人合作,并且当问题产生时,他们愿意提到原先接受的条款。这是他们全都拥有的正义感的一部分。因此,合理的人不想要强迫或支配其他合理的人去接受他们或许会拒绝的合作条款——例如,一部宪法或一个经济制度。这意味着他们尊重别人的自由和平等。

(2)合理的人也接受和了解判断的负担的后果(PL,54-58)。他们理解,除了简单的无知、自私和情感差别以外,在道德、哲学和宗教议题上达成同意是困难的。存在着一些因素,导致人们做出了不同判断,他们努力做到中正不阿、一视同仁,当面对相似的理由和证据时,他们也会做出不同的判断。这些差异包括教育差异、经验差异、概念的模糊性,尤其是道德概念的模糊性、事实证据的复杂性、在人们赋予相同约因和证据上的权重差异,以及有争议议题双方考虑规范约因的复杂性(the complexity of normative considerations)(PL,56-57)。

(3)合理的人希望被人看做是讲道理的和有正义感的人。遇事必讲道理(being reasonable)是他们的自我形象的一部分,是他们的自尊的基础,他们希望其他人承认他们是合理的人。

(4)最后,合理的人不仅希望被看做是合理的人,而且拥有一种"合理的道德心理学"。这意味着,他们拥有一种"道德本质"、一种正义感,使他们去做因其自身之故而为正确和正当的事情,而不只是因为它使他们或别人受益。它也意味着,他们有"依赖原则的欲望"(principle-dependent desires),或者出于合理而理性的原则做事的欲望,那些原则调节着他们的"依赖对象的欲望"(object-dependent desires),去追求特殊的目标和事情。罗尔斯在这里挑战了主张(本人或别人的)人的利益提供了所有行动的唯一理性目标的福利主义立场和其他立场。

合理的人的其他特点派生自这些主要特征。例如,合理的人不是利己主义者;他们不只关心提高自己的利益。相反,他们承认他人主张的独立效用(PL,52)。他们也"考虑其行动对别人福祉产生的后果"(PL,49n.)。他们愿意通过遵守他们和其他人能共同接受的原则管束其行为(PL,49n.)。另外,合理的人敏感地对待他人从其善的观念中得出的理由。他们不只是根据自身个人角度来看是理性的事情来行动,而是在慎思自身行动和决定对自己来说做什么才是理性的时候考虑到别人的观点。在他们总是不偏不倚地对待他人利益的意义上,这并不意味着他们是利他主义者(PL,54)。相反,合理的人有自己的理性目标和人生规划,那是他们视为最重要的东西;但是,按照尊重他人为平等者的对等公平条款,他们愿意理性地追求他们的目标。罗尔斯说,合理的人"坚信,应当坚持对等……以便每一个人都能从他者那里获益"(PL,50)。他把对等区分于利他精神和互惠(mutual advantage)(PL,16-17)。具有利他精神的人会一视同仁地关心一般的善,而合理的人则一视同仁地关心正义。不像纯粹利他的人,合理的人不愿意为了有利于多数人的大善而牺牲少数人的小善。一个理性但不合理的人会愿意遵守对双方都有益的合作条款。但是不像合理的人,他没有独立于讨价还价和折中的公平合作条款的想法,那些条款能够基于竞争利益通过同其他人的协商来取得。

最后,由于合理的人想要基于他们能够接受的条款同他人合作,他们要对付这样一些人,根据公共理性,在一个"公共的政治论坛"里,那些人持有整全学说对立于他们自己的排他性整全学说。正如下一章将要讨论的那样,公共理性为民主的公民所分享,表明了作为民主公民的能力。公共理性观念同合理的人的道德动机相联系,他们借助于其他合理的人不会合理地拒绝的原则向别人证明自己。[11]诸如此类"依赖原则的欲望"——按照道德原则行动的欲望——是合理的人的"合理的道德心理学"的组成部分。

现在转向讨论罗尔斯对于合理性概念的其他用法。《政治自由主义》面临的主要问题是,由于不同的合理的整全学说,通情达理的(合理而理性的)人无法就一个正义观的终极证明达成同意;这产生了这样一个问题:在良序的民主社会里,合理的人们全部同意一种自由的正义观,这样良序的民主社会是如何可能的?"合理的整全学说"观念,或者"合理的宗教学说、哲学学说和道德学说"的观念,在这里是至关重要的。它们意味着什么呢? 罗尔斯起初说道:"这些是合理的人肯定的并且是《政治自由主义》必须处理的学说。"(PL,36)在那本书里他对此重复了好几次。问题是,这究竟是合理的整全学说的一个必然特征,还是由合理的整全学说的"重叠共识"产生的一个偶然特征。现在假如罗尔斯意欲把它作为一个定义,并且简单地通过合理的人肯定的整全学说来定义合理的整全学说,那么这似乎表明,合理的整全学说必须全都体现同合理的人的确定特征相一致的特征。既然合理的人知道了判断的负担,希望基于他们接受的条款同他人合作,我们于是会期待合理的学说也会肯定这些特征,因此将必然地宣言对其他合理整全学说表示宽容,并且宣示表达自由和结社自由,以及其他自由主义的基本自由。

(正如一些罗尔斯的批评者认识到的那样,)这样理解合理的学说带来的问题是,它似乎使罗尔斯在《政治自由主义》里面临的稳定性变得不重要了。因为假如稳定性问题只是这样一个问题:受到合理而宽容的人们支持的合理的而宽容的学说是否也愿意完全支持宽容而自由的政治正义观念呢? 那么,其答案是明确的:"它们当然愿意,因为合理的学说实际上从一开始就被定义为对正义的自由主义价值的肯定。"由于这使得稳定性问题变得不再重要,我认为我们必须关注罗尔斯有关合理整全学说的其他见解,以理解他面临的关键问题究竟是什么。

在"合理的整全学说"中,罗尔斯大体上在知识论意义上使用术语"合理的"。在罗尔斯提出短语"这些学说的规定"时,他表示它们有三个主要特点(PL,59)。首先,"合理的学说是理论理性的实践:它以一种或多或少地一致和融贯的方式覆盖了人类生活的主要宗教、哲学和道德方面……并且其价值表达了一个充满智慧的世界观"。在这里强调了整全学说的完备性和融贯性及其应对广泛的哲学、宗教和道德议题的能力。其次,"合理的整全学说也是实践理性的实践",它在其中罗列了哪些价值是重要的,当这些重要价值发生冲突时,如何设法平衡它们。于是,它提供了一种有关人类善的见解,也提供了给予生命以意义的价值和目标。最后,第三,"整全学说不一定是固定不变的……它倾向于缓慢地演变,从其观点来看,依据其认为是好的和充分的理由,发生缓慢的演变"(PL, 65)。这表明,整全学说有证据标准和可证伪标准(standards of evidence and of falsifiability),允许它依据新的变化的信息承认错误和修正自身。罗尔斯包含最后一个条件的做法,排除了他称作"原教旨主义学说"(fundamentalist doctrines)的东西,"原教旨主义学说"不承认变化,无视同其主要教义相抵触的变化了的条件和证据。罗尔斯认为,天主教会证明自身是合理性的整全学说,因为在第二次梵蒂冈大公会议上,以及在其历史的其他时期,它调整了它的教义,以迎合现代世界的许多科学现实和政治现实。另一方面,原教旨主义的基督徒拘泥于《圣经》的字面意思以及在《创世记》中提出有关创世见解的精确历史,这样的基督徒是不合理的。对原教旨主义者来说,讲什么都说服不了他们去相信,地球产生于数亿年前;他们把古代恐龙和其他化石的科学证据解释为上帝为了检验我们的信仰而编造的。就其对将会证伪在《圣经》里的事实陈述和历史陈述的任何一个和所有证据视而不见来说,原教旨主义学说是不合理的。

　　罗尔斯对合理的整全学说的定义留下了有待回答的许多问题。罗尔斯承认,它是"故意地不精确的"(deliberately loose)(PL, 59)。假如某个哲学家想要提供较为勉强的见解,那么绝大多数人便会认为其见解是明显不合理的和不真实的,而依罗尔斯标准,许多学说被看做是合理的。例如,绝大多数哲学家认为,只要一个宗教学说相信奇迹、来世、有灵的生命(spiritual beings)等等,它便是不合理的。但是罗尔斯认为,只要宗教学说满足了他的三个标准,它们就是合理的。罗尔斯标准的不精确性和灵活性必须通过其受限制的目标来考虑。他必须避开有争议的知识论断言,以便在讲道理的人们中间就自由主义政治的正义观念达成同意。在罗尔斯对稳定性的重叠共识论证中,这种观念的合理整全学说扮演着主要角色。罗尔斯的论证简要地说就是,良序社会的稳定性主要依赖于所有合理的整全学说向独立的政治正义观念的趋同,那个趋同为合理的人们所肯定。在上面列出的限定意义上,所有合理的学说,出于其自身的整全理由,都应当支持政治上合理的自由主义政治的政治观念。这不是一个无足轻重的结论,而是一个经验假设,罗尔斯认为,它受到我们所知的人性和社会合作的支持。在讨论了《政治自由主义》如何是一个建构主义观念之后,这个论证得到了检验。

第三节 政治建构主义

1. 政治建构主义和康德式建构主义

罗尔斯在谈到政治建构主义时说道:

> 政治建构主义是关于一个政治观念的结构和内容的观点。它说的是,一旦反思平衡得到了实现,那么政治正义原则(内容)可以再现为一定建构程序的结果(结构)……我们推测,这个程序(原初状态)体现了实践理性的所有相关要求,表明了在社会和人的观念的统一中,而它们本身是实践理性的观念,正义原则由实践理性原则推断出来的方式。(PL,89-90,重点号为引用者所加)

从对上一章的回顾可知,伦理学的建构主义是一个有关道德判断客观性条件和道德正确标准性质的观点。对立于道德实在论,建构主义说,道德判断的正确性不依赖于事实或原则的先验道德秩序是真的,而依赖于它们在原则上的基础,那些原则是一个客观建构程序的产物,那个程序体现了实践理性活动的所有要求。在《康德式建构主义》中,同实践理性活动的其他规范性和实质性观念和原则一起,原初状态被说成要"建模"自由平等的道德人及其实践理性能力的观念。按照假设,这个程序体现了"实践理性所有相关要求",可以说,由此正式推导出来的原则通过我们自己的实践理性被"给予"了我们。为了这些原则的缘故而行动,就是做到道德自律。如此被解释的建构主义是就道德、客观性和道德真理等一个有着高度争议的论题。在多元社会里,它无法为公开证明提供基础。那么,罗尔斯如何把某种形式的建构主义吸收进《政治自由主义》之中呢?实际上,他为什么会,甚至想要保留建构主义,把其起源看做自律的方法论表现呢?

  罗尔斯采纳某种建构主义形式的理由是,他的政治契约论要求他保留充分的公开性条件,包括就社会政治正义观念开展普遍可接受的公开政治证明。在一般意义上,出于实用主义理由,公民可接受的公开政治证明是必要的,以便政府官员能够连贯地应用自由主义的正义原则,缔造和应用政治宪法和法律,裁决立法和司法争端。官员需要除了我们自己的道德观点、宗教观点和哲学观点以外的其他东西,以便解释法律、自由宪法及其正义原则。另外,怎么样才会存在一个共享的基础,以决定基本自由在宪法、立法和司法舞台上得到具体规定的方式?还有,假如没有公开证明其正义观念,自由社会怎么样才能公开决定确立社会最低保障,以便适合于公民公平有效地实践其基本自由和机会?

  即使良序民主社会也需要某个基础,以决定正义原则证明及其宪法应用方式,那么这个公开证明为何应当是一个建构主义的证明呢？存在着两个相关理由。第一,某种划定范围的建构主义证明是必要的,以便使"政治自主"(political autonomy)成为可能。由于道德自律是推进康德的建构主义和康德式建构主义的道德价值,政治自主巩固了政治建构主义。第二,政治正义观念的建构主义证明对于使所有整全观点成为"独立的"政治观念是必需的。由于建构主义本身是一个有关实践理性自主在给予自身原则方面的整全论题,那么,这如何才能做到呢？在这里,罗尔斯改变了蕴含着实践理性自主的建构主义含义,这一改变是重要的。他区分了"宪法自律"(constitutive autonomy)和"民主自律"(doctrinal autonomy)(PL,98–99)。康德的建构主义以及康德式建构主义以道德正义观念的宪法自律为目标——把道德原则给予自身——从而使人的道德自律成为可能。相比之下,《政治自由主义》体现了政治正义观念的学说自律(doctrinal autonomy)——其民主政治观念的基础独立于所有整全学说——这对于使公民政治自主成为可能是必需的。"在肯定整个(学术自律的)政治学说过程中,从政治上讲,我们作为公民自身是自律的。自律的政治观念于是为以合理多元论为特征的宪法体制提供了政治价值的适当基础和排序"(同上)。

当罗尔斯说,在政治建构主义中,政治原则可以"再现"为基于实践理性原则和人与社会观念的一个建构程序自身的结果时,他完成了从宪法自律向学说自律的转变(PL,98–99)。这是对以下康德式断言的一个重要规定:正义原则是建构式理性活动程序的结果。因为在正义原则、实践理性原则中的起源方面,它不向罗尔斯承诺任何一个特殊立场(PL,99)。正如康德的建构主义和康德式建构主义断言的那样,正义原则确实在实践理性原则中有其根源。那么再一次地,它们源于一个独立的道德秩序,或者源于仅仅是我们的情感的表现,而不是源于上帝的意志。《政治自由主义》试图对这些和其他哲学论题进行"分类",并且采取一种无所偏袒的立场。

把正义原则再现为起源于实践理性的政治观念,就是不依赖于或使自身不承诺于任何一个这些整全的哲学立场。它只是出于政治目标描述政治正义原则基础的方式。假如这个策略取得了成功,那么政治建构主义便保留了政治正义观念的独立性,同时允许它扮演作为在具有不同整全学说的公民中间开展公开证明的共享基础的角色。于是,学说自律超出了政治观念是独立的观点的意义。政治建构主义使学说自律成为可能:通过依赖公共理性的政治观念和政治价值,一个政治的正义观念不一定诉诸超出在公开证明和应用社会正义原则方面的政治领域的任何理由或价值。

相比之下,宪法自律是这样一种自律,它蕴含在康德的建构主义之中,也蕴含在罗尔斯的《康德式建构主义》之中(在那里它被解释为康德式诠释的一个拓展)。它是有关道德的哲学起源的一个实质性知识论论题:它说,首先原则是出于实践理性活动建构的,在一个独立的道德秩序(比如上帝意志)中没有其起源。宪法自律否认道德原则有先于和独立于实践理性活动的起源。于是它否认理性直觉主义和其他形式的道德实在论、自然法、神圣命令学说、道德感学说,以及所有形式的道德怀疑论和道德相对主义。学说自律没有拒斥所有这些学说,它只是这样一个方法论主张,即一个"独立的"正义观念,可以始于在一个民主社会里由拥有不同整全学说的公民所分享的有关正义的某些根本直观观念和深思过的确信而得到安排。学说自律只是假定,自由而平等的公民存在着许多差别,但是他们分享着某些合理的道德和政治信念。它始于这些分享的合理信念,不追问它们的真理价值(假如道德怀疑论是真的,它们便毫无价值),或者不追问它们的哲学、心理或社会起源。这些共享的道德和政治信念或确信被安排进入一个"建构程序"(procedure of construction)。假如不顾合理的人们的整全观点,基于这个程序的原则得到他们的同意,那么可以说,为了政治目标,这些原则在民主公民的公共政治理性方面有其起源。罗尔斯认为,它同以下情况是兼容的:这些原则在一个或多个合理的整全观点中有其终极的基础。假如重叠共识是真的,那么,通过在良序的民主社会里得到信任的所有合理的整全观点,这些政治正义原则拥有一个"充分证明"。

因此,罗尔斯指出,就道德的性质和道德知识的可能性来说,在不同的和冲突的哲学立场中间,政治建构主义的学说自律应当是一个没有争议的观点。这正是罗尔斯的意图。(后面,在第九章,在讨论相关的公共理性观念时,我们将考查某些反对意见。)也许为了维护在不同哲学学说中间的无争议性或"中立性",罗尔斯不再坚持认为政治的正义原则是"真的"(PL, 126 - 27)。这并不意味着他完全回避了真理观念的公共政治使用。那么他如何才能做到呢? 当事实问题在政治上有争议时(比如在审讯或立法听证中),真理概念显然是必要的。此外,罗尔斯承认,当我们谈论日常道德规则时(例如,"我们通常应当信守承诺是真的"),或者当我们"依照合理的第一原则或得体地应用合理的第一原则"做出特殊的道德判断时,存在着"在道德推理中真理观念的自然使用"(CP,355)。然而,在《政治自由主义》中,当应用于基本政治正义原则和一个自由主义政治观念自身时,他想要避开使用"真"。这是为什么呢?[12]

从表面上看,这是因为应用于道德原则的真理概念是一个形而上学概念,一个在哲学内部一直争论不休的概念,并且,就道德真理的性质和可能性而言,整全学说有着不同的见解,其中有些见解完全否认道德真理的可能性。罗尔斯认为,如果在自由平等的公民中间就正义原则达成同意是可能的,那么《政治自由主义》必须避开这些争论。然而,假如合理的国民全部同意正义原则是真的,为什么他们就真理性质的分歧会产生某个问题呢? 罗尔斯可能多虑地认为,将存在很多道德怀疑论者——他们否认道德真理的可能性,相信(比如)政治正义原则只是我们的情绪的表达——会接受,自由主义政治原则仍然是多少"合理的",会接受社会的正义观念,并且在社会正义观念的政治证明之内进行推理。由合理的道德怀疑论者提出的道德推理不是似是而非的;虽然道德怀疑论者拒绝道德真理,他们仍然接受(除非他们是虚无主义者)道德判断是多少合理的。[13]因此,成为道德怀疑论者并没有取消他是讲道理的(合理的)人的资格,或者并不取消他从事就正义开展政治推理的资格。当然,假如一个人对合理性观念完全持怀疑态度,或者他对实践理性的政治、法律和其他形式的有效性完全持怀疑态度,那么这个人无法认真地对政治正义开展推理。但是这样一个人,通过其自身的承认,是不讲道理的,他或她不愿意基于他们能够合理接受的条款同讲道理的人合作。向这样的人说出他们应当接受或遵循正义要求的理由,也许等于向他们发出了制裁威胁。

2. 政治判断的客观性

假如罗尔斯真的想要回避针对政治正义观念的真理问题的有争议主张,那么我们是否可以对他的主张作这样的理解:作为它们派生自一个建构程序的结果,政治正义原则拥有客观性?根据罗尔斯早些时候提出的以下断言,这似乎会带来特别的麻烦:与某个建构的客观程序相比——该程序表明,实践理性的所有相关要求都是"最合理的",并且为更加特殊判断的道德真理断言提供了依据——《康德式建构主义》的客观性见解为道德原则的正确性提供了一个更好的标准。

政治建构主义务必对正义原则和正义的政治判断具有某个正确标准,假如它不是"真理"或"普遍有效性",那么它就是"合理性"、"政治客观性"或者以适当方式得到理解的某个其他正确性标准。否则,我们就无法在一个政治的正义观念之内做出有效的政治论证,我们也无法向就支持或反对某些政治立场而具有不同整全观点的人据理力争,要么战胜他们的主张,要么同意他们的主张。问题是要设法规定原则和政治判断能够拥有这样一种正确性,而不必纠缠于提防产生与合理的整全学说不兼容的观念。那么,"政治客观性"断言如何才能回避冲突于非建构主义整全学说呢？一些反思表明,这也许不像它初看之下是一个大问题。试考虑法律客观性以及同法律推理的某个类比,在那里,上诉法院的律师们在普通法、宪法或法律条款解释之内就一个案件的正确结果开展辩论。尽管这些问题往往是不确定的,但就适用什么法律原则和正确的结果将是什么而言,它通常是清晰的。当然,法律实证主义者可能以为,只是由于先行立法或司法裁量(judicial fiat)的缘故,清楚的是,何时某个给定案件适用一个条款或一个先例,以及作为与另一结果相反的某个结果是正确的。但是,即使法律实证主义是真的,先行立法和司法裁量并没有剥夺后续司法裁定在已提供的约束之内的正确性或法律效力(legal validity)。基于一种不同推理的另一个类比是规范体系(formal systems)。在这里,一些公理得到了规定,一些推理规则确立了起来,于是,按照推理规则,这些公理便产生了定理。在由公理和推理规则确立的条款之内,这些定理被视为客观的或有效的推论,甚至能够被说成是真的。"在所有可能的世界里",它们不是客观的或真的;也是它们只是相对于它们得以确立的一个特殊领域才是真的。无论如何,其意义在于,客观性、有效性和真理断言都可以在规范体系之内做出,尽管根本没有提及公理的真理性或推论规则本身的正确性,或者这个特殊体系外面的目标。有人(例如,一个柏拉图主义者)会以为,在宏大的事物框架之中,公理的确是真的。但是这没有改变它们在一个规范体系里的地位,按照适当的推论规则正确地从它们做出推论的内在有效性和客观性。

  这些类比,尽管不很确切,仍然有助于理解罗尔斯有关政治原则客观性的断言,那些政治原则不要求我们接受它们在一个整全学说之内的道德真理或有效性。试再一次假定一个真诚的怀疑论者。作为公民,他知道自己是自由而平等的,在实施道德理性活动的道德理性能力的罗尔斯意义上,他是通情达理的(既合理又理性的)。但是他认为自己的道德判断不具有真理价值,认为他的政治自我观念是文化的偶然产物,不是基于任何一种道德现实或实践理性。即使这样,这个道德怀疑论者仍然能够接受他的民主自我观念为一个政治正义观念的适当基础。因为它与他深思过的正义确信相吻合,它也与在他的社会里人们思考正义的方式相吻合。尽管他认为,同在一个规范体系中任意推导出来的公理相比,他的民主自我观念和他深思过的正义确信在这一组事物中并不拥有更多真理或效力。但是,正如拥有一个规范体系那样,当有效性按照适当的裁定程序导出时,一旦进行推论,他便能够现成地接受从那些公理推出来的结论的客观性和正确性。于是,和其他人不一样,他认为,政治正义的结论是在政治上客观的,但是一旦超出"政治领域"(the domain of the political)的框架之外,便不具有客观性、真理性或普遍有效性。其他人将具有不同的合理的整全学说,按照那些学说,正义原则以及由此推导出来的政治结论是普遍客观的或真的。[14]于是,在我们和道德怀疑论者之间,就政治正义观念而言,将存在一个重叠共识。

罗尔斯在《政治自由主义》中确立的政治客观性标准可以以这种方式来看待。它们没有假定一个整全的知识论观点(至少罗尔斯不这样认为),而是应当兼容于有关客观性的许多知识论观念。由于这些标准是相当直接有和没有争议的,我只是在此略作罗列而不予讨论;罗尔斯的讨论是足够清晰而简洁的(PL,110 - 12)。罗尔斯提出了客观性的"五个基本要素"(后来又增加了第六个)。其中有些条件似乎将应用于任何一个客观性观念,而其他条件,尽管它们假定了运作机制,只应用于实践理性判断。罗尔斯的基本条件是:(1)首先,基于证据和理由,在讨论之后,或经过反思,客观性观念必须确立一个公共思想框架,足以应用判断概念并得出结论。(2)它必须具体规定从其观点做出的一个正确判断的概念,比如其结论的真理或合理性。(3)它必须具体规定通过其原则或标准给出的一套理由(an order of reasons),那些原则和标准给当事人提供他将给予衡量的并据以行动的理由,以及那些原则和标准能够跨越当事人从他们自己的观点认为他们拥有的理由。(4)客观性观念必须区分客观观点和任何一个特定当事人或团体的观点。(5)在合理的当事人中间,存在着在判断方面的同意的某个见解,通过正确应用概念、原则和标准以及相关推论规则,那个同意是能够实现的;在精确而恰当知情之下,相同知情的讲道理者,正确地应用这些标准,通常会得出相同的结论。最后,罗尔斯后来加上了第六个关键因素,(6)同其标准相吻合,客观性观念必须能够以适当的方式解释分歧(PL,121)。

罗尔斯断言,来自原初状态的这个同意见解满足了这些客观性标准,因此政治自由主义能够在政治领域之内带来客观判断。理性直觉主义和康德的道德建构主义也满足这些客观性要求,虽然在满足这些条件的方式上,它们不同于政治建构主义。例如,理性直觉主义认为,(2)要求的正确性标准是,一个道德陈述是否真的独立于一套道德原则和价值。相比之下,《政治自由主义》的正确性标准是,在它们符合正义原则的条件下,政治的正义判断是否合理,自由平等的公民将从一个适当设计的客观建构程序出发来选择那些正义原则,那个程序表达了实践(政治)理性的所有相关要求。但是在这里似乎(至少)存在两个冲突的客观性见解。一个基于真理观念,另一个基于合理性观念。那么,这两个观念是如何协调一致的呢?正如我将在下一章讨论的那样,罗尔斯从重叠共识所作的论证的角色在于表明了某个路径,通过那个路径,只是为了政治目标,理性直觉主义和其他合理的整全观点能够接受《政治自由主义》的正确性标准和客观性见解为充分的,尽管从提供一个真的哲学观点的非政治目标考虑,它们会发现它是不充分的。

3. 对政治自主的评价

我在早些时候曾经就罗尔斯为什么需要政治客观性观念和对良序社会的政治正义观念的政治证明给出了一些理由。首先,它是出于一些实用目标,以便拥有分享的标准,应用于社会的正义观念。其次,它是出于道德目标和政治目标。即它是一个公共理性(在下一章讨论)的要求。于是我讨论了证明观念必须是一个建构主义观念的理由,我再一次提到了两个理由。第一,假如它要想保持独立,政治观念必须唯一地基于潜在于民主社会政治文化之中的政治观念,并且这个政治建构必须是在学说上自律于特指任何一个整全学说的观念。第二,对于公民的政治自主来说,公共政治观念的学说自律及其公开证明是必要的。我们还来不及讨论这个关键的观念。什么是政治自主?再一次地,这个问题部分依赖于公共理性观念,并且必须等到下一章讨论公共理性才能得到回答。但是,就政治自主如何区分于道德自律,还是可以在此说上几句。

道德自律者是按照正义原则行动并为了正义原则自身之故而行动的人,而那些正义原则是实践理性宪法自律的产物。道德自律者的行为因此不受制于外在强行注入的法律、势力和武力,无论它是神,是独立的道德秩序,还是社会习惯。即使他的行动与神的意志或社会习惯相一致,它不是他的行动的根本理由或正当理由,确切地说,他的行动的理由是正义和正义原则本身,它们是蕴含于他自己的实践理性活动之中的原则。

就政治自律的人来说,这些事情中没有一个事情可以说是(必然地)真的(虽然假如他努力达到道德自律,或者假如道德的康德式见解是真的,那么它们可以是真的)。罗尔斯起初对政治自主作了最低限度的描述:它是"法律的独立性并确保公民的政治统合性以及与其他公民平等地分享对政治权力的实施"(PL, xliv)。但是由于他说(PL, Lecture III),假如政治自主是可能的,那么学说自律和政治建构主义本身是必要的,他明确地阐述了进一步的条件。于是,我们暂且说道(大体呼应于道德自律),当一个人做到以下几点时是政治自主的:(1)他按照民主地或其他临时施行的法律来行动;(2)这些法律得到了自由正义原则的证明;(3)这些原则能够再现为一个独立(学说自律)政治观念的组成部分;(4)它有一个建构主义政治证明,以蕴含在民主文化之中的公民深思过的判断和观念为依据,包括作为通情达理的(既讲道理又讲理性的)民主公民的自我观念。顾名思义,道德自律和政治自主的主要差异是动机差异。政治自主不要求人们为了正义原则本身而行动。他或她可以为了初始目标而行动,那些目标是一个人的整全的道德学说、宗教学说和哲学学说的组成部分。因此,自由的天主教教徒可以是政治自主的,尽管他们最终按照正义原则行动,而其唯一理由是他们相信它们是上帝自然法的组成部分。

其次,它是人们实际上以一定方式参与其遵守的法律的实施的公民政治自主的条件吗?它是卢梭所谓"政治自由"(political freedom)的条件。对卢梭来说,政治自由和道德自由都要求公民积极参与制定法律,那些法律本身是多数人特殊意志之综合的表现,而不是公意的表现。那么积极的政治参与相似地是罗尔斯主张的政治自主的条件吗?罗尔斯当然不像卢梭那样要求为了政治自主而需要直接民主。正如可论证的那样,按照上面的定义(PL, xliv),罗尔斯只是在制度意义上使用了"政治自主",说明了"政治自由",只要它提供平等的基本自由并保护它们的公平价值,那是良序的民主社会能够实现的政治自由。但是说到学说自律是政治自主的条件,他一定表示在制度意义上比政治自由更多的东西。当我们讨论公共理性观念时,我们将看到罗尔斯认为协商民主是政治自主的必要条件的原因。对罗尔斯来说,不像卢梭,政治自主不要求遵守人们参与立法的法律。但它的确包括了在良序的协商民主严格制度要求之内的公民资格,协商民主自身受到独立自由政治观念的调整,它的法律按照公共理性而得到证明。

最后,应当注意的是,在最后著作《万民法》中,罗尔斯说道,他在《政治自由主义》中提出的主张——一个建构程序应当这样来设计,以便"表达实践理性原则"(PL, 114),或"体现实践理性的所有相关要求"(PL,90)——是令人误会的(LP,86n.)。它们不应当被当做蕴含着有关康德或任何一个其他人声称的那种实践理性性质的某个哲学见解,或者在某种意义上正义原则是从实践理性推导出来的。"实践理性本身只是关于做什么的理性活动,或者是关于什么制度和政策是合理的、得体的和理性的及其原因的理性活动。不存在针对这三个观念中任何一个观念的一组必要充要条件,意见分歧是可以期许的"(LP,87)。相反,罗尔斯表示,一旦我们"适当"展示了这些观念的内容,他似乎表示我们相互都能接受的一个方式,"作为结果产生的正当和正义的原则和标准将相互支撑,并基于反思为我们所肯定"(同上)。只是在这个相对较弱意义上——即在我们深思过的政治确信作反思平衡的原则的意义上——正当和正义原则可以说是我们的实践理性的"表达"。罗尔斯终于在政治建构主义之内使得康德唯心主义不再那么信心满满。

拓展阅读

约书亚·科亨:《一种更加民主的自由主义》,载于《密歇根法律评论》,1994年5月,第92期,第6页。(Cohen, Joshua, "A More Democratic Liberalism," *Michigan Law Review*, 92: 6, May 1994.)(科亨对《政治自由主义》做出了出色评论,强调它在民主思想和理念方面的基础。)

尤尔根·哈贝马斯:《通过公共使用理性的和解:对罗尔斯＜政治自由主义＞的评论》,载于《哲学杂志》,第92期,1995年第109－131页。(结合罗尔斯的回应《对哈贝马斯的答复》,该文作为《政治自由主义》第九讲重印于该书扩充版。)(Habermas, Jürgen, "Reconciliation Through the Public Use of Reason: Remarks on John Rawls's Political Liberalism," *Journal of Philosophy*, 92, 1995, 109－31.〈Combined with Rawls's response "Reply to Habermas" (reprinted as Lecture IX of *Political Liberalism*, paperback and expanded editions.)〉)(这些文章是两位重要政治哲学家之间一次激动人心的交流。)

杰里米·沃尔德伦:《正义的分歧》,载于《太平洋哲学季刊》,第75期,1994年,第372-387页。(Waldron, Jeremy, "Disagreements about Justice," *Pacific Philosophical Quarterly*, 75, 1994, 372-87.)(就自由主义正义观念能否达成合理同意的问题是可以回答的,因为正像对宗教、哲学和宗教的整全学说的合理分歧是普遍存在的一样,对正义的合理分歧是普遍存在的。)

注释

1 这实际上是罗尔斯说《政治自由主义》旨在阐明的问题的第三个陈述,是"两个根本问题"的综合。第一个"根本问题"是"对于体现在被认作自由而平等的,作为一辈子且代代相传地充分合作的社会成员的两个公民之间的合作条款来说,最恰当的正义观念是什么?"(PL, 3)。第二个问题是"假如合理的多元论事实被理解为自由制度的必然结果,那么宽容的依据是什么?"(PL, 4)

2 斯蒂文·品克在《白板》(纽约:企鹅出版社,2002年第2页)一书中引用了一些较为醒目的数据,它们来自意见动力、盖洛普、普林斯顿调查研究协会开展的问卷调查,这些数据可以通过康涅狄格大学罗普中心查到,其网址为www.ropercenter.uconn.edu。

3 对罗尔斯来说,达尔文进化论是一个"非整全学说"吗?绝大多数现代生物学都依赖于它。正如早些时候提到的那样,作为有关我们的物种起源的一个见解,它并没有被绝大多数美国人所接受,按照罗尔斯的标准,其中许多人是"通情达理的"(既讲道理又讲理性的)。由于罗尔斯在《政治自由主义》中的论证并没有依赖达尔文学说,因此不存在解决这个麻烦问题的迫切需要,尽管这个问题的确需要在某个时候得到解决,以便决定公共理性的合法范围和内容,并决定在民主社会里涉及审讯及其他讨论的论题的想法。

4 在《康德式建构主义》中,罗尔斯说过"自发"(self-originating)而非"自鉴"(self-authenticating)。这个变化可以归结于迈克尔·桑德尔的批评,说罗尔斯的人的观念假定了以下自由主义假相,国民创造了他们自己的善的观念,似乎它不是多年训练、教育和社会熏陶的产物。在使用"自鉴"时,罗尔斯表示,他承认我们一开始没有形成我们的善观念。不过,一旦我们达到了成熟,我们的确"鉴定"了它们,我们往往努力局部修正它们,并且追求与我们起初被训练成要去追求的目标有所不同的目标。

5 参考《正义和权利》,载于德沃金:《认真地对待权利》,麻省康桥:哈佛大学出版社,1977年。

6 罗尔斯说:"作为一个再现工具,原初状态观念是公共反思和自我澄清的一个手段。当社会被理解为代代相传的自由平等的公民之间的一系列合作,一旦我们能够采取有关正义之要求的一个清晰而简洁的观点,它便帮助我们做出了我们现在正在思考的东西。"(PL,26)在《罗尔斯论文集》第400 - 401页脚注里,罗尔斯更加详尽地回复了德沃金。

7《伦理学决定程序论纲》(1951年),《罗尔斯论文集》,第1章。

8 参考伯顿·德莱本:《罗尔斯和政治自由主义》,载于《剑桥罗尔斯指南》,萨缪尔·弗雷曼编,剑桥:剑桥大学出版社,2003年,第8章。

9 许多人认为,政治自由主义本身是一个有争议的立场,是向合理的分歧开放的,但这是一个孤立论题。罗尔斯对此没有异议,虽然他可能坚信,合理的分歧本身不否认存在着一个最合理的立场(他认为这个立场通过政治自由主义得到了体现)。

10 参阅《政治自由主义》第58 - 66页(PL,58 - 66)对合理整全学说的讨论。罗尔斯的"合理整全学说"观念存在着一个特别的模糊性。一方面,他从知识论上规定它们,学说是回应证据并拥有一定其他特点的学说(PL,58 - 66);但另一方面,他起初曾把它们规定为"合理公民所肯定的学说"(PL,36),有时他又回到了这个用法。如我们将看到的那样,为了给罗尔斯的重叠共识观念带来意义,这个知识论愿景必须要有所依靠;因为假如后者的定义得到了应用,那么重叠共识就变得次要了。

11《政治自由主义》,第49页脚注(PL,49n)。罗尔斯说,合理性同斯坎伦的契约主义动机原则有着密切的联系,斯坎伦在《契约主义和功利主义》中提出了那个原则,载于斯坎伦:《宽容之难》,剑桥:剑桥大学出版社,2003年,第124 - 150页。

12 约书亚·科亨认为,罗尔斯在政治自由主义之内对真理概念的回避是康德式建构主义的不必要残余。科亨认为,在政治自由主义里,将存在公共理性之内第一原则之政治真理概念的角色,并认为,这一点可以做到而不用顾及有关真理性质的任何一个形而上学立场。参阅他的论文《真理问题》(即将发表)。

13 在规范意义上主张道德怀疑论的哲学家坚信,他们的怀疑论对他们的道德推理或道德真诚不产生影响。而且,美国法学院的学术界往往给否认正义断言真理价值的道德和法律实证主义者以教席;作为法律人,他们仍然在习惯法、成文法和宪法的框架内推理,包括法律经常运用的道德概念(合理的人、小心注意、平等保护、正当程序等等),他们认为,在给定法律推理的开明框架下,法律结论是多少合理的和有担保的。

14 它们是否普遍有效的或真的呢?这当然不是由政治自由主义回答的问题。那么这是否表明它们不一定是真的呢?这当然是可能的。不过罗尔斯认为,以下情形是极不可能的:正义原则,处在重叠共识之下的所有合理的学说当中,是虚假的。因为假如某个合理的整全学说肯定政治观念是真的,那么这个政治观念本身就是真的(PL,128)。罗尔斯认为,所有合理的整全的自由主义观念,包括康德的和密尔的自由主义,以及像罗纳德·德沃金和约瑟夫·拉兹之类的当代哲学家的自由主义,都应当能够肯定政治的正义观念。在这里值得一提的是,德沃金和拉兹都挑战了罗尔斯的政治自由主义,包括公共理性观念。参阅我的《正义和社会契约》,纽约:牛津大学出版社,2007年,第8章的讨论。

第九章　政治自由主义(2)
——重叠共识和公共理性

现在,鉴于基本概念"合理的人"(reasonable persons,讲道理的人)已经得到定义,我们能更好地理解《政治自由主义》想要解决的问题。《政治自由主义》的总目标在于证明如下情形是如何切实可能的:合理的民主公民出于道德理由赞同和拥护自由正义观,这个正义观念给予自由平等公民的基本自由以优先性,并提供合理的社会最低保障。这是一个看似不难的问题,因为罗尔斯把"合理的人"定义为那些希望根据他们能够接受的条款与其他合理者合作的人;基本自由要求宽容地对待别人的生活方式,这看似已经蕴含于这个定义之中。但罗尔斯对"合理的人"的定义并不一定意味着他们接受平等的政治自由,也不一定意味着他们接受公平均等机会或社会最低保障。此外,即使宽容地对待别人的不同信仰和生活方式也会是一个挑战,因为自由平等的人拥有冲突的道德、哲学和宗教观点。我们宽容地对待他人往往出于自利,只是为了避免不必要的冲突与纷争。但是,我们为什么要出于道德理由宽容地对待——因为我们相信它在道德上是正确的——那些反对我们深深持有的道德信念和宗教信仰的人呢? 尽管我们希望按照他人能够接受的条款与其合作,但是,宽容地对待我们在道德上和宗教上表示讨厌的他人言论和生活方式,其道德理由看起来只能是一个特定的立场。[1]

把政治正义观定义为独立于各种整全学说的观念,是罗尔斯解决这个问题的第一步。至少存在两个进一步的实质性步骤:第一,各种合理的整全学说就自由主义政治观念达成重叠共识;第二,公共理性观念,它提供了协商和争论的条款,公民将为了政治上应用政治观念而使用那些条款,并在公共理性观念之下证明法律的正当性。这些及相关观念将在这一章里得到阐述。

第一节 重叠共识

重叠共识观念的首要作用在于解决稳定性问题。在《正义论》中,正当和善的一致性论证假定了有关作为公平的正义之良序社会与实际不符合的观点。稳定性基于以下论证:讲道理的人发现,做出以下肯定是理性的:为了实现他们的主体能力,并因此使他们具有自律道德主体地位,他们的正义感具有至上的调节作用。但在合理的多元论事实条件下,即使在作为公平的正义得到普遍承认的社会里,许多人不愿意肯定他们作为自律道德主体的地位。因此,稳定性问题仍然是:以下情形如何可能,通情达理的人不仅发现赞同作为公平的正义(或任何自由正义观)是合理的(reasonable),而且发现拥护这个正义观念作为追求善的至上调节手段是理性的(rational)?

就政治正义观念达成重叠共识,是罗尔斯为了解决稳定性问题而阐发的主要观念。在最简单意义上,重叠共识意指在良序社会里,出于源自人的善观念,包括人的整全道德观的许多理由,他们将规范地遵守法律,赞同自由正义观。在合理的多元论条件下,起初促成在良序社会里的绝大多数公民遵守作为公平的正义原则的因素是许多不同的价值和理由,它们蕴含在人们在良序社会里认同的各种合理的整全学说之中。重叠共识本质上是有关各种善观念的假说,那些善观念主要由良序社会培育而成。它把隐藏在心理学对等原则——那个原则为发展来自《正义论》的正义感奠定了基础(参阅第六章)——背后的推理扩充到合理的整全学说。[2] 对等原则背后的关键假定是,由于个体倾向于意欲支持对自己及其亲友有利的司法制度,所以,他们也把这个意愿融入他们的善观念之中,由此渐渐形成了调节性欲望,按照良序社会的司法制度和法律规定去实施正义。相似地,重叠共识假定,在良序社会里赢得拥趸的有关宗教、哲学和道德合理整全学说将在教义上如此演进,以至于把拥护自由政治价值和自由正义原则当做整全道德和善的见解的一部分。把这两个倾向加在一起,它们表明,来自于许多可能的宗教、哲学和伦理学说当中,将在讲道理者当中赢得拥趸的学说以及将在良序社会里得到兴盛发展的学说将明确地支持——每一个学说都出于自身特殊的道德、宗教和哲学理由——作为公平的正义原则和社会自由宪法。其次,不合理、非理性或"疯狂的"学说将得不到充分支持,难以赢得相当范围的认可;因为(假定心理学对等原则是有效的)讲道理的人不赞成这些观点,在良序社会里,赞成这些观点的不讲道理的人将达不到动摇社会稳定的足够人数。于是,凡是在信仰、价值和道德原则框架里拒斥自由正义原则,凡是在思考自由正义原则时采取不充分的立场,这样的不合理整全学说将得不到广泛承认。

试假定,在良序社会里,这些推测是真实的,所有通情达理的人都将有充足理由遵守自由正义原则,他们出自各种整全理由而遵守自由正义原则,那些理由规定着整全学说。出于每一种整全学说理由(假如他们有的话),康德主义者、功利主义者、多元论者、天主教徒、新教徒、犹太人、穆斯林、文化相对论者、道德怀疑论者,如此等等,都将接受和支持自由正义观;假如不是这样,那只是因为他们发现自由政治正义观念是内在地合理的。因此,正义是否对每个人都是理性的——在手段意义上或在固有意义上,取决于他们有关善的特殊观念,社会将出于这些正当理由而保持稳定性。社会之所以出于正当理由而为稳定的,是因为讲道理的公民出于道德正义理由和整全道德价值观赞成社会自由观念,那些价值观具体规定为他们的特殊观点。正是这一点造就了重叠共识,而不是权宜之计。于是,稳定性不只是每个人的次优选择,而且是每个人的根本道德价值观、宗教价值观和哲学价值观理性折中的结果。在蕴含在合理整全观念之中的道德原则、宗教原则和哲学原则给定的条件下,它是每个人的最佳选择。

在这里请注意同《正义论》一致性论证的出入。重叠共识和一致性都旨在证明,对良序社会通情达理的人来说,赞同和遵守社会的调节性正义原则,是理性的,是他们的善本质。但是重叠共识没有处理原初一致性论证回应的所有论题。例如,它不主张,按照知识论标准,作为公平的正义是真实的或客观的;它也不主张,作为公平的正义得到了公开承认。在就这些论题——道德真理、道德知识、自由主体等——而提出不同哲学观点给定的条件下,这些论题无法基于公共理性得到论证,或作为作为公平的正义观念的一部分得到解决。置身于冲突的整全哲学观的"背景文化"之中,这些及其他论题是正在进行的非公共道德和政治争论的组成部分。假定重叠共识是存在的,那么这些争论对自由正义观的稳定性产生不了什么影响。因为无论所有讲道理的公民是否把自由正义原则看做客观的或真实的,他们全都(甚至道德怀疑论者也)将发现,对于视自身为自由平等的道德人来说,自由原则是合理的正义原则。于是,道德怀疑论和相对主义作为稳定性的威胁而得到了有效的中性化处理。

不像罗尔斯的一致性论证,重叠共识不只意味着正义是固有的善,是至上的调节性目标。只要重叠共识存在下去,那么尽管正义是重要的,但正义仍然会被许多讲道理的人视为实现较终极目标的手段,那些目标(比如,神的异象〈the Vision of God〉或极大化总效用〈maximal global utility〉)蕴含在整全学说之中。罗尔斯的思想似乎是,既然正义在每个人的观点和心理倾向中仍然占据着举足轻重的位置,正义和最终目标的冲突是不多见的,或至少其频繁程度不足以摧毁良序社会的稳定性。此外,对许多通情达理的公民来说,正义的次要地位没有剥夺正义的终极性。请回顾终极性条件(TJ, sect. 23),它的意思是,正义的思考是实践理性最后的诉求理由(the final reasons of appeal)——它们有终极说服力并"战胜"了所有其他理由。罗尔斯再也不能说这是在公共理性和政治自由主义之内的,因为许多讲道理的人会有不同的思考,主张(例如)总效用或上帝意志是所有实践理性的终极源泉或起点。但是在重叠共识条件下,罗尔斯仍然会在一个更加严格的领域里即出于政治目标肯定正义原则的终极性。在每个人的善观念之内,即使正义的理性没有超越所有其他理性,它们仍然会在公共理性和公共政治领域之内超越所有其他考虑。[3] 因为假如所有合理的宗教、哲学和道德学说都接受自由政治观念,那么它们将也会接受,在公共政治协商和决定中,为了决定正义问题而诉求的终极理性是社会的自由正义原则及其伴随的公共理性。正义原则的政治终极性,是公共理性观念的组成部分(后面给予讨论)。

重叠共识是一个相当简单的观念,但它也容易被误解。一个误解是这样一种观念,重叠共识是在不同的、冲突的合理整全学说中间达成的折中,是讨价还价的结果,在那里,为了达成同意和实现社会稳定,每一方都有所牺牲。这是民主通常发挥作用的方式——不同的冲突的学说和利益都得到了协调,形成了谁都不完全满意的但对相关各方来说是适当的共识。这种共识作为权宜之计为世人所知。罗尔斯认为,重叠共识不是权宜之计,而是每一方解决政治争端的次优方案。确切地说,重叠共识涉及自由原则的同意,从每个人合理而整全的角度来看,自由原则是民主社会寻求解决最适当正义观问题的最佳方案。从所有合理整全观念的立场出发,使重叠共识"变得稳定的适当理由"是,再也没有比它更好的正义观了。根据自身不同的整全学说,他们全都同意这个相同的自由观(至少同意肯定基本自由和社会最低保障优先性的自由观)。罗尔斯认为,通过这种方式,重叠共识观念重构且保留了为社会契约论奠定基础的这种社会同意。不是所有人出于相同理由同意正义(如我们在洛克、康德、卢梭以及在罗尔斯《正义论》那里发现的那样),当重叠共识胜过不同的整全学说时,出于自身特殊的整全理由,大家会在良序社会里同意相同的正义观。

重叠共识观念表现了传统的社会契约论非同寻常的发展。它表明,如霍布斯和当代霍布斯主义者坚持的那样,普遍同意社会正义原则未必是在冲突利益或整全学说中间的权宜之计。社会契约也不要求在良序社会里所有讲道理的公民出于相同的整全理由或因为他们支持相同(不完全的)整全学说而全都同意正义原则。在洛克那里,社会契约以每个人承认和接受上帝自然法和基本自然法的自明性为基础;尽管卢梭、康德和写作《正义论》的罗尔斯都主张,社会契约以每个人作为通情达理的公民承认道德自律为基础,那种自律来自他们的"公意"或他们对道德法则的联合授权。由重叠共识假定的这种社会同意比霍布斯有关达成合理同意的人类能力的见解要更加乐观些。与此同时,同社会契约的自然权利理论相比,它为在自由平等的人中间达成合理同意奠定可靠基础是更加可行的。

最后,罗尔斯不寻求不讲道理者或不合理学说对正义达成社会重叠共识。罗尔斯说,只要这样的人和学说拒绝自由正义原则,他们和它们就是"被控制的",是无法妥协的。这样子拒绝妥协,不致影响正当理由的稳定性,除非良序社会存在如此多不讲道理的人,他们都不愿意合理地遵守正义的法律,以至于他们破坏了正义社会的稳定性。有些批评者发现,罗尔斯拒绝反驳不讲道理的人或不合理的学说,罗尔斯似乎没有努力调解它们,他的做法是不公平的。但是,顾名思义,不讲道理的人要么不愿意根据他们能够合理接受的条款与他人合作,要么拒绝接受在民主社会里多元论的不可避免性。结果是,他们要么不能容忍其他人(如种族主义者)或其他学说(如宗教原教旨主义者),要么不接受满足所有公民基本需要的社会角色(如自由主义者)。因此,对于讲道理的公民来说,同不讲道理者或不合理学说的任何调和都是不可接受的,都会导致对他们的不公平(如分别导致被鄙视的种族团体、宗教的非原教旨主义者和无信仰者,以及其权利和利益被打了折扣的较少受惠者)。同不讲道理的人或不合理的学说达成的任何重叠共识本身就是不合理的。

第二节 自由合法性原则

罗尔斯起初作为公平的正义的组成部分而引入了公共理性观念。他区分了两类自由主义政治价值:首先,"政治正义价值,归入基本结构的正义原则";其次,"公共理性价值,归入公共探究的指导方针,使得那项探究自由而公开地开展"(PL,224)。"公共理性价值"起初相当狭隘地得到了描述,属于应用正义原则的指导方针,假定在良序社会里所有讲道理的人都会接受那个理性。假如在良序社会里存在着不同的整全观念,那么虽然每个人都接受相同的正义原则(作为公平的正义),他们仍然会不同地应用这些原则。在整全观点中间,由于在基本价值和信仰方面存在着差异,有关证据、推论、好的理由以及判断标准也会有所不同。结果,在良序社会里,需要一些探究和推理标准,允许人们持有不同的整全观点,在应用作为公平的正义观时得出相同的结论。于是,罗尔斯把处于原初状态的各方描述为除了同意正义原则以外为了应用这些原则还同意"公共理性的指导"。[4]

然而,罗尔斯以一条不同路径来抵达公共理性观念,那是一条同作为公平的正义没有特殊联系的路径,它更广泛地规定了公共理性。在这里,罗尔斯通过要求政治合法性而引入公共理性观念。自由合法性原则应用于任何一个自由社会,而不只应用于受到作为公平的正义调整的自由社会。它说:"只有当政治权力按照宪法来行使,并合理期待所有公民都拥护根据原则和理念被接受为合理理性的宪法要件时,我们行使政治权力才是恰当的并因此具有正当性。"[5] 它要求公民必须合理地期待去拥护,不是每个政治权力(立法权、司法权或行政权)的执行,而是宪法的"要义",宪法调节着政治权力的执行。所有公民必须合理地期待去拥护每一项政府措施,这样的要求过于严厉;因为对于绝大多数公民来说,每一项合理的政治措施都会有不同选项,要求一个公民去拥护它是合理的,但是期待所有公民只拥护这些合理选项中的一个选项是不合理的。这也让我们想起了以下说法,"合理接受"(reasonable acceptance)和"合理期待"(reasonable expectation)将根据合理的公民凭其能力能够接受或拥护的措施来理解,那些公民是自由平等的人,在发展和施行其道德能力方面具有排序靠前的权益(higher-order interests)。因此,对合理接受标准的规定不涉及人的其他能力(比如人的合理信念、合理的完美主义、合理的怀疑等等)。人无法从外面去评估自由主义政治的合理性(合理接受、合理信念等),因为它在某个整全哲学、宗教或道德学说内部得到规定。显然,天主教自然法学说、康德道德理论或严格的贝叶斯决定论(Bayesian decision theory)等都有关于何为可接受合理事物的竞争性观念,涉及比传递政治自由主义的政治合理性观念更多的东西。(我们将在下一节讨论公共研究时回到这个重要论题上来。)

罗尔斯说,自由合法性向公民注入了一种谦恭的道德义务(a moral duty of civility):那是"能够就[有关宪法要件和基本正义事项的]那些基本问题他们提倡和投票赞同的原则和政策如何能够得到公共理性政治价值的支持做出相互说明"的义务。[6]这并不意味着我们必须借助于公共理性向别人实际解释我们支持的政治措施。那将是一项极其费时费力的义务,使我们忙于应付,无暇顾及其他。期待(罗尔斯的确如此期待)人们自己做好准备去解释他们的所有政治决定,那的确会让他们力不从心而疲于奔命。一些人会由于思想局限或其他局限而做不到这一点。例如,我没有充分知晓证明我的以下信念将会产生什么经济后果:向财富征收累进税比固定税(相同百分比的税)更加合理。("我认为富人比穷人缴纳更大百分比的税赋更加公平。为什么我在投票给支持它的候选人时务必能够解释或证明那个确信呢?")不过,假如这项义务的确意味着,我们的决定借助于公共理性可以得到解释,无论我们是否知道它们是或不是什么,那么,它似乎是一项太弱的要求。罗尔斯没有在澄清这些问题上费过什么心思。也许,理解合乎道德的体面义务的最佳方式是,公民必须真诚地相信,他们的政治决定经得起公共理性推敲,假如他们无力解释这个证明,那么将存在公民信任其判断力的某个人,正好处在借助于公共理性解释其政治决定的位置上。[7]

现在,我们引入涉及公共理性的第三个观念:罗尔斯在晚期著作中阐述的自由合法性和公共理性都以对等准则为基础。它要求,在提出合作条款的过程中,"提出条款的那些人必须也认为它至少对接受它们的人来说是合理的,那些人是自由平等的公民,不是被支配或被主宰的人,或受制于卑微政治社会地位的人"。[8]罗尔斯说,"一旦基本自由受到了否认,对等准则便正式遭到了违反"(CP,579)。我们暂且关注一下罗尔斯在这里使用的合法性和对等观念。他是从对等准则开始的,因为罗尔斯说,合法性以对等准则为基础。

1. 对等准则(The Criterion of Reciprocity)

罗尔斯在其著作中以不同方式使用术语"对等"(reciprocity)。"对等"至少有三个重要用法。(1)在《正义论》中,对等原则指本书第6章讨论过的道德发展的三条心理学法则。罗尔斯使用这些原则来探讨正义感的发展,公民遵守正义原则的意愿。如我们在这一章前面看到那样,这些心理学法则后来在《政治自由主义》中扮演着潜在角色,罗尔斯用它们来解释,在良序自由社会里,自由正义原则如何达成重叠共识。(2)在《正义论》及较晚期著作中,罗尔斯也使用了术语"对等",把它同社会合作观念和正义原则联系起来,以表明社会合作条款公平地有益于每一个人。我们不妨称之为"对等利益"(reciprocity of advantage)。[9] 他用"对等利益"同在霍布斯契约论中找到的"互惠利益"(mutual advantage)观念进行对比,并用它同利他意义的"一视同仁"(impartiality)观念进行对比。(由于对称的缘故,我们不妨称第三个观点为"一视同仁利益"〈impartial advantage〉。)罗尔斯说,对等处于互惠利益和利他的一视同仁之间(PL, 16-17)。互惠利益表明,所有人都从合作中受益,人的附加利益由他们知道其利益在何处的一条维持现状的基准线来测定,并尽量利用讨价还价的资源。相比之下,按照罗尔斯的理解,(利益)对等蕴含着独立于(互惠)利益观和人人有利的公平观;它意味着,所有人都从合作中获利,而附加利益则以平等基准线来衡量。因此,差别原则体现了对等利益,因为它允许收入和财富的不平等,不仅当(A)它们让每个人受益(互惠也能达到这一点),而且假如(B)由不平等导致的最少受惠者得到了最大利益,以及(C)假定一个有效率的生产过程,最少受惠者能够处于有效率生产曲线最靠近平等分配的点上。

区分于对等利益的是(3)对等准则,它要求公民满怀善意地相信,他们期待所有人都遵守的社会合作公平条款可以被作为自由平等公民的每一个人凭借能力所接受,不因其卑微的社会政治地位而受他人支配、主宰或逼迫(PL,136－37)。我们或许可以称这种对等为"证明对等"(reciprocity of justification),因为它要求的是,所有讲道理的人都准备把按照政治宪法条款使用强制政治权力的公共证明当做好的理由来接受。证明对等意味着,公民普遍接受这样的理由,它们公开证明了决定着对等利益的正义原则。对等准则以这种方式同公共证明和公共理性观念相联系,并且同自由合法性原则相联系。证明对等的这一层含义是社会契约观念的自然扩充,因为它提出了这样一个契约论观念:从平等权利的立场,自由人会合理地接受正义原则(参阅 PL,135n.,136－37)。现在,我将重新关注政治合法性原则,它体现了对等准则。

2. 政治合法性(Political Legitimacy)

一般来说,法律和政治合法性观念涉及法律的适当执行和应用、官方授权、所有人普遍接受和尊重程序。"成为合法的,也就是同某个[法律的或政府的]血统沾上一点边"(PL,427)。一旦政府官员成为合法的,他们便被视为拥有法律权威,依照得到承认的程序办事,他们公布的法律、法律判决或行政规章和法令一般被其他政治和法律官员以及该国很多国民接受为具有法律效力和约束力。这符合实证主义或韦伯的合法性见解,那种见解典型地应用于社会科学,按照那个见解,大多数国民事实上普遍接受社会制度、政治制度以及政府官员的做法,这对于合法施行政治权力已经足够(参阅PL,429n.)。

相比之下,罗尔斯的自由合法性原则是自由民主社会承认法律和政府权威的道德政治标准。其中蕴含着基本正义要求。它说的是,假如它们不符合为民主公民合理接受的宪法,甚至被普遍接受或民主施行的法律也是不合法的。明显侵害基本自由的法律要么不义,要么非法,不拥有法律权威或政治权威,因为任何一部宪法只要侵害了这些自由,就不会被合理地接受。罗尔斯于是抛弃了纯粹律法主义解释或韦伯的合法性见解；他拒绝这样一种见解：与得到承认的程序相符合、为国民普遍接受的法律制度和政治制度——无论它们是否正义——对合法实施政治权力已经足够（参阅 PL, 429n.）。"假如法律要想成为合法的，就不能太过不义"（PL,429）。有些不义剥夺了即使民主施行的法律的权威。不过，尽管合法性同正义有着本质联系，罗尔斯仍然明确把合法性看做不同于正义的概念。"民主决定和法律是合法的，不仅因为它们是正当的，而且因为它们按照被接受为合法的民主程序而得到了合法的执行"（PL,428）。

这表明了要有政治合法性概念的理由。首先，正如罗尔斯在《正义论》中已经阐述的那样，"任何可行的政治过程都不能保证按照它制定的法律是正义的"（TJ,353/311 rev.）。即使正义的宪法也不能总是保证正义的结果，因此体现了"不完全的程序正义"（imperfect procedural justice）。有良知的民主的立法者，遵循正义宪法的规定，有时会制定出在某种程度上不义的法律。罗尔斯认为，只要它们符合自由合法性原则，这些法律仍然是合法的而具有法律权威。对罗尔斯来讲，意义重大的是：假如妥善执行的法律没有逾越非正义的某些边界（由违反基本自由和基本正义造成）并且满足合法性原则，那么即使它们是（中等程度地）非正义的，民主公民通常有义务服从它们。[10] "我们是否有义务服从不义的法律"是有争议的。存在着否认这一点的政治和道德理论传统。但是罗尔斯似乎认为，假如一部正义的宪法是可行的和稳定的，那么承认服从（中等程度的）非正义法律的道德义务是必要的。试设想公开承认不服从国民认为是非正义法律的权利的后果。在民主社会里，绝大多数公民和代表相信，他们按照正义的要求（至少是正义的许可）来投票；所以在投票时处于少数派的人往往相信，当他们反对的法律或判决得到妥当实施时，正义没有得到伸张。以下说法有道理吗：民主的公民总是有道德权利或义务去无视或违反他们不认为是正义的法律？民主制度如何才能抵制对不服从的如此直白许可？当然，有人会说,只有当法律事实上是不义的时候,而不只是当他们以为法律是不义的时候,国民才拥有不服从法律的权利;但是从受害的或不满的公民观点来看,以下情况没有差别:不服从我们认为是不义的法律的权利或义务的后果是一样的,即其后果倘若不是政治喧嚣,便是政治动荡。

就合法性观念而言,另一个需要是评估潜在法律和其他措施的地位的需要,它们在内容上是正义的,但没有得到妥当实施;其例子是,行政许可或司法命令任意采取措施,司法团体违反正当的民主程序。例如,罗尔斯认为,普惠保健是自由正义的一项要求(PL, lix)。尽管它在民主意义上曾经受到否决,并缺乏任何其他授权,但是行政官员(比如当时的克林顿总统)想要通过法令谋求推行这个制度,那么其做法将仍然是非法的。或者,假定司法机关越过正义宪法的明晰条款来审查经济立法,宣称某些法律违宪,因为它们并不完全符合差别原则。[11]尽管这些决定的内容并非不义,而且实际上可以是正义所要求的,但它们付诸实施的方式是非法的。[12]

要求自由合法性观念的第三种方式是,在不同的整全自由正义观被持有不同整全观念的公民所支持的社会里,引导政府官员同公民进行协商。对赞同或支持任何一部法律的公民或官员的约束是,他们真诚地相信该法律符合对等准则,它按照公共理性要求能够得到证明。否则,该法律在政治上是非法的,即使它是一部正义的法律,也是如此。例如,罗尔斯认为,假定作为公平的正义是最合理的政治正义观,但是出于道德自律理由,依照作为公平的正义来制定、施行并寻求公开证明法律,这样的做法仍然是非法的,因为这些理由无法得到其他合理整全观点的支持。罗尔斯详细阐明了,像公共理性一样,"假如每个公民要想平等地享有政治权力"(JF, 90),这个合法性观念是必要的。[13]从表面上看,它出于非公共理性剥夺了公民行使甚至是实质性正义的法律的平等政治权力。对罗尔斯来说,以下两者不存在真正差别:政府官员纯粹出于自律理由或总社会效用理由决定施行法律或法令,政府官员纯粹出于宗教理由决定施行法律或法令。两种情况都不是合法行使政治权威,尽管被实施的法律可以是实质上正义的。

合法性原则表明,政治自由主义自身是非理想的部分遵从理论(partial compliance theory)的一次练习。《正义论》的主要焦点是,描述调节完全正义的良序社会原则。但《正义论》是一个理想理论,假定了公民普遍遵从正当的正义原则;它由此提供了社会的终极理想,即所有社会都应当努力追寻的理想,即使其中没有一个社会曾经实际实现了它。补充和应用这个理想理论需要几个非理想理论,它们假定了"部分遵从"理想的条件。我们不妨把《政治自由主义》看做是非理想的部分遵从理论的最基本部分。它从这样一个假定展开:由于合理的多元论事实,即使在最佳可行条件下,自由社会的常态条件,将不是所有合理公民为了正义自身的缘故并为了实现道德自律而全都接受和遵从作为公平的正义要求的条件。此外,正如在罗尔斯晚期论文《公共理性再探》中变得明确的那样,政治自由主义抛弃了这样一个假定:合理的公民都会主张相同的自由正义观,即作为公平的正义观。即使在最佳的可行条件下,不仅整全学说的合理多元论不可避免,而且自由正义要求的合理分歧也不可避免。在这些条件下,合法性原则和公共理性观念具有重要意义。即使通情达理的民主公民也无法赞成同一个自由正义观——不用提罗尔斯认为最合理的正义观,作为公平的正义观——作为自由平等的公民,所有人都有义务赞同和支持他们合理期待其他公民凭其能力会给予支持的法律。这样的法律不会按照这个最合理观念得到证明——它们因此将不是完全正义的;但它们将按照某个合理的自由观念(如罗尔斯规定它们那样)得到证明——因此,它们将几乎是正义的。此外,它们也将是合法的,因此,即使它不是完全正义的,它将在道德上要求给予遵从。就这一点来说,罗尔斯的合法性原则——主要为了应用于不太理想的条件而设计——是作为公平的正义的本质特点,也是任何自由正义观的本质特点。

让我们现在回到"体面义务"的话题上来,即公民有义务就一些基本问题做出相互解释:他们提倡赞同的原则和政策如何才能得到公共理性政治价值的支持(PL,217)。罗尔斯说,体面义务也包括(1)愿意倾听别人的意见;(2)在决定合理地对他们的观点做出协调时保持公平的心态。体面义务适用于公民,尤其适用于对实施和应用法律负有责任的政治官员。官员不仅有道德义务实施作为民主公民的其他人能够合理期待去接受和拥护的法律,而且有进一步义务公开证明各种政治措施,向公民解释他们的法律和决定如何符合"公共理性的政治价值"(CP,584)。

体面义务还意味着,只有当他们根据公共理性能够得到证明并且公民真诚地相信这一点的情况下,公民有投票赞同和支持法律的道德义务。这并不意味着,公民不会投票支持候选人,支持基于其整全观点——他们的宗教信仰、哲学信念和道德信念——的立法。提出这样一个要求是不合理的,例如,基于其宗教和宗教上已知的道德观点,有宗教信仰的人不允许给候选人或法律投票。那么对国民的期待如何才算合理呢:当他们就政治议题展开讨论和推论时,他们抛开了他们最真心诚意地持有的道德和其他信念? 这不是经常有人提到以下自由主义要求的一部分:"宗教应当远离政治。"这个要求主要通过宗教和国家的分离、良知自由、禁止从法律上实施宗教教义而得到满足。但是以下想法是不合理的:当投票和讨论政治议题时,有宗教信仰的人(或没有宗教信仰的人)不应当涉及他们真心诚意持有的确信。体面义务要求的是,当公民的确依赖于由整全宗教、哲学和道德学说提供的理由时,他们真心诚意地相信他们的行为根据公共理性也得到了证明,他们或与其站在一起的人能够向其他民主公民提供这样的证明。

不允许公民去做的事情是,根据不兼容于公共理性之政治价值的宗教学说和其他整全学说,投票赞成候选人或法律。这违背了体面义务。例如,天主教会长期支持使用公共基金来资助教区学校。天主教会支持教区学校的部分理由的确是宗教的:他们希望子女在对宗教不抱敌意的环境下接受教育,其灌输的道德价值得到天主教会的支持。(1)只要为支付私立学校学费而动用的代金券也符合公共理性的政治价值,并且(2)天主教会及其成员也尽到了解释教会学校的代金券如何才能通过公共理性的政治价值得到公开证明的体面义务,这个立场便兼容于体面义务。由于天主教会不希望给出在其他人中间不仅引发反对而且遭到敌意的公开证明,后者认为他们正在被要求去支持他们反对的一种宗教。即使借助于公共理性存在着对用于教会学校代金券没有言明的证明,这样的失败仍然违背了体面义务。现在我们转向讨论意义深远的公共理性观念本身。

第三节 公共理性观念

我们在第二章就已提到公共理性(public reason)观念。我们在那里知道,罗尔斯在写作《政治自由主义》时就有关宪法阶段具体规定基本自由的见解已经如此演化,以至于它逐渐依赖于公共理性观念。公共理性,不是来自宗教、哲学和道德学说的整全理性,是为了决定宪法确定的自由性质和规定而唤起的一组思考。我们将在这一节更详细地讨论公共理性观念。它是罗尔斯在后半生发展的主要观念之一。它对理解政治自由主义及其主要特点,包括罗尔斯的政治领域(the domain of the political)、政治证明(political justification)、自由合法性原则、基本自由的规定以及协商民主观念,是至关重要的。

1. 公共理性的性质

在宪政民主制度里,公民和官员通常熟悉各种理性,他们在立法论坛和司法法庭上会恰当或不恰当地提起那些理性,当与持有冲突的宗教或哲学观点的人讨论法律和宪法问题时,也是如此。我们常常在公共语境里比如在报纸社论中看到,人们努力只诉诸同其他公民分享的理性。在尝试说服具有不同哲学和宗教的其他人的过程中,对我们提出的论证和限制,当然存在策略考虑;为了说服他们,我们须诉诸人人持有的理性。但在公共政治语境里,还存在着限制论证的道德理由和政治理由;讲道理的人通常在法律上不会被迫以只借助冲突于最基本确信的观念而得到证明的方式来行动。迫使别人按照其个人宗教信仰去行动,实际上侵犯了他们的良知自由,在更一般意义上则侵犯了民主自由。

无论如何,就政治理由应当许可什么做出一般规定而言,这不是一件容易的事。以下说法是不够的:因为公民拥有不同信仰,公民的差异无法消除,所以宗教学说应当远离政治生活。由于公民也拥有无法消除的相冲突的哲学信念和道德信念;这同一个"排除规则"(exclusionary rule)难道既不应当应用于哲学信念和伦理信念,也不应当应用于宗教信仰吗?对许多人来说,同宗教目标应当扮演这个角色的确信相比,古典功利主义确信,即极大化总幸福应当是所有立法的目标,似乎并非更加毫无道理。此外,有时在公共政治生活里以下做法是恰当的:人们声称宗教信仰(或哲学信念和道德信念)引导他们去支持或反对涉及根本正义问题的措施。马丁·路德·金支持民权的宗教宣言是公开诉诸宗教思想,有效唤起许多人正义感的范例。那么,我们应当如何把握"公共理性"观念的含义呢?

公共理性观念容易引起误解。假如"公共理性"就是指人们在社会里共同分享的理性,那么任何一个社会都有公共理性观念。从这个意义上讲,在神权社会里,公共推理的基础将是《圣经》、《古兰经》或其他宗教典籍。不过对罗尔斯来说,公共理性观念本质上是民主社会的特点。罗尔斯说:"公共理性是民主社会国民的特征;它是民主社会公民[自身]的理性,是那些享有平等公民资格身份的公民的理性。"[14]这意味着,仅仅因为生活在同一个社会里的国民借助于一个共同的宗教来共同地接受和推理,并没有使那个学说成为公共理性的组成部分。即使假定某个伊斯兰国家比如沙特阿拉伯的所有成员接受穆斯林宗教,在协商和讨论法律时诉诸宗教理性,这并没有使伊斯兰教成为公共理性的组成部分。在罗尔斯的意义上,沙特阿拉伯没有公共理性,而只有共享的整全理性,它们排除了公共理性的可能性。整全观点的差异为罗尔斯公共理性观念提供了背景。

对罗尔斯来说,公共理性是一个复杂观念。他说:

公共理性是民主社会国民的特征;它是平等公民的理性。(PL, 213)

公共理性的主题是公共产品(the good of the public,公共之善);公共理性的内容是政治正义观。(PL, liii)

公共理性的规定适用于"公共政治论坛"(public political forum),但不适用于"背景文化"(background culture)。(CP, 575)

公共理性是"全面的"(complete):就宪法要件和基本正义事项的所有问题而言,它有能力提供合理的答案。(CP, 585)

公共理性以公共证明(public justification)为目标,其本身是向作为讲道理的民主社会的公民展示的推理活动。(CP, 593)

公共理性和公共证明符合"对等准则"(criterion of reciprocity);它们从我们合理地认为别人也会合理接受的理由和假定出发,得出他们也会合理接受的结论。(CP, 578 - 9)

当政府官员从公共理性出发来行动时,经由多数规则的法律实施,纵使不是完全正义的,也是在政治上合法的。((PL, 427 - 8)

最后,"在有司法审查的宪政民主国家,公共理性是其最高法院的理性……最高法院是政府的分支机构,是公共理性的榜样"。(PL, 231)

说到公共理性是最高法院的理性,我们就会推论道,尽管公共理性是民主的,但它不是简单的多数意志。确切地说,像最高法院一样,公共理性是对多数意志的某种限制。在这里,罗尔斯正在讨论的是具有司法审查权的最高法院。他并不专指美国最高法院,后者并非总是尽责尽力地符合公共理性。但是美国最高法院的确经常提供罗尔斯所意谓的公共理性范例(一个例子是最高法院拒绝在罗伊诉韦德[Roe v. Wade]案中就以下问题展开辩论:胎儿是否有灵魂,胎儿在形而上学意义上或在道德意义上是不是人)。当最高法院依美国宪法判决案件时,人们期待法官不仅抛开个人趣味和道德观点,而且抛开在民主社会公民中间没完没了地纷争的宗教、哲学和道德价值。人们期待法官依赖根植于美国宪法的理性、价值和程序,它们(绝大部分)是公共理性。

罗尔斯对"公共理性"(public reasons)同"非公共理性"(non-public reasons)和"整全理性"(comprehensive reasons)作了比较。整全理性专指一个或多个整全学说的理性。非公共理性包括整全理性,加上其他一些考虑因素。即使公民享有非公共理性,但在公共政治协商中诉诸非公共理性仍然是非法的。罗尔斯既讲了单数的公共理性(public reason),又讲了复数的公共理性(public reasons)。从规范意义上讲,公共理性是民主公共政治生活中可以被合法地唤起的思想和价值。公共理性不仅仅是公共理性的总和,还包括官员和公民从事民主协商和判断时都熟悉的推理规范和证据标准。罗尔斯认为,公共理性包括两类考虑,我们等会儿给予阐述。不过首先,重要的在于注意到公共理性的范围。罗尔斯说,"它的限制不适用于我们就政治问题进行的个人协商和反思,也不适用于一些联合体比如教会信徒和协会成员对政治问题的推理活动"(PL, 215)。整全学说合理多元论的意义是,期待民主社会公民不应当诉诸其合理的整全学说来决定正义议题,投票支持他们的正义确信,这样做即使不是不合理的,也是不现实的。公共理性观念绝不是为了限制所有政治议题以及非政治议题的良知自由和思想自由而设计的。不过,假如合理的整全学说存在重叠共识,假如他们单纯在正义和公共理性政治观念界限之内进行推理,那么公民用其合理学说的行话来思考正义多少匹配于他们做出的决定。

(当然,这种匹配并不总是准确,因为他们可以参考非政治价值比如宗教价值来最终决定问题。)那么公共理性提出了什么要求呢?容易处理的情形是政府官员,当他们恪尽职守时,他们在适当环境下通常只根据公共理性进行推理。公共理性"应用于政府论坛并因此应用于立法……和发布公共法令和声明的行政部门"。最为特殊的情形是,公共理性"以特殊方式应用于司法,首先是最高法院"(PL, 216)。罗尔斯说"公共理性是最高法院的理性",他的意思是,法院将只按照公共理性就其面临的所有议题展开理论。当"宪法要件和基本正义事项"(PL, 214)没有大碍时,立法者和行政者有时会运用非公共理性。但是依据宪法,受委托具有司法审查权的最高法院只有诉诸公共理性一条路可走。

那么现在公民将如何是好呢?公共理性要求,当公民在选举投票时,当宪法正义和基本正义面临危险时,假如他们按照他们的整全观念来投票,那么他们的投票必须至少兼容于公共理性的政治价值。假如他们想要公平合法地投票,那么必定存在支持他们的决定的正义理性和公共理性的政治价值。否则,公民违反了体面义务。罗尔斯还说道:"当公民在公共论坛进行政治辩护时,公民的确持有公共理性理念。"(PL, 215)这表明,当公民面对持有不同整全观点的其他公民发言时,他们将诉诸公共理性的政治价值,来支持或反对某些政治议题或候选人。显然,在引发宗教偏执的尝试中,引用候选人的宗教作为理由来投票反对他们是不恰当的。不过不太明显的是,罗尔斯在这里建议,在公共政治论坛上提出以下主张也是不恰当的:根据同公共理性不兼容的宗教理由或哲学理由,堕胎应当在法律上予以禁止(例如,因为它涉及谋杀,而它假定胚胎是人,那是公共理性不予支持的主张）。

现在请转向两类一般的公共理性：首先，存在着"公共理性的指导方针"（PL，225）。这些指导方针"归入使之成为自由公共探究的公共探索的指导方针"（PL，224）。尽管它们同意相同的正义观，但是证据、推论、好的理由和判断标准在整全观点中间存在着差异。结果，民主社会需要探究和推理标准，允许持有不同整全观点的国民在应用作为公平的正义观过程中得出相同的结论。这些是规范的符合程序的论证和证明规则，包括共享的证据推理标准（例如，在归纳、演绎、概率推理方面的推论规则和标准）。公共推理标准的范例是在审判中运用的证据规则，它们排除了某类证据，以便不仅增加可靠性（如反对谣传证据规则），而且增加公平性（如排除没有告知其有保持沉默的宪法权利和获得律师帮助的权利的证词的米兰达原则〈Miranda rule〉）。在这个联系中，罗尔斯说，政治官员依赖复杂的有争议的概率理论，比如贝叶斯假说，尤其在阐述宪法要义和基本正义事项方面，是违背公共理性的。因为它们包含着讲道理的人不予赞同的复杂知识论假说。但在公共理性之内，允许专家在其领域普遍接受的运用证据标准已有定论的科学理论。当它们是切题的时候，罗尔斯会把它们接受为公共理性领域许可的理论，比如遗传理论、相对论、经济学的新古典价格理论，以及甚至新达尔文主义的自然选择理论。最后一个理论表明，为大多数公民普遍共享的东西不是公共理性的必然特征（因为达尔文主义并没有为美国多数公民所接受）；因此公共理性可能包括在民主社会公民中间基于整全观点没有分享的理性。有关公共理性的指导方针或价值是什么（和不是什么）的这个标准，就像什么是（和什么不是）政治合理性标准一样，不是在我们的社会里人们实际接受的理性，而是作为通情达理自由平等的道德人及其利益的公民的民主理想。

第二类公共理性是实质性道德价值的子集，罗尔斯称之为"公共理性的政治价值"（political values of public reason）。"这些价值为所有公民提供了公共理性"(CP,601)。通情达理的民主的公民支持不同的根本价值及其善观念,在他们中间,在有关法律及其解释的公共协商和争论中,它们被看做是好的理由。为公共理性奠定基础的假定是,在民主社会里,尽管公民们存在着差别,但是由于他们通常支持民主的价值、理念和原则,因此存在着一些共享的价值、思想和准则,只要它们容纳得了民主理念,它们便不特别针对某个整全观点,而能为所有讲道理的人所接受。公共理性的政治价值是一套复合思想,尤其相关于公民对其作为自由平等民主公民之地位的达成及其对合理的善观念的追求。

在公共理性的自由政治价值当中,罗尔斯尤其提到了平等的政治自由和公民自由、机会平等、社会平等和经济对等(economic reciprocity)、共同利益(the common good)、自尊的社会基础等正义价值及其必要条件(PL,139)。他说,也存在着一些政治美德(political virtues),如通情达理、大公无私、恪尽职守,所有这一切使得理性的公共讨论成为可能(PL,224)。后来罗尔斯说,在美国宪法序文中提到的价值是政治价值的典范:一个更加完美统一、充满正义、国泰民安、普惠福利、自由幸福的国家,既为了我们自己,也为了我们的子孙后代,所有这一切包括了一些更加具体的价值,比如收入和财富的公平分配(CP,584)。效率和效益(Efficiency and effectiveness)是政治价值,它们将包括经济生产力、维护自由而有效率的市场,控制经济、环境和其他社会损失或成本(CP,584)。罗尔斯提到的同人类健康、环境等相关的政治价值有:保持自然秩序以促进我们自身以及未来子孙后代的善;通过培育动植物物种增加生物和医学知识;为了公共娱乐(public recreation)和"更深刻地领悟世界的愉悦"(the pleasures of a deeper understanding of the world)而保护自然之美(PL,245)。我们从罗尔斯有关堕胎的讨论中知道的政治价值有:适当地尊重人的生命、妇女的充分平等、随着时间推移自由社会的复制、在有关有争议论题如堕胎的政治讨论中对公共理性自身的必要尊重(JF,117)。同家庭相联系的政治价值有:妇女的自由和平等、作为未来公民的子女的平等、宗教自由以及在代代相传过程中家庭在保障有秩序的社会及其文化的生产和再生产方面的价值(CP,601)。我并没有穷尽罗尔斯列举的公共理性的实质性政治价值,还存在着公共理性的其他政治价值,有的甚至还没有为我们所留意到。

那么罗尔斯的这份政治价值清单以及在更一般意义上的一个完整的政治价值清单来自何处呢?他并没有告诉我们这一点。它不是源自于对任何一个现存社会的共享价值的调查;如果这些都是由调查而来的话,那么宗教价值也当属公共理性,因为将近90%的美国民众说他们相信上帝,罗尔斯的观念似乎是,在自由民主社会里,有些价值对作为民主公民的国民具有政治利益(其他价值没有政治利益)。在这些自由民主价值当中,有许多价值把其他实质性价值从公共政治领域排除了出去,而多数公民发现那些被排除出去的价值具有根本重要性。假如良知自由、结社自由以及拥有隐私权的人身自由是全部政治价值,那么随之而来的是,心灵奴役、宗教真理、传统婚姻关系"神圣性"的保留、排他地促进男女亲密关系将不属于自由社会将向其公民灌输或在其政策中追求的政治价值。更一般而言,公共理性的政治价值是对自由平等公民在其作为民主公民的能力方面具有利益和意义的价值,它们根据公民在发展和行使其道德能力方面,在维护他们的民事平等,追求理性美好事物的自由以及他们的个人独立和经济独立方面,他们享有的排序靠前的权益来判断。于是,罗尔斯似乎正是参照作为自由平等的道德人的民主的公民观念,以便为公共理性观念、其政治价值以及政治合理性观念提供依据并作出解释。其目标是,一旦民主的人及其特征的理念得到了充分澄清,那么公共理性的政治价值也会通过其同自认为自由平等的道德人的公民的地位和排序靠前的权益的联系而全盘得到解释。

罗尔斯参照道德能力具体规定基本自由,我们从中看到了政治

第九章 政治自由主义(2)——重叠共识和公共理性 397

价值和公民理念之联系的一个范例(第二章讨论过)。思想自由和言论自由以及个人拥有平等政治权利的政治自由等政治价值是人具有正义感的必要条件,而良知自由和结社自由是适当行使和充分发展我们的理性能力,形成、修订和追求善观念的必要条件。其他政治价值可以通过相似方式得到阐述。例如,公共卫生和公共安全的政治价值显然是维护公民行动自由的必要条件,也是维护属于人身基本自由的人身完整和心理完整的必要条件。经济效率为经济对等和收入与财富公平分配的必要措施,那些措施反过来通过平等公民在正义方面的排序靠前的权益得到澄清,并维护了他们的自由和平等。如此等等。

罗尔斯把"更深刻地领悟世界的愉悦"纳入公共理性的价值之中(the pleasures of a deeper understanding of the world)(PL, 245)。这该如何理解呢?假如它被理解为一个完美主义的价值,那么它看起来很像是对什么属于"公共理性的政治价值"(political values of public reason)不作任何限制。那么是什么防止了"灵性"(spirituality)成为一个政治价值,而它本来可以为政府公平地支持每个人的宗教信仰打开方便之门(比如为所有宗教的神职人员提供公共薪水)呢?这似乎冲突于罗尔斯有关自由主义的见解,也不利于公共理性观念的目标,后者将限制这样一些理性和思想,它们在公共政治争论和政府决定中得到了适当考虑。我们已经知道,在限制非政治的道德价值和宗教价值(比如灵魂价值或精神价值)成为公共理性方面,基本自由如何在政治价值当中发挥作用。然而,为什么基本自由没有限制"更深刻地领悟世界的愉悦",而同样地不将其纳入公共理性的政治价值之中呢?罗尔斯的辩护有两点看头。第一,论证可以这样展开,(在国立教育中以及通过支持文化机构)公共支持"更深刻地领悟世界"有利于实现道德能力,尤其是有利于发展和行使我们形成、修订和理性地追求善观念的能力。我认为(尽管这个论证仍然有待做出),但是我们不能对"灵性"如此说。假如罗尔斯心里正是这样想的,那么就不会有如下情形啦:政府因为它们自身的缘故而支持完美主义价值。相反,追求科学和其他领域的知识是为了公共政治理性,它使公民能够增进他们的排序靠前的权益,发展他们的理性能力。而且,对科学知识和科学研究的公共资助会对公共卫生、民用防御(public defense)和安全、改善生活水平等政治价值带来有益后果。再一次地,这些不是完美主义价值,因此对"更深刻地领悟世界"的价值的公共追求不是为了它自身之故,而是为了其他公共政治价值才值得去做的。

第二,罗尔斯不说民主社会务必去追求这个看起来是完美主义的价值(假定它就是一个完美主义价值),或者,没有为它提供公共条件是不义的(就像社会假如不提供均等机会、公共安全和公共卫生等政治价值是不义的)。确切地说,实现更加深刻地领悟世界,可以看做是许可民主社会去追求的一种公共产品(public good),只要它在民主意义上获得支持和实施,而没有损害"宪法要件"(constitutional essentials)或"基本正义事项"(matters of basic justice)(等会儿作更多讨论)。诚然,这会冲突于罗尔斯在《正义论》中看似拒绝支持强制税(compulsory taxation)以追求文化(艺术博物馆、市民交响乐等)的完美主义价值。罗尔斯在《正义论》中承认一个机构即"交易局"(exchange branch),它将为了正义不要求的公共产品而采取自愿税制(TJ, 282 – 84/249 – 51 rev.)。但是,假如这个交易局事实上只实施自愿捐赠,而如果国民不希望参加这种自愿税制,因为那个假想的公共产品不是他们想要的(比如,更深刻地领悟世界的愉悦),那么民主社会要求国民纳税支持完美主义的文化价值将是不公平的。无论如何,罗尔斯有关由交易局覆盖的公共产品的主张表明,除非同时覆盖它们的成本的措施得到了同意,否则,没有公共开支会得到纵使不是全体一致也当是多半选民的投票赞同(TJ, 282/249 – 50 rev.)。(不清楚的是,他这里指的全体一致的支持,究竟是享受了那种善的公民,还是只是他们的代表。)

这究竟算不算对《正义论》的正确解读,是一个待解的问题。[15]但它的确不仅在罗尔斯见解上而且在更一般民主理论中提出了一个有趣的问题。假定实现分配正义、均等机会的所有要求和公共开支都得到了满足,为了维护公共艺术博物馆和交响乐之类的完美主义价值,假如民主社会允许(除收取用户费用之外)向公民征收强制税,那么它是否也会为了支持私人所有的特许经营的运动场而向公民征收税赋呢?(对于拥有千万财富的体育场馆所有者来说)支持这些公共资助的通常论证是,资助体育场馆的公共基金本身带来了商机并且对税基做出了贡献。(而很多证据证明正好相反。)那么,它在政治上是合法的吗?它是正义的吗?试想象,一次加利福尼亚公投,在那里,多数公民投票支持施瓦辛格州长使用公共基金赞助美国健身爱好者协会的计划并承销州长本人担任主角的《终结者》系列影片。这是对公共基金的一次许可使用吗?以下做法符合正义或合法吗:民主多数派向其他人征税,而后者认为这是对公共基金的滥用,他们反对此类影片美化暴力?比较这些情形,对自由理论来说,尤其是从广义上来看"文化机构"即包括前面列举的例子(运动场、健身房和动作影片),以下做法是否正义或合法是一个不太好回答的问题:通过向公民征税(除了用户使用费以外)民主社会将公共地维护文化机构。

无论如何,日益清楚的一点是,罗尔斯在撰写《政治自由主义》时期不否认强征税赋以支持完美主义文化价值的民主决定的合法性或权威性。按照差别原则,尽管民主资助体育场馆可能不是正义的,但是按照自由合法性原则,它仍然看起来是合法的,因为借助于公共理性的政治证明(无论这个论证多么不足信)将支持这个实践(比如带来新就业岗位,增加税基)。两个理由支持对罗尔斯的这个解释。

首先,正如前面讨论过的,他把"更深刻地领悟世界的愉悦"的看似完美主义价值纳入公共理性的政治价值之中。我认为,通过发展和实践公民道德能力,使公民能够培育他们的能力,追求广泛的善观念,对这个价值的公共资助似乎在手段上是讲得通的。

其次,在同《正义论》的显著背离点上,罗尔斯限制了公共理性领域,以至于它主要应用于"宪法要件和基本正义事项"(PL, 214, 227)。宪法要件主要是基本自由及其优先性,以及为制定、应用和监管法律所需要的民主政治制度。基本正义事项主要包括同社会经济不平等相联系的事项,涉及影响均等机会、经济正义以及设定社会最低保障的措施。罗尔斯的第一正义原则为决定宪法要件提供了基础,第二正义原则为决定基本正义事项提供了基础。罗尔斯说,由于社会经济不平等问题是"向着广泛的合理意见差异开放的"(PL, 229),通常难以决定社会经济不平等是否符合分配正义的要求,明智的是,调节经济正义的正义原则没有被包括在宪法要件之中并成为政治宪法的一部分。社会经济不平等问题,包括税收政策、财产权的具体规定、商务规制,都最好留给日常民主立法决定,而不应当提升到进行司法审查的宪法争端主题的水平。通过比较,基本自由是否受到违反的问题"在宪法安排面前是多少看得见的,这些安排在实践上的作用也是可以看得见的"(PL, 229);因此相称的是,有关违背基本自由的争端是宪法议题,那些议题要服从司法审查。此外,尽管决定社会最低保障最好留给立法决定,对罗尔斯来说,拒绝向较少受惠者提供任何适当的最低社会保障的民主社会仍然违反了宪法要件;在这个制度是适当的民主社会里,这样的立法否决也要服从司法审查。

罗尔斯区分宪法要件和基本正义事项的基础是,罗尔斯认为,自由平等而通情达理的人就基本自由大体上——即使不是在具体规定或应用的细节上——应当是什么比较容易达成同意(PL, 230)。相比之下,一些人会不赞同调节社会经济不平等和确定社会最低保障水平的适当原则。差别原则和公平均等机会原则不是用来决定这些基本正义事项的唯一合理的正义原则。这并不意味着

（如一些批评家错误地表示的那样）罗尔斯正在放弃他在《正义论》中提出的论点，即差别原则和公平均等机会是调节许可的社会经济不平等的最合理原则。在罗尔斯晚期著作中根本不存在这样的暗示：他质疑他早期对差别原则的论证和承诺。相反，他在《作为公平的正义新论》（2001）中重申和详细论述了它们。批评家断言罗尔斯在《政治自由主义》中淡化了对经济正义的平等主义要求，放弃了差别原则，这样的断言混淆了那本书对政治合法性要求的论证和罗尔斯（在《正义论》和《作为公平的正义新论》中）有关社会经济正义更严格要求的见解。分配正义原则是最合理的，这个事实并不意味着，通情达理的人不能仍然合理反对或合理相信，决定社会最低保障的个别办法更加符合正义。在公共理性观念之内，在良序的民主社会里，就分配正义以及确定社会最低保障的方式而言，肯定会有合理的分歧。罗尔斯承认，自由主义观点或古典自由主义观点，完全否认社会最低保障，是不合理的，因为社会最低保障对于适当发展和充分实践道德能力，追求理性的善观念是必要的。由于这个原因，罗尔斯不认为自由主义是一种自由政治观念；在政治合法性原则之下，它无法获得民主的合法性。但是"混合观念"（mixed conception）提供了社会最低保障，适合于发展道德能力，却允许收入和财富普遍地按照平均效用原则进行分配，这样的观念是合理的，至少"不是不合理的"。罗尔斯相信，这个原则为资本主义福利国家奠定了基础。在罗尔斯看来，资本主义福利国家不是完全正义的，但在政治上仍然是合法的。

相比之下，罗尔斯似乎建议，第一正义原则及其优先性是对任何合法政治观念提出的合理要求。对于任何一个政治观念来说，否认平等基本自由及其优先性是不合理的；在合法性原则之下，这样做的法律是不合法的。此外，罗尔斯似乎建议，对第一正义原则是必要的基本自由清单基本上是他主张的对实践和发展道德能力是必要的同一份清单。所有这些基本自由都属于"公共理性的政治价值"，没有合理性的自由政治宪法能够否认它们而仍然保持为合法的。

这意味着,在罗尔斯看来,在公共理性之内合理分歧的范围是相当狭小的。在自由平等的公民中间会就正义存在合理的分歧,但是这些合理的分歧无法扩张到第一正义原则所罗列的平等的基本自由清单、它们保持的对均等机会和分配正义的优先性,以及公共理性的其他政治价值。平等的基本自由及其优先性存在不会在视为自由平等的道德人的合理民主的公民中间引发合理的分歧。反对基本自由及其优先性清单中的几个自由或所有自由的人,也就是反对由自由平等、通情达理的公民组成的民主社会观念,而合理同意观念本身以那个观念为基础。这意味着,传统功利主义作为一个政治观念是不合理的,因为它反对基本自由的平等性和优先性。自由至上主义也是不合理的,因为它反对基本自由的不可让渡性(因为自由至上主义者把所有权利都看做是可以让渡的)以及任何社会最低保障都必须保证基本自由的有效实施。

我们现在简要讨论一下公共理性的领域问题和完美主义价值能否通过民主决定得到合法立法的问题。假如对公共理性的限制只适用于宪法要件和基本正义事项,非公共理性可以唤起讨论和证明不局限于这些领域的法律,这意味着民主社会可以合法地追求完美主义价值,纳税人资助艺术博物馆、歌剧院,出于纯粹审美理由保护自然环境——只要这些措施没有损害宪法要件和基本正义。的确,虽然罗尔斯没有如此说过,假如对公共理性的限制划定在这个范围里,那么,只要政治合法性的所有要求都得到了满足,民主社会将合法追求多数人选择的许多非公共价值——甚至去资助体育场馆。罗尔斯也许会说,要民主大会或公民投票去资助为千万富翁私人拥有的足球馆,是愚蠢的、无效率的,是公共基金的浪费,(按照差别原则)甚至是不义的,但在政治上不是非法的。也许对这个立法的唯一限制是,它需要证明为是一种准公共产品(quasi-public good)。(它必须是"准"公共产品,因为从严格意义上讲,一个公共产品应当有利于——即使不是直接有利于——每一个公民的利益,我们在此思考的利益是为相当规模的少数派公民不接受的利益。)因此,尽管至少存在着一个论证,即赞同公共基金资助的体育是一个公共产品(假定它们会带来新的商机和新的就业,并且增加税基),但是难以看到,向国民征税去支持公共基金以资助健美比赛和由"州长"担任角色的动作影片的多数决定能够作为某种公共产品而得到证明,尤其是在这些经济好处已经充分地由市场提供的情形下。

  批评家们就此反对说,罗尔斯应当把公共理性的要求扩大到对立法证明的应用,以超越宪法要件和基本正义事项。在《政治自由主义》中,罗尔斯对这个强势立场提供了一些支持;他说,"尽管我仍然理所当然地认为,通过唤起公共理性价值来解决政治问题通常是极其可行的。然而,并非总是如此"(PL, 215)。也许罗尔斯担心,在所有政治决定中都诉诸公共理性,以至于它们过多限制了民主公民去实践平等的政治参与权,使他们无法颁布和行使除了与公共理性的政治价值追求相吻合的那些法律以外的法律。例如,尽管许多公民对这些事不感兴趣甚至实际上反对它们,但是,民主大会投票保留湿地,支持国家公园保留优美的环境,为民间乐团买单,这难道真的不民主或在民主上非法吗?市民生活质量问题已经超出了正义问题,通常难料的是,如何唤起公共理性的政治价值去应对人们的整全审美和道德观点:例如,许多环境议题,保留荒原地区、动物和植物物种,对文化机构——博物馆、歌剧院、市民交响乐和歌剧、公共广播和电视——的公共资助,它们在传统上都获得了公共资助。不应当超越民主国民的能力去提高他们的社会的审美和文化生活质量,却用不着担心所有得到公共资助的机构是否促进了公共理性的政治价值。假如这为得到公共资助的运动场馆、赛车跑道、赛车比赛之类非完美主义目标开辟了道路,那么这将是民主付出的代价。在其正义感的驱动之下,合理公民的遵纪守法,并不保证公共基金不存在愚蠢或失算。正义只是诸多美德之一,尽管是必要的美德,但是仅仅依靠行使正义,保证不了美好社会的实现。

最后,需要再次强调的是,在《政治自由主义》中,罗尔斯关注的是政治合法性(political legitimacy)而不是严格正义(strict justice)。基本自由正义的各种要求和公共理性的政治价值是政治合法性的要求,但是严格的正义不为成为在政治上合法的法律所要求。罗尔斯正在说着的是,只要它们没有涉及宪法要件和基本正义,纯粹为了非公共理性而颁布的法律仍然能够在政治上是合法的。他没有说的是,合法的法律是完全地或严格地正义的;它们甚至可以是在相当程度上是非正义的。罗尔斯认为,资本主义福利国家是非正义的,但是它仍然在政治上是合法的,因为它提供了一个适当的社会最低保障。对罗尔斯来说,衡量法律的充分正义标准总是由作为公平的正义来提供。但是,在良序的民主社会里,作为公平的正义只是自由主义政治观念家庭中的一个成员,那个家庭能够满足自由合法性原则,为公共理性提供内容,为政治证明提供基础。

2. 公共理性需求——公共证明和政治自主

现在,我们将更仔细地思考这样一个问题:民主社会为什么存在公共理性需求? 罗尔斯设计公共理性观念,起初是为了处理他在《正义论》里用良序社会的稳定性见解发现的问题之后所引起的空缺。按照罗尔斯的一致性论证,通情达理的公民将把发展和实施道德能力看做因自身缘故而具有顶层调节功能和价值;他们借此将肯定,充分自主是一个固有的善。一般肯定自律的后果是,道德的和合理的(个别的)自律理性及相关康德式观念将在立法和司法协商中发挥作用,从更一般意义上讲,将在良序社会的公共证明中发挥作用。例如,在《正义论》中,什么样的考虑牵涉到决定在罗尔斯的第一正义原则中的基本自由——比如人身自由和结社自由——的范围和局限? 这些抽象自由要求什么样的宪法权利? 它们蕴含着一个普遍的隐私权,保护着堕胎的权利和同性关系的权利吗? 具有不同宗教和哲学观点的人对此持有不同意见。但是在《正义论》中,罗尔斯展望了通往道德自律和理性自主价值去决定这些问题的政治资源。

我们已经知道罗尔斯后来通过在政治上诉诸自律所发现的这些问题。自律的价值是一个或多个整全学说的组成部分,但是那些学说得不到所有有良知公民的普遍支持,甚至在良序社会里也是如此。结果,道德自律和理性自律无法在良序社会的公共证明中发挥作用。给予一个道德自律的有争议价值在解释政治宪法方面以核心角色,不吻合于自由平等公民的政治自主。即使《正义论》的康德式自律的部分整全学说是真的,在政治上实践它仍然同这样一些公民的观点大同小异,他们从宗教信仰的政治实践出发拒绝那个价值。

公共理性观念修正了诸如此类的缺点,公共理性观念至少需要有四个理由:(1)首先,它提供了这样一种思考,所有讲道理的民主公民都能接受用来规定宪法和法律的正义原则。由此看来,公共理性观念是罗尔斯契约至上理论(contractarianism)的自然发展;需要说明和贯彻的是这样一种契约理念:社会合作应当基于普遍同意。因为,正如民主社会公民满足了对等准则要求那样,公民遵纪守法是出于所有公民凭其能力都会接受的理由。(2)因此,在持有不同的冲突的整全观点的民主社会公民中间,公共理性使作为公平的正义在为公共政治证明提供基础方面发挥着"实际作用"。用来证明政治宪法的解释准则和价值是所有民主社会公民凭借其能力都接受的理由。公共证明观念一致于罗尔斯关于对作为平等公民的人的尊重观念。凡是存在法律公共证明的地方,没有人被迫为了根本上冲突于其整全观点的价值(比如道德自律、个性、公共效用或神的异像)而行动。(3)这意味着没有公民的良知自由或人身自由会受到运用政治宪法的损害,拒绝承认通过整全理性得到证明的法律,而以道德自律和个性为基本价值的有宗教信仰的公民和其他人并不要求服从那些整全理性。同样,反对宗教和精神学说的疑神论者和无神论者不必被迫遵从按照那些整全理性设计的法律。通过这个方式,基于公共理性实施法律一致于既维护民主公民的根本自由和追求其善观念的个人自由,又维护他们在形成、修订和追求理性的善观念能力方面的排序靠前的利益。(4)最后,对公共理性的政治依赖使得所有公民都能够实现他们的政治自主,或者"公民的法律独立和完整,以及他们与其他公民平等地分享政治权力"(CP,586)。正如前一章讨论过的那样,政治自主是一个政治价值(political value),在《政治自由主义》中,它作为公民的本质善(essential good)取代了道德自律;它是能够实现的,即使公民反对道德自律并且拥护其他价值,也是如此(参阅 PL, xliv – xlv)。只有当公民公平地遵守法律并且合法地基于公共理性在平等政治权力条件下施行法律时,才能实现政治自主。只要平等的公民能够力所能及地合理拥护实施法律的理性,政治自主并不要求公民实际上拥护所有的法律。他们可以不赞同根据公共理性为法律提供的政治证明,因为,比如在他们以为以在他们看来具有更重要意义的另一个政治价值为代价的情况下,某个政治价值被赋予了太多权重。但是只要以善意信念通过公共理性价值和准则做出政治证明并且它本身不是毫无道理的,民主社会的公民至少被要求出于自身能支持的理由去行动,即使他们反对一个特殊的法律,不接受由民主协商和决定裁定的各种理由的平衡。就此而言,公共理性观念类似于卢梭的公意(the general will)观念。卢梭将会说,当我们遵循公意时,我们是"道德自由的"或自律的;通过类比,罗尔斯将会说,当我们在平等政治参与权利的条件下,基于公共理性,通过有关共同利益的民主协商,而颁布了法律时(只要政治自由的公平价值得到了保障),我们便是政治自主的。政治自主观念于是部分地通过公共理性得到解释。[16]这把我们带到了下一个问题:罗尔斯看到的同公共理性观念相联系的是什么民主?

3. 公共理性和协商民主

罗尔斯区分了公共理性观念和公共理性理念(the idea and the ideal of public reason)(PL,l – lvii)。公共理性观念是任何民主社会的要求,当宪法要件和基本自由面临危险时,实施政治权力只能根据公共理性的政治价值来进行。公共理性理念是良序民主社会的理念,它的公民普遍接受合理的政治正义观念,那种观念通常为了给公共理性提供内容并且分析政治价值及相对意义而提出。(我们后面会回到讨论一个政治观念在给公共理性提供内容方面扮演的角色。)罗尔斯在晚年著作中阐述了假如公共理性理念想要实现的话公共理性要求的制度背景。只要(1)它们保证自由平等公民的基本权利、自由和机会;(2)它们给予这些基本权利、自由和机会以胜过其他社会政治价值的优先性;以及(3)它们确保向所有公民提供措施,无论其社会地位如何,给予他们充分全面的手段来有效地利用基本自由和机会,那么,给公共理性提供内容的政治观念全是自由观念。[17]罗尔斯表示(3)的意思比单纯社会最低保障条款或对较少受益者的收入支持要丰富得多。确切地说,支持自由政治观念需要满足第三个条件,它必须(作为常识政治社会学问题)提供五种制度:(i)政治竞选的公共财政以及确保公共政策事务的信息可靠办法,防止扭曲或操纵公共理性活动;(ii)实现"一定的公平均等机会",尤其在教育和培训方面,实现"一定的公平均等机会";(iii)实现收入和财富的体面分配;(iv)为了提供安全有意义的工作,社会作为最后依靠的雇主是必需的,以便公民维持自尊;(v)"惠及所有公民的基本卫生医疗(basic health care)"。[18]

罗尔斯认为,除非它满足这些条件,否则,一个政治观念是不合理的。之所以不合理,是因为没有这些条件,一个政治观念便无法满足对等准则。人们无法合理地或真诚地这样思考:即使在缺乏实施基本自由有效手段的条件下,其他民主公民仍然会合理地接受它作为合作的基础。因此,罗尔斯说,自由至上主义是不合理的,因为它并不努力满足这些条件,而是明确地反对它们。[19]

重要的是,罗尔斯也表示,这些相同制度为公共理性理念所要求。他说,这些制度是

> 基本结构的前提条件,在这一结构内,当公民自觉追寻公共理性理念时,它就可能保护基本自由,防止过度的社会经济不平等。由于公共理性理念包含了公共政治协商的形式,这些制度——前三项最为明显——是使得这种协商成为可能和有成效所必需的。相信公共协商的重要性对合理的宪政制度是根本性的,为了支持和鼓励它,就需要具体的制度和安排。公共理性观念想要替政治协商规定社会基本结构和内容。(PL, Iix – Ix,重点号为引者所加)

罗尔斯在此表示,作为背景条件,公共理性理念也需要协商民主制度。[20]我在前面提到过公共理性和政治自主的关系,并对罗尔斯和卢梭作过比较(参考 PL, 219)。卢梭主张,民主公民在投票时不是想要表达私人利益或某个团体(宗教团体、经济团体或其他团体)的利益。确切地说,公民想要反馈推进所有公民的共同利益的措施,那些措施主要被理解为在自由平等者中间实现正义的措施,遥相呼应于罗尔斯在公民的私人利益(private good)和共同利益(common good)之间的区分,卢梭区分了"私人理性"(private reasons)和"公共理性"(public reasons)。卢梭对下面这位文职官员说的话同样适用于正在投票的所有公民:"他自己的理性应当受到他的质疑,他追随的唯一理性是公共理性,它是法律。"[21]

相似地,罗尔斯认为,公共理性一致于公民资格理念和就正义与共同利益开展的协商民主。"相信公共协商的重要性对于合理的宪政制度是根本的"(LP, 51)。

在这里,区分公共理性观念和公共理性理念是重要的。罗尔斯没有说,除非它确保上述(i)—(v)项的背景制度,否则,民主不受任何程度公共理性的支配。(例如,美国在某种程度上受到公共理性的支配;或者至少立法者通常尝试通过公共政治价值来证明他们的行动,无论他们取得的成功是多么不充分。)不过很显然,罗尔斯认为在缺乏协商民主和这些背景条件的情形下,对公共理性活动至关重要的一些东西正在丧失。公共理性是协商民主的商谈方式,是协商民主的本质特征之一。[22]

此外,协商民主是公共理性活动得以开展的初级论坛。(i)假如他们或其中一些成员的基本需要无法被充分提供,以至于他们无法有效地并且敏捷地利用他们的基本自由;(ii)假如政治论坛和公共信息的自由流动受到了金钱利益集团(monied interests)或其他权力集团的侵蚀;以及(iii)假如不存在教育、岗位培训、参与公共生活等广泛的公平机会,那么,民主制度里的公民将无法有效开展公共理性活动。"不然,社会的所有部分都无法参与公共理性讨论或对社会经济政策做出贡献。"[23]

4. 公共理性的内容和完整性以及堕胎的权利

罗尔斯说,对等准则"在公共理性中得到了表现"(PL, li)。这意味着,公共理性必须由理性(价值、道德原则、事实主张和科学论断等)以及理性活动方式所构成,那是公民能够合理地期待其他作为自由平等的公民也会凭其能力合理接受的理性和理性活动的方式。罗尔斯称作公共理性内容的东西最终将具体规定为政治正义观,它以排列并解释公共理性政治价值的方式满足对等准则(PL, 453, 467)。以下说法似乎是专门有所指的:政治正义观对提供公共理性"内容"是必需的。因为前面罗列的公共理性的政治价值是民主社会开展公共辩论的好理由,不过没有一个当前的民主社会拥有得到公开承认和常规诉求的政治正义观。那么,罗尔斯为什么说政治正义观对给予公共理性以"内容"是必需的呢？（PL，453）这表明，要是不依赖政治正义观，公共理性是不可能的，不过它看起来是，政府官员现在从事着没有明确承认政治正义观的理性活动。

罗尔斯说的理性似乎是，假如公共理性是"完整的"，那么政治正义观是必要的。（因此，罗尔斯也许会简单地说，为了充实公共理性的内容，政治正义观是需要的。）公共理性的完整性是公共理性充分解释公共政治价值并决定它们的相对意义的能力，以便通过公共理性解决涉及宪法要件和基本正义事项的所有重要政治问题。假如社会要想避免诉诸整全宗教、哲学和道德学说去决定这些重要议题，那么公共理性必须以某种方式是完整的。假如诉诸整全学说对解释和决定政治价值冲突是必需的，那么在那个程度上就违背了对等准则和政治合法性原则；公民正在服从的法律，无法合理地期待凭借其能力为民主的公民所接受。

罗尔斯在晚期著作中承认，"关键在于，公共理性不是由任何政治正义观所规定的，当然也不仅仅是由作为公平的正义单独来规定的。相反，它的内容——人们可能诉求的原则、理念和标准——是一组合理的政治正义观，那组正义观又随着时间的推移而变化"（PL，lii - liii；并参阅 PL，451，453）。于是罗尔斯没有把公共理性的内容理解为同作为公平的正义有着特殊的联系。许多自由主义政治观能给公共理性提供内容，由于不同政治问题的产生，这些内容甚至每一代都会有变化。我在这里再说一次，牢记以下一点是重要的：罗尔斯在《政治自由主义》里探讨的是政治合法性问题。他没有说正义的内容每一代都会有变化，而是说公共理性的内容代代都会有变化，而法律仍然能够保持政治合法性。对罗尔斯来说，只要涉及正义，那么作为公平的正义仍然是最合理的政治道德正义观。但在良序的民主社会里，不同的自由政治观会按照法律处置合法性，而跨越代际的法律可以仍然是合法的，因此是权威的，值得公民支持，即使用来公开证明它们的这些政治观发生了发展和变化也是如此。[24]

其意义是,公共理性不应当被看作事先用来解决问题的单一推理方法这样的东西。相反,它通过那些问题将在公共政治论坛中得到辩论因此民主地得到决定来规定理性(PL,liii)。"公共理性不是针对一些具体制度或政策的观点,而是它们应当如何向肯定要决定该问题的公民团体做出辩护和证明的方式"(PL,liv, n. 28)。如果真的如此,那么罗尔斯如何会断定,公共理性是"完整的",有能力决定所有政治问题而不必诉诸整全学说呢?事实上,他没有断定完整性,而是提出了公共理性是完整的假说。"我们无法在抽象的独立于实际情况的条件下决定,公共理性是否能够通过合理排列政治价值来解决所有或几乎所有政治问题"(PL,liii)。

对罗尔斯公共理性观念的常见批评的确是,它无法决定所有宪法要件和基本正义事项。在这个关联中,最经常被人提起的例子当数"妇女是否拥有堕胎权"的问题。在堕胎问题上,促成反驳公共理性完整性的似乎是这样一个问题:"胎儿是人吗?"假如胎儿是人,那么堕胎要么是谋杀行为,要么是他杀行为。整全学说对这个问题有着尖锐冲突。但是,决定以下形而上学问题或道德问题不在公共理性讨论的范围之内:胎儿究竟是不是人;它超出了公共理性的能力。罗尔斯的批评者仍然说,必须公共决定这个问题,最好民主决定这个问题,否则的话,社会如何才能就妇女选择堕胎权利做出决定呢?

罗尔斯提到了涉及妇女堕胎权利问题的许多政治价值,包括对人的生命的应有尊重、妇女平等、社会在跨越代际再生产自身方面的利益(PL,243n.)。他推测道,对这些价值相对重要性的应有反思表明,至少在妊娠早期,堕胎权利是正当的。问题是,尊重人的生命如何成为纯粹的政治价值,尤其是在鉴于如此多整全学说就人的生命的性质和条件以及尊重人的生命的意义拥有冲突观点的情况下。诉诸非公共理性的反对意见看起来对决定堕胎议题是必需的。但我认为,就像它在生物学和心理学等经验科学中得到理解那样,罗尔斯在直接意义上表示"人的生命"的意思。他显然没有像许多宗教那样来理解"人的生命",即把生命看做被施予的或由灵魂施予的。那是形而上学或宗教的人的生命观,不能用来评估尊重人的生命的政治价值。

我认为,理解罗尔斯在堕胎权利上所持立场的最佳路径如下。胎儿作为生命是否具有各种利益的人身资格或道德地位的形而上学问题,不是通过公共理性能够得到解决的,自由平等的公民无法合理地对该问题达成同意。但是,把堕胎作为宪法问题来处理未必解决得了那些问题,也未必解决得了正处于妊娠之某个阶段的妇女是否有选择堕胎的宪法权利问题。出于公共理性的政治理由,合理的公民会同意,堕胎权根本不是对妇女自由及其作为平等成员在社会公共生活中发挥作用的能力的严重限制。此外,不存在依照政治宪法"胎儿是人"(the fetus is a person)的强制情形。因为,应用同公共理性相一致的证据标准,在早期阶段,甚至在未发育状态下,胎儿当然不具有政治人格能力(道德能力)。这并不一定意味着从宪法上讲,胎儿不是人;因为尽管具有这些能力对具有宪法人格是明确地充分的,但它不是必要的。[25]假如我们限制妇女的选择自由,那么仍然存在着对胎儿的宪法人格的强制情况,而它仍然没有以令公共理性满意的说法被确立起来——它如何能够成立是不清楚的。

因此,妇女应当拥有选择权利的理由是,存在着一些实质性政治价值和权益——涉及妇女的隐私权、妇女的社会平等和民事平等、均等机会以及自由,如果妇女没有选择的权利,这将给她们带来极大负担。而且,不存在迹象或同意表明,没有争议的宪法人身权利将会因妇女实施选择权利而受到侵扰。在给定这些实质性政治价值的情形下,证据的负担抛向了选择反对者的一边,于是存在着充分的强制性公共政治理由,证明那种反对损害了那些政治价值和妇女的重要利益。存在着对妇女利益的如此侵扰,在赞成选择和反对选择的观点之间对此没有异议,因为这些是为合理公民接受的公共理性的政治价值。有分歧的是,是否存在着充分的公共理性,完全超越那些政治价值,为了应有地尊重人的生命的政治价值而禁止堕胎。赞同选择的论点是,在公共理性内部,不存在对胎儿的宪法人身资格的可接受情形,因为公共政治的理性,在其妊娠期间完全超过涉及妇女政治利益的政治价值,应有地尊重人的生命形式的政治价值不是充分强制性的;所以,不存在允许侵扰妇女的隐私、平等和自由而完全无视选择权利的可行情形。[26]

现在重要的在于强调,鉴于公共理性能够就堕胎问题向作为公民的国民在依其可接受能力意义上提供基于政治价值的答案,但是这并不意味着所有讲道理的人都愿意接受这个政治解决方案。那将依赖于他们的合理的整全观点,以及他们给予正义政治价值的优先性。很可能的一种情形是,许多合理的正统天主教徒和犹太教徒,以及在神学意义上保守的新教徒,将决不会在道德上接受堕胎的政治权利,那种权利(假定)基于公共理性得到了证明。但这并不意味着他们一定反对公共理性甚至堕胎权利的政治合法性。(在这个联系中,罗尔斯提到了纽约前州长、天主教徒科莫。虽然科莫在道德上反对堕胎,但他承认作为天主教徒、州长和公民,其道德和政治义务在于尊重并实施那项权利〈CP, 607n.〉。)此外,即使他们反对堕胎权利的道德和政治合法性,它仍然并不意味着,它们应当反对公共理性在所有其他宪法要件和基本正义事项上的要求。他们处于像教友会教徒(Quakers)一样的处境,后者反对有关正义战争的政治自由主义见解:尽管他们不同意公共理性就那个议题得出的结论,并把所有战争或几乎所有战争都看做非正义的,在道德上是非法的,但这并不意味着他们一定反对法律或宪法的政治合法性。当然,这将取决于他们的合理的整全学说。但是,几乎没有一位讲道理的反堕胎者,准备放弃民主,或者注意到了判断的负担,准备放弃公共理性,放弃使用适用于在法律上实施他们的整全观点要求的政治手段。假如他们真的那样做了,那将意味着他们是不讲道理的。

因此,关键在于,通过公共理性,从政治上合理地解决宪法要件和基本正义事项,并不意味着合理的公民将同意该解决方案,或者那个问题将以让人人满意的方式得到解决。以下主张不是罗尔斯或任何其他人的契约论特点:所有通情达理的人将能够就所有法律或绝大多数法律达成同意。(对普通法律达成同意的失败是罗尔斯对多数规则的证明。)判断的负担也应用于政治争端,造成在大多数情形下全体一致同意在实践上的不可能。正像他们基于整全观点就什么是道德合理的产生分歧一样,国民于是会就在公共理性之内什么是政治合理争端的结果合理地产生分歧。但是,不像他们的道德分歧,公民的政治分歧在政治价值中找到了基础,那是他们作为自由平等的民主公民以其能力全部接受的政治价值。这是合理政治分歧和合理道德分歧之间的重要区分。同意公共理性的政治价值对自由平等公民的政治自主是至关重要的;公民总是同意法律,同意在公共理性之内的恰当解决方案不具有本质重要性。在所有合理的公民中间达成普遍同意只在几个根本事项上讲得通。在这些根本事项中,绝大部分(不是全部)被当作公共理性的政治价值、公共理性的指导方针以及自由主义政治正义观的基本要求(基本自由、基本自由的优先性和社会最低保障)。罗尔斯在其职业生涯中希望,他能证明以下情形是如何可能的,合理自由平等的道德人能够普遍地同意作为调节性正义观的作为公平的正义。但是,一旦他充分认识到了判断负担的含义,他最终放弃了良序社会的这个理念。

最后,需要再次强调的是,罗尔斯在政治自由主义领域主要关注的是去证明,受到一种自由主义政治观支配的良序的宪政民主如何在实践上可能("出于正确理由而为稳定的")以及在政治上合法。为了实现这些目标,他不一定主张所有讲道理的人将在道德上同意基于公共理性通过协商取得的所有政治合理的决定。如我们已经看到的那样,显然有的人不愿意同意(教友会教徒和自由主义的正统天主教徒);就某些道德议题(如堕胎权)而言,他们甚至会反对基于公共理性政治价值的任何政治合理的解决方案。当他们如此做的时候,他们是不合理的,但是这并没有使他们成为不讲道理的人,因为他们在道德上接受公共理性对解决绝大多数其他宪法议题和基本正义事项的充分性。按照罗尔斯的见解,只有当许多合理的整全学说在良序的宪政民主制度里无法在重叠共识方面产生自由主义政治观念,并把基于一组自由主义政治观念的公共理性的协商和结论的绝大多数(不一定是全部)接受为政治上合法的,即使不是完全正义的时候,就产生了一些严重的问题。因为在那种情形下,良序的民主社会由于这些正当的理由而变得不稳定,并且正义,实际上是政治的合法性,将超出人力所能抵达的范围。

5. 限制性条款

我通过说有时在公共政治生活里人们声称非公共的宗教(哲学或道德)理性引导他们去支持或反对涉及正义根本问题的措施来开始本节有关公共理性的讨论。罗尔斯在此列举的例子是马丁·路德·金对上帝意志的宗教吁求以支持权利。金呼唤宗教理性,以便唤醒许多人的正义感。在听他演说的人当中,有些人只有通过宗教理性才能受到触动。假如存在着一些合理的人,他们接受自由原则的理由是纯粹宗教的,那么公共理性似乎担负不起提供所有合理的人都能接受的证明的任务,至少在这个例子中是如此。

会有这样一些人,他们不接受甚至不理解基于公共理性对法律的公共证明,但他们在罗尔斯意义上是不"合理的"。罗尔斯有关合理公民的见解的意思是,他们的确把自己理解为自由平等的公民,希望通过公共理性向别人证明自己。这来自于这样一种见解:合理的人是了解判断负担之后果的人,因此他们了解其他合理的人不接受他们的宗教理性或其他非公共理性,合理的人也是根据他们能合理接受的条款,即根据由公共理性规定的条款,愿意与别人合作的人。不理解或反对公共理性和公共证明观念的人,会遇到部分服从理论(partial compliance theory)问题。在当今美国和其他民主国家就有很多这样的人,不过他们并不证明,受公共理性和自由政治观念支配的良序民主社会是不可能的。只有在合理的人中间有关政治正义观的重叠共识是实际不可能的情形下,他们才就罗尔斯有关良序民主社会的可行性见解提出疑问。

阻止如此不合理的人按照他们的宗教和其他非公共信念在政治论坛上去论证和投票是不公平的吗?许多人认为它是不公正的。体面义务,在公共争论中依赖公共理性的义务,不是对言论自由或投票权力的法律限制,而是一个纯粹非强制的道德要求。没有人在法律上被阻止凭着义务去做某件事情,以证明通过引用公共理性来使用强制力。问题是,基于其宗教学说和其他整全学说,为了其观点进行争论和投票,而不顾公共理性的要求,这样的人是不讲道理的,违背了道德和政治义务。对这个问题的回答是:"是的,他们显然是这样的人,当他们的投票按照公共理性无法得到正当性证明的情形下,更是如此。"当呼吁或投票支持按照他们的整全学说,强制使用国家权力,根据他们能够合理接受的条款,向其他人证明自己是合理的人时,向人提出什么要求是不公平的呢?不公平似乎归于那些认为对国民没有体面义务的人,他们有着宗教动机或其他动机,想要自己去向反对他们的整全学说的其他合理的人做出证明或解释。说体面义务存在着某种"不公平",这是一个具有讽刺意味的说法;因为至少这里的真实情形是,按照一个人的宗教或哲学指令,采取强制措施的政治不公平性,按照公共理性的政治价值,是无法得到证明的。

那么,该如何看待,在公共政治论坛里,不是由不讲道理的人,而是由讲道理的人自身向宗教理性和其他整全理性发出的请求呢?这样的请求能够得到正当证明吗,假如能够的话,其依据是什么?这里的关注点不是在具有相同宗教、哲学和道德法则的国民中间就他们的整全学说具有的政治意义而展开的论证。显然,在基本自由及其优先性给定的条件下,在整全学说内部和在整全学说之间展开争论是允许的,并且在民主社会的"背景文化"之内是完全可以理解的。问题是,公民或政府官员是否可以适当地进入公共政治论坛——比如在政治竞选、立法大会和其他政治大会中——并且诉诸整全理性来支持他们的有关法律和政策的判断与决定。这难道没有违背体面义务吗?不一定;在《政治自由主义》中,罗尔斯(起初多少有些不情愿地)允许这样的诉求。他说,假如(1)他们务必让对某一措施有所了解的其他公民相信,(2)借助于公共政治价值,这个措施本身是能够站得住脚的,(3)通过公共理性,公共证明最终将产生,形成支持该措施的论证,那么他们总是许可的。这是对在公共政治论坛上公共使用宗教和其他整全理性的"限制性条款"(PL, lii)。在《公共理性再探》一文中,罗尔斯进一步放松了对体面义务的要求,剔除了条件(1)。他表示,宗教理性和其他整全理性可以使用于公共政治论坛上,尽管它们不是为了或不一定为了触动那些人而设计的,否则的话,通过基于纯粹公共理性的论证打动不了的那些人。"在任何时候,合理的整全学说,无论是宗教学说还是非宗教学说,都可以被引入到公共政治争论中去,假定在那个过程中,适当的政治理性……得到了呈现,它们足以支持被引入的整全学说想要支持的东西"(PL,462)。只要这个限制条款得到了满足,那么,体面义务也能得到满足,即使一个人起初在公共政治论坛上纯粹为了"宣告"或"见证"其整全观点的理由而提出宗教理性或其他非公共理性。在支持一个人的政治确信的过程中,就有争议的议题,通过让其他公民知道该学说的基础,"公民们拥护公共理性的民主理念,由于正当理由而得到了强化"(PL,463)。借助于整全观点,它向其他人证实了一个人诚信的宪法和政治价值承诺。这是"广义的公共政治文化观"。

这里需要注意的是,这个限制条款并不鼓励在政治论坛上使用宗教理性和其他非公共理性,以支持得不到公共理性支持的措施;

一个例子是在妊娠各个阶段都禁止任何堕胎行为,不管什么理由都是如此。在今天的政治论坛(比如立法辩论)上,我们经常听到这样的说法:"人的生命是神圣的,人的生命始于受精。"所以,"所有(或几乎所有)堕胎都应当被禁止,因为它拿掉的是一个无辜的人的生命",它不会被这条限制条款所许可,因为它蕴含着各种限制,无法通过公共理性得到辩护[违反了上面的条件(2)和(3)]。另一方面,只要这个限制条款后来得到了满足,以下非公共的说法"胎儿从第23周开始便是人啦,因为它的神经系统已经发挥作用,而且它能感受到快乐和痛苦"似乎是一个讲得通的整全理由,去到公共论坛上呼吁在妊娠末期限制堕胎;由于存在着其他公共政治理由去限制在某个妊娠阶段的堕胎(比如应当尊重人的生命),它们往后可以用来满足限制条款的要求。

6. 结论

公共理性的角色在于提供政治辩论和证明的行话,支持在自由平等的公民中间使用强制的政治权力。公共理性,像原初状态一样,是为了在自由平等的公民中间在做出正义的政治判断方面以及在支持法律的理由方面实现某种不偏不倚性。它要求作为公民或政治官员的我们,当在有关宪法要件和基本正义的语境中做出证明和决定时,要做到"去粗取精,去伪存真"。我们要依赖一些政治价值和某种自由主义政治正义观。因此,公共理性观念旨在完全实现按照所有公民都会接受的条款进行合作的民主公民的契约论理想,罗尔斯认为,假如公民要想成为真正的平等者和政治自由人,那个理想是必要的。

拓展阅读

肯特·格林瓦特:《论公共理性》,载于《芝加哥肯特法律评论》,1994 年第 69 期,第 666 - 689 页。(Greenawalt, Kent, "On Public Reason," *Chicago - Kent Law Review*, 69, 1994, 669 – 89.)(与罗尔斯相比,作者呈现了一个有着较多限制的公共理性见解。)

查尔斯·拉莫尔:《公共理性》,载于《剑桥罗尔斯指南》,第 10 章。(Larmore, Charles, "Public Reason," in *The Cambridge Companion to Rawls*, ch. 10.)(论文总体上对公共理性观念作了富于同情的考虑。)

约瑟夫·拉兹:《政治学中的异议》,载于《美国法理学杂志》,1998 年,第 25 - 52 页。(Raz, Joseph, "Disagreement in Politics," *American Journal of Jurisprudence*, 1998, 25 – 52.)(拉兹挑战了罗尔斯的公共证明观念和公共理性观念。)

注释

1 关于宽容的特殊性,参阅 TM 斯坎伦:《宽容之难》,纽约:剑桥大学出版社,2003 年,第 10 章。

2 参阅 TJ, 490 - 91/429 - 30 rev. 对对等原则作了精确陈述。

3 感谢戈培尔·斯林凡森帮助我搞清了这个要点。

4 "于是,在作为公平的正义中,公共理性的方针和正义原则在本质上具有相同的基础。它们是一个同意的共同组成部分。"(PL,226 – 27)

5《政治自由主义》,第 217 页。罗尔斯对这个原则的最初陈述在《政治自由主义》第 137 页(PL, 137);一个较迟的陈述发表在《对哈贝马斯的答复》(PL, 393);罗尔斯对这个原则的最后陈述发表在《公共理性再探》(PL,446 - 47, and CP, 578)。后面的陈述明确地阐述合法性和公共理性的关系:"只有当我们真诚地相信,我们为我们的政治活动提出的理由——我们将像政府官员那样地陈述它们——是充分的并且我们也合理地认为其他公民会合理地接受那些理由的时候,我们对政治权力的实施才是恰当的。"并且参阅在罗尔斯的哈佛讲座记录中对这个原则的较早陈述,《作为公平的正义新论》,艾林·凯莉编,麻省康桥:哈佛大学出版社,2001 年,第 41 页,第 84 页,第 90 - 91 页。有关政治合法性如何既同正义相联系,又同正义相区别的讨论,请参阅 PL, 427 - 29。

6《政治自由主义》(217)，重点号为引者所加。体面义务出现在《正义论》里，但是得到了不同的陈述：它"给予我们一种对制度缺陷的恰当的认可，并限制从中渔利的活动"(TJ,355/312 rev.)。罗尔斯诉诸这个义务来赞同常规地遵守非正义法律的义务，假如那些法律没有超越非正义的某些界限。

7 当我们通过我们的整全学说支持政治决定时，这产生了涉及必须给予满足的"限制性条款"的一个相关问题（将在后面最后一节给予讨论）。当我们明确地诉诸整全理性时，体面义务向我们确切地提出的要求是什么呢？

8《公共理性再探》(CP,578, also LP,136 - 37, PL,446 - 47)。对待性标准还说道，我们将给"我们会合理地期待他们作为自由平等的公民也会合理地接受的理由"(CP, 579)。对于自由平等公民的这个规定在这里是至关重要的。请注意，在对合法性原则的最后陈述中（《公共理性再探》，CP,578, PL, 446 - 47)，罗尔斯说，它是"基于对等准则"，那个标准既应用于宪法，也应用于特殊法规和法律。"只有当我们真诚地相信，我们为我们的政治活动提出的理由——我们将像政府官员那样地陈述它们——是充分的并且我们也合理地认为其他公民会合理地接受那些理由的时候，我们对政治权力的实施才是恰当的"。这表明，法律要想成为合法的，投票支持它们的人不一定完全相信它们符合所有人都能够合理地接受的宪法，而且认为特定法律必须本身出于他们能够合理地期待作为自由平等的公民的其他人也能合理地接受的理由而得到证明(CP,579, PL,447)。这或许制定了比罗尔斯早期陈述更加严格的合法性标准，前者只指宪法的合理可接受性。假如特定法律也必须满足对等准则，那么它相当程度上缩小了可以是合法的、公民们因此有服从义务的非正义法律的范围。在这里一种相关的情况是，对合法性原则的这个最后陈述融合了公民们的真诚想念，而以前的没有一个陈述如此做过。把这些原则放在一起，它们至少意味着，法律要想成为合法的，那么(1)投票支持它们的人必须真诚地相信它们符合对等准则，(2)即使特定法律没有如此地符合对等准则，它们必须至少符合宪法，而宪法本身是符合对等准则的，因此，能够被自由平等的公民合理地接受。

9 在这里我采纳了大卫·莱迪(David Reidy)在其论文《对等和合理的分歧：从自由合法性到民主合法性》（将发表于《哲学研究》，2007）中在"利益对等"(reciprocity of advantage)和"证明对等"(reciprocity of justification)之间所作的有益区分。

10 参阅 PL,393,427－29。"笼统地做出以下期待是不合理的:人类的法规和法律将通过我们的眼光而成为严格地正义的"(PL,393n.)并且参阅 TJ,sect. 53;CP,578。

11 罗尔斯阐明了,差别原则不应当是兼有司法审查的民主宪法的组成部分(JF,162)。由于经济决定往往是非常困难的,不同的人会对符合差别原则的政策产生分歧,法官们不应当对民主协商的决定拿不定主意。另一方面,罗尔斯的确把基本的社会最低保障看作司法上可执行的;所以,实质性地取消福利和社会保障条款的立法只能根据司法审查合法地给予否决。

12 缺乏自由合法性意味着这些条款得到了非正义的实施吗?这似乎将依赖于非法的决定校正非正义的程度。诚然,林肯的《解放奴隶宣言》,按照美国宪法,即使在技术上不是合法的,但它解放了南方的奴隶,不是非正义的。要是林肯寻求用立法或宪法来实施合法化废除黑奴制度,那就更好了;很难说给所有奴隶以自由的一个未经授权的宣言将是非正义的。按照罗尔斯的标准,在任何条件下,推行奴隶制度的政治权力不会是正义的或合法的。

13 "但是假如每一个公民都将平等地分享政治权力,那么,政治权力将尽可能地得到实施,至少当宪法要件和基本正义事项危在旦夕时,通过某些办法,借助于他们自己的理性,所有的公民能够公开地表示支持。这是作为公平的正义将给予满足的政治合法性原则"(JF,90－91)。

14 罗尔斯:《政治自由主义》(第213页);并且参阅《罗尔斯论文集》第577页(CP,577):"公共理性观念产生于在宪政民主中的民主公民资格观念。"

15 罗尔斯在20世纪90年代的对话中感到惊讶,其他人认为《正义论》使他否认民主社会拥有权威去公共地支持完美主义的文化机构。我认为,他在《正义论》中的立场并没有冲突于公共剧院、博物馆、交响乐等等由"用户付费"支持的文化机构。但是,鉴于其巨额成本,文化机构很少单凭用户费用就能支持得了。

16 有关同卢梭的相似性,参阅《万民法》,第219－220页(PL,219－20),在那里,罗尔斯说:"具有体面义务的公共理性对根本问题的选举投票有了想法,在某些方面让人想起了卢梭的《社会契约论》。卢梭把投票看作是我们对任何选举最能增进共同利益的意见的理想表达。"参阅大卫·赖迪的《罗尔斯的公共理性观点:不够宽泛》,载于 Res Publica,6 (2000),49－72,因为它暗示政治自主要求政治理性。

17 参阅《政治自由主义》,第 xlviii 页(PL, xlviii);《万民法》,第 49 页(LP,49.)。正如前面提到过的那样,来自"重叠共识的观念"以及《政治自由主义》。显然地,罗尔斯把所有的自由主义政治观念看作基本上保护着一套相同的抽象的基本自由,他说它们通过他的第一正义原则得到了保护:即,良知自由和思想自由,结社自由和平等的政治自由,由人格自由和人格完整规定的自由,由法治理念覆盖的权利和自由。参阅 CP, 421, 440 n. 27; PL, 6, 291 – 94. 由于这些自由,同均等机会和适当的万能手段一起,能够以不同方式得到理解,罗尔斯说,存在着很多自由主义(同上,第 6 页)。

18《政治自由主义》,第 lviii – lix 页。

19《万民法》,第 49 页。

20 参阅《万民法》。第 50 – 51 页(LP, 50 – 51.)。

21《政治经济学散论》,载于卢梭:《卢梭基本政治读物》,印第安那州,印第安纳波利斯:海克特出版社,1987 年,第 113 页。

22 罗尔斯:《罗尔斯论文集》,第 580 页(CP,580.)。

23《万民法》,第 50 页。有关公共理性和协商民主的关系,参阅约书亚·科亨的文章:《协商和民主合法性》,载于《好的政体》,艾伦·汉姆林和菲利浦·派迪编,纽约:牛津大学出版社,1989 年,第 17 页,第 21 页,第 24 页;《为了民主社会》,收录于《剑桥罗尔斯指南》,萨缪尔·弗雷曼编,英国剑桥:剑桥大学出版社,2003 年,第 86 页。

24 我仍然怀疑罗尔斯有意减低对一种自由主义政治观念提出的作为政治合法性条件的基本要求,包括第一正义原则的基本自由、它们的优先性以及万能工具条款(the provision of all – purpose means)。不太清楚的是,他有关公共理性灵活性的断言激起了多大的回旋余地。

25 拥有道德能力是具备宪法人格的充要条件,这个说法留意了以下荒唐论证:"对支持选择的倡导者来说,去质疑胎儿的人格就像奴隶制度的支持者质疑奴隶的人格。"正确的回复是,显然地,奴隶拥有道德能力并且应当作为人来对待,然而完全不清楚的是——实际上所有经验证据都是相反的——胎儿是否拥有道德能力。

26 我因为这个论证要感谢约书亚·科亨。

第十章 万民法

第一节 万国法

正义原则是一种社会正义观,它调整着生活在相同社会的国民的关系,规定着国民相互承担的义务和社会对国民承担的义务。正义原则不是一种人权观念,没有规定一个社会向其他社会或其他社会成员承担的义务;差别原则不要求社会全球地分配社会产品给世界的较少受惠者。

罗尔斯在《正义论》开头几节中说道:

> 我关心正义问题的一个特殊情况……没有理由事先假定适用于基本结构的原则适用于所有情

况。这些原则可能不适用于私人社团的规章和惯例,不适用于成分不那么广泛的社会团体……万国法(law of nations)的情况[也]可能需要不同的原则……我暂且把社会看做与其他社会相隔绝的一个封闭体系,如能就社会基本结构提出合理的正义观,我就感到心满意足了。(TJ, 7 - 8/7 rev.)

罗尔斯有关"与其他社会相隔绝的一个封闭体系"的假定广受批评,因为长期以来,没有一个现代社会能够封闭和隔绝于其他社会的影响。但是,一些与实际不相符合的有关封闭和隔绝的体系的假说在科学和社会科学中已经司空见惯。它们的目标在于撇开那些对理解被解释现象无关紧要的影响因素。例如,为了明确市场体系的定价方式,经济学家们假定了在理性自利主体中间开展完全竞争的与实际不相符合的条件,撇开了影响人们选择的诸多常态动机(利他思想、爱国精神、妒忌心、宗教热情、正义感等)和政治经济事实(政府财政政策、关贸限制、寡头垄断等)。基于诸如此类假说,一旦基本经济法则和趋势得到确定,相关信息得到揭示,定价的复杂影响因素便得到了确定。

在《正义论》和《政治自由主义》中,罗尔斯也以一个"特殊情况"(同上)为焦点;他试图提出最妥当的正义观来调节良序民主社会成员的社会合作。罗尔斯认为,一旦明确了有关社会政治正义的这个理想观念,有关封闭社会的假说可以放一放,就能去处理有关正义的其他"特殊情形",包括调节各社会和政府关系的国际正义原则(principles of international justice)。这就是"万国法"(law of nations),后来又称为"万民法"(law of peoples)。社会正义原则在国内调节着在社会内部的国内政策和社会关系。但是一个社会不可避免地会同其他社会发生关系,需要有对外政策来调节它们。那么这个对外政策从何而来呢?罗尔斯思想的新颖之处在于"把正义理论推广到万国法中……我们的问题因此在于把调整国家行为的正当政治原则同这个契约学说联系起来,并从这个观点来解释万国法的道德基础"(TJ, 377/331 rev.)。

罗尔斯在《正义论》中就已提到了一个方法,来扩展契约论的框架,以覆盖不同国家之间的国际正义和关系。万国法不是订立于世上所有国家的国民之间的假想契约,而是订立于不同国家代表之间的假想契约。它们也将被置于有关自身及其社会事实的某个无知之幕之后,就用来调节不同社会关系的正义原则达成协议。正如在国内原初状态之下那样,国际原初状态之下的各方只受个别利益的驱使,在此情形下,就是只受个别国家利益的驱使。但是它们的国家利益主要是一种道德利益,不是国力的扩张或经济收益的增长,而是对自身基本结构正义的维护。"正义国家的利益由已经为人所知晓的正义原则来规定。因此,这个国家的首要目标在于维护和保留其正义制度以及使之可能的条件"(TJ, 379/333 rev.)。

因此,在国际原初状态下,各方在道德上旨在保留和维护正义,这不同于在国内原初状态下的各方把正义应用于自己国家的国民。不过,除非它影响到了在自己社会实现正义的利益,它们不关心其他国家的正义和利益,它们仍然是理性的。

在这里,重要的在于,国际原初状态之下的代表,并不直接代表个别的人,而是代表分离孤立的国家或"各国国民"(peoples)。为什么会这样呢?罗尔斯主要关心的是各国建立道德关系所必需的制度原则。他的问题是:作为独立主体,分离孤立的国家或各国国民,应当如何共处?他没有直接阐明个人权利或个人义务,或者,他没有直接回答以下问题:抛开作为特殊社会成员的纽带,在世上的人与人之间具有什么关系和义务?在某种程度上,这个问题已经在作为公平的正义之内得到了回答,因为天生义务(the natural duties),即相互维护正义、相互尊重、相互帮助的义务,在国内原初状态下达成的义务,是向世上所有人应尽的义务,而不是只向自己社会成员应尽的义务。以《正义论》方式来探讨万民法,那么,它把对待个人的天生义务扩张到了国家关系当中(TJ, 115/99 rev.)。各个国家也有相互维护正义、相互尊重、相互援助的义务。万国法(和万民法)的问题在于规定这些义务的性质和范围。

世界大同主义者于是反对说:为什么罗尔斯没有在所有世界个别居民中间的某个"全球原初状态"(global original position),以取代各国代表中间的国际原初状态? 毕竟,罗尔斯是沿着康德有关"作为自由平等的人应当相互尊重"的观念前进的。假如人与人的平等尊重是社会正义的基础,那么它为什么不也为世上每个人的关系提供相同的基础呢? 罗尔斯"以国家为中心的"(state-centric)全球正义观辜负了他给予所有人以平等尊重的承诺。

这是世界大同主义批评家对罗尔斯的"万国法"观念以及《万民法》后来给予阐发的思想提出的挑战。[1] 要想充分评价这个反对意见,我们就须考查罗尔斯《万民法》的细节。但是我们不妨先就罗尔斯反对世界大同主义的原因说出一个大意来。存在着理解世界大同主义的不同路径,罗尔斯的《万民法》具有某些世界大同主义特征(比如,人权是对政府自治的限制,援助负担过重的各国国民〈burdened peoples〉的义务)。从道德的观点来看,世界大同主义者不一定支持世界国家(world-state),但他们的确认为国家边界(national boundaries)和社会纽带(social affiliations)即使不是附属的,也是次要的。按照其主要倡导者的定义,"自由的世界大同主义"(liberal cosmopolitanism)是基于世上所有人都拥有平等道德地位以及为每个人提供的社会安排都具有正当性的一个道德理想。[2] 这些道德价值据说蕴含着为世上所有人所承认的平等的基本权利和自由以及全球平等的分配正义原则。这种自由主义的世界大同主义对罗尔斯的反对意见是,罗尔斯对人做出平等尊重的康德式承诺冲突于他对社会正义的首要关注;因为根据正义原则,平等尊重要求我们无视社会纽带,给予世上所有国家的国民以平等的考虑。

"平等的尊重和关切"(equal respect and concern)是罗纳德·德

沃金(Ronald Dworkin)自由主义哲学的一个关键观念。[3] 我不知道，除了狭义地断言自由平等的人拥有"在决定支配其社会基本结构的原则方面享有平等尊重和考虑的权利"(TJ, 475 rev.)以外，罗尔斯还在其他意义上使用了术语"平等尊重"(equal respect)。[4] 罗尔斯使用术语"平等尊重"，而不使用术语"对人的尊重"(respect for persons)、"对平等人的尊重"(respect for equal persons)、"对自由平等人的尊重"(respect for free and equal persons)或"相互尊重"(mutual respect)。它也许并不重要，但相关于世界大同主义者的以下断言：罗尔斯赋予社会正义以优先性，不吻合于给人以平等尊重和关切的承诺，因为罗尔斯没有用那些术语做出那样的具体承诺。

自由的世界大同主义反对意见挑战了罗尔斯起初对社会合作和社会基本结构的关注。试回顾罗尔斯在《正义论》中以及后来在《政治自由主义》开篇中提出的总问题：对民主社会来说，当公民自以为是自由平等的时候，什么是最适当的社会政治正义观？世界大同主义者实际上说，这个问题没有答案，因为不存在不同于应用于所有世人的正确的世界大同主义见解的特别适合民主社会的正义观；或者他们说，民主社会的适当正义观，最多只能是正确的世界大同主义理论的一次应用，因此在我们首先阐明世界大同主义正义之前，它是不确定的。

那么，为什么罗尔斯从社会政治正义问题出发，认为它是国际正义和"地方正义"(local justice)(家庭正义和其他社团正义)的基础呢？罗尔斯认为社会基本结构是正义的"第一主题"(first subject)，其理由是，社会合作及其基本制度对人的当前和未来前景、人的性格、关系、计划和自我观念——人现在所是的样子以及将来想要成为的人格类型——产生了深远影响。世界大同主义者对此反对道：在社会成员之间可以存在更加频繁的交互关系，而它只是一个程度问题，因为全球关系也对人的未来前景和性格等等产生了深远影响；此外，由于全球化，社会相互获得了好处，并正在变得日益相互依赖。现在真实的情况是：不同社会成员的合作带来了各种实际的和潜在的好处，包括经济利益、技术和文化交流等等。在缺乏与其他社会合作的情况下，(富裕)国民的生活水平将会变得更低一些，他们将不得不在经济上谋求自给自足。不过，罗尔斯认为，在同一社会的合作效果和同来自其他社会国民的合作效果之间，仍然存在着根本的性质差异，而不是单纯的程度差异。

一开始，社会关系，不像全球关系，是强制执行的。对罗尔斯来说，社会合作总是包含着政治合作，并通过政治合作而在政治上实施为社会所必不可少的基本社会规则和制度。一国之内的国民别无选择，只能进行社会合作，顺应社会基本结构的要求。由于这个原因，罗尔斯把它看做每个人都能合理接受社会合作条款的关键，并通过人人都接受的(公共)理性而得到证明。相比之下，社会与社会之间的经济和文化关系通常是自愿的并以条约为依据；它们不会比它们的契约走得更远。当国与国之间存在强制关系时，它们表明了强迫或缺乏合作，缺乏在同一个社会成员条件下的合作关系的前提。

但更重要的是，社会合作对我们是谁和我们具有什么本质是根本性的。由于没有同其他社会建立合作关系意味着失去很多潜在好处，如果我们完全剥夺了一国之内的国民的社会利益，那么一切都发生了变化。社会合作对我们发展成为人，实现理性能力和道德能力，发展社交能力并拥有善的观念是必要的。一个人可以在没有经受过社会合作的好处、只身处于荒野而不受社会规范约束的条件下生存下来。但是那样的生活是原始的，像卢梭说的那样，是"愚蠢的受限制的禽兽"(stupid limited animals)般的生活。将不存在财产和契约制度，不存在伴随劳动分工、合作生产活动和贸易的经济制度。即使有的话，也只有极其原始的产品，在不承认财产的情形下，农耕是否可能都成问题。一国之内的国民没有文化，没有科学知识和技术，没有正式的和绝大多数非正式的结社(包括社会家庭制度)，将缺乏道德和正义，甚至缺乏语言本身。社会合作是人类能够拥有的最深刻的和有影响的关系;它是我们显著地发展人类能力,取得拥有实践理性和善的观念的自由人地位的根本前提。它甚至是我们拥有有关我们自身作为具有过去和未来的人的观念的条件。[5]

相比之下,全球合作(global co-operation)不是我们作为发达的人的生存与繁荣的前提,也不是发展我们的理性能力、社会能力和道德能力的前提。实际上,在任何充分的程度上,世上所有国家的国民或绝大多数国家的国民的全球合作从来没有真正存在过。相反,各国国民通常个别地在一定程度上与其他社会建立合作关系。[6] 显然,与其他社会合作,特别是两国国民之间的贸易,对社会是有益的,但它不是两个国家的社会政治制度存在的前提,也不是理性活动、语言、道德人格或作为社会生命(social beings)的人类发展的前提。全球合作是选择性的和自愿的,但其方式不同于社会合作。没有同其他社会进行合作,我们便丧失了同其他国家的国民开展商务往来的经济文化好处。没有同国内的其他人开展社会合作,我们便丧失了文明,丧失了所有社会合作的本质好处,我们也就丧失了理性本身。所有其他合作形式都依赖于社会合作,尽管在不存在绝大多数其他合作形式的情形下,社会在许多方面仍然能够得以持续和繁荣。当然,有些家庭形式在塑造人类社会的进程中是必需的;但家庭本身也是一个社会制度,家庭合作,不像社会合作,对人的整个生命的生存和繁荣不是必需的。其基本要义在于,社会合作是首要的。因为社会关系对于把我们发展成为有道德有理性的人具有无所不在的普遍重要性,以至于罗尔斯认为,社会正义是我们同别人发生道德关系的首要基础。为了正义的目标,我们从根本上讲是社会生命(social beings),而不是自然生命或普世大同的生命(natural or cosmopolitan beings)。

有些世界大同主义者会否认这些思想,完全贬低社会合作对正义的重要性。[7] 像自由主义者一样,他们认为合作无关于正义。另一些世界大同主义者则认为,社会合作是重要的,不过认为全球合作是社会合作的一种形式。"毕竟,它是一种社会关系,它是合作的社会关系,那么,除此之外,它还能是别的什么吗?"不过对罗尔斯来说,社会合作假定了一个分享的基本社会制度的基本结构,包括政治制度,以及在全球水平上或在两国国民之间不存在的基本社会制度。罗尔斯认为,社会正义涉及一些原则,它们调节着基本的社会政治制度和生活于其中的国民的关系,但没有调节生活在不同社会中间的国民的关系,没有调节生活在世上的所有国家的国民的关系。

虽然世界大同主义者通常承认,家庭内部关系有其自身鲜明的道德规范、特殊权利和义务,我们有好的理由对家庭成员表示特别的关切,但是他们不承认存在着适用于社会内部的鲜明而独立的社会政治正义原则,用于建构和调节成员之间的社会合作。社会正义原则,即使存在着这样的原则,派生于更加基本的世界正义原则;假如存在某些明确的社会义务和面向某个社会的成员的特殊义务,那么它们大体上有助于提升世界正义的首要目的。[8]

就此而言,世界大同主义相似于自由至上主义;两者都以自己的明确方式提出了一些不关心社会和不问政治的观点。两者都否认社会契约传统的一个基本假定,即社会政治关系对正义的根本道德意义。但是,在同一个社会成员中间的社会政治合作并非只是一些任意的事实而已。它们不是单向的,相反,它们是以这样一种唯一实际可能的方式发生的,个人基本权利得到了承认和保护,存在着作为一项制度财产,进行着物品和服务的生产,并创造了经济价值。就此而言,同其他国家国民的合作,以及显然地同所有国家国民的全球合作,是次要的;它们对尊重基本权利和自由,对生产、使用和消费,以及对收入和财富的享用是有益的,但不是必要的。罗尔斯认为,这些事实对探索政治正义和分配正义具有根本重要性。

第二节 《万民法》和《政治自由主义》

《万民法》(The Law of Peoples, 1999)是罗尔斯的最后一部著作。它实践着在《正义论》里做出的对万国法(the Law of Nations,又译国际法——译者注)开展契约论探讨的承诺,经适度修订以符合《政治自由主义》的限制和要求。于是罗尔斯谈论的是"万民"(peoples)而不是"万国"(nations)。他对什么构成"一国之国民"(a people)所说不多,但它显然是一个理想化概念。从表面上看,peoples(万民)意在表明,"一国之国民"(a people)是由在基本制度结构内部进行合作的各种人所组成的社会,他们是在社会与社会的关系中的主要行动者,而不是在代表国民甚至代表传统意义上的民族(nations)的国与国或政府与政府的关系中的主要行动者。罗尔斯认为,良序社会是确定正义原则的适当条件,至少在良序社会的理想条件下,一国之国民对其产生的政府类型负有责任。政治合作是国民存在的前提,罗尔斯认为,政治合作是社会合作的组成部分。国民可以组成传统所理解的多个族群或"民族"(nation)。罗尔斯不是一名"民族主义者"(nationalist),尤其不是在如下意义上的民族主义者:每一个由国民组成的民族(nation of people),无论是在种族意义上,在文化意义上,还是在语言意义上所构成,都有政治自决的权利。对于成为一国之国民具有基本重要性的,不是共享的族群纽带、区域纽带,甚至语言纽带,也不是共享的宗教纽带。确切地说,社会合作和共享基本结构是成为一国之国民的全部,是绝对必要的。存在着许多不同种类的联合纽带,种族的、语言的、政治的、历史的,等等,它们也许考虑到了一国之国民的社会统一。比如在美国,国民的社会统一单纯地依赖于来自不同种族、语言、宗教和其他团体的个人,他们全部承认和遵守相同的政治宪法,了解该宪法的历史意义,在相同政治文化中评估他们的成员资格。于是,国民的主要显著特征是,他们"在成为他们共享的日常生活之组成部分的政治社会制度的广泛社会环境下……共享着一个共同的中央政府和政治文化,有关一些概念和原则的道德教训"(LP,112)。

罗尔斯有关《万民法》的见解是《政治自由主义》的本质组成部分。因此它容易受到误解。罗尔斯没有探讨过以下问题:"世界秩序的理想宪法是什么?"作为罗尔斯在许多方面学习的榜样,康德的确提出了这个问题。康德反对世界国家(world-state),因为他认为,世界国家会蜕变为要么全球专制(global despotism),要么是一个摇摇欲坠的帝国,被寻求政治自主的地区和国民的内战所撕裂。康德认为,理想的世界秩序是这样一个国际社会,它由政治上独立自主的各国国民所组成,每个国家的国民都有一部共和国宪法。康德说,共和国宪法肯定国民的民主主权,法定的人"拥有最高的政治权威"。它保证每一个成员都拥有自由平等的公民身份,给予他们以公民的"民事权利"(civil rights)。[9] 罗尔斯追随于康德之后,把世界政府(world government)作为乌托邦来拒斥。[10] 罗尔斯《万民法》也支持不同国民的独立自主。但是罗尔斯没有吸收康德的以下要求:每一个政府都应当是共和的,保护自由平等公民的所有民事权利。是什么给这个令人惊讶的结论奠定基础的呢?看起来似乎是,罗尔斯不再支持在《正义论》中提倡的立场:即良序民主社会是一种普遍的正义理想,一旦一个社会实现了民主的必要社会经济条件,政治参与的平等权利在道德上是必不可少的。

《万民法》提出了与康德和其他人不同的问题,后者关注世界正义问题。在呈现在《正义论》中的他本人提出的部分整全学说中,罗尔斯总是相信,世界上的每一个社会都有义务发展它的制度,以便达到作为公平的正义的道德要求。凡是没有遵循作为公平的正义的社会都不是正义的;凡是抛弃正义原则的社会,无论是否自由的社会,都是不义的。罗尔斯说,《政治自由主义》或《万民法》对于这个立场没有作任何变化。《万民法》并没有支持相对主义或文化多元论的意图;它并没有包含以下意思:不自由社会或不民主社会继续走自己的路而不作制度改革在道德上是无可指责的。相反,罗尔斯在《万民法》中假定,不太完美的国际秩序的实际条件既造就了自由的政府和国民,也造就了不自由的政府和国民。他没有质疑由自由社会组成的世界的可能性(无论它多么不可能),因为不存在阻碍如此世界诞生的人性缺陷(比如原罪)。实际上,《万民法》包含着将适用于专属于自由社会的最理想世界的一种正义原则见解(因为其第一部分专门处理自由社会与自由社会内部之间的关系)。但是,《万民法》也旨在处理更可能有自由国家和不自由国家并存的某个世界情景。于是,它提出的主要问题是:自由国家将如何同不自由国家打交道,尤其是,如何同"体面的"不自由国家打交道,即使按照良序宪政民主标准,那些国家是不义的?

罗尔斯的《万民法》于是在政治自由主义之内得到发展;因此,它是自由主义政治正义观的扩充和组成部分。自由主义的政治观,比如作为公平的正义,主要适用于国内正义和社会基本结构。但是,社会政治正义不是自由主义政治观必须阐明的唯一正义。用来调节宪政民主社会同其他社会(既有自由社会,也有不自由社会)打交道的对外政策原则也是必需的(LP,10,83)。"《万民法》从就像我们实际看到它那样的国际政治世界出发,关注合理正义自由国家的对外政策应当是什么……它允许我们以合理务实的方式去考查,自由民主国民对外政策的目标应当是什么"(LP,83)。

虽然罗尔斯说它们需要更多的解释和说明,但是构成《万民法》的八项原则是明确的。他还说它们是不完整的,其他人须给予补充(LP,37)。这些原则要求所有国家:(1)尊重其他国家的自由和独立;(2)信守条约和承诺;(3)在契约和关系中尊重国家与国家彼此间的平等;(4)尽到不干预义务;(5)只是出于自卫或防御其他国家的不义入侵才开战事;(6)尊重人权;(7)在开战期间遵守正义约束,比如不攻击非战斗人员;(8)援助生活在糟糕条件下的负担过重的国家,那些条件使它们无法拥有正义或体面的政治社会体制。当罗尔斯说这份清单是不完整的时候,他为附加一些原则留下了余地。但他排除了全球分配正义原则(a principle of global distributive justice)或资源分配原则(a resource distribution principle)的角色,后者本来可以补充(8)援助义务。

罗尔斯借助于"第二原初状态"(second original position)论证了这些原则。他想象,良序自由的各国代表,走到一起制订合作条款。他们不知道自己代表的是哪一个社会,他们将全部同意万民法原则,那些原则处在(厚重)无知之幕的背后,它掩盖了有关它们自己以及其他社会的所有实际信息。各方因此不知道任何一个社会的规模、资源或财富、种族、宗教和文化,等等。就像各方处在第一原初状态(first original position)来讨论国内正义原则那样,他们知道相同的一般事实。他们也知道,它们是良序自由民主社会,其社会统一依赖于公民肯定自由民主的正义观。处于第二原初状态之下各方的首要权益不在于最大化它们的财富、权力或任何一个其他优势,而在于为维护自己所在社会的正义社会制度提供适当的条件。这个道德目标是作为自由国家代表各方的理性动机。他们关心提高本国国民中间国内正义的要求。重要的是,正像在国内原初状态中那样,他们不关心其他国家,不关心其他国家国民的福祉。虽然自由公民直接关心其他国民的国内正义,但是在第二原初状态下,各国的法定代表不关心其他国家,不关心其他国家的福祉;只有当它涉及自己所处社会中的自由正义时,它才关心他们。各国代表就像受委托人或法定监护人;他们被要求忽视除了他们被指定去代表的国家利益或社会利益以外的自身利益和所有其他利益。

顾名思义,自由国家的代表将完全同意上述八项原则,它们是"万民法的基本宪章"(the basic charter of the Law of Peoples)。不像第一原初状态,罗尔斯没有给他们提供可供选择的其他原则,或者提供机会去选择全球资源原则或全球分配正义原则。他(相当神秘地)说:"相反,良序国家的代表只反思在各国中间这些平等原则的好处,没有理由抛弃它们或提供其他原则。"(LP,41)罗尔斯批评者把这句话理解为一个任意限制,甚至理解为一个设问(question-begging)。[11]实际上,罗尔斯防止各国的代表们提出全球分配原则或资源税问题,至少表示他们没有那样做的理由。(后面我们将讨论其原因。)相反,这八项原则为万民社会(the Society of Peoples)提供了合作的初级规范条款。万民社会的基本结构是这样一些制度,它们对于维护万民法是必需的。它不包括一个世界国家,或者一个具体规定全球财产、合同权利或其他法律的拥有原初管辖权的整全的全球法律体系。在他们自己的国界之内规定财产和其他权利的原初政治法律管辖权属于独立的国家。各国关系,由其关系产生的制度和法律,都将基于其相互间达成的条约和协议。以条约为基础,万民社会将包括拥有派生管辖权的国际政治联盟(比如像联合国这样的组织)以及在贸易关系中提供公平和效率的联盟(类似于WTO,尽管与它不同,那些联盟主要关注公平,但不关注更有优势国家的控制)以及具有司法权的其他合作制度,用来解决争端、执行协议及其他措施(参阅 LP,38)。

第三节 宽容和体面社会

罗尔斯良序自由社会全都会合理地把《万民法》原则接受为与其他自由社会合作的公平原则,同意不干预其他国家的内部事务,承认他们的独立,尊重他们是平等的国家。但是,自由社会是否也应当宽容地对待不自由社会并且与之合作,按照政治自由主义,后者是不义的或非法的? 其答案是肯定的。那么,他们的宽容和合作应当达到什么程度呢? 或者,自由社会是否应当寻求以它们自己的形象来改变仍然不自由、不民主的所有社会,干预其内部事务,一旦生效便给予制裁呢?

在处理这些问题时,罗尔斯区分了作为良序自由社会的正义社会(just society)和体面社会(decent society);接着他把两个社会又同非体面社会或"法外"(outlaw)社会区分开来,后者以某种方式违反了体面要求。尊重人的体面是正义的一个条件,但是在自由民主的意义上,并非所有体面社会都是正义的。罗尔斯把体面的等级社会(hierarchical society)定义为:(a)和平的非扩张主义的;(b)受共同利益的正义观指导,肯定全体成员的利益;(c)拥有"体面的商议体系"(decent consultation hierarchy),代表着社会的每一个主要派系,并在其国民看来是合法的(LP, sect. 9);(d)重视基本人权,尊重其成员的人权(LP, sect. 10)。基本人权是体面社会的条件。罗尔斯说,基本人权有:(1)保护生命和人身完整的权利;包括生命权、人身安全权以及最低限度地维持生活的权利(体面国家不会让其成员受冻挨饿);(2)人身自由权利(包括迁徙权、免于强制劳动和强制占据的权利,持有人身财产的权利);(3)形式平等权利和依法受到保护的权利(正当程序权利、公平审判权利,反对自证有罪[self-incrimination]的权利,等等);(4)一定程度的良知自由、言论自由和结社自由(LP,65,78-81)。以下情形不是体面社会的条件:它肯定成员的平等,给予他们平等的政治权利(它可以根本不给他们任何政治权利),甚至它给所有成员平等地提供基本人权。例如,体面社会可以拥有一种国教(state religion),在政治上推行一种宗教道德,同时提供适度自由去实践一些不顺从国教的宗教。体面社会也一定会尊重妇女的人权,在其正当的商议体系中体现她们的利益(LP,75,110)。[12]

重要的在于牢记以下一点:罗尔斯的《万民法》(像他的社会正义原则一样)在"诸多良序社会"(well-ordered societies)当中由于这个特殊情况而得到了具体规定。至于《万民法》如何应用于"带有所有不义的"我们的世界,这是一个单独问题。良序社会的所有合理成员一般都会接受调节社会的作为公平的正义观,并愿意遵守它。在良序的自由社会里，所有公民都自以为是自由平等的，他们公开支持自由观念（全部承认基本自由及其优先性，均等机会和社会最低保障）。在良序的体面等级社会里，所有人都支持用来调节社会非自由共同利益（common good）的正义观，包括尊重每一个人的人权和其他体面要求。顾名思义，共同利益是促进每个社会成员利益的观念。这并不意味着得到提升的共同利益是社会成员的自由和平等；它也不意味着在良序的体面社会里，每个人都接受旨在提升他们共同利益的法律。但是所有成员仍然接受用来证明那些法律的共同利益观，即使他们不同意所有它的解释和应用也是如此。这呼应于有关良序自由社会的见解，所有合理的成员都接受一个自由的政治观，但是不同意它的解释和应用。

由于体面的等级社会接受体面的要求，它们的成员有一种（不自由的）正义感，他们有一种"道德本质"，因此他们在一定程度上是讲道理的。他们寻求做事得体，符合道德要求，尊重其他人的权利，所有这一切都是为了其自身缘故，而不是为了避免国际制裁或其他自利理由。对罗尔斯来说，从表面上看，在有限的意义上，即使他们不承认自己是自由平等的，不像我们自由人那样接受自由主义，那些国家和个体都能够做到遇事讲道理，拥有道德倾向，包括正义感，支持人权、共同利益和体面的其他要求，对不民主国家做到讲道理，或至少不会蛮不讲理，似乎已经足够。有趣的是，民主社会的不自由成员拥有相同信念似乎是不真实的；他们不支持在他们作为其成员的社会里调节自由平等者关系的合作的自由条款是不合理的。这并不前后不一致；对罗尔斯来说，在第一种情形之下，合理性似乎拥有道德动机和正义感，涉及支配自由或体面社会的合作的道德条款。（"当在罗马时……"——虽然在这里我不清楚罗尔斯是否将会说，在体面社会里，因为不接受有关共同利益正义观的某些不自由因素，自由的异议者是不讲道理的。）

没有一个现存社会看似满足了罗尔斯有关体面等级社会的描

述。再说一次,也没有一个现存社会满足他有关良序自由社会的见解(LP, 75)。那么他的寓意何在呢？在《万民法》中,罗尔斯的主要目标之一是,规定自由国家对不自由国家给予宽容的限度。体面的等级社会观念是为了现实这个目标而做的一个理论建构。罗尔斯承认,自由社会不应当宽容地对待专制、独裁和其他"法外"体制,它们侵犯了人权,它们做事不是为了其所有成员的利益。但是,应当如何处理那些虽然不义却仍然正派的不自由社会呢？良序的体面社会遵守宪政民主的所有自由平等规则,把它作为与之和平共处和合作的条件,尽管自由平等理念不是其文化的组成部分,也没有得到其成员的普遍支持,这样的期待合理吗？罗尔斯认为,只要体面的国家尊重万民法,自由平等的国家要求它们也成为自由民主的,否则拒绝与它们合作,这样做是不合理的。假如按照世界大同主义者通常主张的那样,同不自由但体面的爱好和平的国家开展合作的唯一基础是,它们给予其成员以自由民主的公民享有的充分权利和利益,那么这是一个不合理的立场。自由社会尊重其他社会,它们由不自由、不民主的整全学说组织起来,提供了满足体面条件的政治社会制度并且尊重万民法。

罗尔斯的立场并不表示,政治自由主义支持体面的等级社会,把它们当做正义的和容不得批评的社会。自由公民和组织有充分的权利(按照他们的整全观点甚至有义务),去公开批评其他社会缺少自由或民主的特点,如果它们一意孤行,就联合抵制它们。但是由自由公民做出的批判性评价不同于其政府的敌对批评、制裁和其他强制干预形式。《万民法》说,自由国家,作为其政府所代表的国家,有义务同正派的不自由社会合作,并不企图诋毁它们。这意味着,自由国家要向不自由社会承担一些道德义务,他们的关系不是由纯粹策略来规定的。在他们拥有的义务当中,有一项义务是尊重体面国家的领土完整,尊重它们的政治独立和自主(在体面限制之内)。

有人反对罗尔斯的不干预义务,因为它看起来蕴含着不支持民主自由运动的义务。但是,不干预义务只禁止支持民主国家抵制体面的等级社会,不禁止民主国家抵制独裁体制和其他"法外"体制。正像对那些体制的内部抵制很可能证明是有效的那样,这为支持民主地反对不法体制留下了余地。这很不相同于体面的不自由社会,它将被认定有能力自我承受民主;否则,罗尔斯的意思是,它的成员不太可能维持民主统治。更大的麻烦也许是罗尔斯的以下说法:为了改革它们的社会,自由政府向体面当局甚至提供激励比如补贴也是不合理的。罗尔斯说,"更加重要的"在于,这些补贴要用于支持处境糟糕的国家(LP,85)。这里需要牢记的是,罗尔斯从事的是一项理想的理论研究,因此当他提到体面的良序社会时,其成员拥有不自由的自我观念,一般承认等级制度是合法的,是支持其共同利益观念的。在这些条件下,成为自由的外来激励很可能是无效的,会导致万民社会内部的不满,也会给不自由社会的有效自决打个折扣。

　　罗尔斯的见解主要依赖于在建立正义方面的制度性劳动分工。正义社会是自由社会,不自由但体面的社会是不义的(LP,85)。罗尔斯显然不是多元文化论者或相对主义者,后者认为,只要体面的要求得到满足,正义便是相对于一个社会的文化和习惯的。但是罗尔斯认为,不自由社会往往还没有准备好去维护自由民主制度。世界大同主义者会接受这一点,却不承认罗尔斯关于政治自主的强烈主张。它说的是,每一个自由或体面的社会独自有义务,在国内凭一己之力,通过保证给予自由平等的公民以自由权利,并为其所有成员提供正义分配,来建立和维护自由正义。对罗尔斯来说,自由社会政府的角色,并不在于在国内体面社会里建立自由正义。那得由作为同一个社会的成员,通过自己的政治自决来实现。罗尔斯似乎表示,体面国家的政治自主是社会正义之可靠建立的条件。一个社会很少能够在另一个稳定而持久的不自由社会里建立正义自由的社会制度;它的政治文化还没有做好维护它们的准备。正义、自由和民主制度的稳定性,依赖于自视为自由平等和正在发展自由正义感的公民。但是这种不干预义务不是单纯策略性的。罗尔斯似乎还认为,自由社会制裁良序体面的国家,或干预它们成员之间的关系,以便强制或威胁他们自由化其制度,这样做是不合理的。我们后面将考虑罗尔斯给予不自由但体面国家的政治自主以重大道德价值的原因。

罗尔斯为宽容对待不自由但体面的等级制国家所做的理论论证是坦率的。首先,他预设了只在体面国家代表当中完成的在第三原初状态下的协议。在那里,体面的国家将同意自由国家同意的相同万民法。重要的是,罗尔斯没有安排在自由国家和不自由国家之间就这些原则达成的同意。他的理由也许是想要避开如下反驳:同意万民法原则,意味着在自由国家和不自由国家中间达成单纯交易或权宜之计,于是自由国家在全球推行自由的基本自由方面打了折扣,其条件是体面国家不坚持要求自由国家分配财富的再分配原则。[13]这个反驳是错的。因为在原初状态下,在自由国家中间达成的同意,所有国家都同意不相互干预,而是允许每个自由国家在国内施行自由正义。由于《万民法》的八项原则将唯有在良序自由社会的理想世界里才行得通,这些原则在最理想情形下才讲得通。因此,它们无法来自于自由国家和不自由但体面国家之间的折中。相反,罗尔斯赞同宽容地对待不自由但体面的推行等级制的国家,其理由是,由于他们也全都接受万民法的八项原则,自由国家不用担心同他们打交道。他们对自由社会的国内正义不构成威胁,那是在第二原初状态下自由各方的根本利益。因为就他们尊重万民法,承诺人权,并且承诺提高其所有成员的共同利益的(不自由)正义观而言,体面的等级制国家在对外关系上是合理的。此外,罗尔斯认为,以下情形是不合理的:自由社会拒绝宽容地对待拥有道德品格和正义感的体面社会;尽管它们的成员不认为自己是自由平等的人,就他们限制于其成员的不自由的自我观念之内来说,他们仍然是合理的。罗尔斯承认,这是自由国家在同他们打交道时,(同意)宽容地对待良序体面的国家并尊重万民法的充足理由。

第四节 作为社会合作首要条件的人权

现在,我们来罗列一下罗尔斯的人权清单。一个国家尊重人权,是其享有不受干预和政治自主权利的条件。这些人权是:(1)保护生命权和人身完整权,包括维持生命手段的权利;(2)人身自由的权利(包括迁徙自由、免于奴役和强迫劳动的自由、持有人身财产的权利);(3)形式平等权利和承诺依法保护的权利(正当程序、公平审判、反对自证有罪的权利等);(4)一定程度的良知自由、言论自由和结社自由,虽然这些权利不一定是平等的(LP, 65, 78 - 81)。那么,罗尔斯罗列的这份人权清单出自何处呢?它为何不包括政治参与的民主权利、充分平等的自由表达权利、就业自由及其他自由主义的自由权利呢?罗尔斯把人权区别于《政治自由主义》要求的第一正义原则的自由主义基本自由。人权是一组特殊的权利,体现了体面政治制度的最低标准。否认国民有投票的权利,有严肃艺术表现的广泛自由,违反了自由正义;因此他们无法充分发展和适当实践使社会合作成为可能的道德能力。然而,对罗尔斯第一社会正义原则的如此攻击,不如否认国民拥有生命权或财产权,折磨国民或奴役国民,让国民受冻挨饿,或因其宗教信仰而迫害他们那样可恶,所有这一切都使得国民丧失了社会合作和追求理性善的能力。罗尔斯说,无论自由制度还是不自由制度,人权是任何一个社会合作制度都必不可少的权利(LP, 68)。那些被剥夺了人权的国家在任何意义上都不是在进行合作,而是(像奴隶一样)被强迫,被操纵,随时可以被牺牲掉。由于不尊重国民的人权,国民就不被看做是值得尊重的、有自身好恶的、具有道德思想的独立主体。

社会合作对罗尔斯的正义观至关重要,这一点在他借助于从事任何一种社会合作所必要的条件来定义人权中再一次得到了证实。

人权是最起码的自由、能力和保护,是任何一个人为了发展和行使最基本的道德能力,使他或她能够在一个社会里从事社会合作所必要的。相比之下,自由权利,是这样一些自由、能力和保护,它们对在自由民主社会里充分发展和适当行使道德能力是必要的。自由权利依赖于有关人和公民的这样一种理念,即人是自由、自省和自理的主体,拥有他们自由接受的自身之善。尽管有关人的这种自由理念是重要的并给人以启发,但是,一个人即使被剥夺了具体的自由权利和自由,也不如蕴含在否认人权之中的不认可情形来得可悲:人之为人,在于拥有法定的道德尊重以及对存在的本质状态的思索。

　　人权在万民法中扮演着两个主要角色。第一个角色是限制政府的内政自主:任何一个政府都不能主张主权是用来反对它侵犯其治下的国民的人权的挡箭牌。假如一个政府持续地侵犯其治下的国民的人权,没有很好地保护国民利益,那么,它便丧失了统治和代表国民的权利。于是,该政府将被看做是"违法的"(outlaw),因此在万民法之下,它不再免于其他国家的干预。而且,假如"违法的"政府对人权的侵犯足够恶劣,那么其他国家便有权推翻它,用尊重国民的人权和共同利益的政府取而代之。

　　这表明了万民法人权观念的第二个主要角色:它规定了发动战争和战争行为的理由。发动战争只能出于反对另一个政府的自卫,或者当其他国家国民的人权受到该政府或其他国家政府侵犯时,是出于保卫其他国家国民的人权。因此,为了维持军事优势或者军力平衡,获取经济资源,获得额外国土,而发动战争是不义的。这些曾经是在历史上发动战争的常见理由。所有这一切都蕴含着对一个国家的国民政治自主的不义侵犯。还有,在战争期间,也要尊重敌对国非战斗人员的人权;非战斗人员不仅不是攻击目标,而且要设法保护他们的人身安全和财产,使其免受伤害(LP, 95)。

　　尽管罗尔斯设计了人权在万民法之内开展社会合作方面扮演的特殊角色,但是他并没有把人的所有道德权利都包括进去。只保障人权但是不保障所有自由权利的国家和政府满足了体面的门槛；从自由主义观念的观点来看，它们是不义的。但是，罗尔斯认为，在万民法中，体面是一个重要的政治范畴，因为只要它们尊重每一个人的人权，追求共同利益，满足体面的其他条件，尊重万民法，它对于一个国家享有不受干预权和自决权已经足够。其意义是，即使在其所有成员没有全部做到（在自由民主的意义上）对自己的国民正义的情况下，由各独立国家组成的国际秩序可以是正义的，甚至是良序的。作为由其政府代表的合作团体，所有国家的事业是，保障所有国家国民的基本人权，支持他们满足基本的人类需要。但是，在所有国家的国民中间施行民主公民的自由权利，这不是政府或万民社会的任务。实现民主正义，要留给每一个独立自由或体面的国家去自决。这意味着，对罗尔斯来说，政府和公民应当给予自己国家承担的正义义务比他们为其他国家承担的正义义务要广泛得多，因为它显然受束缚于各个国家边界的任意性。他们感到困惑的是，"我们为什么有义务去提高本国国民的政治权利和经济利益，却没有义务去提高正好在边界线另一边的那些处境更糟糕的国民的政治权利和经济利益？"

这里存在着两个既不相同又相联系的问题。首先，凭什么证明，一个国家之内的国民在相互之间有正义的义务，却对世上其他国家的国民没有正义的义务呢？其次，凭什么证明，一个国家之内的国民拥有对一片领土的排他控制权且不让他国国民进入的权利呢？就第二个问题而言，罗尔斯认为，对一片领土拥有政治控制权的一国之内的国民要求所有可识别的国民承担起责任，守护好那片领土及其资源，缓解环境的恶化和资源浪费，那个责任牵涉到各国国民及其所有成员的利益（LP, 38 – 39）。（这个论证没有证明现存的国家边界的合理性，也没有想要做如此证明的意图。这是罗尔斯没有阐明的一个独立论题。）此外，在通常意义上，一国之内的国民和一个社会为了生存而占据一片领土并在政治上控制它是必需的。假如他们没有控制住领土和国界,那么一国之内国民的政治自主便是不可能的,政治合作也会变得极其困难。这使得有效的生产性的社会合作即使不是不可能,但也会变得非常困难。

这涉及上面的第一个问题,即为什么我们对自己社会的成员而不是其他社会的国民负有特殊义务？其答案是,向一个社会的成员担负特殊义务是社会合作可能的条件。正如要是不承认和尽到在其组织成员当中的特殊义务,家庭和友谊便无法存在和延续那样,要是社会成员在相互间没有对社会和社会成员尽到应当承担的义务和责任,社会便无法存在和繁荣。对罗尔斯来说,我们已经知道,社会合作之所以成为这样一种本质善,是因为与其他事情相比,社会合作对于我们实现我们的人类能力,实现我们作为自由平等的道德人的实践本性是必要的。为一个社会的成员承担特殊义务,一个国家的国民排他地控制一片领土,是民主政府和民主社会存在的两个条件。没有这两个条件,自由平等的人在政治自主、实现道德能力、自由追求理性善观念方面的根本利益,都将受到损害。这再一次重申了我早些时候对社会合作的强调,以及社会正义对实现自由平等的道德人的本质善的必要性。

第五节 援助义务

罗尔斯认为,独立国家有义务援助"负担过重的社会"(burdened societies),以满足他们成员的基本需要,使他们成为良序万民社会的独立成员(LP, 106－13)。负担过重的社会生存于糟糕的条件下;它们缺乏政治文化制度、人力资本和专门技术,往往缺乏成为良序社会所必需的原料资源和技术资源。不像"不法"社会,它们不具侵略性,但它们往往深受政治腐败的毒害。罗尔斯承认有义务援助负担过重的国家(LP, sect. 15),那是《万民法》的第八条,这使得他的万民法具有一个所谓"弱式"世界大同主义立场,区别于"强式"世界大同主义立场,后者要求全球分配正义原则。[14]罗尔斯说,在以下意义上,援助负担过重国家的义务不同于分配正义原则,它有一个"标的"(target),那个标的是进一步援助的"中止点"。相比之下,分配正义原则通常没有中止点,而是继续运用于收入和财富的分配,甚至援助义务要求的最低保障已经达到了之后也是如此。罗尔斯没有在理想状态下,从国家独立和自决的观点,来证明全球分配原则(像差别原则那样)(LP, 117),而一个国家的国民要为他们的政治文化承担责任,也要为他们的储蓄率和投资承担责任(LP, sect. 16)。以日本为例,由于多半缺乏自然资源,罗尔斯说,一旦不义的政治事业被抛弃,日本国民实现了独立,日本国民的财富便多半取决于其政治文化和勤劳精神,而不是取决于其自然资源水平。

援助义务要求提供比足以使负担过重的国家满足其所有成员的生存需要更多的援助,看起来甚至比他们有效实施所有人权的要求更多的援助。它要求附加"条款,保证……国民的基本需要得到满足"(LP, 38),"基本需要"被看做是国民参与社会文化生活所必要的手段。"我指的基本需要大体上是公民们要想利用他们的社会的权利、自由和机会就必须给予满足的需要。这些需要包括经济手段,制度权利和自由"(LP, 38, n. 47)。通过定义基本需要,不是在绝对意义上,而是在与对于在自己社会中发挥作用所必需的事物的关系中,罗尔斯再一次强调了他的国际正义观的社会基础。

援助义务的长期目标是,帮助负担过重的社会合情合理地管理自己的事务,想方设法凭借自己能力成为良序万民社会的独立成员(LP, 106, 111)。"这规定了援助的目标。"(LP, 111)这要求比正当而充分的经济财富更多的东西。良序社会不一定是富裕社会。但是,一个国家的国民要想在万民社会中成为独立的成员,那么,他们除了拥有适当的经济资源和利用那些资源的能力以外,他们还必须有能力建立和维护正义制度或体面制度。"目标是实现或保留正义制度或体面制度,而不只是增加……财富的平均水平,或任何社会的财富,或社会中任何一个特殊阶级的财富。"(LP,107)只是让国民脱离贫困的条件,却没有在经济上和文化上让其摆脱贫困,这是远远不够的。这表明,援助义务可以是相当严格的。它可以要求来自处境较优国家国民的大量更加持续的开发性援助,涉及教育、基础设施、农业、技术、文化发展等领域,直到负担过重的国家有能力获得政治独立、经济独立和社会独立。

这是逐步增强的,因为罗尔斯说:"考虑如何施行援助义务的第二个指导方针是,实现负担过重的社会的政治文化是头等重要的。"(LP,108)(试回顾一下,罗尔斯多半通过他们拥有共享的宪法和政治生活来理解一个国家。)其关键在于要"保证政治自主的要义"(assure the essentials of political autonomy),"援助负担过重的社会……有能力为了自己而去决定自身的未来道路"(LP,118)。因此,援助义务扩张为帮助负担过重的国家建设一种政治文化,去实现和维护正义的或体面的政治制度,为所有成员追求共同利益。这起码包含着这样一些措施,要求或鼓励负担过重的国家尊重人权,消除政治腐败和实行法治,减缓人口压力,为妇女确立平等正义(参阅LP,109-10)。

罗尔斯的援助义务不(像批评家认为的那样)是一项慈善义务。确切地说,它是良序国家应当为生存于糟糕环境下的负担过重的国家承担的一项正义义务。援助义务是一项为国内的未来子孙后代承担储存义务那样的正义义务。罗尔斯谈到了这两个义务之间的"相似性";"它们表现了相同的基本观念"(LP,106-07)。像正义的储蓄原则一样,援助义务也应当旨在"保障这样一个社会,使得对所有人来说一种有价值的生活成为可能"(LP,107)。援助义务也相似于个人与个人之间天经地义的互助义务(TJ,sect.19)。它把一国之内的个人与个人之间的这种义务扩张到了国家与国家之间。[15]

同罗尔斯阐述的正义储存原则遥相呼应的是,它表现为,对负担过重国家的援助义务,满足基本需要(像正义储存原则一样)必须先于在差别原则之下的分配份额的确定。[16]对负担过重国家的援助义务因此将优先于差别原则和为其自己的社会成员提供分配正义的义务。罗尔斯因此似乎强调了在世界范围里满足基本人类需要的某种重要性,它和缓了关于在社会内部的实践分配正义的断言。就此而言,以及在潜在的迫切要求即援助义务可以强加于处境优越的国家给定情况下,罗尔斯的"弱式"世界大同主义将看起来强于其世界大同主义批评家允许的程度。

第六节 分配正义和罗尔斯反对全球分配原则

强式世界大同主义立场主张,分配正义是全球能够实现的;即分配正义原则将囊括世界上的所有国家而不管他们属于什么样的社会,且将不会个别地应用于每一个社会。许多人认为,以这种方式实行的差别原则将是一个全球分配原则,全球资源和在所有社会里的经济活动将旨在有利于在世界上的最少受惠的国家。[17]罗尔斯反对全球应用差别原则;当它在全球范围应用于世界上的每一个社会时,它在一个社会内部所达到的程度是受到限制的,只是扩张到了那个社会的成员。造成这种情况的一个原因(我在后面论证)是,由于缺乏世界国家和全球法律制度,全球应用差别原则是没有意义的。此外,在全球水平应用差别原则,将误解它在具体规定特殊合作的对等关系方面所发挥的作用,那种对等关系规定着民主国家。批评家们会回应说,假如不是差别原则,那么某个其他全球分配原则将应用于公平地分配自然资源和工业产品。罗尔斯反对任何全球分配原则将更难以得到辩护。从其表面看来,它似乎依赖于有关公平的一些考虑,但是它最终也涉及他有关为民主社会、民主自主和民主公民的本质善所必需的背景条件观念。

1. 由全球差别原则带来的问题

一个常见的说法是,由于一致性的缘故,罗尔斯本人必须接受全球应用差别原则。最经常被人提到的一个理由是,它是罗尔斯赞成差别原则而反对效率原则的最初论证(TJ, sect. 12)所要求的;因为他在那里论证道,在收入和财富分配过程中,国民不应当从他们与生俱来的自然和社会优势或劣势中获益,或者为它们承担责任。世界大同主义论证说,如果这样,那么国民不应当通过他们出生在富裕国家或贫穷因家的偶然事实而获益或招难。社会应用而非全球应用差别原则便是不义。世界的收入和财富将按照极大地有利于世界上最少受惠国家的方式来分配,而不是按照最大化有利于每个特殊社会的最少受惠国民的方式来分配。[18]

像一般意义上的(强式)世界大同主义一样,这个反对意见无视社会合作对社会正义、政治正义和经济正义的关键价值。正是在社会合作关系的语境中,基于对等和相互尊重,罗尔斯才承认,在民主社会里,有关出生的偶然的社会事实和自然事实本身不应当决定分配的份额。但是,从这一点不允许做出这样的推论:在一个特殊(民主)社会里,偶然的成员资格事实也无关于去决定分配的份额。在决定分配份额的过程中,成员资格是高度相关的。不妨作个类比,一个人生得不如其表亲有天赋或有相貌,这个事实应当不相干于他在家中得到的照顾和关心,而另一个孩子没有生为那个特殊家庭的成员,这个偶然事实却高度相干于他在那个家庭的地位和应得权利(因为他什么都没有得到)。如我们在第二章看到的那样,差别原则旨在应用于通过共享的政治制度、法律制度和经济制度而存在的特殊合作关系,那些制度构成了民主社会的基本结构。它不是为了应用于在世界居民中间某个全球水平的、较流动的早期协作关系而设计的。

全球差别原则提倡者通常预设的是,财富从富裕社会向贫穷社会周期性地,或者一次性支付地进行重新配置(reallocation)。这个重新配置模型的问题是,它不是罗尔斯的差别原则。我们在第三章看到,差别原则并不简单地应用于配置现存的财富总量而不管它们是如何或由谁生产的以及它们的合法期望(参阅 TJ, 64, 86/56, 77 rev.）。这不是它的适当角色。相反,它直接应用于建构基本法律和经济制度,使个体能够控制财富和其他经济资源。这里的关键点是,差别原则是一个政治原则:差别原则需要立法机构、司法机构和行政机构以及对差异原则的应用、解释和执行做出判断。不存在这样一只看不见的手,它增加了有关财产、合同法、商业手段等基本社会制度的多重复杂性。假如政治设计这些及其他基本经济和法律制度对于应用差别原则是至关重要的,假如针对特殊个人的分配只涉及纯粹的程序正义,一旦这个设计基本经济结构的活动开展起来,那么肯定存在带有法定司法和政治机构的政治权威来发挥作用和各司其职。因此,除了复杂的经济惯例和有关财产、合同、商业手段、保险等的法律体系以外,差别原则要求以常态的政府权力应用政治权威。

不存在应用差别原则的全球政治权威,不存在应用差别原则的全球法律体系或全球财产体系。所以,既没有主体也没有客体,全球差别原则是双重虚弱的:没有实施它的法定人,没有它可适用的法律体系。就此而言,人们可以看到全球差别原则倡导者认为它是一个单纯配置原则的原因。但是他们的全球配置原则不是这样意义上的一个政治原则:政治机构能够应用来设计基本制度或基本结构,这样的原则不是差别原则,而是一个完全不同的东西。

或许,保留其政治角色的思考全球应用差别原则的一个办法是,对于由许多不同国家组成的政府来说,个别地应用这个原则到他们自己的基本制度,旨在改善世界上(不是在自己社会中的)最少受惠团体的地位。由这个建议带来的实践问题是,一国的国民只有权力去造就自己的社会基本结构,没有权力去造就其他国家的基本制度。一国的国民如何才能有效地建设自己的制度,在他们对其他国家的政策或世界上最少受惠者的生活前景没有政治控制的情况下,极大化世界上最少受惠者的生活前景呢?世界上的政府以这种方式个别地应用差别原则将带来大量协调问题,尤其是在每一个社会没有能力直接影响产生世界最少受惠者国家的习惯和法律的情形下,更是如此。同政府采取其他政策相比,个别地应用差别原则于世界,不可能使世上最贫困者好到哪里去。

第三个办法是,寻求应用差别原则于不是世界范围的所有国家的经济制度,或所有世界经济体的整个产品,而只是应用于全球制度(土地政策、贸易协定等)以及由各国之间的经济合作产生的边际产品。例如,(就全球化的所有说法而言)美国目前出口其 11% 的产品和进口 13% – 14% 的它在产品和服务方面的消费额度(因此我们目前存在贸易逆差)。[19] 差别原则于是可以用来建构贸易政策,用来调节进口和出口的适当关税,以利于世界上的最少受惠者。但是,这也不是罗尔斯的差别原则,因为它只应用于有限数量的制度,没有广泛扩张去建构所有经济制度和产权关系。此外,它存在着以下问题:这个受到限制有差别原则是否以及在多大程度上将实际地改善世界上处境最糟糕者的状况。假如创造出来的财富首先要服从全球差别原则,然后才服从国内差别原则,那么它似乎将大大抑制全球贸易以及产品与服务进出口。无论如何,这个零碎的差别原则,由于它只是应用于世界财富的边缘部分,放弃了基本的世界大同主义立场,即分配正义应当全球地而非国内地确定。

在罗尔斯的国内差别原则和全球差别原则之间,甚至存在着一些更加可怕的差异。从一开始,罗尔斯论证差别原则的论点依赖于民主社会成员之间有关社会合作和对等的一个初步观念。"民主平等"(Democratic equality)和"拥有财产的民主"(property–owning democracy)[20] 是他用来表示由差别原则和公平均等机会建构起来的经济制度的术语。在全球水平上,不存在民主的社会与政治合作,而且最可能从来都不会有那样的合作。甚至我们同意将存在某种类型的全球分配原则,它为什么将是差别原则呢?罗尔斯支持差别原则的对等性论证(参阅第三章)并没有越出民主社会的边界而从全球原初状态的前景来进行思考。假如民主对等论证无法成立,那么支持全球差别原则的论证将是什么呢?

更加重要的是,要么在"拥有财产的民主"中,要么在自由的社会主义经济中,罗尔斯预设差别原则,用来建构财产和其他经济制度,从而鼓励(结合公平均等机会)生产手段的广泛所有权和控制:

> 这里的意图不在于单纯帮助因遭遇意外或不幸失败的人(尽管那种帮助是肯定做了的),而在于把所有公民都置于基于适度社会政治合作去安排自己事务的立场……假如诸事顺遂,那么最少受惠者,不是运气不好者和倒霉蛋——他们是我们博爱、同情更不用说怜悯的对象,而是作为在自由平等公民和所有其他人中间产生的政治正义问题,对等性对其有所亏欠的人。(JF, 139)

像密尔(J. S. Mill)一样,罗尔斯认为,工人同资本家只存在实物期权的工资关系,不利于个人自由和独立,钝化了他们的个性,削弱了他们的想象力,消除了工人阶级间的相互尊重,最终导致工人们自尊的丧失。由于诸如此类的理由,罗尔斯受到以下观念的吸引:"股份经济"(share economy)(工人拥有私有资本部分所有权)、鼓励工人成为独立经济主体或从事自己业务的工人企业(workers' cooperatives)和有关资本的公共条款(public provision)以及有利于控制生产手段的广泛分配的其他措施。[21]

由于它不应用于任何实质性基本结构来造就财产和其他经济关系,它没有牵涉到公平均等机会原则,世界大同主义者提出的全球差别原则的配置模型(allocation model)对于促进这些目标无能为力。这并不否认,差别原则在应用于国内时具有分配功能(主要以为工人们提供补贴收入支付的形式,由于经济独立那些工人在劳动市场赚得太少)(TJ, 285/252 rev.)但是差别原则(1)不是缓解贫困或不幸的工具(尽管它偶尔会那样做);(2)不帮助有着特殊需要或伤残的人;(3)不帮助由于运气不好、自然不平等或其他意外事故而产生的倒霉者。任何数量的原则,无论国内原则还是全球原则,都会提供体面的社会或全球最低保障,发挥(1)贫困缓解的作用。罗尔斯提出的满足基本需要的援助义务对于发挥那个作用已经足够。

就(2)援助那些伤残者或有特殊需要的人来说,在国内的情形之下,罗尔斯预设了其他原则,在立法阶段做出决定,去发挥其作用。它们基于类似于在全球援助义务背后的有关援助和互相援助的约定(比如,互相援助和互相尊重的天然义务〈TJ, sects. 19, 51〉)。在这里常见的反对意见是,罗尔斯错误地定义了最少受惠者,在探讨分配正义时没有考虑伤残者的需要,误解了差别原则在自由平等的民主公民中间建构生产关系和财产制度中发挥的作用。过分简单化的是,差别原则起初关注的是生产一边,而不是消费一边。正是因为由于罗尔斯关注在民主社会公民中间财富生产的社会合作问题,他才能坚持在其最后分配中的对等性,并通过差别原则得到具体规定。作为对等原则,差别原则不适合于去处理满足人们的特殊需要问题。我们总是会在那些有特殊伤残的人身上花费更多,把差别原则应用于他们的条件,纵使没有消除在经济上给予对生产有贡献的最少受惠者(目前是处于最低工资水平的缺乏技能的工人)的那个份额,也将是极其有限的。

最后,就(3)而言,罗尔斯说:"差别原则当然不是补偿原则。它并不要求社会努力去抹平障碍,仿佛大家可以期望着在同样的竞赛中基于公平基数开展竞争。"(TJ, 101/86 rev.)罗尔斯表示,作为分配正义的一个观念,"幸运的平等主义"(luck egalitarianism)本身是行不通的,因为它不考虑生产关系,不考虑提高共同利益需要采取的措施,也不考虑提高平均生活水平或最少受惠者生活水平需要采取的措施。"就像绝大多数这样的原则一样,它只有作为自明的原则才是行得通的"(同上)。

因此其大意是,罗尔斯不以缓解方式来看分配正义;确切地说,他改造了为了缓解目标而分配财富固定产品的狭隘问题,以便处理一系列更加重大的问题。"分配正义主要问题是社会制度选择问题"(TJ, 274/242 rev.)与之相应地,"我们反对不兼容于作为公平的正义承认的根本观念的分配正义观念:作为长期社会合作公平制度的社会观念。公民们被看做是他们的主张由此产生的为了生产社会资源而进行着合作"(JF, 50)。因此,分配正义是一个更大的问题的组成问题,在自以为自由平等的社会合作生产的主体当中,如何公平地建构经济和财产关系,在那里,每个人在创造的社会产品方面都享有他或她的公平份额。罗尔斯由此把分配正义问题融入密尔和马克思的传统之中,在那个传统中,其首要的关注点是,如何通过一种方式公平地建构生产和财产关系,它肯定社会生产者的自由、平等、尊严和自尊。"人们需要的是在与别人的自由联合中的有意义的工作,这些联合在正义的基本制度框架中调节着他们的相互关系"(TJ, 290/257 rev.)。蕴含在差别原则中的明确的对等观念回应了这个一般问题。差别原则不是对全球贫困问题的一个恰当回应,也不是对上面提及的缓解问题(满足伤残者的特殊需要、补偿不幸者等等)的一个恰当回应。参照道德的援助义务、互相支援等等,这些是在非理想理论中处理的具体问题,并将根据他们对适用资源的了解,取决于公民的民主协商。有关非理想理论的这些缓解问题产生了独立于在作为良序社会的合作成员从事社会生产的民主公民中间决定正义分配之适当水平的理想理论问题。

2. 罗尔斯反对全球分配正义原则

刚才讨论的反对全球化差别原则的许多理由也牵涉到说明罗尔斯反对任何全球分配正义原则的原因。罗尔斯认为,我们有义务给予负担过重的国家提供人道主义援助,但是,分配正义假定的是社会合作。对罗尔斯来说,分配正义主要是有关基本社会制度的设计,包括针对经济生产、流通、交换、使用和消费的财产、合同和其他法律条件的法律体系。这些基本社会制度和法律规范使得生产、交换、使用和消费成为可能，它们是政治产品，是政治治理的主要主题之一。它不只是财政政策、税收、公共产品（public goods）、福利政策等政治上决定的事物；在更基本意义上，它是有关许多财产规则和经济制度的决定，包括生产手段的控制，使得这些政策和经济社会合作在更一般意义上成为可能。分配正义原则的首要作用是，为设计、评价和公开论证建成日常生活的许多法律和经济制度提供标准。由于这些基本制度是社会的和政治的，对罗尔斯来说，随之而来的是，分配正义也应当是社会的和政治的。如果真的如此，那么在缺乏世界国家的情况下，便不会有同社会基本结构同步的全球基本结构。实际上，在全球关系中，不存在可以同社会相比较的有关政治、法律、财产和其他经济制度的基本结构。这呼应于社会的根本重要性和社会合作对于我们作为人的本质和观念的根本重要性。存在着全球合作和全球制度[22]，但是这些不是基本制度。确切地说，全球政治、法律和经济安排是次要的制度和惯例：它们大体上是国家与国家之间协议和契约的产物，伴随着构成许多不同社会基本结构的基本社会制度的多样性。其结果是，这个唯一的脆弱的全球基本结构即使能够存在，也是次要的和伴生的：在理想情况下，它只是"万民社会的基本结构"（the basic structure of the Society of Peoples），它的治理原则是万民法。

　　罗尔斯的批评家通常根据总体不平等和世界贫困来论证全球分配原则。[23]世界贫困当然是一个正义问题，因为它大体上得归结于存在于许多国家的政府和世界经济关系中的重大不义，包括对较少受惠国家的资源掠夺。但是，按照罗尔斯的见解，它的不义通过援助义务得到了处理，通过防止其他国家和国际企业对一国的国民及其资源的不公平掠夺得到了处理，也通过要求腐败的政府尊重人权、满足基本需要和改善其成员的生活条件得到了处理。全球分配原则对于处理严重的全球贫困是不必要的，它实际上是一个不恰当的补偿措施。[24]

由于分配正义应用于所有国民而不论其是否贫穷。假如世上所有国家都有适当的收入和财富,能使其成员去追求他们选择的生活方式,但是全球分配正义原则仍然将给予应用。那么,支持全球分配正义原则的,除了贫困以外,肯定还有别的根据。

很多人肯定全球分配原则,似乎是基于一种罗尔斯反对的平等主义。这是这样一种平等主义,它说平等(资源、福利或能力的平等)是因其自身缘故而为好的。从严格意义上讲,"资源平等是因其自身缘故而为好的"的观念意味着,即使国民平等地自愿地决定使用他们的资源,也会产生重大的不平等——假定你储存了你的收入而我以饮用高档酒的方式花掉了我的收入,于是会有比如说支持重建平等分配的考虑,因而把你的部分积蓄转让给我,这样我就仍然能够购买更昂贵的酒。可以理解,绝大多数平等主义者并不支持这个立场。他们主张的不是平等分配本身是固有好的,而是这样的平等分配,它们不是(在适当条件下)国民自由知情选择的产物。这样的平等主义立场于是寻求平等化幸运产品(the products of fortune)——所谓的"幸运平等主义"。只要幸运相关产品得到了平等化和中性化(即国民因为不幸运而得到补偿),那么在资源、福利和能力上的不平等——无论它们涉及的善是什么——都得到了证实,由此假定它们是基于国民的自由和知情选择。

幸运平等主义引申出了支持全球分配原则的许多(尽管不是全部)世界大同主义主张。我们在第三章已经知道,罗尔斯反对幸运的平等主义。正义不要求我们平等化或中性化明确的幸运产品(无论是社会或自然应得产品还是纯粹的坏运气)。相反,社会正义要求的是,社会使用这些无法避免的运气不平等来令每一个人受益,并从在最大意义上让社会的最少受惠者获益开始。

一直有人反对的是,在罗尔斯的《万民法》中,没有任何东西能够阻止得了目前的实践,"富裕而有力的社会"(affluent and powerful societies)强行注入了"一个扭曲的全球经济秩序,妨碍着贫穷社会的经济增长,进一步削弱了他们的谈判力量"。[25]这是一个错误的见解。存在于现有社会当中的贸易实践和其他经济关系将由这样一些原则来检验,它们将由良序的万民社会成员的代表在原初状态下所达成。正如这个反对意见假定的那样,由于代表们置身于无知之幕的背后,不知道相对的财富、资源、国力和有关他们社会的其他事实,这些原则将不会歧视财富较少或国力较弱的国家。此外,罗尔斯明确承认现存国际经济关系的不义性。尽管他没有直接如此说过,但可想而知他将承认,在现存的社会不义情形下,过渡原则应当应用于纠正当前和过去的不义,以便产生良序万民社会。例如,为了补偿严重种族歧视的后代,正如罗尔斯将支持优待少数族裔的法律措施那样,虽然从严格意义上讲,它将违反在良序社会施行的公平均等机会,因此,他也会支持作为暂时措施的全球分配原则,来修正世界各地负担过重国家一直忍受的剥削、压迫和严重侵犯人权的历史。

但是,重要的在于,这样一个全球原则将是补偿性的,而不是永久性的。因为正如罗尔斯承认的那样,由永久的全球分配原则带来的问题是,在良序的万民社会里,将不存在从较多受惠国家向较少受惠国家转移的中止点,即使在较少受惠国家已经过上小康日子的情况下也是如此。罗尔斯坚信,由于全球分配原则持续地应用于所有的富裕国家而没有一个中止点,它对于政治独立国家将是不公平的。他列举了两个例子。两者都假定了良序社会的理想情形,即其合理的成员全都接受了有关正义的共同利益观(common-good conception of justice)。第一个例子是有两个社会 A 和 B,一开始是同样富裕的。社会 A 储蓄并投资其资源于工业化,随着时间的推移而变得更加富裕,而社会 B 喜爱维持温和的"更加田园式的悠闲社会"。罗尔斯认为,向比较富裕的社会征收增量财富税,并把它再分配给比较贫困的国家,这是"无法接受的"(unacceptable)。因为社会 B 及其成员自由地避开了工业化的好处,以便得到田园式社会的好处。第二个例子是遥相呼应的,它假定的是一个相当高的人口增长率。社会 A 采取计划生育政策,限制人口的高增长率,并实现了零增长,而社会 B 由于宗教和文化原因,采取"由其妇女自由决定"(freely held by its women)的政策,没有施行计划生育。(罗尔斯在此的例子假定了"针对妇女的平等正义原理是良序社会必要的",LP, 118.)随着时间的推移,实施计划生育的社会 A 的人均收入有了较大提高。再一次地,向比较富裕的国家 A 征收财富税,并把它再分配给比较贫困的国家 B,由于宗教原因,国家 B 的成员自由选择在较高水平上维持其人口,这"看起来是无法接受的"(LP, 117-18)。

蕴含在这些例子背后的是这样一个假定:在社会 B 里,每一个讲道理的人都自由地支持导致较低生活水平的经济和人口政策。在承认这一点的情况下,仍然要求把社会 A 的财富再分配给社会 B,这远远超出了幸运平等主义,以至于达到了这样一个立场:国民不应当为他们选择的后果承担责任。这即使不是一个站不住脚的立场,也似乎是一个难以令人信服的立场。

最后,罗尔斯认为,世界大同主义支持全球分配原则的论证基于对"个人福祉而非社会正义"的关切。罗尔斯拒斥福利主义,吻合于他拒斥全球分配原则。在国内情况下,社会正义的目的不是个人福利,而是公民的自由和平等。相似地,在国际情况下,万民法的目的不是一个国家的国民或所有国家的国民的总福利。它甚至不是最少受惠的个人的福利。万民法的终极目的或"目标"是政治自主,或"作为良序万民社会成员的一个国家之国民的自由和平等"(the freedom and equality of a people as members of the Society of well-ordered Peoples)。对这一点至关重要的在于,社会应当满足所有成员的基本需要,以便他们能够参与其文化和社会政治生活。而这正是援助义务的基础。在这里再一次地,无论如何,世界大同主义者会反对说,假如不是福利,那么至少是个人的自由和平等,而不是各国国民的自由和平等,应当成为国际正义考虑的目标。但是,在国际情况下，由于他给予了社会合作、社会基本结构以及政治合作、政治文化和政治自主全在其社会正义思考中发挥的核心作用以优先性，罗尔斯关注的是各国的国民而不是个人。[26] 之所以以它为焦点，正是因为他关心个人的自由和平等，它是贯穿《万民法》的背景。（请再回顾一下，《万民法》的目标在于"阐明正义自由国家对外政策的理念和原则"（LP，10）。）正如罗尔斯承认这些基本民主价值那样，因为个人自由平等的条件是在一个民主社会的基本结构之内政治自主的公民资格，那个社会本身施行政治自主（"能够做出自己的决定"，并且"能够为了他们自己而决定自己的未来道路"）（LP，118）。最后，罗尔斯反对全球分配原则，不是简单依赖于以下假定：国家的政治自主是一个善，或者国家应当（相对而言）实现经济自足，不屈服于超越其控制能力的外来势力的支配，他们能够通过储蓄、投资、计划生育和其他措施控制自己的财富水平。它也依赖于罗尔斯有关民主公民的自由平等的理想观念，以及假如要想实现那个人类理想，必须具备的社会政治条件。罗尔斯的想法似乎是这样的，全球分配原则（在实际上而不是在理论上）将危及在自由平等通情达理的人们中间的社会政治正义的这些根本基础。

结 论

很多世界大同主义者合理地担心，全球资本主义已经产生了躲避在政治上受制于世界政府的一些办法。跨国企业等督促外国政府，对其本国公民提出各种苛刻要求（例如，要求他们为自己的生产工具和生产设备买单），把它作为在外国创造就业的条件。这里存在着一个正义问题——跨国企业对处于劣势国家的盘剥——而这个问题的一部分在于，不存在处理这个问题的全球基本结构。假如这类问题没有引起调节着其企业国外订单的个别政府的重视，并通过协议和国际贸易组织（以及不清楚为什么它们无法做到）来给予解决,那么也许必须给罗尔斯的万民法增加一些附加条款,去处理诸如此类的问题。罗尔斯显然为此留下了空间。它蕴含在以下义务中:使得负担过重的国家能够成为政治自主和独立的国家。他还说过,万民法八项原则不是一份完整的清单,还可以再加上一些附加条款(LP, 37)。但是世界大同主义者寻求以错误的办法来解决经济剥削较少受惠的国民问题和其他问题,它不是通过全球分配原则解决或一定程度上解决的问题,那个原则只是简单地从比较富裕的国家取得财富,再向在发展中国家和欠发达国家中比较贫穷的国家进行重新配置而已。真正需要的是这样一些措施,这些国家因此而成为政治自主、经济独立,把命运掌握在自己手中的国家。

最后,尽管罗尔斯怀疑世界国家的可行性,但是他不否认,全球经济合作会涉及它自身的制度(比如国际贸易组织),这些制度最终将造就成为一套严格、复杂、相对独立的制度,对各国国民的未来前景产生广泛影响。我认为,尽管它们变得足够宏观和普遍,但是他所说的一切都没有越出在应用于这些制度的万民法以外正义标准的适当性。它也许是一个局部分配原则,就像上面讨论过的那样,重新配置来自国际贸易过程中的一部分,或者它是这样一个原则,承认"全球最低保障"(global minimum),类似于自由社会的最低保障。[27]在这个全球制度框架将像什么以及它展望的合作将有多大的轮廓缺乏的情况下,便联想什么样的原则将适合于它是徒劳的。关键在于,罗尔斯不必排除全球分配原则的可能性,在一套复杂的全球经济制度最终演化进程中,它补充了国内的差别原则。它不是罗尔斯阐明的解决方案,但是将符合他有关分配正义的制度基础的见解。[28]

拓展阅读

查尔斯·贝茨:《罗尔斯的 < 万民法 >》,载于《伦理学》,2000年7月第110期,第669－696页。(Beitz, Charles, "Rawls's Law of

Peoples," *Ethics*, 110, July 2000, 669 – 696.)(这是由罗尔斯的重要世界大同主义批评家之一做出的对《万民法》的批判性评论。)

托马斯·内格尔:《全球正义问题》,载《哲学和公共事务》,2005 年第 33 卷第 2 期,第 113 - 147 页。(Nagel, Thomas, "The Problem of Global Justice," *Philosophy and Public Affairs*, 33:2, 2005, 113 – 47.)(内格尔像罗尔斯一样主张社会正义对全球正义的优先性。)

托马斯·波格:《一部平等主义的万民法》,载于《哲学和公共事务》,1994 年夏第 23 卷第 3 期。(Pogge, Thomas, "An Egalitarian Law of Peoples," *Philosophy and Public Affairs*, 23:3, Summer 1994.)(波格主张在罗尔斯原初状态下各国代表将选择一种全球资源税而让较贫困的国家受益。)

注释

1 参阅查尔斯·贝茨:《国际理论和国际关系》,新泽西,普林斯顿:普林斯顿大学出版社,1979 年;托马斯·波格:《认识罗尔斯》,纽约,伊萨卡:康奈尔大学出版社,1989 年,第三篇;K. C. 唐:《宽容、多样性和社会正义》,宾夕法尼亚,大学公园:宾夕法尼亚州立大学出版社,2000 年;布雷恩·巴雷:《诸正义理论》,加州伯克利:加利福尼亚大学出版社,1989 年,第 89 页。

2 参阅查尔斯·贝茨:《国际自由主义和分配正义:对最近思想的考查》,载于《世界政治》,第 51 期,1999 年,第 269 - 296 页,第 287 页;以及 K. C. 唐:《没有边界的正义》,纽约:剑桥大学出版社,2004 年,第 10 - 12 页。

3 在《正义论》的一个著名评论中,德沃金承认,作为公平的正义实际上是以有关平等关切和尊重的这个根本观念为基础的。罗纳德·德沃金:《原初状态》,收录于他的《认真地对待权利》,麻省康桥:哈佛大学出版社,1977 年,第 150 - 183 页。德沃金本人否认平等关切和尊重蕴含着一个世界大同主义立场。

4 这是罗尔斯在《正义论》索引中在"平等尊重"之下的唯一词条。值得注意的是,存在着一些独立的词条表示"对人的尊重"、"互相尊重"和"自尊"。

5 按照把拥有自我观念看做是人格的必要条件的一些形而上学观点,我们在缺乏社会的情形下甚至都不是人,而只是人类的成员。罗尔斯不会诉诸在政治自由主义里的这个观念来证明社会正义的优先性。

6 在大体上独立于其他社会的情况下,甚至一些国家的国民能够生存下来并有时以自己方式繁衍生息。

7 例如请参阅布雷恩·巴雷:《诸正义理论》,加州伯克利:加利福尼亚大学出版社,1989年,第23节和第29节。他紧跟罗伯特·诺齐克之后,攻击了罗尔斯有关社会合作对正义具有重要意义的论证。罗伯特·诺齐克:《无政府、国家和乌托邦》,纽约:基础图书出版社,1974年,第183－189页。

8 K. C. 唐:《没有边界的正义》,纽约:剑桥大学出版社,2004年。他曾表示,世界大同主义能够承认针对自己社会成员而不为世上其他社会的成员担负的非手段性义务。

9 参阅康德的论文:《论永久和平》,载于《永久和平和其他论文集》,泰德·罕富来译,印第安纳波利斯:哈克特出版社,1983年,第113页。

10 参阅LP, 36, 48.

11 例如参阅托马斯·波格,他在《一部平等主义的万民法》(载于《哲学和公共事务》,1994年第23期,第195－224页)中主张,在机会给定的条件下,罗尔斯的各方将选择1%的全球资源税用来分配给处境较糟糕的国家。

12 罗尔斯有关体面社会的见解在一些方面不同于艾维萨·玛格丽特在《体面社会》(麻省康桥:哈佛大学出版社,1996年)中的见解。玛格丽特说,体面社会的制度要人们尊重权威,但是不像罗尔斯,他认为,"体面社会概念不一定涉及权利概念"。而对罗尔斯来说,人权对体面社会是至关重要的。

13 这是托马斯·波格在《一部平等主义的万民法》中提出主张;并且参阅K. C. 唐:《宽容、多样性和社会正义》,第30－31页。

14 参阅大卫·米勒:《公民资格和国家认同》,剑桥:坡里梯出版社,2000年,第174页。

15 "万国法的目标在于保证在国家行为上承认这些(天然)义务"(TJ, 115/99 rev.)。

16 "因此,差别原则的完整陈述包括作了一个约束的储蓄原则"(TJ, 292/258 rev.)。

17 参阅布雷恩·巴雷:《正义的自由主义理论》,第128－133页;查尔斯·贝茨:《国际理论和国际关系》,第127－169页;托马斯·波格:《认识罗尔斯》,第六章;K. C. 唐:《没有边界的正义》,第7页,第55－61页;达雷尔·摩伦多夫:《世界大同主义正义》,科拉拉多,博尔德:威斯特韦尔出版社,2002年,第49页。

18 贝茨、波格、唐和巴雷都提出了反对罗尔斯的不一致性论题。唐说,一个人出生在有关贫困人口和糟糕经济政策的国家,"正像出生在国内富裕或贫困环境下那样,这些仅仅是出生的偶然,在道德上是任意的"(唐:《没有边界的正义》,第73页)。也参阅贝茨:《政治理论和国际关系》,第139页;巴雷:《诸正义理论》,第189页。

19 参阅乔恩·曼德尔:《全球正义》,剑桥:坡里梯出版社,2006年,第6章提到了相关数据。

20 参阅 TJ sects. 13 和 42; JF, sect. 41。

21 例如参阅 JF, 176, 178,罗尔斯在那里支持密尔有关工人所有的企业观点作为拥有财产的民主的组成部分。也参阅 also LP, 107 – 8n. 就密尔有关"静态"(stationary state)和"劳动阶级"(laboring class)见解所作的讨论。

22 在我看来,全球制度的范围和力量被罗尔斯世界大同主义批评家严重夸大了。

23 参阅 K. C. 唐:《没有边界的正义》,第34 – 35页。托马斯·波格支持全球分配原则例子的很多内容也依赖于悲惨的世界贫困和在维持腐败统治者方面处境优越国家的复杂性。参阅他的《世界贫困和人权》,剑桥:坡里梯出版社,2002年。

24 曼德尔在《全球正义》第7章里提供了一个信息量很大的讨论。

25 托马斯·波格:《全球正义的优先性》,载于《元哲学》,2001年第32卷,第6 – 24页,第16 – 17页。

26 参考罗尔斯的断言:"它的确是对个人和团体而言依附于其特殊文化并参与其公共生活和市民生活的一个善……这不是一件小事。它赞成为国民的自决观念保留重要空间。"(LP, 111)

27 莱克斯·马丁赞同全球最低保障的恰当性。

28 我感谢萨缪尔·谢夫勒和约书亚·科亨帮助我形成了本书最后几个段落的见解。本章第444 – 455页摘自我的论文《分配正义和万民法》,载于《罗尔斯的万民法:一个切实可行的乌托邦?》莱克斯·马丁和大卫·莱迪编,英国牛津:布莱克维尔出版社,2006年。我感谢布莱克维尔出版社允许我使用这份材料。

第十一章 结 论

第一节 罗尔斯的遗产和影响

不像这套丛书中的其他哲学家,由于罗尔斯在 2002 年末刚刚去世,而且其主要著作全都写于过去的四十年间,罗尔斯的遗产和影响仍然是短暂的。他的遗产仍在发展之中。显然,即使他不是 20 世纪最重要的道德哲学家和政治哲学家,那他也肯定是 20 世纪最重要的道德哲学和政治哲学家之一,并将为未来几个世纪的人们所承认。当然,20 世纪不是以伟大道德哲学家和政治哲学家为标记的世纪。在这一方面,20 世纪不像 17 世纪(霍布斯、莱布尼茨和洛克)、18 世纪(休谟、斯密、卢梭和康德)和 19 世纪(黑格尔、边沁、密尔、马克思、西季威克、尼采)。然而,在不确定的未来中,每当人们要面对正义哲学问题时,罗尔斯必定是一位无法逾越的哲学家。[1]

至于罗尔斯对当代思想的影响,一旦走出学院,那么它便是微乎其微的。但是鉴于其工作的性质和当前的政治气氛,这仍然是可以期许的。自从《正义论》面世以来,一些政治事件正沿着与之背道而驰的一股潮流涌动着。在政界,亚当·斯密和古典功利主义经济学家们的遗产,以及某种程度上罗伯特·诺齐克和自由至上主义者的遗产,再一次占据上风。美国共和党在19世纪古典自由主义的指导下,同保守的宗教民粹主义结成联盟,那种民粹主义受到政治化了的福音主义的支持,反对在更广泛文化领域的世俗主义和自由化。然而,无论什么时代,罗尔斯以及任何一位哲学家对当下事件缺乏影响是正常的。从上一段落罗列的那份名单来判断,哲学家的工作显然没有进入与其同一个世纪的国民的道德和政治意识之中,纵使进入的话,也至少得在一个世纪之后。(世人见证了洛克对18世纪革命的间接影响,亚当·斯密和卢梭〈分别〉对19世纪古典自由主义民主剧变和社会改革的间接影响,马克思对20世纪共产主义的直接影响。)推测罗尔斯是否将在21世纪末具有相似政治遗产是没有结果的。

当然,就其研究的问题而言,罗尔斯对当代学术界的影响是另一回事。他的工作仍然深刻地影响着目前有关社会正义、政治正义和国际正义的争论,也对道德哲学产生着重大影响。当前有关全球正义的讨论尤其受到了罗尔斯的重大影响。他的立场被视为对有关国与国关系的传统自由主义立场的主要当代辩护。我们容易理解的是,自从他在《万民法》中提出八项原则以来,为什么没有受到普遍拥护的唯——项原则会是向有困难国家提供援助的义务,但是甚至那项义务也得到来自许多当代国家代表的口头支持。正因《万民法》原则的原创性不够,许多人发现,罗尔斯的收关之作是一部令人失望的作品。但是,正如罗尔斯经常说起的那样,在自由发挥休谟对洛克社会契约论的批评之后,"哲学上就没有什么新东西了,而且凡是新的几乎都是错的。"(或者如休谟说的那样:"在这些问题上不应当期待有新发现。")

在罗尔斯《万民法》中真正新的东西,以及在其整个工作中真正新的东西,不是他提出的社会正义和国际正义原则(在这里差别原则是一个重要例外)。他把传统原则和立场置于一个新环境之中,帮助我们更好地理解这些立场及其意义,认清它们的力量,它们同我们拥护或受其感召的(而其他人也许并不如此的)其他道德和政治立场的联系。道德哲学和政治哲学的角色,不在于告诉我们应当如何生活,如何安排社会政治制度(正如知识论和科学哲学的角色不在于告诉科学家如何从事科学或什么可以算作科学知识)。相反,它的角色在于为理解悠久的道德和政治传统及其原则提供新的路径,在于为用顺应当代道德和政治意识的观念支持(或反对)、证明这些立场提供新的路径。这就是罗尔斯的主要贡献,也将是他的主要遗产。从一开始,探索实践理性活动的性质,探索道德证明的可能性,就是他的道德哲学和政治哲学的指导性主题。曾经坚持道德哲学多个世纪的传统二元论(分析与综合、必然与偶然、先天真理与后天知识等等)备受 20 世纪哲学家的攻击,罗尔斯努力把道德证明观念保留在哲学之内,为道德判断的客观性作辩护。面对有关实践理性活动、道德理性活动及其结论可靠性的当代自然主义、科学主义和怀疑论,他有关契约论、深思过的道德确信的反思平衡、公共理性和公共证明、道德和政治建构主义、政治自由主义,以及合理性与理性之区分(reasonableness vs. rationality)的诸多见解,全都成为他为提供有关道德证明和客观性见解所做持续努力的必要组成部分。

除此以外,罗尔斯还提供了民主思想自由主义传统的重要解释和证明。在政治上,他自视为追随于源自康德和约翰·斯图亚特·密尔的高度自由主义传统之中,那是亚当·斯密、杰里米·边沁和古典经济学家的古典自由主义传统不予认可的一个重要民主传统。不像密尔,罗尔斯不认为,实质性地修正功利主义能够为宪政民主的基本原则提供适当辩护。这是他转向康德寻求灵感的原因。罗尔斯的重要遗产之一将在于他复活并发展了康德的道德哲学和政治哲学。他的康德道德哲学讲座(《道德哲学史讲义》)属于最有见地的论著之列,启发了新一代康德研究者。在康德式解读和《康德式建构主义》中,他旨在明确地为康德的道德自律观念和理性给自己立法的观念提供哲学内容。他依赖建构主义,为反思平衡观念提供结构。通过把人的观念融入自由民主正义原则的证明之中,他证明了作为自由平等的道德主体的人的观念如何才能协调于道德哲学和政治哲学,并从道德原则推导出来。

第二节 结论性评价

自从《正义论》出版以来,在罗尔斯工作中反复出现的一个主题是"完美正义的"(perfectly just)良序社会的可能性。良序社会对罗尔斯契约论是至关重要的,甚至比原初状态更加重要。因为良序社会是通情达理而自由平等的公民全部赞同正义观念的社会,是每个人都拥有为其提供充分动机常规遵守正义要求并相应调整其追求的有效正义感的社会。承诺正义的自由平等的人全体同意正义,是源自洛克、卢梭和康德的自由民主的社会契约传统的核心理念。通过努力证明良序社会是如何切实可能的,并且在如此努力的过程中,修正和优化他的理论,为那个目标提供必要的观念平台,罗尔斯自始至终都坚持了他的契约论。正如原初状态是罗尔斯契约论的组成部分那样,公共理性、重叠共识、独立政治观、公共证明,如此等等,所有这些观念都是政治自由主义的组成部分。

罗尔斯有关良序社会的见解随着岁月的流逝而发生了变化,这与其归功于他人的批评,不如归结于他自己的观念的力量和要求。

在其学术生涯的终点,罗尔斯终于认识到,甚至在完全通情达理的(既讲道理又讲理性的)自由平等的人中间,一致同意作为公平的正义也不是切实可能的。其中的主要理由是,难以让讲道理的(合理的)人信服,差别原则显然是最合理的分配正义观念。就如何在民主社会建立讲道理的人会采纳的社会最低保障问题而言,存在着其他纵使不是同样合理但也足够合理的见解。这个可能性并没有消除罗尔斯对差别原则是最合理原则的信心,但它的确消除了他对实现作为公平的正义的良序社会的切实可能性的信心。他终于明白,更有可能的是这样一个社会,在其中,自由平等的人全部同意政治上自由的正义观念的基本框架,它保证第一正义原则及其优先性,保证以几种不同方式决定的适当的社会最低保障(除了差别原则以外)。

最后,对罗尔斯来说,为什么他证明正义的良序社会的切实可能性是如此重要呢?我认为存在着两个理由。第一,他对民主社会理想的热衷,那个理想也许始于卢梭,经由康德而得到发展,并受德国唯心主义者包括马克思的影响。它是这样一个社会理想,在其中,凡是通情达理者都知道它,并完全支持他们的社会和政治关系的基础,都不愿意生活在有关他们的任何假象之下(CP, 326)。而且,当公民最佳地表现为自由平等和通情达理的人来行使理性的时候,他们知道的原则、观念和法律,塑造和调节着他们的关系,不是由超越其控制的自然力量或环境力量强加于他们的,而只能再现为他们自由使用理性的产物。在判断的负担和合理的多元论事实条件下,因为他认识到这样一个社会是不可能的,罗尔斯在《政治自由主义》中不得不放弃了这个道德自律和政治自主理想。在每一个重叠共识都基于公民整全观念的某个重叠共识中,公民出于许多不同理由同意自由的正义观念,通过自由平等的公民的政治自主,民主社会的理想于是重新得到了规定。

这揭示了罗尔斯继续关注良序社会可能性的第二个理由。罗尔斯最后一部论著《万民法》的结论性段落表明了,在美国国内的意义上,和在世界许多社会和国家中间,良序社会观念的持续重要性:

> 假如使其成员的权力服从于合理目标的一个通情达理的正义的万民社会(Society of Peoples)[和良序社会]是不可能的,人类大多是不讲道德的,纵使不是不可救药地玩世不恭和自我中心的,那么我们会和康德一起质问,人类是否值得苟活于这个世上。(LP, 128)

即使由道德自律的人所组成的社会是不可能的,证明以下情形仍然是重要的:正义与人性相通,合理正义的(假如不是"完美正义的")社会是人心所向。这也许是罗尔斯一生的主要哲学遗产。

注释

1 G. A. 科恩是最尖锐而固执的罗尔斯批评者之一。他在其即将面世的一本讨论罗尔斯的著作《从建构主义来拯救正义》中说道:"我认为,西方政治哲学史上至少存在比《正义论》更加伟大的两部著作,它们是柏拉图的《理想国》和霍布斯的《利维坦》。"

术 语 表

亚里士多德原理(Aristotelian Principle, TJ, sect. 65) 指一个"心理学规律"或心理倾向:在同等条件下,人乐于实践已开发的能力,人越是乐在其中,人的能力越是得到开发,人参与的活动也越是复杂。罗尔斯坚称,亚里士多德原理解释了我们深思过的许多价值判断,在选择理性人生规划时必须琢磨这个原理。罗尔斯凭借这一原理把至善论要素(完美主义原理)融入其对人之善的考虑中。它在罗尔斯关于正当与善相吻合的论证中扮演着重要角色。

自律、自主(Autonomy, TJ, sect. 78) 这一观念起初以康德式解释用于《正义论》;自律或自主意味着按照道德原则行事,理性在原初状态下给予自己道德原则,道德原则被视为由主体的道德能力建构而成并且表现了主体的道德能力,主体的道德能力构成我们作为自由平等的理性道德存在的本质。在《政治自由主义》中,罗尔斯运用术语"充分自主"来表示公民通过政治正义原则通情达理地做事,当公民作为自由而平等的人得到公平呈现时,他们给予自己以充分自主(PL, 77)。于是,作为自由平等的公民,其判断和行动(关于法律、公共政策等)取决于或至少兼容于公共理性,并与其地位和利益要求相一致。见政治自主。

背景正义(Background justice, PL, VII, sect. 4) 指法律正义和社会政治制度正义,它们给人们决策和行动提供了背景条件和约束。罗尔斯认为,如果背景正义缺位,人们之间的一系列公平交易会不可避免地导致不公平或不义(例如,在垄断或收入财富分配极度不平等的条件下)。将正义原则首先运用于基本结构的目的在于保持基本结构的背景正义。见社会基本结构。

基本自由（Basic liberties，PL，VIII） 指受到第一正义原则保护的平等自由：良知自由和思想自由、结社自由、政治自由、构成人身自由的权利和自由（包括持有人身财产的权利）、法治所涵盖的权利和自由。罗尔斯通过以下论证来证明这份清单：这些自由在实践和发展道德能力并且追求许多合理的善观念时是尤为必不可少的。因此，拥有和控制生产手段的个人权利并非基本自由，而是根据第二正义原则有条件获得的。财富无限制的积累和不受约束的使用、经济契约的完全自由等自由至上主义者主张的权利是根本不受保护的自由。

社会基本结构（Basic structure of society，TJ，sect. 2） 指基本社会政治制度的设计，那些制度塑造着日常生活和个人的决定与行动，分配着基本权利与义务，决定着社会合作的利益划分。罗尔斯认为，因为社会基本结构深刻影响着我们的生存方式和生活前景，它对背景正义来说是必要的，所以，社会基本结构是正义的"首要主体"：正义原则直接用来建构其基本制度。塑造基本结构的社会制度是政治宪法；有关审判、所有权和契约的法律制度；市场制度和经济关系规则，以及家庭。见背景正义。

负担过重社会（Burdened societies，LP，sect. 15） 指无力实现经济独立和自给自足，因而无法满足成员基本需求并维持体面条件的社会。各国有援助负担过重社会的义务，以使它们能够建立这样一种政治文化，足以满足成员的基本需求并使其成为良序的万民社会成员。

判断的负担（burdens of judgment，PL，II，sect. 2） 它是导致合理多元论的主要原因。判断的负担是事实而非利益冲突，导致甚至通情达理者也会对哲学、道德、宗教议题有不同的判断。它们包括（除了其他事情之外）证据的复杂性、赋予表示赞同的相关考虑因素以不同权重、概念的模糊性及其不同解释、由不同经验导致的评估证据的不同方法、就争议双方的区分力度进行规范考虑的复杂性、价值多元论以及许多疑难决定似乎无解的事实。

正义环境(Circumstances of justice, TJ, sect. 22)　指一些常态环境。在常态环境下,人类合作既是可能的也是必要的。这一观点源自休谟。基于两个基本事实,社会既包含合作和共同利益又以利益冲突为特点。首先,社会成员拥有不同的目的和偏好,通常在宗教信仰或哲学观点上也存在分歧,那些信仰和观点构成了他们的善观念(正义的主观条件)。其次,众多社会成员他们的能力大致相似,且自然资源和其他资源处于中等匮乏状态;然而资源只能满足每个人的基本需求,并不足以满足每个人的各种需要(正义的客观条件)。正义原则对区分社会合作的益处和负担是必要的。

共同利益的正义观(common good conception of justice)　在《万民法》中,体面等级社会的一个特征是,国民受这种正义观支配,借此寻求提升所有社会成员利益的观念。由于这些社会是不自由的,他们的正义观没有把自由平等纳入共同利益之中。

整全自由主义(comprehensive liberalism)　与作为一种政治学说相比,作为一种道德学说,自由主义包括一种正义观,它肯定自主性(或个别性)是固有的人之善,那种善将通过正义制度而提升。根据康德、密尔、《正义论》里的罗尔斯、德沃金、拉兹和其他人的论证,它是没有得到通情达理的公民承认的政治观。

正当和善的一致性(congruence of the right and the good)　罗尔斯在《正义论》中为了证明正义的稳定性而提出的论题。它旨在证明,人们因其自身缘故而行使正义感,并且在良序的作为公平的正义社会里,使正义成为其理性人生规划的顶层调节手段是理性的。所以,在那样的环境下,行正义是每一个人的善的组成部分。支持正当和善一致性的两个主要论证来自社会联合观念(TJ, sect. 79)和康德式解释(TJ, sects. 40, 86)。

宪法要件和基本正义事项(constitutional essentials and matters

of basic justice,PL, VI, sect. 5) 它规定了这样一类政治论题,它们将按照公共理性的政治价值来决定。宪法要件包括基本权利和自由问题,政府的宪法权力和程序问题。基本正义包括均等机会、社会最低保障以及其他全力以赴地有效实施基本自由和公平机会的相关事务。

宪法自主(constitutive autonomy) 这是一个康德命题,即道德原则是实践理性给自己立法,不存在独立于理性的来源。康德及康德式建构主义肯定实践理性的宪法自主。比较政治建构主义和学说自主。

伦理学建构主义(constructivism in ethics,CP, ch. 17;PL, III) 有关道德和其他伦理判断正确性的一种元伦理学立场。当道德判断和其他伦理判断符合某些原则时,它们是正确的,那些原则是从一个客观协商程序"建构"起来的,那个程序包含了实践理性的所有相关要求。判断的客观性最终为道德真理提供了判准。试比较道德实在论,道德实在论说,真的道德原则是先天存在的,独立于实践理性活动,客观判断是再现相关道德事实的判断。对于建构主义来说,不存在独立于正确推理活动的道德事实。

理性选择的运算原理(counting principles of rational choice,TJ, sect. 61) 把罗尔斯对理性和理性人生规划的考虑统合了起来。运算原理是采取有效手段达到目的的原理,是采取更可能成功的措施的原理,这是一个包容性原理,旨在实现我们的更多目标。

休面的协商等级制度(decent consultation hierarchy,LP, sect. 9) 指体面的等级制社会的立法和参政团体(the lawmaking and governing body of a decent hierarchical society)。它必须咨询社会中所有团体的代表,而其每个成员都属于一个被代表的团体;按照体面的协商等级制度中国民的共同利益的正义观,每一个重要的政治决定都将得到公开的正当性辩护(publicly justified)。罗尔斯从黑格尔《法哲学原理》第三部分借用了非民主的参政团体(the nondemocratic governing body)观念。

体面的等级制国家(或社会)(decent hierarchical people (or society), LP, sect. 8) 指在万民法中不具有侵略性目标并尊重其他国家和万民法的国家或社会,它(1)受共同利益的正义观指导;(2)尊重所有人的人权;(3)拥有"体面的协商等级制度"(decent consultation hierarchy),拥有来自社会各团体的代表。罗尔斯承认,尽管体面的等级制国家是不自由的或不民主的,但是自由国家应当宽容地对待它们并与之合作。

协商理性(deliberative rationality, TJ, sect. 64) 是罗尔斯的人之善准则的组成部分。人之善可以客观地定义为他或她在假定的协商理性条件下将选择的理性人生规划,借助于正确完整的信息和对选择其他人生规划将产生的后果的想象性理解,那些条件通过对于所有相关事实的批判反思来揭示。

差别原则(difference principle) 罗尔斯第二正义原则的第一部分,它调整着在初级社会产品(primary social goods)的差别(不平等)。它要求这样来安排社会经济制度,分配收入和财富、权力和公职(powers and positions of office),以便最大化属于社会最少受惠者(定义为工资最低、技能最低的劳工)的份额。其意义在于,就那个社会来说,同其他任何一种可行的经济制度相比,实行差别原则的最少受惠阶级成员将过得更好些。罗尔斯诉诸自由平等公民中间的对等性来论证差别原则。他承认,这个原则证明了拥有财产的民主制度或自由的社会主义,但没有证明资本主义的福利国家。

学说自主(doctrinal autonomy, PL, III, sect. 1) 当一个政治正义观念能够基于民主价值观念以及公共理性的政治价值而被建构起来时,它是学说自主的。它因此能够被视为独立于整全的道德、哲学和宗教学说。学说自主仍然可以兼容于在一个或多个整全学说中有其真实基础的正义观。试比较宪法自主。参考政治建构主义。

政治领域(domain of the political) 是政治自由主义的一个基

本观念;它是人与社会基本结构的关系,且总是蕴含强制权力(coercive power),在宪政民主中,它总是一项公共权力(public power),是作为集体的自由平等公民的权力。政治领域区分于社团领域,后者是自愿的,是人际的与家庭有关的,某些方面介入个人情感因素的,但政治领域并非如此。一个政治的正义观绘制于政治领域并且其应用局限于政治领域。

援助义务(duty of assistance, PL, sect. 15) 一项应当给予负担过重社会以援助的正义义务,那些社会缺乏成为良序社会和政治自主的政治文化。其他国家有义务提供资源,使负担过重社会能够满足其成员的基本需要,并且成为良序社会。它不是一项分配正义的义务,因为一旦其政治自主的目标实现,它有一个中止点,援助便不再继续。

谦恭义务(duty of civility) 是公民的一项道德义务而非法定义务,即借助于公共理性的政治价值,公民和政府官员能够向其他公民证明他们推崇的法律和政策的正当性(PL, 217)。罗尔斯说,每当宪法要件和基本正义事项濒临险境时,只能诉诸这项义务。

效率原则(帕累托)(efficiency, principle of (Pareto), TJ, sect. 12) 罗尔斯用差别原则与之比较的一个分配正义原则。他把它同古典自由主义和"自由平等"联系起来。对这种契约论要求的一个解释是,制度将有利于每个人。按照效率原则,一个有效的分配只有在发现进一步有利可图的交易是不可能的情况下才会发生;所以如果不去损害某个人,那么谁也不能从中获得好处。当改变规则提高每一个代表人的期待而没有减低另一个人的期待成为不可能时,在基本结构中安排权利和义务是有效率的。自由市场对收入和财富的分配被认为比任何其他经济制度都更好地贯彻了这个原则。罗尔斯认为,效率要求必须附从于第二正义原则。

平等政治参与原则(equal political participation, principle of, TJ, sects. 36 - 37) 是第一正义原则提出的要求,即公民拥有平等的

政治自由,包括投票选举的权利,担任公职的权利,组建和参加政党的权利,政治上表现其意见的权利,公平参与公共生活的权利。这个原则也要求,政治自由的公平价值将通过政府采取措施平等地对待个人的政治立场和影响力来维护,不允许财富和权力过分集中,以歪曲民主过程。

平等的基础(equality, basis of, TJ, sect. 77)　这是平等地对待人,给予他们以正当道德考虑、平等正义和互相尊重的依据。罗尔斯认为,平等的基础是拥有道德人格能力,一种支持正义感的能力,一种支持理性的善观念的能力。道德能力是支持平等正义的充分理由——罗尔斯不说它是必要理由。

公平均等机会(fair equality of opportunity, TJ, sects. 12, 14)　第二正义原则的第二部分。它要求,在差别原则之下,在初级社会产品方面的某些不平等应当向所有处于公平均等机会条件下的公民开放。罗尔斯认为,它对于分配正义和差别原则是至关重要的,拥有相似天赋和相似动机的人拥有公平机会去竞争权力、公职和其他社会利益。它主要要求所有公民享有(除了形式均等机会或不因种族、性别、宗教等而歧视以外)平等的教育机会、基本的医疗权利,当财富倾向于损害公平均等机会时政府限制财富过度集中。

政治自由的公平价值(fair value of political liberties, PL, VIII, sect. 12)　第一正义原则提出的要求,即平等政治参与权的价值应当通过一些措施为所有公民提供公平保障,那些措施中和了财富、社会地位和影响力对政治过程的效果:包括财政支持的政治选举,禁止向候选人等提供私人捐款,是政治平等的一个条件。

公平原则(fairness, principle of, TJ, sect. 18, 52)　个人在原初状态下同意的行动原则。它为个人有义务信守承诺以及在维护正义社会制度中一般的公平分享提供了依据。罗尔斯诉诸一个较早的相似观念,称作"公平竞争义务"(the duty of fair play),来证明服从法律和遵守政治宪法的政治义务。尽管在晚期著作中它的重要性有所下降,但是从《正义论》开始,罗尔斯在天然政治义务方面直接找到了绝大多数政治义务的依据。

家庭制度(family, institution of, LP, 156 – 64, JF, sect. 50)一个基本社会制度,是社会基本结构的组成部分。某些家庭形式对于维护社会合作是必需的,以便子女得到抚养,受到教育,社会从代代相传中得以繁荣。应用于家庭的正义原则并不限制于家庭;它们限制着一些许可的家庭生活形式,但它们不是父母在养育子女过程中必须遵守的地方正义原则。

第一正义原则(first principle of justice, TJ, ch. 4, PL, VIII)平等的基本自由原则:每个人都有平等的主张,去享有一套恰如其分的平等的基本权利和自由,这套基本权利和自由兼容于为所有人享有的一套相同的基本权利和自由。参阅基本自由。

形式均等机会(formal equality of opportunity, TJ, sect. 12) 它要求,无论种族、性别、宗教或与难以胜任不相关的其他品格因素如何,所有人都不存在任何法定的救助,以取得从事某种职业、谋求入学机会或获得岗位的资格。这是由亚当·斯密和古典自由主义者提出来的"职位向有天赋者开放"(Careers open to Talents)的说法。试比较要求更多的公平均等机会。

四阶段序列(four-stage sequence, TJ, sect. 31) 假定的协商程序,以得出并且应用正义原则于制度和特殊情形。四阶段推理是:原初状态、宪法阶段、立法阶段、司法阶段或"最后阶段"。在原初状态之后的每一个阶段,无知之幕逐渐松懈,以前面阶段得到同意的原则和规则将限制有待选择的理性事物。

自由平等的(有道德的)人(free and equal (moral) persons)一种有关人的理念,它为作为公平的正义和政治自由主义奠定了基础。罗尔斯在《政治自由主义》中承认,民主社会的公民自以为是自由平等的人。他由此着手建构一个正义观,它最适合于这个民主的自我观以及我们对正义的深信。参阅道德人。

充分善的理论(good, full theory)　是罗尔斯在提出正义原则之后引申出来的一种有关人的善的见解(TJ, part III),它体现为一种因其自身之故而值得去追求的终极目的观念。一致性论证(sect. 86)和社会联合论证(sect. 79)是充分善的理论的组成部分。它们证明了,在良序社会里,(如作为公平的正义规定那样的)正义和共同体如何才能因其自身之故对每一个人是固有的善。充分理论也包括有关构成"好人"概念的道德品格和道德价值的见解(TJ, sect. 66)。

稀薄的善理论(good, thin theory)　一种在原初状态下假定的作为理性的善(goodness as rationality)的见解,是对作为公平的正义稳定性的论证。人的善在形式上(在稀薄意义上)可以定义为,在通盘考虑亚里士多德原理和(罗尔斯后来在《正义论》里附加的)道德能力之后,人们在协商理性条件下选择的理性人生计划。有关初级社会产品的见解是以这种稀薄理论为基础的。之所以称它为"稀薄的",是因为,尽管有些复杂,它没有提出任何特殊目的作为因其自身之故而给予追求的理性目的。

人权(human rights, LP, sect. 10)　是应当归人本身所有的权利,人权向所有国家、它们的政府和个人提出义务。它们包括生命权(包括安全和维持生命的手段)、自由权(免于强制劳役的自由和良知自由)、持有人身财产权、一律平等的权利(LP, 65)。在万民法中,人权观念的角色之一在于,它们限制为战争及战争行为提供证明的理由(战争只能为了保护人权才能发动),它们具体规定了对政府内政自主的限制(政府不得侵犯人权却主张法治)。

理想理论(与非理想理论相对)(ideal theory 〈vs. non-ideal〉)　这是罗尔斯假定的完美正义或"良序"社会的理想状态。在其中,每个人都接受并遵守正义。《正义论》的问题在于发现"严格遵循"正义原则的最适合这些理想状态的正义原则。一旦理想状态的原则得到了确立,在非理想理论中的部分遵循问题才能得到处理。这些包括惩罚理论、正义战争学说、公民不服从、革命、偏好处理、对负担过重社会的援助以及有待于去处理和修正不义或偏离理想的许多其他问题。

道德理论的独立性(the independence of moral theory, CP, ch. 15) 罗尔斯命题,即道德理论不是派生于而是独立于其他哲学领域,包括形而上学、知识论和语言哲学。这个观念相似于康德的"实践理性的优先性"命题。

制度(institutions, TJ, sect. 10) 罗尔斯用来表示规则体系的术语,它们构成了社会政治惯例,包括"竞技比赛和宗教仪式、审判和议会、市场和财产制度"(TJ, 55/48 rev.)。正义原则应用于基本社会制度。参阅基本结构。

直觉主义(intuitionism, TJ, sect. 7) 这是一套道德理论,首先,它们形成了一组有冲突的第一原则,并且会产生矛盾的指令;其次,当原则发生冲突时,它们包括了针对原则的非优先规则以及衡量原则的其他明确方法。当平衡受到直觉冲击时,凭着直觉去做似乎是最接近正确的。

正义储存原则(just savings principle, TJ, sect. 44) 对差别原则的一个限定,要求社会资源不被损耗,对真实资本积累的正义储存会被每一代所搁置。每一代都有义务为后代进行相同资本比例的储蓄,以合理期待前辈们已经那样做过。

正义战争学说(just war doctrine, LP, sects. 13 - 14) 六个原则,是《万民法》非理想理论的组成部分。正义战争是出于自卫,是为了防御其他国家,反对不法国家的侵略。其目标是在良序的各国中间实现正义而持久的和平。在战争行为中,平民和战士的人权都要得到保护,敌国的非战斗人员不是攻击目标,要采取预防措施使他们免受伤害。由于这个理由,罗尔斯谴责在二战期间对日本和德国平民的有目的轰炸,认为那是严重的过错。

作为公平的正义(justice as fairness) 罗尔斯用来称呼其正义

观的一个名称,包括两个正义原则、天然义务、公平原则和正义储存原则,及其对它们的证明。这个名称派生自这样一个观念:作为公平的正义原则应当产生自公平的初始选择情景,包容了所有相关道德理性和实践理性——初始情景的公平性被假定为向此后被选取的原则的过渡的前提。

康德式建构主义(Kantian Constructivism,CP, ch. 17) 是对康德式解释的发展,它旨在证明正义原则如何才能基于作为既自由平等又通情达理的道德人的观念而被"建构"起来。它是一个"建构程序"(procedure of construction),再现了道德人和良序社会的诸如此类特征。康德式建构主义是罗尔斯给予康德有关"理性出于其自身资源只给自己立法"的道德自律观念以内容的尝试。它是政治自由主义和政治建构主义发展的一个过渡阶段。

作为公平的正义的康德式解释(Kantian interpretation of justice as fairness,TJ, sect. 40) 对作为公平的正义的一种解释,它依赖于康德的道德人格观,它把正义原则解释为主体的道德能力和实践理性能力的表现。它在一致性论证中起着关键作用,后来为康德式建构主义提供了基础。

万民法(Law of Peoples) 罗尔斯对国际正义的见解,呈现在他的最后一本同名著作中。作为政治自由主义的组成部分,万民法的作用在于,指导自由国家的对外政策。八项根本原则构成了万民法的理想理论(PL, sect. 4)。正义战争学说(PL, sects. 13 - 14)和对负担过重国家的援助义务(PL, sect. 15)是其非理想理论的组成部分。

自由的合法性原则(legitimacy, liberal principle of) 《政治自由主义》提出的要求,即公民和政府官员只依照宪法行使权力,宪法的要义是,可以合理地期待所有公民作为通情达理的公民基于他们能够接受的原则和理念来背书。它为谦恭义务提供了基础,从而能够借助于公共理性的政治价值来证明影响正义根本事务的法律的正当性(PL,137,217,427－9)。

最大化最小规则(maximin rule,TJ,sect.26) 在决策理论中一个保守的决定,它要求人们选择其最糟糕结局比所有其他人因那个选择而变得最为糟糕的路径要好的路径。罗尔斯认为,应用最大化最小规则的条件呈现在原初状态中,并用这个规则证明人们将选择作为公平的正义而非(平均)效用原则。请不要和"最大化最小准则"(Maximin criterion)混淆起来,那是罗尔斯很少使用的应用于差别原则的一个术语。最大化最小规则不是为了证明差别原则(JF,94－5)而提出。

复合的正义观(mixed conceptions of justice,TJ,sect.49) 自由主义者主张的正义观念,他们接受第一正义原则和平等的基本自由的优先性,但是用各种其他的分配正义观,包括平均效用原则、受到社会最低保障约束的平均效用原则、有关正义分配的后果论或直觉主义立场,取代了第二正义原则。以对等性为依据,罗尔斯认为,在原初状态下,人们将选择作为公平的正义和差别原则而不选择混合正义观,理由是它最佳地满足了对等性条件。

道德人或道德人格(moral person〈moral personality〉) 一个十七、十八世纪的术语,罗尔斯用它来表示一种主体观(在《正义论》中)或公民观(在《政治自由主义》里),他们是一些通情达理的人,同时拥有合理道德能力和理性道德能力。道德人自认为是自由而平等的,自认为有能力对自己的行为负责并且遵从道德的要求。参阅道德能力。

道德能力(moral powers) 这是些道德人格的能力。它们包括拥有正义感的道德能力和拥有善观念的理性能力。发展和实践这些能力是自由平等的道德人的"高权益",并且引导着在罗尔斯原初状态下的各方的选择。它们也为平等提供了基础,一个人借此拥有最起码的能力,我们可以用平等正义并按照两个正义原则去处理那个人。参阅道德人。

道德心理学原理（moral psychology, principles of, TJ, sects. 70-75） 三条对等原则，用来证明正义感如何才能成为发展良序社会并且在良序社会中开展社会生活的常规部分。

人的道德价值（moral worth〈of persons〉, TJ, sect. 66） 罗尔斯说，它是伦理学的第三个主要概念，也是充分善的理论的组成部分。人的道德价值依赖于他或她遵守正义原则的程度以及拥有正义的美德。不要同尊严概念相混淆，在罗尔斯的康德式框架中，所有人都拥有尊严，无关乎其行为或道德价值，只要是人便都有尊严。

天然义务（natural duties, TJ, sects. 19, 51） 在作为公平的正义中，这是个人因其为人而拥有的义务，无论其对它们的社会关系或法定关系。原初的积极义务有，在人们同意的天然义务中，有互相尊重和互相帮助的义务，维护正义的义务；原初的消极义务有，不侵害或伤害无辜的义务。

原初状态（original position） 是罗尔斯版社会契约得以产生的初始情景。不同于在自然状态下达成契约的各方，在那种自然状态下各方都知道自己的历史处境，罗尔斯把各方置于无知之幕之中，他们不知道有关他们自身以及他们的环境的事实。在晚期著作中，"建构程序"再现了自由平等的道德人的特点。

重叠共识（overlapping consensus, PL, IV） 基于自由的正义观，在良序社会里，人们就一些合理的整全学说达成共识。它主张，当所有合理的学说都接受一种自由的政治正义观时，每个人都是从其自身观点出发，并且出于其自身整全理由的。它是支持良序社会稳定性的主要理由。

万民、国民，由国民组成的国家（Peoples, LP, sect. 2） 罗尔斯在探讨国际正义时用来取代"族国"（nations）或"合众国"（states）的一个理想化概念。一个国家的国民通过"共同的情感"统一为社会，那些情感可以有很多依据——种族、语言、宗教、历史等。"国民"存在的必要条件是，他们拥有（或渴望拥有）政府，并生活在相同的政治制度下。不像合众国,国民在其内外关系中拥有它试图予以遵守的道德本性和正义观。

完美主义(perfectionism,TJ, sect. 50) 蕴含完美原则并且力求实现构成人类善的在艺术、科学和文化方面的杰出人类成就的伦理立场。完美原则是一个正当的道德原则(moral principle of right),它借助于有效提升文化完美和成就所必需的行为和制度来规定各种义务。严格完美主义是一种目的论学说,它说,正当行为和正义制度倾向于最大化文化和宗教的完善。(罗尔斯说,这是人们有时可以在尼采、亚里士多德、罗约拉那里看到的学说。)温和的完美主义是一种直觉理论,它在完美原则和其他(非目的论的)原则之间寻求平衡,以决定正当和正义问题。

政治自主(political autonomy) 公民或国民的法定独立和可靠完整,他们与其他公民在行使政治权力方面的平等分享。参阅自主、学说自主、政治观、政治建构、公共理性。

政治正义观(《政治自由主义》)(political conception of justice 〈Political Liberalism〉) 是一种"独立于"整全宗教、哲学和道德学说的正义观念,旨在为在民主公民中间开展的公开证明提供基础。罗尔斯认为,它是唯一能被合理接受的正义观,并能在拥有潜在于其整全学说中的不同道德观的自由平等的人们中间形成共识。

政治建构主义(political constructivism) 是独立政治观念的一个方面:它借助于潜在于民主的文化之中并为拥有不同整全学说但自由而平等的民主公民所分享的政治观念和确信,证明了正义原则。这些原则是基于"建构程序"(如在原初状态下)被"建构"起来的,体现了或表现了为民主公民所分享的政治观念和公共理性。它对于自由的政治正义观的学说自主和政治客观性是必要的。罗尔斯认为,因此它对于公民的政治自主是必要的。所以,正义原则只有出于为所有公民凭其能力所接受的理由才能得到证明。参阅学说自主、政治自主、政治观。

政治合法性，参阅自由的合法性原则(political legitimacy see legitimacy, liberal principle of)

政治自由主义(political liberalism) 是自由主义的一个形式，它假定（合理的）道德、哲学和宗教观的多元论，寻求在公民中间就自由的政治正义观达成普遍同意，那种正义观是在公民中间获得正当性辩护的公共基础。在其晚期著作中，罗尔斯试图证明，正义社会是实际上可能的，在那样的社会里，合理的公民基于潜在于民主文化中的道德价值，甚至在他们坚信许多不同的"整全"学说的情况下，全都接受自由的正义观。

政治价值(公共理性的)(political values ⟨of public reason⟩) 对自由平等的具有民主精神的公民的高权益做出回应的价值。政治价值提供了成为合法公共理性的核心思想，为法律和其他政府措施打下了基础。罗尔斯列出的政治价值有：公民的自由和平等；公平机会和其他初级社会产品；正义和普惠福利；共同防御（common defense）；公共卫生和其他公共产品（public goods）；人身安全和财产安全；收入、财富和税收的公平分配；有效性和经济效率；尊重人的生命；家庭在实现正义社会再生产中的作用，等等。比较从宗教、哲学和道德学说引申出来的非政治价值和"整全理性"。参阅公共理性。

初级社会产品(primary social goods, TJ, sect. 15; CP, ch. 17) 是通过设计正义原则来分配的产品，是从正义目标来比较和测量个人幸福水平的基础。它们包括权利和自由、能力和权力（powers）、机会、公职岗位、收入和财富、自尊的基础。罗尔斯所指的"能力和权力"（powers）是制度能力和担任公职和社会职位的胜任能力。罗尔斯认为，无论其善的观念是什么，凡是自以为自由平等的理性人都希望得到的这些东西。在晚期著作中，罗尔斯主张，它们对于实现公民行使道德能力、追求理性人生规划的根本利益是必要的。

正义的优先性(priority of justice) 是正义原则应当给予满足

的要求,它们优先于改善社会福利、效率、文化的完美主义价值和其他合法的社会目标。

自由的优先性(priority of liberty) 是保护平等的基本自由的第一正义原则的要求,它们优先于并且在排序上先于第二正义原则。所以,平等的基本自由不得为了差别原则或其他正义要求而受到侵害。

正当(对善)的优先性(priority of right〈over the good〉) 是康德和其他道义论立场,包括作为公平的正义的一个特征。道德的正当(包括正义)原则优先于、因此限制和调整着对所有善或价值的理性(最大化)追求。它不是这样一种思想,正当的观念或正义观能够独立于善的观念能得到证明(罗尔斯并不试图那样做)。

证明的公共基础(public basis of justification, PL, 9 – 10, 100 – 1) 政治正义观在民主社会的一个角色在于为基于宪法和法律的协商、论证、证明和同意提供基础。法律可以面向公民获得公开的正当性辩护,是公民互相尊重、政治自主和充分自主的条件。

公共理性(public reason, PL, vi) 依其作为自由平等的道德人的能力,是对民主公民的根本利益做出回应的理性。罗尔斯说,政治正义观为公共理性观念提供了内容。在立法、司法和行政论坛上,只有公共理性的政治观和政治价值才可以作为合法的理性为了法律和其他政府法规予以借鉴和引用。除非一个"限制性条款"得到了满足,即借助于公共理性的证明也将随后给出,否则,不得诉诸来自宗教、道德和哲学学说的理由。

公共性、公开性(原则的)(publicity〈of principles〉, PL, II, sect. 4) 这是契约论的要求,即正义原则或社会合作的基本条款应当公开地为它们调节其行为的人们所知晓。罗尔斯认为,自由平等的前提是充分的"公开性",用来支持正义原则的证据和证明都应当公开地为人所知。

纯粹程序正义(pure procedural justice) 它是这样一个观念,

当一些公平程序得到完全遵循时,其的结果是必然正义的。一个例子是公平抽奖。不存在独立于满足程序自身的独立准则来测量结果的公平性。请比较不完全程序正义,在那里,存在着一个独立准则,只要程序满足或符合那个独立准则,公平程序(如公平司法审判)的结果很可能是正义的。罗尔斯说,完全满足作为公平的正义的经济制度展示了纯粹程序正义。一旦制度规则得到满足,个人便得到他们应当得到的结果,其导致的收入和财富分配是正义的。

理性事物(理性)(rational, the, PL, II, sect. 1; TJ, ch. 7) 用来决定一个人或社会的善的原则和考虑。其中有"计算原则"(有效手段原则,等)、协商理性和理性人生规划,罗尔斯用"理性"和"合理"进行比较,称他的善的见解为"作为合理性的善"。初级社会产品被说成是对人们普遍合理的产品。

理性人生规划(rational plan of life, TJ, sect. 64) 罗尔斯有关人之善的见解,凭借其对在协商理性方面所有相关事实的充分知识,它是一个人将选择的一套初级目标和活动计划。

实际可行的乌托邦(realistic utopia) 是《万民法》引入的一个观念,表示万民社会是一个可行的世界,在那里,所有国家的国民都同意并且遵循万民法的约束,并且为所有成员谋求共同利益。这个观念呼应于良序社会观念,在人性不变条件下,包括在判断负担的条件下,良序社会也被视为一个可以实现的观念。

(合理性)合理事物(reasonable, the〈reasonableness〉, PL, II, sect. 1) 罗尔斯广泛使用的同"理性"相对照的一个术语,它通常指同人、原则和善观念所呈现的公平或正义相联系的道德特性。有关"合理"的绝大多数用法依赖于有关合理的人(讲道理的人)的观念。在某些用法中,比如"合理的整全学说"(reasonable comprehensive doctrine),以及在牵涉《正义论》的所有论著中,罗尔斯通常在知识论意义上使用这个术语,表示"与理性相一致"(in conformity with reason),这是罗尔斯提到"最合理的"(most reasonable)(而不是"真的")正义观时所表示的意思。

合理的整全学说(reasonable comprehensive doctrines, PL, II, sect. 3) 是这样一些学说,它们(1)以一致而融贯的方式囊括有关人类生活的主要哲学、道德和宗教方面;(2)指出哪些价值具有特别的重要性,当它们发生冲突时如何去平衡它们;属于这样一个思想传统,它基于看起来是好的并充分的理由缓慢演进。讲道理的人会肯定不同的合理学说;在良序社会里,就一些合理的学说形成重叠共识,所有的人都肯定一种自由的正义观。

讲道理的人、合理的人(reasonable pluralism, fact of, PL, II, sect. 2) 合理的人(1)希望同基于他们能够接受的条款的其他人进行合作;(2)了解判断的负担的后果;(3)拥有一种道德心理学,包括正义感;(4)希望被看做是讲道理的、公平或正义的。是罗尔斯用来澄清有关"合理的"其他用法的一个关键概念。

合理的多元论事实(reasonable pluralism, fact of) 合理整全学说的多样性,为自由社会里讲道理的人所肯定,甚至在良序社会里也存在这种多样性。由于判断的负担,它也是民主社会的一个持久特点。结果,甚至完全通情达理的人也往往无法同意一些哲学、道德和宗教原则。

对等性要求(reciprocity, requirement of) 一个普遍要求,第一个人开展合作不应当只是受益(互惠),而且应当基于公平的条款获益。罗尔斯解释它,要求这样地制订合作条款,使得较大受惠者的收益必须使最少受惠者的收益多于任何其他的可选路径的收益。支持差别原则的主要论证是以对等性为依据的。

对等性准则(政治自由主义的)(reciprocity, criterion of〈political liberalism〉) 对公民和官员提出的一个道德要求;他们应当合理地相信,他们提出的合作条款(法律等)将为作为自由平等的而不是被支配、主宰、压迫的,在社会或政治上处于劣势的公民合理地接受。它是自由合法性原则的基础。

正当概念(right, concept of)　同善和道德价值一起,是伦理学主要概念之一。罗尔斯追随康德之后,主张正当原则,包括正义原则,不是追求善的工具,而是在契约论意义上,就通情达理的人处于公平环境之下达成同意而言,具有独立的意义。他称这个正当为"公平正当"(Rightness as Fairness)。

第二正义原则(second principle of justice)　是结合公平均等机会原则的差别原则。

自尊(self-respect, TJ, sect. 67)　是一种心理态度,基于(1)一个人的自我价值感和确信:其善的观念或理性的人生规划是值得追求的;(2)相信他有能力成功地实现其打算。它在很大程度上依赖于发现我们的人格和举止被其他人所赞美和肯定,依赖于拥有满足亚里士多德原理的理性人生计划。自尊是"也许最重要的初级产品"(perhaps the most important primary good)(TJ, 440/386 rev.)。罗尔斯用它来论证平等的政治自由和平等公民资格的其他特点。在民主社会里,一个人如不被承认为平等的,这将严重地损害他的自尊。

正义感(sense of justice, TJ, ch. VIII)　按照或遵从正义原则和规则行动的倾向。罗尔斯认为,这个道德动机是社会生活和发展的规范部分,是正义的或不是过于不义的社会稳定的主要原因。正义感的能力被广泛地定义为一种去理解、应用和遵从正义原则的复合能力。它是一种使人变得讲道理的道德能力。罗尔斯认为,这是在原初状态下自由平等的道德人的根本利益或"高阶"利益。他用它来证明许多初级社会产品、基本自由和对两个原则的终极同意。

社会合作(social cooperation, PL, I, sect. 3)　罗尔斯认为,社会是社会合作的公平体系。区分于有效率的协调活动,社会合作蕴含着考虑到每一个人的理性利益以及公平或合理的合作条款的意思。

道德观的社会作用(social role of a moral conception, CP, ch.

17) 除了其指导人和制度的行为以外,道德观发挥着在期望信守约定的自由平等的人们中间为公共证明,包括道德论证和批判,提供基础的社会作用。它对会支配人们行为的道德观提出了一个限制,因为一个道德观要发挥社会作用,就必须为人们普遍地接受。参阅公共性、公开性。

社会联合(social union,TJ,sect. 79) 这是罗尔斯就正义而良序的社会如何实现共同体价值提出的见解。社会联合蕴含(1)在其参与者中间形成一个共享的终极目标;(2)因其自身之故而被评价为善的共同制度和活动;(3)当共同活动集体开展时,其他参与者的成功和享受是必要的,也是对每个参与者的善的补充。许多共同活动是社会联合;罗尔斯提到了管弦乐队、运动队、家庭、友谊和在科学艺术上的共同努力。作为稳定性的一致性论证的组成部分,他认为,参与作为公平的正义良序社会的公共制度,是"众社会联合的社会联合"(social union of social unions),因此是所有通情达理的公民的固有的善。

万民社会(society of peoples) 所有良序自由和体面的遵守万民法的各国国民具备的一个正义合作观。罗尔斯使用术语"万民"(peoples,各国国民)而不使用"各个国家"(states,合众国)。

(社会合作的)稳定性和(正义观的)稳定性(stability〈of social cooperation and of a conception of justice〉) 当社会合作的规则通常得到遵循并且人们愿意按照规则来做事时,以及当侵害发生时,如果维护稳定的力量足以防止进一步侵害的发生并做出了恢复的努力,那么社会合作是稳定的。罗尔斯在《正义论》第三篇关心正义观的稳定性,以及体现它的正义良序社会的稳定性,那种稳定性依赖于拥有有效正义感的成员。假如它产生的正义感更加强大,且强大到更有可能战胜滑向不义的破坏性倾向和诱惑,那么一种正义观相对于另一种正义观具有更大的稳定性。

无知之幕(veil of ignorance) 是在罗尔斯原初状态下的一个

严格中正的选择条件。达成协议的各方都不知道有关他们自己及其社会的特殊事实。他们不知道他们的社会阶级、种族成员资格、国籍或善的观念,也不清楚他们的社会的资源和历史。他们只知道有关人性和社会经济制度的一般事实。

良序社会(well - ordered society)　是一个完美正义社会的规范理念,它蕴含在罗尔斯的契约论之中。它是这样一个社会(1)所有成员都赞同相同的正义观,并且这是公开知识;(2)社会在其法律和制度中施行这个观念;(3)公民有正义感,愿意遵循这些规范。在原初状态下的各方寻求这样一种正义观,在良序社会条件下,它将是稳定的,所以,它将是为所有通情达理的人所接受的正义观。

参考文献

这份参考文献作了必要筛选。首先选用了罗尔斯全部作品,然后是与罗尔斯有关的著作和论文集,其主要部分由各种学术论文组成,两个最大的部分是讨论《正义论》和《政治自由主义》的论文,其他部分反映了罗尔斯工作及其意义的诸多方面。

一、罗尔斯著作和论文

"A Study on the Grounds of Ethical Knowledge: Considered with Reference to Judgments on the Moral Worth of Character," Ph. D. Dissertation, Princeton University, 1950, Dissertation Abstracts 15, 1955, 608 - 09.

"Outline of a Decision Procedure for Ethics," *Philosophical Review* 60, 1951, 177 - 97.

"A review of Stephen Toulmin's An Examination of the Place of Reason in Ethics," *Philosophical Review* 60, 1951, 572 - 80.

"A Review of Axel Hägerstrom's Inquiries into the Nature of Law and Morals (translated by C. D. Broad)," Mind 64, 1955, 421 - 22.

"Two Concepts of Rules," *Philosophical Review* 64, 1955, 3 - 32.

"Justice as Fairness": The first version of this paper, *published in Journal of Philosophy* 54, 1957, 653 - 62, was read before the American Philosophical Association, Eastern Division Meetings. An expanded version appeared in *Philosophical Review* 67, 1958, 164 - 94. It is this version that is most frequently anthologized. Another revised version was translated into French by JeanFabien Spitz as "La Justice comme équité," *Philosophie* 14, 1987, 39 - 69.

"Review of Raymond Klibansky, ed. , Philosophy in Mid – Century: A Survey," *Philosophical Review* 70, 1961, 131 - 32.

"Constitutional Liberty and the Concept of Justice," in *Nomos VI: Justice*, C. Friedrich and John W. Chapman, eds, New York: Atherton, 1963, 98 - 125.

"The Sense of Justice," *Philosophical Review* 72, 1963, 281 - 305.

"Legal Obligation and the Duty of Fair Play," in *Law and Philosophy*, ed. Sidney Hook, New York: New York University Press, 1964, 3 - 18.

"Review of Social Justice, ed. Richard Brandt," *Philosophical Review* 74, 1965, 406 - 09.

"Distributive Justice": The first version of this paper was published in Philosophy, *Politics, and Society*, Third Series, ed. , P. Laslett and W. G. Runciman, Oxford: Basil Blackwell, 1967, 58 - 82. This essay and the essay "Distributive Justice: Some Addenda" were combined to form a second "Distributive Justice" in *Economic Justice*, E. Phelps, ed. , London: Penguin Books, 1973, 319 - 62.

"Distributive Justice: Some Addenda," *Natural Law Forum* 13, 1968, 51 - 71.

"The Justification of Civil Disobedience," in *Civil Disobedience*, Hugo Bedau, ed. , New York: Pegasus, 1969, 240 - 55.

"Justice as Reciprocity" (written in 1958), in *Mill: Text with Critical Essays*, Samuel Gorovitz, ed. , Indianapolis, IN: Bobbs – Merrill, 1971, 242 - 68.

A Theory of Justice, Cambridge, MA: Harvard University Press,

1971. *A Theory of Justice* has been translated into Chinese, Finnish, French, German, Italian, Japanese, Korean, Portuguese, and Spanish, and twenty other languages. For the first of these, the German translation of 1975, Rawls made some revisions, which have been incorporated into all of the translations.

 A Theory of Justice, *revised edition*, Cambridge, MA: Harvard University Press, 1999. This edition includes the revisions made for the 1975 German translation and the 1988 French translation.

 "Reply to Lyons and Teitelman," *Journal of Philosophy* 69, 1972, 556 - 57.

 "Some Reasons for the Maximin Criterion," *American Economic Review* 64, 1974, 141 - 6. "Reply to Alexander and Musgrave," *Quarterly Journal of Economics* 88, 1974, 633 - 55. "The Independence of Moral Theory," *Proceedings and Addresses of the American Philosophical Association* 48, 1975, 5 - 22.

 "A Kantian Conception of Equality," *Cambridge Review* 1975, 94 - 99. Reprinted as "A Well - Ordered Society" in *Philosophy, Politics, and Society*, Vol. 5, P. Laslett and J. Fishkin, eds., Oxford: Blackwell, 1979, 6 - 20.

 "Fairness to Goodness," *Philosophical Review* 84, 1975, 536 - 54.

 "The Basic Structure as Subject": The first version was published in *the American Philosophical Quarterly* 14, 1977, 159 - 65. A revised and expanded version appears in *Values and Morals: Essays in Honor of William Frankena*, Charles Stevenson, and Richard B. Brandt, A. Goldman and J. Kim, eds., Dordrecht: Reidel, 1978, 47 - 71.

 "Kantian Constructivism in Moral Theory: The Dewey Lectures 1980," *Journal of Philosophy* 77, 1980, 515 - 72.

 "Social Unity and Primary Goods," in *Utilitarianism and Beyond*,

Amartya Sen and Bernard Williams, eds., Cambridge: Cambridge University Press, 1982, 159 - 85.

"The Basic Liberties and Their Priority," *Tanner Lectures on Human Values*, Volume *III*, Salt Lake City: University of Utah Press, 1982, 3 - 87.

"Justice as Fairness: Political not Metaphysical," *Philosophy and Public Affairs* 14, 1985, 223 - 251.

"On the Idea of an Overlapping Consensus," *Oxford Journal for Legal Studies* 7, 1987, 1 - 25.

"The Priority of Right and Ideas of the Good," *Philosophy and Public Affairs* 17, 1988, 251 - 276.

"Themes in Kant's Moral Philosophy," in *Kant's Transcendental Deductions*, E. Förster, ed., Stanford: Stanford University Press, 1989, 81 - 113.

"The Domain of the Political and Overlapping Consensus," *New York University Law Review* 64, 1989, 233 - 55.

"Roderick Firth: His Life and Work," Philosophy and Phenomenological Research 51, 1991, 109 - 18.

Political Liberalism, New York: Columbia University Press, 1993; the revised paperback edition, 1996, includes an additional Preface, and the 1995 paper "Reply to Habermas." The 2005 expanded edition includes the essay "The Idea of Public Reason Revisited."

"The Law of Peoples," in *On Human Rights: The Oxford Amnesty Lectures*, 1993, Steven Shute and Susan Hurley, eds, New York: Basic Books, 1993, 41 - 82.

"Reply to Habermas," *Journal of Philosophy* 93, 132 - 80, 1995. "Fifty Years After Hiroshima," Dissent, Summer 1995, 323 - 27.

"The Idea of Public Reason Revisited," *University of Chicago Law*

Review 64, Summer 1997, 765 – 807.

Collected Papers, Samuel Freeman, ed. , Cambridge, MA: Harvard University Press, 1999.

The Law of Peoples, Cambridge, MA: Harvard University Press, 1999, including the paper "The Idea of Public Reason Revisited."

Lectures on the History of Moral Philosophy, Barbara Herman, ed. , Cambridge, MA: Harvard University Press, 2000.

"Burton Dreben: A Reminiscence," in Juliet Floyd and Sanford Shieh, eds. , *Future Pasts: Perspectives on the Place of the Analytic Tradition in Twentieth – Century Philosophy*, New York: Oxford University Press, 2000.

Justice as Fairness: A Restatement, Erin Kelley, ed. , Cambridge, MA: Harvard University Press, 2001.

Lectures on the History of Political Philosophy, Samuel Freeman, ed. , Cambridge, MA: Harvard University Press, 2007.

二、以研究罗尔斯为主的论著

Barry, Brian, *The Liberal Theory of Justice*, Oxford: Oxford University Press, 1972.

—— *Theories of Justice*, Berkeley, CA: University of California Press, 1989, Part II.

Cohen, G. A. , *Saving Justice From Constructivism*, Cambridge, MA: Harvard University Press, forthcoming.

Daniels, Norman, *Justice and Justification*, Cambridge: Cambridge University Press, 1996.

Freeman, Samuel, *Justice and the Social Contract*, New York: Oxford University Press, 2007.

Kukathas, Chandran, and Pettit, Philip, *Rawls: A Theory of Justice and Its Critics*, Stanford, CA: Stanford University Press, 1990.

Mandle, Jon, *What's Left of Liberalism? An Interpretation and Defense of Justice as Fairness*, Lanham, MD: Lexington Books, 2000.

Martin, Rex, *Rawls and Rights*, Lawrence, KS: University of Kansas Press, 1985.

Munoz – Darde, Véronique, *La justice sociale: le libéralisme égalitaire de John Rawls*, Paris: Nathan University, 2000.

Nussbaum, Martha, *Frontiers of Justice*, Cambridge, MA: Harvard University Press, 2006.

Pogge, Thomas, *Realizing Rawls*, Ithaca, NY: Cornell University Press, 1989.

—— *John Rawls, His Life and Theory of Justice*, Michelle Kosch, trans., Oxford: Oxford University Press, 2006.

Sandel, Michael, *Liberalism and the Limits of Justice*, Cambridge: Cambridge University Press, 1982; second edition, 1998.

Wellbank, J. H., Snook, Dennis, and Mason, David T., *John Rawls and His Critics: An Annotated Bibliography*, New York: Garland, 1982.

三、研究罗尔斯的论文集

Arneson, Richard, ed., "Symposium on Rawlsian Theory of Justice: Recent Developments," *Ethics*, 99, 1989, 695ff.

Blocker, H. G. and Smith, E. H., eds., *John Rawls's Theory of Social Justice*, Athens, OH: Ohio University Press, 1980.

Daniels, Norman, ed., *Reading Rawls*, New York: Basic Books, 1975, reprinted with a new introduction by Stanford University Press, 1989.

Davion, Virginia, and Wolf, Clark, eds., *The Idea of a Political Liberalism*: *Essays on Rawls*, Lanham, MD: Rowman and Littlefield, 1999.

Fleming, James, ed., *Symposium on Rawls and the Law*, Fordham Law Review 72, 2004, 1381 - 2175.

Freeman, Samuel, ed., *The Cambridge Companion to Rawls*, Cambridge: Cambridge University Press, 2003.

Griffin, Stephen, and Solum, Lawrence, eds., *Symposium on John Rawls's Political Liberalism*, Chicago - Kent Law Review 69, 1994, 549 - 842.

Gaus, Gerald, and Riley, Jonathan, *The Legacy of John Rawls*, Politics, Philosophy, and Economics, 4, 2005, 155 - 268.

Lloyd, S. A., ed., *John Rawls's Political Liberalism*, Special Double Issue of Pacific Philosophical Quarterly 75, 1994, 165 - 387.

Martin, Rex, and Reidy, David, eds, *Rawls's Law of Peoples*: *A Realistic Utopia*? Oxford: Blackwell, 2006.

Reath, Andrews, Herman, Barbara, and Korsgaard, Christine M., eds., *Reclaiming the History of Ethics*: *Essays for John Rawls*, Cambridge: Cambridge University Press, 1997.

Richardson, Henry, and Weithman, Paul, eds., *The Philosophy of Rawls*: *A Collection of Essays*, in 5 volumes, New York: Garland, 1999:

volume I: *Development and Main Outlines of Rawls's Theory of Justice*.

volume II: *The Two Principles and Their Justification*.

volume III: *Opponents and Implications of A Theory of Justice*.

volume IV: *Moral Psychology and Community*.

volume V: *Reasonable Pluralism*.

四、讨论《正义论》的论文

Arneson, Richard, "Primary Goods Reconsidered," *Nous* 24, 1990, 129 - 54. Arrow, Kenneth, "Some Ordinalist - Utilitarian Notes on Rawls's Theory of Justice," *The Journal of Philosophy* 70, 1973, 245 - 63.

Baier, Kurt, "Justice and the Aims of Political Philosophy," *Ethics* 99, 1989, 771 - 90.

Barber, Benjamin, "Justifying Justice: Problems of Psychology, Politics, and Measurement in Rawls," *American Political Science Review* 69, 1975, 663 - 74.

Barry, Brian, "Liberalism and Want - Satisfaction: A Critique of John Rawls," *Political Theory* 1, 1973, 134 - 53.

Bedau, Hugo Adam, "Social Justice and Social Institutions," *Midwest Studies in Philosophy* 3, 1978, 159 - 75.

——"Review of Brian Barry's The Liberal Theory of Justice," *The Philosophical Review* 84, 1975, 598 - 603.

Brock, Dan, "John Rawls' Theory of Justice," *University of Chicago Law Review* 40, no. 3, 1973, 486 - 99.

Buchanan, Allen, "A Critical Introduction to Rawls's Theory of Justice," in *John Rawls's Theory of Social Justice*, Blocker, H., and Smith, E., eds., Athens, OH: Ohio University Press, 1980, 727 -51.

Cohen, Joshua, "Democratic Equality," *Ethics* 99, no. 4, July 1989.

Cohen, Marshall, "The Social Contract Explained and Defended," *New York Times Book Review*, July 16, 1972, 18.

Crocker, Lawrence, "Equality, Solidarity, and Rawls's Maximin," *Philosophy and Public Affairs* 6, 1977, 262 - 66.

Dworkin, Gerald, "Non - Neutral Principles," *Journal of Philosophy* 71, August, 1974. Reprinted in *Reading Rawls*, Norman Daniels, ed., Stanford: Stanford Univesity Press, 1989.

Dworkin, Ronald, "The Original Position," *University of Chicago Law Review* 40, Spring 1973, 500 - 33. Reprinted in *Reading Rawls*, Norman Daniels, ed., 16 - 53.

English, Jane, "Justice Between Generations," *Philosophical Studies* 31, 1977. Feinberg, Joel, "Rawls and Intuitionism," in *Reading Rawls*, Norman Daniels, ed., 108 - 23.

—— "Duty and Obligation in a Non - Ideal World," *Journal of Philosophy* 70, 1973, 263 - 75.

—— "Justice, Fairness, and Rationality," *Yale Law Journal* 81, 1972, 1004 - 31.

Fisk, Milton, "History and Reason in Rawls's Moral Theory," in *Reading Rawls*, Norman Daniels, ed., 53 - 90.

Fried, Charles, "Review of Rawls's A Theory of Justice," *Harvard Law Review* 85, 1971 - 72, 169ff.

Galston, William, "Defending Liberalism," *American Political Science Review* 72, 1982, 621 - 9.

Gauthier, David, "Justice and Natural Endowment: Toward a Critique of Rawls's Ideological Framework," *Social Theory and Practice* 3, 1974, 3 - 26.

Grey, Thomas C., "The First Virtue," *Stanford Law Review* 25, 1973, 286 - 327.

Gutmann, Amy, "The Central Role of Rawls's Theory," *Dissent* 36, 1989, 338 - 42.

Hampshire, Stuart, "A New Philosophy of the Just Society," *The*

New York Review of Books, February 24, 1972, 34 - 39.

Hare, R. M., "Rawls's Theory of Justice," *Philosophical Quarterly* 23, 1973, 144 - 55, 241 - 51, reprinted in *Reading Rawls*, Norman Daniels ed., 81 - 107.

Held, Virgina, "On Rawls and Self - Interest," *Midwest Studies in Philosophy* 1, 1976, 57 - 60.

Kolm, Serge - Christophe, "Equal Liberties and Maximin," in *Modern Theories of Justice*, Cambridge, MA: MIT Press, 1998, 169 - 208.

Kymlicka, Will, "Rawls on Teleology and Deontology," *Philosophy and Public Affairs* 17, 1988, 173 - 190.

Laden, Anthony, "Games, Fairness, and Rawls's A Theory of Justice," *Philosophy and Public Affairs* 20, 1991, 189 - 222.

Lyons, David, "Nature and Soundness of the Contract and Coherence Arguments," in *Reading Rawls*, Norman Daniel, ed., 141 - 67.

MacCormick, Neil, "Justice According to Rawls," *The Law Quarterly Review* 89, 1973, 393 - 417.

MacIntyre, Alasdair, "Justice: A New Theory and Some Old Questions," *Boston University Law Review* 52, 1972, 330 - 34.

Mandle, Jon, "Justice, Desert, and Ideal Theory," *Social Theory and Practic* 23, Fall 1997, 399 - 425.

Marneffe, Peter de, "Liberalism and Perfectionism," *The American Journal of Jurisprudence* 43, 1998, 99 - 116.

Murphy, Liam, "Institutions and the Demands of Justice," *Philosophy and Public Affairs* 27, Fall 1998, 151 - 91.

Nagel, Thomas, "Rawls on Justice," *Philosophical Review* 87, April, 1973, 220 - 34. Reprinted in *Reading Rawls*, Norman Daniels, ed., 1 - 16.

Nielson, Kai, "The Choice Between Perfectionism and Rawlsian Contractarianism," *Interpretation* 6, 1977, 132 - 39.

Oberdieck, Hans, "A Theory of Justice," *New York University Law Review* 47, 1972, 1012 - 28.

O'Neill, Onora, "The Method of *A Theory of Justice*," in Otfried Hoeffe, ed., *John Rawls: Eine Theorie der Gerechtigkeit*, Berlin: Akademic Verlag, 1998.

Ryan, Alan, "John Rawls," in *The Return of Grand Theory in the Human Sciences*, Quentin Skinner, ed., Cambridge: Cambridge University Press, 1985, 101 - 20.

Scanlon, T. M., "Rawls's Theory of Justice," *University of Pennsylvania Law Review* 121, May, 1973, 1029 - 69, reprinted in part in *Reading Rawls*, Norman Daniels, ed., 169 - 205.

—— "Reflections on Rawls's Theory of Justice," *Social Theory and Practice* 3, no. 1, 1974, 75 - 100.

Scheffler, Samuel, "Moral Independence and the Original Position," *Philosophical Studies* 35, 1979, 397 - 403.

—— "The Division of Moral Labor: Egalitarianism Liberalism as Moral Pluralism," *Proceedings of the Aristotelian Society*, supp. vol. 79, 2005, 229 - 53.

——"Justice and Desert in Liberal Theory," *California Law Review* 88, 2000, 965 - 90. Sen, Amartya, "Justice: Means versus Freedoms," *Philosophy and Public Affairs* 19, 1990, 111 - 121.

Sterba, James, "In Defense of Rawls Against Arrow and Nozick," *Philosophia* 7,

Strasnick, Steven, "Review of Robert Paul Wolff's Understanding Rawls," *Journal of Philosophy* 76, 1979, 496 - 510.

Tattershall, Gerald, "A Rawls Bibliography," *Social Theory and*

Practice 3, 1974, 123 – 27.

Teitelman, Michael, "The Limits of Individualism," *Journal of Philosophy* 69, Oct. 5, 1972, 545 – 56.

Urmson, J. O. , "A Defense of Intuitionism," *Proceedings of the Aristotelian Society* 75, 1974 – 75, 111 – 19.

Williams, Bernard, "Rawls and Pascal's Wager," in *Moral Luck*, Cambridge: Cambridge University Press, 1981, 94 – 100.

五、讨论《政治自由主义》的论文

Ackerman, Bruce, "Political Liberalisms," *The Journal of Philosophy* 91, no. 7, July, 1994, 364 – 86.

Arneson, Richard, "Introduction to a Symposium on Rawlsian Theory of Justice: Recent Developments," *Ethics* 99, 1999, 695 – 710.

Baier, Kurt, "Justice and the Aims of Political Philosophy," *Ethics* 99, 1989, 771 – 90.

Barry, Brian, "John Rawls and the Search for Stability," *Ethics* 105, 1995, 874 – 915.

—— "In Defense of Political Liberalism," *Ratio Juris* 7, 1994, 325ff.

Brighouse, Harry, "Is There Any Such Thing as Political Liberalism?" *Pacific Philosophical Quarterly* 75, 1994, 318 – 32.

Charney, Evan, "Political Liberalism, Deliberative Democracy, and the Public Sphere," *American Political Science Review*, 92, 1998, 97 – 110.

Cohen, Joshua, "Moral Pluralism and Political Consensus," in *The Idea of Democracy*, David Copp, Jean Hampton, and John Roemer, eds. , Cambridge: Cambridge University Press, 1993, 270 – 91.

―― "A More Democratic Liberalism," *Michigan Law Review* 92, no. 6, May 1994, 1503 - 46.

―― "Pluralism and Proceduralism," *Chicago - Kent Law Review* 69, 1994, 589 - 618.

Dworkin, Gerald, "Contracting Justice," *Philosophical Books* 36, 1995, 19 - 26.

Estlund, David, "The Survival of Egalitarian Justice in John Rawls's Political Liberalism," *Journal of Political Philosophy* 4, 1996, 68 - 78.

Freeman, Samuel, "Political Liberalism and the Possibility of a Just Democratic Constitution," *Chicago - Kent Law Review* 69, 1994, 619 - 68.

Galston, William, "Pluralism and Social Unity," *Ethics* 99, 1989, 711 - 26.

Habermas, Jürgen, "Reconciliation Through the Public Use of Reason: Remarks on John Rawls's Political Liberalism," *Journal of Philosophy* 92, 1995, 109 - 31.

Hampshire, Stuart, "Liberalism: The New Twist," *New York Review of Books* vol. 40, Aug. 12, 1993, 43 - 46.

Klosko, George, "Political Constructivism in Rawls's Political Liberalism," *American Political Science Review* 91, 635 - 46.

Larmore, Charles, "Political Liberalism," *Political Theory* 18, 1990, 339 - 60.

―― "The Moral Basis of Political Liberalism," *Journal of Philosophy* 96, 1999, 599 - 625.

Lehning, Percy B., "The Coherence of Rawls's Plea for Democratic Equality," *Critical Review of International Social and Political Philosophy* 1, 1998, 1 - 41.

Lloyd, S. A., "Relativizing Rawls," *Chicago - Kent Law Review* 69, 1994, 737 - 62.

Martin, Rex, "Rawls's New Theory of Justice," *Chicago - Kent Law Review* 69, 1994, 737 - 62.

Michelman, Frank, "The Subject of Liberalism," *Stanford Law Review* 46, 1994, 1807 - 33.

O'Neill, Onora, "Political Liberalism and Public Reason: A Critical Notice of John Rawls's Political Liberalism," *Philosophical Review* 106, 1997, 411 - 28.

Nickel, James W., "Rethinking Rawls's Theory of Liberty and Rights," *Chicago - Kent Law Review* 69, 1994, 763 - 86.

Peffer, Rodney G., "Towards a More Adequate Rawlsian Theory of Social Justice," *Pacific Philosophical Quarterly* 75, 1994, 251 - 71.

Reidy, David, "Reciprocity and Reasonable Disagreement: From Liberal to Democratic Legitimacy," *Philosophical Studies*, forthcoming 2007.

Rorty, Richard, "The Priority of Democracy to Philosophy," in *Objectivity, Relativism and Truth*, New York: Cambridge University Press, 1991, 175 - 96.

Sandel, Michael, "Political Liberalism," *Harvard Law Review* 107, 1994, 1765ff.

Scheffler, Samuel, "The Appeal of Political Liberalism," *Ethics* 105, 1994, 4 - 22.

Solum, Lawrence, "Introduction: Situating Political Liberalism," *Chicago - Kent Law Review* 69, 1994, 549 - 88.

Waldron, Jeremy, "Disagreements about Justice," *Pacific Philosophical Quarterly* 75, 1994, 372 - 87.

Weithman, Paul, "Liberalism and the Political Character of Political Philosophy," in *Liberalism and Community Values*, C. F. Delaney, ed. , Lanham, MD: Rowman and Littlefield, 1994, 189 - 211.

Williams, Bernard, "A Fair State," *London Review of Books*, 13 May, 1993.

Young, Iris M. , "Rawls's Political Liberalism," *Journal of Political Philosophy* 3, no. 2, 1995, 181 - 90.

六、《万民法》和国际法

Beitz, Charles, "Rawls's Law of Peoples," Ethics 110, 2000, 669 - 96.

—— *Political Theory and International Relation*, Princeton: Princeton University Press,

Buchanan, Allen, "Rawls's Law of Peoples: Rules for a Vanished Westphalian World," *Ethics*, 2000, 697 - 720.

Caney, Simon, "Cosmopolitanism and the Law of Peoples," *The Journal of Political Philosophy* 10, 2002, 95 - 123.

Cohen, Joshua, and Charles Sabel, "Extra Rempublicam, Nulla Justitia?" *Philosophy and Public Affairs*, 2006, 147 - 75.

Doyle, Michael, "One World, Many Peoples: International Justice in John Rawls's The Law of Peoples," *Perspectives on Politics*, 4, 2006, 109 - 20.

Follesdal, Andreas, "The Standing of Illiberal States: Stability and Toleration in John Rawls' Law of Peoples," *Acta Analytica*, 1997, 149 - 60.

McCarthy, Thomas, "Two Conceptions of Cosmopolitan Justice," in *Reconstituting Social Criticism*, I. MacKenzie and S. O'Neill, eds. , New York: St. Martins Press, 1999, 191 - 214.

Moellendorf, Darrel, "Constructing a Law of Peoples," *Pacific Philosophical Quarterly* 77, no. 2, June 1996, 132 - 54.

Nagel, Thomas, "The Problem of Global Justice," *Philosophy and Public Affairs* 33, 2005, 113 - 47.

Naticchia, Chris, "Human Rights, Liberalism, and Rawls's Law of Peoples," *Social Theory and Practice* 24, 1998, 345 - 74.

Pogge, Thomas, "An Egalitarian Law of Peoples," *Philosophy and Public Affairs* 23, 1994.

—— "Rawls and International Justice," *The Philosophical Quarterly*, 51, 2003, 25 - 52.

—— "The Incoherence between Rawls's Theories of Justice," *Fordham Law Review* 72, 2004, 1739 - 60.

Rawls, John, and Van Parijs, Philippe, "Three Letters on the Law of Peoples and the European Union," in *Autour de Rawls*, special issue *Revue de philosophie économique* 8, 2003, 7 - 20.

Tan, Kok Chor, "Liberal Toleration in Rawls's Law of Peoples," *Ethics* 108, 1998, 276 - 95.

—— *Toleration, Diversity, and Global Justice*, University Park, PA: Penn State Press, 2000.

—— "Critical Notice of John Rawls's The Law of Peoples," *The Canadian Journal of Philosophy* 31, 2001, 113 - 32.

Tasioulas, John "From Utopia to Kazanistan: John Rawls and the Law of Peoples," *Oxford Journal of Legal Studies* 22, 2002, 367 - 93.

Wenar, Leif, "Contractualism and Global Economic Justice," *Metaphilosophy* 32, 2001, 79 - 94.

七、罗尔斯和社会契约论

Brudney, Daniel, "Hypothetical Consent and Moral Force," *Law and Philosophy* 10.

Eshete, Andreas, "Contractarianism and the Scope of Justice," *Ethics* 85, 1974, 38 – 49.

Freeman, Samuel, "Reason and Agreement in Social Contract Views," *Philosophy and Public Affairs* 19, 1990, 122 – 57.

—— "Frontiers of Justice: Contractarianism vs. the Capabilities Approach," *Texas Law Review* 85, no. 2, 2006, 385 – 430.

Gauthier, David, "The Social Contract as Ideology," *Philosophy and Public Affairs* 6, 1977, 130 – 64.

Hampton, Jean, "Contracts and Choices: Does Rawls Have a Social Contract Theory?" *The Journal of Philosophy* 77, 1980, 315 – 38.

Milo, Ronald, "Contractarian Constructivism," *Journal of Philosophy* 122, 1995, 181 – 204.

Stark, Cynthia, "Hypothetical Consent and Justification," *The Journal of Philosophy* 97, 2000, 313 – 34.

八、自由主义和基本自由的优先性

Barry, Brian, "John Rawls and the Priority of Liberty," *Philosophy and Public Affairs* 2, 1973, 274 – 90.

Bowie, Norman, "Equal Basic Liberty for All," in *John Rawls's Theory of Social Justice*, H. Blocker and E. Smith, eds., Athens, OH: Ohio University Press, 1980, 110 – 31.

Brighouse, Harry, "Political Equality in Justice as Fairness,"

Philosophical Studies 86, 1997, 155 - 84.

Daniels, Norman, "Equal Liberty and Unequal Worth of Liberty," in Noman Daniels, ed., *Reading Rawls*, 253 - 81.

Hart, H. L. A., "Rawls on Liberty and Its Priority," *University of Chicago Law Review* 40, 1973, 534 - 55. Reprinted in *Reading Rawls*, Norman Daniels, ed.,

Gutmann, Amy, "Rawls on the Relationship Between Liberalism and Democracy," in *The Cambridge Companion to Rawls*, Samuel Freeman, ed., Cambridge, UK: Cambridge University Press, 2003, 168 - 99.

Kymlicka, Will, "Liberal Individualism and Liberal Neutrality," *Ethics* 99, 1989, 883 - 905.

de Marneffe, Peter, "Liberalism, Liberty, and Neutrality," *Philosophy and Public Affairs* 19, Summer 1990, 253 - 74.

——"Contractualism, Liberty and Democracy," *Ethics* 104, 1994, 764 - 83.

Nagel, Thomas, "Rawls and Liberalism," *The Cambridge Companion to Rawls*, Samuel Freeman, ed., Cambridge, UK: Cambridge University Press, 2003, 62 - 75.

Raz, Joseph, "Liberalism, Autonomy and the Politics of Neutral Concern," *Social and Political Philosophy*, *Midwest Studies in Philosophy* 7, Peter A. French, Theodore Uehlilng, Jr., and Howard K. Wettstein, eds., 1982, 89 - 120.

Shue, Henry, "Liberty and Self - Respect," *Ethics* 85, 1975, 68 - 78.

九、平等主义、分配正义和差别原则

Anderson, Elizabeth, "What is the Point of Equality?" *Ethics*

109, Jan. 1999, 287 - 337.

Buchanan, Allen, "Distributive Justice and Legitimate Expectations," *Philosophical Studies* 28, 1975, 419 - 25.

Buchanan, James, "A Hobbesian Interpretation of the Rawlsian Difference Principle," *Kyklos* 29, 1976, 5 - 25.

Cohen, G. A. , "On the Currency of Egalitarian Justice," *Ethics* 99, July 1989, 906 - 44.

—— "Where the Action Is: On the Site of Distributive Justice," *Philosophy and Public Affairs* 26, 1997, 3 - 30.

Cohen, Joshua, "Democratic Equality," *Ethics* 99, 1989, 727 -51.

——"Taking People as They Are?" *Philosophy and Public Affairs*, 30, 2001, 363 - 86.

Daniels, Norman, "Equality of What? Welfare, Resources, or Capabilities," *Philosophy and Phenomenological Research* 50, 1990, Supplement: 273 - 96.

Estlund, David, "Liberalism, Equality and Fraternity in Cohen's Critique of Rawls," *Journal of Political Philosophy* 6, 1998, 99 - 112.

Freeman, Samuel, "Rawls and Luck Egalitarianism," in *Justice and the Social Contract*, New York: Oxford University Press, 2007, 111 - 42.

Gibbard, Allan, "Disparate Goods and Rawls's Difference Principle," *Theory and Decision* 11, 1979, 267 - 88.

Hsieh, Nien - hê, "Rawlsian Justice and Workplace Republicanism," *Social Theory and Practice* 31, 2005, 115 - 42.

Krouse, Richard, and McPherson, Michael, "Capitalism, 'Property - Owning Democracy', and the Welfare State," in *Democracy and the Welfare State*, Amy Gutmann, ed. , Princeton, NJ: Princeton University Press, 1988, 78 – 105.

Parijs, Philippe van, "Why Surfers Should Be Fed: The Liberal Case for an Unconditional Basic Income," *Philosophy and Public Affairs* 20, 1991, 101 – 31.

—— "Rawlsians, Christians and Patriots. Maximin Justice and Individual Ethics," *European Journal of Philosophy* 1, 1993, 309 – 42.

——"Difference Principles," in *The Cambridge Companion to Rawls*, ch. 5, 200 – 40. Scanlon, T. M., "Justice, Responsibility, and the Demands of Equality," in *The Egalitarian Conscience*, Christine Sypnowich, ed., Oxford: Oxford University Press, 2006, 70 – 87.

Schaller, Walter A., "Rawls, the Difference Principle, and Economic Inequality," *Pacific Philosophical Quarterly* 79, 1998, 368 – 91.

Scheffler, Samuel, "What is Egalitarianism?" *Philosophy and Public Affairs*, 31, 2003, 5 – 39.

Sher, George, "Effort, Ability, and Personal Desert," *Philosophy and Public Affairs* 8.

Slote, Michael, "Desert, Consent, and Justice," Philosophy and Public Affairs 2, 1973, 323 – 47.

Strasnick, Steven, "Social Choice Theory and the Derivation of Rawls's Difference Principle," *Journal of Philosophy* 73, 1976, 85 – 99.

Tan, K. C., "Justice and Personal Pursuits," *Journal of Philosophy* 101, 7, 2004, 331 – 62.

Waldron, Jeremy, "John Rawls and the Social Minimum," in *Liberal Rights*, Cambridge: Cambridge University Press, 1993, 250 – 78.

Weithman, Paul, "Waldron on Political Legitimacy and the Social Minimum," *The Philosophical Quarterly* 45, 1995, 218 – 24.

Williams, Andrews, "Incentives, Inequality, and Publicity,"

Philosophy and Public Affairs 27, 1998, 225 - 47.

Wolff, Jonathan, "Fairness, Respect, and the Egalitarian Ethos," *Philosophy and Public Affairs* 27, 1998, 97 - 122.

十、道德哲学和政治哲学的证明:建构主义、反思平衡和公共理性

Baynes, Kenneth, "Constructivism and Practical Reason in Rawls," *Analyse & Critique* 14, 1992, 18 - 32.

Benhabib, Seyla, "The Methodological Illusions of Modern Political Theory: The Case of Rawls and Habermas," *Neue Hefte für Philosophie* 21, 1982, 47 - 74.

Bohman, James F., "Public Reason and Cultural Pluralism: Political Liberalism and the Problem of Moral Conflict," *Political Theory* 23, 1995, 253 - 79.

Brink, David, "Rawlsian Constructivism in Moral Theory," *Canadian Journal of Philosophy* 17, 1987, 71 - 90.

Brower, Bruce, "The Limits of Public Reason," *Journal of Philosophy* 91, 1994, 5 - 26.

Cohen, G. A., "Facts and Principles," *Philosophy and Public Affaris* 31, 2003, 211 - 45.

Daniels, Norman, "Wide Reflective Equilibrium and Theory Acceptance in Ethics," *Journal of Philosophy* 76, 1979, 256 - 82.

—— "Reflective Equilibrium and Justice as Political," in *Justice and Justification*, Cambridge: Cambridge University Press, 1996, 144 - 75.

Freeman, Samuel, "The Burdens of Public Justification: Constructivism, Contractualism, and Publicity," *Politics, Philosophy*, and

Economics 4, 2007, 5 - 43.

George, Robert, "Public Reason and Political Conflict: Abortion and Homosexuality," *The Yale Law Journal* 106, 1997, 2475 - 504.

Greenawalt, Kent, "On Public Reason," Chicago - Kent Law Review 69, 1994, 669 - 89. Kelly, Erin, and McPherson, Lionel, "On Tolerating the Unreasonable," *The Journal of Political Philosophy* 9, 2001, 38 - 55.

Kraus, Jody S. , "Political Liberalism and Truth," Legal Theory 5, 1999, 45 - 73. Larmore, Charles, "Public Reason," in *The Cambridge Companion to Rawls*, 10, 368 - 98.

Lehning, Percy, "The Idea of Public Reason: Can It Fulfill Its Task?" *Ratio Juris* 8, 1995, 30 - 39.

Macedo, Stephen, "In Defense of Liberal Public Reason: Are Slavery and Abortion Hard Cases?" in Robert P. George and Christopher Wolfe, eds. , *Natural Law and Public Reason*, Washington, DC: Georgetown University Press, 2000, 11 - 50.

Mandle, Jon, "Having It Both Ways: Justification and Application in Justice as Fairness," *Pacific Philosophical Quarterly* 75, 1994, 295 - 317.

Marneffe, Peter de, "Rawls on Public Reason," *Pacific Philosophical Quarterly* 75, 1994, 232 - 50.

O'Neill, Onora, "The Public Use of Reason," in *Constructions of Reason*, Cambridge: Cambridge University Press, 1989, 28 - 50.

Raz, Joseph, "Disagreement in Politics," *American Journal of Jurisprudence*, 1998, 25 - 52.

—— "Facing Diversity: The Case of Epistemic Abstinence," *Philosophy and Public Affairs* 19, 1990, 3 - 46.

Reidy, David, "Rawls's View of Public Reason: Not Wide Enough," *Res Publica* 6, 2000, 49 - 72.

Richards, David A. J., "Public Reason and Abolitionist Dissent," *Chicago - Kent Law Review* 69, 1994, 787 - 842.

Scanlon, T. M., "Rawls on Justification," in *The Cambridge Companion to Rawls*, Samuel Freeman, ed., Cambridge: Cambridge University Press, 2003, 139 - 47.

Solum, Lawrence, "Inclusive Public Reason," *Pacific Philosophical Quarterly* 75, 1994, 217 - 31.

Weithman, Paul, "Citizenship and Public Reason," in *Natural Law and Public Reason*, Robert P. George and Christopher Wolfe, eds., Washington, DC: Georgetown University Press, 2000, 125 - 70.

十一、罗尔斯道德心理学和作为公平的正义的稳定性

Bates, Stanley, "The Motivation to Be Just," *Ethics* 85, 1974, 1 - 17.

Darwall, Steven, "Two Kinds of Respect," *Ethics* 88, 1977, 36 - 49.

Deigh, John, "Shame and Self - Esteem: A Critique," *Ethics* 93, 1983, 225 - 45.

Gibbard, Allan, "Human Evolution and the Sense of Justice," *Social and Political Philosophy, Midwest Studies in Philosophy* 7, Peter A. French, et al., eds., 1982, 31 - 46.

Hill, Thomas E., Jr., "The Stability Problem in Political Liberalism," *Pacific Philosophical Quarterly* 75, 1994, 332 - 52.

Hinsch, Wilfried, "Das Gut der Gerechtigkeit," in Otfried Hoeffe, ed., *John Rawls: Eine Theorie der Gerechtigkeit*, Berlin: Akademie, 1998.

Klosko, George, "Rawls's Argument from Political Stability," *Columbia Law Review* 94, 1994, 1882ff.

McClennen, Edward F., "Justice and the Problem of Stability," *Philosophy and Public Affairs* 19, 1990, 122 - 57.

Sachs, David, "How to Distinguish Self - Respect from Self - Esteem," *Philosophy and Public Affairs* 10, 1981, 346 - 60.

十二、罗尔斯和康德:人的康德式解释和观念

Buchanan, Allen, "Categorical Imperatives and Moral Principles," *Philosophical Studies* 31, 1977, 249 - 60.

Daniels, Norman, "Moral Theory and the Plasticity of Persons," *Monist* 62, 1979, 267 - 87.

Darwall, Steve, "A Defense of the Kantian Interpretation," *Ethics* 86, 1976, 164 - 70.

—— "Is There a Kantian Foundation for Rawlsian Justice?" in *John Rawls's Theory of Social Justice*, H. G. Blocker and E. H. Smith, eds., Athens, OH: Ohio University Press, 1980, 311 - 45.

Davidson, Arnold, "Is Rawls a Kantian?" *Pacific Philosophical Quarterly* 66, 1985, 48 - 77.

Doppelt, Gerald, "Is Rawls's Kantian Liberalism Coherent and Defensible?" *Ethics* 99, 1989, 815 - 51.

Guyer, Paul, "Life, Liberty, and Property: Rawls and Kant," in *Kant on Freedom, Law, and Happiness*, Cambridge: Cambridge University Press, 2000, 262 - 86.

Hill, Thomas E., Jr., "Kantian Constructivism in Ethics," *Ethics* 99, 1989, 752 - 70, also in *Dignity and Practical Reason*, Ithaca NY: Cornell University Press, 1992, 226 - 50.

Johnson, Oliver, "The Kantian Interpretation," *Ethics* 85, 1974, 53 - 66.

Krasnoff, Larry, "How Kantian Is Constructivism?" *Kant Studien* 90, 1999, 385 – 409.

Levine, Andrew, "Rawls's Kantianism," *Social Theory and Practice* 3, 1974, 47 – 63.

McCarthy, Thomas, "Kantian Constructivism and Reconstructivism: Rawls and Habermas in Dialogue," *Ethics* 105, 1994, 44 – 63.

O'Neill, Onora, "Constructivism in Rawls and Kant," in *The Cambridge Companion to Rawls*, 347 – 67.

Scheffler, Samuel, "Moral Skepticism and Ideals of the Person," *Monist* 62, 1979, 288 – 303.

十三、罗尔斯、宪政和法治

Fleming, Jim, "Constructing the Substantive Constitution," *Texas Law Review* 72, 1993, 211 – 313.

Freeman, Samuel, "Original Meaning, Democratic Interpretation, and the Constitution," *Philosophy and Public Affairs* 21, 1992, 3 – 42.

—— "Constitutional Democracy and the Justification of Judicial Review," *Law and Philosophy* 9, 1990 – 91, 327ff.

Griffen, Stephen, "Reconstructing Rawls's Theory of Justice: Developing a Public Values Philosophy of the Constitution," *New York University Law Review* 62, 1987, 715ff.

Michelman, Frank, "In Pursuit of Constitutional Welfare Rights: One View of Rawls's Theory of Justice," *University of Pennsylvania Law Review* 121, May 1973, 962 – 1019, also excerpted in *Reading Rawls*, Norman Daniels, ed., 373 – 46.

Moore, Ronald, "Rawls on Constitution – Making," in *Nomos XX: Constitutionalism*, J. R. Pennock and J. W. Chapman, eds., New

York: New York University Press, 1979, 238 - 68.

Parker, Richard B., "The Jurisprudential Uses of John Rawls," in *Nomos XX: Constitutionalism*, J. R. Pennock and J. W. Chapman, eds., New York: New York University Press, 1979, 269 - 98.

Sullivan, Daniel, "Rules, Fairness, and Formal Justice," *Ethics* 85, 1975, 322 - 31.

十四、罗尔斯和功利主义

Ball, Stephen W., "Choosing Between Choice Models of Ethics: Rawlsian Equality, Utilitarianism, and the Concept of Persons," *Theory and Decision* 22, 1987, 209 - 24.

Barry, Brian, "Rawls on Average and Total Utility: A Comment," *Philosophical Studies* 31, 1977, 317 - 25.

Braybrook, David, "Utilitarianism with a Difference: Rawls's Position in Ethics," *Canadian Journal of Philosophy* 3, Dec. 1973, 303 - 31.

Freeman, Samuel, "Utilitarianism, Deontology, and the Priority of Right," *Philosophy and Public Affairs*, 1994, 313 - 49.

Gaus, Gerald, "The Convergence of Rights and Utility: The Case of Rawls and Mill," *Ethics* 92, 1981, 57 - 72.

Hare, R. M., "Rawls's Theory of Justice," in *Reading Rawls*, Norman Daniels, ed., Stanford, CA: Stanford University Press, 1989, 81 - 107.

Harsanyi, John, "Can the Maximin Principle Serve as the Basis for Morality? A Critique of John Rawls's Theory," *American Political Science Review* 69, 1975, 694 - 606.

Kavka, Gregory S. , "Rawls on Average and Total Utility," *Philosophical Studies* 27, 1975, 237 - 53.

Kymlicka, Will, "Rawls on Teleology and Deontology," *Philosophy and Public Affairs* 17, 1988, 173 - 90.

Lyons, David, "Rawls Versus Utilitarianism," *Journal of Philosophy* 69, 1972, 535 - 45.

Miller, Richard, "Rawls, Risk, and Utilitarianism," *Philosophical Studies* 28, 1975, 55 - 61.

Mulholland, Leslie, "Rights, Utilitarianism, and the Conflation of Persons," *Journal of Philosophy* 83, 1986, 323 - 40.

Narveson, Jan, "Rawls and Utilitarianism," in *The Limits of Utilitarianism*, Harlan B. Miller and William H. Williams, eds. , Minneapolis: University of Minnesota Press, 1982, 128 - 42.

Taylor, Paul W. , "Justice and Utility," *Canadian Journal of Philosophy* 1, 1972, 327 - 50.

十五、罗尔斯、经济学和社会选择理论

Arrow, Kenneth, "Rawls's Principle of Just Savings," *Swedish Journal of Economics* 75, 1973, 323 - 35.

Binmore, Ken, "Social Contract I: Harsanyi and Rawls," *Economic Journal* 99, 1989, 84 - 102.

Dasgupta, Partha, "On Some Problems Arising from Professor John Rawls's Conception of Distributive Justice," *Theory and Decision* 11, 1974, 325 - 44.

Gaa, James, "The Stability of Bargains Behind the Veil of Ignorance," *Theory and Decision* 17, 1984, 119 - 34.

Gibbard, Allan, "Disparate Goods and Rawls's Difference Principle: A Social Choice Theoretic Treatment," *Theory and Decision* 11, 1979, 267 - 88.

Hammond, P. J. , "Equity, Arrow's Theorem, and Rawls's Difference Principle," *Econometrica* 44, 1976, 793 - 800.

Howe, R. and Roemer, John, "Rawlsian Justice as the Core of a Game," *American Economic Review* 71, 1981, 880 - 95.

Ihara, Craig, "Maximin and Other Decision Principles," *Philosophical Topics* 12, 1981, 59 - 72.

Maskin, E. , "Decision - Making Under Ignorance with Implications for Social Choice," *Theory and Decision* 11, 1979, 319 - 37.

Musgrave, R. A. "Maximin, Uncertainty, and the Leisure Trade - Off," *Quarterly Journal of Economics* 88, 1974, 625 - 29.

Sen, A. K. , "Rawls versus Bentham: An Axiomatic Examination of the Pure Distribution Problem," *Theory and Decision* 4, 301 - 10. Reprinted in *Reading Rawls*, Norman Daniels, ed. , Stanford, Stanford University Press, 1989, 283 - 92.

——"Welfare Inequalities and Rawlsian Axiomatics," *Theory and Decision* 7, 1976, 243 - 62.

Strasnick, Steven, "The Problem of Social Choice: Arrow to Rawls," *Philosophy and Public Affairs* 5, 1976, 241 - 73.

十六、罗尔斯和社群主义

Baker, Edwin, "Sandel on Rawls," *University of Pennsylvania Law Review* 133, April, 1985, 895 - 928.

Buchanan, Allen, "Assessing the Communitarian Critique of Liberalism," *Ethics* 99, 1989, 852 - 82.

Gutmann, Amy, "Communitarian Critics of Liberalism," *Philoso-*

phy and Public Affairs 14 1985, 308 - 22.

Kymlicka, Will, "Liberalism and Communitarianism," *Canadian Journal of Philosophy* 18, 1988, 181 - 204.

Larmore, Charles, "Rawls's Ambiguities and Neo - Romanticism," in *Patterns of Moral Complexity*, Cambridge: Cambridge University Press, 1987, 118 - 30.

Mulhall, Stephen and Swift, Adam, *Liberals and Communitarians*, Oxford: Basil Blackwell, 1992.

Sandel, Michael, *Liberalism and the Limits of Justice*, Cambridge: Cambridge University Press, 1982, revised edition, 1998.

Schwartzenbach, Sybil, "Rawls, Hegel, and Communitarianism," *Political Theory* 19, 1991, 539 - 71.

Taylor, Charles, "Cross - Purposes: The Liberal - Communitarian Debate," in *Liberalism and the Moral Life*, Nancy Rosenblum, ed., Cambridge, MA: Harvard University Press, 1989, 159 - 82.

十七、罗尔斯和女权主义

Cohen, Joshua, "Okin on Justice, Gender, and the Family," *The Canadian Journal of Philosophy* 22, no. 2, 1992, 263 - 86.

Hampton, Jean, "Feminist Contractarianism," in *A Mind of One's Own: Feminist Essays on Reason and Objectivity*, Louise M. Antony and Charlotte Witt, eds., Boulder, CO: Westview, 1993, 227 - 56.

Kelly, Erin, "Justice and Communitarian Identity Politics," *The Journal of Value Inquiry* 35, 2001, 71 - 93.

Kittay, Eva Feder, "Human Dependency and Rawlsian Equality," in *Feminists Rethink the Self*, Diana Tietjens Meyers, ed., Boulder, CO: Westview Press, 1997, 219 - 616.

Lloyd, S. A. , "Family Justice and Social Justice," *Pacific Philosophical Quarterly* 75, 1994, 351 – 71.

Mallon, Ron, "Political Liberalism, Cultural Membership, and the Family," *Social Theory and Practice* 25, 1999, 271 – 97.

Munoz – Darde, Véronique, "Rawls, Justice in the Family and Justice of the Family," *The Philosophical Quarterly* 48, 1998,335 – 8.

—— "Is the Family to Be Abolished Then?" *Proceedings of the Aristotelian Society* XCXIX 99, 1999, 37 – 56.

Nussbaum, Martha, "Rawls and Feminism," in *The Cambridge Companion to Rawls*, Samuel Freeman, ed. , Cambridge: Cambridge University Press, 488 – 520.

Okin, Susan Moller, "Justice and Gender," *Philosophy and Public Affairs* 16, 1987, 42 – 72.

—— "Justice as Fairness, For Whom?" in her *Justice, Gender and the Family*, New York: Basic Books, 1989, 89 – 109.

—— "Political Liberalism, Justice and Gender," *Ethics* 105, 1994, 23 – 43.

—— "Forty Acres and a Mule for Women: Rawls and Feminism," *Politics, Philosophy, and Economics* 4, 2005, 233 – 48.

十八、罗尔斯、马克思和左派批评

DiQuattro, Arthur, "Rawls and Left Criticism," *Political Theory* 11, 1983, 53 – 78.

Francis, Leslie P. , "Responses to Rawls from the Left," in *John Rawls's Theory of Social Justice*, H. Gene Blocker and Elizabeth H. Smith, eds. , Athens, OH: Ohio University Press, 1980, 463 – 93.

MacPherson, C. B. , "Rawls's Model of Man and Society," *Phi-*

losophy of the Social Sciences 3, 1973, 341 - 47.

Miller, Richard, "Rawls and Marxism," *Philosophy and Public Affairs* 3, 1974, 167 - 91. Reprinted in *Reading Rawls*, Norman Daniels, ed., Stanford: Stanford University Press, 1989, 206 - 30.

Moulin, Hervé, and Roemer, John, "Public Ownership of the External World and Private Ownership of Self," *Journal of Political Economy* 97, 1989, 347 - 67.

Nielsen, Kai, "Capitalism, Socialism, and Justice: Reflections on Rawls's Theory of Justice," *Social Praxis* 7, 1980, 253 - 77.

Reiman, Jeffrey H., "The Labor Theory of the Difference Principle," *Philosophy and Public Affairs* 12, 1983, 133 - 59.

Wolff, Robert Paul, Understanding Rawls, Princeton: Princeton University Press, 1977. Wolin, Sheldon, "The Liberal/Democratic Divide: On Rawls's Political Liberalism," *Political Theory* 24, 1996, 97 - 119.

Young, Iris M., "Toward a Critical Theory of Justice," *Social Theory and Practice* 7, 1981, 279 - 302.

十九、保守主义批评和自由主义批评

Bloom, Allan, "Justice: John Rawls vs. the Tradition of Political Philosophy," *The American Political Science Review* 69, 1975, 648 - 62.

Flew, Anthony, "Rawls's Theory of Justice," in *Contemporary British Philosophy*, H. D. Lewis, ed., London: George Allen and Unwin, 1976, 69 - 85.

Hospers, John, "A Review of Rawls's A Theory of Justice," *The Personalist* 55, 1974, 71 - 77.

Mack, Eric, "Distributivism vs. Justice," *Ethics* 86, 1976, 145-53.

Nisbet, Robert, "The Pursuit of Equality," *Public Interest* 35, 1974, 103-20.

Nozick, Robert, "Distributive Justice," in *Anarchy, State, and Utopia*, New York: Basic Books, 1974, ch. 7, 149-231.

Rand, Ayn, "An Untitled Letter," *Ayn Rand Letter* 2, no. 9, 1973.

二十、罗尔斯和宗教

Franklin, Robert Michael, "In Pursuit of a Just Society: Martin Luther King, Jr, and John Rawls," *Journal of Religious Ethics* 18, 1990, 57-77.

Hollenbach, David, "Contexts of the Political Role of Religion: Civil Society and Culture," *San Diego Law Review* 30, 1994, 879-901.

Jackson, Timothy, "To Bedlam and Part Way Back: John Rawls and Christian Justice," *Faith and Philosophy* 8, 1991, 423-47.

Jones, Gregory, "Should Christians Affirm Rawls's Justice as Fairness?" *Journal of Religious Ethics* 16, 1988, 251-71.

Macedo, Stephen, "Liberal Civic Education and Religious Fundamentalism: The Case of God v. John Rawls?" *Ethics* 105, 1995, 468-96.

O'Neil, Patrick, "The Fate of Theological Facts in the Original Position of Rawls's A Theory of Justice," *Dialogue* 28, 1986, 45-56.

Papa, Edward, "Kant's Dubious Disciples: Hare and Rawls," *A-*

merican Catholic Philosophical Quarterly 65, 1991, 159 - 75.

Proudfoot, Wayne, "Rawls on the Individual and the Social," *The Journal of Religious Ethics* 2, 1974, 107 - 28.

Quinn, Philip L., "Political Liberalisms and their Exclusions of the Religious," *Proceedings and Addresses of the American Philosophical Association* 69, 1995, 35 - 56.

Sterba, James, "Reconciling Public Reason and Religious Values," *Social Theory and Practice* 25, 1999, 1 - 28.

Waldron, Jeremy, "Religious Contributions in Public Deliberation," *San Diego Law Review* 30, 1993, 817 - 48.

Weithman, Paul, "Taking Rites Seriously," *Pacific Philosophical Quarterly* 75, 1994, 272 - 94.

—— "Rawlsian Liberalism and the Privatization of Religion: Three Theological Objections Considered," *Journal of Religious Ethics* 22, 1994, 3 - 28, with replies by David Hollenbach, Timothy Jackson, and John Langan, SJ.

Wolterstoff, Nicholas, "Why We Should Reject What Liberalism Tells Us About Thinking and Acting in Public for Religious Reasons," in Paul Weithman, ed., *Religion and Contemporary Liberalism*, South Bend: Notre Dame Press, 1997, 162 - 81.

二十一、其他讨论和评论

Freeman, Samuel, "John Rawls: Friend and Teacher," *The Chronicle Review: Chronicle of Higher Education*, December 13, 2002; also in Freeman, Samuel, *Justice and the Social Contract*, New York: Oxford University Press, 2007, 325 - 28.

Hill, Thomas, "Review of John Rawls's Collected Papers," *Jour-

nal of Philosophy, 2001.

Larmore, Charles, "Lifting the Veil," *The New Republic*, Feb. 5, 2001, Issue #4490, 32 - 37 (a review of Rawls's *Lectures on the History of Moral Philosophy*).

Nussbaum, Martha, "The Enduring Significance of John Rawls," *The Chronicle of Higher Education*, July 20, 2001 issue.

Schneewind, J. B. , "What's Fair is Fair," *The New York Times Book Review*, June 24, 2001, 21 (a review of Rawls's *Justice as Fairness: A Restatement*).

Waldron, Jeremy, "The Plight of the Poor in the Midst of Plenty," *London Review of Books* 21, no. 14, July 15, 1999 (review of Rawls's *Collected Papers*).

图书在版编目（CIP）数据

罗尔斯/（美）弗雷曼著；张国清译．—北京：华夏出版社，2013.7

书名原文：Rawls

ISBN 978-7-5080-7674-4

Ⅰ.①罗… Ⅱ.①弗… ②张… Ⅲ.①罗尔斯，J.R（1921～2002）—政治哲学—研究 Ⅳ.①B712.59②D0

中国版本图书馆 CIP 数据核字(2013)第 131606 号

Rawls/ by Samuel Freeman/ ISBN:978-0-415-30109-1
Copyright © 2007 by Routledge.
Authorised translation from the English language edition published by Routledge, a member of the Taylor & Francis Group. Copies of this book sold without a Taylor & Francis sticker on the cover are unauthorized and illegal.

本书中文简体翻译版授权由华夏出版社独家出版并限在中国大陆地区销售。未经出版者书面许可，不得以任何方式复制或发行本书的任何部分。本书封面贴有 Taylor & Francis 公司防伪标签，无标签者不得销售。

版权所有 翻印必究
北京市版权局著作权合同登记号：图字 01-2011-0887

罗尔斯

作　　者	[美]萨缪尔·弗雷曼　　译　者　张国清
责任编辑	田红梅　罗　庆
出版发行	华夏出版社
经　　销	新华书店
印　　刷	三河市李旗庄少明印装厂
装　　订	三河市李旗庄少明印装厂
版　　次	2013 年 7 月北京第 1 版 2013 年 10 月北京第 1 次印刷
开　　本	880×1230　1/32 开
印　　张	17.75
字　　数	443 千字
定　　价	59.00 元

华夏出版社　地址：北京市东直门外香河园北里 4 号　邮编：100028
网址：www.hxph.com.cn　电话：(010) 64663331（转）
若发现本版图书有印装质量问题，请与我社营销中心联系调换。